HISTOIRE

DE

VERDUN

ET DU PAYS VERDUNOIS

PROPRIÉTÉ DE L'ÉDITEUR

HISTOIRE
DE
VERDUN
ET DU PAYS VERDUNOIS

PAR

M. L'ABBÉ CLOUËT

BIBLIOTHÉCAIRE DE LA VILLE
CHEVALIER DE LA LÉGION-D'HONNEUR, OFFICIER ET ANCIEN
PROFESSEUR DE L'UNIVERSITÉ
MEMBRE DES ACADÉMIES IMPÉRIALES DE METZ
ET STANISLAS DE NANCY

TOME III

VERDUN

IMPRIMERIE DE CH. LAURENT, ÉDITEUR
1, RUE DES GROS-DEGRÉS, 1

1870

HISTOIRE
DE
VERDUN

PÉRIODE
DE LA
PREMIÈRE GARDE DE FRANCE

DE 1285 A 1350 ENVIRON.

Ici commence la longue histoire de l'établissement de la domination française en notre pays. Philippe le Bel, maître de la Champagne par son mariage avec Jeanne de Navarre, força le Barrois à entrer dans la vassalité de la couronne : puis le pays verdunois, bien que légalement terre d'Empire, dut prendre le roi pour gardien et protecteur. Tout l'équilibre politique changea : notre ville essaya de se maintenir dans un système de contrepoids, en prenant, avec la garde royale, celles de Luxembourg et de Bar; mais la France entraînait ces principautés elles-mêmes; et tout allait devenir français, quand l'expansion du royaume fut brusquement arrêtée par les catastrophes du siècle de la guerre anglaise.

Du côté de l'Empire, souverain de droit des Trois-Evêchés, les choses présentaient un aspect bien différent. Il n'y avait là ni centralisation ni force d'extension : ce n'était plus, depuis le grand interrègne, qu'un corps fédératif, dont les membres, sans dépendance réelle de l'empereur, n'attendaient non plus de lui qu'une bien faible protection. Cela était vrai surtout pour nos trois villes qui, perdues aux confins de ce vaste territoire, avaient dans leur situation exceptionnelle une immunité également exceptionnelle. Franches des charges ordinaires, elles ne pouvaient non plus exiger que l'Empire s'en imposât pour elles : et ceci, d'abord établi en coutume par le cours des événements, avait fini par être reconnu en droit, et par déclarations officielles (1). Il semblerait que, ainsi laissées à peu près à leur libre arbitre, ces trois cités, françaises de territoire, de langue et de mœurs, eussent dû aller d'elles-mêmes à la France ; mais il n'en fut rien : et, loin de montrer de l'empressement, elles répugnèrent fort longtemps à être incorporées au royaume. C'est qu'elles sentaient que leurs petites républiques cesseraient d'exis-

---

(1) « Pensez-vous que nous ne saichions bien quelles franchises vous avez ? Votre cité est chambre et escu (bouclier) du Saint-Empire contre les marches (frontières) du royaulme de France : et, pour tant que les empereurs vous sont loin, et ne vous peuvent secourir toujours, il fut appointié (traité) et accordé que ne donneriez droitures ni revenus par an à nuls empereurs, parmi ce que (à charge que) vous debvez défendre l'Empire et vous-meismes, en vous entretenant en l'Empire à vos frais, missions, pertes et coutanges, sans que les empereurs soient tenus en rien vous aider, s'il ne leur plaist : car toutes autres bonnes villes et cités du Saint-Empire, fors que vous, lui doivent, chacun an, droitures, revenus, ou certains services. » Réponse du chancelier impérial aux députés de Metz à Bâle, en 1434, dans Huguenin, Chroniques, p. 189. — Aux députés de Verdun : *Sigismundus, Romanorum imperator, etc. Honorabiles cives et universitas civitatis Virdunensis ad nostram imperialem cameram pertinentis, nostri et Sacri Imperii fideles, qui ferè in limitibus, quasi peregrini residentes inter exteros principes et dominos, nullis tamen impulsibus à nostrá et Sacri Imperii obedientiá potuerunt detorqueri, etc. Datum Basileæ, anno Domini 1434, die 25 mensis februarii.*

ter, du jour où le roi serait leur maître : et ce fut par patriotisme municipal que, jusqu'à la limite extrême de leur moyen-âge, elles se réclamèrent de l'empereur « leur souverain seigneur, » et de la grande aigle, sous les ailes de laquelle elles cachaient leur indépendance.—Ces considérations préliminaires indiquent la marche générale de l'histoire : nous ajouterons les détails à mesure que les événements se développeront.

CHAPITRE Ier.

AFFAIRE DE BEAULIEU. — LES BORNES DE VAUCOULEURS, ET LE BARROIS MOUVANT. — SUPPRESSION DU TEMPLE. — HISTOIRE CIVILE ET ÉPISCOPALE JUSQU'AU PREMIER TRAITÉ DE GARDE DE FRANCE EN 1315.

Ce fut l'abbaye de Beaulieu qui ouvrit à la France le Barrois et l'évêché de Verdun, en appelant à son secours Philippe le Bel contre les envahissements du comte Thibauld de Bar. On a vu, dans le tome précédent, sous quelle pression et en quelle détresse le Chapitre de Montfaucon avait, dès 1272, donné l'exemple d'un pareil recours : depuis lors Thibauld, profitant du gouvernement de l'anglais Edmond en Champagne, avait travaillé à prendre sa revanche sur Beaulieu (1); mais les moines, lorsqu'ils firent intervenir le roi, étaient loin de prévoir en quelle longue et terrible affaire ils se lançaient, d'abord eux-mêmes, puis entraînaient le comte Thibauld, et surtout son fils et prochain successeur Henri III. La scène s'ouvrit vers l'avénement de Philippe le Bel, lorsque ce prince recevait, pour lui comme roi, et pour sa femme comme comtesse, les hommages des vassaux champenois. Parmi les feudataires de cette mouvance se présentèrent, soit d'eux-mêmes, soit

(1) Ci-dessus, tom. II. p. 486 et 489.

4 PÉRIODE DE LA PREMIÈRE GARDE DE FRANCE.

Beaulieu en la garde du roi.

à quelque instigation française, les moines de Beaulieu, suppliant qu'on les prît en garde et protection, tant de France que de Champagne, doublement, tant ils avaient peur de Thibauld, d'abord en la garde générale du roi Philippe de France, ensuite en la garde spéciale du même roi Philippe, comte de Champagne. Cette demande, qui livrait au roi les abords de Bar et de Verdun, méritait qu'on y réfléchît : mais, d'un autre côté, le Barrois était fort à ménager, encore plus qu'aucun autre pays, parce qu'on atteignait par lui la Lorraine et les Evêchés jusqu'au fond de leurs territoires : et ce fut ce qu'ils ne virent que trop, à leurs dépens, dans le siècle qui suivit. En conséquence, et de peur d'offenser gravement Thibauld, dès le début, le Conseil ne fit aux moines qu'une réponse évasive, que le roi était sans aucun doute zélé protecteur des églises, que la pétition qu'on lui présentait lui était agréable ; mais qu'en justice et conscience, et pour ne pas préjudicier au droit d'autrui, il fallait, avant tout, qu'il sût si, et jusqu'à quel degré Beaulieu était, ou n'était pas en quelque mouvance de sa couronne ; et on promit de faire sur ce point bonne et sérieuse information. Des gens des enquêtes du parlement vinrent en effet à Sainte-Ménehould ; mais ils se pressèrent si peu, qu'on vit qu'ils avaient pour instruction de laisser au comte tout le temps de longuement réfléchir (1).

Malheureusement celui-ci avait déjà choisi le mauvais parti ; et le délai ne lui servit qu'à aggraver les choses. Il était sur le point de marier son fils Henri à Alianor, ou

(1) Les arrêts Olim sont ici le document, soit en ce qu'ils énoncent, soit en ce qu'ils supposent ; mais, depuis le XVIe siècle, est perdu dans la collection de ces Olim le Registre contenant les arrêts sur enquêtes de 1273 à 1298. En en recherchant les expéditions éparses en divers lieux, dans les archives, cartulaires, etc., MM. Boutaric et Delisle sont parvenus à reconstituer ce registre ; et c'est leur travail que nous citons sous le titre de Restitution du registre perdu. Il est dans le tom. I. des Archives de l'empire ; inventaires et documents : Actes du parlement, imprimé en 1863. — Les autres arrêts se trouvaient déjà dans les Olim de Beugnot, de la collection des Documents inédits sur l'hist. de France. — Les Olim sont écrits en latin détestable : il n'y a, au-dessous du latin du parlement, que celui du Malade imaginaire.

Eléonor d'Angleterre; et cette grande alliance, arrangée probablement dès le temps où Edmond gouvernait la Champagne, l'entraînait contre la France vers les anglo-impérialistes. Le roi, le voyant sourd aux avances et insensible aux ménagements, se décida enfin à lui laisser entrevoir de loin quelque menace : l'enquête de Sainte-Ménehould s'ouvrit; et un sergent royal, nommé Jean de Passavant, alla, de par le roi, s'établir à Beaulieu pour mettre l'abbaye sous la protection de la main de justice, tant qu'on poursuivrait le droit devant la cour. Cette démarche choqua Thibauld, dont la jurisprudence et la politique étaient que le roi n'avait ni ordres, ni sergents à envoyer hors de son royaume; et, pour montrer, à sa grande manière féodale, qu'il comptait pour rien les légistes et leurs procédures, il entra sur la terre de Beaulieu, le jour de saint Michel, 29 septembre 1286, somma les moines de se rétracter sur le champ de leurs insolentes félonies contre lui et contre l'évêché de Verdun, sans plus, à l'avenir, se prétendre ni français, ni champenois : puis, à leur refus, et malgré leurs protestations et celles du sergent, il mit chez eux quarante garnisaires, pour vivre un mois à leurs dépens, à discrétion, et avec permission tacite de faire autant de consommations et de gaspillages qu'ils voudraient, sans toutefois commettre encore d'effractions à force ouverte (1). On ne put dans le couvent faire, sur

<small>Opposition et ravages du comte Thibauld.</small>

<small>(1) *Cùm religiosi viri abbas et conventus Belli-Loci in Argonâ..., contrà dilectum et fidelem nostrum comitem Barri proponerent, quòd in festo Sancti-Michaëlis, A. D. 1286, gentes dicti comitis, de mandato suo, per violentiam, cum quadraginta armatis, plures villas ac grangias per violentiam intraverunt, procuratore dictorum abbatis et conventûs coràm nobis jus suum contrà prædictum comitem prosequente : et, illà vice, prædictæ gentes, per mensem in dictis locis existentes, ceperunt de bonis dictorum religiosorum, contrà prohibitionem Johannis de Passavant, servientis nostri traditi ad custodiendum ipsos et eorum bona, usque ad æstimationem duorum millium librarum turonensium, in bladis, vinis, piscibus, animalibus et aliis,* etc. Arrêt de 1290. Dans la seconde promulgation de cet arrêt, en 1294, il y a *quadringenti armati*, 400 hommes d'armes : et l'évaluation des dommages à 2000 livres semble indiquer que tel fut en effet le nombre des ravageurs en divers lieux, et que c'est par erreur de copiste qu'on lit *quadraginta* dans le texte de 1290.</small>

cette avanie, autre chose qu'un procès-verbal, qu'on envoya à la commission d'enquête; mais elle semblait prendre en grande patience les tribulations de ses clients; car elle attendit jusqu'au mois de février pour envoyer enfin à Thibauld ajournement à comparaître, afin de dire ses raisons et contredire sa partie adverse sur ce point en litige de savoir si Beaulieu était, ou n'était pas Champagne. Cet ajournement fut pris par lui pour une insulte; et les obstinés moines ne lâchant pas prise, malgré l'avertissement à eux donné par les garnisaires, le comte résolut de les châtier exemplairement. Vers la mi-carême, on alla occuper leur maison, qu'ils avaient, à ce qu'il paraît, assez bien fortifiée; car ils y soutinrent un siége de neuf jours : on la pilla; puis on en fit une sorte de place d'armes de laquelle, pendant tout cet été 1287, on courut sus aux cultivateurs et au bétail, dans dix-huit villages : quatorze granges furent vidées, et vingt étangs pêchés; puis on termina cette belle campagne en allant vendanger, pour les moines, leur grande vigne d'Ancerville (1). Le roi ayant demandé quelques éclaircissements sur ces exploits, Thibauld vint en personne au parlement de la Toussaint où, comme on lui eût fait l'honneur d'être ouï le premier, il dit, pour toute explication, qu'il se reconnaissait tenu et était prêt à répondre et à ester à droit devant cette cour à raison de tout ce qu'il pouvait avoir en Champagne, ou en fief de Champagne : puis il s'en alla, sans rien ajouter sur

(1) *Item, cùm essent adjornati coràm auditoribus nostris in inquestâ, prædictus comes, die mercurii post Brandones, obsideri fecit dictam abbatiam per novem dies... et, tempore Paschæ, fregerunt scrinia, et asportârunt plures chartas, libros, calices, pannos aureos et sericos altaris, ornamenta, casulas, et lapides pretiosos. Et ibidem steterunt usquè ad festum beatæ Mariæ* (l'Assomption), *facientes fortalitia contrà gentes nostras; et, quia nos* (le roi) *scripseramus dicto comiti quòd abstineret à talibus violentiis, nihilominùs fecit piscari viginti stagna, et calceias* (chaussées) *rumpi. Et introïerunt in decem et octo villas, et quatuordecim grangias; et vastaverunt et asportaverunt, itâ quòd in eisdem nihil remansit; et non audebant gentes exire in campos, ob timorem gentium dicti comitis; et etiàm eorum animalia erant capta, etc.* Même arrêt, dans la Restitution du volume perdu, p. 430 et 448.

Beaulieu (1) : ce qui voulait dire qu'il ne reconnaissait au roi, ni à la cour aucun droit de se mêler de ce qui se passait là. Alors, et pour qu'il vît lui-même qu'on ne reculait pas, on se décida enfin à sanctionner, en Conseil, l'enquête de Sainte-Ménehould, en ces termes que nous rapporterons textuellement, pour échantillon du bizarre latin qu'écrivaient les légistes :

« Cùm dubitaretur de gardá, seu custodiá ecclesiæ Belli-Loci in Argonná, et utrùm esset sita infrà punctos comitatûs Campaniæ, et etiàm utrùm esset in Franciá et de regno : Visâ informatione, visum est Consilio quòd sit de gardá speciali comitis Campaniæ, et de gardá generali domini regis; et quòd sit infrà punctos seu terminos comitatûs Campaniæ, et infrà terminos regni Franciæ, et de regno (2). »

Dans cette latinité, le mot *infrà* signifie inclusivement : de sorte qu'il était par conséquent jugé que Thibauld avait tort de prétendre que la Champagne n'allait que jusqu'à Beaulieu exclusivement; et, en outre, il devenait légal au roi d'établir en cette terre, non plus un simple sergent de maintenue des choses pendant la litispendance, mais de vrais sergents permanents de garde et protection royale. Il n'y manqua pas; et il en envoya en effet plusieurs, sous les ordres d'un certain Philippe d'Auteuil : toutefois, comme l'essentiel était pour lui, non d'avoir Beaulieu, mais d'amener Thibauld à reconnaître sa juridiction, on fit savoir à ce rétif personnage qu'il ne tenait pourtant qu'à lui de faire retirer les gens du roi, en venant montrer en parlement ses titres à la garde qu'il revendiquait (3).

---

(1) *Comes Barri, in pleno parlamento, recognovit et dixit quòd de omnibus hiis quæ habet infrà fines comitatûs Campaniæ et quæ tenet à comite Campaniæ paratus erat, et tenetur in hâc curiá stare juri.* Premier article du parlement de la Toussaint 1287, dans les Olim de Beugnot, tom. II. p. 265.

(2) Restitution du Registre perdu, tom. I. p. 406, n° 642.

(3) Cette réponse disait que, si le comte Thibauld, « se sentoit grevei, et s'en vouloit plaindre au roi, de ce leu et d'autres qui sont en son royaume, il en seroit oï. » Par conséquent sa plainte eût impliqué reconnaissance de la souveraineté royale sur ce territoire.

Il n'en fit rien; mais, comme c'eût été chose par trop grave et périlleuse que de traiter les nouveaux officiers du roi brusquement, ainsi qu'on avait fait Jean de Passavant, il résolut, cette fois, d'y mettre des formes; et il entreprit, en démenti de la procédure française, une contre-procédure pour l'Empire. Ici l'affaire tournait aux plus sérieuses conséquences. Le premier acte de la nouvelle procédure se fit à la cathédrale, au Chapitre général de la mi-carême 1288, où présidait le princier Thomas de Blâmont, Bar par sa mère. Thibauld entra, accompagné de l'abbé de Saint-Nicolas, des prieurs de Saint-Paul et des Prêcheurs, du gardien des Mineurs, et d'un chevalier d'Apremont : puis, ayant exposé comment très-excellent Philippe, roi de France, l'avait, sans aucun droit, dessaisi d'un fief qu'il tenait de l'église de Verdun, et exigeait pour le remettre en saisine qu'il allât au parlement, en désaveu de la souveraineté de l'Empire, il requit le Chapitre, tenant lieu d'évêque le siége vacant, de mettre à ces usurpations ordre et remède convenables. » Cela signifiait que le comte, en qualité de feudataire de l'évêché, sommait le Chapitre de recevoir sa plainte, pour la transmettre au souverain seigneur l'empereur; et, de peur qu'en une situation si scabreuse, les capitulants ne cherchassent quelque défaite ou faux-fuyant, les requérants les mirent en demeure, en déposant sur la table un parchemin auquel pendaient cinq sceaux (1). — Il y eût eu à dire sur cette inféodation de

Il recourt à l'empereur.

---

(1) *Nos abbas Sancti-Nicolai in Prato, prior Prædicatorum, guardianus Minorum, et dominus de Asperomonte, miles. Anno Domini* 1287 (88 av. P.), *feriá quartá antè dominicam Lætare, nobilis vir Th., comes Barrensis, in Capitulo, primicerio et aliis quamplurimis canonicis præsentibus, personaliter accessit et dixit et proposuit quòd rex Franciæ, in ecclesiá Belli-Loci et ejus membris in comitatu suo sitis, manum apposuerat atque ipsum desaisiverat: dicens quòd omne illud quod in dictá ecclesiá habebat, in feodum tenebat ab episcopo Virdunensi; et hoc pluries proposuerat coràm rege, qui nolebat eum resaisire, nec à dictá ecclesiá et ejus membris manum suam removere, nisi idem comes coràm dicto rege et in suá curiá staret juri. Propter quod dictus comes, sede Virdunensi vacante, Capitulo prædicta intimabat, ipsum requirens ut super his apponeret remedium opportunum. In quorum testimonium nos præsentes, sigilla nostra, etc.* Scellé de cinq petits sceaux pendants. Dans Calmet, Preuves, II. 625, 1ʳᵉ édit.

Beaulieu qu'alléguait Thibauld, qu'elle était fort contestable; car ni lui, ni ses prédécesseurs n'avaient jamais mentionné ni l'abbaye, ni sa garde dans leurs actes de reprises féodales à nos évêques; et Beaulieu, autant qu'on peut connaître ses chartes mérovingiennes, avait été constitué indépendant (1), sauf que, vers la fin du XIIe siècle, il y avait eu les arrangements dont nous avons parlé à cette date (2), et qui n'étaient point du tout une inféodation : mais c'étaient là des antiquités d'histoire et de droit qu'on n'avait pas le loisir de débrouiller en ce moment. Quoi qu'il en soit, le roi sut qu'on travaillait contre lui à Verdun : et, pour avertir les Verdunois qu'il avait l'œil ouvert sur eux, et que le bras de son parlement était assez long pour les atteindre, on leur signifia un arrêt rendu sur enquête, ordonnant à la cité et au princier Thomas, pour l'évêque le siége vacant, de livrer à la justice de la cour un certain Paris le Colx et ses complices, coupables d'avoir saisi et arrêté à Verdun, sans doute pour droits de passage, des laines et des lainiers du service royal (3). L'affaire était petite; mais elle pouvait faire réfléchir sur ce qui arriverait si on se mêlait de la grande : néanmoins le princier passa outre; et, comme c'était un barisien décidé, il en prit nouveau grief, qu'il joignit à ceux du comte Thibauld et transmit plainte sur le tout, par son frère Henri de Blâmont, à l'empereur Rodolphe de Habsbourg. Alors intervint sur la scène la majesté impériale, de laquelle on reçut, dès les premiers jours de mai, une lettre complimentant le princier de sa louable et honorable affection pour l'Empire, et exprimant en termes assez amers un blâme contre

(1) Ci-dessus, tom. I. p. 176.
(2) Ci-dessus, tom. II. p. 302.
(3) *Per inquestam super hoc factam, probata est injuria illata servientibus lanarum ab aliquibus de Verduno. Propter quod mandatum est rectoribus Verduni ut tradant Parium Colcum, civem suum, curiæ nostræ seu gentibus domini regis puniendum : et primicerio Verduni, tenenti locum episcopi sede vacante, ut faciat emendari prisiam dictorum servientium per gentes suas, et detentionem eorum in castro de Thom (sic), quod castrum est episcopi.* 1287. Restitut. du volume perdu, tom. I. p. 409, n° 662.

Philippe le Bel : puis il était annoncé que trois commissaires impériaux, savoir Anselme de Paroye, chanoine de Liége, et deux chevaliers allemands allaient venir redresser sur les lieux les erreurs des enquêteurs français :

Envoi de commissaires impériaux.

> Rodulfus, Dei gratiâ Romanorum rex, universis Sacri Imperii, præcipuè diœcesis Virdunensis, fidelibus. Honorabilis vir primicerius Virdunensis qui, sede vacante, custos et guardiator existit castrorum et episcopatûs, per nobilem virum H. de Albomonte (Blâmont) nostræ serenitati, cum affectu commendabili, demonstravit quòd rex Franciæ, regni sui metis et terminis non contentus, civitatem Virdunensem et diœcesim, cum aliis locis convicinis, suis finibus et jurisdictioni nititur applicare... Et, quia Deus super excelsa sublimior, nos ad imperiale solium sublimavit ut membra Romani imperii suo corpori firmiter adhæreant indivisa, supradictum negotium, ad instantiam dicti primicerii, honorabili viro Anselmo de Parogiâ canonico Leodiensi, et strenuis viris Hartmanno de Ratzenhausen et Eberhardo de Landesperg militibus fidelibus nostris, commisimus efficaciter inquirendum, qui diligenti indagine hujus rei edoctâ veritate, nostram serenitatem diligenter informabunt. Datum Kiburgi, tertio kalendas maii, regni nostri anno xv (29 avril 1288, Rodolfe de Habsbourg ayant été élu en 1273) (1).

La Biesme, limite verdunoise de l'Empire.

Ces enquêteurs impériaux, ayant rempli d'écritures neuf rôles de parchemin, prononcèrent enfin, le vendredi d'avant la Pentecôte 1288, qu'il résultait de tous les témoignages ouïs que la vraie limite de cette partie de la frontière était le ruisseau de Biesme : et de là vient la tradition, encore subsistante que, du temps où les ducs de Lorraine et Bar possédaient Clermont en fief de notre évêché, c'était à la Biesme que commençait la France. On voit dans l'enquête sur quels motifs ils rendirent cette sentence. Le principal se tirait de la position de la marche d'estault, c'est-à-dire du lieu de la frontière où venaient plaider les uns contre les autres les habitants des deux

---

(1) D. Baillet, rapportant cette lettre dans sa chronique manuscrite de Beaulieu, l'attribue à Adolphe de Nassau. Cela est impossible; car cet empereur qui ne régna que six ans, de 1292 à 1298, n'a pu dater une lettre de la 15e année de son règne.

territoires limitrophes : cette marche se trouvait sur l'eau de Biesme, à un pont dit verdunois, où arrivaient, du côté de Verdun, les gens d'Empire, et de celui de Sainte-Ménehould, les français. Un autre motif, qui ne manquait pas non plus de force, à cause de la coïncidence des anciennes divisions diocésaines avec celles des provinces, était que toujours Beaulieu avait été diocésain de Verdun, sans aucun ressort de l'évêché de Châlons : enfin on alléguait des faits que la perte des archives de l'abbaye ne nous permet pas de vérifier, savoir que les évêques de Verdun s'étaient servis de cette maison comme de forteresse contre les champenois. C'était probablement au temps de nos évêques du XIe siècle et du XIIe, qui guerroyèrent contre les pillards d'Argonne; et ce fait semble peu concluant. On remonta dans l'enquête jusqu'à l'affaire de Montfaucon, de 1272; mais sommairement, et sans beaucoup insister sur ce point (1). Quant à l'information française, il est à croire qu'elle exposait comment, dans les temps précédents, les comtes de Champagne avaient protégé Beaulieu, qui très-probablement, s'ils ne lui fussent venus en aide, aurait été assujetti et envahi par le Barrois, à peu près comme Saint-Mihiel; mais on ne sait pas ce que portait cette enquête, car elle ne fut pas publiée; et le parlement lui-même, qui l'avait adoptée en 1287, se déjugea et changea sa géographie, en 1318, quand il eut peur que la France ne perdît la Champagne. En attendant, et tout en enquérant, Thibauld ne faisait pas grâce de ses exploits : car la note des dévastations porte, pour cette année 1288, pillages des granges de Belle-Fontaine, de La-Voie, de Somme-Aisne et d'Harnacourt : butin qui fut mis en sûreté à Saint-Mihiel, en dépit et au mépris du sergent royal Philippe d'Auteuil. Cependant on sut à Paris qu'il y avait eu enquête de commissaires impériaux; et le roi entra en quelque

---

(1) Il fut dit seulement qu'avant 1272, le roi n'avait à Montfaucon nulle justice ni seigneurie, et que, dans ce territoire, on ne gardait pas les cesses ou interdits mis sur les églises de France.

hésitation. Comme il était notoire que Thibauld tenait des fiefs de l'évêché, et que, d'un autre côté, il se pouvait que Beaulieu fût l'un de ces fiefs, le parlement de la Toussaint, après avoir maintenu et réitéré son jugement que le comte était tenu de répondre à la cour pour tout ce qu'il avait en France ou en Champagne, ajouta que néanmoins ce serait sans préjudice de ses féodalités en Empire : en outre il fut dit que le roi, voulant de son côté connaître très-exactement son droit, ferait reviser l'enquête de Sainte-Ménehould, avec récréance, c'est-à-dire remise en possession provisionnelle des parties qui viendraient dire leurs moyens aux nouveaux commissaires, pour qu'ils en fissent rapport au parlement (1).

Thibauld soulève la question du Barrois mouvant. En cet état des choses, Thibauld fit une démarche fort grave, et qui changea notablement la situation. Il est nécessaire de la bien expliquer, parce que de là sortit la fameuse affaire du Barrois mouvant. Jusque alors, en réclamant Beaulieu, il ne s'était posé qu'en feudataire de l'évêché : ainsi le portait sa propre déclaration, faite en Chapitre, au commencement de 1288, quand il vint remettre au princier sa plainte à transmettre à l'empereur : les commissaires n'avaient non plus fait leur enquête que pour l'évêché, disant, comme nous l'avons vu, que les seigneurs évêques avaient à volonté ouvert et fermé l'abbaye, et pris là position de guerre contre les champenois : enfin l'appro-

(1) *Auditis conquestionibus procuratoris de Bello-Loco in Argonnâ, et gentium nostrarum de Campaniâ contrà comitem Barri, et defensionibus dicti comitis, responsum fuit esse intentionis domini regis et suæ curiæ quòd de rebus quas dictus comes habet in regno Franciæ, sive sint in Campaniâ, sive in aliis partibus, coràm domino rege et in suâ curiâ debeat respondere : et, si velit se fundarè et se facere partem, fiet ei jus; aliter non audietur : et nihilominus rex informabit se de jure suo, et illud conservare curabit. Non intendentes per hoc, quantum ad ea quæ habet in Imperio mutare aliquid quod hactenus fuerit observatum. Quædam inquestæ factæ, quibus dictus comes vocatus fuit, videbuntur et expedientur; et super gravaminibus et injuriis hinc indè, scribant partes factum suum; et dominus rex mittet viros idoneos ad partes illas, qui habebunt potestatem fieri faciendi recredentias ubi viderint cas faciendas, et super factis hinc et indè proponendis inquirent veritatem, et referent ad parlamentum.* Parlement de la Toussaint 1288, dans les Olim de Beugnot, tom. II. p. 281.

bation impériale intervint sur cette enquête, sans y rien changer, et toujours pour l'évêché (1). Pas un seul mot ne s'y trouvait quant au Barrois : peut-être même n'avait-on désigné la Biesme pour limite que parce que ce ruisseau ne coule le long de la marche d'Argonne qu'à partir précisément de Beaulieu, où il a sa source. Cette circonspection indique que l'empereur et ses jurisconsultes connaissaient bien l'état des mouvances féodales de la frontière, et ne voulaient pas s'aventurer plus haut, vers le sud, que l'évêché, lequel était incontestablement principauté d'Empire ; mais Thibauld crut l'occasion bonne de prendre et de réduire en Barrois le pays litigieux ; et il introduisit dans le débat un titre portant que Beaulieu relevait de l'Empire, non par l'évêché, mais par le comté de Bar. C'était là une variante tirant fort à conséquence pour la France : car, s'il était une fois admis que le Barrois se terminait à sa limite extrême par une terre d'Empire, il y avait présomption qu'il était entièrement impérial ; en d'autres termes, qu'il n'y avait pas de Barrois mouvant et dépendant de la couronne de France. Comme l'empereur s'était gardé de décider une telle chose, Thibauld se créa un titre à lui-même, mais avec embarras et hésitation, et sous la forme assez étrange d'un avis qu'il se fit donner par ses nobles, appelés en consultation sur ce sujet scabreux, aux Grands

(1) *Rodolfus, Dei gratiâ Romanorum rex semper augustus, universis etc. Relatibus multorum, crebrâ famâ, et multorum querimoniâ, ad Serenitatis nostræ certitudinaliter pervenit auditum quòd illustris rex Franciæ terram et partes nostras et Sacri Romani Imperii subintravit, usurpando sibi diversimodè bona, jura, obventiones et possessiones in eisdem. Nos autem hujusmodi relatûs famæ et querimoniæ, ne quidquam minùs providè facere videremur, certitudinem omnimodam habere volentes, ad episcopatum Virdunensem viros providos et discretos, clericos et laïcos, de quorum industriâ, constantiâ et fidei puritate obtinuimus confidentiam plenissimam, misimus, qui facti inquirerent veritatem. Qui, cum inquisitione factâ, et clarè et maturè completâ, et in publicum instrumentum redactâ, se nostris conspectibus obtulissent, relatibus famæ et querimoniæ supradictis veritatem invenimus omnimodam suffragari. Undè, nolentes ut dicta inquisitio oblivioni daretur, sed perpetuò in memoriâ haberetur, ipsam huic litteræ annexam approbamus, ratificamus et testimonio præsentium confirmamus. Datum Argentinæ, quarto idus octobris (12 octobre), indictione tertiâ, anno Domini* MCCLXXXIX, *regni verò nostri anno septimo decimo.*

Jours de Saint-Mihiel, pendant le carême de 1289. Voici cette pièce, qu'il eût bien fait, pour son repos, et surtout pour celui de son fils, de ne pas mettre en avant :

« Nous Henri, cuens de Wadémont, Simon, sires de Commercey, Joffrois, sires d'Aspremont, Henris, sires de Blâmont, Thomas, princiers de Verdun, Philippes, chastelain de Bar, Jehans, sires de Cons, Philippes et Eudes, seignors de Sorcey, Girard, sires de Louppey, Jehans, sires de Murault, Robert, sires de Wautronville, Pierre, sires de Belleugneville, Hues d'Amelle, sires d'Avillers, Reniers, sires de Creue, chevaliers,

Faisons cognoissant que noble homme Thiebaus, cuens de Bar, nos demanda et requist conseil à Saint-Mihiel, comme très excellens sires Philippe, par la grâce de Dieu roi de France, ait mis de nouvel sa main et ses gens en l'abbaye de Belleu, et ens membres d'icelle abbaye, qui sont en la comtei de Bar, et ait envoyé ses commandements et ses sergents pour justicier et sergenter en ladite abbaye et en dits membres, et en plusiors autres leus de la comtei de Bar : et li dit cuens ait plusiors fois requis àdit roi que il desdits leus ostât sa main et ses gens, et laissast ledit comte en telle saisine où il, et sui desvanciers ont estei de si long tems comme il puet souvenir : et ne veuille ledit roi oster sa main, ne ses gens desdits leus, ains ait respondu audit comte que ladite abbaye est en son royaume, et que de cellui leu, et d'autres qui en son royaume sont, se ledit comte s'en sent greveis, et il s'en vuelt plaindre audit roi, il en seroit oïz. Et ait le roi d'Allemaigne mandei audit comte par ses lettres que, sor la fealtei que il doit à l'Empire et à lui, li fasse assavoir ce que il en sceit... Et lidit cuens, qui vuelt faire sa fealtei et son debvoir vers ledit roi d'Allemaigne et Empire, se conseillat à nos, que il avoit à faire des choses dessus dites ;

« Nos chevaliers, qui entendons et avons entendu, de si long temps comme il nous puet souvenir, que ladite abbaye de Belleu et li membres d'icelle qui sont en ladite comtei de Bar, sont dou royaume d'Allemaigne, et de ce est, et a estei commune renommcie en dits leus, et en leus voisins. Por laqueille chose, nos avons loei et conseillei audit comte que il ces choses monstrait audit roi d'Allemaigne, porce que li dit roi d'Allemaigne, ou autres rois ou empereurs qui après lui venront, n'en puissent repenre ledit comte, ne ses hoirs qui après lui venront.

« En tesmoignaige de laqueille chose, nos chevaliers desordits, en la présence monsignor Thiebaus de Louvencey, monsignor Jehan de Rouvre, Maheu de Nouveiant, Renauld de Mandres, Olry de Champlon, Eudes de Pierrepont, Vaultier d'Aspremont, Milon de Cousance, monsignor Simon de Rampont, Jehan de Morey, Forque de Morey chevaliers, et plusiers aultres, qui les choses dessusdites louerent et conseillerent, louent et conseillent, avec nos, audit comte si comme il est dessusdit, avons mis nos seels en ces présentes lettres. Et nos Jehans, sires de Beffremont, qui n'estions mie présent à donner le conseil dessusdit, lesdites choses et ledit conseil entendu, avons louei et conseillei, et avons mis notre seel.

« Ces lettres furent faites et donneies l'an de grâce mil dous cens quatre vingt et oyt (1289, av. P.), le venredi après les Bures. Scellées de onze sceaux, sur double queue de parchemin (1).

Cette pièce ne fut point authentiquée en chancellerie impériale; et l'empereur Rodolphe, à Strasbourg, au mois d'octobre suivant, ne reconnut, du moins officiellement, que l'enquête de ses trois commissaires (2). Ceci dénotait; et Thibauld avec ses amis, le princier de Verdun en tête, eussent pu le comprendre, que la question de mouvance barroise soulevée par eux, était délicate : néanmoins ils persistèrent; et le roi leur ayant encore laissé quelque temps de réflexion, se décida enfin à faire rendre, au parlement de la Pentecôte 1290, arrêt sur les enquêtes qu'on faisait et recommençait depuis trois ans, à chaque nouvelle course de Thibauld sur les terres de Beaulieu. En dommages-intérêts, l'abbaye demandait 14,700 livres tournois : on lui en accorda dix mille; et, quant aux amendes, comme elles étaient principalement encourues pour mépris fait de la sauvegarde et des sergents du roi, la cour lui en réserva à lui-même la taxation, en sa justice et équité (3). Ces condamnations semblaient méritées; mais le roi avait

Arrêt de 1290 contre Thibauld.

(1) Dans les Preuves de D. Calmet. II. 525,26, 1re édit.
(2) Par la lettre rapportée pag. 13, note.
(3) Restitut. du volume perdu des Olim., tom. I. p. 430,31. C'est dans cet arrêt que se trouvent spécifiés tous les ravages commis par Thibauld sur la terre de Beaulieu.

peur de la dangereuse maison de Bar, derrière laquelle il entrevoyait l'appui de l'Empire, et même celui de l'Angleterre : de sorte qu'il suffit à notre comte de quelques révérences au roi pour que celui-ci retirât son arrêt, lequel fut, peu après, déclaré nul et non avenu, comme rendu par erreur de la cour (1). Cette reculade eut lieu au parlement de la mi-carême 1291 : puis Thibauld, qui régnait depuis 1240 environ, entra dans son extrême vieillesse, et disparut de la scène : toutefois l'arrêt demeura comme menace à son fils, s'il suivait les mêmes errements que lui; car la lettre de cassation, disant pour tout motif qu'on avait fait l'enquête autrement que le roi ne l'avait ordonnée, réservait droit et faculté d'en recommencer une autre. Au reste, nous verrons bientôt qu'on n'y mit pas tant de façons : car le comte Henri III, étant décidément devenu anglais, le roi et le parlement, au mois de juin 1294, remirent purement et simplement en vigueur ce même arrêt de 1290, qu'ils avaient déclaré erroné en 1291.

L'arrêt est suspendu.

Nous profitons de la suspension de cette affaire pour revenir à l'histoire de nos évêques. Il y eut un interrègne de trois ans entre Henri de Granson, mort en juin 1286, et Jacques de Revigny, qui prit possession à la fin de 1289. Suivant Wassebourg, coutumier de pareilles allégations, cette longue vacance eut pour cause les menées de la Commune, laquelle, dit-il, « usa de grosses menaces, si l'on

(1) *Philippus, Dei gratiá Francorum rex... Cùm dilectus et fidelis noster comes de Barro, per nostram curiam in decem millibus libris turonensibus abbati et conventui Belli-Loci, pro quibusdam injuriis, violentiis et damnis, eisdem, ut dicebant, illatis à dicto comite seu ejus gentibus, fuisset condemnatus, per quamdam inquestam quæ facta non fuerat sicut per nos fuerat ordinatum : Et dictus comes, sentiens se ob errorem curiæ nostræ indebitè prægravatum, ad nos accessit, petiit et supplicavit, nos super hoc remedium apponere opportunum. Nos supplicationi suæ annuentes, vocatis dictis partibus corùm nobis, et earum rationibus hinc et indè recordatis, pronuntiatum fuit per nostræ curiæ judicium dictam condemnationem per errorem factam fuisse, et eamdem nullius valoris esse et remanere debere. In cujus rei testimonium, præsentibus litteris nostrum fecimus apponi sigillum. Actum Parisiis, in parlamento nostro, die martis post mediam quadragesimam, anno Domini* $M^o CC^o$ *nonagesimo.* (1291 av. P.). Restitut. ibid. p. 439, n° 788.

n'eslisoit quelqu'un à son appétit: pour quoi ceux de Chapitre remirent le tout à la disposition du siége apostolique.» Tous nos auteurs répètent en conséquence que l'évêque Revigny fut nommé directement par le pape; et Boucher, le grand adversaire des élections capitulaires, s'empresse d'en prendre acte (1) : mais ils se trompent. Les bulles disent bien que cet évêque Revigny, ainsi que son successeur Jean II d'Apremont, furent tous deux nommés par le Saint Père; mais ce fut parce que, tous deux aussi, ils avaient été élus par le Chapitre, en concurrence et par des suffrages qui se balançaient: de sorte qu'ils s'en remirent à la décision de Nicolas IV, qui préféra Revigny (2), et le sacra de sa main (3), tout en tenant grand compte à Apremont des suffrages qu'il avait obtenus; car il eut l'évêché après le court épiscopat de son compétiteur. Quant à la date de cette double élection, elle est antérieure au 31 août 1289; car Revigny est qualifié d'élu de Verdun dans la bulle qui

Episcopat de Jacques de Revigny.

(1) *Qui Jacobus, non à clero, non à populo, non ab ullo trium civitatis ordinum conventu, sed à solà apostolicâ sede simpliciter electus... Quem summus pontifex suâ sponte et proprio motu delegit episcopum, instituit et Virdunum mittit, etc.* Virdunensis episcopatus, p. 144, verso.—On peut s'étonner de la hardiesse de Boucher à affirmer des choses dont il ne pouvait avoir la certitude.

(2) *Nicolaus, etc., dilecto filio Jacobo, electo Virdunensi... Sanè Virdunensi ecclesiâ, per obitum bonæ memoriæ Henrici, destitutâ pastore, contigit duas ibidem electiones, unam videlicet de te, tunc archidiaconum Tullensem, alteram de Johanne de Asperomonte, ipsius ecclesiæ Virdunensis canonico, in discordiâ celebrari. Sed earumdem electionum negotio per appellationem ad sedem apostolicam legitimè devoluto, postquàm fuit inter vos aliquandiù litigatum, uterque vestrûm omni juri quod sibi ex electionibus ipsis fuerat acquisitum, in nostris manibus renuntiavit expressè. Nos igitur, etc..., in te, scientiâ eminenti præditum, vitæ ac morum honestate decorum, discretionis ac consilii maturitate conspicuum..., et, de fratrum nostrorum consilio, eidem ecclesiæ Virdunensi præficimus... Datum Romæ, apud S. Mariam-Majorem, idibus decembris, pontificatûs nostri anno secundo* (13 décembre 1289).—*In eumdem modum, decano et Capitulo — magistro, scabinis et populo civitatis — vasallis ecclesiæ Virdunensis — carissimo in Christo filio Francorum regi illustri.*

(3) *Nicolaus, etc., venerabili fratri Jacobo, episcopo Virdunensi... Cùm pridem, tempore quo munus consecrationis nostris manibus tibi duximus impendendum, juramento, prout moris est, corporaliter præstito promiseris quòd Apostolorum limina, per te, vel per alium, singulis bienniis, visitares, licet ecclesia tua privilegium exemptionis non habeat, sed archiepiscopo Trevirensi jure metropolitico sit subjecta :* (suit une dispense de la visite *ad limina*). *Datum Romæ, apud S. Mariam-Majorem,* xii *kal. aprilis, pontif. anno tertio.*

désigna en ce moment des commissaires pour la réforme de Cluny (1) : il était alors à Riéti; et ses propres bulles pour Verdun sont datées du 13 décembre de cette même année 1289.

Revigny jurisconsulte.   Cet évêque, comme Jacques de Troyes, dut son élévation à sa science. C'était un des premiers jurisconsultes de son siècle : ancien professeur de droit à Orléans et à Toulouse, puis auditeur, ou juge à la Rote romaine, il comptait parmi ses élèves le chancelier de France Pierre de Belleperche, évêque d'Auxerre (2) : il avait beaucoup écrit sur le droit romain, commenté les Digestes, ancien, Infortiat et nouveau, abordé même la matière des fiefs dans une *Summa de feudis* : enfin les étudiants lui durent le premier dictionnaire de droit dont il soit fait mention, et auquel ils donnaient, sans doute pour sa clarté, le titre pompeux de *Lumen ad revelationem gentium* (3). C'est ce jurisconsulte que citent les vieilles gloses sous le nom de maitre Jacques de Ravanis, ou de Rabanis, ou même de Ravenne; car les étrangers, ne connaissant pas le lieu de sa naissance, à notre bourg de Revigny en Barrois, croyaient que Ravanis voulait dire Ravenne. Il ne reste dans les manuscrits des bibliothèques que des fragments de ses ouvrages qui, après avoir longtemps servi à l'ins-

---

(1) Cette bulle est mentionnée *Gall. christ.* xiii. p. 1218.

(2) *Habuit*, dit la chronique d'Auxerre, parlant de Pierre de Belleperche, *magistrum illum famosissimum Jacobum de Revigneio, qui similiter scripsit super Digesto veteri : quem magistrum sedulò secutus, similis ei in magisterio est effectus.* Dans Labbe, *Nova biblioth.* tom. i. p. 509. Ce Pierre de Belleperche, qui fut chancelier de Philippe le Bel dans les premières années du xive siècle, entre les fameux Pierre Flotte et Guillaume de Nogaret, résidait peu à Auxerre, *semper vacans circà officium cancellarii, et communicando regi*, ajoute la même chronique.

(3) Trithème, au temps duquel les ouvrages de Jacques de Revigny se trouvaient encore, dit dans le ch. 526 de ses *Scriptores ecclesiastici*, que ce maître avait écrit neuf livres sur le Code, 24 sur le Digestum vetus, 12 sur le Digestum novum, 14 sur l'Infortiatum, c'est-à-dire autant de livres sur le Digeste que le texte lui-même en contient; en outre des *Disputationes variæ*, ou dissertations sur divers sujets. La méthode de Revigny était scholastique. Il a un article par M. Victor Leclerc, dans l'Hist. littér. de France, tom. xx. p. 505.

truction, ont fini par être absorbés et confondus dans ceux de ses successeurs, tellement qu'il serait difficile de reconnaître ce qui vient de lui, surtout maintenant que les profanes ne connaissent l'Infortiat que par les plaisanteries de Boileau :

> . . . . Un vieil Infortiat
> Grossi des visions d'Accurse et d'Alciat,
> Inutile ramas de gothique écriture, etc.

Ce qui était plus embarrassant pour notre prélat que de disserter sur les Pandectes, c'était de se bien tenir en équilibre entre Philippe le Bel et le comte Thibauld sur le terrain glissant de leur querelle à la frontière. Pour lui affermir le pas en ce difficile trajet, le pape employa la diplomatie : il écrivit à l'empereur, et lui fit parler par le légat d'Allemagne, cardinal Mathieu d'Aqua-Sparta; en même temps, et par une innovation que justifiait le récent accroissement de la France en Champagne, il adressa les bulles du nouvel évêque au roi Philippe, comme promesse et demande de bonne harmonie : tellement que Revigny eut à la fois l'agrément royal et l'investiture de prince d'Empire, qui lui fut accordée à la diète d'Erfort, en 1290, par lettres (1); car en ce moment il était encore à Rome, attendant, pour être sacré par le pape, le résultat des démarches tentées près des deux souverains.

Sa première affaire fut celle de la décime que, depuis 1284, c'est-à-dire depuis la réunion de la Champagne, la

---

(1) *Rudolfus* (de Habsbourg), etc., *venerabili Jacobo electo et confirmato Virdunensi, principi suo dilecto. Romani imperii celsitudo consurgens, columnis debuit stabiliri stabilibus, inter quas illustres principes, ad totius operis machinam portandam, præstantiâ decuit cæteris clarescere... Sanè, cùm sanctissimus dominus Nicolaus papa quartus, ac reverendus dominus Mathœus, S. Mariæ in Porticu diaconus cardinalis, à nobis cum instantiâ postulârint ut tibi principi nostro, licet absenti, regalia feuda et jura principatùs tui concedere dignaremur, nos eorum precibus inclinati, te, per nostras regias litteras, investimus liberaliter de eisdem, administrationem temporalium et jurisdictionem plenariam principatûs tui et ecclesiæ Virdunensis, præsentium serie tibi committentes. Quocircà universis et singulis vasallis, ministerialibus, et omnibus tuis et ecclesiæ tuæ dedimus in mandatis quatenùs tibi, tanquàm principi nostro et eorum domino intendant in omnibus, et pareant reverenter. Datum Erfordiæ, anno Domini* MCC *nonagesimo, sexto kalendas martii, regni nostri anno* XVII.

20 PÉRIODE DE LA PREMIÈRE GARDE DE FRANCE.

cour de Rome autorisait le roi à lever sur les revenus ecclésiastiques des Trois-Evêchés. On avait pris prétexte d'une croisade en Aragon; mais l'empereur, voyant ainsi traiter nos Evêchés en terre française, réclamait; et le pape, qui avait accordé la décime, ne savait comment la retirer. Il semblerait que Rome eût voulu par là entraîner notre pays, à la suite de la Champagne, sous la couronne de France : et nous noterons ce fait comme première entrée de nos diocèses dans la sphère de l'église gallicane : entrée par impôt, et par conséquent peu agréable, mais qui ouvrit la voie où ils marchèrent volontairement jusqu'à l'abrogation de la Pragmatique, sous François Ier. L'expédient qu'on adopta pour se débarrasser de la décime de 1284 fut que d'abord Revigny apporta, comme grâce de joyeux avénement, un bref donnant délai pour payer l'année courante; puis on mit dans l'oubli la croisade qui servait de prétexte; enfin le Chapitre obtint déclaration de Rome qu'à l'avenir le diocèse ne contribuerait avec l'église gallicane qu'autant que les bulles l'y comprendraient expressément et nommément (1) : ce qui laissait la porte ouverte pour l'y comprendre toutes les fois qu'on le jugerait à propos. Ainsi s'agrandissait chez nous la France, du côté de l'église, non moins que de celui de l'état. — L'évêque rétablit ensuite ses finances en se faisant accorder, toujours par Rome, une annate (2), c'est-à-dire une

Décime gallicane.

---

(1) *Quòd si, de cætero decimas, vel alia quæcumque onera clero regni Franciæ per sedem apostolicam contingat imponi, ea cum ipso clero solvere minimè teneamini per litteras apostolicas quæ de hujusmodi indulto plenam et expressam, ac de verbo ad verbum non faciant mentionem... Datum apud Urbem Veterem* (Orviète) *sexto idus octobris, pont. anno tertio.* Ce bref est dans Wassebourg, p. 391, d'après le cartulaire.

(2) *Nicolaus, etc., venerabili fratri Jacobo, etc... Cùm, sicut accepimus, Virdunensis ecclesia magnis prematur oneribus debitorum, nos tuis supplicationibus benignè annuentes... percipiendi fructus, redditus et proventus primi anni omnium dignitatum, personatuum, ecclesiarum, et aliorum beneficiorum, etiamsi curam habeant animarum, quæ in Virdunensi ecclesiâ, civitate, ac diœcesi vacant ad præsens, vel usque ad triennium vacare contigerit..., exceptis his in quibus auctoritate sedis apostolicæ jus est alicui acquisitum, itâ quòd expectantibus præjudicium nullum fiat... Datum Romæ, apud S. Mariam Majorem, idibus martii, pontif. anno tertio.*

année de revenu des bénéfices vacants, ou à vaquer dans les trois années suivantes. Il est assez probable que les dettes qui nécessitèrent cette mesure venaient des dépenses politiques et autres du princier Thomas de Blâmont, administrateur du siége vacant; et déjà nous avons vu quelles amères doléances l'évêque Henri de Granson faisait sur la première gestion de ce mauvais économe (1) : mais, comme il était à Verdun le chef des partisans du comte Thibauld, on n'osa cette fois l'inculper expressément. Pour dernier acte, ce princier avait induit le Chapitre à nommer deux fils de Thibauld gardiens de l'évêché (2); et il est fort possible, du moins on peut le soupçonner dans l'obscurité des manœuvres et contre-manœuvres en ces moments critiques, que ç'ait été à cause de cette démarche, aussi compromettante qu'audacieuse, que Philippe le Bel voulut qu'enfin on mît, par la nomination de Revigny, un terme à cette longue vacance dont on profitait pour faire passer le Verdunois aux mains de ses ennemis.

Du côté de la Commune, cet évêque fut en paix jusqu'au milieu de l'an 1294; et, loin que nos citains soient coupables des prétendues rébellions que leur impute Wassebourg, on trouve au contraire qu'ils vinrent paisiblement, le 13 avril 1292, prendre les lettres de Paix de leur « seignor Jakes, par la grâce de Deu évesque de Verdun »; et ils lui réitérèrent pareil hommage le jour de Close-Pâque (Quasimodo) 1294. Ces lettres sont, comme nous l'avons dit, les plus anciennes qui subsistent en texte original de la Charte de Paix : et on voit, à la fin de celle de 1292, que la charte pareille de Henri de Granson avait été considérée comme en vigueur pendant tout l'interrègne. Les dernières années de Revigny ne furent point aussi paisibles : la Commune se tourna, ou plutôt fut tournée contre lui,

Situation communale.

---

(1) Ci-dessus, tom. II. p. 512.

(2) « Acte par lequel le Chapitre donne aux enfants du comte de Bar la garde de l'évêché, pendant la vacance du siége. De l'an 1289. » Invent. de la cathédrale, p. 106, art. Siége vacant. Roussel mentionne cet acte, p. 515.

mais on ne peut dire que ç'ait été pour affaires communales : ce soulèvement vint du princier et de son parti, lorsqu'ils virent l'évêque refuser décidément de marcher avec eux dans la voie dangereuse où ils s'avançaient de plus en plus à la suite des Barisiens.

Mort du comte Thibauld II. Ici abondent dans nos auteurs des incertitudes et des erreurs de dates qui obscurcissent beaucoup cet endroit important de l'histoire. Thibauld mourut en 1293; et cette année même son fils Henri III épousa Alianor, ou Eléonor d'Angleterre (1), dont le père Edouard Ier, dit aux Longues-Jambes, était en hostilité avec Philippe le Bel. Néanmoins, Henri semblait encore ménager le roi, et l'appela même en garantie d'une des clauses pécuniaires de son contrat (2); mais on sut bientôt qu'Alianor aurait en douaire les meilleures places du Barrois, lesquelles

(1) « Jehan, freire au comte de Bar... Comme traitié ait estei entre le noble roi d'Angleterre de sa fille ainée madame Alianor, mariée à notre chier signor et freire monsignor Henri, comte de Bar : et en cest traitié ait estei fait entendant audit roi, etc... Donné à Londres, le jeudi avant feste saint Jehan Baptiste 1293. Dans D. Calmet, Preuves, II. 538, 1re édit. Ainsi, à la saint Jean 1293, Thibauld était mort, puisque Henri est qualifié purement et simplement de comte de Bar : on voit d'ailleurs dans l'acte qu'il n'attendait plus alors d'autre héritage que celui de sa mère. — La première prolongation de trève entre le comte Henri et la cité de Verdun est datée de la Chandeleur 1293 (94 av. P.) : il y avait donc eu une trève antérieure, et ces trèves supposent l'expiration du traité viager conclu, en 1282, entre la Ville et Thibauld : ce qui conduit encore à placer sa mort en 1293. En conséquence, D. Calmet se trompe en disant, d'après une charte qu'il ne vit sans doute qu'en copie, que Thibauld mourut en 1296 ou 97 : ce que répète, d'après lui, l'Art de vérifier les dates. Il eût cependant pu voir, dans les Preuves de Roussel, p. 16, une charte du commencement de 1295 où Jean de Bar parle « de son très chier seignor et peire, Thiebaus cuens de Bar, qui fut. » Maillet, dans son Essai chronol. sur le Barrois, donne pour date 1277 : erreur évidente, mais qui prouve combien cette histoire laisse de lacunes puisque, pour un comte aussi notable que Thibauld II, on a pu s'égarer dans un intervalle de vingt ans.

(2) « Et à ce m'oblige-je à la destresse *(districtum*, juridiction coactive) de l'église de Rome et dou roi de France, » dit Jean de Bar, se rendant caution pour son frère, dans la charte que nous venons de citer. — On voit, en cette pièce, quelle fortune personnelle semblait alors convenable à un époux de la fille ainée d'Angleterre. Henri avait en propre 23,400 livrées de terre à tournois; 10,600 devaient lui échoir à la mort de sa mère Jeanne de Tocy, et 4,900 après son frère Thibauld, qui était d'église, et devint évêque de Liége en 1302.

devaient ainsi rester en mains anglaises, en cas de prédé- Mariage anglais
du
comte Henri III.
cès de son mari (1) : bien plus, on avait poussé la précaution jusqu'à faire jurer à la noblesse barisienne que, si à la mort du comte, son fils se trouvait mineur, on ne reconnaîtrait pas de régence sans l'assentiment du roi d'Angleterre (2). Autant à peu près valait écrire en toutes lettres que le Barrois devenait fief britannique : et Philippe le Bel l'entendit ainsi ; car à ces arrangements, dès qu'ils lui furent connus, il répliqua par la remise en vigueur de l'arrêt du parlement contre Thibauld, sur l'affaire de Beaulieu. C'était déclarer la guerre de son côté : le second prononcé de l'arrêt eut lieu en juin 1294 ; et de là vient qu'il porte deux dates, et se trouve à deux endroits dans le registre Olim (3).

Ces événements eurent pour contre-coup un grand changement politique à Verdun. A la mort de Thibauld expirait le traité viager fait avec lui en 1282, lors de la guerre civile des lignages ; et l'évêque Revigny, tant qu'il fut maître de la situation, empêcha par son influence qu'on ne le renouvelât avec un personnage aussi compromettant que le nouveau comte Henri (4) ; mais, dès qu'il devint notoire que ce téméraire ne gardait plus de ménagements

(1) « Le roi (d'Angleterre) salue tote gent. Comme nobles hom Henri, counte de Bar, ait dowei notre chière fille Alianor, countesse de Bar, sa compaigne, de son chastel et chastellerie de Bar, Saint-Mihyel, Keure, Mousons, Tronion (Heudicourt), Brey (Briey), Confey (Conflans), Sathenay (Stenay), Browannes, vaillant 15 mille livres de tournois par an... Donné à Canterber (Canterbury), le 15ᵉ jour d'avril » qui doit être 1294.

(2) « Le roi à tous countes, barons, chevalers, clers, esquires, seneschaux, baillis, prevosts, servants, et à tout le commun de la comté de Bar. Sur ce que nous avons entendu par le guellard (sic) de Ermoises la mort notre cher fils Henri, jadis comte de Bar, dont sommes moult ennoyez, et par mesme avons entendu que vous à nul ne volez obéir sans notre commandement, par le serment que vos feistes, quand le mariage se fist entre ledit comte et Alianor notre fille... Donné à Westmoster, le 13ᵉ jour d'octobre. Dans les Preuves de D. Calmet, II. 556, 1ʳᵉ édit., d'après Rymer.

(3) Restitut. du volume perdu, p. 430 et 449, nᵒˢ 744 et 847.

(4) De là viennent les trèves et prolongations de trèves mentionnées en 1293, et au commencement de 1294 entre la Ville et le comte Henri. «Lettres de Simon Dupuis, prieur des Prêcheurs de Verdun, et de Thibauld,

envers la France, tous les ennemis de celle-ci jugèrent à propos de l'appuyer par une grande manifestation à Verdun. Ils se soulevèrent contre la Commune épiscopale, la renversèrent, et en établirent une autre, qui s'empressa de renouveler le traité barisien, en y ajoutant autorisation à tout citoyen de servir le comte Henri, et faculté de fournir et vendre à ses troupes toute espèce de vivres et de munitions : en revanche, ils omirent la réserve mise dans l'ancien texte en faveur de l'évêque (1), qui put voir à cette réticence qu'on était décidé à ne pas l'épargner, s'il ne marchait droit dans le nouveau chemin. Il résulte des plaintes portées par lui, l'année 1296, à l'audience du pape Boniface VIII, que la sédition éclata scandaleusement, sous le patronage des archidiacres Jean d'Argonne et Thomas princier ; celui-ci, sans doute après la déclaration de guerre de 1295, dont nous parlerons tout à l'heure, courant l'évêché pour en saisir les terres et les revenus, comme s'il eût été vacant, tandis que Jean s'occupait pernicieusement en ville à exciter et conseiller les bourgeois de la nouvelle Commune : en outre ces deux meneurs, foulant aux pieds leurs devoirs diocésains, abusèrent de leurs archidiaconats pour pousser à la révolte un certain nombre de prêtres paroissiaux, dont les noms sont écrits dans la bulle, avec grand blâme (2). Revigny, dans ce

Sédition contre l'évêque Revigny.

doyen de Bar, par lesquelles les trèves étant entre Henri comte et les Treize de la Communauté de Verdun, déjà prolongées le jour de la Décollation saint Jean, 29 août 1293, jusqu'à la Nativité Notre-Dame, puis jusqu'à la saint Remy, sont prolongées de nouveau jusqu'au jour des Bures. Fait le mardi, jour de la Purification 1293, (94 av. P.). — Autre prolongation jusqu'au jour de la Trinité ; et le retour des hommes dudit comte qui sont en ôtage reculé jusqu'au dit jour. Fait le mercredi après Pâques Flories 1293 (jour des Rameaux 1294). Inventaire de Lorraine.

(1) Le traité de 1282, ci-dessus, tom. II. p. 495-97. Le traité renouvelé avec Henri, au mois de mai 1294, dans l'Inventaire de Lorraine. C'est le même texte, sauf la fin, où se trouvent les variantes que nous signalons.

(2) *Constitutus in præsentiâ nostrâ venerabilis frater noster Jacobus, episcopus Virdunensis, non sine multâ conquestione monstravit quòd Johannes, præpositus ecclesiæ Montis-Falconis, archidiaconus de Argonnâ in ecclesiâ Virdunensi, ad depressionem jurium episcopi, et contrà homagium ab eo ipsi episcopo præstitum, ausu nefario procuravit consilium et consensit quòd in civitate, de*

tumulte, quitta la ville, et protesta soit par censures, que les rebelles firent semblant d'ignorer, soit en insérant dans les actes de reprises féodales qu'il reçut alors, qu'on l'empêchait de tenir cour à Verdun : ce fut ainsi qu'il investit Folmar, abbé de Tholey, à Chárny, le lundi après l'Epiphanie 1294 (95, av. P.); et, le dernier jour du mois de février suivant, à Hatton-Châtel, Jean de Bar, frère du comte Henri, rendant hommage pour Vienne en Argonne, promit de le réitérer en forme, dès qu'on pourrait rentrer en ville. Ce prince Jean ne suivit pas son aîné contre la France, parce qu'ayant pour apanage l'héritage de leur mère commune, Jeanne de Tocy ou Toucy et de Puisaye, ces terres du Gâtinais (Yonne) n'eussent pas manqué d'être saisies par le roi; et ce fut également Jeanne de Tocy qui lui fit avoir de notre évêque l'investiture de Vienne, fief qu'elle tenait comme douairière du comte Thibauld, et dont elle se désista viagèrement pour son fils puîné (2).

novo, et illicite, et de facto, ad civium instantiam, nonnulli justitiarii quos vulgus Juratos nominat, præter jus et consensum episcopi, ad quem dumtaxat Juratorum asseritur pertinere creatio, crearentur et ibidem jurisdictionem exercerent. Sacerdotes etiàm infrà sui archidiaconatûs limites, ad rebellionem et inobedientiam episcopi induxit, et alia enormia contrà episcopum et ecclesiam committere non veretur (Citation à comparaître dans deux mois...) *Datum Romæ, apud S. Petrum, xv kal. junii, pont. anno secundo* (18 mai 1296). — Pareille citation au princier, auquel sont reprochés à peu près les mêmes excès que dans la bulle d'Honoré IV, ci-dessus, tom. II. p. 512 : en outre que : *quoddam insuper castrum, quod Hattonis-Castrum dicitur, proditionaliter dudum capiens, illudque aliquandiu captum tenens, bona episcopi in ipso inventa, non sine multâ temeritate, rapuit.* — Enfin, troisième citation aux curés *Anselinus de S. Victore, Jacobus de Genicourt qui se gerit pro vicario S. Salvatoris, Nicolaus de Buzeio, Nicolaus de Marchéville, Sanctinus de Lamme, Nicolaus de S. Andreâ, Warinus de Rarecourt, Hugo de S. Amantio, et Petrus dictus Papart de Bercaucourt, qui, non sine clericalis ordinis opprobrio, et gravi suarum animarum dispendio, ad actus nefarios damnabiliter opera convertentes, ad tantam proruperunt temeritatis audaciam quòd se Virdunensibus civibus, episcopi et ecclesiæ persecutoribus manifestis, per pactiones et confederationes illicitas et colligationes nefarias copulârunt, et in sensum reprobum dediti, excommunicationem ab ipso episcopo, exigente justitiâ promulgatam, non curant.* — Ces bulles de Boniface VIII désignent deux prieurs de Cluny, et le doyen de Saint-Mellon de Pontoise pour transmettre les citations aux accusés, après information préalable.

(2) L'acte de cette reprise dans Roussel, Preuves, p. 16. Celui de Folmar, d'après un Inventaire.

L'empereur déclare la guerre

Cependant la querelle des souverains suivant son malheureux cours, amena, le 8 avril 1295, le grand éclat d'une déclaration de guerre à la France, par l'empereur Adolphe de Nassau. Sa lettre parle des outrages et attentats intolérables commis par le roi Philippe, à la honte du Saint-Empire, sur la frontière de Champagne; mais la réalité était, suivant les chroniques françaises, qu'il avait reçu trente mille marcs d'argent du roi d'Angleterre. (1) Contre l'intention de ce riche bailleur de fonds, Adolphe employa l'argent à faire lui-même, et pour son propre compte, la guerre à son compétiteur Albert d'Autriche, fils de Rodolphe de Habsbourg; mais Albert s'étant allié à Philippe le Bel, la déclaration se trouva, dès l'origine, frappée d'impuissance, sans que personne s'y fût chez nous sérieusement compromis, sinon le comte Henri, qui accepta, et même demanda titre de lieutenant impérial sur cette frontière. Il y eut ordre aux princes et aux villes de le reconnaître et de l'aider de toutes leurs forces; mais le duc de Lorraine Ferry III, qui recevait pension de France, donna l'exemple de désobéir. D'un autre côté, Philippe le Bel étant aux prises avec les Anglais en Guyenne, et commençant contre les Flamands les hostilités qui lui attirèrent sa fameuse défaite de Courtray, en 1302, n'avait pas de forces

(1) *Rex Alemanniæ Adulfus, regi Angliæ Eduardo pecuniâ contrà regem Franciæ confœderatus, circà Epiphaniam Domini*, (1295 av. P.) *fecit diffidare regem Philippum : sed, deficientibus sibi auxiliariis, quod conceperat nequivit perficere.* Nangis, à l'an 1294. — La lettre de déclaration de guerre est datée de Wissembourg, le six des ides d'avril, an trois du règne d'Adolphe de Nassau (élu le 6 janvier 1292) : elle est adressée par cet empereur aux évêques de Verdun et de Toul, et à l'illustre Frédéric de Lorraine, ses fidèles princes, aux nobles comtes de Luxembourg et de Sarrebrück, et aux prudents et discrets maîtres, recteurs et communautés des cités de Metz, Verdun et Toul, amées et féales du Saint-Empire. Après y avoir rappelé les *intolerabiles injurias et inauditos contemptus regum Franciæ contrà Sacrum Romanum Imperium*, l'empereur déclare qu'il a confié *spectabili viro Henrico, comiti Barrensi, fideli nostro dilecto, vices nostras, nostro et Imperii nomine contrà regem Franciæ prædictum, circà metas Franciæ et Campaniæ; et eum studealis viriliter et constanter, auxilio, consilio et favore condignis assistere.* Cette lettre est dans les Preuves de Roussel, p. 17, avec la fausse date de 1298, et dans D. Calmet, Preuves, II. 541, 1ʳᵉ édit. sur l'expédition adressée à Ferry de Lorraine.

PÉRIODE DE LA PREMIÈRE GARDE DE FRANCE. 27

disponibles en notre pays : de sorte qu'il résulta de cet embarras général que la paix continua, malgré la déclaration de guerre. Henri persistait dans son obstination antifrançaise, et recrutait à prix d'argent des alliés secondaires, avec lesquels il préparait, de ses mains, son malheur; mais, avant d'y tomber lui-même, il y précipita notre infortuné évêque Revigny, dont la situation devint intolérable quand la lettre impériale de 1295 l'eût mis en demeure de se joindre aux ennemis de la France. Comme il n'en fit rien, le princier, la nouvelle Commune, et les autres barisiens, auxquels le traité renouvelé en 1294 livrait la ville, le déchurent en fait de son évêché, sous prétexte d'y faire exécuter la déclaration de guerre; et les archidiacres soulevant encore le clergé, il ne trouva plus d'autre ressource que d'aller demander au pape le secours de sa foudre du Vatican contre tant d'insurgés. Il eut, comme nous l'avons dit, son audience papale le 15 mai 1296; et on écrivit sa triste plainte dans les bulles d'assignation à comparaître; mais, au retour, il mourut à Florence (1); et, personne ne suivant plus la procédure, les bulles demeurèrent sans résultat. Il y eut ensuite une vacance de siége jusque vers le milieu de 1297 (2), avec cette notable circonstance que le prélat étant censé mort en cour papale, son évêché tombait à la collation du pape. Boniface VIII, bien que Wassebourg prenne ce moment de l'accuser d'arrogance, pré-

Mort de l'évêque Revigny.

(1) *Apud Florentiam, in curiâ Romanâ : et ibidem accesserat propter discordiam quam habebat contrà cives.* Jean de Sarrebrück. La briève chronique de Saint-Vanne, dans Labbe, I. 403, remarque aussi la vacance *in curiâ.* — Wassebourg et Roussel se trompent en disant que Revigny mourut avant d'être arrivé à Rome; car le pape, dans la bulle du 18 mai 1296, citée plus haut, dit formellement *constitutus in præsentiâ nostrâ venerabilis frater Jacobus.*

(2) Le siége vaquait encore au mois de février de cet an 1297. « Nous officiauls de la cour de Verdun, lou siége vagant, et des cours honorables hommes monsignor le princier, et monsignor le prévost de Montfaulcon, arcediacre d'Argonne en l'église de Verdun..., l'an de grâce MCC quatrevins et seize (97 av. P.), lou mardi après les octaves de la Purification Notre-Dame. » C'est le préambule de la sentence relative à Baleicourt, que nous avons rapportée tom. I. p. 531.

somption, et « hault couraige», fit un usage fort mesuré de sa prérogative : car, ayant égard à l'élection autrefois obtenue par Jean d'Apremont, en concurrence avec Revigny, il nomma cet ancien élu, qu'on appelait aussi Jean de Richericourt; et cette nomination était faite au mois d'août 1297, où remonte la première charte que nous ayons trouvée de « Jean d'Apremont, par la grâce de Dieu, et la provision du siége apostolique, élu de Verdun (1). » Quant à Revigny, on ne sut, chez nous, le jour de son trépas à Florence; du moins ce jour n'est pas marqué au nécrologe; mais on n'omit pas d'écrire dans les notes succinctes du catalogue épiscopal, qu'il avait été grand clerc, et même le plus général, c'est-à-dire le plus universel de tous les clercs (2). Cette forme d'éloge indique qu'alors le Droit était réputé la première des sciences : on disait en proverbe que Galien (la médecine) pouvait bien enrichir ses disciples, mais qu'il était réservé à Justinien d'élever les siens aux honneurs : *Dat Galenus opes, sed Justinianus honores;* et le Droit se mit tellement en vogue que, vers 1315, l'évêque de Toul Jean d'Arzillières voulut en avoir des maîtres dans l'école de sa cathédrale (3).

En 1297, l'affaire de Beaulieu durant déjà depuis dix ans, et tout ayant été dit, débattu et rebattu, soit en droit, soit en fait, pendant un si long intervalle, cette tragédie arriva enfin à sa catastrophe. Philippe le Bel partant pour la Flandre, le comte Henri trouva ce moment opportun

---

(1) Ici Boucher, *Virdunensis episcopatus*, p. 130 et 145, prétend qu'il n'y eut plus d'élections après Boniface VIII, parce que, suivant lui, ce pape aurait réservé au Saint-Siège la collation de tous les évêchés. Wassebourg avait déjà dit quelque chose d'analogue; mais ils se trompent tous deux; et il suffit de parcourir le titre *de electione et electi potestate* dans le Sexte des Décrétales (liv. I. tit. 6), pour voir que Boniface VIII n'entreprit jamais de supprimer les élections capitulaires. En réalité, la réserve générale des évêchés, dont parlent nos deux auteurs, ne remonte qu'aux règles de la chancellerie romaine, sous Jean XXII, de 1316 à 1334 : règles qui n'étaient reçues que dans les pays d'obédience.

(2) *Peroptimus clericus. — Legum professor excellentissimus, et magister in theologiâ. Clericorum generalissimus.*

(3) P. Benoit, Hist. de Toul, p. 474.

d'entrer lui-même en campagne; et l'honneur de son premier exploit fut pour les moines, qui le méritaient bien, comme auteurs et instigateurs de cet affreux embarras. On mit le feu à leur abbaye; puis, pour signe qu'elle devait désormais rester en désert, on emporta à Bar le corps de saint Rouin, ainsi qu'une belle Notre-Dame d'argent, qui paya les frais de la conquête. Dom Baillet dit qu'avec l'abbaye fut ruiné autour d'elle un village de huit à neuf cents feux, dont, suivant lui, mention se trouvait aux registres des greniers à sel de Châlons et de Sainte-Ménehould; mais peut-être fait-il ici quelque confusion : du moins le grenier de Sainte-Ménehould, qui fournissait Triaucourt et la terre de Beaulieu, ne remontait qu'au temps de Philippe de Valois. Après cette terrible punition des moines, restait à porter la déroute chez les Français leurs protecteurs; et ici commençait le périlleux de l'entreprise : néanmoins Henri, ayant bien choisi le moment où le roi était au siège de Lille, fut d'abord assez à son aise pour ravager quelque étendue de la Champagne; ce qui força la reine Jeanne de courir, avec ce qu'elle put trouver de feudataires, au secours de ce pays, son héritage. Le moment décisif approchant, et tout renfort pouvant faire pencher la balance, soit d'un côté, soit de l'autre, le roi d'Angleterre, au commencement de juin 1297, envoya à l'empereur Adolphe cette lettre très pressante :

Nouvelle dévastation de Beaulieu.

« A très hault et noble prince roi des Romains, toujours cressant (1), notre très chier ami, Edwart roi. Sur ce que notre fils le comte de Bar a commencié la guerre sus le roi de France, et plus avant a fait que nul emmi celles parties, par quoi il est plus chargié de nos ennemis que nul autre, prions votre hautesse et requérons chièrement que ledit comte veuilliez aidier de vos gens qui plus près li sont, et qui mieulx y peuvent entendre, en teille manière que il se

Lettre du roi d'Angleterre.

(1) C'est la traduction des mots *semper augustus* du protocole impérial. Les allemands traduisaient *Mehrer des Reichs*. On dérivait ce mot *augustus* du verbe *augere*; mais tel n'était point le sens antique : du moins les Grecs traduisaient *augustus* par σεβαστος.

puisse maintenir contre notre commun ennemi, tant que (jusqu'à ce que) nous y puissions mettre autre conseil, et que ce soit à l'honneur de vous et de nous, et au profit dou comte avant dit. Donné à Canterbyr (Canterbury), le quatre jour de juin (1). »

Défaite du comte Henri.

Philippe le Bel, de son côté, sentant qu'il fallait là un plus rude guerrier que sa reine Jeanne, détacha de l'armée de Flandre le sénéchal de Champagne, Gaulcher ou Gaulthier de Crécy, seigneur de Châtillon sur Marne, lequel, sans demander ni attendre personne, se jeta brusquement sur le Barrois, et y mit les villages du comte en pareil état que celui-ci avait fait ceux du roi, c'est-à-dire à feu et à sang. Henri, revenant en hâte au secours de sa terre, rencontra les Français vers Louppy, aux environs de Vaubecourt (2), et livra là une malheureuse bataille dont on a pour tout et laconique récit, qu'il la perdit complètement, d'une si funeste manière que Châtillon l'emmena prisonnier vers le roi, et le montra en trophée à toute l'armée française; puis le roi, qui venait de recevoir la soumission de Bruges, enferma dans la forteresse de cette ville l'infortuné vaincu, et le laissa là confiné jusque en 1301, de peur qu'il ne troublât les négociations qu'on se proposait d'ouvrir avec l'Empire. Tel fut le premier et triste hommage de la maison de Bar à la couronne : mais la leçon lui profita; et désormais nous ne la verrons plus qu'au service dévoué et bien récompensé de la politique royale. Cette victoire rehaussa fort la France en notre pays; et les Messins, commençant à sentir cette puissante influence, donnèrent,

(1) Cette date du 4 juin 1297 indique clairement que Henri n'était ni battu, ni pris au moment du départ du roi pour la Flandre en ce même mois de juin, où, dit Nangis, il mit le siège devant Lille la veille de la saint Jean. Le fait que Henri prisonnier fut mené à Bruges est un autre indice que sa défaite arriva pendant la guerre de Flandre; et tout se suit bien dans cette chronologie. Il est vrai que Nangis raconte le malheur de Henri avant l'expédition de Flandre; mais ce doit être par quelque anticipation, pour n'avoir pas à interrompre le récit de cette campagne.

(2) Localité désignée par Chevrier, II. 58, sans doute d'après les Mémoires de Thierriat, ou autres documents perdus, que lui avait, dit-on, communiqués le prince Charles-Alexandre de Lorraine, l'un des fils de Léopold.

le 7 novembre 1297, acte de « bon asseurement, sans malengin, à tous ceulx qui appartiennent à très hault prince et seignor Philippe, par la grâce de Dieu roi de France, de son royaume et de sa comtei de Champagne (1). » — Dans les années suivantes, toutes les grandes querelles semblèrent s'apaiser : les Flamands se soumirent; l'empereur Adolphe, qui avait déclaré la guerre à la France, fut tué en bataille à Gelheim près Worms, l'an 1298, par son compétiteur et successeur Albert d'Autriche, l'allié de Philippe le Bel; enfin le roi Edouard d'Angleterre épousa, en 1299, Marguerite de France, sœur du roi : de sorte que le malheureux comte Henri, abandonné de tous, dut attendre en patience, dans le donjon de Bruges, ce qu'il plairait au roi Philippe et au nouvel empereur de décider de lui et de son comté.

Pour notre ville, le changement de scène y fut grand après la défaite du comte Henri. Tous ceux qui poussaient l'évêché à la guerre et persécutaient pour cette cause l'évêque Revigny, entrèrent, après la catastrophe, dans le silence et la confusion, craignant le roi Philippe et les enquêtes de son parlement : de sorte que Jean d'Apremont II, dont nous avons déjà dit la promotion, ne trouva plus dans son peuple que des ouailles douces et dociles. La tempête ainsi subitement calmée, et lui-même étant fort pacifique, on jouit du calme nécessaire et réparateur qu'il fallait après une si violente commotion (2).

Cet évêque était, par sa mère, petit-fils de Joffroy d'Apremont, dont nous avons raconté le testament, à la Massoure en Egypte, en présence de Joinville; et, du côté paternel, il se rattachait à un autre fameux croisé, le chevalier lorrain Conon de Réchicourt, dont la légende et les chaînes illustraient le sanctuaire populaire de Saint-Nicolas-de-

(1) Preuves de l'Hist. de Metz, III. 249.
(2) Wassebourg et Roussel, ayant daté de 1297 ou 98 la déclaration de guerre de l'empereur Adolphe, ont été obligés de placer au temps de Jean d'Apremont les malheurs qui en résultèrent. C'est un nouvel anachronisme. La lettre d'Adolphe est de 1295 : v. ci-dessus, p. 26, note.

Jean d'Apremont II.

Port. On ne sait pas, et il importe peu de savoir, pourquoi notre prélat, ainsi que son frère Guillaume, prévôt de la Madeleine, portaient le nom de leur mère plutôt que celui de leur père : il en était ainsi même dans les chartes et les pièces officielles; et sans doute cette préférence venait de ce que les seigneurs de Richericourt, aujourd'hui Réchicourt-le-Château, aux environs de Sarrebourg, étaient moins connus et moins puissants chez nous que la grande maison d'Apremont. Le chef de celle-ci était alors un Joffroy, que, dans une charte de 1300, notre évêque Jean appelle « son chier ami et cousin : » ce Joffroy fit, en 1302, hommage de Dugny, Monthairons et Brieulle à Philippe le Bel; puis périt peu après, en combattant pour lui à Courtray. Il n'est pas douteux que Jean n'ait fidèlement suivi ce bon parent dans les voies de la politique française, triomphante alors, et hors de laquelle il n'était pas de paix : et, dans les affaires de petite politique, ce fut également au système de paix que Jean, et tous les autres, se fixèrent. Les Communaux, loin de lui chercher querelle, lui empruntèrent de l'argent, qu'ils n'avaient pas encore remboursé en 1314, à l'avènement de Henri d'Apremont (1). Pour le Chapitre, l'évêque reconnut, dès sa première charte, du mois d'août 1297, qu'aucune prébende n'était à sa disposition, et que si, sur sa recommandation, on en conférait une à l'un de ses amis, ce serait par grâce et courtoisie, dont ni lui, ni ses successeurs, ne tireraient aucune conséquence en droit (2). Dans cette charte, il se qualifie d'élu par la

---

(1) « Nous li citains et toute la communitei de la citei de Verdun faisons savoir que, comme révérens peire en Dieu nostre très chier sire Henri d'Aspremont, par la grâce de Dieu évesque de Verdun, nous demandast sept mille livres de petits tournois, que li évesque Jehan, jaidis son devantier, avoit paieis à nostre requeste pour nous, à noble homme Henri, jaidis comte de Lucembourg, etc.

(2) *Johannes de Asperomonte, Dei gratiâ, et sedis apostolicæ provisione Virdunensis electus. Noverint universi* (suit l'exposé du fait d'une collation de prébende à un certain Nicolas de Saverne, que l'évêque qualifie de *nobilis vir clericus*). *Nos recognoscimus, dicimus, et affirmamus veraciter, dictos venerabiles primicerium, decanum et Capitulum nobis gratiam fecisse specialem, nec*

provision du siége apostolique; nous n'en trouvons, avant 1300, aucune où il prenne le titre d'évêque (1) : ce qui indique approximativement l'époque de son sacre. Enfin nous noterons, et ceci pourrait bien être signe de quelque discrédit commençant à s'attacher aux élections capitulaires, qu'il se fit honneur d'avoir été choisi directement par le pape, et qu'on l'écrivit en éloge dans son épitaphe : *Obtinuit à papâ sedem.*

Ce paisible évêque combattit cependant une fois, ou plutôt essaya de combattre pour une querelle qui revint assez souvent dans notre histoire, et qui est une antiquité ecclésiastique à éclaircir. Il s'agissait de la juridiction archidiaconale, que nos évêques, et d'autres encore, trouvaient exorbitante dans le diocèse de Verdun. Elle remontait à ces temps primitifs où les paroisses n'étant pas encore constituées, tout le clergé était, ou était censé immatriculé, soit immédiatement, soit médiatement, au Presbytère de l'église épiscopale, et gouverné par les dignitaires de ce Presbytère. Alors il passa chez nous en coutume que les Ordinaires du clergé, juges des hommes et des choses ecclésiastiques (compétence fort grande au moyen-âge), étaient les archidiacres, l'évêque n'ayant que la prérogative de juridiction supérieure en appel. Telles étaient les règles, de temps déjà immémorial, quand, en 1229, sous

<small>Juridiction archidiaconale.</small>

ad id jure aliquo, nec aliquâ consuetudine tenebantur. In cujus rei testimonium, et ne ad consequentiam ab aliquibus futuris successoribus nostris hoc trahatur, sigillum nostrum, etc., anno Domini MCC nonagesimo septimo, feriâ secunda post festum beati Bartholomæi apostoli.

(1) Roussel, p. 317, prétend que, dès 1297, Jean prit le titre d'évêque dans une charte du mois d'octobre relative au domaine de Moirey. Ceci prouve combien peu on peut se fier aux assertions de notre auteur : car la charte dont il parle existe au cartulaire, p. 113 bis, verso; et elle commence ainsi : Nous Jehan, par la grâce de Deu eslus de Verdun... — Wassebourg ayant dit, et tous les autres ayant répété que Revigny était mort à Florence avant d'être arrivé à Rome, il en est résulté qu'ils ont fait plus longue qu'elle ne le fut réellement la vacance qui suivit ; et ils ont expliqué cette longueur par des difficultés qu'aurait faites Boniface VIII d'accepter Jean d'Apremont II.

Raoul de Torote, intervint l'arrangement dit du droit de prévention, en vertu duquel les affaires en cour spirituelle purent, dès la première instance, aller à l'officialité de l'évêque, pourvu que cette officialité « prévînt, » c'est-à-dire prît, ou eût l'avance de l'ouverture des débats; et l'accord fut ainsi formulé : « Toute cause se terminera sous le juge qui l'aura ouverte (1). » Dans ce système, les archidiacres demeuraient Ordinaires, parce que les affaires leur revenaient de droit, à chacun pour son territoire, si l'on n'avait fait démarche expresse pour les porter à la grande cour (2). En ces termes et arrangements, Robert de Milan reconnut, en 1266, que les officialités archidiaconales étaient aux mêmes pouvoirs, droits et compétences que la sienne (3). Il arriva ensuite que Thomas princier, et

(1) *De consuetudine antiquâ, approbatâ, et à tempore de quo non extat memoria, primicerius cæterique archidiaconi in ecclesiâ Virdunensi habuerunt pacificè, et habent in suis archidiaconatibus omnimodam jurisdictionem in cognitione causarum matrimoniorum, legatorum, testamentorum, usurarum, cæterorumque excessuum, cognitione in causis appellationum tantummodò penès episcopum remanente. Item personas à veris patronis ad curas animarum præsentatas, curatè investire, diœcesano irrequisito. Item, etc., etc... Cùm verò episcopi Virdunenses aliquam jurisdictionem ecclesiasticam, nisi in causis appellationum hactenùs non habuerint, prædicti primicerius et archidiaconi, de assensu totius Capituli, dicto reverendo patri domino Radulfo et ipsius successoribus, ob ipsius Radulfi reverentiam, jurisdictionem in cognitione causarum dederunt et concesserunt. Itaque qui primò manum apposuerit, coràm ipso causa finietur. Et promiserunt prædicti episcopus, primicerius, etc., inviolabiliter observare. In quorum testimonium, sigilla nostra, et curiæ Virdunensis, etc. Actum et datum in pleno Capitulo, A. D. 1229, mense junio.* Dans Wassebourg, p. 359, verso.

(2) *Dicunt et proponunt in jure coràm vobis magistro Conone, canonico Virdunensi, subdelegato à venerabili primicerio, Ordinario loci.* Dans une procédure de 1284.

(3) *Et, de consuetudine antiquâ, approbatâ, etc., ipse primicerius, ejusque prædecessores in archidiaconatu Virdunensi, functi sunt et fungi dèbent eâdem jurisdictione quâ ipse episcopus; et omnes clerici, laïci, religiosi, decani, presbyteri, curati, vicarii, capellani, cæteræque personæ in archidiaconatu prædicto constitutæ, jurisdictioni ipsius primicerii, tanquàm episcopo, in omnibus et singulis tenentur obedire. Item ipse primicerius habet, debet, potest cognoscere sicut episcopus, super usuris, legatis, matrimoniis, etc.* Charte de Robert de Milan, produite par le Chapitre, dans le procès de 1694. Tous ces droits du princier avaient passé au Chapitre depuis l'union de la princerie à la mense capitulaire, en 1385; et l'official du Chapitre mettait en protocole : *Nos N., curiæ primiceriatûs, pro Capitulo Virdunensi officialis.*

Jean archidiacre d'Argonne abusèrent de leurs fonctions contre l'évêque Revigny; et ils s'en repentirent, très-sincèrement, sans aucun doute, quand ils eurent vu la chute du comte Henri; mais Jean d'Apremont sentit combien une telle faute de leur part lui donnait de prise contre eux; et, comme il avait de son côté son frère Guillaume, prévôt de la Madeleine, archidiacre de Woëvre, il fit prononcer, en 1299, par son official de la grande cour, que désormais cette cour serait seule au spirituel. Le princier et les archidiacres d'Argonne et de la Rivière appelèrent à Trèves; les curés de Saint-Amant, Saint-Sauveur, Saint-Pierre-le-Chevril, Saint-Médard, et Saint-Jacques du bourg Saint-Paul adhérèrent à l'appel; et la mort de Guillaume, en 1300, ayant, au milieu du procès, privé l'évêque de l'homme qui mettait à son profit la division au camp ennemi, il se désista, et donna acte de son consentement à laisser les choses telles qu'il les avait trouvées (1). Ceux de ses successeurs qui reprirent l'instance ne réussirent guère mieux que lui : et l'évêché ne gagna ce grand procès qu'en 1694, par arrêts du Conseil de Louis XIV.

Les dernières années du XIIIe siècle offrent pour incident la fondation de Sainte-Claire, et la petite querelle qui s'éleva à ce sujet entre le clergé paroissial et les Mendiants. Il y avait, en 1292, à Verdun, quatre béguines de bonne bourgeoisie qui, ayant mis leur avoir en commun, et obtenu de l'évêque Revigny, le 24 août, permission de se construire une chapelle, s'affilièrent aux Cordeliers, et, par leur entremise, reçurent du cardinal de Sainte-Marie, protecteur de l'Ordre, des lettres datées du 4 des calendes de juin 1293, en vertu desquelles elles étaient reçues Sœurs Mineures en la province de France, et autorisées à se cons-

Sainte-Claire.

---

(1) Les diverses pièces de cette procédure dans le grand Inventaire de la cathédrale, art. Princerie, p. 147,148. — On trouve, sous la date de mars 1288, une commission de Jean, cardinal de Sainte-Cécile, aux abbés de St-Vincent de Metz, St-Epvre et St-Mansuy de Toul, pour statuer sur une opposition des curés de Verdun à la juridiction du princier.

tituer religieuses à l'instar de celles de Sainte-Claire de Metz, couvent fondé environ quarante ans auparavant. Tous ces couvents de franciscaines portaient le nom de sainte Claire, fondatrice de l'Ordre des femmes (1). Il y eut ensuite, dans cette bonne œuvre, une perturbation dont notre manuscrit des Sœurs Mineures ne dit rien, sinon, fort discrètement, que celles de Verdun, changeant d'avis, transférèrent leur demeure en la maison de Metz, et lui firent cadeau de leur établissement commencé; mais on trouve les détails de cette affaire dans une charte de Jean d'Apremont II, en 1301 (2). Au commencement, personne n'avait rien vu à contredire dans le projet; mais, dès qu'on sut que la nouvelle maison serait de l'Ordre de saint François, le curé de Saint-Victor crut ses droits curiaux perdus, tant les Frères Mineurs, futurs chapelains, avaient de priviléges de Rome, et de talents pour les faire valoir : alors, faisant intervenir

(1) Roussel, p. cvii, dit qu'à Verdun on les appela sœurs Colettes, du nom de la plus ancienne des quatre premières : mais c'était le nom commun des franciscaines en France, depuis sœur Colette de Corbie, réformatrice, environ 200 ans après saint François.

(2) *Nos Johannes, Dei gratiâ Virdunensis episcopus... Honestis mulieribus Agathâ Martelli, Margueronnâ dictâ de Bras, Sarionnâ, natâ Guiberti de Friauville quondàm, Mahulde Laguelle, Franciscâ Laguelle, et Colettâ filiâ ejus, affectantibus et proponentibus, divinâ inspirante gratiâ sub regulâ Sororum Minorum, in regulari habitu Domino famulari, et Minorissæ publicè nominari, ac sub obedientiâ abbatissæ quoddam monasterium seu oratorium, cum claustro, infrà limites seu fines parochialis ecclesiæ Sancti-Victoris Virdunensis : quod à nobis, et bonæ memoriæ Jacobo, prædecessore nostro, eis concessum extitit, sine juris alieni præjudicio. Cùmque parochialis ecclesiæ prædictæ, viri religiosi abbas et conventus Sancti-Pauli Virdunensis sint patroni, atque etiàm rector dictæ parochialis, ratione jurium parochialium quæ habet et habere debet, ne eorum diminutionem, vel omnimodam perditionem paterentur, quod multis posset modis accidere, propter earum privilegia... Cùmque, propter earum difficilem conveniendi facultatem, eisdem, per jactum lapilli, fuisset solemniter nuntiatum, quòd jactura earum imminebat in perfectione operis ab eisdem inchoati; Tandem, de bonorum et proborum consilio* (suit un long arrangement)... *Et auctoritate nostrâ conventum est quòd, pro omnibus juribus parochialibus rectori debitis et debendis, de universis oblationibus, sive sint in pecuniâ, sive in candelis, cereis et tortiis* (torches), *armis, equis, pannis sericis, vel alterius materiei, vel aliis quibuscumque rebus, rector dictæ ecclesiæ partem mediam, etc... Datum anno Domini MCCC primo, mense septembri, feriâ quartâ antè Nativitatem Mariæ virginis.*

l'abbé de Saint-Paul, patron de sa cure, il forma avec lui opposition, sur le motif de l'amoindrissement, sinon de la ruine qui menaçaient la paroisse, bien que l'évêque Revigny n'eût entendu autoriser qu'un établissement inoffensif, ainsi que le disait la clause « sans préjudice du droit d'autrui, » mise par lui dans son autorisation aux dévotes. D'abord les sœurs les laissèrent dire; et, tenant la porte de leur maison fermée, sous prétexte de leur clôture cloîtrée, elles ne laissèrent pas pénétrer leur sommation; mais ils prirent des témoins, en présence desquels on jeta judiciairement, par-dessus le mur, une pierre dans la cour des nonnes, pour les avertir que si, ne tenant compte de l'opposition ainsi signifiée, elles continuaient leur bâtiment, ce serait désormais à leurs propres et purs risques et périls. Ce fut alors qu'elles se retirèrent à Sainte-Claire de Metz, et transmirent leurs droits à cette maison, plus capable qu'elles de soutenir procès. Les choses restèrent ainsi pendant quelques années : enfin tout s'arrangea par la vieille comtesse douairière de Bar, Jeanne de Tocy, veuve de Thibauld; l'évêque Jean renouvela, le 4 août 1299, la permission de son prédécesseur; et, en exécution de la clause *sine juris alieni præjudicio*, il réserva au curé de Saint-Victor part de moitié dans toutes obventions et oblations de l'autel de Sainte-Claire. — Il y a peu de remarques à faire sur ce couvent, qui fut toujours pauvre, et sans notabilité historique. L'ancienne église avait été dédiée en 1329 par François Chaillot, dit évêque des Cordeliers : c'était un évêque *in partibus* de Chalcédoine, suffragant de Henri d'Apremont, et gardien des Mineurs de Verdun : la réforme fut mise, en 1600, par le très-révérend père Bonaventure Catalagirone, ministre général de l'Ordre; vers le même temps, on reconstruisit tous les édifices, par les soins du révérend père Florent Boulanger, que les religieuses considéraient comme leur second fondateur; les abbesses devinrent triennales; et ce couvent se trouvait, en 1790, habité par vingt et une religieuses, et quatre sœurs au voile blanc. Il était renté de quelques terres, vignes, et contrats; et ses bâtiments formaient deux corps, dont le plus intérieur, où était le monastère, avait de beaux jardins et vergers. — Quant au démêlé des paroissiaux avec les Mendiants, il ne paraît pas qu'il ait beaucoup nui à ceux-ci chez nos citains, à en juger par le grand nombre de sépultures à notables épitaphes qu'on voyait chez les Cordeliers : et, afin de mettre un terme aux tracasseries du clergé, les Mineurs et les Prêcheurs, de concert, firent publier solennellement en 1304, sur le jubé de la cathédrale, par devant les officiaux de l'évêché et de la princerie, et présents les curés, qui vinrent là conduits par leur doyen, une bulle fort ample de confirmation de priviléges des deux Ordres (1).

Mort de Jean d'Apremont II.

Jean d'Apremont ayant, en novembre 1302, assisté au sacre de son collègue de Metz, Renauld de Bar (l'un des fils du comte Thibauld), par le métropolitain Diether de Nassau, mourut le dernier jour de mars de cette même

(1) *Officiales majoris et domini Primicerii curiarum... Noveritis quòd anno Domini M°CCC° quarto, feriâ quintâ antè festum beatorum Jacobi et Philippi, horâ circà primam, in choro ecclesiæ Virdunensis, in nostrâ præsentiâ, præsentibus etiàm religiosis viris priore Fratrum Prædicatorum et guardiano Minorum, fratre Conone lectore, fratre Anschero de Sancto-Michaële, Nicolao de Cummarceio, ordinis Prædicatorum, fratribus Bernardo Johanne de Barro, Nicolao Le Savage, ordinis Minorum, necnon domino Ancelino, decano christianitatis Virdunensis, dominis Jacobo de Gineicourt et Johanne Colieul Sancti-Salvatoris, domino Bertrando Sancti-Medardi, parochialium ecclesiarum Virdunensium presbyteris, Richardo Joffridi et Alberto de Samognues, clericis publicis, curiarum prædictarum notariis, et quamplurimis aliis presbyteris, clericis et laïcis, publicatæ fuerunt et lectæ, per virum religiosum fratrem Ancherum de Sancto-Michaële, ordinis Prædicatorum, quædam litteræ non cancellatæ, non abolitæ, nec in aliquâ sui parte vitiatæ, verâ bullâ plumbeâ et filo scrico bullatæ, quarum tenor sequitur, in hæc verba : Benedictus episcopus, servus servorum Dei, etc.* — Dans le concile provincial de Trèves, en 1310, il est dit, ch. 110 : *Omnibus mendicantibus utriusque sexûs inhibemus ne novas mansiones seu nova ædificia construere præsumant, sine nostrâ et episcoporum licentiâ speciali, nisi hoc eis à sede apostolicâ specialiter sit indultum, super quo nobis fidem facere teneantur.* — En 1308, atour de Metz, sur ce que « plusieurs gens de notre citei, tant laies gens, comme prebstres, clercs et aultres, se soient venus complaindants à nous de ce que les religieux mendiants, c'est assavoir Jaicobins, Cordelliers, Carmoioux, et Augustins, etc. Preuves de l'Hist. de Metz, III. 287.

année 1302 (1), comme on comptait alors, c'est-à-dire de notre année 1303 avant Pâque; et on lui érigea, à la cathédrale, un fort beau mausolée, que nous avons décrit ailleurs (tom. II. p. 575). Les chroniques messines remarquent que l'élection de Renauld de Bar se fit « par commun accord » : ce qui ne permit pas à la cour de Rome d'user, cette fois, de sa politique ordinaire de faire renoncer les deux élus entre les mains du pape, pour que celui-ci tranchât le débat en faisant la nomination. Ceci ouvrait une large porte aux provisions par autorité apostolique, ainsi qu'on le vit en ce même évêché de Metz, après la mort de Renauld, en 1316. Alors, disent les mêmes chroniques, « y eut deux esleus en Chapitre, seigneur Pierre de Sierk, archidiacre de Marsal, et seigneur Philippe, archidiacre de Sarrebourg; or seigneur Pierre avoit la plus grande partie. Et, comme ils fussent allés à cour de Rome, le duc de Lorraine aidoit à seigneur Pierre, et le comte de Bar à seigneur Philippe : lequel, voyant que il avoit la moindre partie du Chapitre, renonça à son élection; et pareillement fit seigneur Pierre, soubz l'espérance que le pape lui donneroit l'éveschié : mais fut frustré; car le pape la donna à Henri Daulphin, de France; et ainsi furent desfraudés les deux esleus...; et Henri Daulphin fut mauvais; car se fit dispenser, parce qu'il ne li convenoit mie estre ordonné, pour tant que il avoit addès volunté de revenir au siècle, et de tenir le Daulphiné...; et, à la fin, tint l'éveschié sans avoir dispensation, et en receut pour plus de deux cent mille florins, lequel argent il eut; et le retint (2). » Ainsi se passaient les choses dès les premiers temps de la papauté

<small>Décadence des élections capitulaires.</small>

---

(1) Ainsi dit dans l'épitaphe : *Pridiè kalendas aprilis, obiit reverendus in Christo pater et dominus Johannes de Asperomonte et Richericuriâ episcopus, qui dedit nobis decem rasa frumenti, de acquisitis suis in molendino de Tillei suprà Mosam, singulis annis distribuenda in anniversario suo : nec tenemur aliquid ponere in operibus neque necessariis dicti molendini.* Nécrologe. — Nous ne trouvons pas mention du grand débordement de la Meuse que Roussel dit être survenu au temps de cet évêque.

(2) Chroniques Huguenin, p. 36-38.

40 PÉRIODE DE LA PREMIÈRE GARDE DE FRANCE.

d'Avignon, sous laquelle périrent les élections capitulaires. Pour Verdun, en 1303, nous savons seulement que, vers le milieu d'août, le Chapitre élut le vieux princier Thomas de Blâmont, dont le premier acte fut d'emprunter, conjointement avec son frère Henri, « à noble prince, leur chier seigneur Ferry, duc de Lorreigne et marchis, cinq cents livres de toulois neufs de Nancei, les trois toulois valant deux petits tournois neufs » : dans cette obligation, du mois d'août 1303, Thomas prend le titre d'élu de Verdun ; mais nous n'avons ni ses bulles, ni celles de ses successeurs ; et la collection de ces documents s'arrête au XIVe siècle (1).

Fin de l'affaire du Barrois mouvant

Le nouveau siècle, à son début, entre 1299 et 1301, vit la conclusion de l'embarrassante affaire du Barrois mouvant, qui jetait la discorde entre les souverains. Depuis qu'il y avait un Barrois, la politique, fort manifeste, des comtes de Bar tendait à l'ériger en aleu, c'est-à-dire en indépendance, aux confins de la France et de l'Empire ; mais, dans l'ordre de choses créé par la suppression du royaume carlovingien de Lorraine, il ne restait, en droit politique, aucune place pour de telles principautés ; et tout devait se rattacher soit à l'Empire par des investitures telles que celles de nos évêques, ou le marchisat des ducs de Lorraine, soit à la France immédiatement, ou médiatement par la Champagne. Entre ces divers pays, dans un territoire encore assez vague, s'était peu à peu formé le Barrois, sans autorisation expresse, ce semble, d'aucun souverain. En racontant l'origine de ce comté, au milieu du Xe siècle, nous avons vu Flodoard noter comme terre française le lieu où fut construit le château de Bar (2) : ensuite il arriva, vers 1115, que Renauld le Borgne étant tombé aux mains de l'empereur

---

(1) Le siége vaquait encore au commencement d'août ; car on trouve au cartulaire de Saint-Airy une charte de l'officialité, le siége vacant, du samedi après fête saint Pierre ès liens 1303.

(2) Ci-dessus, tom. I. p. 328.

Henri V, n'en put sortir qu'en faisant hommage (1); mais on n'a pas les termes de cet hommage, imposé de force. Saint Louis, dans le protocole de sa sentence arbitrale de 1268 entre Thibauld de Bar et Henri de Luxembourg, au sujet de leur différend pour Ligny, dit que compromis a été fait entre ses mains « par nos amés Henri de Luxembourg et Thibauld de Bar, notre féal (2) » : ce mot féal, appliqué à celui-ci seul, au singulier, indique entre lui et le roi un lien de féauté qui n'existait pas pour Henri de Luxembourg. Thibauld, voyant Philippe le Bel en Champagne, comprit que le moment arrivait pour la France de mettre fin à toutes ces indéterminations; en conséquence il se jeta du côté de l'Empire; et nous avons vu le mauvais succès de sa tentative, qui conduisit, en 1297, son fils Henri III dans la prison de Bruges. L'année suivante 1298, fut défait et tué l'empereur Adolphe de Nassau, qui soutenait le comte Henri : puis le vainqueur Albert d'Autriche, l'allié de Philippe le Bel, convint avec celui-ci qu'ils règleraient eux-mêmes en personnes les questions pendantes. Le lieu de l'entrevue, désigné par des précédents déjà nombreux de colloques entre les souverains de France et d'Allemagne, fut Vaucouleurs ou, pour parler plus exactement, un village voisin, Rincy-la-Salle, *ad aulam regiam*, ainsi nommé en souvenir de ces mémorables tenues de cours (3). Ce territoire était France par la baronnie de Joinville, dont il relevait; nous avons vu, en 1248, Joinville l'historien parler de son frère le sire de Vaucouleurs: le roi n'acquit la seigneurie directe de ce lieu que par échange, en 1337; et on l'incorpora alors au Bassigny

---

(1) Ci-dessus, tom. II. p. 171.

(2) *Ludovicus, Dei gratiâ Franciæ rex. Cùm sit in nos compromissum de alto et basso à dilectis nostris Henrico Lucemburgensi, et Theobaldo Barri, fideli nostro, comitibus.* Dans les Preuves de Berthollet, v. LXI.

(3) Ci-dessus, tom. II. p. 362,424, etc. D. Calmet énumère ces entrevues dans l'art. Vaucouleurs de la Notice de Lorraine, d'après Benoit, Hist. de Toul, p. 81.

Albert et Philippe le Bel à Vaucouleurs.

français. Albert et Philippe s'y rencontrèrent dans les derniers jours de novembre 1299. Le duc de Lorraine Ferry III, en qualité de marchis, alla au-devant de l'empereur, et le conduisit à Toul, chez l'évêque Jean de Sierk : là resta le duc tombé malade; et il fut remplacé à la conférence par son fils, et prochain successeur Thibauld, dit de Rumigny, à cause de sa femme. Au-devant de Philippe le Bel alla, jusqu'à Foug, par ordre de l'empereur, l'archevêque Vicfold de Cologne : puis les souverains se rencontrèrent, et eurent leur première conférence en une prairie dite des Quatre-Vaux, sur les limites extrêmes, entre Toul et Vaucouleurs (1). Le public sut bientôt que le roi avait accordé sa sœur Blanche à Rodolphe, fils aîné de l'empereur; et les fiançailles furent célébrées sur les lieux mêmes, le 8 décembre, avec fêtes, joutes et tournois, comme il convenait à des noces royales. Il fut ensuite planté des bornes en ces Quatre-Vaux, au lieu dit Val de Losne, où était la marche d'estault, c'est-à-dire la limite très précise sur laquelle devaient se tenir les plaids entre sujets des deux Etats : on parla aussi de bornes à mettre sur une certaine étendue du cours de la rivière, jusqu'à Saint-Mihiel, suivant les uns, ou même, d'après d'autres rumeurs, jusqu'à Verdun : et on connut ainsi que les rois s'occupaient d'un règlement de frontières. Les politiques et les nouvellistes, qui commençaient dès lors à foisonner, répandirent le bruit que la France venait

(1) *Albertus rex Romanorum, et rex Franciæ Philippus, cum magnâ pompâ militum, apud Gadior, (id est Quatuor Valles), amicabiliter convenerunt, ubi prædictus rex Franciæ sororem suam Blancam filio regis Romanorum Rudolfo copulavit in uxorem, in die Conceptionis Mariæ. Hæc facta sunt in supradicto confinio regnorum, in prato infrà Tol* (Toul) *et Gadior. — Actum et datum nobis (Alberto) et Francorum rege præsentibus, apud Quatuor Valles, die martis* VIII *decembris, A. D.* 1299, *regni nostri secundo.* Documents cités dans le P. Benoit, Hist. de Toul, p. 85. — Il est vraisemblable que cette prairie de Quatre-Vaux, dite *Gadior*, sans doute par corruption de *Quatuor*, était considérée comme le point même de la limite entre l'Empire et le royaume. Sur la carte du Dépôt de la guerre, on voit les Quatre-Vaux, route de Vaucouleurs et Rigny-St-Martin à Toul, à une distance assez grande à l'est de la Meuse. On ne signale là aucune trace d'édifice.

d'obtenir la limite du Rhin : Nangis l'entendit raconter ; et Wassebourg le répète, l'ayant lu ès vieilles histoires de maître Nicole Gilles : ce qui prouve que ce n'est pas d'aujourd'hui que nos Français convoitent cette limite. Les Allemands dirent, au contraire, que Philippe le Bel avait renoncé à l'Alsace et à la Lorraine, en réciprocité de l'abandon fait par l'empereur de ses prétentions sur l'ancien royaume d'Arles. Au sujet des bornes, la seule chose dont nous ayons à parler ici, il est d'abord évident qu'elles ne se rapportaient en aucune manière à la limite du Rhin, puisqu'on les plaça près de la Meuse ; et la Meuse elle-même ne fut pas prise pour limite précise, générale et rigoureuse dans tout son cours, comme on ferait peut-être aujourd'hui si l'on procédait à de pareilles opérations : car, dans un tel système, il n'y eût eu aucun besoin de bornes. Il est à remarquer que, dès la première de ces pierres, celle du val de Losne, on s'écarta notablement de la Meuse, à une lieue environ vers l'orient, Philippe le Bel n'ayant pas voulu renoncer à cette pointe avancée de la prévôté de Vaucouleurs vers Toul. Le château de Commercy-sur-Meuse ne cessa point d'être de l'évêché de Metz : car ce ne fut qu'en 1335, moyennant mille livres payées à Jean Ier de Sarrebrück, que le roi, du consentement d'Adhémar, évêque de Metz, acquit droit de recept, c'est-à-dire de retraite et de logement pour ses troupes en ce château : et le premier hommage français n'en fut exigé qu'en 1445 par Charles VII, lors de son fameux voyage en Lorraine, de force, à ce qu'il paraît, plutôt que de droit, et sous prétexte de mettre un terme aux brigandages de l'incorrigible damoiseau Robert de Sarrebrück. Quant à Verdun, sur la Basse Meuse, on peut être certain, malgré des rumeurs, sans fondement comme nous allons le voir, qu'on ne mit là aucune borne d'Empire et de France : car ce fut précisément dans l'entrevue de Vaucouleurs, le 6 décembre, que l'empereur, qui logeait à Toul, reconnut de nouveau et sanctionna itérativement l'enquête de 1289,

Plantation des bornes.

44 PÉRIODE DE LA PREMIÈRE GARDE DE FRANCE.

fixant la Biesme comme limite occidentale du Verdunois (1): et il n'est pas douteux que Philippe le Bel n'ait adhéré à cette déclaration impériale; autrement on ne s'expliquerait pas comment le parlement, renonçant en 1318 à son arrêt de 1287, qui avait déclaré Beaulieu territoire de Champagne et de royaume, avoua que ce même Beaulieu était hors de Champagne; seulement, dit-il, il est du côté de Verdun (2) : ce qui signifie que Verdun ayant alors pris la garde du roi, Beaulieu restait en cette garde, à la suite de Verdun. Nous avons encore rapporté ci-dessus, (tom. I. p. 403), une lettre de 1378, du roi Charles V, reconnaissant que « le chastel de Clermont en Argonne est en Empire, » comme fief de l'évêché de Verdun. De ces faits, il nous semble qu'on peut conclure que l'eau de Meuse ne fut reconnue limite que pour le Barrois, c'est-à-dire en face du Barrois, et seulement dans le trajet correspondant à ce comté, de telle sorte que, sans préjudice aux autres féodalités, toute terre barroise à l'occident du fleuve fût désormais et incontestablement mouvante de la couronne de France, sans que là, ni le comte Henri, ni ses successeurs, pussent se couvrir contre le roi d'une prétendue qualité de feudataires impériaux. A l'histoire de l'entrevue Nangis ajoute qu'ensuite Philippe le Bel donna trêve d'un an au comte de Bar : ce qui signifie sans doute qu'en lui notifiant le bornage fait à son intention, il lui fut enjoint d'avoir à le reconnaitre dans le délai d'un an, s'il ne voulait voir

La Meuse, limite du Barrois mouvant.

---

(1) *Albertus, etc., universis Sacri Romani Imperii fidelibus, etc. Noveritis quòd nos litteras inclytæ recordationis quondàm Romanorum regis domini Rodolfi genitoris nostri vidimus et respeximus, hujusmodi continentiæ et tenoris...* (Suivent, tout au long, les lettres de Rodolphe de Habsbourg et d'Adolphe de Nassau confirmatives de l'enquête des trois commissaires de 1289). *Nos itaque Albertus universa superius in prædictorum regum litteris annotata, ex certâ scientiâ approbamus, ratificamus, et per præsentis scripti patrocinium confirmamus, dantes has litteras, majestatis nostræ sigillo communitas. Datum apud Tullum,* VIII *idus decembris, indictione* XIII, *anno Domini* M.CC.XCIX, *regni nostri secundo.* Dans Calmet, Preuves, II. 528,29, 1re édit.

(2) *Et quòd sit infrà punctos seu terminos comitatûs Campaniæ,* etc. Arrêt de 1287, ci-dessus, p. 7. — *Ultrà terminos comitatûs Campaniæ, versùs Verdunum.* Arrêt de 1318, dont nous reparlerons.

recommencer la guerre contre son pays, et rester lui-même en prison.

Ces bornes de Vaucouleurs sont fameuses dans notre histoire; et on en a tant parlé, d'une manière vague et confuse, que nous croyons utile de transcrire ici quelques passages de l'enquête officielle que fit faire à ce sujet le roi Charles VI, en 1390, lorsque existaient encore plusieurs enfants de ceux qui avaient vu l'empereur Albert et Philippe le Bel à leur conférence de 1299. Nos auteurs n'ont point connu, ou ont mal à propos négligé cette enquête, qui est un document assez curieux, non-seulement sur les bornes, mais sur ce qui se passa à l'entrevue : Enquête de 1390.

« Information faite par moi Guillaume bastard de Poitiers, bailli de Chaumont, avec maistre Pierre Cheron, notre lieutenant, sur le fait des bornes que l'on dit pieça (jadis) avoir été mises ès extrémités dudit bailliage, vers la rivière de Muese, par lesquelles bornes le royalme fut, et est séparé de l'Empire ès parties de par deçà : ladite information à moi commise à faire par mon très-chier et redoubté seigneur monseigneur le chancelier de France, et nosseigneurs du conseil du roi notre sire. Icelle information commenciée à faire le xiiie jour du mois de septembre l'an mil ccc$_{\text{iiii}}^{\times\times}$ dix, et parfaite les jours ensuivant, en la manière que s'ensuit :

« Isabelle la bossue, demeurant à Rinel dessus (Rigny haut) en la châtellerie de Vaucouleurs, aagiée d'environ $_{\text{iiii}}^{\times\times}$ quatre (84) ans, dépose par son serment qu'elle a oÿ, par plusieurs fois dire à sa mère et à son père, qui sont morts dès cinquante ans passés, que le bel roi Philippe de France, qui estoit un grand homme, et l'empereur estoient venus au val dit le val de Lone (1), qui est oultre ladite ville de Rinel, en allant à Toul, et que là le père d'elle qui parle les avoit veus assemble. Et furent à toute grande quantité de seigneurs, d'une partie et d'aultre, ondit val ; et furent mises bornes illec, pour séparer et diviser le royalme de France et l'Empire. Et disoit son père que

---

(1) Baugier, Mém. de Champagne, tom. II. p. 176, parle d'un prieuré de Val d'Osne, fondé dans la première moitié du xiie siècle, par Geoffroy, sire de Joinville, dans une vallée étroite et profonde entre Joinville, Vassy, et Montiers sur Saulx. Peut-être les Joinville, lorsqu'ils possédaient Vaucouleurs, ont-ils transféré ce nom de val d'Osne à l'un des Quatre-Vaux.—Rinel doit être prononcé Rinei, les *l* finales ne sonnant pas dans l'ancien français.

les bornes estoient fichées dedans terre, bien en parfond, et en avoit depuis veu dehors ce que dehors la terre avoit esté laissié; mais elle qui parle ne les vit oncques. Bien se recorde que son père et sa mère disoient toujours à elle et à leurs voisins que l'an mil deux cens quatrevins et unze (erreur pour 1299), furent les deux rois au val d'Osne : et, le lendemain au matin, vinrent voir Saint-Martin (1). Et dit, sur ce requise, que sondit père et sa mère lui avoient dit, et par plusieurs fois, que en la ville de Rinel dessusdite, l'empereur et le roi furent à l'église d'illec, où pose Saint-Martin, oïr messe, en laquelle église l'on portreia l'imaige dou roi Philippe, afin de en avoir mémoire, laquelle imaige est encore en un mur, par devers le royalme : et la monstra ladite femme qui parle, et les autres habitants de la ville, à nous et à nostre dit lieutenant; et disoient, et pour vérité affirmoient, que eulx avoient toujours oÿ dire à lors ancestres que elle avoit esté peinte illec dès lors que le roi et l'empereur avoient mis les bornes on val de Lone, pour séparer le royalme de l'Empire. Disoit oultre, elle qui parle, que, pour lors que l'empereur et le roi furent logiés on dit Rinel, un grand seigneur appelé Charles de Valoys (le frère du roi), et ses gens, furent logiés en l'ostel de son père; et que, au deslogié, le roi de France et ses gens avoient si bien fait paier partout leurs despens que son père et sa mère, toutes fois que l'on en parloit, prioient pour le roi et ses gens. Et après, vinrent logier à Vauxcoleur; et y fit-on grant feste et jostes (joutes), en une plaine qui est appelée Maroiches. Dit oultre encore que, quand les gens du roi vouloient journeyer (plaider) aux gens de l'Empire, ils venoient journeyer audit val de Lone, là où furent mises lesdites bornes; et a vu aller journeyer les gens du roi contre les gens l'évesque de Toul, et contre les gens des religieux de Saint-Euvre de Toul : et appeloit-on lesdites journeies les journeies des Estaus.

« Le maire Thierry, de Rinel dessoubs (Rigny bas), aagié d'environ cinquante ans..., est bien record qu'il a oÿ dire par plusieurs fois aux anciens du pays, qui depuis sont allés de vie à trépassement, que longtemps avoit que feu le bel roi Phelippe de France et l'empereur avoient esté ès parties de par deçà; et qu'ils avoient esté au val de Lone, qui est entre Toul et ladite Rinel, distant de la rivière de Muese et oultre icelle, une bonne lieue grande; et que en icelui val avoient esté mises bornes, en présence desdits seigneurs

(1) Rigny-Saint-Martin, tout près, et mère-église de Rigny-la-Salle.

et de leurs gens : et disoient li anciens que lesdites bornes estoient de coyvre (cuivre), et les avoient veues ; et qu'elles faisoient division du royalme et de l'Empire : et aussi avoient esté mises bornes de coyvre en la rivière de Muese qui passe par Verdun, qui séparoient pareillement le royalme de l'Empire, et que ainsi le disoient li anciens. Disoit oultre que qui trairoit un cordel dès ledit val de Lone, là où furent mises lesdites bornes, jusques au moitant de la rivière qui passe par Verdun, le cordel seroit tout droit de l'un à l'aultre, en allant aval (1) ; et semblablement seroit tout droit le cordel que l'on trairoit dès ledit val de Lone jusques à lieu là où sault et croit Muese en amont, qui est près de Montigny-le-Roi (2). Que, par advis du pays, ainsi lui semble : mais la rivière de Muese, en venant aval, s'en va biaisant jusques à Saint-Mielz, et lors elle descend tout droit jusques à Maisières : et tient-on communément au pays que, pour ce, furent mises les dites bornes. Et dit encore que les Bourguignons charretiers qui viennent des parties de là où croit Muese ne suivent pas la rivière pour aller à Maisières, mais tiennent les haults, droit le train desdites bornes : car, s'ils suivoient la rivière de Muese selon ses alvos, il leur faudroit trop tournoier, car la rivière va trop en biaisant. Et plus n'en sait, sauf tant que quand les gens du roi notre sire et les gens de l'empereur vuellent journeier, ils vont journeier au val de Lone, là où furent mises lesdites bornes : et y a plusieurs fois esté, en plusieurs journées : et appelle-t-on telles journées les journées des estaus.

« Jehan de Boullemont, escuyer, aagié de LXX ans, ou environ, dit et dépose que de tout le temps dont il a mémoire, il a toujours demoré à Boullemont, qui est près de la rivière de Muese, et a toujours oÿ dire et tenir communément au pays que, longtemps avoit que un roi de France estoit venu ès parties de par deçà, sur la rivière de Muese, et passa par dessoubs le chastel de Boullemont, à grand noblesse, et alla en un val que l'on dit le val de Loune, qui est oultre la rivière de Muese en allant vers l'Empire, entre Toul et Vaulcoleur, distant icelui val de la rivière de Muese d'une grosse lieue et

(1) S'ils entendaient qu'une ligne droite, du sud au nord, tirée du val de Losne passerait par le milieu de la rivière à Verdun, ils se trompaient ; car la Meuse dévie notablement à l'ouest.

(2) C'est-à-dire sans doute jusqu'à l'endroit en amont de Vaucouleurs où la Meuse entre (sault, saillit) sur le territoire de la prévôté, près de Montigny-le-Roi, ainsi dénommé sans doute depuis 1337, comme limite de la terre du roi, quand il eut acquis la seigneurie directe à Vaucouleurs.

demie; que ondit val trouva l'empereour, et illec, en présence desdits seigneurs, furent mises bornes de coyvre, et bien fichiées dedans terre : et dit-on communément au pays que lesdites bornes font et doivent faire séparation de l'Empire et du royalme, et que, pour ceste cause, lesdits seigneurs y avoient esté en leurs personnes, afin que chacun sceust ses droits, et les extrémités de son pays. Toutefois n'est pas record que aulcuns de ceulx qui furent à faire ledit abornement soient mais (à présent) en vie. Dit oultre ledit escuyer que pareillement furent mises certaines aultres bornes, oultre ladite rivière de Muese, c'est assavoir une borne de pierre dessoubs Traveron, et l'aultre dessoubz Bussey, qui encore y sont : et, pour ce, dit que ladite rivière de Muese ne fait pas séparation du royalme et de l'Empire quant à ce; mesmement que le roi notre sire a plusieurs villes et justices haultes, moiennes et basses oultre ladite rivière, par devers l'Empire, comme la haulte justice de Vaulcoleurs, les villes de Rigney dessus et dessoubs. Et si est vrai que la rivière de Muese va en biaisant jusques à Verdun, et pour ceste cause tient-on que lesdites bornes furent mises; et si tient-on communément au pays que en milieu de ladite rivière qui passe parmi la ville de Verdun furent mises bornes de coyvre; mais il ne les vit oncques; et, en allant aval, ladite rivière va tout droit, sans biaiser, à Maisières sur Muese : si n'y furent mises, pour ce, aultres bornes. Dit encore que l'on appelle les lieux où furent mises les bornes dessusdites les lieux des estauls; et que, quand les gens du roy de France et les gens de l'empereur veullent journeyer les uns contre les aultres, vont journeyer sur lesdits lieux, ès parties de par deçà; et y a veu tenir plusieurs journées par les officiers desdits seigneurs...

« Le maire Barant, aagié de LXX ans, Godefroy de Burey, aagié de LX ans, Aubry de Saussuires, aagié de LX ans, Jehan Taille, aagié de LXX ans, le maire Boulangier, aagié de L ans, tous de Bures la Coste, sur la rivière de Muese, déposent tous par une voix et d'un commun accord qu'il est voix et grant renommée au pays que un roi de France et l'empereur vinrent long temps (et aultrement du temps ne leur record) on vaul que l'on dit le vaul de Lonne, qui est oultre la rivière de Muese, en allant à l'Empire, loin d'icelle rivière d'une grande lieue et demie, onquel lieu furent en présence desdits seigneurs mises bornes de coyvre, pour séparer et diviser le royalme de l'Empire, et que, pour ceste cause, lesdits seigneurs y avoient esté en lors personnes (comme dans la déposition précédente de Jean de Boullemont, jusqu'à la fin ; puis ils ajoutent) : Dient encore que ils ont oÿ dire aux anciens du pays, et de ce est commune renommée, que, quand lesdites bornes furent mises, afin de souvenance, l'on jetait de la monnoie, à grant plante par les places, et que le roi retourna par Vaucoleurs, tint illec grand feste, et y josta (jouta)-t-on, en un lieu de Vaucoleurs appelé Maroiches ; et dura la feste bien vi ou vii jours.

« Et, après ces choses, je me transportai à Verdun, pour moi informer plus avant, en tant qu'il touche les bornes que l'on disoit estre et avoir esté mises en la rivière de Muese qui passe parmi Verdun : mais je ne trouvai aucun qui lesdites bornes y veist oncques. Bien est-il commune renommeie à Verdun, et on pays d'environ que les bornes de coyvre y furent pieça mises ; et est vrai que qui trairoit un cordel du moitant de ladite rivière de Verdun, il iroit férir de droite ligne auxdites bornes du val de Lonne, et d'illec vers Montigny-le-Roy, dont sault ladite rivière de Muese. Et tout ce, certifié-je estre vrai. »

Cette enquête prouve qu'en 1390, à Vaucouleurs même, on ne parlait déjà plus que par souvenir et tradition des bornes « de coyvre » (cuivre, airain) plantées là au temps de Philippe le Bel : en conséquence, il est bien probable que ce sont des fables que ces histoires de bornes à la fleur de lys d'un côté et à la double aigle de l'autre que, suivant divers auteurs, le roi Henri II fit arracher pendant ses guerres contre Charles-Quint. D. Calmet, rapportant cette rumeur, s'en réfère, sans garantie, à un manuscrit composé, dit-il, dans le but de prouver la mouvance impériale du Barrois (1) : ceci ajouterait encore à l'invraisemblance du renseignement ; car, dans cette thèse du Barrois fief d'Empire, c'eût été non le roi, mais bien l'empereur qui aurait eu intérêt à faire disparaître les marques de la mouvance de France jusqu'à Vaucouleurs, et au-delà. Pour Verdun, la même enquête de 1390 constate qu'on n'y recueillit sur la prétendue borne mise dans le milieu de la rivière que des bruits populaires, (venus probablement des lieux de la Haute Meuse où la délimitation avait été faite),

(1) Notice de Lorraine, art. Vaucouleurs, vers la fin.

sans que personne chez nous ait pu dire, non pas qu'il avait vu, mais seulement que ses ancêtres lui eussent dit avoir vu le fameux pilastre d'airain : et en effet c'était à la Biesme, non à la Meuse que, comme nous l'avons dit, se trouvaient les limites verdunoises de l'Empire. Une confirmation de cette limite de Biesme, c'est que la seule borne dont il ait été parlé par des témoins oculaires, avait été découverte dans la forêt de Clermont, d'où on la porta au château, chez Du Fresnel, gouverneur du Clermontois, qui la garda longtemps, comme objet de curiosité : au reste il est possible que quelque fripon, profitant de l'ignorance générale, ait fait payer au gouvernement de Henri II de prétendues bornes marquant que les Français ne devaient pas dépasser la Meuse.

Traité du Barrois mouvant

Pendant qu'on précisait ainsi nos frontières, le malheureux comte Henri, voyant que personne ne lui venait ni ne se préparait à lui venir en aide dans sa prison de Bruges, se résigna enfin, vers le milieu de 1301, aux dures conditions imposées par Philippe le Bel. Comme il s'agissait pour lui d'un traité humiliant et désastreux, il chercha, autant du moins qu'on peut l'entrevoir dans l'obscurité de ces choses anciennes, à le rendre le plus caduc possible : ainsi il fut parlé d'une protestation faite on ne sait où, ni comment, par la noblesse barisienne (1), protestation de nulle valeur si le Barrois était légalement fief de France; en outre le comte inséra dans l'acte une clause semblant dire que le traité serait nul si sa mère ne le ratifiait (2);

---

(1) « On assure, dit D. Calmet, liv. xxiv, n° 54, que la noblesse du Barrois s'assembla pour rétracter ce que le comte avait fait, prétendant qu'il n'était pas en son pouvoir d'aliéner sa souveraineté indépendante en franc aleu : on a même autrefois produit un titre qui fait foi de cette résolution de la noblesse barisienne. » En note, il dit que ce titre aurait été produit par des commissaires du duc Charles III, dans des conférences tenues à Sainte-Menehould, en 1551. Chevrier, d'ordinaire si amer censeur de D. Calmet, le répète, en affirmant d'un ton positif, tom. II. p. 61, 62, sans toutefois parler de l'acte produit, dit-on, à Sainte-Menehould, pièce qui lui a sans doute paru flotter un peu dans le vague.

(2) « Et avons pourchassé que notre dame et mère agrée cette chose, et donne de ce ses lettres suffisantes à notre sire le roi. »

mais Philippe le Bel, sachant fort bien que Henri était depuis longtemps majeur et hors de tutelle, et que la douairière Jeanne de Tocy n'avait pas de patrimoine de souveraineté en Barrois, laissa écrire ces paroles superflues. Le traité fut donc légal, bon et valide; et il régla l'état du Barrois jusqu'à la réunion de la Lorraine à la France : pour cette cause, nous en ferons connaître les dispositions essentielles, conçues en ces termes :

« Nous Henri, cuens de Bar, en sommes venu à paix à très chier sire Philippe, par la grâce de Dieu roi de France, en la forme et manière que s'ensuit :

« Premier, avons fait hommage lige envers notre sire le roi, pour lui et ses hoirs rois de France, de Bar et de la châtellenie de Bar, de tout ce que nous tenons à franc aleu par deçà la Muese vers le royaulme de France, Ligny et la châtellenie que le sire de Ligny tient de nous (1), et de ce que le chastelain de Bar tient de nous à Mognéville, et de ce que messire Jacques d'Orne tient de nous à Longevile, etc., etc. (Suit une longue énumération d'arrière-fiefs relevant du comte, et compris par lui dans son hommage au roi souverain seigneur)..., et de tout ce entièrement que nous tenons à franc aleu en quelconques lieux que ce soit, et quelle chose que ce soit deçà la Meuse, vers le royaulme de France.

« Encore est accordé que les chasteaux et chastellenies de Conflans, de Chastillon, et de La Marche (Bassigny barrois), fiefs et arrière-fiefs, domaines, justices, demeurent perpétuellement en héritage à notre sire le roi, et à ses hoirs et successeurs : encore les rivières et les appartenances ; encore tout ce que notre sire le roi tient (a saisi) pour raison de forfaiture lui demeure, et à ses successeurs, à toujours, excepté Vienne (en Argonne), se il estoit trouvei qu'elle fust de l'héritaige notre dame et meire.

« Encore que les dommages par nous et les nostres faits en l'abbaye de Beaulieu, estant en la garde notre sire le roi, nous ferons refaire, et satisfaction plenière à l'abbé et couvent, dedans l'issue

(1) Ligny, alors à Waleran II de Luxembourg. C'était un fief champenois, dont Bar, qui l'avait inféodé à la branche de Luxembourg-Ligny, devait lui-même hommage à la Champagne, de laquelle il provenait par le mariage du comte Renauld II avec Agnès de Champagne. V. ci-dessus, tom. II. p. 286 et 401.

d'aoust prochain à venir; et, se ils ne s'en tenoient en paix, nous croirons le duc de Bourgogne, le comte d'Artois, le comte de Saint-Paul de ce que ils en voudront ordonner : ou, se il plaist mieulx à notre sire le roi, nous ferons satisfaction à dits abbé et couvent de dix mille livres, à payer à cinq ans prochains à venir, c'est à savoir deux mille livres chacun an, et mettrons mille livres à refaire le chastel de Vassy.

« Et en irons en Chypre, au rappel notre sire le roi (jusqu'à ce qu'il nous rappelle); et serons mis pour aller en le saint voyage dedans la feste la Nativitei Notre Seigneur (Noël) prochain à venir...

« En tesmoing, nous Henri cuens de Bar, nous Thibauld, etc., dessusdits, avons mis nos séels en ces présentes lettres, qui furent faites à Bruges, l'an de grâce mil trois cent et un, le jour des octaves de la Trinité. »

Etat féodal du Barrois. En explication de ce traité de 1301, nous dirons d'abord quelques mots du Barrois et de son état féodal au XIVe siècle: on verra par cet aperçu quelle était l'étendue de ce pays, et combien il pouvait aider à la France, en la mettant en contact à la fois avec la Lorraine, les Evêchés, et même le Luxembourg. A l'occident de la Meuse, était le comté primitif de Bar, et le château qui donnait son nom à toute la principauté : nous en avons raconté la fondation au milieu du Xe siècle. Ce fut ce Barrois proprement dit que le traité de 1301 déclara mouvant de la couronne de France, c'est-à-dire tenu en fief du roi, à charge de foi, hommage et services féodaux, et sous la justice souveraine du parlement de Paris : de ce côté de la Meuse étaient encore les fiefs verdunois d'Argonne, dont les comtes de Bar ne faisaient point hommage à la France, parce que c'étaient des arrière-fiefs d'Empire, qu'ils tenaient par notre évêché. Au-delà de la rivière s'étendait le Barrois non mouvant, que l'on continua, après 1301, à prétendre souveraineté indépendante et allodiale : ce territoire représentait l'héritage de Béatrice et de Mathilde, obvenu à la maison de Bar, après l'extinction de cette branche, au XIIe siècle (1) : le noyau de ce Barrois était Briey, avec sa grande châtelle-

(1) Ci-dessus, tom. I. p. 332.

nie, dont les dépendances allaient jusqu'à Etain : puis on s'accrut de St-Mihiel, au sud, par soustractions faites aux dépens des moines, sous couleur d'avouerie; et, au nord, de Longwy, acheté au duc de Lorraine en 1292; enfin se rattachaient encore au Barrois non mouvant Stenay et Marville, tenus le premier en hommage de Luxembourg, le second en moitié, ou mi-partie avec lui. Tout à fait à l'est, était le comté de Mousson, venant de Louis de Montbéliard, mari de la première comtesse Sophie. Enfin, du côté sud, le Barrois s'étendait dans ce qu'on appelait autrefois le Bassigny, entre Marne, Meuse, Ornain et Saulx; pays de géographie féodale assez enchevêtrée, en mouvance de Champagne. Depuis la réunion de cette province, le roi possédait directement Chaumont (Haute-Marne), siége de son bailliage, dont la circonscription s'accrut de Vaucouleurs, lorsque Philippe de Valois eut acquis ce domaine des sires de Joinville, lesquels avaient leur baronnie en Champagne-Vallage (1) : ce Bassigny, du bailliage de Chaumont, était dit français. Il y avait, en outre, le Bassigny barrois, ou mouvant, et le lorrain. Le premier comprenait les prévôtés mentionnées en l'article 2 du traité de 1301; il semble, à la teneur de cet article, que le roi ait eu alors intention de les reprendre pour les réunir au Bassigny français; mais, peu après, et, comme si Philippe le Bel n'eût voulu que les tenir provisoirement en gage, on les rendit, sous les mêmes conditions que le Barrois mouvant, au comte Edouard, fils et successeur de Henri : on y joignit même Gondrecourt, qui confinait au Bassigny lorrain, où étaient Neuf-Château, et autres lieux, pour lesquels les ducs de Lor-

---

(1) La Champagne, pays fort étendu, comprenait : 1° Champagne proprement dite: Troyes, Chaalons, Epernay, etc.—2° Rémois, Reims.—3° Rethelois, ancien Porcien : Rethel, Mézières, etc.—4° Perthois : Vitry-le-François, Saint-Dizier. — 5° Vallage, Joinville, Bar-sur-Aube, Vassy.—6° Bassigny français, barrois et lorrain. — 7° Brie champenoise : Meaux, (Haute-Brie), Provins, (Basse-Brie), Château-Thierry, (Brie-Pouilleuse). — (Il y avait encore une Brie française, ou parisienne, dans l'Isle de France : Brie-comte-Robert). —8° Senonais : Sens.

raine, au grand déplaisir de leurs historiens, devaient hommage et service au roi. — Nous verrons, au milieu de ce siècle, que le roi érigea le Barrois en duché, et l'empereur le Pont à Mousson en marquisat. Il ne fut jamais dit clairement si, dans ce marquisat de Pont, l'Empire entendait comprendre le Barrois non mouvant, de telle sorte que le fief impérial commençât à l'orient de la Meuse, comme le fief de France à l'occident ; mais les ducs de Lorraine, auxquels passa l'héritage de Bar, prétendaient que leur Barrois non mouvant leur appartenait en franc-aleu. « Item, disent les officiers de René d'Anjou, dans une pièce sans date (milieu du xv° siècle), faut présupposer, ce que est vray, que ledit seigneur roi de Sécile, duc de Lorraine et de Bar, est, comme prince, fondé de droit commun en toute souveraineté : et mesmement en son bailliage de Saint-Mihiel, duchié de Bar, qui est son franc-alleuf, sans reconnoissance de supériorité : onquel il a Grands-Jours et parlement ; et là sont mortifiées les causes » (terminées en dernier ressort). On voit, en ces paroles, pourquoi on donna le titre de parlement aux anciens Grands-Jours de Saint-Mihiel : c'est que le bailliage de Bar, étant en territoire de parlement de Paris, ne pouvait juger souverainement. En faveur du franc-aleu du Barrois non mouvant, on pourrait peut-être remarquer que ce pays, à la différence du marquisat de Pont, qui venait de Louis de Montbéliard, était, par Béatrice et Mathilde, de l'héritage des anciens ducs de Haute-Lorraine ; mais ces antiques féodalités, qui remontaient à la fin des temps carlovingiens, sont trop obscures pour qu'il soit aujourd'hui possible de les expliquer (1).

(1) La mouvance n'était qu'une subordination féodale, et ne privait les comtes d'aucun de leurs droits : seulement ils devaient reconnaître qu'ils les tenaient de la couronne. « Disons et déclarons que n'avons entendu et n'entendons prétendre autre droit que de féodalité, et reconnoissance des causes d'appel, sans aucunement entreprendre sur le droit utile et coutûme dudit bailliage de Bar..., étant notre intention que notredit frère (le duc de Lorraine) use et jouisse en son dit bailliage, et terres susdites, de

Les autres articles du traité de Bruges, de 1301, nous ramènent à l'histoire de notre XIV⁰ siècle. Le roi exigea du comte Henri l'observation stricte de la clause qui l'obligeait d'aller en Chypre, au saint voyage, c'est-à-dire à la croisade; et il le tint ainsi loin du Barrois pendant qu'on y établissait l'ordre de choses français : moment critique, et troublé encore d'une nouvelle complication de brouille entre la France et l'Angleterre; mais Henri n'en put profiter, étant mort dès 1302 (1), loin de son pays, à Naples, dit-on, soit à son départ pour Chypre, soit à son retour. Ce nom de Henri ne mettait pas de bonheur dans la maison de Bar; car tous les comtes qui l'avaient jusque alors porté avaient péri funestement aux croisades. Un sire des Armoises alla porter à Westminster la malheureuse nouvelle du trépas de ce troisième Henri; et le roi, craignant de voir tourner à rien le mariage de sa fille Alianor, s'empressa, dans une lettre, de rappeler à la noblesse barroise le serment par elle prêté, qu'en cas d'ouverture de régence, elle ne reconnaîtrait point d'administrateurs sans l'assentiment de lui roi d'Angleterre, aïeul du jeune comte, baptisé Edouard en l'honneur de son grand père, et qui n'était âgé que d'environ huit ans. En vertu de ce serment, le roi déclarait continuer les pouvoirs des gardiens établis par le feu comte avant son départ : c'étaient quatre notables personnages, deux d'église et deux de chevalerie : le premier, Thibauld de Bar, frère du défunt; le second, un autre Thibauld, archidiacre de la Rivière en l'église de Verdun; le

Mort du comte Henri III

Régence.

---

tous droits de régale et souveraineté; et lui soit loisible de faire toutes lois, ordonnances, constitutions, établir coutumes générales, locales, et particulières, us et style judiciaire, etc. Déclaration du roi Henri III, en 1575.

(1) La mort de Henri est mentionnée comme récente dans la lettre déjà citée ci-dessus, p. 23, note 2, du 13 octobre, 30ᵉ année de règne du roi Edouard, lequel avait succédé à son père en novembre 1272. D. Calmet, liv. XXIV, nº 54, dit, sans citer de documents, que Henri alla en Chypre, battit les Infidèles, et obtint de Philippe permission de revenir après que celui-ci eût fait sa paix avec le roi Edouard; mais cette paix est datée du 20 mai 1303; et il semble résulter de la lettre du roi d'Angleterre que Henri mourut en 1302.

troisième, Pierre de Beauffremont, seigneur de Bulgnéville en Bassigny; enfin le quatrième, Geoffroy, chevalier de Neuville, dit le Roinste (1). Ces nominations, comme on le pense bien, n'eurent pas le bonheur de plaire à Philippe le Bel, lequel, pour montrer qu'en Barrois on n'avait plus désormais d'ordres à prendre des Anglais, nomma, non des français (ce qui eût pu mécontenter le pays), mais, par ménagement pour la grande maison de Bar, des princes mêmes de cette famille comtale, fort nombreuse, grâce à la fécondité de Jeanne de Tocy : ce furent Renauld, évêque de Metz, et Jean, dont nous avons déjà dit qu'il avait pris part le moins possible aux hostilités contre la France (2) : enfin, de peur de quelque rancune de Thibauld, l'oncle ecclésiastique évincé de la régence, le roi lui inféoda les châtellenies du Bassigny confisquées par le traité de 1301 : inféodation viagère, et qui devait un jour les faire retourner au jeune Edouard. Quant à celui-ci, il fut l'objet d'une prédilection spéciale : on l'éleva à la cour; on le fiança à Marie de Bourgogne, qui par sa mère Agnès était petite-fille de saint Louis, et, par son père, de la première maison ducale bourguignonne, issue du roi Robert de France ; et par ces moyens d'habile politique, le jeune prince, à sa majorité, se trouva aussi français qu'on pouvait le souhaiter.

De toutes les conversions brusques de ce temps, aucune ne nous surprend plus, à la distance où nous en sommes,

(1) « Nos chers et amés Thebauld de Bar, thrésores de l'église de Everwich, Thebauld, ercedekne de la R. en l'église de Verdun, Pierre de Beffreymont, seigneur de Bellenyéville, et Geffrey de Nevil, dit le Roinstes, chevalers. Lettre déjà citée, dans les Preuves de D. Calmet, II. 556, 57, 1ʳᵉ édit. d'après Rymer. — Cette qualification de trésorier de Everwich donnée à Thibauld de Bar est une nouvelle preuve que la lettre fut écrite en 1302 : car, au mois d'octobre 1303, le roi eût qualifié Thibauld d'évêque de Liége. Everwich est peut-être Evreux, *Eburovicum*, que les anglo-normands, possesseurs jusque au XIIIᵉ siècle, nommaient ainsi en anglais.

(2) Maillet, p. 64, ne parle que de Jean: mais il faut lui adjoindre Renauld, d'après les chroniques messines. « Et fut aussi Regnauld gouverneur de la comté de Bar; et fit faire plusieurs chastiaux, si comme Pierrefort, et aultres; mais, quand il en avoit fait un pour la comté de Bar, il en faisoit un aultre pour lui, et en l'eveschié de Metz. » Huguenin, p. 36.

que celle du vieux princier de Verdun, Thomas de Blâmont, qui ayant, depuis 1288, servi d'instrument à ses parents les comtes Thibauld et Henri, devint, en 1303, évêque, de l'agrément du roi Philippe ; puis traita avec lui, pour mettre notre évêché entre ses mains. A vrai dire, son revirement fut moins étrange qu'il ne semble ; car il n'abandonna l'ancienne cause qu'après que l'empereur Albert lui-même, par les arrangements de Vaucouleurs, eût semblé la désavouer ; mais notre prélat alla loin dans la voie contraire, car il fit avec le roi un fort singulier traité, lui promettant, sans mystère ni finesse diplomatiques, qu'il le servirait de son mieux, et l'empereur, au contraire, le moins qu'il pourrait, et seulement en ce qui serait absolument et rigoureusement indispensable pour ne pas être mis en accusation de félonie : de telle sorte que, par ce traité, le Verdunois, bien qu'on ne pût faire autrement que de le reconnaître tout entier terre d'Empire jusqu'à la Biesme, fût néanmoins de fait sous la main du roi, tout autant que le Barrois mouvant jusqu'à la Meuse. Tels étaient, pour le Saint-Empire, les résultats de son incurie à défendre ses frontières : et on vit combien Philippe le Bel était adroit à tourner à sa politique les gens puissants du parti qu'il avait abattu. Comme il sentait probablement lui-même, non moins que l'évêque, que de telles stipulations ne pouvaient être érigées en loi, ils eurent soin de ne les conclure qu'en manière d'arrangement personnel entre eux, sans clauses obligatoires pour les hoirs ni successeurs : toutefois, parce que la chose était de bon exemple à la postérité, le roi en fit écrire un acte à Paris, le 6 février 1304 (1305 av. P.), en ces termes, que nous abrégeons et traduisons :

L'évêque Thomas de Blâmont.

Son traité avec Philippe le Bel.

« Philippe, etc. Entre nous et notre amé féal Thomas, évêque de Verdun, existent les conventions suivantes. L'évêque, ses gens, et sa terre, seront sur leur marche, (frontière) défense et barrière de notre royaume, envers et contre tous, sauf le pape et le roi d'Allemagne. Si ce roi (à Dieu ne plaise !) entreprend contre nous, l'évêque se tiendra de notre côté, tant qu'il le pourra sans violer sa foi ; il engagera ledit roi à se désister; lui-même demeurera neutre, ou enfin, si on le force à marcher, il nous fera le moins de mal possible (1). Tout autre ennemi de la France sera par lui traité en ennemi : au contraire il recevra et aidera de toutes ses forces nos troupes que nous enverrons ; et nous, ainsi que nos gens, serons toujours accueillis et traités en amis dans l'évêché. Moyennant ces choses, et dans la limite de nos droits, nous prenons ledit évêque et les siens sous notre protection royale : dans aucun des deux pays on ne recevra les malfaiteurs, ni les serfs forfuyants de l'autre ; et, s'il survient quelque cas de représailles, nous ne ferons rien exécuter sans préalablement transmettre avis et requête à Verdun audit évêque, ou à ses officiers, par notre bailli de Vitry, ou ses délégués : le bailli, en cas de débat, rapportera les explications et réponses qu'on lui aura données à nos amés et féaux chevaliers Jean, seigneur de Dampierre et de Saint-Dizier, et Henri, seigneur de Hans en Champagne, qui prononceront en arbitres, appelé notre bailli de Chaumont, ou celui de Vermandois, selon qu'il sera plus facile de mander l'un ou l'autre. Donné à Paris, le 6ᵉ jour de février, l'an de grâce 1304. »

Changement de la monnaie.

Dans le temps même de ce traité, et probablement en vertu de quelque stipulation accessoire qui y fut jointe, on changea la monnaie de l'évêché, pour la rendre conforme à celle du roi. On aurait pu mieux souhaiter en fait de conformité et de modèle; car Philippe le Bel faisait de la

(1) *Episcopus, subditi, et terra ipsius erunt in marchiis suis defensiones et barra pro nobis, contrà omnes, præterquàm contrà summum pontificem et regem Allemanniæ. Quòd si dictus rex vellet (quod absit!) regno nostro damnum inferre, episcopus, pro posse suo, omnibus modis quibus poterit et sciverit, absque eo quòd contrà fidem suam ergà regem prædictum veniat, procurabit quòd ipse rex Allemanniæ super hoc desistat : et, si id procurare non possit, saltem abstinebit se ; et in casu quo non possit servando fidem suam, tamen cum minori nostro et regni nostri Franciæ incommodo quo poterit et sciverit, serviet dicto regi, etc.* Dans les Preuves de D. Calmet, II. 557, 1ʳᵉ édit. — Il existe, aux archives de Paris, un texte semblable, au nom de l'évêque : *Universis, etc. Thomas, Dei gratiâ Virdunensis episcopus... Notum sit quòd inter illustrissimum principem dominum Philippum, Dei gratiâ Francorum regem, ex parte unâ, et nos ex alterâ, fuerunt et sunt initæ conventiones quæ sequuntur, videlicet quòd nos, subditi nostri, et terra nostra erimus de cætero in marchiis nostris defensiones et barræ, etc.* C'est probablement l'acte que Thomas de Blâmont laissa au roi, rapportant lui-même à Verdun celui que D. Calmet a publié dans ses Preuves.

fausse monnaie; et il a reçu et gardé le surnom de faux monnayeur; mais, précisément parce qu'il altérait ses espèces, il devait tenir à voir ses voisins et alliés les imiter, de manière qu'elles eussent aussi cours dans leurs pays; et notre évêque était trop petit prince pour pouvoir ou oser y contredire. Il frappa donc aussi des « doubles » tournois (terme inventé alors pour déguiser l'affaiblissement); et on lut sur nos pièces, comme sur les françaises, *moneta duplex;* seulement, tandis que dans le champ de celles de France, il y avait *regalis*, Thomas de Blâmont mit *legalis*, à peu près comme si aujourd'hui on écrivait le mot loyaux pour celui de royaux : différence imperceptible pour l'ancien peuple, qui ne savait pas lire (1). De tout temps, et par la force des choses, il y eut tendance à une certaine uniformité monétaire, autant du moins qu'il le fallait pour que chaque monnaie ne fût pas confinée dans son propre et unique territoire; mais on agissait de bonne foi, et sans altérer le métal, de sorte que, même en imitant les pièces étrangères, on ne faisait pas de la fausse monnaie. Dans une de nos chartes, de 1303, on voit Thomas de Blâmont, encore simplement princier et élu de Verdun, emprunter à Ferry, duc de Lorraine, 500 livres de toulois neufs de Nancy : ce qui prouve qu'on frappait aussi des toulois à Nancy (2). Quant à la coupable industrie du

---

(1) De l'autre côté : *T. episc. Virdunensis.* Billon : collection Monnier. Cette marque de l'évêque garantissait l'aloi, en ce sens qu'il était conforme à celui du roi.

(2) « Nous Thomas, princier et eslu de Verdun, et Henri, chevalier, sire de Blanmont, ses freires..., nos devons chacun por le tout à noble prince notre chier signor Ferri, duc de Lorreingue et marchis, cinq cens livres de toulois nuefs de Nancei...; et avons mis en pleiges et en rendours monsignor Wichart d'Amance, chevalier, de c livres, monsignor Pierre de Haracourt, chevalier, de c livres, monsignor Andreu de Parois, chevalier, de c livres, Burnekin de Ristes, escuier, de c livres et Jehan de Manonville, escuier, de c livres..., l'an que li miliares corroit par mil trois cens et trois ans, on mois d'awoust. » Le P. Benoît, p. 468, rapporte qu'Othon de Granson, évêque de Toul, de 1306 à 1308, mit dans le bail de sa monnaie que Thibauld II, duc de Lorraine, pourrait se servir de ce coin dans ses états, « suivant l'accord qui avait été fait entre eux. »

faux monnayage, à laquelle nos frontières partagées entre tant de principautés offraient un terrain très favorable, il est dit dans le synode provincial de Trèves, de 1238, que c'était un genre, alors «nouveau», de détestable avarice : expressions qui donnent la date approximative de son installation, du moins en ateliers d'une certaine importance ; et les censures du synode ne l'extirpèrent pas ; car il fallut, en 1310, les réitérer (1), probablement sans beaucoup plus de succès, comme semble l'indiquer le mauvais renom des pièces qu'on appelait chez nous lussembournes (Luxembourg). C'était malheureusement cette industrie que pratiquaient Philippe le Bel, en grand, et à sa suite, en petit, et entraîné par lui, son humble serviteur Thomas de Blâmont, opérant d'ailleurs au grand jour, suivant la légalité des ordonnances, et sans le moindre souci du synode. On voit, dans l'histoire de France, combien les Français murmurèrent alors contre leur roi, et comme ils réclamèrent la bonne monnaie du temps de « monsieur saint Loys ; » et il arriva, malgré tout ce que put faire Philippe le Bel, qu'en 1306, trois deniers de sa monnaie, qu'on appelait noire à cause de la mauvaise qualité de l'argent, n'en valaient plus qu'un de l'ancienne. Grâce aux malheureuses imitations imposées à Thomas de Blâmont, pareils embarras se firent sentir chez nous : car on trouve, dans les procès de ce temps, des débats entre créanciers qui, aux termes de leurs lettres, réclamaient paiement en petits tournois forts, et des débiteurs alléguant qu'il n'y avait plus de cette monnaie en ville (2). — En manière de com-

(1) Dans Hontheim, tom. I. p. 725 et II. p. 48.—Ci-dessus, tom. II. p. 419.
(2) « De celui à qui on doit cens par lettres petits tournois. Il advint, l'an mil trois cent VIII, que la femme Jehan Frinquel demanda cens à Simonet : et disoit que petits forts vouloit avoir du cens, et avoit laixié (cédé) l'héritaige en teille monnoie, et ainsi en parloit sa lettre, et en saisine avoit estei longtemps de lever teille monnoie. Et Simonet disoit que teille monnoie comme il couroit en la ville vouloit-il paier : ou il en vouloit ouir droit. Fut dit qu'à teille monnoie comme il couroit au jour, et en teille valeur comme li héritaige étoit laixié, que Simonet paiat, en la valeur de la monnoie aussi vallant. » Melinon, p. 95 et 185.

mentaire sur tout ceci, nous remarquerons que saint Louis fut le premier qui frappa des sous, lesquels étaient alors les pièces d'argent les plus considérables qu'on eût encore vues. Le système monétaire remontait à l'établissement par Charlemagne de la livre d'argent, dite livre franke, ou franc, par opposition à la livre romaine qui était d'or : dans cette livre d'argent, on devait tailler 20 solides (sous), et dans chaque sou, douze deniers. Jamais on ne frappa de pièce aussi grosse que l'eût été une telle livre d'argent : bien plus la rareté du métal ne permit pas même les sous aux gens du haut moyen-âge : ils se contentèrent, pour toutes monnaies réelles, de deniers et de demi-deniers, ou oboles, toujours en argent. Ce fut seulement vers la fin du XIIIe siècle que, le besoin d'espèces plus considérables se faisant sentir, on frappa de vrais sous : comme on était accoutumé aux deniers, le peuple les appela gros deniers, gros blancs, ou tout simplement gros ; et il y eut, d'après un système déjà ancien, des gros de Tours, ou tournois, d'une valeur de douze deniers, et des gros de Paris, ou parisis, qui en valaient 15. Les choses restèrent ainsi jusqu'au milieu du XIVe siècle, où commença en France la monnaie d'or, dont toutes les espèces furent d'abord et demeurèrent longtemps appelées du nom général de florins, parce que, dit-on, les premiers furent frappés à Florence dès 1252 : et il y eut des florins de France, des florins du Rhin, des petits florins, et quantité d'autres dénominations tirées des empreintes, telles que fleurs de lys d'or, Saint-George, couronnes, agnels ou moutons, et chats, etc. La plus ancienne mention de monnaie d'or que nous ayons trouvée à Verdun est dans un acte de 1346, où l'on distingue l'écu d'or valant dix-huit sous (d'argent), et le petit florin de Florence, qui en faisait quatorze. Le franc fut pour la première fois réalisé par un florin de France valant vingt sous tournois : « franc d'or pour vingt sous tournois, dit la lettre de protection accordée à Verdun par Charles VI, en 1396. Pour se faire une idée approxima-

Ancien système monétaire.

tive de cet ancien système, il faudrait se figurer que notre pièce de vingt francs s'appelât un franc, que nos pièces de un franc fussent des sous, et que notre pièce de 50 centimes valût six deniers : l'approximation est grossière; mais elle suffit pour écarter l'erreur considérable où l'on tomberait en s'imaginant que les francs, les sous et les deniers du moyen-âge étaient la même chose que les pièces modernes ainsi nommées. Nous trouvons encore dans nos documents que, dès la fin du xive siècle, le peuple, qui voyait rarement des francs d'or, commença à appeler franc le gros d'argent français; mais ce n'était qu'une dénomination populaire; et avant 1575, sous Henri III, il ne fut frappé aucune pièce qui fût légalement un franc, un demi-franc, un quart de franc d'argent. Ces nouveaux francs, qui n'étaient que les sous de l'ancienne livre, ne laissèrent pas de continuer à être, comme elle, estimés vingt sous; mais alors on ne put plus représenter les sous que par de la petite monnaie de billon ou de cuivre : il y eut, en mauvais billon, les blancs, faisant le tiers du sou, et en cuivre pur, les rouges liards du pauvre, qui n'en faisaient que le quart : enfin, au commencement du règne de Louis XV seulement, fut frappée en cuivre la pièce vulgairement dite un sou, aujourd'hui cinq centimes. Nous n'avons pas besoin de dire que ce sommaire de l'histoire monétaire de France n'est qu'un aperçu très rapide : il faudrait un volume pour bien expliquer ces choses. — En revenant à notre xive siècle, nous observerons que les « doubles loyaux » de Thomas de Blâmont, en forme et ressemblance des « doubles royaux » français, ne furent pas alors la seule contrefaçon de ce genre : car le duc de Lorraine Ferry IV, qui a laissé d'ailleurs beaucoup d'empreintes de son propre coin, de 1312 à 1328, contrefit aussi le type de France, et même l'esterlin anglais, à cause de la grande vogue de celui-ci en Flandre et dans les Pays-Bas : ce fut pour faciliter les relations commerciales; car on ne dit pas que le duc ait affaibli le titre. Pour imiter l'inscrip-

Monnaies contrefaites.

tion de France, il mettait *Phiricus duex—Turonus ducis*, au lieu de *Philippus rex—Turonus civis (civitas)*; et, sur ses esterlins, on voyait un buste de face, avec les mots *Ferricus Dei gras—Lontonrengie*, qui ressemblaient à *Henricus rex—London civitas* (1). Il paraît qu'il y eut alors des agioteurs marchands de métaux, qui faisaient des opérations de change en prenant à bail les Monnaies de certains princes, avec stipulation qu'ils pourraient contrefaire, puis exporter d'autres sortes d'espèces : ainsi traita avec l'évêque de Toul un certain Xandrin, dont il est parlé dans une charte curieuse, mais de peu louable souvenir : « Nous Thomas de « Bourlémont, évesque de Toul..., avons laissié à notre amé « Xandrin notre monnoie, par l'espace d'un an continuel; « et peut ouvrer en notre éveschié partout, espécialement « à Liverdun ou à Brixei nos chastels, toute monnoie « blanche en nom d'autres que de nous, fors que au nom « dou roi de France et dou duc de Lhorreinne; et doit faire « de loi (d'aloi) en chacun marc d'eschellins, et des autres « monnoies blanches, quatre onces d'argent dou roi; et « sera fait l'essai, en la présence dou maistre, toutes et « quantes fois qu'il nous plaira... Et avons promis audit « maistre de li aidier, et protéger sa maisnie, ses ouvriers, « et ses marchands, s'ils estoient pris, arrestés et détenus, « et faire délivrer et conduire lesdits marchands, et la « monnoie faite en notre pouvoir (en notre seigneurie) « bonnement partout.... 1345, lundi avant la saint Jean « Bapt. (2). » Cette monnaie était bien faible, puisque dans

(1) V. Saulcy, Recherches sur les monnaies des ducs de Lorraine, p. 55,57.
(2) P. Benoit, Hist. de Toul, Preuves, p. civ. Robert, Dissert. sur les monnaies des évêques de Toul, p. 50. Cette charte de Thomas de Bourlémont parle aussi de la monnaie d'or : « Et peut encore lidit maistre faire toutes manières de florins, petits et grands, tous ceux qu'il voura; et nous devra de chacun marc d'or ouvré un petit florin de Florence. »—Au sujet du poids de marc, il est à dire que la livre de Charlemagne était la même que la livre poids ; mais, par suite de faiblages successifs des monnaies, il se trouva, dans le XIe siècle, que les deux livres étaient tout à fait différentes, c'est-à-dire que vingt sous d'argent, ou leur valeur en deniers, ne pesaient plus la livre : alors on adopta en monnaie le poids de marc, qui était une demi-

un marc, ou huit onces d'espèces, on ne mettait que quatre onces d'argent au titre royal : et il paraît que le monnayage toulois était coutumier de pareils abus; car, d'après une charte citée par Du Cange, ses produits furent, dès l'an 1312, décriés en France et en Lorraine, à cause de leur trop bas aloi (1) : mais, alors même qu'ils eussent été irréprochables, la contrefaçon ne laissait pas de préjudicier au seigneuriage, c'est-à-dire au droit fiscal des princes voisins sur leur fabrication. Aussi l'évêque de Metz, Adhémar de Monteils, se trouva-t-il fort mécontent d'apprendre que « aucuns menoieurs demourans en Liverdun, dessoubz révérend père en Dieu notre très chier cousin monsignor Thomas, avoient fait menoie semblable à notre menoie de Metz : » néanmoins, quand il sut la connivence de son collègue, il feignit de croire que c'était là un faux bruit; et il pardonna. On voit à ces détails l'état des choses monétaires chez nous, dans la première moitié du xiv° siècle : les petits princes ne soutenaient déjà plus leur monnayage qu'en adoptant, imitant, ou contrefaisant les types des grands; l'évêché de Metz, grâce peut-être à sa plus grande distance de la France et de Philippe le Bel, avait gardé sa bonne et ancienne monnaie; mais, à Verdun, sur la frontière même de Champagne, on subissait, en ceci comme pour le reste, l'influence du tout-puissant voisin.

Cependant Beaulieu, qui avait ouvert l'arène à tous les combattants des luttes que nous avons racontées, gisait toujours tristement en cendres sur leur champ de bataille. Le roi gardien ne pouvait en honneur souffrir qu'il restât en pareil état; et il était bien décidé à conserver cette garde parce qu'il y avait là à tenir un grand territoire monas-

livre, ou huit onces : de sorte que tailler, par ex. quarante sous au marc, signifie faire quarante sous avec une demi-livre d'argent; et, comme il y avait la livre de Tours et celle de Paris, celle-ci plus forte d'un cinquième, il y eut aussi un marc tournois et un marc parisis.

(1) « *Charta Theobaldi ducis Lotharingiæ, anni* 1312 : *moneta episcoporum interdicta in Franciâ sub nomine Toulois, propter defectum.* » Au mot *moneta*, Robert, Monnaies des évêques de Toul, p. 7.

tique donnant accès à la fois dans le Barrois et le Verdunois; mais, d'un autre côté, il tenait beaucoup aussi à se mettre en bons termes avec la maison de Bar : tellement que, dans sa politique, les arrêts du parlement, non moins que les réclamations des moines, devaient rester comme menaces suspendues sur le comte de Bar, suivant le plus ou moins de dévouement qu'il montrerait aux volontés royales. Dans cette situation, le roi trouva pour biais de faire incorporer l'abbaye détruite à la riche congrégation française de Cluny, à charge par celle-ci de relever les ruines : système qui, outre son avantage financier, avait encore celui d'introduire chez nous une administration monastique française. Pour exécuteur de ce plan, on choisit un certain Guy de Pernes, jeune religieux de noblesse franc-comtoise, actif et savant, qui avait fait de brillantes études à Rome, et y prolongeait son séjour, espérant trouver là de bonnes occasions de s'avancer dans l'église. On le chargea, pour son coup d'essai, de l'affaire de Beaulieu; et il la négocia si bien que, le 13 juin de l'an 1300, Boniface VIII, non encore brouillé avec le roi Philippe, accorda la bulle demandée d'incorporation de l'abbaye à Cluny, sans aucune mention ni de consentement de nos moines, considérés sans doute alors comme dispersés, ni d'indemnités à réclamer par eux au comte de Bar. Il fut dit seulement que, sous ce nouveau régime, leur abbaye garderait la propriété de ses biens, avec jouissance de tous les priviléges, observance de tous les statuts, et inspection de tous les visiteurs clunistes, sans que désormais ni l'évêque de Verdun, ni le métropolitain de Trèves eussent à s'occuper d'elle, sinon pour recevoir un honoraire annuel, le premier de douze livres petits tournois, l'autre de dix; mais, en revanche, l'abbé de Beaulieu dut être nommé par celui de Cluny (1), sur

Beaulieu donné aux Clunistes.

---

(1) *Bonifacius, etc., dilectis filiis abbati et conventui monasterii Cluniacensis. Præsignis ordinis vestri religio, etc., quam reverenter et sedulò ergà nos et Romanam habetis ecclesiam, etc... Cùm igitur monasterium Belli-Loci in Argonnâ, ordinis S. Benedicti, Virodunensis diœcesis, quod, actis temporibus*

une liste de quatre candidats désignés par élection des moines, deux de ces candidats nécessairement pris à Cluny même. Pour récompense de cette bonne négociation, Pernes fut peu après nommé lui-même abbé de Beaulieu; mais il trouva les moines très-mécontents, opposants et murmurant qu'on avait disposé d'eux sans eux, par arrangements subreptices, sans ouïr les parties et sans informations préalables : de sorte que la bulle faillit échouer, avec le nouvel abbé qui l'apportait. Pour se tirer de cet embarras, il obtint des Clunistes qu'ils transigeraient en quelques points, notamment sur l'article de l'élection abbatiale; et il y eut encore d'autres concessions, que Boniface VIII se prêta à enregistrer en forme de traité consenti, afin qu'elles fussent irrévocables : cette seconde bulle, datée des ides de mars 1302, fit loi à Beaulieu jusqu'à l'établissement de la réforme de Saint-Vanne, en 1610 (1). Toutes les anciennes archives de ce monastère étant perdues, on ne peut faire son histoire qu'en glanant çà et là dans les documents étrangers. Nous apprenons de ces sources que l'abbé Guy de Pernes n'avait pas la vocation de restaurateur des ruines de son abbaye : il préférait le séjour de la cour de Rome, où il devait être assez avant dans les grâces du sacré collège : car, en 1305, lorsqu'on élut Clément V, qui fut le premier des papes d'Avignon, Guy, abbé de Beaulieu, est

florere in spiritualibus et temporalibus consuevit, nunc, propter gravium bellorum discrimina, et per malignorum nefarios ausus et actus, combustum taliter et destructum quòd locus etiàm quasi inhabitabilis fuit effectus, nisi novæ constructionis opere reparetur, ac sumptibus et debitorum oneribus gravatum dinoscatur. Nos, opportunum remedium, etc., considerantes quoque quòd per vestræ circumspectionis industriam, et affluentiam caritatis, monasterium ipsum poterit adjicere ut resurgat..., prædictum monasterium Belli-Loci, cum omnibus membris et bonis, ac juribus et pertinentiis ubilibet constitutis..., vobis et Ordini vestro concedimus, subjicimus, incorporamus, et annectimus, de apostolicæ plenitudine potestatis..., per abbatem et competentem conventum ipsius Cluniacensis ordinis, sub ejusdem ordinis præfatâ obedientiâ permansuros, etc., etc... Datum Anagniæ, idibus junii, pontificatûs nostri anno sexto.— Cette bulle est tout entière dans le manuscrit de D. Baillet.

(1) Cette bulle est au tome XIII du *Gallia christiana*, Instrum. p. 580, et dans le manuscrit de D. Baillet.

mentionné au nombre des trois députés qui lui portèrent en France son acte d'élection (1); et ce pape, à son joyeux avénement, donna l'évêché de Toul au messager : mais la mort prit ce moment même pour mettre un terme à la brillante carrière de celui-ci : de sorte que son nom ne figure que pour mémoire au catalogue des évêques toulois. Quant au comte de Bar, nous n'avons pas besoin de dire qu'il ne mit ni empressement ni zèle à exécuter les réparations auxquelles le parlement l'avait condamné : on trouve, dans les Olim de 1310, sommation judiciaire à lui adressée pour cet objet (2); autre, plus pressante, en 1312 (3); enfin, au mois de novembre de cette année, et par la médiation de Philippe le Bel, l'abbaye, moyennant trois mille livres, tint le comte Edouard quitte, soit des anciens ravages de Thibauld, soit des dix mille livres portées au traité de Bruges, en indemnité de ceux de Henri; et, par ce même acte, les parties firent entre elles échange et remise réciproques de droits dans différents villages (4). A la mort de la reine Jeanne,

<small>Arrangements pour les réparations et la garde.</small>

<small>(1) Raynaldi, à l'an 1305, n° 7.</small>
<small>(2) *Philippus, etc., Senonensi et Viromanduensi baillivis. Mandamus et committimus vobis, firmiter injungentes quatenùs judicatum seu arrestum curiæ nostræ, pro abbate et conventu Belli-Loci in Argonnâ, contrà dilectum nostrum comitem Barrensem, cujus executio hactenùs dicitur retardata, executioni debitæ diligenter mandari faciatis, sic quòd per vestram negligentiam ad nos super hoc non habeatur recursus. Actum Parisiis*, VIII *februarii, A. D.* 1310 (1311 av. P.)</small>
<small>(3) *Philippus, etc., baillivo Senonensi. Cùm in litteris super pace inter nos et Henricum, quondàm comitem Barrensem, inter cætera contineantur hæc verba* : (suit l'article du traité de Bruges, relatif aux dommages-intérêts). *Ex parte dictorum abbatis et conventûs, cum instantiâ fuerimus requisiti ut super hiis contrà comitem Barrensem executionem fieri faceremus. Mandamus vobis quatenùs adjornetis Parisiis coràm nobis, ad diem vestræ bailliviæ parlamenti proximè futuri, dictum comitem, ad recognoscendum, vel negandum sigilla dictis litteris appensa, ac proponendum causam rationabilem, si quam habet, quare dicta executio fieri non debeat. Actum Parisiis*, XXVIII *augusti, A. D.* 1312.</small>
<small>(4) Buirette, Hist. de Sainte-Menehould, p. 155. L'abbaye céda ce qu'elle avait, ou prétendait à Vaubecourt, Rambercourt, Julvécourt, etc.; le comte donna en contre-échange ses possessions et prétentions à Evres, Fleury, Lavoie, ban et avouerie de Triaucourt, Brabant, etc. D. Baillet se borne à dire qu'Edouard, en indemnité des pertes de l'abbaye, lui céda la seigneurie de Brabant, près Revigny. Ce Brabant, qui était mi-partie Champagne et Barrois mouvant, s'appelait Brabant-le-Roi dans sa partie champenoise, et Brabant-le-Comte dans la partie barroise.</small>

en 1305, le comté de Champagne et le royaume de Navarre ayant passé à son fils Louis, qui fut ensuite le roi Louis Hutin, Philippe le Bel se fit prier par l'abbé de Beaulieu de conserver la garde de l'abbaye comme roi de France, attendu que, depuis la reconnaissance de la limite de Biesme, ce territoire ne pouvait plus être dit champenois : en conséquence, le roi fut gardien à raison de sa couronne, *ratione Franciæ*, comme le jugea le parlement, le 9 août 1318 (1), sous Philippe le Long, quelques mois après le mariage de Jeanne, fille de Louis Hutin, avec le comte d'Evreux, événement qui fit craindre une succession féminine pouvant enlever la Champagne à la France. Comme nous le verrons bientôt, ce fut de la même manière, et aussi à raison de sa couronne, inséparablement, que le roi prit la garde de Verdun : tellement que, quoi qu'il pût arriver en Champagne, la France s'était ménagé de bonnes positions aux alentours. — Beaulieu se releva lentement de ses ruines : en 1329, le Chapitre général de Cluny prit des mesures pour activer les travaux de reconstruction; mais ce qu'on bâtit alors dura peu, à cause des nouvelles dévastations qui survinrent pendant la guerre de cent ans.

Au mois de juin 1305 (2), mourut Thomas de Blâmont

(1) *Cùm, tempore inclitæ recordationis carissimi domini et genitoris nostri* (c'est Philippe le Long qui parle), *procurator ejusdem pro ipso, et abbas de Bello-Loco in Argonnâ conjunctim, ad finem quòd idem dominus genitor noster, ut rex Franciæ, esset et remaneret in saisinâ gardæ dictæ abbatiæ ac pertinentiarum ejus, sicut se comportant ultrà terminos comitatûs Campaniæ, versus Verdunum...; et procurator carissimi germani nostri Ludovici, tunc comitis Campaniæ et Briæ, ad finem quòd idem comes esset et remaneret in saisinâ gardiandi abbatiam prædictam, sicut situatæ sunt ab antiquo, infrà terminos et metas comitatûs Campaniæ, et quòd tàm dicta abbatia quàm ejus pertinentiæ remanerent in gardiâ dicti comitis Campaniæ, et non in gardiâ Franciæ... Visâ inquestâ, dictum fuit per curiæ nostræ judicium quòd dictus dominus genitor noster, ut rex Franciæ, erat in saisinâ gardæ abbatiæ prædictæ, et quòd gardiaretur ratione Franciæ, et quòd nos qui ejusdem sumus successores, remanebimus in saisinâ prædictâ gardiandi ratione Franciæ... Nonâ die augusti* 1318. Dans les Olim de Beugnot, tom. III. 2ᵉ part. p. 1304.

(2) Comme le prouve le rapprochement des dates de son traité avec Philippe le Bel, et de la lettre d'investiture de son successeur Nicole de Neuville. *Decimo kalendas julii* (22 juin), *obiit reverendus in Christo pater et dominus Thomas, episcopus Virdunensis, pro cujus anniversario habemus tertiam partem*

qui, ayant été princier impérialiste et barisien, allié des comtes Thibauld et Henri, fut forcé, comme les autres, de changer de politique, et devint évêque français, sous Philippe le Bel. Toujours il entraîna notre ville à sa suite, de l'un et de l'autre côté; mais ses procédés ne furent pas toujours irréprochables : car il alla jusqu'à abuser de l'évêché vacant, puis à s'insurger contre l'évêque Revigny. Il était de grande noblesse, fils de Ferry de Blâmont, branche puînée de Salm, et de Jeanne de Bar (1); et, bien qu'il eût des frères aînés, il n'entra dans l'église qu'avec une certaine hésitation, et après avoir essayé de la charge séculière et militaire de vidame de Reims. C'est sous ce titre qu'il se désigne dans les premières chartes qu'on ait de lui à Verdun, vers 1280 : alors il prit une sorte de chevalerie des dames de Saint-Maur, pour laquelle elles lui donnèrent l'usufruit de leur domaine de Baleicourt, avec promesse de prier Dieu pour lui, de son vivant et après sa mort, s'il l'améliorait (2). Ensuite il fut élu princier du Chapitre; et son influence aida probablement à faire élire abbesse de Saint-Maur sa parente Marguerite de Bar, abbesse qui vécut et laissa vivre ses dames en chanoinesses séculières : ce

<small>Mort de Thomas de Blâmont.</small>

---

totius valoris molendini et stagni de Lemmes, quæ valent quolibet anno sexdecim rasa frumenti, et decem libras in denariis. Nécrologe.

(1) *Qui Salmone satus* (et non *natus*, comme on le lit, par faute d'impression), *in Barri stirpe creatus*, porte son épitaphe. *Natus* voudrait dire qu'il était né à Salm. D. Calmet dit, dans ses généalogies, que Ferry de Blâmont épousa, en 1242, Jeanne de Bar, fille du comte Thibauld II. Il est cependant peu probable qu'en 1242, ce prince ait eu une fille en âge d'être mariée.

(2) « Nous Thomas de Blancmont, vidame de Reims..., avons prins et prenons, et tenons à notre vie de religioses dames l'abbausse et lou couvent Saint-Maur, tout ce que elles ont, peuvent et doivent avoir à la ville de Baleicourt et confinage..., en teille manière que, après notre décès, toutes les choses dessordites, et toutes les accreues que nous y auerons fait sor lor treffonds reviennent et doient revenir à l'église de Saint-Maur..., et, por l'accreue, doient faire, après notre décés notre anniversaire, à toujours; et se doient, à notre vie, chacun an, chanter une messe dou Saint-Esprit, la vigile de sainte Lucie, pour ce que Dieu nous vueille conforter en bien : et lor donnerons, à celui jour que on chantera la messe pour nous, deix sous de forts, pour pitances..., 1280, lou merkerdi après l'apparition Notre-Seigneur. » (Epiphanie, ou Rois 1281).

qui la fit mal noter dans les saintes chroniques (1). On a vu, dans ce chapitre et dans celui qui précède, le reste de l'histoire de Thomas de Blâmont; et nous avons mentionné, dans la description de l'ancienne cathédrale, son mausolée splendide et princièrement armorié. Il est souvent parlé, dans l'histoire de Lorraine, de la maison et du lieu de Blâmont, dont le nom latin *Albus mons* vient de l'ancien pays d'Albe, *pagus Albensis*, en allemand Albegau : la famille s'éteignit au commencement du XVI° siècle, dans la personne d'Olry de Blâmont, évêque de Toul; et le domaine, qui avait titre de comté, passa à la Lorraine. Blâmont, l'ancien chef-lieu, est aujourd'hui un bourg considérable des environs de Lunéville.

L'évêque Nicole de Neuville. Ici viennent dans notre histoire des temps d'anarchie confuse, à travers lesquels nous aurons peine à conduire le lecteur, tant les détours en sont mal éclairés. Wassebourg s'en prend, du moins pour le commencement des embarras, au successeur de Thomas de Blâmont, l'évêque Nicole de Neuville, qu'il accuse, non sans doute, comme il semblerait d'abord le dire, de s'être montré «bon homme, humble et doux,» mais de n'avoir eu ni grande noblesse, ni grande alliance de noblesse, en telle sorte, dit notre auteur, qu'il ne put résister «aux arrogances et ports d'armes : davantage, ajoute-t-il, le temps estoit aux guerres et dissensions des princes, troubles et mutations ez choses publiques.» Ceci n'est malheureusement que trop véritable; et il est encore vrai que Neuville n'était pas de maison princière; néanmoins il s'en fallait que son nom fût obscur, puisque nous avons vu un Geoffroy de Neuville parmi les quatre

(1) Cette Marguerite de Bar ne se trouve pas dans la généalogie dressée par D. Calmet; mais il y a, dans cette généalogie, bien des personnages connus seulement par des mentions incidentes dans les chartes, sans qu'on voie comment ils se rattachaient à la famille. On trouve, dans l'Inventaire de Lorraine, mention d'un arbitrage entre religieuse et honnête madame Marguerite de Bar, abbesse, et tout le couvent de Saint-Maur, d'une part, et Baudoin, seigneur de La Tour, chevalier, d'autre, en mai 1307 : date qui prouve que Roussel s'est trompé en disant que l'abbesse Marguerite mourut en 1304.

chevaliers que se désigna pour lieutenants le comte Henri, lors de son exil en Chypre, et que le roi d'Angleterre voulut maintenir régents pendant la minorité du comte Edouard; mais cette famille de Neuville-sur-Orne, c'est-à-dire sur Ornain, s'éteignit de bonne heure : son domaine passa aux Des Armoises, puis, par alliance, aux Nettancourt (1); et l'endroit n'est maintenant qu'un village du canton de Revigny. L'évêque Neuville reçut son investiture de l'empereur Albert, à Schelestadt, vers la fin de 1305 (2). La même année, au mois d'avril, mourut en France, la reine Jeanne de Navarre : ce royaume, ainsi que le comté de Champagne passèrent d'elle à son fils aîné Louis Hutin; et Philippe le Bel fut obligé de s'en dessaisir, au moins nominalement : ce qui montra au public que ces nouvelles possessions n'étaient point encore très-inséparables de la couronne. On le vit encore aux précautions que prit chez nous le roi pour s'assurer, en tous cas, la garde de Beaulieu, et aux négociations qu'il fit avec Toul, et qu'il conclut avec succès en 1309, pour que cette ville donnât aux autres le bon exemple de se mettre sous la garde immédiate de France (3). Il arriva, vers le même temps, une catastrophe qui remit les esprits en grande agitation. L'évêque de Metz Renauld de Bar, l'un des deux gardiens du Barrois que Philippe avait substitués aux quatre du comte Henri et du roi d'Angleterre, s'était déclaré en guerre ouverte et acharnée avec la Lorraine; et il faisait contre elle « si grands

(1) V. Husson, Simple Crayon, aux articles Des Armoises de Neuville, et Nettancourt de Passavant.

(2) « Lettre sur parchemin d'Albert, roi des Romains, portant investiture des régales de l'évêché, avec les fiefs et principauté d'icelle, à Nicolas évêque. Donnée à Schelestat, l'an 1305. » Inventaire de l'évêché, p. 28, n° 199.

(3) « Ont été trouvées au trésor de nos chartes, à Paris, lettres scellées du séel de ladite université et données audit lieu de Toul, l'an 1309, au mois de novembre, par lesquelles se mettent à toujours en la garde et protection de feu de bonne mémoire le roi Philippe, notre prédécesseur, qui pour lors étoit parmi, (au pays), payant chacun an, à la Saint-Martin d'hiver, deux sous de petits tournois pour chacun feu étant en ladite cité; et moyennant autres points, articles et conditions contenus et déclarés dans lesdites lettres. » Patente du roi Charles VII, citée dans Thiéry, Hist. de Toul, I. 259.

pourchas, disent les chroniques, et telles alliances que on disoit, de certain, que, s'il eust vescu, eust détruit au duc toute sa terre (1). » Ceci ne devait pas déplaire à la cour de France, dont la politique était que le Barrois s'employât sous sa main à affaiblir la Lorraine; et peut-être, si l'on eût levé les voiles, aurait-on trouvé le roi Philippe parmi les instigateurs des « grands pourchas » dont parle la chronique messine : quoi qu'il en soit, l'évêque Renauld, entraînant son jeune neveu et pupille Edouard, lui fit faire ses premières armes contre le duc Thibauld II, mais d'une si malheureuse manière que, le 7 novembre 1308, ils furent tous deux mis complètement en déroute, près de Frouard; Edouard resta prisonnier, et ne recouvra la liberté que par traité du 20 mai 1314, moyennant une énorme rançon qu'il ne put jamais payer (2). Tous ces événements avaient leur contre-coup à Verdun, où l'influence de l'ancien parti n'étant pas détruite, on n'entrait pas bien dans les plans du roi. L'évêché et la Ville se défiaient l'un de l'autre, et cherchaient chacun des alliés, qu'ils s'accordèrent à prendre parmi les nombreux fils du comte Thibauld, mais dans des sens opposés. La Ville la première fit, en 1309, ses arrangements avec Erard de Bar, sire de Pierrefitte et de Pierrepont (3), qui s'engagea, au cas de besoin, à venir en personne, ou à envoyer trois bons chevaliers, Jacques l'Hermite, Jacques de Briey, et Hugues de Valcourt, plus Roland d'Ostenge écuyer, celui-ci à la solde de cinq sous par jour, les trois chevaliers à celle de dix : en outre Erard

Le comte Edouard, prisonnier des Lorrains.

---

(1) Chroniques Huguenin, p. 56.

(2) V. Digot, Hist. de Lorraine, tom. II. p. 192 et 210. L'arbitrage de 1314 fut fait par Louis Hutin, « ainé fils le roi de France, par la grâce de Dieu roi de Navarre, cuens palatin de Champeigne et de Brie. »

(3) Pierrepont, sur la Crusne, vers Longuyon. Pierrefitte, aujourd'hui chef-lieu de canton, entre Verdun et Bar. — Roussel, confondant ce temps avec celui du commencement de Henri d'Apremont, prétend que le comte Edouard s'offensa du traité avec Erard, parce qu'on avait auparavant pris sa propre garde : mais le comte, prisonnier en 1309, ne devait pas trouver mauvais qu'on s'adressât à ses oncles; et surtout il ne pouvait faire des courses dans le Verdunois, comme le raconte Roussel.

promit assistance de dix autres chevaliers et de trente écuyers, si la ville était menacée de siége. Pour parer à cette ligue hostile ou suspecte, l'évêque fit une contre-ligue avec Pierre de Bar, celui des princes frères qui s'était allié à Renauld de Metz lequel, pour le maintenir de son bon côté, lui avait fait bâtir le château de Pierrefort, à deux lieues au sud-ouest de Pont à Mousson : il paraît que ce Pierre était personnage important; car notre prélat, voulant lui faire pareil cadeau, lui inféoda Mussey près Longuyon, sans qu'on sache trop de quel droit, car cette seigneurie n'était pour notre évêché qu'un fief qu'il tenait de celui de Trèves, dont le consentement ne paraît pas en cette nouvelle inféodation. En 1322, nous trouvons Mussey compris dans l'hommage du comte Edouard à l'évêque Henri d'Apremont : ce qui pourrait indiquer, malgré les termes de l'acte de 1311, où il n'est parlé que de Pierre, que celui-ci, s'alliant avec Neuville, agissait en représentant d'Edouard, prisonnier. A l'occasion de ces ligues et démarches opposées, une grande division éclata en ville : les lignagers, mal réconciliés de leurs rancunes du temps non encore loin passé, reprirent les armes, les uns pour un parti, les autres pour l'autre; les battus se réclamèrent du roi Philippe, lequel, ne manquant point une si opportune

Ligues opposées de la ville et de l'évêché.

Inféodation de Mussey.

(1) « Je Pierre de Bar, sire de Pierrefort, escuier, fais savoir que, comme révérend père Nicolas, évesque de Verdun, du gré et consentement de ceulx de Chapitre, m'ait donné et ottroié à moi et à mes hoirs à tenir en héritaige, en fief et en lige hommage tout ce que l'éveschié de Verdun avoit et pouvoit avoir à Mussei deleis Longuion, à savoir est que je ai repris, ainsi comme est dessus devisei... Et, pour le don et ottroi dessusdit, j'ai repris dudit évesque tous les fiefs qu'on tient de moi à Neuville en Verdunois, et tout ce que Miles de Nenonville ait à Saint-Remei, qu'il tient de moi; et si lui ai acquittei et donnei cinq reises de froment que j'avois ez terraiges de Pilon, etc... Ce fut fait en l'église de Verdun, présents, etc., l'an mil trois cent et unze, le 4ᵉ jour du mois de juillet. » D'après l'hommage du comte Edouard, en 1322, le château de Mussei devait toujours être rendable à l'évêché « à tous ses besoins. » — Inféodation de Mussey à l'évêché par Hillin de Trèves, en 1160, ci-dessus, tom. II. p. 288. — La date de 1314, que D. Calmet, dans la généalogie de Bar, assigne à la construction de Pierrefort, est un peu tardive, puisque Pierre se qualifie de sire de ce château dans l'acte précédent de 1311.

Emeute.
Lettre du connétable.

occasion d'intervenir, leur dépêcha son connétable le fameux Gaucher de Châtillon, celui-là même qui avait défait le comte Henri en 1302, et que cette victoire, non moins que sa bravoure à Courtray, avaient élevé au suprême rang militaire; mais, comme nos furieux étaient aux prises, Châtillon ne pouvant arriver assez tôt, délégua le bailli de Vitry, dont les gens furent eux-mêmes battus et « navrés » avec leurs protégés : de sorte qu'après le tumulte, on ne put faire autre chose que de proclamer la paix du roi, avec injonction aux partis de la garder à l'avenir, et de se pardonner réciproquement leurs offenses : ce qu'ils promirent à contre-cœur, et tinrent assez mal, comme nous le verrons en 1318. Voici la lettre du connétable.

« Gaulchiers de Chastillon, cuens de Porcien, et connestable de France, salut. Comme sor plusiors discords qui estoient entre les citains de Verdun, li roi messire nous eust envoié por mettre paix et accord entre iceulx ; et, por ce que si hastivement nous ne y poviens aller en notre personne, mais y aviens envoié le bailli de Victry, avec plusiors nobles et aultres : et sont venus au lieu ; et, por le discord desdites parties, fussent mellées et huttins dedans ladite ville entre partie des citains et ciaulx que nos aviens là envoiés contre l'autre partie des citains, c'est à savoir le dimenge jour de saint Barthelmeu apostre, et le lundi ensuivant ; auxquelles mellées et huttins plusiors desdits citains et de ciaulx que nos y aviens envoyés furent blesseis et navreis. Sachant tuit (tous) que de tout le descord, mellée et huttin, navreures et blesseries dessusdites, bonne paix est et bon accord : et promettons en nom du roi monseignor, en nom de nous et de nos gens dessusdits, que ne demanderons jamais rien, ne ferons demander auxdites parties, ne à aulcune d'icelles por l'occasion des choses dessusdites, ains les en avons acquittei et acquittons bonnement, en noms dessusdits (1). »

On voit en cette lettre comment s'insinuait chez nous la

---

(1) Husson, qui nous a conservé cette lettre, dans ses notes sur Wassebourg, en remplace la date par un *etc.*, ayant déjà mis cette date en préambule : « ainsi que nous voyons, dit-il, par la lettre suivante du connétable, de l'an mil trois cent et huit. » Il est à remarquer que le traité de garde n'existant pas encore, le connétable agit par délégation spéciale du roi, et le bailli de Vitry par sous-délégation également spéciale du connétable.

garde de France, et par quelles grâces et ménagements le roi préparait le traité que conclut son successeur dès son avénement en 1315 (1). Cependant régnait la confusion : Pierrepont et Pierrefort, les deux sires alliés, l'un de la ville, l'autre de l'évêché, promettaient chacun de son côté l'appui du comte Edouard, quand il sortirait de sa prison; ce qui laissait ce prince maître de choisir alors comme il l'entendrait; et les Apremont tenaient pour l'évêque, qui pouvait laisser son évêché à quelqu'un des leurs; mais, comme ils étaient eux-mêmes en haine avec Luxembourg, à cause de leurs prétentions sur Damvillers (2), il résulta de tous ces conflits une mêlée inextricable de ligues, de petites guerres et de petites batailles, dont le récit, quand même nous pourrions le faire, fatiguerait le lecteur. Il est dit, dans une charte de 1309, que Hue et Thierry, écuyers de Besonvauls, ravagèrent la banlieue; celui-ci fut pris par les citains dans la maison forte d'Orne; puis mis en liberté, après avoir juré, ainsi que son frère, de ne pas exercer de représailles. A ces années remontent encore les premières hostilités des Florenge contre la cité : c'étaient de très-nobles et puissants chevaliers luxembourgeois des environs de Thionville (3), qui possédaient, vers Etain, le ban de Buzy,

Grande confusion.

Les Florenge, ennemis de la cité.

---

(1) Roussel, ajoutant les complications de ses anachronismes aux embarras de cet endroit de l'histoire, raconte que Philippe le Bel, après que la ville se fût brouillée avec l'évêché, la prit en sa garde et protection par lettres datées, dit-il, du 8 décembre 1310, et qui sont dans les Preuves de D. Calmet. Elles s'y trouvent en effet, à la page qu'il cite; mais, s'il eût pris la peine de les lire, il aurait vu que le roi Philippe, qui y parle, s'en réfère à ce qui a été accordé avant lui par feu « son très cher seigneur et frère Louis, jadis roi de France et de Navarre. » La lettre est donc de Philippe le Long, frère et successeur de Louis Hutin, et nullement de Philippe le Bel, qui n'eut jamais de frère ainsi nommé et qualifié; et la date est 1318, au mois de décembre : *anno millesimo treccntesimo decimo octavo, mense decembris*, en plaçant la virgule après le mot *octavo*, et non avant.

(2) Leur accord sur ce sujet, en 1318, dans les Preuves de Berthollet, tom. VI. p. 6. Origine des droits des Apremont sur ce territoire, ci-dessus, tom. II. p. 542.

(3) Le château de Florenge, à une lieue de Thionville, ruiné par Charles Quint. Généalogie des seigneurs, issus de Robert, l'un des fils de Simon Ier, duc de Lorraine, dans D. Calmet, tom. II, première page XXXIV, 2e édit. De

composé de plusieurs villages : à l'occasion de quelque brouille, Robert, sire de Florehenge, y greva d'impôts les biens possédés par les verdunois; puis, disent les pièces, après plusieurs effusions de sang de part et d'autre, les citains, sous la caution de leur protecteur Erard de Bar, déposèrent une somme de deux cents livres petits tournois forts, chez les lombards d'Amel (localité où se tenaient alors des foires); et Robert, par charte du lundi après la Notre-Dame de septembre 1312, supprima ses nouveaux impôts; mais ce fut une paix mal assise, comme on ne le vit que trop par la tragique affaire du pont de Warcq, en 1336. Ainsi commençait ce XIVe siècle, et ainsi devait-il continuer, allant avant, disent les chartes, par force et voie de « roberie. » L'évêque Neuville, ne pouvant dominer le tumulte, résigna, en 1314, son évêché à Henri d'Apremont; puis il disparut complètement de la scène; et on ne parla plus de lui qu'à sa mort, enregistrée au nécrologe un 5 janvier, sans indication d'année ni de lieu (1).—Quant aux deux sires de Pierrepont et de Pierrefort, ils furent tiges de deux branches collatérales de Bar, éteintes l'une et l'autre avant la fin du siècle, mais que nous verrons bientôt dans les événements. Thibauld, fils d'Erard, disputa la

L'évêque Neuville résigne à Henri d'Apremont.

Philippe de Florenge, père du Robert dont nous parlons ici, on cite une charte d'affranchissement du ban de Buzy, à la loi de Beaumont, en 1277.— Les Florenge eurent aussi beaucoup de démêlés avec les Messins. Leur maison se fondit dans celle de Lenoncourt; de là vinrent les Marley, seigneurs du Saulcy, que nous trouverons au XVe siècle; puis la terre de Florenge passa dans la maison de La Marck, par mariage de l'héritière avec Robert de La Marck, seigneur de Sedan, en 1446. De là vint que dans la maison de La Marck, les fils se titraient souvent l'un Florenge (les Français disaient Fleurange), l'autre Jametz. « Je chargeai Fleurange sur mon cheval, et mis Jametz sur celui d'un des miens, » dit Robert de La Marck, parlant de ses deux fils blessés à la bataille de Novarre, en 1513.—Nous parlerons ailleurs des La Marck et de Jametz.

(1) *Nonis januarii, obiit reverendus pater dominus Nicolaus de Novâ-Villâ, olim episcopus Virdunensis. In cujus anniversario debent distribui centum solidi turonenses, de acquisito facto à domino Erardo dou Chateley, milite, et uxore ejus de Miruali* (Mureau), *pro valore fructuum præbendæ suæ unius anni.*—Sur cet évêque, l'*Excerptum* de Jean de Sarrebrück ne porte que ces mots : *Nicolaus de Novâ-Villâ super Ornam, qui resignavit.*

régence à la fameuse Iolande de Flandre, après la mort du comte Henri IV, en 1344 : sa branche, qui avait l'avantage de la primogéniture, n'alla pas plus loin que lui : l'autre, de laquelle sortit notre évêque Hugues de Bar, s'éteignit, vers 1380, dans un second Pierre, qui fut l'un des plus turbulents personnages de notre histoire.

Wassebourg a chargé la mémoire de l'évêque Neuville d'une singulière illustration, en disant que c'était lui qui était l'évêque Nicole, auquel renonçaient tous les ans nos citoyens, quand on leur lisait la Charte de Paix, comme si c'eût été quelque grand hérétique municipal, qu'il fallût renier pour vivre en orthodoxie civique avec l'évêché : et il est véritable en effet qu'à dater de ce temps, toutes les Paix qui subsistent, jusqu'à la dernière de Psaulme, portent invariablement que les citains s'obligent à rapporter les lettres de l'évêque Nicole, consentent qu'elles soient nulles, et promettent de ne s'en jamais aider. Pour explication de cet article, notre historien, qui croyait que la Charte de Paix n'avait été faite qu'au troisième engagement de la vicomté par Henri d'Apremont, dit que « combien que Neuville eust d'abord mis diligence à réprimer les entreprises des citains, néanmoins finalement, cherchant à vivre en paix, leur accorda, à l'insu de son clergé, que tous les ans ils esliroient la troisième partie des jurés; et permit encore autres choses énervant du tout l'ancienne jurisdiction épiscopale, et contrevenant totalement : ce qu'abolirent ses successeurs; et ès nouvelles lettres de Paix fust spécialement adjousté l'article de révocation de l'accord de l'évesque Nicole, laquelle se met et inscrit encore tous les ans dedans les nouvelles lettres ». On la mettait en effet; mais ce n'était pas un article ajouté depuis Neuville : car il se trouve dès 1292, dans le premier texte que nous ayons de la Charte : seulement dans ce texte ce ne sont point les lettres de l'évêque Nicole qui doivent être rendues; ce sont celles de « monsignor Henri (de Granson), qui fut devantérien à devant dit signor Jakes (de Revigny, l'évêque

De l'Evêque Nicole de la Charte de Paix.

régnant) (1). Ainsi ce que la Charte obligeait de rapporter, ce n'était en aucune manière une lettre subreptice, ni considérée comme illégale : c'était l'authentique même précédemment donné, et caduc seulement par expiration de la durée fixée : mais, tout en voyant que le commentaire de Wassebourg porte à faux, nous ne savons pas mieux que notre historien pourquoi, à dater de la première moitié du XIVe siècle, l'évêque dont la lettre est rendue s'appelle invariablement Nicole. C'est peut-être qu'on l'écrivit ainsi au moment du troisième engagement de la vicomté, où la lettre remise à Henri d'Apremont fut en effet celle de son prédécesseur Neuville : et le texte arrêté alors put devenir immuable jusqu'au dernier mot, ainsi que semble l'indiquer un incident dont nous reparlerons à l'an 1374, où l'évêque Jean de Saint-Dizier trouva étrange de ne pas voir, dans la « clausule » de la Paix qu'on lui remettait, « le nom de monseigneur Jehan de Bourbon, son prédécesseur ; » mais le doyen séculier Waùtrec lui répondit qu'on ne pouvait rien changer à la charte. Peut-être aussi serait-il admissible en conjecture que, dans la minute qu'on devait garder pour original des expéditions présentes et futures, le nom de l'ancien évêque était représenté par la lettre N., qui aura été prise par les copistes pour l'initiale du nom de Nicolas : quoi qu'il en soit, nous ne trouvons ni le texte, ni aucun document authentique de cet accord « totalement énervant et contrevenant » que Wassebourg impute à l'évêque Neuville d'avoir fait avec la Commune.

Aux drames politiques que depuis Philippe le Bel on jouait sur nos frontières s'ajouta, vers la fin de 1308, le coup de fortune qui porta au trône impérial le comte Henri IV de Luxembourg. Cette année, l'empereur Albert d'Autriche ayant été assassiné, au moment où il marchait contre les Suisses, dont la première confédération remonte à ce temps, il vint en projet au roi Philippe de faire élire au trône

---

(1) V. le texte de la Charte de Paix ci-dessus, tom. II. p. 550.

vacant son frère Charles de Valois; et il obséda le pape Clément V pour qu'il écrivît en ce sens aux électeurs ecclésiastiques; mais le pontife qui, dans son palais d'Avignon, trouvait déjà trop grande la puissance royale, transmit, après ses lettres officielles, son vœu secret en faveur du comte de Luxembourg, frère de l'archevêque Baudoin de Trèves. Sur cette instruction confidentielle se fit l'élection; et Henri de Luxembourg, devenu l'empereur Henri VII, régna jusqu'en 1313, où il périt en Italie, empoisonné, dit-on, dans une hostie par les Guelfes (et ceci est une rumeur que firent courir les Gibelins) : mais, de son vivant, il laissa le Luxembourg à son fils Jean, lequel est le fameux Jean roi de Bohême, dont parlent si souvent nos chartes jusqu'en 1346, où on le trouva parmi les chevaliers morts pour la France, à Crécy. On l'appelait, depuis 1340, Jean l'Aveugle : et c'est son nom ordinaire dans l'histoire. Fils et père d'empereurs, car son fils Charles devint, en 1347, l'empereur Charles IV, il resta néanmoins français de cœur et par toutes ses alliances : sa sœur Marie épousa le roi Charles le Bel : son fils Charles, Blanche, sœur de Philippe de Valois; il maria encore sa fille Bonne au roi Jean; enfin lui-même, par son propre mariage, acquit le royaume de Bohême à sa maison. Ses titres officiels, tels qu'on les lit dans nos documents, étaient « roi de Behaigne et de Poulenne (Pologne), cuens de Lucembourg » : à cause de ce comté, bien que les affaires de Bohême l'en détournassent souvent, il fut dans notre histoire l'un de ces grands personnages dont le lecteur doit remarquer l'entrée en scène. Par lui, l'influence française domina en Luxembourg, comme elle dominait en Barrois par le comte Edouard; et la Champagne étant déjà réunie à la France, il était impossible que notre petit pays, ainsi entouré et envoisiné, ne passât pas complètement sous la main du roi.

Entre les années 1307 et 1314, Philippe le Bel ayant, à ce qu'on assura, découvert dans le Temple un effroyable mystère d'infamie et d'impiété, s'occupa tragiquement et

<small>Henri IV de Luxembourg, empereur Henri VII.</small>

<small>Jean l'Aveugle de Luxembourg, roi de Bohême.</small>

Suppression des Templiers.

sinistrement à extirper et à faire brûler les Templiers; puis, suivant une légende, dont la vogue atteste du moins que tout le monde ne croyait pas à la vérité de sa découverte, reçut enfin lui-même, pour dernière parole du grand maître Molay expirant dans les flammes, assignation au jugement de Dieu, où la mort l'envoya en effet avant l'année révolue. D'aussi lugubres histoires de flammes et de légendes n'accompagnèrent pas chez nous la catastrophe de l'Ordre, peut-être parce que le roi n'était pas notre souverain ; mais elle arriva aussi, en conséquence de la bulle de suppression de Clément V; et, comme les Templiers ne nous ont presque rien laissé d'écrit, il nous est impossible de savoir en détail comment ils cessèrent d'exister chez nous. En 1300, la baillie de Lorraine et Grande Bourgogne avait pour maître et commendeur, probablement le dernier, frère Hennes d'Oixelier ou d'Oiseley, dont le lieutenant, dans la baillie des maisons dou Temple en Lorraine, était frère Domenge Lallemant ; et ils ne s'attendaient pas à la ruine imminente de leur institut ; car on voit, dans des chartes de 1306 et 1307, le frère Domenge fonder deux prébendes, du consentement de frère Pierre, commendeur de Metz et de Saint-Pierre-Villers. Ce dut donc être pour eux un véritable éclat de tonnerre que la nouvelle qui se répandit tout à coup, cette même année 1307, que, le 13 octobre, avant l'aube, tous les Templiers de France, y compris le grand maître, avaient été arrêtés par les baillis royaux, en vertu de lettres closes du roi, qui marquaient le jour et l'heure où elles devaient être ouvertes; et que, six jours après, les prisonniers avaient eu à répondre aux interrogatoires de frère Guillaume de Paris, de l'Ordre des Prêcheurs, inquisiteur de la foi. Cependant quelques-uns étaient parvenus à s'échapper, et s'enfuyaient vers l'Allemagne ; de sorte que le roi envoya des ordres vers la frontière ; mais, comme il n'avait point encore d'officiers dans nos villes, il n'y eut, ou du moins on ne mentionne que deux arrestations de fuyards, opérées en Bassigny par le bailli de Chaumont; encore étaient-ce deux allemands, non sujets français : néanmoins, et pour se conformer à la procédure adoptée à Paris, on les mena à l'inquisiteur des Evêchés, qui dressa le procès-verbal suivant, que nous traduisons du latin :

Interrogatoire de deux templiers.

« A très excellent prince et seigneur Philippe, par la grâce de Dieu roi de France, frère Radulfe de Ligny, inquisiteur de la perversité hérétique dans les cités et diocèses de Toul, Metz, et Verdun, par délégation apostolique. Votre très-respectable excellence saura que deux allemands, venant de Paris, et se disant en route pour retourner en leur pays, ont été arrêtés dans le bailliage de Chaumont, et que, le mercredi avant fête saint Simon saint Jude, (28 octobre) 1307, nous, en présence de discrets maîtres Jean et Guy de Chaumont, frères, Nicolas Wory, et plusieurs autres, les avons interrogés ainsi qu'il suit :

1° Seigneur Corrard, de Mayence, frère chapelain du Temple, ayant prêté serment, a dit : « Il y a bien treize ans que je fus reçu par frère Breton, précepteur en Allemagne, sur ma demande d'être, pour la rémission de mes péchés, et en l'honneur de Dieu et de Notre-Dame, admis dans l'Ordre du Temple. En Allemagne, nos réceptions se font à l'église, les portes closes, sans que cependant on refuse entrée aux personnes honnêtes; et la cérémonie s'accomplit devant l'autel. Le seigneur précepteur me dit : Délibérez mûrement trois fois : puis il se retira pour délibérer lui-même avec les frères. Quand ils revinrent, je réitérai ma supplique une seconde et une troisième fois : alors ledit seigneur m'interrogea si je voulais vouer chasteté, obéissance, ne rien posséder en propre, et faire service à la Terre-Sainte : je répondis affirmativement; puis on me vêtit le manteau. C'est là tout ce qui fut dit et fait; et je n'ai prononcé autre vœu, ni autre serment. » Interrogé au sujet du reniement de la croix, du crachat au crucifix, et des choses infâmes, il répondit, avec rougeur et grande indignation, qu'il n'avait jamais ni fait, ni vu faire rien de semblable, et n'en savait absolument rien.

2° Frère servant Henri, compagnon dudit Corrard, ne sachant ni le latin, ni le français, et interrogé par interprète allemand, n'a dit non plus que du bien de l'Ordre, s'en référant d'ailleurs à la déposition de son maître. Il ajouta qu'à sa propre réception assistaient plusieurs nobles, dont il nous a dit les noms, que nous n'avons pu retenir. A cause de son état maladif, nous n'avons pas voulu lui faire donner la question (*ipsum autem exponere tormentis noluimus, ratione ægritudinis quâ plurimùm laborabat*). Ferriet de Langres, notaire apostolique, bien que présent à ces interrogatoires, n'a pas signé, parce que les dépositions ne renfermaient aucun aveu (*dictus Ferrietus signum suum non apposuit, tùm quia nihil videbantur recognoscere*) (1), et que d'ailleurs il avait hâte de retourner à Langres : alors seigneur Henry de Clacy, votre chevalier, délégué par vous pour l'affaire du Temple dans le bailliage de Chaumont, m'a prié de sceller et de vous transmettre le présent verbal; ce que je fais, en le certifiant véritable. Donné l'an 1507, le jour de saint Clément martyr (23 novembre).

Il est à remarquer que cet inquisiteur des Evêchés Raoul de Ligny ne se dit, en aucune manière, chargé d'informer sur nos Templiers; il n'agit qu'à la requête des officiers royaux contre deux fugitifs de Paris; et on doit lui savoir gré de son refus de laisser mettre le frère servant Henri à la gehenne. Mais l'année suivante, le pape Clément, ébranlé par les épouvantables dénonciations de Philippe le Bel, ordonna dans toute la chrétienté des informations générales sur le fait du Temple : on recueillit les renseignements d'abord en chaque diocèse, par enquête de l'évêque ; puis les évêques se les communiquèrent en synodes provinciaux (de là les nombreux conciles, tenus dans tous les pays pendant ces années); enfin le résultat de chaque assemblée dut être transmis au pape, pour qu'il prononçât au concile général, que l'on avait indiqué à Vienne sur le Rhône, pour l'année 1311. Chez nous, ce furent les trois électeurs ecclésiastiques de Trèves, Mayence et Cologne, qui dirigèrent les préparatifs, chacun pour sa circonscription métropolitaine : mais on ne parla pas des

(1) Les instructions données au nom de frère Guillaume de Paris, inquisiteur général de France, portaient : « Envoyer au roi, soubs les sceaux des commissaires de l'inquisiteur, le plus tost qu'ils pourront, la copie de la déposition de ceux qui confesseront lesdites erreurs, espéciaulment le reniement de Notre Seigneur Jésuchrist. » Comme il n'y avait rien de tel dans les dépositions des deux templiers interrogés par frère Raoul, le notaire Ferriet crut sans doute que sa signature n'était pas requise.

Templiers dans les conciles provinciaux, du moins en session publique; de sorte que, si nous n'avions que les actes, d'ailleurs longs et instructifs, des synodes de Trèves et de Mayence, de l'an 1310, le premier sous la présidence du métropolitain Baudoin de Luxembourg, il semblerait que nos trois évêques et leurs collègues se soient absolument tenus à l'écart de la grande affaire qui préoccupait alors tous les esprits. C'est, très probablement, qu'ils ne voulurent pas propager dans leurs diocèses l'abominable scandale qu'on faisait en France; mais il est bien certain qu'ils informèrent, comme en comités secrets : car, dans l'inventaire des archives du palais d'Avignon, qui furent ensuite transportées à Rome (1), il est parlé d'un procès-verbal de Trèves portant que, sur dix-sept dépositions entendues, dont trois de templiers, aucun aveu n'avait rien fourni à la charge de l'Ordre : et tel était également le résultat de l'information de Mayence, où l'on ouït quarante-neuf témoins. En ce synode de Mayence, tenu la troisième

---

(1) *Ex archivo inferiori palatii Avenionensis Romam perlatum*, dit Rainaldi, à l'an 1310, n° 40. Il résume ainsi ces pièces : *Judiciaria acta, Moguntiæ hoc anno edita, atque in archeo palatii Avenionensis reperta, referunt quadraginta novem testes adductos nihil adversus Templariorum Ordinem de sceleribus ipsis impositis respondisse. Alterius pariter judiciariæ actionis tabulæ in Trevirensi archiepiscopatu confectæ, transmissæque ad Clementem, narrant septemdecim testes interrogatos de flagitiis Templariorum, nullum confessos.* Raynouard, qui avait pu voir les archives du Vatican lorsqu'elles étaient à Paris, dit que l'enquête de Trèves portait ce titre : *Inquisitio facta in civitate, diœcesi et provinciâ Trevirensi per reverendum patrem dominum Balduinum archiepiscopum, et Robertum decanum ecclesiæ Sancti Servatii Trajectensis, contrà Ordinem militiæ Templi, et magnum magistrum, seu præceptorem Allemanniæ.* Monum. hist. des Templ. p. 312. On trouve, aux p. 274,75 du même ouvrage, dans les informations faites ès villes du patrimoine de Saint-Pierre, une déposition de frère Guillaume de Verdun, prêtre templier, disant que sa réception avait été faite en mode licite, mais que, le jour même, on le força *gladio evaginato*, de renier, en foulant à terre une croix de deux brins de paille : il foula, mais avec cette restriction mentale que c'était seulement la paille. Il entendit dire que tous les ans, le jour du Vendredi-Saint, les Templiers faisaient pareille cérémonie; mais il n'y assista jamais, et même ne sut jamais qu'elle se fût faite. Enfin on me dit encore, ajoute-t-il, que chaque frère était tenu d'adorer une idole ou tête; cependant je n'en adorai point, et n'en vis même pas, bien que la crainte de la mort m'ait arraché la promesse que je l'adorerais quand on me la montrerait.

semaine après Pâque 1310, arriva une scène étrange, que nous rapporterons parce qu'au milieu du silence général des documents, elle peint l'émoi causé par ces mystérieuses procédures à petit bruit :

« A la surprise universelle, entrèrent tout à coup dans la session, sans avoir été ni cités ni appelés, vingt templiers armés de toutes pièces, avec leur commendeur, qui était un comte Wild et Rheingraff (1). » L'archevêque Pierre, un peu troublé, les ayant fait asseoir, le comte dit, à voix haute et ferme : « Révérends seigneurs, nous savons, mes frères et moi, qu'en vertu d'une commission du pape, ce synode a pour but réel et principal de détruire notre Ordre. On nous impute des crimes énormes, et une impiété plus que payenne : et, chose pénible, et tout à fait intolérable, nous ne sommes ni ouïs ni convaincus dans les formes ordinaires. C'est pourquoi, devant votre assemblée, nous appelons au pape futur et à l'église universelle : nous protestons que nos frères, qu'on a brûlés dans d'autres pays, et qui ont subi la torture et la mort en niant ces prétendus crimes, ont dit la vérité ; et Dieu l'a attesté par un miracle en conservant intacts dans les flammes les blancs manteaux à croix rouge. » (C'est que la robe valait mieux que les hommes, cria, à ce qu'on prétend, une voix). Cependant l'archevêque, craignant un tumulte, admit la protestation, et promit de s'interposer près du pape pour qu'on les laissât en paix (*ut quieti esse possint*); et ils s'en allèrent ainsi. L'année suivante, ce même archevêque Pierre obtint de Rome une autre commission, en vertu de laquelle il prononça, en 1511, sentence d'absolution des templiers accusés (2).

Il y eut ainsi partout des enquêtes où l'on obtint tantôt des aveux, tantôt des dénégations, puis des contradictions, des contestations et des rétractations, tellement que le pape, après avoir longuement délibéré avec son consistoire de cardinaux, finit par trouver impossible de juger en tribunal, sur procédures et par sentence définitive; mais, comme dans toute hypothèse, l'Ordre était notoirement infâme au peuple, odieux aux princes, et semblait renfermer trop de

---

(1) Les Rheingraff sont appelés dans les pièces françaises, comtes Sauvages du Rhin, le mot allemand wild signifiant sauvage.
(2) Dans les *Concilia Germaniæ*, tom. IV. 224.

gens pervers pour qu'il fût possible de lui extirper sa gangrène, il admit qu'on pouvait et qu'il fallait le faire disparaître par voie de provision et dispensation apostoliques, c'est-à-dire par mesure de bon gouvernement pontifical : et ainsi le déclara sa bulle, qui fut lue, avec approbation du concile de Vienne, en mai 1312 (1). Ce système mitoyen, qui n'admettait en masse ni culpabilité, ni innocence absolue des accusés, semble encore, après tout ce qui a été dit et publié, le mieux d'accord avec les pièces du procès : car il est difficile de ne pas apercevoir dans ces pièces que le Temple, à ses derniers temps, n'ait été miné et travaillé par une secte anti-chrétienne, du genre de celle des Cathares : ce scandale éclata quand les initiés devinrent nombreux (2) : et le pape Clément ne voulut ni condamner absolument l'Ordre, qui renfermait encore bien des membres fidèles, ni, d'un autre côté, le maintenir, contre l'opinion générale, qu'il partageait, que c'était un malade bien difficilement guérissable : mais, par le malheur des choses humaines, il arriva, comme presque toujours, que beaucoup de bons souffrirent pour les mauvais. Ce que ce pontife dit dans ses bulles du mauvais renom des Templiers est confirmé par cette singulière remarque, depuis longtemps faite par les généalogistes, que, bien que beaucoup de ces chevaliers

(1) *Cum gravi cordis dolore considerantes processus varios, de mandato sedis apostolicæ, per universas christianitatis partes contrà Ordinem Templi..., quodque ipsæ confessiones dictum Ordinem valdè suspectum reddant..., non per modum definitivæ sententiæ, cum eam super hoc secundum inquisitiones et processus prædictos non possemus ferre de jure, sed per viam provisionis et ordinationis apostolicæ, præfatum quondam Templi Ordinem ac ejus statum, habitum, atque nomen sustulimus, removimus, et cassavimus, ac perpetuæ prohibitioni subjecimus, sacro approbante concilio... Datum Viennæ, 11 nonas maii, pont. anno* VII.

(2) Dans l'Avertissement du tom. II du Procès des Templiers, publié aux Documents inédits sur l'Hist. de France, Michelet avoue que les pièces recueillies par lui dans ces tomes sont de nature à modifier, à bien des égards, les hypothèses favorables aux Templiers qu'il avait émises dans le tom. III de son Histoire. — V. encore la curieuse monographie de Mignard sur le coffret du duc de Blacas, dit coffret d'Essarois : objet des plus compromettants, découvert dans les ruines de la maison prieurale de Voulaine-le-Temple, celle précisément de laquelle relevaient nos commenderies : ci-dessus, tom. II. p. 251.

fussent de maisons très nobles, cependant on n'en rencontre jamais un seul dans les listes de parenté, comme si les familles eussent rougi d'eux, au point d'effacer leur souvenir (1). — Pour terminer l'histoire de nos Templiers, nous dirons qu'on sait, par la chronique de Metz, que la date 1312 de leur suppression légale fut également celle de leur fin dans notre province (2), par simple expulsion de leurs maisons, à ce qu'il paraît; car, malgré qu'on ait dit, sur des autorités insuffisantes (3), que le duc de Lorraine Thibauld II avait, comme Philippe le Bel, fait brûler les relaps de ses états, il n'y a trace d'aucune exécution semblable dans les documents ni de Lorraine, ni des Evêchés. On trouve quelques vagues traditions de Templiers qui auraient essayé de se maintenir dans des forêts désertes : ainsi on dit qu'en 1313, le peuple des environs de Saint-Dié, voyant les gens du Temple hanter encore, en assez grand nombre, leur commenderie de Brouvelieures ou Bellieures, en la forêt de Fremi-Fontaine, mit, pendant la nuit, le feu à cette maison, et égorgea les malheureux qui s'en échappèrent (4). Dans le pays verdunois, il y avait, près de Romagne-sous-Montfaucon, un terrain dit Cirqueu où, en une gorge très rétrécie des bois, se voyait la ruine d'un grand bâtiment carré environné de larges fossés : là, disait-on, s'étaient réfugiés les Templiers quand leur Ordre fut détruit (5). On prétendait à Metz que le mauvais évêque Henri Dauphin

Derniers vestiges du Temple.

(1) « Quand vous lisez, disait Chérin, dans les filiations nobles de ce temps, ces mots : Il eut, entre autres enfants..., soupçonnez que cet « entre autres » cache quelque templier, qu'on a dissimulé par égard pour la famille.

(2) « Item, l'an mil trois cens et XII, fust maistre eschevin de Metz le seigneur Geoffroy Joutte : en laquelle année furent les devantdits Templiers tout détruits et prinrent fin. » Chron. Huguenin, p. 57.

(3) Raynouard le dit, p. 120, d'après l'auteur de la Vie du duc Thibauld II et l'Epitome des Gestes des 65 ducs de Lorraine, par le P. Jean d'Aulcy; mais, ainsi que l'observe M. Digot, II. 198, ces auteurs méritent peu de confiance, et supposent, sans documents, que les choses s'étaient passées en Lorraine comme en France.

(4) Gravier, Hist. de Saint-Dié, p. 158. Sans document.

(5) Narrateur de la Meuse, année 1820, tom. 32, p. 64.

avait été découvert et brûlé comme templier en France : et les amateurs de fables mystérieuses ont imaginé que le Grand-Orient des Maçons est celui du Temple, les chevaliers appelant ainsi les pays orientaux d'Outre-mer où ils allaient en croisade, et d'où les initiés avaient rapporté la lumière.

Ici Wassebourg, sans s'arrêter aux bulles de Clément V, dont le texte n'était pas connu de son temps, et supposant, faute d'informations sur nos commenderies de Marbotte et de Doncourt, que la templerie verdunoise était à Verdun, raconte qu'on en réserva la maison pour les frères Augustins, les autres biens ayant été attribués à l'abbaye de Châtillon, parce que les Augustins, en leur qualité de mendiants, ne pouvaient posséder de fonds : et il donne ces arrangements pour faits par l'évêque Neuville, dès 1310, bien que la bulle de suppression et dépossession du Temple ne soit que de 1312, et qu'elle ne laisse rien à voir aux Ordinaires dans la distribution de la dépouille, dont elle fait, de plein droit, transport aux Hospitaliers, vu que l'intention des fondateurs du Temple et des donateurs avait été de doter le service de Terre-Sainte. Il n'est pas douteux que cette bulle n'ait sorti plein effet dans notre diocèse : car, en 1790, Malte (l'Hôpital) jouissait encore de Marbotte et de Doncourt, avec tous leurs membres, ainsi que de sa propre et primitive commenderie de Saint-Jean-de-Rhodes lez-Etain (1) : et, quant au prétendu temple de Verdun, il ne fut pas difficile d'en partager les biens, attendu qu'il n'exista jamais que dans l'imagination de nos auteurs. Ce qu'il y a de vrai dans l'exposé de Wassebourg, c'est qu'en effet, l'an 1310, l'évêque Neuville donna aux Augustins ce qu'on appelait la besace, c'est-à-dire l'autorisation de quêter, et qu'en 1316 ils acquirent de l'abbaye de Châtillon la maison de leur couvent, en emphytéose perpétuelle, dit l'acte, afin sans doute qu'ils pussent posséder toujours en

Les Augustins de Verdun.

---

(1) Ci-dessus, tom. II. p. 251-57.

propriétaires, sans que cependant leur possession fût propriété : chose dont on évitait le nom chez les Mendiants observantissimes; mais ce même acte, déclarant la provenance de l'immeuble, porte qu'il venait des frères de la pénitence, dits Sacs, ou Sachets, nullement des templiers (1); et c'étaient aussi les maisons des Sachets qu'occupaient les Augustins de Reims, et les fameux Grands-Augustins de Paris, chez lesquels se tenait, tous les cinq ans, l'assemblée du clergé de France. Ces Sacs étaient des gens du Tiers Ordre de saint François auxquels, de peur des progrès de l'illuminisme chez les franciscains (2), on intima, ainsi qu'à différentes institutions se disant de vie érémitique, ordre d'avoir désormais à se réunir sous un gouvernement central et sous la règle, bien connue, de saint Augustin, à peine de suppression : et ainsi naquit, vers la fin du XIIIe siècle, l'ordre dénommé frères ermites de saint Augustin, quatrième et dernier venu des Quatre-Mendiants, dont les autres étaient les Jacobins, les divers Franciscains, et les Carmes. Les Augustins de Verdun furent, dès l'origine, de la province de France : ainsi le porte leur titre même de 1316, que nous venons de citer ; et le grand événement de leurs annales était, qu'en 1567, le Chapitre général de toute cette province, c'est-à-dire un vrai Chapitre national français, s'était tenu chez eux. Ces annales, du reste, n'étaient pas riches en traits bien mémorables : et l'histoire de ce couvent se borne à peu près à ce que nous avons dit de lui

---

(1) *Frater Guillermus de Cremonâ, magister sacræ theologiæ, fratrum heremitarum S. Augustini in provinciâ Franciæ vicarius generalis, frater Nicolaus Deslamaire in prædictâ provinciâ prior provincialis, ac frater Jocelinus, prior conventualis domûs seu conventûs Virdunensis, infrà dictam provinciam, nostro et successorum nostrorum, et fratrum quos in civitate Virdunensi in posterum morari contigerit nomine, et pro eis, recipimus in perpetuam emphyteosim à religiosis viris fratre Johanne, dicto abbate de Castellione, totoque ejusdem loci conventu, Cisterciensis ordinis, Virdunensis diœcesis, suo et successorum suorum nomine, domum quam prædicti abbas et conventus habebant in civitate Virdunensi, et quam inhabitaverant quidam fratres Saccorum... Actum 1316, quintâ decimâ die mensis martii.*

(2) Ci-dessus, tom. II. p. 571.

dans la topographie de l'ancienne ville (1). Il est rapporté, fort discrètement, dans une notice de l'ancien diocèse, que les Pères Augustins, après s'être exemplairement comportés pendant cent cinquante ans, dégénérèrent et se négligèrent : à raison de quoi les supérieurs majeurs leur envoyèrent, vers le milieu du XVIIe siècle, un père Carré qui les remit en bon état, ainsi que l'église et les bâtiments : « et, d'autant, ajoute cette notice, que lesdits religieux sont fort humbles, et zélés pour le service du prochain, toutes les personnes de mérite les ont en particulière considération. »

Ces humbles et pauvres Augustins nous rappelant aux histoires monastiques, nous terminerons ce chapitre en louant Saint-Paul du bon emploi qu'il fit alors de son opulence à l'achèvement de sa superbe église commencée par l'abbé Gérard en 1249 (2), et dont le gros œuvre fut terminé par l'abbé Jean de Manheulles, qui mourut en 1311. Jean de Philomène et Nicolas de Rouvres travaillèrent ensuite à l'ornementation intérieure ; enfin Nicolas de Verdun eut l'honneur de tout achever, en faisant faire les grandes verrières du chœur. On écrivit, en vers, dans les épitaphes de ces bons abbés, ce que chacun d'eux avait fait pour le

Achèvement de la Vieille-St-Paul.

---

(1) Ci-dessus, tom. I. p. 496.
(2) Ci-dessus, tom. II. p. 447. Voici l'épitaphe de l'abbé Gérard :

Hic situs est magnâ clarus virtute Gerardus
Abbas, Paulinæ qui fundamenta locavit
Basilicæ, tot orant cui mirâ ex arte fenestræ
Quot luces toto rutilans dat Phœbus in anno.

Cette épitaphe, refaite lors de la translation des tombes abbatiales dans la nouvelle église, dit qu'il y avait à la Vieille-Saint-Paul autant de fenêtres que de jours dans l'année : et ainsi le répètent tous les récits traditionnels. On disait la même chose de plusieurs cathédrales : c'était sans doute une manière de parler des anciens architectes qui comptaient pour fenêtres distinctes les compartiments à meneaux. — L'épitaphe de l'abbé Jean de Manheulle portait... *Hoc venerabile templum Partim confecit, et opus grave penè peregit.* Celle de Nicolas de Verdun : *Ecclesiæ chorus per eum fit luce decorus.* A côté de maître Domenge était sa femme : « Ci gist dame Ammeline, femme maistre Domenge, qui fuist maistre de l'œuvre de l'église de céans, et mourut l'an 1296. — Avant Domenge, le maistre de l'œuvre fut Richer le « masson, » mentionné au nécrologe.

monument : et on n'oublia pas l'architecte « maistre Domenge, li masson, qui fuit maistre de l'ueuvre de Saint-Paul, et mourut l'an de grâce MCCIIII^{xx} et XIX (1299), ou mois de novembre. » L'édifice méritait en effet qu'on gardât les noms de ses constructeurs. C'était une grande cathédrale, du bon style gothique de la seconde moitié du XIIIe siècle : nos ancêtres maudissaient fort les ingénieurs militaires qui avaient détruit cette basilique en 1552; mais, comme personne alors ne dessinait, on avait fini par ne plus avoir de la Vieille-Saint-Paul que le souvenir de quelque chose de grandiose et de vague, lorsqu'en 1675-76, des travaux de fortification en mirent au jour les derniers fondements. Alors on vit qu'il y avait eu à l'ouest un portail à deux tours; puis une haute nef, ayant, de chaque côté, neuf colonnes qui la séparaient des nefs basses; ensuite un large transept; enfin, à l'orient du côté de la Meuse, un vaste chœur en abside, autour duquel tournaient les basses nefs, et dont la voûte retombait sur dix colonnes disposées en fer à cheval. Tout le long de l'édifice, des chapelles : celles du circuit du chœur, arrondies en hémicycle; on voyait la place du jubé, disposé à peu près comme à la cathédrale; et il y avait au bas de l'église, du côté sud, un petit portail regardant la ville. Le cloître et les bâtiments s'étendaient de l'autre côté, au nord : enfin la notice sommaire, rédigée, avec plan, en 1677, par le P. Hyacinthe Sauvage, procureur de Saint-Paul, mentionnait la découverte de beaucoup de cercueils de pierre, à couvercles si bien joints que ni terre ni poussière n'avaient pu s'introduire, et qu'on trouvait les ossements intacts, chacun à sa place, avec costumes d'église, d'épée, ou autres (1). Ainsi

(1) Le plan du P. Sauvage, que nous reproduisons, ayant été altéré par l'humidité, on ne peut plus lire en marge, à l'endroit de l'échelle, que ces mots : Largeur 129 pieds, sans doute hors d'œuvre, comme dans l'ancien toisé, en nombres ronds, de la cathédrale, qui attribuait à celle-ci 20 toises ou 120 pieds de large, y compris les chapelles, comme à St-Paul. Toutes les traditions s'accordent à dire que la Vieille-St-Paul était aussi grande que la cathédrale.— Roussel, dans le peu qu'il dit de cet édifice, p. LXX, s'en réfère

reparurent, au temps de Vauban, les vestiges de la Vieille-Saint-Paul, ruinée déjà depuis plus d'un siècle : et nous regrettons de n'avoir rien de plus à dire d'un édifice qui passait, au moyen-âge, pour le plus beau du pays.

à la Chronique de St-Paul, écrite en 1647 par le P. Payen : mais il faut rectifier quelques points, d'après la découverte des fondations en 1676. Le P. Payen, ayant sans doute entendu dire que le portail (le petit) regardait la ville, croyait l'église orientée du nord au midi : c'était une erreur que le P. Sauvage remarque expressément.

Sceau de St Paul.
(Sceau moderne, tom 1 p. 375).

CHAPITRE II.

GARDE DE FRANCE.
— COMPLICATIONS AVEC CELLES DE BAR ET DE LUXEMBOURG. —
COMMUNE DES MÉTIERS. — CHAOS POLITIQUE. TROUBLES COMMUNAUX. —
LONG ÉPISCOPAT DE HENRI D'APREMONT.

De 1315 à 1350 environ.

Dans ces années pleines de troubles, on ne voit en notre histoire, et encore fort mal, à l'aide d'un petit nombre de chartes, qu'un chaos de dissensions civiles, avec secousses et tiraillements en tous sens par les influences des princes voisins.

Ce moment est celui de la lutte communale entre l'aristocratie et la démocratie : et, de peur de nous perdre nousmême au milieu de la confusion, nous commencerons par une esquisse générale des combattants. L'aristocratie s'organisa en lignages, et la démocratie en métiers, lesquels, comme machine politique, sont une nouveauté qu'il faut ici introduire en scène. Le premier métier, dont on mentionne charte à Verdun, est celui des drapiers du mont Saint-Vanne, auxquels, ainsi que nous l'avons dit, Robert de Milan donna, en 1267, des lettres dont le texte n'existe plus (1); et tous les métiers s'étant ainsi constitués, avec ou sans charte, il en résulta, de très-bonne heure, pour l'évêché et son Nombre « estaubli », péril de quelque entreprise sur leur haut domaine : en conséquence on mit dans la Charte de Paix, dès son plus ancien texte, que « si aucuns des mestiers faisoient atour, ou chose en grevance de la citei, ils paieroient 60 sous (2). » Ce que c'étaient que ces « grevances à la citei » est fort connu par la suite de l'histoire.

Les métiers.

---
(1) Ci-dessus, tom. ii. p. 479.
(2) Ci-dessus, tom. ii. p. 546.

Chaque métier avait son maître électif; ces maîtres, présidés eux-mêmes par un grand maître, aussi électif, eussent dû se borner à juger « de ce que à leur mestier attenoit » comme portent les chartes, c'est-à-dire des méfaçons et des tromperies sur les marchandises (faulsies); mais ils prirent peu à peu toute juridiction sur les confrères, en usurpation et anéantissement de la justice de la cité, et préjudice énorme du fisc municipal, parce que chaque métier appliquait ses amendes à sa propre confrérie : en outre, le gouvernement du peuple échappait à la Commune légale. Ces métiers parvinrent, sous l'épiscopat de Henri d'Apremont, à s'emparer plusieurs fois du pouvoir, et à établir les Communes dites du Postal, et des facteurs et exécuteurs de la cité; tellement que, par contre-coup, les aristocrates, mettant en oubli les anciennes querelles des Lignages, se resserrèrent dans ces tribus, et ne voulurent plus reconnaître d'autres vrais citains qu'eux-mêmes. Ceci était déjà presque établi en usage à la fin de la période où nous sommes, parce que l'évêché, ayant failli perdre sa prérogative dans les insurrections des métiers, s'était jeté du côté des lignages.

Sur cette organisation de la Commune démocratique par métiers, en imitation sans doute des villes de Flandre, Wassebourg ne savait rien de plus ancien que ce qui est dit dans notre histoire à l'an 1333, que les commissaires du roi firent ajourner devant eux le Postal, les maîtres des métiers, et ceux par qui la ville se gouvernait depuis le renversement du Nombre épiscopal; mais, à cette date de 1333, il y avait déjà longtemps que les corporations ouvrières formaient un pouvoir de grand poids dans la Commune : car Henri d'Apremont faisant, en 1349, accord avec le comte Edouard, promit de faire agréer cet arrangement par le Nombre, « les maîtres des métiers, » les citains et toute la communauté de Verdun. L'article déjà cité de la Charte de Paix montre que, dès le XIIIe siècle, on se précautionna contre cette influence; et il est bien probable que ces corporations sont les frairies mentionnées dans des actes fort anciens.— L'histoire de Metz parle des métiers à la même époque que la nôtre; et nous y lisons qu'en cas de siège, chaque métier avait à munir et à défendre une des tours de la cité (1).

<small>Les grandes puissances.</small>

Du côté de la grande politique, la situation, à l'avénement de Henri d'Apremont, en septembre 1313, était que Philippe le Bel régnait toujours en France : ce despotique personnage, bien qu'à sa dernière et sombre année, gardait la prépondérance sur nos frontières. L'empereur Henri VII mourut en Italie, le 24 septembre de ce même an 1313 : après lui, il y eut interrègne, puis long schisme entre deux compétiteurs élus en concurrence, Frédéric d'Autriche, fils de l'empereur Albert, et Louis de Bavière, celui-ci dans l'hostilité persistante de la cour de Rome : division qui continuèrent et accrurent l'affaiblissement de l'Empire. Quant aux principautés secondaires, Luxembourg comptait peu en ce moment, parce que, jusqu'en 1321, le comte Jean s'occupa surtout de son royaume de Bohême, où il était aux prises avec le duc de Carinthie : enfin, pour le comte Edouard de Bar, les Lorrains, qui le tenaient captif depuis sa déroute de Frouard en 1308, ne le remirent en liberté qu'au mois de mai 1314, moyennant une rançon exorbitante.

<small>Les Apremont.</small>

Dans cet effacement des grandes puissances, les Apremont dominant dans le pays, ce fut à l'un d'eux que l'évêque Neuville, quand il se vit impuissant à réprimer les discordes, prit le parti de résigner son évêché, de l'agrément du roi Philippe, sans aucun doute; car les Apremont s'étaient des premiers tournés vers la France dans l'ordre de choses qu'elle établit après la défaite du comte Henri. Joffroy, alors chef de leur maison, ne se contenta pas d'être

---

(1) « Item, nommèrent sept d'entre eux (les Sept de la guerre) pour avoir le regard que les mestiers feissent accoustrer les aultres tours, les couvrir, planchier, fournir d'artillerie, d'arbollestres et traits, comme lesdits Sept ordonneront. » Huguenin, à l'an 1324, p. 46, et ailleurs.

arrière-vassal de France pour tout ce qu'il avait en Barrois et qu'énumère le traité de 1301 : il alla, de son plein gré, le jeudi après Pâque 1302 (1), faire hommage de trois aleux, ou domaines qu'il disait tels, en Verdunois, savoir, Dugny, avec maison forte, aux portes de Verdun, Mont-Hairons et Brieulle; puis il partit, avec l'armée française, pour l'expédition de Flandre, où il fut tué à Courtray, le 11 juillet suivant. Il avait épousé Isabelle de Kiévrain, princesse et héritière d'Amblise en Hainaut, l'une des grandes dames qui figurèrent au tournois de Chauvency, en 1284; ses enfants, dont il est parlé dans nos histoires, furent Gobert, qui continua la famille, Henri, auquel l'évêque Neuville résigna notre évêché, et, entre plusieurs filles, Mahaut ou Mathilde, femme de Jean de Sarrebrück de Commercy, qui donna avec elle, en 1324, la charte d'affranchissement de cette ville (2). Au sujet de Commercy, nous noterons, en passant, que la France ne l'oubliait pas dans ses projets; car, en 1315 et 1318, Jean de Sarrebrück, sans doute pour motif de bon voisinage avec le Barrois mouvant, crut opportun, moyennant trois mille livres tournois et deux cents livrées de terre que le roi lui donna, de se mettre aussi en mouvance française, d'abord et pour commencer, dans ses villages seulement; puis, comme c'étaient surtout la ville et le château que le roi souhaitait, Jean reçut, en 1335, de Philippe de Valois, mille autres livres pour que, du consentement de l'évêque de Metz, la garde de France et le recept des troupes françaises fussent aussi stipulées pour Commercy, ville et château : tout ce fief fut attribué au ressort du bailliage de Vitry, avec clause qu'il ne serait jamais séparé de la couronne (3). Ainsi s'avançait la France, tantôt par les armes, tantôt par diplomatie, argent, ou appel de ceux qui avaient besoin de son appui. Gobert, le

(1) Charte citée dans D. Calmet, Généalogie d'Apremont, en tête du tom. III. p. XXIX, 2ᵉ édit.

(2) Cette charte, dans l'Hist. de Commercy de M. Dumont, I. 54, d'après un vidimus de 1352.

(3) *Ibid.* p. 50 et 108.

frère aîné de notre évêque, épousa Marie de Bar, l'une des filles du comte Thibauld; et fut, si l'on en croit les messins et les verdunois, un fâcheux et mauvais voisin. Nous verrons les petites guerres de notre Commune avec lui : il n'est pas mieux noté dans les chroniques de Metz, où il est dit qu'il faisait arrêter et gager des bourgeois dans les champs, « avec grosses rudesses et dommages sur leurs héritages, » et que, quand on lui mandait ces choses, il ne rendait que « bien petites réponses (1). » Tels étaient les Apremont, au temps de l'évêque Henri (2); et il est à ajouter que ce prélat trouva la Ville endettée envers sa famille, à cause des sept mille livres payées au comte de Luxembourg, depuis empereur Henri VII, par l'évêque Jean II (3), et pour d'autres choses dont il fut fait règlement dans une charte de 1316. — A propos de ces comptes, et autres que nous

(1) « Semblablement, le sire d'Appremont, sans sommation, ne requeste précédente, fit prendre et gaigier sus seigneur Jehan le Truan, chevalier, citain de Metz, etc., etc. Chron. Huguenin, à l'an 1323, p. 38.

(2) V. Lainé, Généal. de Briey, p. 37. Il compte ce Gobert pour le viiie, et son père Joffroy pour le iiie. — Cet auteur dit, p. 43,44, et Husson avait déjà été de cet avis, dans son Simple Crayon, que les Apremont aux Merlettes, seigneurs de Marchéville, étaient, non de vrais Apremont de la croix blanche, mais des descendants de Garin, châtelain de leur moyen château. Ce moyen château d'Apremont, et son châtelain Garin sont ainsi mentionnés dans une charte que ces auteurs allèguent vaguement, et qui est du Temple de Marbotte, en ces termes : *Ego Gobertus, dominus Asperimontis, præsentibus et futuris, etc..., quòd Garinus miles medii castri de Asperomonte, laude et assensu meo, quia de feodo meo erat, post decessum suum et uxoris suæ Elisabeth, Rodulfum de Joie, uxorem suam, cum hæredibus et omni possessione eorum acquisitâ vel acquirendâ, mobili et immobili..., fratribus militiæ Templi de Marbotte in eleemosynam contulit et concessit... Et, si idem R. et uxor ejus præbendam dictæ domus de Marbotte habere voluerint, prædicti fratres ipsos in fratrem et sororem recipere tenebuntur... Actum 1216.* » D. Calmet, qui d'abord avait admis l'opinion de Husson sur l'origine des Merlettes, a dit ensuite que c'étaient de vrais Apremont, descendus, suivant lui, d'un puiné de Gobert le Bienheureux : v. Calmet III, LXXI, 2e édit.; mais il avoue, p. XXIX, qu'il ne sait pourquoi ce puiné ne prit pas pour armoiries la croix blanche de sa maison. Quoi qu'il en soit, les Apremont aux Merlettes étaient réputés de très-bonne noblesse, alliée aux premières familles de Lorraine : leur principale seigneurie était Marchéville, qu'ils acquirent, et dont ils firent réparer la tour vers l'an 1400, et que leur dernière héritière transmit aux Gournay de Metz. Husson, ibid. art. Marchéville.

(3) Ci-dessus, p. 32, note 1.

rencontrerons, il est à noter, en parenthèse, que, depuis l'invention des Doubles, par Philippe le Bel, on appela souvent petit tournois le simple, c'est à dire le demi-sou, ou six deniers.

Pour première difficulté avec la Commune, Henri d'Apremont rencontra les bannis, que les discordes civiles avaient fort multipliés dans les derniers temps, et qui voulaient que le nouvel évêque usât pour eux de son droit de grâce, le jour de son entrée. Ceci mit la Commune en grand émoi, parce que beaucoup de bannissements avaient été infligés comme représailles dans les luttes des partis, de sorte que ces expulsés, s'ils rentraient par la grâce de l'évêque, pouvaient être pour lui des partisans dévoués, et pour elle autant d'adversaires : en conséquence, elle écrivit à Henri, au mois de septembre 1313, que, pour la griéveté de la chose et le mal qu'on en prévoyait, il ne fallait pas qu'il accordât en masse ces demandes; puis elle insista, en lui reconnaissant un droit limité de rappel; mais Henri, ne voulant point, dès le premier pas, paraître reculer, il fut enfin dit qu'il n'y aurait d'exceptés de l'amnistie que les meurtriers, les voleurs, et les coupables de crime de rapt (1). Les bannis politiques rentrèrent donc : mais cette mesure, loin de pacifier les choses, comme peut-être l'évêque l'espérait, remit les ennemis en présence, plus irrités que jamais; tellement qu'une nouvelle guerre civile éclata

Avénement de H. d'Apremont. — Les bannis.

---

(1) Les pièces de cette affaire ne sont connues que par l'Inventaire de l'évêché, n°⁸ 151,152. « Lettre, sur parchemin, de prière faite par les magistrats et communauté de la ville à l'évêque Henri d'Apremont de ne point rappeler tous forjugés, pour la conséquence et mal qui en arriveroit. — Autres lettres de déclaration de la communauté et des lignages, touchant le droit du seigneur évesque de rappeler les forjugés, en cinq cas. » — D'après les archives de la Ville, Husson dit, dans ses notes sur Wassebourg : « Avant que Henri d'Aspremont entrât à Verdun, les citoyens lui firent entendre qu'il ne pouvoit, en son entrée, rappeler les bannis et forjugés pour meurtre, larcin, et femme ravie. Sur quoi fut arresté qu'ils ne rentreroient, sans préjudice toutefois aux droits prétendus par le seigneur évesque, et sauf à décider le différend à loisir. Les lettres de cela sont au trésor des chartes de la ville, en date du mois de septembre 1313, et montrent que d'ancienneté les évesques ont droit, en leur première entrée, de donner grâce aux bannis : ce qui s'est observé jusques à luy. »

en 1318, ainsi que nous le verrons bientôt. La lettre du connétable Gaulcher de Châtillon, au temps de l'évêque Neuville, et, plus anciennement, l'histoire de la guerre des lignages nous ont déjà fait assister à ces scènes de fureur.

Troisième engagement de la vicomté.

Comme cette turbulente Commune, où s'agitaient les lignages, les métiers et les influences étrangères, était une source permanente de désordre, et que chaque jour se relâchait le lien de sa subordination à l'évêché, Henri d'Apremont crut devoir profiter de la bonne situation où il était à son avénement pour exiger qu'on lui renouvelât, en forme authentique et solennelle, les actes qui constataient ses droits régaliens. Il eût suffi, ce semble, de la Charte de Paix, laquelle s'exprimait très-catégoriquement sur cet article; mais l'évêque, soit qu'il eût besoin d'argent, soit qu'il voulût simplement augmenter la dette par laquelle lui et son frère avaient la main sur la Commune, alla en remontant à l'origine des choses, chercher les vieux actes d'engagement de la vicomté de 1236 et 1247, augmentés de la sentence arbitrale de 1254; et, ayant lu dans ces pièces que les profits, issues et cheptels de la vicomté, c'est-à-dire ses produits, devaient être imputés à l'extinction et remboursement des deux mille livres du prix alors payé par la Ville, il déclara que celle-ci, pendant une jouissance aussi longue, avait dû rentrer, et bien au-delà, dans ses deux mille livres. Cela était incontestable : en conséquence il fallut que les Communaux, pour se continuer dans la jouissance légale de la vicomté, se soumissent à demander un nouvel engagement, qu'on leur passa au même prix de deux mille livres, qu'ils payèrent en murmurant, sans aucun doute, et en se promettant bien de prendre revanche, en temps opportun. Tel fut sommairement le troisième engagement de la vicomté, dans les mêmes termes et clauses que nous avons rapportés, aux années 1247 et 1254, (1) en faisant connaître le second;

---

(1) Ci-dessus, tom. II. p. 441 et 461.

toutes ces formules furent reproduites en une nouvelle charte, du 5 juillet 1314, que l'on trouve dans Wassebourg : mais auparavant s'était tenue, le 27 mai, une très-importante séance politique et de finances municipales, dont il est à propos de dire un mot, parce qu'elle semble révéler le secret de toute cette affaire, qui était que la maison d'Apremont tâchait de s'agrandir et de se créer par la ville et l'évêché une situation princière, au milieu du désarroi général qui régnait dans le pays.

A cette assemblée de Ville vinrent l'évêque, son frère Gobert, leurs chevaliers, et Renauld de Bar, évêque de Metz, dont l'assistance semblait promettre que ni ses deux frères Errard et Pierre, ni son jeune neveu le comte Edouard, en ce moment même rançonné par les Lorrains, ne s'offenseraient des arrangements qu'on allait faire. L'évêque commença par déclarer que, pourvu qu'on lui reconnût bien solidement ses droits, il transigerait, sans chicane, sur les questions d'argent : d'abord, pour les issues passées de la vicomté, il n'en réclamerait absolument rien, bien que la moitié dût lui en revenir, à dater de l'instant où l'ancienne dette de deux mille livres avait été éteinte (1). Quant au présent, il consentait encore à ne rien réclamer d'une somme de trois mille livres, à quoi on estimait ce qui pouvait actuellement se trouver au tronc de la cité de provenances vicomtales, soit amendes, soit autres deniers ; enfin, pour l'avenir, il n'exigerait non plus rien des prochaines deux mille livres qui rentreraient de la même source : de sorte qu'on ne recommencerait à lui compter sa moitié qu'après encaissement intégral de ces futures

Assemblée de 1314.

(1) Cette part de moitié, réservée à l'évêché, ne paraît formellement ni dans l'engagement de 1247, ni dans la sentence arbitrale de 1254 ; mais elle est reconnue dans la Charte de Paix, en ces termes : « Compteront et rendront à l'évesque, ou son commandement, sa partie des amendes, et la Ville l'autre. » Ci dess. tom. II. p. 548. Il est probable qu'au moment de la rédaction de la Charte de Paix, il y eut arrangement par lequel il fut dit que les deux mille livres de l'élu Jean étant remboursées, ou bien près de l'être, il fallait, si la Commune voulait continuer à jouir, qu'elle reconnût part à l'évêque.

deux mille livres par la Ville (1). En échange, il demandait 1° qu'on écrivît, en charte bien formelle et spécifiée, que ces concessions étaient, de sa part, acte de libéralité, et que, de l'instant où les anciennes deux mille livres du temps de l'élu Jean s'étaient trouvées remboursées, l'évêché aurait eu droit strict de retirer sa vicomté, et de la faire exercer pour lui seul, sans part d'autrui. 2° Qu'à l'avenir, la Ville, même pour payer ses dettes, fût-ce l'argent qu'elle devait aux Apremont, n'établirait d'impôt qu'aux termes du traité de 1246 avec Guy de Melle, savoir avec permission, et sous surveillance de l'évêché. — Nous avons déjà dit pourquoi l'évêché tenait tant à cet article : c'est qu'il craignait toujours que, sous couleur de paiement de dettes, de travaux publics, ou autres prétextes, les Communaux n'amassassent des fonds pour quelque entreprise contre lui. — Enfin, quant à la créance d'Apremont, qui venait, comme nous l'avons vu, des sept mille livres payées à Luxembourg pour la Ville par l'évêque Jean II, Henri déclara que, par arrangement de famille, il en transférait sa part à son frère Gobert, avec lequel seul on aurait désormais à s'entendre pour le paiement (2) : sur quoi Gobert laissa voir qu'on s'entendrait aisément si la Ville, le choisissant pour gardien et défenseur, lui allouait annuellement et viagèrement cent livres tournois. Tous ces arrangements ayant paru fort acceptables, l'assemblée les adopta;

(1) Ces concessions semblent prouver que Wassebourg attribue mal à propos le troisième engagement de la vicomté aux pressants besoins d'argent de Henri d'Apremont, pour payer les « gros frais et dépens faits par lui en la poursuite de sa provision épiscopale. » Suit, à propos de ces gros frais, une tirade contre les papes d'Avignon, qui firent tourner à rien le droit d'élection capitulaire : grand grief pour Wassebourg, et tous les gens de Chapitre.

(2) « Et sept mille livres, par la vertu d'une autre lettre faite au nom de révérend peire en Dieu notre très chier seignor Henri d'Aspremont, par la grâce de Dieu évesque de Verdun, dont il (Gobert) avoit causé, desquelles lettres le commencement est teil : Nous li citains, etc. (Suit la lettre insérée ci-dessus, p. 32, note 1) : et la fin en est teille : Et avons priei et prions à révérend peire en Dieu monsignor R., par la grâce de Dieu évesque de Metz, que il mette son séel en ces présentes lettres, avec le nostre. 1314, 27 mai. » Dans le règlement avec Gobert, en 1316.

et on les écrivit en chartes, sous le grand sceau de la cité; puis on pria l'évêque de Metz, témoin du traité et des promesses réciproques, d'y mettre aussi son sceau, en signe de sa présence approbative : chose dont on tenait grand compte, parce que, pendant la minorité, et probablement aussi pendant la captivité du comte Edouard, il avait été l'un des régents du Barrois. Nous donnons en note la charte des accords entre l'évêque et les citains : celle par laquelle Gobert d'Apremont fut établi gardien est ainsi résumée dans un ancien Inventaire :

« Lettres cancellées (nous allons voir pourquoi) des citains et de toute la communauté de la cité de Verdun par lesquelles, pour la foi, loyauté et amour qu'ils ont toujours trouvés eins seigneurs d'Aspremont, et pour que noble homme Gobert, sire d'Aspremont, en continuant ladite amour, soit plus enclin de les garder, aider et défendre,

(1) « Nous li citains et toute la communitei de la citei..., avons recogneu et recognixons que révérens peire en Dieu, nostre très chier sire Henri d'Aspremont, par la grâce de Dieu évesque de Verdun, nous ait donnei par espéciaul grâce, pour le grant besoin que il véoit que nos en aviens, sa part des trois mille livres de tournois, se tant y avoit, que nos dovons leveir, par son consentement, ens sommes qui sont en nostre tronc on queil on ait accoustumei à mettre les sommes de nos concitains; et que il nous ait encore donnei pour nos nécessités dous (deux) mille livres de petits tournois, desqueilles leveir il nous ait donnei pouvoir sor les droits et les emprinses de sa vicomtei de Verdun : et, avec ce, nous ait-il donnei la moitiei de ce que levei seroit, outre les devantdites dous mille livres, pour la raison dou droit et des emprinses de sadite vicomtei. Et recognixons que nos n'aviens nul droit, ne nulle raison, se il ne la nous eust donnei, ains deust estre sienne, de son propre droit...; et appartiennent tuit li droit, tuite la signorie, tuit li chesteils, li cens, et tuites les issues de la vicomtei de Verdun entièrement, sans part d'autrui, à nostre devantdit signor, et à nuls aultres. Encor, sor le tout, assavoir est que nous ne poviens jeteir par constrainte sor nos concitains communément, por parfaire le paiement des debtes que nos dovons à nostre signor devantdit, et à noble homme Gobert, sire d'Aspremont, son freire, se ce ne fuist par le povoir et l'auctoritei que il nous en ait ottroiei. En tesmongnaige, et pour que ce soit ferme chose et estauble, nous li citains et toute la communitei avons seellei ces présentes lettres dou grand seel de la citei : et avons priei et requis à révérend peire en Dieu monsignor Renauls de Bar, par la grâce de Dieu évesque de Mez, que il mettie son seel avec le nostre en tesmongnaige de véritei. Et nous Renauls de Bar, par la devantdite grâce évesque de Mez, avons mis nostre seel en ces présentes lettres, avec le seel de ladite communitei, à la prieire desdits citains et universitei de Verdun, lesqueilles furent faites l'an de grâce Notre Seignor mil trois cens et quatorze, le vint et septime jour dou mois de mai. »

ils promettent lui payer et délivrer, pendant sa vie, cent livres par an de bons petits tournois, pour raison de ladite garde, à deux termes, de saint Jehan-Baptiste et de Noël. Et toutes les fois qu'il aura besoin des vins, bleds, chevaulx, armeures, et autres denrées, et le marché de la cité, ils promettent lui fournir en payant, et eux réciproquement, à leurs besoins : et l'aideront et secourront d'hommes et de gens d'armes, quand ils en seront requis : à quoi s'obligent. Fait l'an 1314, le 27ᵉ jour de mai. »

Politique des Apremont. — Ces arrangements se faisaient en un temps propice et aussi bien choisi que possible, Philippe le Bel étant à peu près à l'agonie, le comte de Luxembourg en Bohême, et la maison de Bar humiliée par la catastrophe du comte Henri et la récente défaite d'Edouard en Lorraine : néanmoins ce fut aux Apremont une témérité que de vouloir ainsi Verdun pour eux, au milieu de telles puissances; et il suffit de la seule mise en liberté du comte Edouard pour ébranler toute leur politique. Ce prince, appuyé par les gens du lignage d'Asenne, demanda rénovation par la Ville des traités, déjà presque séculaires, quatre fois conclus avec sa maison, sous son aïeul Thibauld II, en 1246, 1257, 1283, et son père Henri en 1294 (1). Rompre de telles coutumes, c'eût été certainement bouleverser toutes les relations de nos deux pays, contigus et entremêlés entre eux : néanmoins les Apremont, et les citains du lignage de La Porte, leurs alliés, sentant combien le nouveau titre de Gobert serait effacé par l'ancien du comte Edouard, répondirent d'une manière si peu satisfaisante qu'il s'ensuivit une petite guerre, qui commença dès la fin de 1314; car, à la date du mois de mars de cette année, c'est-à-dire, en notre style, 1315 avant Pâque, nous trouvons acte que Baudoin, sire de La Tour, chevalier, étant prisonnier des citains de Verdun, en guerre contre Edouard de Bar et Robert de Florenge (du ban de Buzy), obtint sa liberté, moyennant serment sur les saints évangiles qu'il ne se vengerait pas de son emprisonnement, et n'aiderait plus à Edouard ni à Robert. Au

(1) Ci-dessus, tom. II. p. 437, 469-70, 496, et tom. III. p. 24.

printemps suivant, le vendredi avant la Pentecôte 1315, le comte Edouard alla trouver l'évêque à Sampigny, pour lui rendre hommage des fiefs d'Argonne, avec promesse de réitérer solennellement cette cérémonie à Verdun, après la paix (1) : puis, l'alliance féodale ainsi scellée avec l'évêché, il somma le prélat « de bailler, dans ses chastiaulx, entrée et recept à lui et à ses gens, pour la guerre contre ceulx de Verdun (2). » Ceci, comme on le pense bien, mit Henri d'Apremont en grand embarras : car, bien qu'il fît semblant d'être étranger à la guerre, il n'était pas douteux qu'il ne fût du parti de son frère et des La Porte. Le parti français, qui se rassemblait dans le lignage d'Estouf, ne manqua pas de dire que, si la Ville eût eu la garde de France, Edouard n'aurait pu l'attaquer sans faire la guerre au roi, son souverain seigneur depuis le traité de 1301 : ce qui eût probablement prévenu la guerre, ou du moins fourni à l'évêque raison de droit de refuser, pour une telle félonie, l'entrée des châteaux de l'évêché ; mais, ce motif manquant, le prélat ne put faire autre chose que répondre évasivement qu'il ferait savoir la demande aux gens de Verdun, et tâcherait d'accommoder ce différend, avant qu'on le mît lui-même en demeure d'y prendre une si fâcheuse part.

Ce qui se passa ensuite ressemble, du moins de loin et à la distance où nous en sommes, à une sorte de journée des dupes, jouée, sans dénouement, sur notre petit théâtre. Ce vendredi avant la Pentecôte, où Edouard alla à Sampigny faire à l'évêque l'hommage et la sommation dont nous venons de parler, était le 9 mai 1315 : et, de la communication que l'évêque transmit sur le champ en ville, il résulta que,

---

(1) L'acte, en vidimus, dans l'Inventaire de Lorraine, à l'an 1315 : « Et lui promet que, sitôt qu'il aura paix avec ceux de Verdun, il jurera féauté, et baillera son aveu et dénombrement en son église, dans les quinze jours qu'il en sera requis, en la manière que ses prédécesseurs ont fait. »

(2) « Lettre de Henri d'Aspremont, évesque de Verdun, par laquelle noble homme Edouard, comte de Bar, l'ayant requis lui bailler, et à ses gens, entrée et recept en ses chasteaux et forteresses contre ceux de Verdun, ledit évesque promet de faire savoir ladite requeste auxdits de Verdun. » Même vendredi avant la Pentecôte 1315, dans l'Inventaire de Lorraine.

dès la saint Jean suivante, on fit paix avec le comte, en rétablissant l'alliance et garde de Bar, comme elles avaient été sous ses prédécesseurs :

<small>Renouvellement de la garde de Bar.</small> « Lettres du Nombre, des lignages, et de toute la communauté de la cité de Verdun, par lesquelles ils traitent et accordent sur les différends et la guerre qu'ils avoient avec noble et puissant seigneur Edouard, comte de Bar, leur gardien : et conviennent que, pour les forfaits à cause desquels il avoit entrepris la guerre, et dommages qu'il prétendoit lui avoir été faits, ils lui doivent payer et rendre une certaine somme d'argent, suivant qu'il est porté dans les lettres sur ce faites; et l'ont quitté de tous dommages, lui et ses gens; promettent que, s'il arrivoit que l'un d'eux lui en demandât quelque chose, ils doivent l'en acquitter; et conviennent de rendre tous prisonniers de part et d'autre. Et, pour leur bien et celui de leur ville, le prient de les prendre, eux et leurs biens, en sa protection et sauvegarde, suivant les lettres qui en sont faites. Donné sous leur grand sceau, l'an 1315, le samedi après la nativité saint Jean-Baptiste. » *Inventaire de Lorraine.*

 Ce traité sacrifiait Gobert d'Apremont; et il en garda bonne rancune : mais il semble qu'en se défaisant ainsi de lui par le comte Edouard, la Ville ait eu, en sous-entendu et arrière-pensée, le projet d'annuler Edouard lui-même par le roi de France Louis Hutin, fils et successeur de Philippe le Bel, lequel était mort, à 46 ans seulement, le 29 novembre 1314. Il est fâcheux que les chartes ne puissent ici prendre la parole pour nous raconter l'histoire de leur rédaction; mais ce que nous savons par leurs dates, c'est que, six semaines seulement après le traité que nous venons de rapporter, on proclama à Verdun une grande charte latine de ce roi Louis Hutin, donnée à Lagny-sur-Marne, le 14 juillet 1315, où il était dit qu'à l'humble supplication de procureurs spéciaux à lui envoyés par la cité de Verdun, et attendu que ladite cité était comprise aux limites du royaume *(infrà regni nostri Franciæ limites situata)*, le roi la prenait, elle, ses bourgs, ses habitants et tous leurs biens, en sa garde et protection particulières; promettant, pour lui et ses successeurs, de ne jamais mettre ladite garde hors de la main royale (par conséquent de ne jamais la transférer, dans quelque traité, ni à Bar, ni à Luxembourg), et de défendre, en toute cause juste, les Verdunois envers et contre tous, excepté l'Empire. C'était là toute la clause de réserve en l'honneur de la souveraineté impériale; et il semble qu'en cette charte on s'avançait un peu plus loin que n'avaient fait Philippe le Bel et Thomas de Blâmont, en 1304, quand ils stipulèrent seulement « la barre et défense de la frontière pour la France : *in marchiis suis defensiones et barræ pro nobis, et regno nostro* » : tellement que, dans la nouvelle rédaction, le Verdunois devenait une terre française appartenant à l'Empire, qui poussait là une sorte d'anticipation en promontoire saillant dans le royaume; mais, bien que cette géographie royale pût paraître assez naturelle, depuis qu'on avait mis les limites de France à la Meuse en Barrois, nous verrons, en 1318, que ces mots « dans le royaume » n'étaient pas synonymes de ceux-ci « du royaume. » Dans cette mémorable charte de 1315, le roi réglait et accordait, et la Ville consentait ce qui suit : et, avant d'en rendre compte, il est à noter que Louis Hutin stipula pour lui et ses successeurs « rois de France : » *pro nobis et successoribus nostris Franciæ regibus* : ce qui voulait dire que la garde resterait à la couronne, quand même le comté de Champagne ressusciterait; et le parlement, comme nous l'avons vu, étendit, en 1318, cette clause à Beaulieu :

<small>Première garde de France. 1315.</small>

« Toutes violences et injustices contre les gens de Verdun seront réprimées par nous comme nous ferions pour nos autres sujets de notre royaume : *sicut quorumvis aliorum subjectorum nostrorum de regno Franciæ*. Nos gens en feront poursuite, même par saisie de corps et biens des coupables, et par force armée, s'il est besoin.

« Quand la Ville nous requerra, nous n'enverrons jamais plus d'hommes qu'elle n'en demandera. Ces hommes seront à ses frais : savoir, pour jour et nuit, dix sous petits tournois à chaque chevalier, cinq aux écuyers, ou sergents à cheval (*scutifer, seu serviens eques*), quinze deniers aux sergents à pied : et, si on demande le bailli en personne, sa solde sera de vingt sous. Nous défendons à nos gens de rien exiger davantage (1).

« Les procès et poursuites entre lesdits citoyens et nos gens (sujets) se jugeront, comme du passé, aux marches d'estault.

« Pour cette garde, la Ville paiera annuellement et à perpétuité, à nous et à nos successeurs rois de France, entre les mains de notre receveur de Champagne, à Troyes (ensuite à Vitry), le jour de la saint Jean-Baptiste, cinq cents livres de bons petits tournois, ou monnaie de pareille valeur.

« En outre, les susdits citoyens nous devront, à toute requête de nous, ou d'un de nos baillis notre délégué, cinquante hommes d'armes à cheval, et autant d'arbalétriers à pied, qui seront tenus de servir sous nos baillis, ou leurs lieutenants capitaines, jusqu'à trente lieues autour de Verdun, les deux premiers jours aux frais de la cité, le reste du temps aux nôtres, aux taux ci-dessus. Ils nous serviront ainsi tant que notre bailli, ou son capitaine le jugeront nécessaire, et demeureront aussi longtemps que lui et la noblesse de la chevauchée : *quamdiù bailliviùs noster, seu ejus locum tenens capitaneus exercitûs vel cavalcatæ, seu nobiles ibidem remanebunt ;* mais, si on les laisse trois jours sans paiement intégral de leur solde, ils pourront s'en retourner.

« N'entendons, par ces articles, acquérir ni prétendre juridiction quelconque sur la cité, les citains, bourgeois et habitants de Verdun, ni déroger en rien à leurs libertés, franchises, lois, coutumes ; voulons au contraire qu'elles subsistent sans aucune diminution ; et nous interviendrons contre les infracteurs, si les citoyens nous en requièrent. Défendons à nos sergents de prétexter de ces lettres, sous quelque spécieuse allégation que ce puisse être, pour exploiter en ladite cité, bourgs et faubourgs : *servientibus nostris quibuslibet ne, occasione præmissorum, in dictâ civitate, burgis et suburbiis, quibuslibet exquisitis coloribus, sergentare præsumant* : et, s'ils le font, déclarons qu'il ne résultera de leur fait ni droit pour nous, ni préjudice aux citoyens. Mandons et ordonnons à tous nos justiciers de notre royaume de France qu'ils protégent les gens de Verdun conformément à la teneur des présentes, données et scellées de notre sceau, à Lagny (*Latiniaci*), l'an de grâce 1315, le quatorzième jour du mois de juillet. » (En texte entier, dans les Preuves de Roussel p. 17.)

(1) C'est en ce temps que l'on commença à fixer le taux des soldes militaires. Le Bas, Dict. de France, art. Solde, cite un état de 1324 allouant au connétable trois livres tournois par jour.

C'étaient là de très bonnes lettres; et on avait dans le roi un bien puissant gardien, tellement que, s'il eût voulu, sans s'arrêter au dernier des articles qui précèdent, établir sa juridiction en la cité, il est bien probable que personne n'eût osé y contredire; peut-être même quelqu'un de nos partis en discorde y eût-il applaudi : quoi qu'il en soit, cet article est notable parce qu'on y voit la distinction de droit entre la garde et la souveraineté. Ces deux choses différaient tellement que, suivant les feudistes, l'une était exclusive de l'autre, c'est-à-dire qu'on n'avait pas de garde à prendre de son propre souverain, protecteur né de ses sujets; de sorte qu'un prince qui accordait garde, se reconnaissait par là même prince étranger aux gardés, puisque, avant le traité, il n'avait eu ni devoirs ni droits de protection sur eux. En droit, une garde n'était que l'alliance perpétuelle de deux puissances libres, l'une grande accordant appui, l'autre petite le demandant, et débattant entre elles les conditions : c'était aussi, pour les habitants d'un petit pays enclavé, un moyen de n'être traités par les voisins ni en étrangers ni en ennemis, mais au contraire de trouver chez eux pareille protection légale que les sujets. En la tournure que prenaient les choses, notre ville adopta pour système de ménager et préserver sa chère indépendance en se tenant de son mieux, en équilibre vacillant, sous la garde dominante du roi, escortée et balancée des gardes subordonnées de Bar et de Luxembourg, celle-ci prise quand le comte Jean revint, avec sa couronne de Bohême. Toul se mit sous la garde de France dès 1309 : quant à la puissante cité de Metz, qui avait encore sur la nôtre l'avantage de n'être pas frontière immédiate de Champagne, elle se maintint par ses propres forces, payant cependant quelquefois cet insigne honneur par de rudes assauts français, lorrains et barisiens : encore lui fallut-il, sinon pour elle-même, du moins pour son pays, faire quelques concessions aux féodaux par des arrangements assez analogues à nos gardes, et leur ressemblant même en ce point fâcheux

Nature des gardes.

qu'on les lui tenait assez mal : témoin ces paroles amères de la chronique contre le duc Charles II de Lorraine, « qui, pour le temps, estoit allié à la cité de Metz, et avoit trois mille francs de pension par chacun an ; et devoit garder et défendre tout le pays appartenant à ceulx de Metz; et l'avoit seellé par son seel : mais ce qu'il devoit garder et défendre, il le print et retint pour lui; et souffroit tout à son vassal et sujet messire Ferry de Chambley, sans y donner ordre ni provision ; lequel Ferry faisoit guerre à ceulx de Metz, et n'avoit nulle puissance, fors ce que ledit duc lui en bailloit... Et, pour esquevir guerre du duc Charles et demeurer en sa grâce, la cité lui fit donner trois mille florins; et, si elle eust eu aucun confort du Saint-Empire, elle n'en eust rien donné (1). » Autant, à peu près, en pouvait-on dire et répéter souvent à Verdun.

Mécontentement et guerre du comte Edouard. — Ce traité de 1315 avec le roi offusqua beaucoup le comte Edouard, dont il semblait qu'on se fût joué quand, au temps et moment même où on traitait avec lui, on obtenait de son suzerain une autre garde qui étreignait et paralysait la sienne. Ce n'était plus comme du temps de son aïeul Thibauld, auquel la Ville avait promis, en 1257, « de n'entrer en autrui garde ; » mais, outre que cette stipulation avait été faite pour Thibauld lui-même viagèrement et personnellement contre Henri de Grand-Pré, les temps étaient bien changés, et la France pesait d'un tout autre poids que ce petit comte Henri : néanmoins, comme il était possible que, depuis la mort du redoutable Philippe le Bel, la gêne de dépendance fût moins lourde sur la frontière, Edouard riposta à la signification qu'on lui fit de la garde royale en recommençant sa mauvaise petite guerre, comme si, ni le traité du roi, ni le sien propre, qu'il tenait sans doute pour annulé par la démarche des Verdunois d'entrer en « autrui garde, » n'eussent existé. Ses ravages

(1) Chroniques Huguenin, aux années 1419-20, p. 143,144. — On voit, en ce passage, que les mots trois mille francs (d'or) et trois mille florins étaient alors synonymes.

dans les campagnes mirent sur le champ à l'épreuve le nouveau gardien délégué de Verdun Henri de Trainel, chevalier, qui recueillit les plaintes, et les transmit au parlement, lequel, par arrêt du 2 mars 1315 (1316 av. P.), suivi de commission royale exécutoire au gardien, ordonna que, par la main supérieure du roi, fussent restitués sur le champ les gens, biens et bestiaux emmenés, sauf à signifier aux parties, si elles ne s'accordaient, qu'elles seraient ouïes en la cour de parlement (1). Force fut aux agresseurs de se soumettre; mais cet événement redoubla contre la garde de France la mauvaise humeur du comte Edouard, et en donna aussi à l'évêque qui, pour sa part, trouvait sa principauté fort amoindrie : de sorte qu'en 1319, et après d'autres troubles que nous allons voir, ces deux personnages s'entendirent à « faire poursuite (inutile) devers le roi d'Allemaigne pour que, à sa requeste et instance, le roi de France se départist de la garde de ladite ville, étant un fief du royaume d'Allemaigne et du Saint-Empire-Romain. »

Cette garde de France fut, à son origine, une vraie pomme de discorde; et il se fit à ce sujet quantité de trames, manœuvres et contre-manœuvres. Elle durait à peine depuis un an, quand, le 5 juin 1316, mourut, de mort presque subite, le roi Louis Hutin qui l'avait établie. De ce moment jusqu'à la fin de 1318, où on se décida à la renouveler avec Philippe le Long, régna la mêlée la plus confuse : et même, dès avant la mort du roi, les opposants, sous le comte Edouard et avec Gobert d'Apremont, caba-

Partis et discordes en ville.

(1) « Copie d'un arrêt du parlement, donnée sous le sceau de Henri de Trainel, chevalier, garde de la cité de Verdun, par lequel, comme les habitants d'icelle, qui sont en la garde du roi avec tous leurs biens, se sont plaints du comte de Bar qui, avec ses gens, auxquels ils avoient signifié ladite garde, étoient venus à main armée près de leur ville, fait des prises et dommages, emmenant même plusieurs prisonniers et bestiaux, sans égard à la sauvegarde du roi, et les retenant encore en prison, etc. Fait en parlement, le 2 mars 1305. Commission du roi au gardien, pour faire exécuter. Du 7 avril 1306. Invent. de Lorraine. — Au lieu de 1305, il faut lire 1315 (1316 av. P.) : car, en 1305, la garde du roi n'existait pas à Verdun.

laient déjà, aidés par les Asanne, pour renverser la nouvelle politique et ceux qui l'avaient fait prévaloir en ville. Outre ce parti, il y avait encore les La Porte, dont la politique ordinaire était, comme nous l'avons dit, de suivre l'évêché ; puis les Estouf, amis de la France, commençant à mériter les fleurs de lys sans nombre dont elle décora leur écusson : enfin, sur l'arrière-plan, comme partout et toujours, la multitude flottante, que l'on entraînait tantôt d'un côté, tantôt de l'autre. Dans les assemblées régnait quelquefois telle discorde que l'on était obligé de faire garder le sceau de la cité, de peur que l'on ne s'en emparât par violence; et, malgré ces précautions, il y eut une émeute qui brisa et enfonça la porte du local où on le tenait (1) : ce qui rend suspecte la légalité de plusieurs chartes faites en ces années d'anarchie. Gobert, autant du moins qu'on peut voir en cette confusion, parut le premier sur la scène, avec sa créance sur la Ville, montant à dix mille livres petits tournois : sur quoi le comte Edouard, qui avait de commun avec lui une rancune de gardien plus ou moins déchu, fut prié d'examiner et d'arbitrer ces comptes. Dans une assemblée convoquée pour cet objet à la mi-carême 1316 (Pâque tombant le 11 avril), il prononça, sans doute d'intelligence avec le créancier, ancien gardien, que la dette serait réduite à 6666 livres 14 sous 4 deniers (2) : bien plus, il offrit de

(1) « Si est-il toute notoire chose que, à cest temps, en notre cité, eut un descord par lequel l'hosteil où le seel estoit, et le lieu où on le gardoit fut couru et brisié : et n'auroit point ceste reconnoissance esté faite en manière deue, ne par la communaulté deument appelée et consentant. » Lettre de la Commune à Guillaume, bâtard de Poitiers, bailli de Chaumont, en 1390.

(2) « Nous li citains et toute la communitei... Comme nobles hommes messire Gobert, sire d'Aspremont, chevalier, nous demandast, on temps passei, la summe de deix mille livres de petits tournois : c'est à savoir trois mille livres par la vertu d'une lettre seelleie du grand seel, etc., l'an de grâce 1314, le vingt-septième jour dou mois de mai. Et sept mille livres par la vertu d'une aultre lettre faite au nom de révérend peire en Dieu, nostre très chier signour Henri d'Aspremont, évesque, etc. (Ce sont les lettres du transport que l'évêque fit à son frère Gobert de l'ancienne créance de Jean II d'Apremont, ci-dessus, p. 52). A savoir est que nous, dou principaul debt desdites deix mille livres feismes accord audit monsignour d'Aspremont, par

s'en rendre lui-même caution, mais en stipulant de tels arrangements qu'un prétexte ne pouvait manquer d'en sortir pour recommencer la guerre; à peu près quand on voudrait : et cette fois, sous couleur de paiement de dettes; chose hors des termes de la garde du roi, qui ne couvrait pas les débiteurs contre l'exécution des engagements stipulés. L'assemblée dévouée accepta, proclama à nouveau et très formellement Edouard gardien, et mit le sceau de la cité :

« Nous li Nombre, linaige, citains et communitei de Verdun... Comme nous, de commun accord, et pour l'utilitei et commun profit de notre citei, aiens mis et estaubli hault homme noble et puissant nostre signour Eddoart cuens de Bar, notre chier et amé wardour, pleige (caution) et rendour envers hault homme et noble monsignour Gobert, signour d'Aspremont, et en tant comme il touche et peut toucher révérend peire en Dieu et signour monsignour Henri d'Aspremont, par la grâce de Dieu évesque de Verdun, de la somme de seix mille seix cens sexante seix livres quatorze souls et quatre deniers, as termines ci-après denommeis, c'est à savoir dous (deux) mille livres dedans le terme de Pasque novellement venant (c'était bien près)... Et voulons, et à ce consentons que, se deffault y avoit, en tout ou en partie, que nous ne tenissions paiemens asdits termines, que lidit cuens, sui hoirs, se de lui defailloit (que Dieu ne vueille!), et lor gens puissent penre de nosdits biens singulièrement et en commun, et faire penre par cui qu'il lor plairoit, sans requeste de nous (à nous), ne de souverains, sans demander ne faire demander recréance, sans plaid et sans solemnitei, ne ordre de droit ne devant hault homme et noble monsignour Eddoart cuens de Bar : et demorasmes et recogneusmes estre tenus audit monsignour d'Aspremont, pour raison doudit principaul debt, en la summe de seix mille seix cent sexante seix livres, quatorze sols et quatre deniers de petits tournois boins et loiauls...; si comme il est plus pleinement contenu en une lettre faite sor ce, dou seel le devant dit comte de Bar, desqueils le commencement est teil : Nous Eddoars, cuens de Bar : Comme nobles homme messire Gobert, etc., demandast aux citains deix mille livres, etc. Et la fin est teille : En tesmoignaige desqueilles choses, etc., avons, nous cuens de Bar desordit, fait seeler ces présentes lettres de nostre grant seel, qui furent faites, gréeies et donneies l'an de grâce 1315, le merkedi devant la mei-caresme, on mois de mars. » C'est-à-dire 1316, avant Pâque, dans cette assemblée même de la mi-carême dont nous parlons ici.

Arrangements insidieux.

coustume de paix, vendre et despendre, comme cottes et mantes (manteaux), lever, retenir et exploitier comme de lor propre chose, sans faire loi de ville ne de chastel, ne eswart de marche, ne droit d'estault, jusques à tant que lidit cuens nostre wardour, sui hoirs et lor gens seroient tout à plein et entièrement restaublis et desdammagiés de tous coûts, frais, missions et despens qu'ils auroient eus et encourus en queilconque manière, pour cause et occasion de ladite pleigerie et renderie : dont ils seroient crus par lor simple serment. Et avons renoncei et renonçons à ce que nous, ne aultres pour nous, puissiens dire, ne alléguer que lesdites choses et convenances n'aient esté faites meurement et par délibération : et généralement à tout ce de droit, de fait, ou de coustume qui nous pourroit aidier et valoir contre la teneur de ces présentes lettres, et espéciaulment au droit disant généraul renonciation non valoir... En tesmoignage desqueilles choses, etc., avons fait seeller ces présentes lettres dou grant seel de la citei, qui furent faites, gréeies et donneies l'an de grâce Notre Signour mil trois cens et quinze, le mescredi devant la mei-caresme, on mois de mars. » (1316 av. P.).

Ceci était, pour Edouard et Gobert, une vraie lettre de blanc seing, les constituant en droit et pouvoir de faire à peu près tout ce qu'ils voudraient pour l'exécution de la convention : de telle sorte que, s'ils étaient, ou se disaient non satisfaits, ils pourraient sur le champ et sans forme de procès, se remettre en course armée, et se faire justice à eux-mêmes, sans recourir ni à souverain, ni à journée de marche d'estault, sans même adresser, au préalable, sommation à la Ville, laquelle se trouvait ainsi à leur discrétion. On voit ici un exemple curieux des prétextes sous lesquels les féodaux maintenaient leurs pernicieuses coutumes de guerres privées : et ce fut probablement par quelque arrangement de cette espèce avec des débiteurs messins que ce même Gobert d'Apremont fit, aussi sans sommation ni requête, saisir Jean le Truan et autres citains dont parle la chronique de Metz. Chez nous, ce traité de la mi-carême 1316 ne fut, comme on le pense bien, approuvé que de ceux-là seuls qui l'avaient fait : et les autres citoyens n'en tenant compte, il arriva qu'à l'échéance de

Pâque, prise peut-être exprès, comme très prochaine, les premières deux mille livres ne furent pas payées. Alors Edouard et Gobert rentrèrent en campagne : puis survint la mort du roi, qui les délivra de toute crainte : tellement qu'à la fin de juin, ils prétendirent que cette campagne leur coûtait déjà trois mille livres, dont la Ville aurait à les indemniser, si elle voulait rentrer en grâce. Ceci rétablissait leur créance à peu près à son chiffre primitif de dix mille livres, qu'ils avaient d'abord feint de consentir à modérer.

En cette crise, les Apremont s'efforcèrent de remettre à flot leur projet échoué de 1314 de la garde de Verdun pour apanage de leur famille. Le roi mort de la manière la plus inattendue, sa nouvelle garde qui n'avait pas encore un an d'existence chancelant, enfin le comte Edouard s'attirant de grands murmures par ses exigences, le moment sembla propice à l'ancien prétendant Gobert, qui n'avait suivi Edouard que faute d'avoir pu prévaloir lui-même, et pour miner par opposition commune l'établissement royal. Ce changement de scène s'opéra, toujours en cette année 1316, dans une nouvelle assemblée, qu'on tint le 1er juillet pour défaire ce qu'avaient fait les partisans d'Edouard dans celle de la mi-carême. On reprit et remit les choses, autant que possible, sur le pied où elles étaient en 1314, antérieurement à la garde de France, celle de Bar n'étant pas encore renouvelée avec le jeune comte, qui sortait alors de prison. De l'assemblée précédente du mois de mars, il ne fut fait mention que pour constater que la dette avait été réduite à 6666 livres, par arbitrage devant « hault homme et noble monsignour Eddoart, » sans qu'on ajoutât « notre chier et amé wardour » : et, comme la créance d'Apremont servait de grand moyen politique de tenir la Ville, et qu'après tout ce qui s'était passé, il ne fallait pas affaiblir un tel ressort, on refit le même compte de la dette, avec les mêmes dispositions de paiement en faveur de Gobert, sous prétexte qu'il y avait sur ce point chose convenue, arrêtée et arbitrée; mais, dans la nouvelle charte, on remplaça le

Nouveau revirement.

passage où Edouard était reconnu gardien par le texte qui avait été cancellé, du 27 mai 1314, disant que « pour la foi, loyautei et amour qu'ils ont toujours trouveis eins signours d'Aspremont, et Gobert continuant ladite amour, et étant enclin de les aider, garder et défendre », on le proclamait gardien. Quant à la clause par laquelle la caution du comte Edouard avait été prise, on y substitua interdiction de recourir ni à lui, ni à autre gardien contre les Apremont :

« Et nous Henri, par la grâce de Dieu évesque de Verdun, à prieire et requeste des devant dits citains et communitei, nous sommes estaubli et estaublissons pleige et rendour envers ledit signour d'Aspremont, pour lesdites summes ; et en avons obligié tous nos biens... Et avons renuncié, nous et lesdits citains et communitei, et renunçons à toute exception de fraude et de barat, à tous plaids, à toutes lettres de privilége, à tous appels, à toutes restitutions, *à toutes wardes, à tous wardeires, espéciaulment à la warde le comte de Bar,* liqueil ou lesquels wardeires nous ne povons appeler à nostre aide contre ledit signour d'Aspremont, se ainsi estoit que descord, bestens, ou werre (guerre) meussent entre ledit signour et nous, pour le deffault desdits paiements : ce que jà Dieu ne vueille... En tesmoignaige de laqueille chose, nous avons scellei ces présentes lettres du grant seel de la citei et communitei de Verdun ; et avons priei et requis à révérend peire en Dieu nostre chier signour Henri, par la grâce de Dieu évesque de Verdun, que il vueille mettre son seel en ces présentes lettres avec li nostre..., qui furent faites l'an de grâce Notre Signour mil trois cens et seize, lendemain de la feste saint Pierre et saint Paul, au mois de juillet. »

Bannissement des Asenne.

Cette seconde assemblée fut suivie d'un soulèvement des Asanne, partisans du comte Edouard, et auteurs de la charte qu'on avait faite pour lui, au mois de mars précédent : on les chassa de la ville ; et ils allèrent rejoindre leur comte, qui déclara la guerre pour eux, et pour recouvrer par eux son titre de gardien (1). Cette levée de boucliers fit

(1) La charte de juillet ne mentionne en protocole ni le Nombre, ni le linaige, comme avait fait celle de mars : elle est simplement donnée au nom des citains et de toute la communauté. Ceci pourrait indiquer une assemblée plus populaire, qui dut agir principalement sous l'influence de

du bruit en France : car le continuateur de Nangis, écrivain qui connaît peu notre pays et n'en parle que fort rarement, nota, à l'an 1318, la guerre civile des Verdunois qui, dit-il, bannirent une partie de leurs concitoyens, pour lesquels le comte de Bar prit fait et cause (1). Ceci dut commencer plus tôt que ne le marque ce chroniqueur, assez inexactement informé : car Henri d'Apremont, dans une lettre de septembre 1318, dit que « la werre ouverte avoit déjà duré par un long temps »; mais il était survenu un fléau qui avait empêché les combattants de se mettre sur le champ aux prises. C'était la grande famine des années 1316 et 1317 où, disent les chroniques, « continuèrent pluies par toute France; et fut si grand chier temps que y eut grant peuple et grant bestial qui moururent. » Les prix de toutes denrées quintuplèrent : et on conserva longtemps à Metz une inscription commémorative de l'exorbitante élévation qu'ils atteignirent en 1317 (2). Quand l'abondance fut revenue, en 1318, nos batailleurs se remirent à courir aux champs les uns sur les autres, et se firent, pendant quelques mois, le plus de mal qu'ils purent.

Guerre.

Famine.

l'évêque, de son frère et des La Porte, les Asanne tenant pour Edouard, et les Estouf pour la France : mais les La Porte étaient le plus riche, le plus puissant et le plus populaire des trois lignages; et ils entraînaient à leur suite la masse du commun.

(1) *Eodem anno, fuit guerra in Lotharingiâ, in civitate Virdunensi, inter cives ad invicem, itâ ut pars partem expelleret extrà urbem. Comes autem Barri, qui partem exteriorum defendebat contrà episcopum et ejus fratrem dominum de Asperomonte, congregato exercitu, post longam obsessionem circà castrum solemne quod Diulandum dicitur, muris diruptis et confractis, illud cepit, cum alio castro nomine Sapigniacum. Sed rex Franciæ, qui gardiam habebat villæ, misso connestabulario Franciæ, per ipsum ad concordiam ducti sunt, expulsis ad propria revocatis.* — Les noms propres sont fort estropiés. Il est probable qu'il faut lire *castrum Scarponense* ou *Serpennense quod Dieuloardum dicitur* : mais, en France, où on ne connaissait pas Scarponne, on écrivit *castrum solemne*, v. ci-dessus, tom. I. p. 73.

(2) « A temps que on faisoit cest palais, fut le pain d'un denier si fait O (c'est-à-dire, sans doute, un denier à l'O rond : nous retrouverons dans nos chartes mention de ces pièces à l'O rond) : la quarte de bleif valoit xvi sols; et le vin estoit si chier que la quarte valut x deniers. Ci chiers temps deux ans durait, l'an MCCCXVII. » Inscription du Haut-Palais, dans l'Hist. de Metz des Bénédictins, tom. II. p. 347.

On lit, dans les comptes de Bar, que, durant cet été de 1318, Daumas, prévôt barisien de Longwy, courut l'évêché avec soixante hommes d'armes, à armures de fer (1), qu'il paya l'hébergement d'expéditions envoyées par le comte vers Hatton-Châtel et vers Mangiennes, ainsi que du côté de Marville, pour donner la chasse à des Verdunois qui avaient brûlé Brandeville : il est parlé d'un renfort d'allemands que fit venir Edouard, d'une chevauchée d'environ cent hommes d'armes qui rôdèrent cinq jours autour de Verdun : enfin d'une tentative de surprendre, pendant la nuit, Rouvres, qui appartenait aux Apremont (2). Il paraît que ces attaques nocturnes entraient dans la tactique de ce temps : car les comptes mentionnent plusieurs fois des torches et des « chandoiles », mises dans les bagages. De l'autre armée nous ne savons rien, sinon que l'évêque Henri pria instamment son métropolitain de Trèves de lui envoyer aussi des allemands (3). Enfin, toutes ces rencontres n'ayant rien produit de décisif, les assaillants s'en

(1) L'homme d'armes était un chevalier à cheval, armé de toutes pièces, et ayant avec lui sa « maisnie » composée, outre les valets ou sergents à pied *(servientes)*, de deux écuyers armés l'un d'une arbalète, l'autre d'une hache Ainsi 60 hommes d'armes devaient faire environ 200 combattants.

(2) Ce compte du prévôt Daumas est aux archives du département. Nous en devons la connaissance à M. Servais.

(3) « A révérend peire en Dieu, son très chier signor mons. Bauduin (de Lucembourg), par la grâce de Dieu arcevesque de Trièves, Henri d'Aspremont, par celle meisme grâce évesque de Verdun. Très chier sire. Comme vous savez... dou comte de Bar... de la guerre que il a à nous et à nostre église, cui homme lige il est devant tous hommes, et laqueille il destruit, à tort et à péchié, si comme vous avez veu, et nous le vous avons monstrei ; et combien que plusiors fois li aiens offert à en ouvreir dou tout par vostre conseil. Pour laqueille chose, vous prions et requierons, tant pour raison de souverancteì que pour raison de lignaige (parenté), vueilliez aidier, conseiller et secourir à cest besoin qui est si grand, comme vous savez, très chier sire. Et dou surplus, sire, croiez nos bons amis chanoines monss. David et Thiebault de Hans, pourtours de ces lettres, lesqueils nous envoîons à vous. Notre Seignor soit garde de vous. Donnei à Verdun, le jour de la Division des Apostres. » 15 juillet. — On voit comme Wassebourg est bien informé quand il dit, p. 406, que le comte Edouard, « homme doux, benin, aimant Dieu et les églises, et spécialement notre église de Verdun, défendoit ledit évesque contre les entreprises des citoyens. »

allèrent, le 25 août, assiéger Sampigny et Dieulouard, forteresses assez éloignées pour qu'il fût plus difficile à l'évêché de les assurer. Suivant le continuateur de Nangis, ils les prirent : cependant nous lisons dans nos documents que, quand arrivèrent les commissaires du roi, ils trouvèrent l'évêque et son frère à Sampigny, occupés à défendre la place.

Ces commissaires, qui mirent brusquement fin aux exploits de nos combattants, étaient, non des messagers subalternes, comme des baillis ou des prévôts, mais, en personnes, les hauts et redoutés seigneurs Gaucher de Châtillon, connétable, avec Miles de Noyers, maréchal de France (1), assistés de messire Pierre de Machery, chevalier, et de maître Hélie d'Orlis, légiste. Ils vinrent au mois de septembre 1318. Leur commission pour la Ville différait notablement de celle qu'ils avaient envers les princes. Aux citains ils ne devaient pas dire, comme ceux-ci l'attendaient peut-être, que le roi Philippe-le-Long, frère et successeur en France et en Navarre de Louis Hutin, avait trouvé, parmi les appartenances et dépendances de ses royaumes, une garde de Verdun, stipulée, en 1315, inséparable de la couronne, et devant aller du roi régnant à ses successeurs, d'hoir en hoir, à perpétuité. Philippe avait ici pour politique, non de réclamer ni d'offrir sa garde, mais d'obliger la ville à venir elle-même la redemander, en suppliante, pénitente et repentie de s'être laissée traîner et déchirer dans les querelles des féodaux. Quant à ceux-ci, il y avait, avec mention incidente des Verdunois,

Commissaires envoyés par le roi.

(1) Ce maréchal Miles de Noyers était homme très estimé et très estimable, dont le continuateur de Nangis, parlant du choix que Philippe de Valois fit de lui, en 1328, pour porter l'Oriflamme dit : *Et, auditâ missâ ab abbate S. Dionysii, vexillum quod Auriflammeum dicitur, domino Miloni de Nucherio, viro utique in cunctis bonis actionibus strenuo et probato, ad portandum tradidit.* V. son histoire, dans le P. Anselme, Maréchaux de France, tom. vi. p. 648, édit. 1730. — Dans le compte déjà cité du prévôt Daumas, il est parlé, en 1315, d'une chevauchée à Bruieles (Brieulle?) sur le comte de Nuiers. Si c'est Miles, il s'ensuivrait qu'il était parent, ou allié des Apremont, auxquels appartenait Brieulles.

comme pour avis indirect, lettre royale notifiant au comte de Bar, au sieur d'Apremont, à l'évêque et à la ville de Verdun que le roi ayant ouï qu'ils avaient guerre ensemble, et s'y trouvant intéressé pour ses hauts fiefs, entendait qu'ils fissent paix, accord et règlement sous lui, par le connétable, le maréchal et les commissaires qu'il plairait à la cour d'envoyer; et ceci dans le terme de Noël prochain, à peine de saisie des fiefs et seigneuries. En passant à Verdun, les commissaires virent, devant l'église Sainte-Croix, aux abords du pont, certains engins de guerre, dont la présence était loin de prouver que l'on fût paisible : ils les firent ôter, en protestant de sans préjudice aux droits de l'Empire et de l'évêché. C'était peut-être déjà une artillerie à poudre : du moins nous verrons qu'il y en avait à Metz, en 1324. Comme l'évêque, avec son frère et leur assaillant le comte Edouard, se trouvaient aux prises à Sampigny, on envoya Machery et d'Orlis leur donner connaissance de la lettre royale, à laquelle ils ne purent faire autrement que de répondre par des assurances de respect et de soumission, surtout Edouard, dont le roi était suzerain : deux notaires prirent sur le champ acte de leurs bonnes paroles (1); et, de peur qu'ils ne s'en dédissent par quelque retour, on leur fit, le 21 septembre 1318, mettre leurs sceaux, avec ceux des hauts commissaires, à un compromis d'arbitrage entre les mains du roi, l'évêque disant et protestant toujours que les torts étaient du côté d'Edouard (2). Ainsi fut

(1) Relation de Husson, dans son grand Inventaire, à l'an 1318, d'après cet acte notarié, qui était aux archives de la Ville. Cette pièce ne mentionnait pas le compromis entre les mains du connétable et du maréchal, qui ne se fit que quelques jours après. Roussel, contrairement à la date de 1318 donnée par Nangis et par le compromis, dont le texte se trouve dans ses propres Preuves, semble dire que le connétable ne vint qu'en 1320. Son récit doit être rectifié en plusieurs points, d'après les chartes dont nous avons donné l'extrait.

(2) « Nous Henri, par la grâce de Dieu, etc., et nous Eddoars, cuens de Bar. Comme werre ouverte et descord ait estei par un long temps entre nous..., dont nous évesque desordit avons maintenu et maintenons que à tort et sans cause le nous a fait lidit cuens et ses gens. A savoir est que, pour bien de paix..., espéciaulment par le conseil, l'ordenance et le traictié

rétablie la paix entre eux; mais il ne semble pas qu'ils en aient su beaucoup de gré à leur pacificateur : car, l'année suivante, la garde française étant, à leur grand déplaisir, restaurée à Verdun, ils insérèrent dans leur arrangement final la clause suivante, qui n'avait certainement pas été soumise à l'arbitrage du roi :

« Font paix et accord amiable, de tout cœur et bonne volonté, etc... Et, le plus tost qu'il pourra, ledit évesque pourchassera par toutes voies devers le roi d'Allemaigne, de cui il tient sa ville et son éveschié, ou devers le lieutenant de l'Empire, que le roi de France se départe de la garde de ladite ville, estant un fief du royaume d'Allemaigne et de l'empire de Rome. A quoi faire, ledit comte de Bar a promis son secours et son aide, et de poier moitié des mises qu'il conviendra faire, au regard de deux preud'hommes de leur conseil; et eux (l'évêque et les citains, s'il peut les gagner) l'autre moitié. Fait l'an 1319, le vendredi après feste saint Barthélemy, en aoust. » Invent. de Lorraine. — S'ils firent cette démarche, elle leur resta en pure perte; et ils en gardèrent le secret.

Pour la Ville, elle avait à faire amende honorable, non simplement d'une manière passive, en laissant la garde se rétablir comme de plein droit, et en forme de succession obvenue au roi de son frère Louis, mais en allant formellement supplier qu'on la lui rendît, avouant ainsi qu'elle avait mérité de la perdre. Une députation s'étant donc acheminée vers Paris, en novembre 1318, il lui fut répondu que le roi rendrait gracieusement à Verdun le traité consenti par son frère en 1315, mais qu'il fallait d'abord qu'on laissât lettres expliquant très-catégoriquement les mots du traité *infrà regni nostri Franciæ limites*, en ce sens que la

Rétablissement de la garde de France.

de haults, nobles et puissants, nos boins amis, monsignor Gaulthièr de Chastillon, comte de Porciens, connestable de France, et mons. Miles signor de Nouviers, chevalier, paix et accord est faite en la manière que s'ensuit : c'est à savoir que très excellent prince Philippe, par la grâce de Dieu roi de France, en auera la cognoissance; et demourrons en son ordenance, par ainsi que lidis roi en doit rapporter et faire fin devant feste de Noel prochainement venant, etc....., qui furent faites l'an de grâce Notre Signour mil trois cens dix et huit, le juedi jour de saint Mathieu l'apostre. » Dans les Preuves de D. Calmet, II. 568, 1ʳᵉ édit., et dans celles de Roussel, avec des fautes.

ville était France, et que c'était un fait constant (1); ensuite qu'on supplierait pour obtenir, moyennant trois cents livres de petits tournois, qui s'ajouteraient aux cinq cents déjà stipulées avec Louis Hutin, un gardien royal résidant à Verdun : autrement, dirent les gens du roi, ce seraient, soit pour vous, soit pour nous, trop fréquents embarras, retards et dépenses d'allées et venues (2). Ceci était vrai; et ils sous-entendaient, ce qui ne l'était pas moins, que le roi demandait à mettre en ville quelqu'un qui l'informât de ce qui se passait. On admit cet article; et on l'inséra officiellement au traité : quant à l'explication catégorique que la ville était, non une enclave étrangère dans le royaume, mais du royaume même, les députés la prirent sur eux, et en donnèrent, sous leur sceau, un acte qui resta au trésor des chartes royales, mais que la Ville désavoua quand, dans la suite, on le lui présenta pour lui faire recevoir le pariagium de l'évêque Liébauld de Cousance.

<small>Acte que Verdun est du royaume.</small>

(1) *Cives et communitas civitatis Virdunensis. Cùm inclitæ recordationis dominus noster carissimus dominus Ludovicus, novissimè defunctus, quondàm Dei gratiâ rex Francorum, ad nostram frequentem instantiam nos et civitatem nostram in regiâ protectione et gardiâ speciali, etc..*. *Et, cùm ad instantem supplicationem nostram, dominus noster carissimus dominus Philippus, rex Francorum modernus, specialem gardiatorem nobis concesserit, ad præmissa promptius exequenda, in dictâ civitate, ad expensas nostras, continuè moraturum, Nos hæc omnia ad nostram instantiam fuisse facta, ac nos et dictam civitatem de regno Franciæ, et infrà ejus terminos sub ejus gardiâ consistere, de certâ scientiâ confitemur... In cujus rei testimonium, præsentes litteras sigilli nostri caractere fecimus communiri* (non du sceau de la cité). *Datum die quindecimâ novembris, anno Domini millesimo trecentesimo decimo octavo.* — La rénovation de la garde, qui suivit au mois de décembre, dans les Preuves de D. Calmet, II. 561, 1re édit. C'est ce traité que Roussel attribue à Philippe le Bel, sous la fausse date de 1310, 8 décembre : v. ci-dessus, p. 75, note.

(2) *Supplicantes quòd, cùm propter locorum distantias et moras, laboriosum esset ad nos seu curiam nostram accedere, et quasi importabiliter sumptuosum, nos eisdem unum specialem gardiatorem, sine sumptibus, in eâdem civitate mansurum deputare et concedere dignaremur..... Communitas verò et cives ipsi, gardiatori secundùm statum et conditionem ejusdem, de stipendiis congruis providebunt.* Pour le paiement des 800 livres de la nouvelle garde, on dut établir en ville une capitation : *ità quòd majores decem solidos, mediocres quinque, cæteri inferiores et infimi, duos solidos cum dimidio.* Traité de 1318. — Il porte, au sujet de l'Empire, la même exception que celui de 1315 : *Romano imperatore, qui pro tempore fuerit, dumtaxat excepto.*

La paix publique ainsi rétablie, restaient les arrangements d'intérêts particuliers. Nous avons déjà vu ceux de l'évêque et d'Edouard, au mois d'août 1319. Pour la Ville, les choses n'allèrent pas aussi si vite : d'abord à cause des Asanne, les amis d'Edouard, qui l'avaient aidé dans sa guerre, et qu'il voulait faire comprendre dans la paix ; ensuite et principalement pour la rénovation, avec extension aussi grande que possible, des vieux traités qui, depuis 1246, avaient été faits avec ses prédécesseurs et lui, c'est-à-dire la garde et alliance de Bar, sous la France, puisque, pour le moment, on ne pouvait faire autrement que de subir celle-ci. Cette rénovation importait beaucoup, parce que, d'un instant à l'autre, pouvait revenir en Luxembourg le comte Jean, roi de Bohême, qui ne manquerait sans doute pas de tirer le Verdunois de son côté, ce pays étant entre le sien et celui de Bar : et Henri d'Apremont voulait aussi une bonne et solide garde barroise, pour s'en servir, suivant son nouveau complot avec Edouard, à miner la garde de France, et à tenir en bride le nouveau gardien royal, un certain Colard Després, que Philippe le Long venait d'envoyer à Verdun. Pour aplanir les difficultés, il fit souscrire aux Asanne promesse que leur lignage serait désormais soumis au seigneur évêque, et à ses justiciers du Nombre juré de Verdun (1) : puis ils revinrent, comme si l'évêché les eût rappelés. Ce rappel excédait son droit ; mais, soit peur de lui et du comte Edouard, soit à cause de la paix du roi qui ordonnait de rendre les prisonniers, de rappeler les bannis, et de compenser les dommages réciproques, force fut aux Communaux de fermer les yeux,

Nouvelles menées.

---

(1) Pièce mentionnée dans l'Inventaire Psaulme de l'évêché. — Dans son traité de 1319, au sujet des dommages faits en guerre, Henri d'Apremont avait stipulé pour la Ville qui, sauf les Asanne, s'était mise de son parti : « Et promet, pour lui, le Nombre, les maistres des mestiers, les citains et la communaulei de Verdun de n'advouer, ne faire advouer par lui, ne par aultrui, des brûlures, prises de biens, et aultres domaiges qui ont esté faits audit comte de Bar, à sa terre et à ses gens, pendant la guerre qu'ils ont eue avec lui jusqu'à ce jour. »

avec quelque protestation toutefois : car, dans le traité qu'ils finirent par conclure avec Edouard, en novembre 1321, ils mirent que « est à savoir que, en cest présent accord, ne sont contenus, ne comprins les héritaiges de ciaulx dou linaige d'Aisenne, et lor porseute, si comme le sont les héritaiges séant en Verdun et la banleue : car les XXI (plénipotentiaires) ne s'en meslent et n'en sont chargiés ». C'étaient de bien mauvais politiques que ceux qui donnèrent de telles instructions aux vingt-un : et ce système rancunier préparait la continuation des luttes et de l'anarchie. Les Asanne, se voyant ainsi traités en aubains, se jetèrent de plus en plus du côté de leur protecteur Edouard : et l'évêché, qui pour sa part comptait aussi sur lui dans l'attaque de la garde de France, fit contre elle un grand et compromettant éclat, en février 1321 : on arrêta le gardien français Colard Després, sous prétexte d'atteintes par lui données à la principauté régalienne; et on procéda par saisie de biens contre certaines gens qui se réclamaient du roi et de lui. Pour pousser le complot d'un autre côté, les Asanne, disant que la Ville laissait leurs terres sans protection, excitèrent les gens d'Haudainville à aller demander une garde barroise, que le comte Edouard s'empressa d'accorder, par acte du 29 mai 1321, se mettant ainsi aux portes de Verdun, en position efficace de défendre ses amis et d'obliger bientôt la cité officielle à suivre, de gré ou de force, l'exemple de son faubourg (1). Tout ceci causant de grandes rumeurs, le parti français, qui ne voulait pas d'autre garde que celle du roi, soupçonna l'évêque d'être instigateur des manœuvres contraires; et on le fit mander à Paris. Il y alla en effet, protesta que ses dénon-

Arrestation du gardien français.

(1) « Prend et reçoit en sa sauve-garde, sauf-conduit et protection, à toujours, la ville de Haudainville, près Verdun... Chaque chef d'hôtel tenant conduit paiera onze sous de petits tournois, au jour de la saint Remy. Pour chaque cheval tirant, trois sous; pour chaque bête cornue tirant, 18 deniers; chaque bête oiseuse, poulain, genisse, brebis, chèvre, etc., un denier. Moyennant ces choses, promet les garder et défendre envers et contre tous, jusques à droit, comme ses propres sujets, sauf le droit de l'évêque

PÉRIODE DE LA PREMIÈRE GARDE DE FRANCE. 123

ciateurs le noircissaient, qu'il était, au contraire, plein de dévouement à la personne et à la grandeur du roi : mais on ne le tint pas quitte pour ces belles paroles ; et il lui fallut sceller, le 26 juillet 1321, un acte portant que, quelque chose d'assez semblable à ce qu'on disait s'étant passé dans l'affaire Colard Després, et bien que lui évêque maintînt qu'il n'avait fait alors que défendre ses droits contre les entreprises de ce gardien, néanmoins il acceptait sur ce enquête à faire, d'ici à la saint Jean de l'année suivante, par les très-respectables conseillers du roi, et donnait dès à présent caution *judicatum solvi*, si l'enquête le chargeait en rien(1). Il s'en revint assez humilié ; mais ce qu'il y eut de pis, bien qu'on ne l'ait vu que par la suite, fut que le comte Édouard, homme astucieux et tortueux, le sentant compromis envers la France, l'abandonna dans la voie où il l'avait poussé : de sorte que le roi, trouvant cet évêque Apremont et cette ville de Verdun difficiles à surveiller, approuva que le dévoué feudataire et serviteur de la couronne Édouard joignît son bras au sien, pour réduire ces gens mal disposés.

_{H. d'Apremont s'excuse à Paris.}

En ce moment, revint le comte Jean de Luxembourg, grand personnage, mais absent si souvent et si loin qu'on s'était mis sur le pied de se passer de ses avis, à peu près autant que s'il eût emporté avec lui son Luxembourg en Bohême. Pour titre d'intervention dans nos scènes con-

_{Retour de Jean de Luxembourg.}

---

et de la cité de Verdun. Et sont tenus les habitants d'aider pareillement le comte envers et contre tous, et de venir à ses cris et mandements, excepté contre l'évêque et la cité de Verdun ; mais ne seront tenus de venir à chevauchée, si ce n'est de leur bonne volonté : et, si on les mande pour défendre la terre le comte, viendront en armes, à ses dépens. Ne mettra jamais ladite garde hors de sa main, etc. Fait l'an 1321, le vendredi après l'Ascension, au mois de mai. — Pâque était, cette année, le 19 avril.

(1) *Nos Henricus, Dei gratiâ Virdunensis episcopus, notum facimus quòd, cùm per aliquos suggestum, seu delatum fuisset serenissimo principi domino Philippo, Dei gratiâ Francorum et Navarræ regi illustri, quòd nos capi feceramus Collardum dictum de Pratis, qui se gerebat pro gardiatore civitatis Virdunensis nomine ipsius domini regis, et nostro carceri mancipatum diutius detineri; Necnon quòd, die Jovis, post octavam proximè transacti festi Purificationis, quosdam cives Virdunenses, quos idem dominus rex asserit esse in suâ gardiâ speciali,*

fuses, il apporta une nomination de gardien de Verdun, à lui accordée par son empereur Louis de Bavière, « dou droit, disent nos chartes, comme a le roi d'Allemaigne sur ladite ville » (1). C'était un droit en lui-même incontestable, et reconnu, au moins pour la forme, par la clause de sans préjudice qu'on mettait dans les lettres de garde française ; mais il n'en était pas ainsi du titre impérial de Louis, contesté par Frédéric d'Autriche, avec l'appui du pape Jean XXII ; et cette division paralysait l'Allemagne : cependant, pour le Saint-Empire, il ne se trouvait ni meilleure, ni peut-être autre mesure possible que d'établir le comte de Luxembourg gardien de cette frontière, si en péril, de Verdun. Il y avait déjà longtemps que Jean, du fond de sa Bohême et des luttes qu'il y soutenait, voyait avec déplaisir Edouard tirer à lui le Verdunois ; et, pour lui opposer une contre-manœuvre, il négocia, dès 1318, avec l'abbé de Methloc, l'acquisition de Damvillers, excellente position pour une forteresse en poste avancé dans notre pays : cette acquisition fut même dès lors conclue, sauf qu'elle ne devait être irrévocable qu'après un délai de

quibusdam bonis suis spoliari feceramus indebitè, et plures etiàm injurias et gravamina eisdem inferri, in gardiæ predictæ evidens præjudicium et suæ Regiæ Majestatis contemptum. Nos, tanquàm regii honoris zelatores, et qui personam ipsius domini regis toto corde diligimus, et sibi desideramus, quantum possumus, complacere, eidem super prædictis emendam obtulimus, et eam facere gagiavimus coràm ipso, et de eâ satisfacere promittimus, juxtà suam et sui venerandi consilii dispositionem si, factâ super hiis informatione debitâ, reperti fuerimus contrà eum in aliquo deliquisse : quod non fecisse credimus quoquo modo ; sed potius, si de prædictis aliqua facta fuerunt, ea facta esse asserimus ad defensionem juris, et etiàm ad executionem jurisdictionis nostræ ecclesiæ, prout ipsum dominum regem intendimus informare. Super quibus per nos complendis, nos et nostram prædictam ecclesiam, atque ipsius bona pariter atque nostra, ipsi domino regi efficaciter obligamus... Salvâ fidelitate quâ tenemur Romanorum imperatori, vel regi. In quorum testimonium præsentes litteras eidem domino regi tradidimus nostro sigillo munitas. Datum Parisiis, die XXVI mensis julii, anno Domini millesimo trecentesimo vigesimo primo.

(1) Encore est traitié que dou don de la garde que li roi de Bohaigne dit que li roi d'Allemaigne lui a donné, de tel droit comme il a sus la ville de Verdun, oi ce que les parties voudront dire, il en doit estre au dit le roi de France; et en doit terminer dedans certain jour. » Compromis pour la sentence de Nantes, en 1323, dans Berthollet, tom. VI. Preuves, p. XI.

six ans : de sorte que ce ne fut qu'en 1324, et moyennant un prix de 5500 livres petits tournois, que Damvillers devint définitivement terre luxembourgeoise (1). Cette évolution dut faire sentir au parti barisien la nécessité de se fortifier de plus en plus à Verdun : en outre, de nouvelles perturbations pouvaient surgir à la mort prochaine, que les uns attendaient en anxiété, les autres en espérance, du roi Philippe le Long, tellement malade qu'on faisait pour lui à Paris des processions et des prières publiques; et il mourut en effet, à 28 ans, le 3 janvier 1322. Son frère aîné Louis Hutin était mort encore plus jeune; et leur troisième frère Charles le Bel n'alla qu'à 33 ans : c'étaient les fils de Philippe le Bel, qui régnèrent tous trois, et s'éteignirent dans un espace de 14 ans. Il n'est pas douteux que tant de changements de règnes n'aient fort empiré l'incertitude et les oscillations dans notre ville. En novembre 1321, Philippe le Long étant déjà à peu près désespéré, et personne ne sachant quelle tournure prendraient les choses après lui, on tint une assemblée où vinrent, de la part du comte Edouard, Hugues abbé de Beaulieu et Jacques chevalier de Bouvigny : et le parti barisien les appuyant énergiquement, il fut voté, ou du moins on donna à vingt-un commissaires plein pouvoir de voter qu'il y avait, en si graves conjonctures, urgence non seulement de rétablir, mais d'amplifier

Il acquiert Damvillers.

(1) *Nos Conradus abbas, totusque conventus Mediolacensis, Trevirensis diœcesis... Cùm super bonis, juribus, redditibus, etc., villarum de Damvillers et de Estrey, Virdunensis diœcesis, multoties oppressione malorum gravati, non potuerimus uti, et ob hoc nobis infructuosa et quodam modo penitùs inutilia dicta bona jàm longis temporibus extiterint... Quapropter reverendi in Christo patris et domini Baldewini, sanctæ Trevirensis ecclesiæ archiepiscopi, petitâ licentiâ et obtentâ, dicta bona, nihil nobis penitùs reservato præter jus patronatûs ecclesiarum de Damvillers et de Estrey prædictarum, domino Johanni Bohemiæ regi ac comiti Lucemburgensi, pro pretio quinque millium et quingentarum librarum parvorum turonensium bonorum et legalium, de quibus integraliter satisfecit in pecuniâ numeratâ, etc. Datum* 1324, *crastino dominicæ Cantate.* Berthollet, *ibid.* p. xiv.—Dans la transaction de 1318, sur ce qui appartenait aux Apremont, à raison de leur ancienne vouerie de Methloc, il est parlé des choses « qui furent l'abbei et le couvent de Mathelay, et que ledit monsieur de Lucembourg peut leur rendre d'ici à six ans. »—Sur Methloc et Damvillers, ci-dessus, tom. ii. p. 541.

en tous points « la warde que li cuens print et commenceit à faire desdits citains, habitans et communitei, on temps que il estoit escuyer, » c'est-à-dire dès 1314, lorsqu'il n'était pas encore armé chevalier : en conséquence 1° De pacifier tous différends encore pendants au sujet de la dernière guerre. 2° D'allouer au comte rétabli gardien pareils honoraires que ceux qu'on allouait au roi, les risques, périls et besoins des deux gardes étant égaux, sinon plus grands pour le Barrois, à cause du voisinage. 3° D'autoriser Edouard, toutes sûretés prises pour la cité, à mettre à Verdun, en cas de besoin, garnison de quarante hommes d'armes, chacun avec maisnie non armée; pouvant d'ailleurs cette dite troupe être requise par la cité pour son propre service. — Cet article devait paraître fort suspect à Luxembourg; et nous allons voir qu'en effet le roi de Bohême le considéra comme précaution hostile contre lui. 4° Enfin de consolider l'alliance barroise en la déclarant contractée non-seulement à la manière ancienne, c'est-à-dire viagèrement avec le comte actuel, mais aussi avec son héritier et prochain successeur. Pour flatter les Communaux, il fut ajouté que la nouvelle garde les défendrait contre l'évêché, au cas où celui-ci entreprendrait contre leurs franchises; enfin on accorda aux Français qu'on tâcherait d'avoir pour ces arrangements le scel, c'est-à-dire l'approbation du roi de France : faute de quoi, dit vaguement le texte, « on y mettroit autre séel authentique, par bon conseil et accord des parties. » Les vingt-un rédigèrent ces articles avec les délégués d'Edouard : et le traité fut mis en forme de sentence arbitrale, sous le sceau de la cité le 14 novembre 1321 :

« Item, lidit cuens et sondit hoir pourront, toutes fois qu'il lor plara, envoier et mettre en la citei de Verdun jusques à quarante hommes armés de fer à hiaumes (heaumes, casques), et lors maisnies, teilles comme il appartient, sans armes, lesqueils doient estre de la comtei de Bar (non des étrangers mercenaires), aux frais et despens doudit comte. Et li Nombre qui pour le temps sera, les feront et devront faire hosteleir et haubergier par les hosteils accoustumés à haubergier, et faire avoir vivres par lors deniers. Et se il avenoit que lesdits citains eussent mestier desdites gens d'armes pour chevaulchier avec eux, par requeste de justice seront tenus de issir, etc... Et devront lesdites gens d'armes appourter lettres pendans (à sceau pendant) doudit comte, ou son leutenant, contenant que de sa volontei sont envoiés en ladite citei : en laquelle lettre les noms dou chevetaine (capitaine) desdites gens d'armes seroit contenu : liqueil chevetaine baillera par escript, par devers la justice, en l'entrée de ladite citei, tous les noms desdites gens d'armes ; et se il plaist à ladite justice, doit reconnoistre lidit chevetain, par devant tabellion, ou autre manière, lesdites gens d'armes estre de ladite comtei de Bar, et estre les noms d'eux teils comme il les baillera par escript, et que ils ne seront point en rewart avec lesdits de Verdun...; et lidit chevetaine jurera lui quart solempnellement, pour lui et pour aultres, à tenir et warder tous les points contenus en cest présent accord.

« Item, se il avenoit (que Dieu ne vueille!) que descord naist en ladite ville, fust en linaige ou en commun, comme que fust, lesdites gens d'armes, ne lors maisnies, ne pourront ne devront faire partie, en aidant ne en confortant les uns ne les aultres, en nulle manière, fors que d'aider à mettre paix et accord entre eux, à requeste de justice de Verdun qui pour le temps sera, selon ce que ils pourront bonnement. » — Remarquer cet article, qui parle d'assemblées de lignages, outre les assemblées du Commun.

« ... Est à savoir que se li évesque de Verdun, qui pour le temps sera, vouloit presser, ou mener ou menoit lesdits citains, habitans et communitei, conjointement ou divisément, outre ou contre les franchises, les liberteis, droits et coustumes de ladite citei et des citains, lidit cuens et sondit hoir lor en seront aidans et confortans, et les en warderont et défendront jusques à droit contre lidit évesque... Ce fust fait et accordé l'an mil trois cent vingt-un, le quatorzième jour dou mois de novembre, sous le tesmoignaige des seels desdits abbé Hue et signour Jacques, avec le seel de la citei de Verdun (1). »

(1) Longue charte, dans les Preuves de D. Calmet, II, 574. 1ʳᵉ édit. Elle est faite, non sous le protocole ordinaire du Nombre, citains, communitei, etc., mais comme paix et accord conclu, de la partie ledit comte, par homme religious et saige mons. Huc abbé de Biauleu, et mons. Jacques de Bouvigni chevalier; et, de la partie lesdits citains, par les XXI qui avoient povoir de ce faire par lettres sor ce faites, seellées dou seel de la citei.

Opposition à ce traité.

Cet acte se fit au milieu et en dépit d'opposants nombreux, que retinrent, pour un moment, la mort du roi Philippe, en janvier 1322, puis, au mois de mai suivant, la venue solennelle et en personne du comte Edouard, qui ne s'était pas montré à Verdun depuis les guerres. Il entra avec noble escorte de chevaliers, soit du Barrois, soit de l'évêché ; et il se rendit à la cathédrale, où l'on avait exposé les châsses, pour qu'il jurât sur elles sa foi et hommage, comme il les avait déjà rendus à Henri d'Apremont, à Sampigny, en 1315 (1); et cette belle cérémonie dut paraître un gage de paix ; mais il était bien difficile qu'il eût bonne paix parmi tant de discordes. Les opposants qui, depuis le précédent mois de novembre, étaient le parti vaincu, et avaient vu le sceau de la cité passer aux mains de leurs adversaires, attendaient, en impatience, le premier moment où ils auraient accès près du nouveau roi Charles le Bel; et il ne paraît pas qu'ils aient attendu longtemps : car, dès cette année 1322, il est fait mention d'une requête audit roi par des citains de Verdun, « à ce que le comte de Bar fût appelé en la cour de parlement, pour s'y voir condamner à rendre certaine lettre de garde extorquée par lui, de force ou d'artifice, à Verdun, au préjudice de la protection royale (2). Ces opposants criaient, non sans quelque apparence spécieuse, que les vingt-un avaient excédé tous leurs pouvoirs en grevant la Commune d'une lourde pension pour Edouard, et encore pour son successeur; et, ce qui était encore pis, en impliquant la Ville, au détriment public, dans la querelle de ce même Edouard avec le roi de Bohême. Cette querelle éclata en effet alors : le roi Jean, comte de Luxembourg, imputa à hostilité formelle contre lui qu'on eût donné chez nous à son adversaire autorisation de mettre garnison, quand il voudrait; en représailles de quoi il retenait déjà prisonniers en Luxembourg plusieurs

(1) Acte de cet hommage, du 22 mai 1322, ci-dessus, tom. I. p. 412.
(2) Cette pièce et les suivantes, analysées dans le grand Inventaire de Husson, à l'an 1322.

verdunois tombés entre ses mains; et la supplique au roi Charles s'en plaignait. Il était encore dit en cette pièce que Gobert d'Apremont (peut-être à l'instigation des luxembourgeois; mais il pouvait aussi agir de lui-même, à cause de sa créance, et surtout de son mécontentement d'avoir échoué dans l'affaire de la garde de Verdun) commettait chaque jour des hostilités. Charles le Bel envoya sur les lieux le bailli de Vitry, avec commission de remettre autant de paix qu'il pourrait en ce pays, où la discorde semblait en permanence; puis de faire rapport sûr de ce qu'il y aurait vu. Nous ne connaissons pas les termes de ce rapport; mais le bailli put, sans se livrer à beaucoup d'enquêtes, découvrir que les Verdunois appréhendaient d'être très pressurés entre leurs deux voisins de Bar et de Luxembourg, en guerre entre eux, et qu'ils blâmaient fort leurs vingt-un de les avoir compromis, non-seulement cette fois, mais à toujours avec tous ceux contre lesquels la maison de Bar pourrait être en guerre. En fait, les hostilités commençaient. Les luxembourgeois avaient déjà occupé Mureau; et le comte Edouard, après avoir fait son hommage à Henri d'Apremont, le 22 juin, en avait profité, quelques jours après, pour entraîner notre prélat dans son alliance, sous prétexte de la main mise sur cette forteresse de Mureau, qui était fief rendable à l'évêché (1). On parlait de verdunois arrêtés comme barisiens en Luxembourg : enfin le Chapitre, craignant pour sa prévôté de Merles le dangereux voisinage de Damvillers, avait eu l'art de détourner l'orage en obtenant du roi comte Jean un traité

---

(1) « Lettres de Henri évêque de Verdun et d'Edouard comte de Bar, par lesquelles ledit comte prie ledit évêque de l'aider, pour ce qu'il est prêt de faire droit en son hôtel, comme son homme lige, contre Jean roi de Bohème et comte de Luxembourg. Et ledit Henri octroie audit comte de l'aider et conforter contre ledit roi de Bohème; et le comte promet d'aider l'évêque dans la guerre qu'il a contre ledit roi, pour l'occasion du château de Mirowalt; et qu'ils supporteront réciproquement les frais de ladite guerre. Fait l'an 1322, le lundi après la Pentecôte, » c'est-à-dire le 31 mai, Pâque tombant cette année le 11 avril. Invent. de Lorraine.

130   PÉRIODE DE LA PREMIÈRE GARDE DE FRANCE

de neutralité (1). Pour autre signe, on voyait Edouard faire des concessions au duc de Lorraine, suspect de vouloir profiter de la lutte pour tomber sur les combattants : ceci indique qu'on s'attendait à une affaire sérieuse (2). Quant à Gobert d'Apremont, ce n'était qu'un personnage secondaire, dont on pourrait toujours se débarrasser avec des arrêts du parlement; d'ailleurs, s'il faisait du mal aux Verdunois, ceux-ci n'étaient pas avec lui en reste de batailles et de voies de fait. Ce furent là, à peu près, les informations que le bailli de Vitry put transmettre sur l'état de notre pays, vers le milieu de 1322.

Pacification par le mariage du roi. Cette fois, les mauvais présages trompèrent; et le vent changea subitement et heureusement dans les hautes régions politiques. Ce fut comme un coup de théâtre quand on apprit, à la fin d'août 1322, que Charles le Bel épousait Marguerite de Luxembourg, sœur du roi de Bohême : lequel devint dès lors tellement français qu'il mit à la cour de France son fils Wenceslas, dont Charles se fit comme le père adoptif, en lui donnant son propre nom : de sorte que le jeune Wenceslas s'appela Charles, et, dans la suite, l'empereur Charles IV. Après une telle alliance, tous ceux qui, chez nous, s'armaient en guerre

(1) « Nous Jehan, par la grâce de Dieu roi de Bohaigne et de Poulaine (Pologne), cuens de Lucembourg..., et honorables hommes le Chapitre de l'église de Verdun..., promettons loialment que pour werres ou descords qui dès ores mais à tous jours soient et puissent advenir entre nous, nos hoirs, nos gens, et révérend père en Dieu l'évesque de Verdun, les gens de son éveschié, ou la citei et les citains de Verdun, nous ne povons ne devons penre au devant dit Chapitre, ne à lors hommes, ne à lor terre, se il n'estoit ainsi que ils, ou lors hommes aidassent à l'évesque, ou à la citei et les citains de Verdun, ou aultres, à werrier, contre nous..., l'an de grâce 1322, le 1er jour du mois d'avril. » Mal à propos intitulé : Accord avec l'évêque, dans Berthollet, vi. Preuves, p. ix.

(2) « Nous Edouart cuens de Bar..., avons fait accord et convenance à très hault et puissant prince nostre très chier et amé seignor et cousin Ferry, duc de Lorraine et marchis, que ledit messire le duc se doit tenir coi, sans nous aidier, se il ne lui plaist; mais il ne nous puet grever par lui, ne par ses gens, en son chef, ne en sa personne, ne avec aultrui, en ceste présente guerre que nous avons contre le roi de Behengne, etc., etc..., l'an mil trois cens et vint et dous, le dimenge après feste saint Urbain, on mois de mai. » Calmet, Preuves, ii. 578, 1re édit.

contre Luxembourg, à commencer par Edouard, le chef de la ligue, eurent à réfléchir sur les conséquences de leur conduite; et comme Edouard, plus ou moins sincèrement, professait envers la France obséquieuse soumission, il s'empressa de suivre le revirement des choses, en demandant lui-même, pour son fils Henri, Marguerite, fille aînée du nouveau beau-frère du roi, avec offre, sous un dédit de soixante mille livres, de soumettre tous les différends, et même les conditions du mariage à l'arbitrage royal. On dressa donc un compromis, portant, en premier article, que « mariaige se doit faire de la fille ainée monsignor le roi de Bohaigne au fils aîné le comte de Bar, » avec dot et douaire à fixer par le roi (1) : en second lieu, que pour « le chastel de Mirowaut (Mureau), l'affaire serait arbitrée par les comtes du Mans et d'Eu, ayant pour sur-arbitre le roi, lequel « en pourra dire et ordonner, de haut et de bas, à sa voluntei, dedans un terme qui accordei sera » (2) : enfin, quant aux gardes, chose qui intéressait spécialement notre ville, ce compromis portait :

(1) Ce mariage ne s'étant pas réalisé, la sentence, en ce qui le concerne, n'a d'autre intérêt que de nous apprendre quelles étaient alors les stipulations financières d'un mariage princier. Le roi dit que son très cher frère Jean de Bohême donnera en dot 16 mille livres tournois, payables dans les trois ans des épousailles. En cas de retard, Jean est condamné à laisser à son gendre tout le revenu de Marville (prévôté qui était mi-partie Luxembourg) « pour cause de peine, sans rien deschoir dou principal. » Pour douaire, Edouard assignera à sa belle-fille 1600 livrées de tournois, à Marville, à Bruennes (Brouennes), et le reste au plus près d'illec. — On appelait livrée, souldrée, denrée de terre des étendues d'un revenu évalué à une livre, un sou, un denier : cette manière de compter était fort en usage au XIVe siècle : ex., en 1334, vente par Jehan Sainclignons de 58 soldrées et onze denrées de terre qn'il avoit à Maherons (Mont-Hairons). Autre acte portant vente de vingt livrées et dix souldrées de terre, au même lieu, moyennant sept-vingt trois (143) livres et dix sous. *Dedit huic ecclesiæ quadraginta libratas terræ de hæreditate suâ*, porte le nécrologe à l'article de Henri d'Apremont. — On ne sait pourquoi le mariage stipulé en cet article ne se fit pas. Marguerite épousa le duc de Bavière, et Henri Iolande de Flandre.

(2) La sentence porte : Item, nous penrons en nostre main le chastel de Mirowaut, et le tenrons jusque à deux ans, se il nous plaist : et entretemps ferons savoir (informer) dou droit des devant dits roi de Behaigne et comte de Bar. »

Compromis et sentence de Mante.

« Encor est traitié (convenu entre les parties) que dou don de la garde que li roi de Bohaigne dit que li roi d'Allemaigne (l'empereur) lui a donnée, de teil droit comme il a sus la ville de Verdun, oÿ ce que les parties voudront dire, il en doit estre au dit le roi de France; et en doit terminer dedans certain jour..... Encor est accordei que de toutes nouvelles gardes prises puis dix ans en ça se délaissent; et soient anientées d'une part et d'aultre : et que, de ci en avant, ils ne prennent nulles nouvelles gardes l'un contre l'aultre. » — Cet article impliquait renonciation par Edouard à la garde de Verdun qu'il s'était fait donner par ses partisans en novembre 1321.

On appelle ce compromis, avec la sentence royale rendue le 28 mai 1323, traité de Mante, parce que ce fut en cette ville, de l'Isle de France, que prononça Charles le Bel, « présents par devant nous, dit sa sentence, princes excellents notre très chier et amé freire Jehan, par la grâce de Dieu roi de Bohaigne, comte de Lucembourg, et notre chier cousin Eddoart, comte de Bar, notre amé et féal. » Il y avait bien une troisième puissance intéressée dans la question, l'Empire, dont Jean de Luxembourg aurait dû se porter défenseur, ayant accepté de Louis de Bavière titre de gardien impérial de Verdun; mais, depuis que ce roi comte Jean était devenu français, il n'insistait plus sur ce point; et on passa la chose sous silence dans le jugement. Ainsi s'en allait de fait chez nous le Saint-Empire, en oubli et désuétude; et chaque jour tombait quelque plume des ailes de sa grande aigle. Cet acte de Mante est une notable pièce de diplomatie française du XIVe siècle, où le roi, profitant de l'occasion, se posa en dominant de son cher frère de Luxembourg et de son amé cousin de Bar, c'est-à-dire en souverain de la frontière, tout en déclarant, pour la forme, qu'il ne prononçait que comme arbitre :

« ... Item, sur le fait de la garde de ceulx de Verdun, nous en ordenerons ce que bon nous semblera, selon l'accord dessus dit (celui du compromis, soumettant tout au dictum royal), sauf notre droit, que nous avons et povons avoir en ladite garde.

« Item vollons, disons, ordenons que, se aucun descord sourdoit entre eulx (que jà n'advienne!), tant des choses passées que de celles à venir, lesdites parties iront ou envoieront aux estaults et aux marches accoustumées : et, se ils ne se povent accorder, ils en revenront devers nous, et s'en reporteront toujours à notre dit, sans surprise ne guerre faire.

« Et est nostre entente, et desdites parties aussi, que la submission et accord dessusdits soient faits en nous comme en Charles et privée personne, et non pas comme roi... En tesmoing desquelles choses, avons fait mettre notre séel, les jour et an dessusdits, etc. (1). »

En commentaire historique et politique, nous dirons que cette sentence fut suivie, pendant quatre ans, d'une sorte de provisoire où les parties, et le roi lui-même s'abstinrent de tout changement à leur situation de 1323 : tellement que ce ne fut qu'à la fin de 1327 que l'on refit officiellement à Verdun le traité de garde, au nom du roi Charles. Ce temps d'arrêt vint peut-être de l'évocation intempestive du « roi d'Allemaigne » qu'avait faite le comte Jean, quand, n'étant point encore français, il réclamait notre garde au nom de l'Empire, et sommait Edouard de la lui abandonner à ce titre. Ceci portait plus haut qu'Edouard, et atteignait le droit du roi lui-même, à moins de soutenir officiellement, en face de l'Empire, le bien dit de la reconnaissance que Philippe le Long s'était fait donner en 1318, que Verdun était dans le royaume, et du royaume : mais la chose était scabreuse. En conséquence Charles le Bel, assis à Mante sur son siége de juge arbitre, et obligé d'articuler juridiquement, trouva à propos de laisser dans les dires des parties le titre du comte Jean « dou droit comme a le roi d'Allemaigne sus ladite ville » ; et, quand la sentence arriva à cet article pénible à décider, elle s'en tira par le plus court et le plus vague verbiage possible, disant qu'on s'en référerait aux accords des deux contendants, et que le roi ordonnerait comme il lui paraîtrait bon, et pour le mieux, et sauf son propre droit. Ce qui fut trouvé bon et pour le

Statu quo de quatre ans.

(1) Dans les Preuves de Berthollet, tom. VI. p. x, avec de grosses fautes typographiques, comme *sous doit* pour *sourdoit*, — *en Chastelet privée personne*, pour *en Charles et privée personne*.

mieux fut, comme on le voit à la suite des faits, de rester dans le *statu quo* provisoire dont nous avons parlé. Jean ne dit plus mot de sa garde impériale : en compensation Edouard dut, aux termes de son accord du compromis, tenir son traité de 1321 pour « délaissé et anienté; » et il contremanda en effet sa garde, non, comme il le prétendit, en chicaneur et tracassier, l'an 1328, pour griefs, offenses et injures des Verdunois envers lui et ses hommes, mais parce que le roi de Bohême rejeta bien loin la clause exorbitante qui autorisait son rival à mettre à volonté garnison barroise en notre ville. Quant au roi Charles, comme il avait trouvé dans la succession de ses deux frères des traités de protection de Verdun, non pour leur vie seulement, mais héréditaires et inséparables de la couronne, il garda cette part d'héritage, et se maintint au droit et devoir de couvrir de sa royale main de justice tout opprimé qui l'invoquerait, là comme ailleurs : en conséquence les baillis de Chaumont et de Vitry, nos voisins, continuèrent à tenir leurs oreilles ouvertes et leurs archers sur pied; et le parlement, dans son infatigable chambre aux enquêtes, eut toujours ses commissaires prêts à descendre sur les lieux, à chaque nouveau tumulte qu'on entendrait dans ce pays bouleversé.

Hostilités de Gobert d'Apremont.

Il n'y eut malheureusement que trop d'occasions pour eux à de pareilles visites : car, en ce temps même, Gobert d'Apremont et la Ville entamèrent entre eux de longs et sauvages combats. Cette guerre vint, en cause première, de ce qu'on n'avait pas pu, ou voulu trouver place à Gobert dans le nouvel ordre politique qu'inaugurait le système des gardes : il en tint rancune aux Verdunois; et, pour leur montrer quel tort et dommage c'était pour eux que de le laisser en dehors, il se mit à leur faire toutes sortes d'avanies en la personne des bourgeois, vignerons, cultivateurs et autres qu'il trouva à portée de ses terres et maisons fortes. C'était une insupportable vexation : car il avait de grands domaines : et, outre Dugny et autres, qui appartenaient à sa famille, l'évêque son frère lui avait, longtemps avant cette querelle, donné le commandement de la forteresse de Charny; mais ce qui acheva d'irriter notre bourgeoisie fut que les bannis, notamment un certain Celinon, s'étaient réfugiés à Dugny, d'où ils narguaient et bravaient insolemment la cité et sa justice. On envoya de nuit la force armée pour saisir ces traîtres; mais ils s'enfuirent : et, de colère, l'expédition manquée mit Dugny à sac « robant les hosteils, dit Gobert dans sa plainte, brisiant huis, fenestres, huches et huchiaux, et emportant les biens : et sont ceulx de Verdun accoustumeis à teilles choses faire, et aller avant par force et roberie. » En représailles, ses gens tuèrent, quelques jours après, cinq bourgeois : alors les métiers marchèrent sur Rouvres, forcèrent le château, mirent le feu au village; autre expédition semblable à Nixéville : enfin, arrivée du bailli de Vitry qui, par mesure de haute politique, commença par saisir Charny, sous la main du roi, la troisième semaine après Pâque 1323 (1) : puis le bailli de Chaumont et Louis de Chauvency, chevalier, vinrent, avec commission du grand sceau, faire enquête, qu'ils envoyèrent, close et scellée, en la cour de parlement. Le procès, plusieurs fois interrompu par des voies de fait,

(1) « Commission donnée par Pierre de Thiercelieu, chevalier du roi notre sire, son bailli de Vitry, gardien de Verdun et de Montfaucon, à Jacques Gombost, prévôt dudit Montfaucon, qu'il ait à se transporter vers le seigneur d'Apremont, à ce que, suivant les offres qu'il a faites par ses lettres, pour le différend qu'il a contre ceux de Verdun, il ait à mettre de fait en la main du roi son corps, ses biens, particulièrement le chasteau de Charny, appartenances et dépendances, mettant ses gens hors dudit chasteau, que ledit prévôt gardera et gouvernera, avec la terre en dépendant; et y mettra personnes convenables; et amènera ledit sieur d'Apremont à Sainte-Ménehould, pour être conduit devers le roi. Fait l'an 1323, les trois semaines de Pasques. » — Il y a encore aux archives de Paris des pièces de cette affaire : v. la Note de M. Ch. Buvignier sur les archives municipales de Verdun, p. 19. — La pièce n° 7661 des Actes du parlement de Boutaric, tom. II. p. 595, est un « Arrêt continuant en état jusqu'au retour du roi le procès entre les habitants de Verdun et le sire d'Apremont, et le procès entre lesdits habitants et le comte de Bar, 16 janvier 1325. » Ceci pourrait faire soupçonner le comte Edouard de n'être pas demeuré étranger à cette affaire : peut-être trouva-t-il l'occasion bonne de faire sentir aux verdunois quel inconvénient c'était pour eux que de n'avoir plus sa garde.

durait encore en 1325 : car, cette année, aux vacations du 27 avril, la cour donna à Guy Poitevin, chanoine de Noyon, et à Jean Malet, clercs conseillers du roi, commission pour une nouvelle enquête, à la suite de laquelle ils ordonnèrent la mise en liberté des prisonniers réciproques, savoir trois verdunois détenus à Dugny par le prévôt du sire d'Apremont, et neuf hommes d'Apremont détenus à Verdun ; mais, du samedi avant la saint Jean, exploit de Richier Possesse, sergent et archer royal, contenant « les rébellions de ceulx de Verdun contre les ordres du roi à rendre certains prisonniers : auquel sergent fut répondu que ne pour roi, ne pour reine, lesdits prisonniers rendus ne seroient que les despens d'iceulx payés : et autres paroles désobligeantes au roi. » Enfin, au mois de juillet 1325, supplique des citoyens à ce que, eux étant méfiants dudit sieur d'Apremont, fort puissant et beaucoup appuyé d'amis, le roi ordonnât à ses commissaires de ne pas assigner journée en lieu suspect »; ce que le roi accorda. Il ne parait pas qu'on se soit parfaitement mis d'accord en cette journée ; car nous retrouverons bientôt l'affaire pendante, et le comte Edouard soupçonné de s'en mêler.

Les quatre Confédérés contre Metz.

Vers la fin de 1324, les féodaux, détournant un peu de nous leur activité malfaisante, se coalisèrent pour tomber en masse sur Metz. Cette forte et grande cité les gênait beaucoup plus que Verdun et que Toul ; et, comme elle était plus éloignée de la France, il n'y avait là ni garde française, ni part de lion à faire au roi : en conséquence ils décidèrent entre eux, chez Jean de Luxembourg, à Thionville, qu'ils prendraient Metz avec son territoire, et partageraient cette dépouille opime en fiefs de leurs principautés. Ceux qui formèrent ce beau projet furent d'abord Jean lui-même, qu'en sa qualité de roi on déclara colonel et capitaine général de la ligue, puis son frère l'archevêque Baudoin de Trèves, qu'il entraînait à sa suite, Ferry IV duc de Lorraine, enfin le comte Edouard, qui ne pouvait manquer à cet étrange concert : on les appela les quatre confédérés. La chronique messine prétend qu'ils étaient, eux et leurs gentilshommes, obérés, endettés et hypothéqués envers les marchands et bourgeois de Metz, auxquels ils réservaient payement en coups d'épée et d'arbalète (1) : de leur côté, ils alléguaient, pour principal grief, que les messins achetaient journellement en Luxembourg, Barrois, et Lorraine quantité d'héritages, fiefs et arrière-fiefs, sans agrément des seigneurs dominants, et sans acquitter les services dont ces terres étaient chargées : les quatre princes, dans leur assemblée de Thionville, avaient évalué à plus de 300 mille livres les biens ainsi acquis illégalement, en fraude de leurs droits et par actes à casser (2). De l'une comme de l'autre de ces allégations, il résulte qu'il y avait beaucoup de riches à Metz; et nous avons déjà vu que c'était chez ces financiers que Joinville était allé chercher de l'argent, quand il partit pour la croisade. Peu s'en fallut que les quatre confédérés n'entraînassent comme cinquième notre évêque Henri d'Apremont, qui n'avait pas à se louer des messins : car leur chronique, récriminant contre Edouard, dit en propres termes qu'il fut bien ingrat et sans raison d'attaquer, puisque, « peu par avant les

(1) « Et étoient la plus grande partie de leurs gentilshommes et subjets obligés et hypothèques envers les citains et bourgeois de Metz, etc. Et aussi pour ce que ceulx de Metz ne se avoient voulu mettre contre le roi Louis de Bavière, ne soutenir Frédéric d'Austriche. Chron. Huguenin, p. 39. — Ce dernier motif ne pouvait s'appliquer qu'à Ferry de Lorraine, qui soutenait son beau-frère Frédéric d'Autriche : pour les luxembourgeois, ils étaient partisans de Louis de Bavière. Quant aux dettes, il y en avait certainement beaucoup, contractées par devant les amans, ou notaires paroissiaux de Metz : car les confédérés mirent dans leurs demandes « que les amans soient osteis ; car c'est contre droit et coustume, et ne se fait en nuls lieux du monde ; et ci en avant usaissent (les messins) de séel authentique. Et vuellent lesdits seigneurs que, de ci en avant, nuls de leurs hommes ne soient prins ne arrestés pour debtes, se dont n'estoit que ils en eussent obligié leurs corps. » Même chron. p. 57.

(2) Même chron. p. 56. Dans le traité de paix, ibid. p. 62, il fut pourvu pour l'avenir. — Par contre, il y eut des citains qui firent « fiefs de leurs purs et francs aleux, dépendants du pays d'icelle cité, » c'est-à-dire qui en firent hommage aux princes étrangers du voisinage. Ibid. p. 40. Cet abus s'introduisit aussi alors dans notre évêché : nous avons dit ci-dessus, tom. I. p. 444, les mesures prises par Henri d'Apremont.

bourgeois et citains de Metz l'avaient aidé et secouru, à ses besoins, d'or, d'argent et d'hommes, à l'encontre de l'évesque de Verdun ; » (1) néanmoins notre prélat ne voulait pas se déclarer contre eux ; et il fallut toutes les obsessions de Gobert et d'Edouard pour qu'il mît enfin en route, non des soldats, mais un frère prêcheur, avec une lettre de défi (2). Ses alliés, lui voyant si peu de zèle, prirent sa place dans son château de Sampigny, tellement qu'ils y attirèrent un siége de onze semaines (3). Henri eut ainsi sa part dans les désastres, petite néanmoins en comparaison de ce qui tomba sur les héros de la coalition. Toute la terre d'Edouard, au Pont-à-Mousson, fut affreusement dévastée par le commun de Metz qui, pour se donner l'honneur de faire les dernières alarmes et la chevauchée finale, profita du moment où la trève n'était pas encore conclue, pour aller au Pont, en procession, disaient-ils, entendant par là une ronde de pillage et d'incendie. Edouard, du haut des remparts, vit cet ouragan d'hommes, de chevaux et de flammes courir ses villages ; et il en poussa des cris de lamentation au roi de Bohême et à l'archevêque de Trèves (4). Quant aux mes-

(1) Même chronique Huguenin, p. 43.—Ceci prouve qu'Edouard ne passait pas pour plus fidèle allié du côté de Metz que du nôtre.

(2) Chron. Huguenin, p. 49,50. — Il est parlé plus loin, p. 59,60, d'un chroniqueur de Verdun, qui n'a pas bien « desclairé les causes de cette guerre », et en a parlé sur le rapport des barisiens. C'est probablement Wassebourg, dont l'ouvrage était connu du dernier rédacteur et réviseur des chroniques messines.

(3) « Et, ainsi que guerre mène, A Sempignei, onze semaines, Tinrent la garnison, Sans gagner chasteau, ne maison, etc. » Chron. rimée, dans les Preuves de D. Calmet, II. 228, 1re édit.—Il y eut aussi quelques ravages vers Hatton-Châtel, Vigneulle et ez villages au long des Côtes. Huguenin, p. 55.

(4) « Et aller tout autour du Pont, faire la procession ; et, tantost que l'aube du jour se démonstrera, que nous encommencions à bouter feux ; et puissiens avoir fait sur nos ennemis les darriennes courses et alarmes... Avant! seignors de la Commune : les capitaines de nos gens d'armes n'ont mie bonne fiance en nous ; allons avant, et accommençons à faire ; et ardons, et boultons feux les premiers! Et, à peine pouvoit-on les tenir et mettre en ordre, du despit qu'ils avoient des paroles dites par les capitaines : et se fit ladite chevaulchée comme ledit sire Jehan de la Cour l'avoit dit et ordonné... Adonc prit le comte de Bar par les mains ledit roi de Bohême, et l'arcevesque de Trièves, et les emmena sur murs du Pont, et leur monstra les

sins, outre leurs campagnes ruinées et leurs vendanges perdues, il fallut encore qu'ils trouvassent grande finance, d'abord pour leurs propres hommes, puis pour ceux du comte de Sarrebrück, du Rheingraff et du sire de Bitche, qui leur étaient venus en aide, moyennant bonne solde (1); enfin pour les quatre assaillants eux-mêmes, qui ne voulurent s'en aller qu'après s'être fait donner, en dehors du traité général de paix, une cédule de quinze mille livres, bons petits tournois vieux, en indemnité de leur gracieuse visite; et ils emmenèrent quatre notables citains, pour ôtages de paiement (2). On put voir, à ces énormes avanies, que, malgré la bravoure des messins, il leur en coûtait encore plus de se passer de garde qu'à nous d'en prendre.

Cette notable guerre, qui dura de septembre 1324 à mars 1326, fournit plusieurs renseignements d'histoire militaire. On y voit d'abord à quel nombre de combattants se montait alors une armée qui passait chez nous pour considérable : le roi Jean et son frère l'archevêque amenèrent chacun 300 hommes d'armes, Ferry et Edouard chacun 500 : du côté des messins, il y avait, en troupes

---

fumières que ceulx de Metz lui faisoient, et comme ils lui destruisoient son pays, et leur dit : Advisez, monseigneur le roi, quand vous serez en Bohesme, et vous, arcevesque, quand vous serez sur le Rhin, en queil point ceux de Metz me gouverneront, quand, en vostre présence, véez ce qu'ils font. Si vous estiez en vostre pays, vous y mettriez assez de force ; car, pour le présent, vous n'y mettez mie grand remède ; et pourtant j'ai besoin de la paix ; et fault que paix se fasse : car, je vous en prie et requiers, je ne le pourroie plus endurer. » Dans Huguenin, p. 60.

(1) « Et convint trouver beaucoup d'argent, tant pour les frais que on avoit faits, comme pour paier plus de 700 soldairs à cheval, que on avoit eus aux soldes et gaiges de la cité ; et autres despens, montant à grand finance... Et y eust bien 200 gentils hommes des lignaiges qui en estoient apouvris, en maisons et gaignages brûlés, en dettes et bestes perdues, en rentes non reçues, sans autres gros et griefs dommaiges que chacun avoit en droit lui. » Ibid. p. 66. — « Les poures gens, par le pays, Se trouvèrent moult esbahis, Laissèrent tout, bestes et biens, Fors les enfants, sans prendre rien ; Car tous les grains furent ars ès granges, Et perdues toutes les vendanges, etc. »

(2) Le grand traité de paix, du 5 mars 1325 (1326 av. P.), dans les Preuves de D. Calmet. II. 579, 1re édit. et Huguenin, p. 62. Le traité particulier sur les quinze mille livres, Bénéd. Hist. de Metz. II. 529. — D'après une charte de Luxembourg, ces écorcheurs se firent donner, Jean 34 mille livres, et Edouard 20. Berthollet, VI. 71.

140 PÉRIODE DE LA PREMIÈRE GARDE DE FRANCE.

étrangères, 700 « soldairs » à cheval, de leurs trois alliés Sarrebrück, Rheingraff, et Bitche; plus sept ou huit cents chevaux de la cité, « avec les piétons, qui estoient, dit la chronique, une belle bande, tous gens bien au fait (1). » Ni d'un côté, ni de l'autre, on ne dit le nombre de ces piétons; ce qui indique que l'infanterie ne figurait pas encore dans les forces régulières; et, comme chaque chevalier avait au moins deux écuyers, il faut tripler les nombres précédents. Un renseignement encore plus mémorable est que c'est ici que se trouvent dans notre histoire les premiers indices d'artillerie, au sens moderne. Ce mot artillerie servait déjà auparavant de nom général à tous les engins de guerre; et on appelait dès lors engeigneurs ou, comme on prononce maintenant, ingénieurs ceux qui construisaient ou dirigeaient ces machines : on connaissait même des armes à feu, qui étaient simplement des espèces de balistes à lancer des projectiles incendiaires : ainsi « la pierrière, » (machine à lancer pierres), dans la fronde de laquelle Joinville vit les Sarrasins mettre du feu grégeois (2). Ces sortes d'armes servaient chez nous pour les siéges : car Melinon, expliquant pourquoi il était défendu de construire des maisons ou des granges près des murs de la Fermeté de Verdun, dit que c'était de peur des « feux volants en pots » (3); mais les véritables armes à feu, celles

Première mention de la poudre à canon.

---

(1) Huguenin, p. 42. — Les Romains avaient une excellente infanterie; mais, au moyen âge, on négligea tellement la troupe de pied qu'on l'appelait, avec un certain mépris, la piétraille. En cas de nécessité, les chevaliers descendaient de cheval. On attribue la première bonne infanterie moderne aux Suisses, qui ne pouvaient employer la cavalerie dans leurs montagnes.

(2) Joinville, p. 44, édit. imprim. royale 1761.

(3)
    Se li ost y venoit devant,
    Hauts hommes, chevaliers, sergents,
    Qui grever voulsissent la ville,
    Arbalestres, carrels, trefilles
    Ne greveroient guéres à ciaulx
    Qui receveroient les assauts,
    Mais, si pierrière jeter vient
    Li maistre qui engins soutient,
    Ils prenroient feu vollant en pots,
    Si les metterient les galots

à poudre explosive, ont laissé pour premier document écrit de leur emploi dans notre pays, la mention de serpentines, coulevrines, et « pouldre » parmi les préparatifs des messins contre leurs quatre ennemis confédérés de 1324 :

« Item, le samedi après feste saint Remy (1ᵉʳ octobre 1324), les seigneurs de justice et conseil de Metz ordonnèrent et commirent sept de entre eux (les Sept de la guerre, alors institués)..., pour avoir le regard que les mestiers feissent accoustrer les aultres tours, couvrir, planchier, fournir d'artillerie....., et regarder entour les murs où il fauldroit serpentines, collevrines, arbollestres et aultres traits...; et ordonnont à chascuns mestiers leurs tours ens murailles de la cité, qu'ils firent fournir et assortir d'artillerie, traits, *pouldre*, et autres choses nécessaires pour icelles garder et défendre. » *Chron. Huguenin*, p. 46, 47, 49.

Ces premières armes à poudre étant, comme on le pense bien, très défectueuses, l'ancienne artillerie dut subsister, et subsista en effet fort longtemps à côté de la nouvelle; et le sens des termes ne fut pas tout d'abord fixé comme il est aujourd'hui. Par canon (on disait aussi bâton à feu), on entendit primitivement tout tuyau creux comme une canne; et tels sont encore nos canons de fusil (1); les grosses pièces, quand on les inventa, s'appelèrent bombardes : il y en eut dès le temps de la bataille de Crécy, en 1346, et même

> Eins au bauldrei de la pierrière,
> Et les vilains de par derrière
> Se trouverient aval leurs cordes,
> Choiroit le feu tout étendu,
> Et ceulx de dedans confondus.
> Les défendeurs et les barons,
> Par les grands chaleurs des maisons,
> Conviendroit tous les murs guerpir,
> Adonc pourroit li ost venir, etc. (p. 13,14 du ms. Extrait).

(1) « Aux compaignons coulevriniers, pour aidier à fournir et entretenir leurs bastons de pouldre. » *Compte de la Ville, en* 1497. Cette expression bâton à feu était encore employée à Metz, au commencement du XVIᵉ siècle, même pour les grosses pièces : « En celle année 1519, dit Philippe de Vigneulle, furent essayés et tirés les cinq gros bastons à feu que l'on avoit nouvellement faits en la neufve fonderie, c'est à savoir deux gros et horribles canons, et une grosse serpentine, etc. » Dans Huguenin, p. 745.

quelques années plus tôt. Quant aux armes portatives, on trouve encore, sous Charles VI, que l'armée du duc d'Orléans se mit en campagne avec quatre mille « que canons, que couleuvrines; » et il est dit des Suisses, au temps de Charles le Téméraire, qu'ils avaient onze mille piques, dix mille hallebardes, dix mille couleuvrines, et quatre mille hommes à cheval (1). On montre encore dans les musées d'artillerie d'anciennes bombardes, à peu près telles que celle qui fut trouvée dans notre commenderie de Doncourt, et que nous avons mentionnée ailleurs (2) : soit que, dans les premiers temps, on ne sût pas couler de gros canons en bronze, soit qu'on voulût faciliter le transport de la grosse artillerie, ces bombardes étaient faites de plusieurs longues et fortes pièces de fer forgé assujetties par des cercles, comme des douves de tonneau : on chargeait par la culasse; puis on fermait d'un fond mobile. Dès le milieu du XIVe siècle, la poudre était devenue objet assez commun pour qu'on pût s'en approvisionner chez les marchands de nos villes : ainsi, en 1365, le prévôt de Souilly Colet Henrion porta en compte 46 sous « pour poure à kenon, acheteie à Girardin Malessat de Verdun, pour la doubte (crainte) des Bretons, la semaine de la mei-karesme, l'an LXIV (3). » L'histoire de Metz a noté que ce ne fut qu'en 1473 qu'on perça, à toutes les tours de la ville, des trous ronds pour l'artillerie (4).

(1) Père Daniel, Hist. de la milice française, liv. VI. ch. 5. — Commines, liv. v. ch. 3, parlant de la bataille de Morat en 1476. Les quatre mille hommes à cheval, bien montés, qui chassèrent très loin les gens dudit duc de Bourgogne, venaient aux Suisses de leurs alliances; car, ajoute Commines, à la bataille précédente (celle de Granson), les Suisses n'avaient pas de gens de cheval. — Il y avait même de petites serpentines pour les enfants : « Comment mondit sieur d'Angoulesme (François Ier) et le jeune adventureux tiroient de la serpentine avec les petites flèches, après un blanc en une porte, pour voir qui tireroit le plus près, dit Florenge, Mém. ch. 3. Ce jeune adventureux est Florenge lui-même, ou Robert III de La Marck.
(2) Ci-dessus, II. 257, note 3. De là vient que Philippe de Vigneulle, à propos des « gros et horribles canons » fondus à Metz en 1519, remarque qu'ils étaient « tout d'un moule et tout d'une mesure. »
(3) Extraits mss. des comptes, par M. Servais.
(4) Bénédictins, Hist. de Metz, II. 672, note.

La fin de la guerre des confédérés ramena sur Verdun le comte Edouard et le sire d'Apremont, celui-ci étant, non plus Gobert, mort le 10 décembre 1325 (1), mais son fils Joffroy, pour lequel Edouard prit fait et cause, en suscitant lui-même des chicanes, sous prétexte d'arrérages de sa garde échus, disait-il, antérieurement à la renonciation qu'il avait été obligé d'y faire à Mante. Les troubles que ces querelleurs excitèrent déterminèrent enfin le roi à prononcer, au sujet de la garde de Verdun, le jugement qu'il s'était réservé, en la séance de Mante. En préliminaire, le bailli de Vitry, ayant, pour la seconde fois, commission du grand sceau royal, descendit, en 1326, ordonnant aux parties de se restituer réciproquement ce qu'elles s'étaient pris depuis le renouvellement de leurs altercations: puis il ajourna la Ville en la cour de parlement de Paris, pour ouïr droit, par devant le roi Charles, entre elle, noble et haut baron Edouard, comte de Bar, Joffroy d'Apremont, et tous aidants de part et d'autre. Le prévôt de Passavant alla à Apremont intimer à Joffroy pareille assignation de venir en parlement reprendre, avec les Verdunois, le procès en l'état où l'avait laissé son père; et, de peur qu'on ne vît encore de nouvelles courses à Dugny, on mit là des gens du roi, sous prétexte que l'abbaye Saint-Nicolas, qui possédait quelques terres en ce bourg, avait demandé la garde royale (2). La Ville députa à Paris six notables citoyens (3); et le parlement, en attendant fin d'enquête, la condamna, le 28 mai 1327, à « garnir la main du roi, » c'est-à-dire à faire consignation d'une somme de 240 livres, réclamée par Edouard, aux causes, ou chicanes susdites (4); puis on poursuivit l'enquête sur l'état de choses en vigueur dix ans avant 1323, avec sommation à Luxembourg et à Bar de

Jugement sur la garde de Verdun

(1) Suivant son épitaphe, dans D. Calmet, liv. xxv, n° 80, note L.—Gobert s'était joint aux quatre confédérés contre Metz. Huguenin, p. 49.
(2) Pièces analysées dans le grand Inventaire de Husson.
(3) Martin Monin, Warin Sainctignon, Rossignon Rossart, Simon Guillard, Jehan Carré, et Jehan Dufour.
(4) Boutaric, Actes du parlement, tom. II. p. 635. n° 7990.

réintégrer cet état, aux termes de leur compromis. Il résulta de là que Jean dut se retirer, au moins pour la forme ; car sa garde de Luxembourg était une pure et simple innovation ; mais le roi, son parent et son fidèle ami, lui fit part de celle de France, et se le substitua même quelquefois pour en toucher les émoluments (1). Quant à la garde de Bar, comme elle remontait déjà à près d'un siècle, il fut permis à Edouard de la rétablir, mais seulement en la teneur des anciens traités, avec suppression de l'article ajouté en 1321, sur la garnison de quarante hommes à armes : article que le roi de Bohême avait pris pour une attaque contre lui (2); et on ajouta une clause soumettant à la décision du roi les différends nés et à naître, la garde de France devant être renouvelée la première, avant toute autre, et en dominance : enfin on n'exigea pas que Jean renonçât formellement, ni pour toujours à la garde de Verdun : car nous le verrons, après la mort d'Edouard en 1337, renouveler et réaliser ses anciennes prétentions; et il l'eût fait plus tôt, sans doute, s'il se fût aperçu de quelque entreprise contre lui. Quant à Edouard, la cour, pour ne plus entendre parler de ses éternelles querelles avec les Verdunois, ordonna à ceux-ci d'aller lui remontrer, en bonnes et bienséantes paroles, que, quoiqu'il prétendît avoir reçu d'eux beaucoup d'offenses et injures, pour lesquelles il avait contremandé sa garde et cessé de les garder, néanmoins l'avis de bonnes notables gens, chevaliers, clercs, et sages personnes (sans doute légistes du parlement) était

---

(1) « Nous Jehan, par la grâce de Dieu roi de Boesme et comte de Lucembourg..., avons eu et reçeu des citains et habitans de la citei de Verdun euit (huit) cens livres de tournois, eins queils estoient tenus à nous pour la cause de la censive nostre chier signour lou roi de France : liqueils euit cens livres nous ont estei assignei à penre et à lever desdits citains pour cause des gaiges de nos gens d'armes qui ont estei on service nostredit signour lou roi de France..., l'an de grâce mil trois cens (mot emporté) le 25ᵉ jour de novembre.

(2) A la place de cet article, on rétablit purement et simplement l'ancien texte de 1282, que toutes les fois que le Nombre ou la communitei le requerra, le comte viendra, ou enverra quatre chevaliers, etc. Ci-dessus, tom. II. p. 496.

qu'il ne pouvait ainsi les abandonner : en conséquence on venait le supplier de renouveler les articles de ses prédécesseurs, avec promesse de s'en rapporter désormais de toute contestation à l'ordonnance du roi; enfin, pour bonne paix et indemnité définitive des « brisures, brûlures, injures, discords, plaideries » dont il se plaignait, et pour toutes demandes, ainsi que pour rémunération de sa future garde, on lui allouerait, à lui et à son prochain successeur, une somme annuelle de 900 livres petits tournois. Cet article dut paraître dur; mais il fallut y souscrire, de peur de pis en dommages intérêts, au jugement de la cour; et Edouard dut, de son côté, restituer son traité de 1324, en signe que cet acte ne servirait pas à de nouvelles chicanes : cependant, à la satisfaction, et peut-être à la demande des Communaux, on conserva, bien que ce fût une innovation, l'article de ce traité portant que « si l'évesque de Verdun, qui est ou sera, vouloit grever lesdits citains outre ou contre leurs franchises, libertés, droits, coutumes, ledit comte leur en aideroit, et les conforteroit jusques à droit, son honneur sauf, » c'est-à-dire probablement sans pousser les choses jusqu'à violation trop flagrante de son propre hommage à l'évêché. Edouard jura solennellement ces « convenances » (conventions) le 1er mars 1328, sur l'autel de la cathédrale, en reprenant possession de sa garde : et on les écrivit sous le double sceau de la cité et du comte lui-même, que ce cachet représente en guerrier à cheval (1). Henri d'Apremont put voir cette cérémonie, et y réfléchir aux errements de sa vieille politique anti-française, où jadis le comte Edouard le soutenait et le poussait sourdement (2). Il tira de ces réflexions le profit que nous verrons bientôt, en demandant pour lui-même place dans le nouveau système.

En couronnement de toute cette diplomatie fut solennellement restaurée la garde de France, qui s'était toujours

(1) Ce traité est dans l'Inventaire de Lorraine, à l'an 1328.
(2) Ci-dessus, p. 119.

Troisième garde de France. maintenue par la vertu des lettres de Louis Hutin et de Philippe le Long, mais que l'on renouvela alors au nom de Charles le Bel, suivant la formule dès lors consacrée « pour le roi, ses successeurs rois, et inséparablement de leur couronne. » Sur l'article de la censive, c'est-à-dire de la finance annuelle fixe, il y eut, en variante importante, une augmentation de 300 livres, pour émoluments du gardien résidant à Verdun. On ne pouvait moins, vu les occupations qu'on lui donnait; mais, comme Philippe le Long avait déjà augmenté de 300 livres la censive primitive de 500 stipulée avec Louis Hutin, il put sembler que, depuis 1315, cette contribution faisait de très rapides progrès en croissance. De ces arrangements vint la distinction de ce qu'on appela dans la suite la grande et la petite garde de Vitry, la première payée annuellement 800 livres au fisc royal, en sa recette de Champagne, la seconde 300 au gardien, pour rémunération personnelle. Le roi se réserva de nommer et révoquer les gardiens, à son bon plaisir, et la Ville de leur faire jurer, en les recevant, qu'ils n'entreprendraient rien contre ses franchises, libertés, etc., ni ne s'arrogeraient juridiction, la garde n'étant pas attributive de telle compétence. Il fut redit que cette gracieuse et royale protection était accordée aux Verdunois, d'abord à leur très instante demande, ensuite à cause de la situation de leur ville, qui formait enclave dans le royaume : *infrà regni limites situata;* toutefois on ne crut pas pouvoir, en une pièce de diplomatie officielle, ajouter à ces mots, répétés des chartes précédentes, ce que Philippe le Long avait fait écrire en 1318 à nos députés, sous leur sceau privé, que Verdun était du royaume même : *et de regno ;* et on inséra la réserve du droit de l'empereur, de l'évêque, et de tous autres ayant juridiction ou justice haute, moyenne, ou basse. Cette troisième garde de France est du mois d'octobre 1327, donnée à Chalette près Montargis : *apud Chaletam, propè montem Argi* (1).

---

(1) Tout entière dans Roussel, Preuves, p. 21.

porte le texte, qui est en latin, et en aussi mauvais latin que celui des deux premières.

Trois mois après ces arrangements, mourut, en février 1328, Charles le Bel, dans lequel s'éteignit la branche aînée des Capétiens : de sorte que les actes que nous venons d'expliquer furent les derniers de cette lignée royale. Ils n'étaient pas sans importance : car, par cette politique, les Valois, à leur avénement, trouvèrent notre frontière en bon équilibre, Jean de Luxembourg et Edouard de Bar s'y faisant réciproquement contre-poids, notre ville entre les deux, et tous sous la haute main et dans la crainte du roi : et, bien que cette balance pût paraître fort vacillante, elle ne trébucha néanmoins qu'au grand désastre de Crécy. Philippe de Valois, qui succéda à Charles le Bel, était fils de ce « grand seigneur appelé Charles de Valois, » frère de Philippe le Bel, que nous avons rencontré parmi les personnages de l'entrevue de Vaucouleurs, en 1299. Pour premier acte, il emmena nos grands féodaux Ferry de Lorraine et le comte Edouard à sa bataille de Cassel, qu'il gagna, le 23 août 1328 : Ferry y fut tué; et Edouard resta longtemps malade à Saint-Omer : de sorte que, Jean étant d'un autre côté repris dans ses affaires de Bohême, les Verdunois purent délibérer en paix sur l'équilibre où on les avait mis, non toutefois sur l'équilibre politique, car les hautes puissances y pourvoyaient sans eux, mais sur celui de leurs finances, au passif desquelles venaient de tomber tout à coup deux fortes et lourdes censives, montant ensemble à deux mille livres, qu'il fallait trouver tous les ans, et sans retard, car ni le roi, ni Edouard n'étaient créanciers à faire attendre. Sur ce cas embarrassant, l'assemblée plénière de la Commune, convoquée à son de cloche et à cri public, procéda ainsi, le 8 avril 1329, à la création et rénovation des voies et moyens (1). D'abord, per-

Etat des choses à l'avénement des Valois.

---

(1) « Nous li citains et toute li communitei de la citei, de commun assentement et de volontei une, nous deument assembleis à son de cloche et à crière de Ville... avons eswardei... que li censive dou roi se levereit et

Mesures financières de 1329.

sonne ne voulant augmenter sa capitation, on laissa comme elle était à dix sous petits tournois, pour les riches, cinq pour les médiocres, deux et demi pour les petites gens, celle qui avait été réglée au temps de Philippe le Long : et on rejeta les 300 livres nouvellement créées par Charles le Bel sur l'estaple au vin (1). Ce n'est pas d'aujourd'hui, comme on voit, que le vin sert à tirer la fiscalité d'embarras. Sur les « bleifs », c'est-à-dire toutes les sortes de grains (le blé était le bleif froment), on levait de toute ancienneté le pognetage en nature, à la « gelongnie », ou jointée de mains; et ceci étant suspect d'arbitraire ou de faveur, on décréta qu'à l'avenir on pogneterait à l'aide d'une juste mesure « à cowe » (à queue), c'est-à-dire avec un godet emmanché, que le peuple appela la cuiller de la Grange : cette cuiller était forte; car elle tenait près d'un litre, étant la vingt-quatrième partie du franchard; en outre, attendu que la Ville était seigneur propriétaire de cette véritable mesure du franchard, dont elle gardait l'étalon, elle imposa soit pour le rez, soit pour le comble, une maille, ou demi denier de mesurage. Nous reviendrons sur ce sujet, en parlant de nos anciennes mesures. L'assemblée s'occupa ensuite des bons contribuables, qui sont ceux qui ont ou passent pour avoir de l'argent à employer. De cette catégorie on mit d'abord les gens du Nombre, pour lesquels fut alors fait le statut fiscal dont nous avons déjà parlé (tom. II. p. 530); et on leur fixa un tel terme rigoureux que le Juré

---

paiereit, chacun an, en la manière que il est contenu on privilege dou roi... Item, que li gardien sera, chacun an, paiei de l'issuie de l'estaple... — Le « privilege dou roi » auquel cet article se réfère est le traité de garde de 1318, où il est dit : *Volumus et concedimus quòd pecunia prædicta, cujus summa ad octies centum libras turonenses ascendit, partiatur per foros* (par quartiers) *inter cives et incolas, et taliter æquentur quòd majores decem solidos, mediocres quinque, et infimi duos solidos cum dimidio, dictæ monetæ annuatim persolvant.* Cette *dicta moneta* est *parvorum turonensium*, comme il est dit dans la phrase précédente.

(1) Le mot estaple, *staplus* en bas latin, signifie un magasin, ou local de marché public. Comme le roi avait grand soin de rejeter sur les villes la dépense de ses soldats en route, on n'assignait jamais gîte aux troupes qu'en lieux d'estaple; et de là vient le sens militaire du mot.

qui, dans les trois semaines de son avénement aux honneurs, n'aurait pas effectué un premier versement d'au moins dix livres, serait exclus de toute part aux pouvoirs et aux sommes, c'est-à-dire rayé de fait. Enfin on avisa aux moyens de plus efficace recouvrement du Bullion de la Ville, qui était son droit sur les capitaux des ventes ou des prêts : ce droit fut fixé au quarantième denier, ou, comme s'exprime l'atour de 1329, à un petit tournois (six deniers) de la livre; et il demeura tel jusqu'aux derniers temps de l'ancien régime. Pour prévenir les retards ou les fraudes, il fut défendu aux scelleurs de garder les actes plus d'un mois, ordonné que, pour toute somme excédant soixante livres, il y aurait deux scelleurs dont les noms seraient écrits ès lettres; et à eux alloué en honoraires six petits tournois pour leurs peines, la cire du sceau, et le cordon qui la suspendait au parchemin (1). — Il y aurait sur ce texte, où les scelleurs semblent identifiés avec les notaires, des explications à donner; mais elles interrompraient le récit; et nous les renvoyons au chapitre des Institutions.

En ces temps, la Commune devenait impopulaire; et les pauvres gens qu'elle excluait de ses lignages se réfugiaient dans les métiers. Là ils se donnaient un gouvernement de famille sous des maîtres de leur choix; et chacun mettant

La Commune impopulaire.

(1) « Que un chacun seellour de Verdun peut penre créant (obligation) par lui seul) jusques à la somme de sexante (60) livres : et dous (deux) des seellours puevent penre et penront tous autres créants. Et sera, ou seront li noms dou seelour, ou des seellours qui lou créant penra ou penront nommeis et contenus eins lettres : et seront les sommes des marchandises et de toutes autres choses sor ce faites contenues et escriptes dedans les lettres. Et de tous les vendaiges et créants faits dessous quinze livres paiera li acheteire les deix et sept petits tournois anciens pour la Ville, et seix petits tournois pour la cire, le cordel et la poinne (la peine) des seelours : et, de quinze livres en amont paiera li acheteire un petit tournois de la livre pour la Ville, et seix petits tournois as seelours pour la cire, le cordel et la poinne. Et seeleront chacun mois, et rendront à chacun ses lettres : et, se deffault y avoit, chacun des seelours seroit à vingt sous (d'amende). — Il résulte de ce texte que le Bullion existait déjà auparavant, et qu'avant 1329 on payait plus que le quarantième denier, puisqu'on mentionne comme anciens les dix-sept petits tournois pour quinze livres. Comme ces actes étaient les plus nombreux, on laissa ce droit; mais l'usage mit tout au 40e. denier.

son honneur à être bon confrère, tout s'arrangeait et se terminait en confrérie. Il se formait ainsi de petites Communes, que la population ouvrière trouvait bien meilleures que la grande, laquelle finissait par n'être plus que celle des riches et des aristocrates, imposant au peuple des tailles, des amendes et des corvées ; et une lutte inévitable approchait. Tel était, au temps où nous sommes, le pouvoir de fait des métiers qu'on ne tenait la cité pour bien engagée que quand ils avaient consenti : ainsi, en 1319, Henri d'Apremont traitant avec Edouard, au nom de la Ville, avait dû se porter fort tant pour eux que pour le Nombre (1); et, en 1323, ayant prétendu, à tort et mal à propos, que ce qu'on appelait à Verdun le Palais, devait s'entendre de son hôtel épiscopal, et qu'en conséquence c'était là, et non à Sainte-Croix que devait siéger le doyen, il retira sa prétention, quand il sut que les maîtres des métiers s'y opposaient (2).

Le soulèvement populaire éclata à peu près en même temps, et pour les mêmes causes de vexations, réelles ou prétendues, à Metz et à Verdun. Chez les Messins l'explosion fut violente, mais courte et bientôt comprimée. Ce

(1) Ci-dessus, p. 121, note. — Autres détails, ci-dessus, p. 92.
(2) « L'an 1323, le mercredi des octaves saint Pierre et saint Paul, fenaul (fenaison) entrant, manda Henri d'Apremont évesque à Warion dit Pallei, lieutenant du doyen, et Jehan dit Du Morier, maistre eschevin, qu'ils allaissent seoir le lendemain en son hosteil, et y feissent pourter les tables et les papiers de la doinei (doyenné, ou Siège Sainte-Croix) pour plaidier. Ils y furent, et y pourtérent les tables. Mais li sire Gosse li petit, messire Jacques li Roucelz, chevaliers, eschevins dou Palais, eux et leurs compaignons parlèrent à l'évesque, et dirent que c'estoit mal fait, et qu'ils n'en avoient oncques mais oy parler qu'on y allait pour plaidier, oultrefors que pour deux choses, l'une y est pour appels, et li aultre quand une personne se duelt (se plaint) des eschevins. Que, si vous tenez en vos franchises, que les bonnes gens d'aval la ville en sont forment (fortement) effraheis : et meismement li maistres des mestiers en sont jà venus céans, et dient qu'ils n'en souffreront jà que ce soit accoustumé. Et mettent avant que, on temps monsignor Jehan d'Apremont (Jean II) qui fuist évesque, Jehan Salmon fuist à l'hosteil ledit évesque, où il esmeuti la sentence Werri de Dieppe, il en fuist à XL livres (d'amende) de forts. Ce fait voir pour laqueille chose nous vous disons que mal en pourroit bien venir. Li évesque dit : Je me souffrirai à temps (je prendrai du temps pour voir); et plus n'en fist (ne donna pas

fut en 1326, quand il fallut solder les comptes de la guerre des Quatre Confédérés. On cria qu'on foulait le peuple et qu'on épargnait les grands, et que les seigneurs de la Commune arrangeaient la taille de manière à la faire toute tomber sur la foule des misérables (et ainsi pourrait-il bien être encore aujourd'hui, dit Philippe de Vigneulle, en parenthèse). Alors le populaire renversa le gouvernement, mit « fuers », c'est-à-dire à la porte ceux qui l'exerçaient et qui l'appuyaient; et on s'échauffa tellement qu'un certain Xolfez eut la tête tranchée devant la cathédrale, pour injures et « grosses vilonies » par lui proférées contre les nouveaux gouverneurs ; mais les fugitifs allèrent implorer le roi Jean et le comte Edouard, grands protecteurs d'opprimés, quand il s'agissait de se mêler des affaires des villes : de sorte que les séditieux, n'ayant ni soldats, ni argent furent obligés, par traité du 27 juin 1327, de remettre les choses sur le bon et ancien pied, sans plus, à l'avenir, faire alliances, ni gouverneurs, ni capitaines les uns contre les autres; et défense aux maîtres des métiers de se mêler d'autre chose que de leurs métiers (1).

Soulèvement des métiers.

Le commun de Verdun, qui vivait dans la crainte du roi et des enquêtes du parlement, évita toute tragédie; mais il fit longtemps durer ses scènes, et y embrouilla tous les grands personnages de la politique. Telle était alors la situation que Jean étant, en 1327, retourné en Bohême, Edouard redevint prépondérant; Philippe de Valois le traitait de frère; et on lui permit, en 1328, contrairement à la sentence de Mante, de rétablir son article de 1321, où il promettait aide et protection aux citoyens de Verdun contre l'évêque, en cas d'anticipation de celui-ci sur les franchises communales : prétexte facile à trouver, et toujours à

suite). » Dans Melinon, p. 99. Ceci n'empêcha pas Henri d'Apremont de faire entendre aux commissaires royaux d'octobre 1352 que ce qu'on appelait à Verdun le Palais était *son* palais, c'est-à-dire l'évêché.

(1) Ce traité, dans les Preuves de l'Hist. de Metz, iv. 41 et 45.—L'histoire de la sédition, dans Philippe de Vigneulle, aux années 1326-27. Huguenin, p. 66.

la disposition des mécontents. Henri d'Apremont entendit qu'il était lui-même en surveillance, et qu'on lui faisait cet affront pour sa persistance un peu obstinée à ne pas entrer formellement dans le système des alliances françaises : en conséquence, et après avoir encore réfléchi jusqu'en 1330, il se décida à franchir le pas; et il annonça, au mois de novembre 1330 (1), qu'il allait partir pour Paris, afin de supplier le roi de vouloir bien le prendre, lui et l'évêché, en sa garde et protection, ainsi qu'y était déjà la Ville. Comme, en sa situation de retardataire et d'homme de peu de zèle, il pouvait lui arriver d'être mal accueilli, Edouard lui donna, sur sa demande, des lettres de recommandation portant prière au roi que « les requestes dudit évesque il voulsist bénignement recevoir. » Ceci s'entendait de la demande de garde, comme le roi le déclara lui-même (2); et le projet de l'évêque était notoire et public comme le prouvent les émeutes que firent les communaux. Ils avisèrent qu'il fallait agir sur le champ, parce que l'évêque ayant une fois obtenu, s'il l'obtenait, sa garde de France, la Commune du Nombre Estaubli se trouverait couverte de la protection royale, comme existant en vertu des prérogatives de l'évêché, au moment de la conclusion du traité. Pour chef de ce complot, ils prirent un habile homme nommé Jacques ou Jacomin Collette, qui savait la loi, la politique et les bons moments des choses : et Melinon, qui transcrivit alors de si bon cœur, en son livre des Droits de Verdun, toutes les injures déblatérées contre le Magistrat, pourrait bien avoir été le légiste

(1) « Au temps que il partit, pour aller par devers le roi notre sire, pourchasser à estre mis en la garde dudit seigneur, c'est à savoir à la saint Martin, l'an de grâce mil trois cent trente, » dit la sentence de 1332.

(2) « Philippe, etc... Comme notre amé l'évesque de Verdun nous eust par plusieurs fois requis, à grant instance, que nous le reçeussions en notre garde espéciale; et, pour nous plus mouvoir à ce, nous apporta lettres de prière de notre amé frère le comte de Bar, ésquelles il nous prioit que les requestes dudit évesque voulsissiens bénignement recevoir. Nous, pour la contemplation dudit évesque, et meu par les prières de notredit frère, etc. Lettres de révocation, dans D. Calmet, Preuves, II. 587, 1re édit.

de ce parti. Ils remarquèrent sans doute que, dans la triple lettre de garde déjà obtenue par la Ville, on ne lisait pas un seul mot de légalisation ou d'approbation en faveur ni du Nombre, ni du gouvernement selon la Charte de Paix : le roi ne parlait qu'en général de la cité, de la communauté des citains, bourgeois, habitants, de leurs justiciers et procureurs : d'où l'on pouvait conclure qu'aux termes de ces lettres royaux, toute latitude restait d'établir tel bon régime que l'on voudrait, et de renverser les mauvais. En conséquence, les maîtres des métiers proclamèrent Jacques Collette chef et gouverneur, sous le titre de « postaul : et « furent, ajoute le document, élus huit hommes pour jus- « ticier au nom de la dite Ville et communauté d'icelle ; et « leur firent obéir par force : et justiciaient lesdits huit « au préjudice dudit évesque, en tous cas, sur clercs et « lais. Et firent défense au Nombre, doyen et eschevins « que dès ores mais n'exercissent, ne s'entremeissent « exercer nulle jurisdiction ; et cria-t-on ce mandement « que nuls, sur la peine de cent livres, feussent si hardis « d'obéir auxdits Nombre, doyen, eschevins... ; et dépu- « tèrent, devers le roi, procureurs qui moult s'efforcèrent « d'empeschier icelle garde » (1). Tels sont les points de fait exposés, en octobre 1332, devant les commissaires du roi. Tout ceci, comme on le pense bien, n'arriva pas sans tumulte : il y eut des fugitifs à Sainte-Ménehould, qui y restèrent jusqu'en 1333, où le bailli de Vitry les fit rétablir à Verdun par ses sergents (2). Henri d'Apremont, dans sa plainte, traduit ce mot Postal par capitaine des portes (3) :

La Commune du Postal.

(1) Le fait de cette députation est constaté par le passage suivant de la sentence de 1332 : « Mesmement que le roi notre sire avoit donné de certaine science (non par surprise) lesdites lettres, en la présence des procureurs de la communaulté de Verdun, lesquels s'estoient moult efforciés devers le roi pour empeschier icelles. » Dans une autre pièce, on parle de Bertin Buesnon et Jacquier de Lemmes, procureurs députés en mai 1331.

(2) Husson, Inventaire, à la date de juin 1333.

(3) « H. d'Apremont supplie le roi de vouloir terminer son différend avec les magistrats et habitants de Verdun, touchant l'établissement d'un capitaine des portes. » Même inventaire, à l'an 1331.

154 PÉRIODE DE LA PREMIÈRE GARDE DE FRANCE.

c'était un titre de milice bourgeoise, que peut-être quelque fin légiste conseilla d'employer dans la circonstance, pour que l'évêque ne pût dire qu'on avait créé un maître échevin sans lui; mais, en réalité, le Postal était un maître échevin.

Négociations de Paris. On était tellement, et depuis si longtemps habitué à voir des troubles dans notre Commune qu'à Paris ni le roi, ni l'évêque ne semblèrent s'occuper beaucoup de cette récidive d'agitation. Quand les nouveaux communaux arrivèrent, avec leurs remontrances, il leur fut dit que le traité qu'on préparait, loin de pouvoir entraver ni alarmer personne, serait, au contraire, un moyen durable d'accommodement, parce qu'il disposerait qu'il n'y aurait pour l'évêché et la ville qu'un seul gardien royal, lequel se trouverait ainsi en devoir et position d'arbitre amiable en permanence, sous l'autorité du roi. Personne n'osa dire qu'il ne goûtait pas l'arrangement; mais les remontrants sentirent qu'il mettait leur nouveau régime fort en péril; car il n'était pas du tout probable que le roi, une fois gardien de l'évêché, en laissât abolir toute la prérogative communale. Les députés s'en allèrent donc sans avoir réussi à leur gré; et il fallut aviser dans le conseil des insurgés à quelque moyen détourné de mettre obstacle. On poursuivit la négociation sans eux: mais, comme Henri ne pouvait, sans consentement de Chapitre, traiter pour lui et ses successeurs, il fut convenu qu'on tâcherait d'obtenir de bonne grâce ce consentement; mais qu'à tout événement, et de peur de chicanes présentes ou futures sur la validité et teneur, on ferait venir d'Avignon une bulle autorisant à s'en passer. Cette bulle arriva en effet datée du 12 avril 1331 (1) : alors, tout semblant heureusement terminé, on

(1) *Joannes, etc., venerabili fratri Henrico, episcopo Virdunensi... Nuper nobis per litteras tuas significare curasti quòd, propter oppressiones, invasiones, etc., quibus commodè nequis resistere..., cum carissimo in Christo filio nostro Philippo, rege Francorum illustri, habuisti tractatum de recipiendo eumdem regem in protectorem tuum, dictæque ecclesiæ ac civitatis Virdunensis, necnon feudorum, castrorum, bonorum, jurium, etc., sub certâ formâ in dictis tuis litteris*

conclut les arrangements, et on les publia par la lettre suivante, datée de Paris, 17 juin de cette même année 1331 :

« Nous Henri d'Aspremont, par la souffrance de Dieu évesque de Verdun. Regardant et considérant les griés (griefs), oppressions, injures et violences faites on temps passé à nous et à nostre église, nous avons supplié à nostre saint père monseigneur Jehan, par la divine providence pape XXIIe, que, pour l'évidente utilitei et urgente nécessitei de nous et de notredite esglise, il lui pleust donner congié à nous, pour nous et nos successeurs, de eslire, prenre et recevoir très excellent prince nostre très chier, puissant, et redoubté seigneur monseigneur Philippe, par la grâce de Dieu roi de France, et ses successeurs rois de France, à gardeurs, défenseurs, protecteurs de nous et de nostre dite esglise, à tous jours mais, en perpétuitei : liqueil saint père, de sa sainteté et bénignité, ottroia et se consentit à notre dite supplication, en la forme et en la manière que il est contenu en ses lettres bullées de plomb et fil de soie.

« Et nous, délibération eue avec aucuns chanoines et autres gens saiges, estant venu en la présence dudit très excellent prince monseigneur le roi de France, après plusieurs traitiés et délibérations sur ce eues, l'avons esleu et eslisons, prins et prenons, reçeu et recevons pour gardeur, défenseur, protecteur de nous et de nostredite esglise, de notre citei de Verdun, de nos chastiaulx, villes, terres et chastelleries ez jurisdictions de Charnei, de Magiennes, de Hadonchastel, d'Amblonville, de Sampignei, de Tillei sur Muese, en teille manieire que ledit roi notre sire, ne ses successeurs, ne pourront ne devront mettre icelle garde hors la couronne de France, ains nous doient toujours garder et défendre de toute oppression, tant comme à office de gardien appartient.

« Item, par notre gré, de tant comme il nous peut toucher et tou-

Lettres de garde de l'évêché.

expressâ. Verùm quia id tibi, prohibitione juris obstante, facere non licebat, ad nos super hoc devotè recurrens, nobis humiliter supplicasti ut tibi faciendi præmissa opportunam licentiam concedere dignaremur. Nos igitur, etc., fraternitati tuæ, si deliberatione præhabitâ cum aliquibus canonicis ejusdem ecclesiæ et aliis discretis viris, videris utilitatem evidentem, ac necessitatem urgentem.... super quibus tuam conscientiam oneramus, eumdem regem in protectorem et gardiatorem ac defensorem ecclesiæ et civitatis, necnon feudorum, castrorum, bonorum, etc., eligendi, recipiendi ac assumendi in perpetuum, vel ad tempus..., seu, si forte Capitulum tuum ejusdem ecclesiæ non consentiat supradictis, auctoritate apostolicâ plenam et liberam, tenore præsentium, concedimus facultatem... Datum Avenione, II idus aprilis, pontificatûs nostri anno XV. (12 avril 1331, le pontificat de Jean XXII commençant en 1316).

che, est retenue et réservée à notredit sire le roi la garde des citoiens de Verdun et les émoluments d'icelle, qu'ils lui doient par l'ottroi desdits citoyens, c'est à savoir huit cents livres de tournois chacun an, et trois cents livres de tournois pour les gaiges du gardien, et le service de cinquante hommes d'armes à chevaulx, et de cinquante arbalestres à pied, à aller trente lieues entour de Verdun, avec ses gens, toutes fois qu'ils en seront requis de par lui, ou de par ses baillis. Liqueilles choses nous li ottroions à tenir perpétuellement, sans venir contre, en aucuns temps.

« A savoir est que, par ladite garde, aucun préjudice ne doit estre fait à nous, ne à notredite esglise, ne aucuns de nos droits et seigneuries esperituelles et temporelles, jurisdictions, noblesses, ou aultres choses quelconques qui à nous appartiennent. Et que audit roi notre sire, ne à ses successeurs, aucun droit nouviau de souveraineté ou de ressort, ne aultre quelconque, ne doit estre acquis, ains que tant comme emporte office et nature de garde et de gardien. Et ne doient les justiciers, officiauls, ou sergents dou royaume, quels que ils soient, pour l'occasion des choses dessusdites, sergenter ne exercer jurisdiction aucune, ains seulement ce qui appartient à office de garde, et adoncques par commission dou gardien, en notre territoire, en notredite cité, chastiaulx, villes, terres de nostredite éveschié, se ce n'est à notre requeste.

« Item, pour tenir paix, amitié et accord entre nous et lesdits citoiens, lidit roi notre sire, à nostre supplication et requeste, a ottroiei et voulu et veult que lesdites gardes, tant de nous comme desdits citoiens, soient maintenues et exercées par un seul gardien député de par lui, ou de ses successeurs, sans faire aucune division. Liqueil gardien, toutes fois qu'il sera envoié de nouvel, doit faire serment, avant qu'il exerce sondit office : et doit faire ledit serment en lieu public dedans la citei de Verdun, en la présence de nous ou de nos gens, se nous y vollons estre, que ledit office fera et exercera bien loiaulment, si comme à bon gardien appartient, sans surprendre ne usurper notre droit, ne le droit d'aultrui.

« Et, pour cause de ladite garde, et les frais d'icelle soutenir, nous, pour nous et nos successeurs, avons promins et promettons, ottroiei et ottroions, à tousjours mais, en perpétuitei, rendre et paier chacun an audit roi nostre sire, et à ses successeurs, quatre cents livres de tournois petits de annuelle et perpétuelle rente, que nous et nos successeurs paierons et sommes tenus à paier au recepveur de Champaigne, en la cité de Troyes, à la saint Remei.

« Et est à savoir que, pour les choses dessusdites, ou pour aucune d'icelles, nul préjudice ne doit estre fait à l'homaige et feauté que nous devons, pour cause de la temporalité de nostredite église, au roi d'Allemaigne, ou à l'empereur de Rome qui pour le temps sera.

« S'ensuit la teneur des lettres que nous avons dudit notre sire le roi : Philippe, par la grâce de Dieu roi de France. Savoir faisons que à nous est venu Henri d'Aspremont, évesque, et nous a signifié que il, et l'esglise de Verdun, et toute sa temporalité est, et a été moult oppressée, et grevée injustement, etc. (Suit la répétition, au nom du roi, de tous les articles précédents, même du « sans préjudice à l'hommaige et feauté que ledit évesque doit, si comme il dit, pour cause de la temporalité de son éveschié, au roi d'Allemaigne, ou à l'empereur de Rome... ») Donné à Paris, l'an de grâce mil trois cens trente un, au mois de juin.(1).

« En tesmoignaige desquelles choses, nous Henri, par la grâce de Dieu, etc., avons fait mettre notre séel en ces présentes lettres, données à Paris, le xvii° jour de juin, l'an de grâce 1331. »

Toutes ces choses étant conclues, et semblant mises en bonne et authentique forme, intervint le comte Edouard, avec sa tournoyante politique. Il paraît que le roi n'avait pas compris, ou avait feint de ne pas comprendre que la lettre par laquelle « son frère de Bar le priait que les requestes dudit évesque il voulsist bénignement recevoir » n'était que pour l'apparence, et afin que Henri, s'il échouait, ne sût d'où lui venait l'échec, qui pouvait d'ailleurs être amené indirectement par la députation des communaux; mais, quand on eût vu ceux-ci échouer eux-mêmes, force fut au comte de paraître et de révéler son secret. Il alla à Paris, demander en personne révocation de la lettre accordée, laquelle, déclara-t-il, lui portait préjudice, à lui et à ses sujets : et le roi accéda à cette seconde demande, quand il sut, en octobre 1331, que la première n'était pas la bonne. La garde de l'évêché se trouva ainsi annulée; et ce qui avait été fait fut défait. Nos communaux, en voyant Edouard réussir ainsi du premier

<small>Edouard les fait révoquer.</small>

---

(1) Cette lettre du roi est tout entière dans D. Calmet, Preuves, ii. 586, 1ʳᵉ édit. Il ne donne pas celle de l'évêque.

coup là où ils avaient misérablement perdu leurs peines, furent loin de jalouser sa bonne chance; car il faisait leurs affaires et gagnait leur procès : du moins le crurent-ils ; et il nous semble probable qu'ils ne furent pas étrangers à la subite découverte des inconvénients pour lesquels le comte changea de système. Il comprit qu'outre ses vrais et anciens sujets de Barrois, il pouvait en acquérir de nouveaux à Verdun, s'il appuyait la révolution communale : du moins on ne voit pas à quels autres « sujets » qu'aux gens de la nouvelle commune pouvait préjudicier le traité obtenu par Henri d'Apremont. Le roi, dans sa lettre de révocation, datée du bois de Vincennes, 6 octobre 1331, ne s'expliqua pas sur ce point délicat des préjudices : il dit seulement que, « puis les lettres de garde baillées à l'évesque de Verdun, le comte de Bar notre frère soit venu à nous complaignant, présent ledit évesque et à ce appelé, comme ladite garde est dommageuse et préjudiciale à lui et ses subgets, par plusieurs raisons que il a proposées en jugement par devant nous » (1). Il ne donne pas la moindre indication de ces raisons : et la teneur du traité ne renferme non plus rien qui paraisse préjudiciable au Barrois. Edouard put faire entendre au roi, en son particulier, qu'il fallait se méfier de cet évêque Apremont, qui venait à l'alliance française le dernier et malgré lui, et qui avait autrefois voulu, sans permission, faire son frère Gobert gardien de Verdun : projet qu'il reprendrait peut-être, à la première occasion, en faveur de son neveu Joffroy. De son côté Philippe de Valois, qui ne tenait la Champagne que par des arrangements assez fragiles, renouvelés en 1327, et qui voyait les choses commencer à prendre tournure menaçante du côté des Anglais, put craindre que son bon frère n'allât se rappeler, à contre-temps, qu'il était petit-fils d'Angleterre : en conséquence il lui accorda sa supplique : mais l'évêque sut, comme nous allons le voir, que la révocation n'était que de forme, et que ni le roi, ni

(1) Texte entier, dans D. Calmet, Preuves, II. 587, 1re édit.

le parlement ne l'abandonneraient. On n'exigea pas même qu'il rendît sa lettre révoquée : elle demeura entre ses mains, pour revivre en temps opportun.

Ici le démêlé tourna en procédures, comme il fallait et était indispensable entre gens qui se sentaient sous l'œil du parlement. Quelques batailleurs, soit de la ville, soit des terres d'Edouard, essayèrent bien de courir les uns sur les autres, pendant l'été de 1332; mais la Commune, qui ne voulait pas pour ces turbulents, se brouiller avec son protecteur Edouard, les désavoua, et fit écrire, par le postal Collette, lettre que « les maistres des mestiers et les bonnes gens avaient été fort déplaisants de ces bourgeois qui ont pris des hommes le comte, lesquels seront rendus : et prière à lui de faire rendre aussi ceux que les siens ont pris » (1). Conrad d'Avocourt, écolâtre de Verdun, se chargea de porter et d'appuyer cette dépêche; ce qui prouve que les communaux n'étaient pas sans fréquentation avec les personnages de la cathédrale, mécontents peut-être eux-mêmes de la bulle que le roi et l'évêque avaient fait venir pour se passer d'eux. Quant au fond du procès, le système de Henri d'Apremont fut que le cas présent rentrait dans les prévisions de la Charte de Paix, article des débats entre l'évêché et la Ville, lesquels devaient être réglés par arbitrage : en conséquence il se désigna le roi pour arbitre. Ceci dut faire soupçonner aux communaux que la révocation faite en octobre n'était pas tout à fait ce qu'ils croyaient; et la démarche de l'évêque était habile, parce qu'ils ne pouvaient ni politiquement ni décemment récuser le roi, leur propre gardien : néanmoins, comme ils s'étaient mis entièrement hors de la Charte de Paix, ils refusèrent l'arbitrage. Alors l'évêque, suivant son plan, écrivit au roi, en forme de supplique, la prière dont nous avons parlé, de s'entremettre dans le différend au sujet du capitaine des portes. On laissa aux

Procédures.

---

(1) Datée du dimanche avant la Sainte-Croix (14 septembre) 1332. Dans l'Inventaire de Lorraine, à cette année.

esprits quelque temps de calme ; et le roi, pour se montrer clément, fit remise à la Ville de six mille livres sur douze, en quoi elle avait été condamnée en amendes et dommages intérêts pour divers méfaits de petites guerres (1) : enfin, les choses semblant venir à point, le prévôt royal de Passavant (vers Sainte-Ménehould) vint signifier la lettre suivante :

Commission royale de 1332.

« Philippe, par la grâce de Dieu roi de France, à nos amés et féaux Louis de Baucemain, clerc, et Pierre de Thiercelieu. Pour ce que l'évesque de Verdun se complaint que de certain estat et justice que il avoit et auquel il estoit, ait esté despointié, et en icelui empesché, en venant par devers nous, pour se mettre en notre garde : dont il nous ait supplié et requis que sur ce li voulissiens pourvoir de remède convenable. Vous mandons et commettons que vous vous transportiez audit lieu de Verdun, appeliez ledit évesque et ceux qui à appeler seront, sachiez et enquerriez quel estat il avoit quand il partit pour venir par devers nous, et de quoi il se deult (se plaint, *dolet*), et par qui, et comment il se dit empesché : et, ce sceu (sû), le gardiez et mainteniez audit estat que il avoit audit jour que il partit pour venir par devers nous, pour ladite cause ; et tout ce qui aura esté fait ou attenté au contraire fassiez redresser et remettre à estat deu (dû). De ce faire vous donnons pouvoir ; mandons à tous nos subjets que à vous obéissent et entendent en ce faisant. Donné à Melun, le xxx⁰ jour de juillet, l'an de grâce 1332. »

C'était un ordre pur et simple de rétablissement de l'évêché en son état de 1330, comme si, depuis cette date, Philippe de Valois l'eût pris et retenu en sa garde : et les communaux, voyant que Baucemain et Thiercelieu n'avaient autre chose à faire qu'à constater cet état, se réfugièrent derrière des déclinatoires, pour échapper à ces commissaires, et même à toute juridiction royale en la cause. Leur débat, assez curieux, fournit, outre divers renseignements de détail, un échantillon de chicane politique, comme on savait la plaider au XIVᵉ siècle. Quand le prévôt de Passavant Collignon Lecos eut, à requête de

(1) Inventaire Husson, à cette même année 1332.

révérend père en Dieu monseigneur Henri d'Apremont, par la grâce de Dieu évêque de Verdun, porté assignation à Jacques Collette, postaus, les maîtres des mestiers, et autres par qui la ville se gouverne, si comme ils disent, de venir à journée par devant lesdits commissaires, le dimanche après la saint Denys 1332 (1), au refront (portail, façade) de l'église Notre-Dame, Henri d'Apremont, comparaissant à la citation, vint en personne à cette première audience, assisté de son procureur Wesnon d'Avilers, et exposa ainsi sa prétention :

« Et, pour ledit évesque, fut proposé devant nous que, comme il fust sire temporel de la cité de Verdun, et toutes les juridictions temporelles de ladite ville estoient siennes, pour cause de son éveschié ; et faisoit et estaublissoit chacun an un certain Nombre par lequel la cité est justiciée et gouvernée en tous cas de juridiction temporelle, au nom dudit évesque ; et faisoit aussi, chacun an, doyen et eschevins de son palais (2) ; et de ce ses prédécesseurs évesques de Verdun en avoient joui et usé paisiblement ; et de cet estat de justice estoit ledit évesque en possession et saisine paisible quand il alla par devers le roi notre sire pourchasser estre mis en sa garde : et cependant, quand lesdits habitants sçeurent que il estoit allé pour ce pardevant la cour, avoient empeschié et osté de fait et par violence sadite juridiction temporelle, etc. (Suivent les faits déjà rapportés de l'établissement du Postal et des huit justiciers). Si concluoit que le remeissions et restablissions, etc. ; et, s'ils le nioient, offroit à le prouver, tant que il suffiroit à sentencion.

« Auxquels postal, maistres des mestiers, et habitants demandasmes si aucune chose vouloient dire au contraire. Lesquels répondirent, protestation faite avant toute œuvre, que, pour chose qu'ils dient ou diroient lors, ne autres fois, en ceste cause, n'entendoient sortir ne accepter notre jurisdiction ; et que le roi notre sire estoit et est leur gardien, et, comme garde, ne tient nulle justice et n'a jurisdiction sur eux ; et est expressément escript ainsi en leur dite garde,

Procédure et jugement.

---

(1) La saint Denys est le 9 octobre. En 1332, le dimanche après la saint Denys était le 11.

(2) Prétention de Henri d'Apremont, qu'il avait déjà avancée en 1323 : v. ci-dessus, p. 150, 151, note.

que le roi ne veut pour ce avoir aucune jurisdiction en la ville; et que leurs juges ne pouviens estre, et devant nous ne procéderoient rien, mais du tout nous déclinoient, avec plusieurs autres raisons tendantes à celle fin.

2e audience : mercredi 14 octobre. Réplique du procureur de l'évêché. Que «, nonobstant la déclinatoire dessusdite, devions aller avant, pour ce que les despits et injures dont est plainte ont été faits audit évesque bien au préjudice de la garde du roi, en laquelle il estoit lors, mesmement que le roi avoit donné lesdites lettres, de certaine science, présents les procureurs de la communaulté de Verdun, lesquels moult s'efforcièrent d'empeschier icelles : et furent lesdits préjudices attentés par lesdits sous l'ombre de leur propre garde, en laquelle estoient, et sont encore. C'est cas touchant à la garde; de quoi appartient connoissance au roi notre sire, et non à aultre.

Par lesdits postaul, maistres des mestiers et habitants fut dit que bien avoient hors la ville aucuns de leur conseil, lesquels n'estoient encore venus, et par l'avis desquels entendoient à user en ladite cause : et prièrent que voulissiens continuer la journée en estat jusques au mercredi ensuivant (à huitaine).

3e audience : mercredi 21 octobre, présent le conseil desdits de Verdun. Lesquels, ayant répété que « pour chose qu'ils dient, n'entendoient pour ce prenre droit devant nous, ains vouloient leur protestation toujours saulve, comme dessus, déclarent : Que les habitants de Verdun ont corps, communauté, séel, congrégations, maistres des mestiers et collèges, par lesquels se gouvernoient et estoient gouvernés avant qu'ils fussent en la garde du roi notre sire; de tel temps qu'il n'est mémoire du contraire, et par lesquels est exercée toute jurisdiction en ladite ville; et en sont en saisine et possession, et ainsi en ont toujours usé; et à eux appartenoit la justice, et à nul autre. Si concluent que, si ils avoient establi postal, ou autres, n'ont fait despit ni injure, ains usé de leur droit, sans faire tort à nulli.

Jugement sur le déclinatoire. Nous, ouïes lesdites parties, et eu sur ce conseil et délibération, dismes que, nonobstant les raisons proposées, irions avant, selon la teneur des lettres du roi notre sire. Et dismes au procureur dudit évesque que, s'il vouloit aucuns témoins produire, volontiers les recepvrions; et auxdits de Verdun que ils les vinssent voir jurer, s'ils cuidoient que il leur touchast :

PÉRIODE DE LA PREMIÈRE GARDE DE FRANCE. 163

et, s'ils vouloient aussi produire aucuns témoins, ou autrement aller avant, nous les recepvrions, et ferions toujours raison aux parties. Lesquels respondirent que non, et ne se vouloient en rien despartir de leur protestation et déclinatoire dessusdites. Et, ce fait, assignasmes journée à bouche auxdites parties, au samedi avant feste saint Simon saint Jude (28 octobre), au lieu dudit refront, à ouïr et desclarer sur les choses dessusdites.

4ᵉ et dernière audience : samedi 24 octobre. Auquel jour, nous estant en jugement audit lieu, comparurent ledit évesque et son procureur, présents les seigneurs de Chapitre, avec plusieurs et grande foison d'autres bonnes gens : et, de par le procureur, nous furent produits plusieurs témoins sur les choses contenues en notre commission; et bailla ledit procureur, en manière de preuves à conforter son intention, plusieurs lettres seellées des seaulx des évesques jaidis de Verdun, et de cestui à présent, et de la cité. (Ce devaient être des Chartes de Paix.) Et fismes de rechief savoir, par ledit prévost de Passavant, auxdits de Verdun assemblés à la Magdeleine, si comme on disoit (1), et signifier, de par nous, que, pour ce que longuement les avions attendus, et heure passoit de besogner, vinssent par devant nous, si ils cuidoient que il leur touchast ou appartint. Lesquels ne vinrent point, ne pour eux envoyèrent. Et de rechief, en audience, demandasmes si il avoit illec aucun pour la communauté de Verdun : dont nul ne nous respondit.

Jugement au fond. « Et nous, en la contumace des dessusdits de Verdun, veues diligemment et regardées les raisons, lettres mises en forme de preuve, dépositions des témoins : Pour ce que il nous a paru que ledit évesque estoit en saisine et possession paisible de faire, chacun an, certain Nombre de gens par lesquels estoit exercée toute juridiction temporelle au nom de lui et de la ville de Verdun (2),

(1) Ceci indique que la nouvelle Commune avait appui du lignage d'Asenne, qui tenait ses assemblées au cloître de la Madeleine. Les Asenne étaient, comme nous l'avons déjà dit, le parti barisien.

(2) Henri d'Apremont avait simplement dit, dans son exposé, que le Nombre exerçait la juridiction temporelle « en son nom. » Les commissaires ajoutent ici : « et en celui de la Ville. » Ceci prouve qu'ils ne s'en rapportèrent pas purement et simplement aux dires de l'évêque. En examinant les pièces, ils remarquèrent sans doute les mots de la Charte de Paix « ce consentant l'universitei des citains, » ou autres expressions semblables dans les documents.

et aussi de faire doyen et eschevins de son palais (1), au temps que il partit pour aller devers le roi notre sire pourchasser à estre mis en sa garde, c'est à savoir à la saint Martin, l'an de grâce mil trois cent trente; Et pour ce aussi que il nous a paru que, lui pourchassant ladite garde, lesdits habitants esleurent de fait huit personnes, etc. (Suivent les faits de rébellion déjà rapportés)... Avons rémis et remettons ledit évesque au droit de faire doyen et eschevins de son palais, et de eslire et establir certain Nombre, etc., en la forme et manière que il faisoit avant ledit empeschement : et avons mis et mettons au néant tous empeschements et attentats faits par lesdits de Verdun en la jurisdiction temporelle dudit évesque; et en icelui estat sera ledit évesque gardé et maintenu... Fait et donné à Verdun, sous nos propres seaulx, l'an de grâce mil trois cent trente deux, le samedi dessusdit (24 octobre).

Ratification royale. Philippe, etc. Adcertée (certifiée) la sentence et le fait de nosdits commissaires, et toutes les choses contenues ésdites lettres, comme sont ci-dessus expressées, avons agréables icelles, voulons, louons, ratifions, approuvons, et, de certaine science, par la teneur de ces présentes lettres, confirmons, et commandons estre tenues et gardées, sans enfreindre et aller au contraire : saulf, en autres choses, notre droit et l'aultrui. Et, pour que ce soit ferme chose et valable au temps à venir, avons fait mettre notre seel en ces présentes lettres, données à Montargis, l'an de grâce 1333, au mois de mai. Par le roi, à la relation de monsieur de Noyers (2).

(1) La sentence diffère encore ici de l'exposé de l'évêque par l'omission des mots « chacun an », que Henri d'Apremont avait mis, soit pour l'échevinat du Palais, soit pour le Nombre. Il résulte de là que les commissaires ne trouvèrent dans les pièces rien qui justifiât sa prétention de soumettre l'échevinat comme le Nombre à son institution annuelle; mais ils lui laissèrent passer l'expression *son* palais, ne sachant pas ce qu'étaient dans nos villes les Palais de cité. — On trouve de Henri d'Apremont lui-même, à la date de 1329, des lettres octroyant à Jean Martin de La Porte, sa vie durant, les honneurs et profits de l'état de doyen.

(2) Dans l'Inventaire de l'évêché, n° 159, est mentionné, à la date du 30 janvier 1333 (34 avant Pâque) un accord par devant Philippe, roi de France, entre Henri évêque et la communauté de la ville, touchant les droits d'établissement de la justice. Ceci semble indiquer qu'on mit à l'exécution de la sentence des commissaires, obstacles et retardements jusqu'au commencement de 1334. Ces obstacles furent probablement la cause du « monitoire décerné par Henri évêque contre la communauté des justiciers et officiers de la ville, pour entreprises par eux faites sur ses droits, tant dedans que

La Commune entendit ce jugement en ce sens que, si elle avait été trouvée reprochable en justice royale, c'était parce qu'elle avait commis ses « despits et injures », c'est-à-dire sa rébellion, l'évêché étant sous la garde du roi : d'où il semblait s'ensuivre que, comme actuellement et grâce aux bons soins d'Edouard, il n'y était plus, on n'avait, pour échapper aux condamnations légales, qu'à lui faire tout à neuf une seconde querelle, sans relation apparente avec la première. Cet avis de procureur fut donné par maître François Collinet, homme entendu qui, dit Wassebourg, avoit aucunement estudié aux escolles. Ce fut lui que l'on fit chef, à la place de Collette, supprimé comme postal par la sentence de 1332. On choisit, pour engager la lutte sur un bon terrain, celui même où combattait, à Paris, l'avocat du roi Pierre de Cugnières, personnage que nous allons tout à l'heure voir venir à Verdun : c'était la question du for ecclésiastique, à laquelle Cugnières venait de donner beaucoup de retentissement, par sa grande harangue de décembre 1329, en soixante-six articles, que le clergé trouvait très mauvais. Ce for ecclésiastique *(forum ecclesiæ)* était un privilége par lequel l'official seul avait auditoire et cour pour les délits des clercs : et, comme il y avait partout en ce temps, aux écoles, aux emplois d'écritures, tabellionages, sacristies, même aux prébendes simples des Chapitres, des clercs dont beaucoup ne prenaient jamais les ordres, et n'avaient, sous leur prétention à l'immunité, rien d'ecclésiastique que l'habit, le parlement trouvait cette compétence des officialités excessive et empiétant sur les justices royales. Ce fut par là qu'on attaqua Henri d'Apremont, qui n'était pas moins tenace

Nouvelle querelle.

Le for ecclésiastique.

---

dehors la cité », que le même inventaire, n° 162, rapporte à l'an 1333, sans indication de mois. Pour le satisfaire, les communaux lui demandèrent, en cette même année 1333 (ibid. n° 163, encore sans date de mois), permission de lever une taille de quatre mille livres petits tournois : ce qu'il accorda, sauf son droit pour une autre fois. Enfin l'inventaire, n° 160, mentionne encore, du mois d'avril 1333, la démission de Warion, doyen séculier, entre les mains de Henri évêque.

sur ce point que sur les autres. Le cas fut, suivant Wassebourg, que, dans une rixe populaire, vers la fin de 1333, un clerc blessa tellement une femme qu'elle en mourut : alors l'évêché se hâtant, de peur que la justice de la Ville ne lui enlevât son justiciable, le fit sur le champ conduire à la forteresse de Charny (1), d'où, après plusieurs mois de prison au pain et à l'eau, et satisfaction faite en dommages intérêts aux parties plaignantes, on le relâcha, le fait ayant paru homicide sans intention. Ceci est peut-être l'histoire transposée ici de quelque autre aventure analogue : car l'exposé qui précède ne cadre pas bien avec les pièces officielles, où il est parlé de deux hommes, Collignon Chapon et Vautrin Sigard, que l'évêque réclamait comme clercs, et maintenait être tels : ces noms sont du lignage de La Porte ; et nous les avons déjà rencontrés parmi ceux des combattants de 1282. Quelle qu'ait été l'affaire en son fond, elle renversa le gouvernement, à grande peine rétabli en janvier 1334. Beaucoup de citoyens, qu'un fragment de chronique de ce temps appelle les notables, furent bannis (2) ; et l'état de rébellion se prolongea jusqu'au milieu de 1336. Henri d'Apremont n'y sut faire autre chose que d'excommunier Collinet, et de mettre le cesse, c'est-à-dire l'interdit *(cessatio à divinis)* sur les églises de la ville ; mais les Mendiants, qui tenaient leurs pouvoirs de Rome, et se faisaient gens populaires, ayant mal observé sa censure, elle manqua presque tout son effet (3).

(1) En 1331, dimanche de la quinzaine de Pâque, 14 avril, Henri d'Apremont « considéré la léauté et observance de nos hommes et bourgeois de Charney et Villers, avons octroyé, à leur requeste, d'ordonner et eschanger en meilleure manière aucunes redevances et services qu'ils nous doivent par la charte et franchise qu'ils ont dès le temps l'évesque Jean (l'élu Jean), de bonne mémoire, notre prédécesseur. » Cette concession put avoir pour motif que Henri tenait à être en bons rapports avec les habitants de Charny, où était sa forteresse la plus voisine de la ville. — La date du 14 avril 1331 indique qu'il revint de Paris pour officier aux fêtes de Pâque.

(2) *Anno 1332, majores civitatis Virdunensis à communitate relegantur.* Briève chronique de St-Vanne, dans Labbe, I. 403. Cette date de 1332 est celle de la première rébellion ; mais la chronique ne la distingue pas de la seconde, qui succéda presque sans interruption.

(3) Wassebourg parle vaguement d'un siége mis devant la ville par Henri

Cette rechute dans l'anarchie, après tant d'autres depuis près d'un demi siècle, semble prouver que notre Commune, tenue d'un côté par le roi, tiraillée et ballottée de l'autre entre l'évêché, Luxembourg et Bar, ne pouvait parvenir à marcher seule, en ferme assiette et indépendance, comme faisait celle de Metz. Au cas présent, comme il semblait que ce fût encore Edouard qui, derrière son parti, continuait sa guerre à Henri d'Apremont, le roi, pour débrouiller ce chaos, commit, en 1334 (1), deux des grandes lumières de son conseil, Jean Galvan évêque d'Arras, et le fameux Pierre de Cugnières lui-même, dont la nomination dut être fort applaudie par l'insurrection verdunoise. Ces hauts commissaires prirent leur temps pour accomplir leur tâche : car ils ne la terminèrent qu'au mois de juin 1336. Leur mandat différait de celui de leurs prédécesseurs de 1332 en ce qu'il ne leur attribuait pas pouvoir de juges ; ils devaient se borner à faire venir, au nom du roi, les parties à accords que l'on porterait ensuite à sanctionner en parlement. Cette limitation de forme eut peut-être pour motif que notre évêque étant, surtout depuis la révocation de sa lettre de garde, prince légalement indépendant de la France, ne pouvait être soumis directement à une enquête française : et, pour la même raison probablement, le roi, dans la teneur de ses ordres, ne parlait que de différends à apaiser entre son cher et fidèle frère le comte de Bar et les citains de Verdun (2) ; mais ceux-ci, étant sous la garde royale,

Pierre de Cugnières envoyé à Verdun

et Edouard ensemble. Il n'y en a pas la moindre trace dans les documents. Notre auteur ici omet ce qu'ils disent, et ajoute ce qu'ils ne disent pas : de sorte qu'on voit qu'il ne savait les choses que confusément, et qu'il fait son récit au moyen de transpositions et de conjectures.

(1) Cette date est fournie par l'histoire des évêques d'Arras : *Anno 1334, Joannes Galvan, episcopus Atrebatensis, Petro de Cugneriis socius adjungitur à Philippo rege Valesio, ad sedandam discordiam inter comitem Barrensem et cives Virdunenses : et ambo statuta quædam condiderunt quæ senatus Parisiensis* (le parlement) *posteà firmavit 22 junii* 1336. Gallia christiana, III. 357.

(2) *Philippus, Dei gratiâ Francorum rex. Cùm inter carissimum et fidelem fratrem nostrum comitem de Barro et cives Virdunenses plures moverentur quæstiones, etc. Nos desiderantes pacem et bonam concordiam, etc., dilectis et*

168 PÉRIODE DE LA PREMIÈRE GARDE DE FRANCE.

pouvaient demander aux gens du roi redressement de toutes sortes de griefs; et ils n'y manquèrent pas contre Henri qui, avec son for ecclésiastique, troublait la juridiction de la cité, et soutenait ses prétentions abusives par des censures qui ne l'étaient pas moins. Celui-ci refusa le débat, se bornant à dire que c'étaient les communaux eux-mêmes qui empiétaient sur son droit, en violation de la sentence de 1332; et qu'il y avait contre eux chose jugée par cette sentence : alors la commission admit l'appel de Collinet et des autres excommuniés; et il y eut ordre au gardien royal de mettre le temporel de l'évêché sous la main du roi (1). Notre pontife eut ainsi l'honneur d'expérimenter l'un des

Le temporel de l'évêché saisi.

fidelibus nostris episcopo Atrebatensi et Petro de Cugneriis militi, consiliariis nostris, mandassemus ut tractarent inter dictas partes et eas amicabiliter concordarent, tandem extitit inter ipsas in modum qui sequitur concordatum... Datum Parisiis, in parlamento nostro, die 22 junii 1336. Per dominum regem, ad relationem episcopi Atrebatensis et Petri de Cugneriis militis, commissariorum super hoc per dominum regem deputatorum. Dans les Preuves de D. Calmet, II. 590, 1re édit.

(1) Tous ces faits résultent de l'accord en parlement, ce même jour du 22 juin 1336, entre l'évêque et la cité : accord que nos auteurs ne donnent pas, bien qu'il soit beaucoup plus important que celui entre la cité et Édouard, où il ne s'agit que d'échanges et de rançons de quelques prisonniers : « Entre révérend père en Dieu monss' l'évesque de Verdun, d'une « part, et les habitans et citoiens de la cité de Verdun, d'autre, est accordé « par la manière qui se ensuit. Premier, que le cesse, ou intredit que mis « est en ladite ville par ledit évesque, pour la cause de Colignon Chapon et « Vautrin Sigard, sera ostei à plain, et tout ce que ensui s'en est : et tous « ceux qui sont escommeniés à Verdun pour la cause desdits Collignon et « Vautrin, tant en général comme en espécial, seront absolus à plain : et « maistre François Collinée aussi ; et les appiaus (appels) faits par lesdits « habitans, et tout ce qui s'en ensuit est, mis au niant. Item, que la main « du roi mise on temporel dudit évesque par le gardien du roi, à requeste « desdits habitans, sera ostée à plain. » Nous donnerons la suite plus loin. — C'est à ces faits que doivent se rapporter les mentions suivantes de l'Inventaire de Husson, à l'an 1334 : « Philippe, roi de France, ordonne expressément au gardien de Verdun, par patentes scellées du grand scel, de mettre à exécution certaines lettres, à la requête des habitants dudit lieu : et lui mande que, s'il ne le fait, il le fera faire par d'autres, à ses dépens. » Ceci prouve que le gardien hésitait, et que les communaux insistaient ; mais, comme ils allaient peut-être trop loin, on trouve ensuite, dans le même inventaire : « Collignon Lecos, prévôt de Passavant, ordonne à un sergent, en ladite année 1334, de faire certains commandements aux gouverneurs et magistrats de Verdun : ce qu'il fait. »

premiers, à ses dépens, la jurisprudence de l'appel comme d'abus et le système de Pierre de Cugnières : et ceci le rendit beaucoup plus traitable ; toutefois la chose était plus menaçante que sérieuse. On passa ensuite à son accord avec Edouard : et, comme par la faute soit de l'un, soit de l'autre, il y avait déjà eu plusieurs paix mal tenues, les conciliateurs royaux, après avoir amené ces éternels antagonistes à se pardonner réciproquement toutes leurs offenses du passé, et à se promettre bonne amitié pour tous temps à venir, leur dirent qu'en gage et pour le maintien de leur bonne harmonie, à jamais rétablie, il fallait qu'ils instituassent, à perpétuelle demeure, un tribunal arbitral de conservateurs de la paix : ce qui fut fait; et on passa de cet article important les lettres suivantes : *Réconciliations et accords.*

« Nous Henri, par la grâce de Dieu évesque de Verdun, et nous Eddouars cuens de Bar. Pour le bien de paix, et pour oster toute manière de descord meus et à mouvoir entre nous, nous sommes quitteis et pardonneis li un envers l'aultre, de cuer (de cœur) tout courroux de maultalent, et promis à pourter bonne amour de cest jour en avant. Et avons ordenei et accordei que de tous contens (contentions), desbats, entreprinses de terres, d'héritaiges, de mobles et immobles, usaiges, fiés (fiefs), wardes, etc., entre nous, ou aulcuns de nos subgets, tout le cours de nos vies durant, quatre hommes pris et esleus de par nous, c'est à savoir, de par nous évesque, religiouse personne et saige l'abbei de Saint-Venne et mons^r Robert de Marre, nostre chevalier ; et, de par nous comte, mons^r Gérard de La Mothe, nostre ami, chevalier, et Jehan Phelippin de Fains, nostre escuyer, ont et auront povoir d'enquesteir, connoistre, juger et terminer, etc..., ces présentes lettres de nos propres seels, qui furent faites l'an de grâce Notre Seigneur mil trois cent et trente quatre, le second jour du mois de septembre.

Il reste encore de cette salutaire réconciliation une autre charte où l'évêque, qui était parrain du fils d'Edouard, déclare à « son cher compère » qu'il a mis en dépôt, aux Frères Prêcheurs de Metz, une lettre du roi Philippe de France, touchant la garde de l'évêché et de la ville de Verdun, en telle manière, dit-il, que toutes les fois qu'il lui plaira, à lui évêque ou à sondit cher et amé compère le comte de Bar, de prendre cette lettre, pour s'en aider, ils le pourront, soit par eux-mêmes, soit par délégués. Ce dépôt fut fait à la date du 28 janvier 1334 (35 av. Pâque); et, le 14 février suivant, on en prit acte, par procès verbal spécifiant que la lettre dont il s'agissait du roi Philippe, pour la sauvegarde de l'évêché aussi bien que de la cité, avait été donnée à Paris, au mois de juin 1331 (1). C'était par conséquent celle-là même qu'Edouard avait fait révoquer : et ceci implique que les commissaires ne la tenaient pas pour abrogée, ni absolument cancellée, puisqu'ils la faisaient déposer en lieu neutre, comme minute à consulter par les parties. Peut-être cette mesure fut-elle prise comme une sorte de réparation du mauvais trait qu'avait commis Edouard, en faisant casser la garde de l'évêché au moment du plus urgent besoin de celui-ci dans son démêlé avec les communaux : et, si la lettre elle-même ne fut pas formellement remise en vigueur, ce fut sans doute pour ne pas paraître désavouer Edouard, ou lui imputer connivence dans ce qui s'était passé à Verdun. Réglant ensuite le débat du comte avec les Verdunois, les commissaires arrêtèrent des articles d'échanges et rançons de prisonniers de guerre, sans préjudice, dirent-ils, de la garde du roi, ni de celle que ledit comte assure qu'il a en ladite ville (2) : enfin ils arrivèrent au point difficile, l'accord de

(1) Ces chartes, dans l'Inventaire de Lorraine, à l'an 1334. Dans l'extrait de la première, il y a, par erreur, « la ville et l'évêché de Toul » : mais l'extrait de la seconde rectifie cette faute, évidente d'ailleurs par la série des faits.

(2) *Nolumus tamen, nec est intentionis nostræ quòd, propter prædicta, nobis super guardiá quam in dictá villá de Verduno et habitatoribus ejus habemus, aliquod præjudicium generetur; nec etiàm prædicto comiti in guardiá quam et habere asserit in dictá villá et habitatoribus antedictis.* Cette charte, dont nous avons déjà cité le préambule, est dans les Preuves de D. Calmet, II. 590, 1ʳᵉ édit. Il y est dit que les parties, savoir le comte et les Verdunois, remettront chacune gratuitement *(ex merâ liberalitate)* ses prisonniers aux commissaires, comme en mains d'arbitres et conciliateurs amiables, et qu'ensuite les commissaires les rendront, sans autres rançons que le paiement des dépenses de chaque prisonnier pendant sa détention.

l'évêché avec les communaux. En premier et essentiel article, il fut convenu « que la justice sera, de rechief, nom-
« mée de par l'évesque, et faite en la forme, et manière,
« et telle comme anciennement a été accoustumé, et sus
« la mesme date que la première lettre fut faite, c'est à
« savoir au jour de Quasimodo : et auront lesdites parties
« bonnes lettres que ces choses ne leur tournent en pré-
« judice (1). » Pour les points de détail, on nommera quatre arbitres, avec pouvoirs jusqu'à la saint Martin (on était au mois de juin 1336) : les sur-arbitres, s'il en est besoin, seront un prélat et un chevalier du conseil du roi; le tribunal arbitral aura faculté de consulter là où il lui plaira, sauf sur les choses déjà réglées par le roi en 1334 : sera spécialement décidé en cette manière le débat soulevé par l'évêque au sujet de Collignon et de Vautrin, qu'il prétend être clercs : enfin on mettra toutes les décisions en forme de traité; et elles auront vertu de traité, sans préjudice pour l'avenir. » Cet accord avec l'évêque fut enregistré

(1) C'est l'article qui fait suite à ceux que nous avons donnés ci-dessus, p. 168 note. Les autres sont ainsi conçus : « Item, quatre personnes seront « prises desdites parties, de chacune deux, qui connoistront de tous les cas « dont chacune desdites parties se voudra et pourra par raison doloir de « l'aultre; et ce que lesdits quatre en rapporteront, lesdites parties pro-
« mettent à tenir, sus poinne de c mars d'argent, à paier de la partie déso-
« béissant, la moitié au roi et l'aultre à la partie obéissant. Et de ce quoi « ils ne seroient ou pourroient estre à accord, et que toucheroit ou toucher « pourroit l'accord fait entre lesdites parties et confermé du roi notre sire, « en cire verte et lacs de soie (sans doute celui de janvier 1334, ci-dessus, « p. 164 note 2), ils rapporteront par devant un prélat et un chevalier dou « consoil dou roi; et de ce que en conseilleront, lesdits quatre esleus seront « tenus de rapporter : et de ce que ne touchera ledit accord, lesdits esleus « se pourront consoiller là où il lor plaira. — Item, si lesdits esleus sont « en descord sur le fait des deux dessusdits Colignon et Wautrin, lesquels « ledit évesque maintient pour clercs, ils rapporteront aussi ledit descord « aux dessusdits prélat et chevalier. — Item, lesdites parties font protesta-
« tion et se consentent que toutes les choses dessusdites soient faites par « manière de traitié et aient vertu de traitié, sans ce que, on temps à « venir, il puisse porter préjudice auxdites parties en aucune manière. —
« Item, li proceure desdits quatre esleus durera jusques à la saint Martin « prochiennement venant. Signé Hangest (greffier du parlement). *Die* XXII *junii, anno* XXXVI. »

en parlement, le même jour que celui avec Edouard, 22 juin 1336.

Affaire du pont de Warcq. — Il survint alors un événement fort tragique, qui faillit remettre tout en question. Les turbulents de la nouvelle Commune, profitant de leurs derniers jours et du moment où les anciens notables étaient encore soit en fuite, soit en déchéance, résolurent de se venger d'un de leurs vieux ennemis Philippe de Florenge, et d'aller lui ravager son ban de Buzy; mais, comme ils ne mettaient ni prudence, ni secret dans leurs démarches, on les attira dans un guet-apens, ou sorte de coupe-gorge, où on fit d'eux un grand carnage, le 28 juin 1336. Le bailli Thielement de Saint-Mihiel et les prévôts d'Etain, du Barrois, semblent avoir joué dans cette affaire un rôle assez louche, ainsi raconté, avec d'autres détails, dans la lettre suivante, qu'écrivit à Collinet, sous le coup même du désastre, un bourgeois fait prisonnier : peut-être cet homme peignit-il les choses un peu en noir, afin qu'elles fissent tableau excitant la Commune à lui venir promptement en aide, à lui et à ses compagnons d'infortune :

« A lor bien amé procureur, maistre Fransois Collinet, et ses compagnons les ix jurés et li conseuls (conseil) de Verdun, honnour et toute révérence. Chiers signours, comme cest juedi devant vigile saint Pierre et saint Paul (1), toutes les bonnes gens de Verdun issirent fors (sortirent dehors) à armes, pour aller venger la grant honte que messire Phelippe de Florchenge nous avoit faite; et, le venredi matin que nous eusmes fait notre fait, en revenant par devers notre citei, les gens monseigneur de Bar, c'est à savoir li prévosts d'Estain, de la Magdeleine (2), et plusieurs autres vinrent parler à nous deleis Warcq, et là nous dirent–ils que les gens mon-

---

(1) La fête saint Pierre saint Paul, 29 juin, tombait, en 1336, un samedi. Le jeudi avant la vigile était le 27 juin, et le vendredi matin, jour du désastre, était la vigile, ou le 28.—Sur les Florenge, ci-dessus, p. 75, note 3.

(2) Il résulte de ce passage que la Madeleine avait encore alors son prévôt à Etain, pour les anciens sujets de Saint-Euchaire, qui lui avaient été cédés en 1222 (ci-dessus, tom. II. p. 376); et ce prévôt de la Madeleine était compris parmi les gens monseigneur de Bar, sans doute parce qu'elle ne le nommait qu'avec sa permission.

seigneur de Bar estoient appareillés pour nous aidier et conforter et nous conduire, s'il nous plaisoit. Et, en ce disant, messire Thielemens bailli de Saint-Mihier, messire Phelippe de Florehenge, messire Jehan des Hermoises, et bien quatre mille hommes à armes, que à pied que à chevaul, nous coururent sus, en huchant et en criant : A la mort! à la mort! Bair! Bair! et là fusmes-nous desconfis, et en prinrent, et minrent à mort, et desroubèrent tant que il n'en est nul compte; et tant peu comme il en est revenu, ils sont revenus tout nus et descoupeis; et ont tout retenu, chars, chevaux et harnois, que bien vault dix mille livres et plus, sans les morts et les prins, sans nul compte. Et ne nous wardiens de rien des gens monseigneur de Bar : ains nous disoient que il estoit bonne paix de eulx et de nous : ainsi appert-il que nous avons esté mauvaisement traiis (trahis) et vendus. Si vous prions, pour Deu et en pietié, que fassiez votre diligence que teils remeides y soient mins comme vous savez qu'il y appartient; car sommes en grand péril de perdre toute notre ville sans remeide, corps, biens, femmes et enfants. Pour Deu, pensiez de nous et de vous : car, puis les werres Gui de Marleu (Guy de Melle) ne fust si grand meschief. Et fut prins Girars de Courcelles, et tout le panoncel dou roi, que y estoit pour le gardien (1). Nostre Seigneur vous ait en sa garde : renvoyez par devers nous plus tost que vous pourrez, pour nous à conforter. » — La briève chronique de Saint-Vanne rapporte ainsi le fait : 1336 : *Combusserunt cives villam de Buzey, et in reditu, ad pontem de Way, multi fuerunt occisi et vulnerati à Barrensibus* (2).

Ce que dit cette lettre que la déroute des communaux à Warcq ne fut pas de bonne et loyale guerre trouve confirmation dans une sentence que nous rapporterons en 1343; mais leur désastre ne les abattit pas autant qu'on pourrait

(1) Il semble résulter de là que le gardien avait reconnu quelque fondement aux griefs des communaux contre Philippe de Florenge, puisqu'il leur permit de marcher sous le panonceau de la garde royale.

(2) Dans Labbe, I. 403.—Le récit de Wassebourg continue à différer assez notablement des documents. La lettre ci-dessus ne dit pas un seul mot de barons de l'évêché qui se seraient joints à Philippe de Florenge; et nous venons de rapporter les pièces desquelles il résulte que les accords qui précédèrent l'affaire de Warcq furent imposés par le roi et le parlement, et nullement par une sorte de capitulation à laquelle Edouard et l'évêque auraient réduit les communaux, en mettant ensemble le siège devant la ville. Roussel, comme à son ordinaire, copie Wassebourg.

174 PÉRIODE DE LA PREMIÈRE GARDE DE FRANCE.

le croire aux lamentables expressions de la lettre précédente : car ils reparurent bientôt sur la scène, et même osèrent, dès la fin de cette année 1336, et au mépris d'ordres formels du roi, se jeter du côté de Jean de Luxembourg, qui, revenu vers la fin de 1332, et ayant pris part à des guerres en Flandre et en Brabant, s'occupait alors de son mariage, en secondes noces, avec Béatrice de Bourbon.

Sentence provisionnelle sur cette affaire.

Le roi, dès qu'il apprit cette sanglante rixe de Warcq, qui compromettait l'accord si laborieusement combiné par ses délégués l'évêque d'Arras et Pierre de Cugnières, envoya sur le champ deux nouveaux commissaires, maître Michel de Récourt et Guillaume de Villiers chambellan, lesquels ordonnèrent, le 18 juillet 1336, que tout le monde déposât sur le champ les armes, que restitution des prisonniers et du butin fût faite de part et d'autre dans la quinzaine de la Madeleine prochaine, 22 juillet, et que, pour justice, les Verdunois affirmant d'un côté qu'ils avaient été attaqués à tort et sans cause par les gens du comte, ceux-ci prétendant au contraire avoir agi en justes représailles d'incendies et pillages commis sur leurs fiefs, il serait nommé un tribunal de quatre arbitres messire Jacques Poince, chevalier, et Jehan Philpin de Bar, pour le comte, Jehan du Morier et Jehan Maupiles ou Maupilat, échevins de Verdun, pour la ville, lesquels, s'ils n'avaient terminé un mois après le retour d'Edouard, absent alors, iraient lui faire rapport des points restés en litige, afin qu'il désignât lui-même son arbitre pour juger définitivement avec trois autres : moyennant quoi la paix serait immédiatement rétablie, et tous devraient se tenir réciproquement quittes, les bannis et forjugés de la cité demeurant en l'état où ils étaient. Ordre fut donné par lettres royaux datées de Vincennes, 22 février 1336 (37 av. P.) de garder cet arrangement (1).

(1) Philippe, etc. Savoir faisons que nous avons veu les lettres ci-dessoubs escriptes, en la forme que s'ensuit : « Nous li citains, habitans et toute la communaultei de la citei de Verdun faisons savoir et connoissant

Cette sentence nommait d'office les arbitres d'Edouard, en lui réservant pouvoir d'en choisir un, à son retour, pour les choses dont on n'aurait pu s'accorder sans lui; mais il ne revint jamais; et on ne revit que son cercueil, à Saint-Maxe de Bar, où furent faites ses obsèques, le mercredi troisième fête de Pâque 1337 (1). Il mourut dans l'île de Chypre, à l'aller ou au retour d'un pèlerinage en Terre-Sainte, qu'il faisait, disait-il, parce que le roi ne pouvant, à cause de la complication de plus en plus redoublée de ses différends avec les Anglais, s'acquitter en personne de la grande croisade dont on avait fait vœu en 1333, lui, comte de Bar, voulait du moins tenir sa parole par un voyage de dévotion. « Possible, dit Wassebourg, que ledit Edouard fut content de ce faire, pour n'entreprendre point contre le roi d'Angleterre, qui étoit son prochain parent » : cette conjecture semble assez plausible, vu la politique à

<small>Mort du comte Edouard en Chypre.</small>

<small>que comme descord, guerre et débat fussent et aient été entre nous citains et communaulteï dessusdite, d'une part, et les gens de hault prince monss^r Eddouart cuens de Bar, pour cause et occasion d'un fait qui ait été fait novellement au pont de Wart et environs, liqueil fut fait le vint septime jour du mois de juin, l'an courant par mil ccc trente et six : auquel fait il auroit eu plusieurs de nous citains et habitans, morts, prins, plaiés, navrés et de coups affolés, et aussi prins et détenus grandement de nos biens, chevaulx, chars, harnois d'armes, deniers et aultres choses : en semblant manière aucuns morts, aucuns descoupés des hommes et bourgeois ledit comte. Nous citains disant et affirmant que à tort et sans avis nous avoient esté faits les injures, griés et dommages dessusdits; et nous les gens de ladite comté de Bar disant et affirmant au contraire que à bonne cause aviens fait ce qu'a esté fait, pour les fiés (fiefs) et arrière-fiés de ladite comté que lesdits de Verdun avient ars, et porté plusieurs dommages en diverses manières aux bourgeois et habitans d'iceulx fiés et arrière-fiés, au grief, dommage et préjudice de ladite comté, etc. — Un extrait de cette pièce, qui est longue, se trouve dans l'Inventaire de Lorraine, à l'an 1356.

(1) Date trouvée par M. Servais dans le registre du cellérier de Bar Colet Mignot. — *Anno 1336, ivit Eduardus, comes Barrensis, Athenas; et, in reditu, apud Cyprum obiit*, portait un document de notre cathédrale, cité par Wassebourg, p. 410. Le compilateur de Philippe de Vigneulle, dans Huguenin, p. 76, dit que « les chronicques de Verdun de maistre Richard de Wassebourg se trompent ici, et que lui, compilateur, a vu une lettre datée de l'an 1337, par où apparoit qu'Edouard ne mourut point audit an de 36; » mais il se trompe lui-même; car la charte dont il parle se trouve dans les Preuves de l'Hist. de Metz, iv. 67, avec la date du 28 août 1331.</small>

faux-fuyants d'Edouard, auquel il convenait peut-être de prendre le temps de voir la tournure de ces graves et nouvelles circonstances. On compte cette année 1337 pour la première de la guerre de cent ans, qui éclata à l'occasion des Flamands lesquels, dans leurs villes à métiers redoutables et bien plus puissants encore que les nôtres, élurent pour chef le brasseur Artevelle, qui, afin que la Flandre pût se donner aux Anglais sans violer sa foi féodale envers la France, conseilla à Edouard III d'Angleterre de se dire et proclamer lui-même roi de France, du chef de sa mère Isabelle, fille de Philippe le Bel, et sœur des rois Louis Hutin, Philippe le Long, Charles le Bel, dans lesquels s'était éteinte la branche aînée des Capétiens. Quoi qu'il en soit du vrai motif d'Edouard de Bar à aller en Terre-Sainte à ce moment, il résulte de l'arrangement que nous venons de rapporter des commissaires royaux, le 18 juillet 1336, qu'il était absent lors de l'affaire de Warcq, à laquelle par conséquent on ne peut lui attribuer aucune part : aussi les documents ne parlent-ils que de ses gens. Son fils Henri, comte Henri IV de Bar, ne pouvant aller à Verdun à cause du différend pendant, rendit son hommage à l'évêché à Charny, le 18 mai 1337, où il déclara « avoir repris et être rentré en la foi et hommage de révérend père en Dieu, notre chier parrain, monsignour Henri d'Aspremont, à cui sommes homme lige devant tous hommes; et avons reprins, en son hostel à Charney, pour raison de son éveschié et de son église de Verdun, les chastels, chastelleries, et toutes appartenances de Clermont en Argonne, etc. », comme dans les hommages des comtes précédents (1). Le registre du cellérier de Bar Colet Mignot dit qu'en l'an de 37, mardi après l'octave de Chandeleur (1338, avant Pâque), furent à Bar et à Kœurs monss^r l'évesque de Metz (Adhémar de Monteil) et monss^r l'évesque de Verdun, chacun avec nombreuse suite (2); et qu'on fit à cette occasion grande

(1) L'acte tout entier dans les Preuves de Roussel, p. 23.
(2) Extrait par M. Servais.

frairie, aux dépens de la cellérerie. Henri épousa alors sa parente Iolande de Flandre, dame de Cassel, avec dispense, dont Wassebourg donne le texte, et qui fut adressée, pour l'exécution, à Henri d'Apremont, comme parrain de l'époux. Nous aurons beaucoup à reparler de cette comtesse Iolande : pour le comte Henri, ce fut un prince bon et loyal, mais qui malheureusement vécut peu.

En ce temps, l'influence française baissa en notre ville ; et la Commune se tourna du côté de Luxembourg. Ce revirement ne vint pas d'esprit anti-français ; car le comte Jean, roi de Bohême, tenait de cœur à la France ; et il le prouva en mourant pour elle à Crécy ; mais nos communaux trouvaient que Philippe de Valois et le comte Edouard s'étaient trop bien entendus ensemble, et que, puisque celui-ci était mort, il fallait saisir l'occasion d'introduire un nouveau personnage dans la politique de l'équilibre, afin de s'y créer un point d'appui hors de la toute-puissance française. Il se faisait alors de grands arrangements dans la maison de Luxembourg. Jean, en épousant Béatrice de Bourbon, au commencement de 1335, lui avait promis que, s'il avait d'elle un fils (et il en eut en effet le duc Wenceslas), ce fils hériterait de tout le Luxembourg, appartenances et dépendances, les deux aînés du premier lit ayant, Charles la royauté de Bohême, Jean le duché de Carinthie, et autres choses en Tyrol et Gorlitz. Pour ratifier ceci, quant à Luxembourg, on assembla, en mai 1336, les états du comté, où allèrent, entre autres assistants, sire Philippe de Florenge, le même qui, au mois suivant, occasionna le désastre du pont de Warcq ; et, parmi les députés des bourgs, sont mentionnés le mayeur et les échevins de Marville, ainsi que le prévôt de Damvillers et de Saint-Mard (1). Jean avait pour sa famille de très-grands projets ; il n'oubliait pas que son père avait été l'empereur Henri VII ; et il voulait que son fils Charles devînt l'empereur Char-

Déclin de l'influence française.

(1) Berthollet, VI. Preuves, p. XXXII.

178   PÉRIODE DE LA PREMIÈRE GARDE DE FRANCE.

les IV: ce qui arriva en 1347; et, pour ce motif, il s'acharnait à ruiner l'empereur régnant Louis de Bavière. Ce fut à cette seconde femme Béatrice de Bourbon, dame douairière de Damvillers (1), que nous dûmes, dans la suite, notre évêque Jean de Bourbon; et il est bien probable que le mouvement luxembourgeois de 1337 à Verdun eut pour but d'arrondir, par la garde de notre pays, le lot de l'héritier qui viendrait d'elle. Ces combinaisons, desquelles pouvait résulter, et résulta effectivement la restitution de Verdun à la maison impériale par Luxembourg, remirent sur pied chez nous le vieux parti impérialiste, anéanti politiquement depuis Philippe le Bel, mais demeuré toujours en titre de haute légalité, suivant nos lettres de garde elles-mêmes, qui disaient bien que la ville et le pays formaient enclave en France, mais réservaient la souveraineté territoriale du Saint-Empire. Philippe de Valois s'aperçut des manœuvres luxembourgeoises à Verdun aux chicanes et oppositions que l'on y fit à la sentence des commissaires dans l'affaire de Warcq, chicanes qui obligèrent la cour à remettre plusieurs fois la cause(2): enfin, quand il eut la certitude de ces tentatives de défection, il écrivit, par deux fois, au gardien royal des lettres de menaces très sérieuses :

Revirement Luxembourgeois

(1) Il avait été dit, dans le contrat de mariage, écrit au bois de Vincennes, l'an de grâce 1334, au mois de décembre, en présence de très excellent prince notre très chier et très amé seigneur le roi de France (Béatrice étant princesse française), que nous roi de Bohesme promettons de donner et assigner pour doaire à notredite chière compaigne, six mille livres de terre à tournois, selon loyale estimation, et non pas selon l'ancienne assiette, c'est à savoir le chasteau, ville, chastellenie et prévosté de Arlon....., item de Marville, en tant comme avons, (Marville était mi-partie barrois, comme nous l'avons dit ailleurs); item la ville et la prévosté de Saint-Mard, le chastel et la ville de Damvillers, etc. Dans Berthollet, vi. Preuves, p. xxvi, où l'on a mis Marcoville pour Marville, faute rectifiée dans le texte de ce volume, p. 107.

(2) Philippe, etc. Savoir faisons que le jour assigné aux prod'hommes des habitans de Verdun par devant nos amés et féaux gens des requestes de nostre hostel, au mois des Brandons (mars 1336, c'est-à-dire 1337 av. Pâques), sur le débat et opposition que lesdits prod'hommes entendent à mettre contre la paix et accord faits darriennement par nous entre les gens feu le comte de Bar, pour eux et leurs aidants, d'une part, et lesdits habitans,

Philippe, etc., à notre gardien de Verdun (le sieur de Garlande). Nous avons entendu que les habitans de Verdun se sont efforciés de eulx mettre en la garde de notre très chier et amé cousin le roi de Bohesme : et ce ont voulu faire lesdits notre cousin et habitans en venant contre certaine défense à eux faite de par nous, au grand contempt (mépris, *contemptus*), vitupère et préjudice de nous : et nous en déplaist, se il en est ainsi. Si vous mandons et enjoignons estroitement que vous défendiez, de par nous, aux gens notredit cousin et aux habitans dessusdits que ne se mettent en ladite garde, et que les gens notre cousin ne les y reçoivent, en aucune manière. Et, au cas que vous trouverez que iceulx, ou aucuns d'entre eux, se voudroient enforcier au contraire, si les contraigniez à obéir à vous, par corps et par biens, et amender, et mettre à estat deu (dû) ce que fait en ont; et y pourvéez de tel et si convenable remède, par toutes bonnes voies que pourrez, en telle manière que n'y ait point de deffault, et que notre droit n'y soit en rien blessé ne dépéri : car, si deffault y avoit, voulons que vous sachiez que il nous en déplaira grandement. Donné à la Ville-Neuve-Saint-George, le xxv février 1556 (57 av. P.), sous le scel de notre secret, en l'absence du grand. (Dans les Preuves de Roussel, p. 25.)

Lettres royaux contre la garde de Luxembourg.

Philippe, etc., à notre gardien de Verdun. Comme autre fois vous eussions mandé, par autres lettres, que icelles mettiez en exécution de point en point, et selon leur teneur qui suit (Répétition de la lettre précédente) : dont avez esté négligent, si comme avons entendu. Pourquoi vous mandons de rechief et commettons, et, avec ce, enjoignons estroitement que nosdites lettres vous mettiez en exécution, de point en point, selon leur teneur, en telle manière que par aussi pour eux et leurs aidants d'autre, du fait avenu au pont à Warc, et contre la confirmation donnée par nous sur ladite paix; auquel jour devoient estre les gens ledit comte et leurs aidants, pour lever lesdits desbats et oppositions, et défendre contre lesdits habitans, si comme raison soit : lequel jour fut assigné par nos lettres données au Val-Notre-Dame l'an de grâce 1356 (37), le 14ᵉ jour de mars, contenant que, si lesdits habitans avoient impétré de nous, ou de notre cour, lettres dudit jour portant autre forme, nous les députions pour nulles. Lequel jour, nous avons tout continué en tel estat, et pour cause, à la quinzaine de Pasque darriennement passée. Et nous icelui jour, en l'estat que devant, continuons, de l'assentiment des parties, au mois de Penthecoste prochaine venant, par devant nosdites gens, où que nous soyons. Donné à Gisors, le viiiᵉ jour de mai, l'an de grâce 1337, sous notre petit séel, en l'absence du grand. Par le roi, à la relation de l'arcevesque de Reims et de maistre Guillaume de Villiers. — La Pentecôte 1337 tombait le 8 juin.

votre deffault notre droit n'y puisse en rien estre blessé; Car soyez certain, si deffault y a par vous, montrerons que nous en déplaira, et punirons la vostre négligence. Donné à Gournay-sur-Marne, le vingt septième jour de juillet, l'an de grâce 1337.

Le roi rétablit sa garde de l'évêché.

Ces lettres ne servirent à rien, tant était grande l'irritation des communaux, et tant ils comptaient sur leur nouveau patron Jean de Luxembourg. Contre ces persévérantes machinations, le roi, croyant frapper un grand coup, se détermina à reprendre officiellement la garde de l'évêché; et il fit savoir à Henri d'Apremont que, depuis la mort du comte Edouard, par lequel avaient été troublés leurs bons arrangements de 1331, rien ne s'opposait plus à ce qu'ils se remissent désormais en plein et complet accord, par la restauration de cette alliance. Notre prélat repartit donc pour Paris, vers la fin de juin 1337; et les communaux, n'ayant plus, cette fois, de comte de Bar pour lui jeter des obstacles, imaginèrent de faire jouer leur jeu par le Chapitre, lequel n'ignorait pas, bien que les pièces de 1331 n'eussent pas été publiées en forme, qu'elles renfermaient une bulle préjudiciable à son droit de visa des engagements de l'évêché. Trois capitulants s'en allèrent dire à l'évêque, à Paris, que le Chapitre désirait savoir la manière du traité qu'il voulait faire avec le roi, et aussi la manière dont notre saint père le pape avait approuvé ce traité : à quoi Henri leur donna, sous son scel d'officialité *ad causas*, une réponse courtoise, à reporter à leurs commettants (1); puis il passa

(1) « C'est la réponse que Henri, par la grâce de Dieu évesque de Verdun, avons faite aux messagiers de notre Chapitre. Premier : de ce que notredit Chapitre requiéroit à savoir la manière du traitié de la garde du roi de France, et la confirmation de notre saint père le pape, nous répondons que nous sommes appareillés de montrer plusieurs raisons par devant le roi de France pour quoi nous avons pris ceste garde, au profit de notre éveschié, et que nous le pouvons faire, et devons par raison. Et, d'abondant, si le Chapitre veut aller avant, par voie amiable, il nous plaira bien qu'il envoie à la cour de France trois bonnes personnes qui aient pouvoir de nous aider et conseiller èz besognes de notre éveschié, que nous avons à faire en la cour de France, lesquelles nous ferons informer suffisamment de toutes les choses. Il nous plaist, pour plus grant paix entre eux et nous, que trois de notre conseil puissent informer à Verdun trois du Chapitre secrètement de

PÉRIODE DE LA PREMIÈRE GARDE DE FRANCE. 181

outre. Le résultat fut qu'à son retour à Verdun, on proclama, en grand appareil, la lettre de garde royale de l'évêché, telle que nous l'avons relatée en 1331 : des hérauts d'armes allèrent la notifier au Chapitre et à la Ville; on en fit cri public; les panonceaux de France furent mis à l'hôtel épiscopal; et le bailli de Vitry vint intimer ordre à tous de garder, tant les accords faits par Baucemain et Thiercelieu, que ceux de l'évêque d'Arras et de Pierre de Cugnières, enfin la paix des commissaires royaux sur l'affaire du pont de Warcq, le roi le mandant et ordonnant ainsi (1). L'opposition se récria; et les mécontents capitulaires adhérant, dit Wassebourg, aux mutins de la cité, tous murmurèrent « que telle prise de garde par l'évêque, et telle soumission au roi et à son parlement de Paris dérogeaient totalement aux droits impériaux, et que la cité et l'église, biens et personnes, seraient de là réduites en obéissance de France, et non plus de l'Empire. »

Alors les communaux pressèrent, pour contre-manœuvre, leur projet de garde de Luxembourg. Le roi de Bohême, escorté de quatre grands chevaliers de son conseil, vint en personne à Verdun, en ce moment même du mois d'août 1337; et une assemblée générale de Commune fut tenue devant lui, pour lire et jurer son traité. (2) Là se trouvèrent, avec l'université des citains, les dignitaires légaux, doyen, maître échevin, échevins du Palais, la justice (le Nombre), et aussi les maîtres des métiers. Jean commença par dire, pour lui et ses hoirs comtes de Lucembourg, que sur l'instante prière des Verdunois, et d'après leurs assurances de le servir et lui obéir toujours, en bon-

La Commune prend la garde de Luxembourg.

toutes les choses dessusdites, et qui en dépendent. En tesmoignaige, nous Henri évesque dessusdit avons fait seeller cest présent escript de notre séel aux causes, l'an mil trois cent trente sept, le juedi après la feste du Saint-Sacrement, trois jours en juillet. Dans Wassebourg, p. 410 verso.

(1) Cette venue du bailli de Vitry, avec ordre royal de contraindre, dans l'Inventaire Husson, à l'an 1337, sans qu'il marque la date précise.

(2) Toute cette relation, d'après la longue charte qu'on trouve dans les Preuves de D. Calmet, II. 593-99, 1ʳᵉ édit.

nes gens, il leur donnait aussi sa parole, et les recevait, corps et biens, cité et territoire, en sa spéciale sauvegarde et protection, pour les défendre comme ses propres hommes et sa propre terre, envers et contre tous, excepté leur souverain seigneur l'empereur approuvé par l'église (non l'excommunié Louis de Bavière), ni contre le roi de France. Il n'ajouta pas le comte de Bar, son intention et celle des communaux étant précisément que le pouvoir de celui-ci fût, sinon abrogé, du moins très contenu par Luxembourg: nous verrons bientôt quelle tournure prirent les choses de ce côté. Il fut convenu qu'il y aurait, en permanence à Verdun, un gardien luxembourgeois, honnête chevalier, ou autre suffisante personne, qui promettrait, comme avait fait le comte Edouard, de défendre les citains contre l'évêque, s'il contrevenait aux franchises civiques, ou entreprenait quelque autre abus de domination. En clauses non moins agréables au populaire, qui se méfiait toujours de la justice aristocratique du Nombre, rétablie malgré lui par les commissaires royaux, il fut dit que « si la justice de Verdun était défaillante à aucunes personnes, ou les voulsist presser contre raison, » on aurait recours au gardien lequel, sommation préalable envoyée à ladite justice, porterait remède et ferait faire droit, selon les franchises et coutumes, et à l'aide des citains et de la communauté. Si cette même justice est « remise », c'est-à-dire nonchalante *(remissa)* à accomplir les ordonnances que la communauté aura raisonnablement faites, passées et accordées, on recourra encore au gardien, et on exécutera avec lui: item, seront dénoncés audit gardien tous les cas de crimes prévus en la Charte de Paix, pour qu'il surveille comment procédera la justice; enfin, s'il advient que quelque forain (ceci pour les gens de Barrois et les bannis de la cité) commette méfait pour lequel il convienne faire force, ou maison abattre, la puissance luxembourgeoise interviendra, à requête de la justice et des maîtres des métiers. — Tout ceci tendait à mettre le bras et le drapeau de Luxembourg au service de la Commune du peuple : et ces mauvais articles furent encore empirés en 1343, lors de l'accord entre Luxembourg et Bar.—Jean promit ensuite que ni lui, ni ses successeurs ne mettraient jamais cette garde hors leurs mains, et ne s'y associeraient non plus personne, ou, comme porte le texte, « n'accompagneroient aultre avec eux en icelle », sinon du gré des citains. Pour censive, la Ville accorda d'abord la moitié de ce qui lui revenait des amendes de la Charte de Paix; en outre, sur chaque feu solvable, une taille annuelle de dix-huit deniers petits tournois, en comptant, dit l'article, un gros tournois d'argent à l'O rond pour quinze deniers (1). Enfin les citains s'engagent à soignier (fournir) et marcher audit comte et à ses hoirs, quand on aura mestier (besoin) d'eux pour guerre, la cité premièrement gardée pour toute la saison; et ils marcheront ainsi avec Luxembourg envers et contre tous, sauf l'empereur approuvé par l'église, et sauf le roi de France, auxquels, disent-ils, nous sommes tenus avant tous autres. Ces clauses, et autres ordinaires des stipulations de garde étant lues et consenties, on apporta de Sainte-Croix un livre d'évangiles, vers lequel tout le monde leva la main pour jurer; et la charte fut écrite et scellée au mois d'août 1337, sans date de jour (2).

(1) C'est-à-dire probablement que ces gros tournois d'argent de 15 deniers étaient reconnaissables par le peuple, qui ne savait pas lire, à ce qu'ils avaient dans leur légende un O romain de forme ronde, et non anguleuse, comme l'O gothique. On voit cet O rond au mot *Turonus* dans les gros de Philippe de Valois, et au mot *Karolus* dans ceux de Charles V. Dans une charte de 1342, Henri d'Apremont dit qu'il a vendu au Chapitre d'Hatton-Châtel le terrage d'Aulnoy près Fresnes, excepté le 6ᵉ que tient en fief de l'évêché Jean de Lagrange, chevalier, *pro pretio et summâ quater centum librarum parvorum turonensium, uno grosso turonensi argenteo ens O rotondo, bonæ legis et justi ponderis, computato pro quindecim denariis dictæ monetæ. Quam pecuniæ summam convertimus et posuimus in solutionem terrarum de Plureio, de Brachio magno et parvo, de Vacherovillâ, de Samognues et Rigneville, quas emimus et acquisivimus pro nobis et episcopatu nostro, à carissimo nepote nostro Joffrido, domino de Asperomonte... Datum* 1341, XVI *martii.* (1342 av. P.).—Nous ne trouvons pas d'explication de ces O ronds dans les traités de numismatique.

(2) Ce traité est valable pour Jean et tous ses successeurs comtes de

Le roi abandonne la garde de Verdun à Luxembourg et à Bar.

A la suite de cette nouvelle péripétie, le roi abandonna la garde directe de Verdun. Ce ne fut pas, comme on le pense bien, pour nos communaux qu'il recula ainsi; mais les Anglais et les Flamands lui suscitaient de tels embarras qu'il pensa que cette ville étant fort difficile à maintenir entre Luxembourg et Bar, qui la convoitaient chacun de son côté, le mieux était, pour le moment, de la leur laisser, sous conditions telles que ni l'un ni l'autre ne pût la prendre pour lui seul, de sorte que la France la retrouvât toujours facile à ressaisir, quand viendrait pour elle le temps de reprendre son travail d'agrandissement de cette frontière. Tel fut le but des stipulations appelées d'Essey-en-Woëvre, château où les deux comtes s'accordèrent, en décembre 1337, sur la cession du roi (1) : c'est un bourg des environs de Thiaucourt. L'article essentiel était que Luxembourg et Bar auraient désormais la garde territoriale de Verdun simultanément, sans division aucune, et en parfaite égalité, tout avantage présent et tout accroissement futur devant immédiatement être mis en commun, sauf le propre logis de chacun des deux princes, ou de leurs représentants en ville : logis qui serait toujours un simple hôtel, sans murailles de maison forte (2). Ainsi devaient

Acte d'Essey-en-Woëvre.

Luxembourg, tandis que la dernière rénovation de la garde de Bar ne comprenait qu'Edouard et son prochain successeur. Cette différence indique qu'en ce moment de 1337, la Commune se jetait entièrement du côté de Luxembourg. Le roi, quand il quitta, comme nous allons le voir, la garde de Verdun, effaça cette inégalité, en conservant à Luxembourg pour toute prérogative, que la garde entière lui reviendrait en cas d'extinction de la lignée directe de Bar. Jean accéda à cet arrangement royal, sans omettre toutefois de prendre acte de la supériorité de son titre. « En la garde de Verdun, dit-il, que lesdits de Verdun m'ont baillée en héritaige, et en ce que messire de Bar a, à Verdun, à sa vie », porte l'accord d'Essey.

(1) Le vendredi après la saint Nicolas d'hiver. Ainsi l'acte est postérieur à la prise de la garde de Verdun par Jean, au mois d'août précédent; et c'est mal à propos que Berthollet, VI. 111 et suiv., intervertit cet ordre.

(2) « De la terre (non la censive) que le roi de France avoit à Verdun, tant par lui comme par son gardien, ledit roi leur a donné, parmi cet accord, chacun par moitié, héréditablement, sans faire division nulle..., et ne se pourront accroistre en ladite ville de Verdun l'un sans l'autre, afin qu'ils ne soient partaubles (partageables) par moitié, ils et lors hoirs, de toutes ac-

s'équilibrer et se garder l'un l'autre les deux gardiens; et la Commune était trop intéressée à cet équilibre pour qu'elle n'y jetât pas son contre-poids : on lui laissait d'ailleurs toutes ses juridictions et attributions légales; mais elle dut se trouver un peu à l'étroit sous la double pression de si puissants et si voisins protecteurs. La garde ainsi réglée fut déclarée absolument inaliénable et incessible à aucun étranger par aucun des deux possesseurs : à cette condition, le roi accorda qu'elle passerait héréditairement, et par une sorte d'inféodation aux comtes régnants des deux maisons, avec cet avantage pour Luxembourg que tout lui reviendrait si la lignée directe de Bar venait à s'éteindre, soit dans le comte présent (ce que Dieu ne veuille!), soit dans ses successeurs. Cet article fut peut-être ainsi rédigé en considération du mariage, fait en 1332, de Bonne de Luxembourg avec le prince, depuis roi Jean, fils de Philippe de Valois. On prévit le cas où, la garde du roi cessant, l'évêché ou le Chapitre de Verdun, eux ou leurs terres, demanderaient celle des comtes qui le remplaçaient : ceci fut mis, pour eux, au nombre des accroisse-

croissances qu'ils y pourroient faire, sauf ce que lidits signors pourront, chacun d'eux, acheter une maison, ou deux, en ladite ville, sans faire forteresse... Item des wardes que lidits signors ont en la terre l'éveschié de Verdun et dou Chapitre, qui sont à terme, ou à vie, ou à héritaige, ou qu'ils pourront avoir en temps à venir, seront partaubles par moitié; et ne s'y pourront accroistre l'un sans l'autre, afin qu'ils ne soient par moitié. (Ainsi cette clause : *afin qu'ils ne soient par moitié* signifie afin qu'ils ne cessent pas d'être tels, c'est-à-dire égaux, sans division, comme porte l'art. 1er.)... Item lidits comtes ne peuvent, ne doivent l'évesque de Verdun, sa maisnie, ses hommes, ne les chanoines, lors hommes, lors maisnies penre en lor garde, afin (à moins) qu'ils ne soient partaubles par moitié en tous profits qui en venroient... Et toutes ces choses a accordei lidit roi de Bohesme, à la prière notre seignor le roi de France, et madame la roine. (Jean, en vertu de son traité du mois d'août avec la Commune, se considérait donc comme en possession exclusive de la garde, puisque le partage est une concession de sa part)... Accordé à Ascei en Woivre, le venredi après la saint Nicolas d'hiver, l'an 1337, par monseignor de Bohesme et monseignor de Bar, présens monseignor Waleran de Lucembourg, seignor de Ligny, Ancel seignor de Genville (Joinville), monsr Jehan de Biaureward, seneschaul de la comtei de Lucembourg, et Arnoul d'Erlon, jadis seneschaul. » Tout entier dans les Preuves de D. Calmet, II. 592, 1re édit., et dans celles de Bertholiet, VI, XXXIV.

ments possibles, à régler par le principe de communauté. Tel fut l'ordre de choses que la France laissa en notre pays en s'en retirant, au commencement de la guerre de cent ans.

Etat des choses après cet acte. — Pendant quelques années encore, tout continua à marcher sous la direction française. Le roi de Bohême et le comte de Bar étaient toujours aux ordres de Philippe de Valois; et Henri d'Apremont tenait à lui prouver que, pour être venu un peu tard à cette alliance, sa foi n'y serait pas moins loyale. Dans l'été de 1340, il envoya à l'armée française de Flandre la petite troupe de notre évêché, laquelle marcha avec les milices de Luxembourg, de Bar, de Lorraine et de l'évêché de Metz (1). Tous se considéraient comme étant sous la haute main du roi; et il en fut ainsi chez nous jusqu'au moment où le traité de garde ne fut pas renouvelé avec son successeur. La grande affaire de ces années était, à la Ville, d'arranger et d'ajuster la situation, à la meilleure préservation possible des franchises, sous le régime nouveau que les hautes puissances venaient d'établir. Jean avait promis aux Verdunois, dans le traité d'août 1337, qu'à moins de leur consentement, il ne s'associerait personne en leur garde; et, quand il se vit obligé d'y recevoir, à droits égaux, le comte Henri, il leur tint néanmoins parole en insérant, dans l'arrangement d'Essey-en-Woëvre, cette clause formelle : « Entend le roi de Bohême que toutes ces choses soient de nulle valeur, se cils de la citei de Verdun ne s'y accordent. » Ils ne pouvaient guère s'y refuser; et c'était uniquement à cause de leur méfiance de la louche politique d'Edouard qu'ils s'étaient dégoûtés de leur vieille alliance barroise; mais Jean mit peu d'empressement à réaliser le traité d'Essey. Sur de premières difficultés, il y eut, en juillet 1338,

(1) « Si fit le roi un très grand mandement parmi son royaume, et aussi une grande partie dedans l'Empire, tant qu'il eut le roi Jean de Behaigne, le duc de Lorraine, le comte de Bar, l'évesque de Metz, l'évesque de Verdun... » Froissart, liv. I. ch. 57.

accord, ou plutôt tentative d'accord où les deux comtes se donnèrent lettres qu'ils ne mettraient plus désormais d'empêchements à leurs « droitures » respectives en Verdun (1) : néanmoins, sous prétextes ou causes que nous ignorons, les choses traînèrent en longueur plus de quatre années. Jean employa ce temps à se fortifier à Damvillers, qu'il n'avait pas acheté de l'abbaye de Methloc pour le laisser en place ouverte; en outre, ayant trouvé que la seigneurie de Baleicourt près Verdun était de mouvance luxembourgeoise, il y fit, ou rétablit un château de bonne défense, qu'il inféoda, en 1340, à un certain chevalier Rogier, avec clause de reddition à Luxembourg, à toute requête (2). Il y eut alors, et peut-être pour ce motif qu'il prenait trop bien ses avantages, quelques hostilités de Henri de Bar, sans importance, mais où les Verdunois appuyèrent Jean, le gardien élu par eux, et seul encore en possession : puis, à propos de ces hostilités, on réveilla l'affaire du pont de Warcq, ample matière à toutes sortes de récriminations, non jugées au parlement, dont la compétence avait cessé avec la garde du roi : enfin, pour sortir de tant de tracasseries, le comte Henri fit la loyale proposition de tout remettre à de hauts arbitres, qu'on demanderait à Avignon au pape Benoit XII, afin d'avoir des juges tout à fait étrangers à notre pays, et que personne ne pût reprocher d'aucune partialité. Jean n'osant refuser, mais

Forteresse à Baleicourt.

(1) Dans les Preu. de D. Calmet, II. 600, 1re édit., à la date du 12 juillet 1338.
(2) « ... Comme la maison de Baleicourt soit et mueve de nous, fief rendauble, et toutes les appartenances, nous, pour les bons et agréaubles services que Rogier, sire de ladite maison de Baleicourt, nous ait faits, le quittons de tous frais et coustanges que nous avons mins en forssant (fortifiant) ladite maison et appendices d'icelle... Donné à Verdun, l'an de grâce 1340, jour de saint André apostre. » 30 novembre, de l'année même de l'expédition en Flandre, qui s'était terminée, le 25 septembre, par une paix dont l'un des médiateurs fut *Joannes rex Bohemiæ et comes Lucentis Burgi*, dit le continuateur de Nangis. Il est probable en conséquence que les hostilités de 1340, entre Jean et le comte Henri, arrivèrent à la fin de cette année qui dura jusqu'à Pâque 1341, suivant le style d'alors. — On ne sait d'où venait cette mouvance luxembourgeoise de Baleicourt : probablement de quelque arrangement sur l'avouerie de Saint-Maur, transformée, comme tant d'autres, en seigneurie à part.

insistant néanmoins pour avoir place au tribunal, à titre de gardien de la Ville, le pape lui adjoignit pour co-arbitres l'évêque de Forli et Guy de Calme, doyen de Saint-Yrieix de Limoges, chapelain et auditeur apostolique. Parties ouïes, et pièces vues, cette commission prononça, le 3 février 1342 (43 av. Pâque), d'abord, et probablement malgré l'avis de Jean, qu'il avait eu tort dans les délais et obstacles par lui mis à l'exécution du traité d'Essey-en-Woëvre : ceci ne fut pas dit en propres paroles, la teneur des pouvoirs des arbitres ne les autorisant qu'à prononcer entre les Verdunois et le comte de Bar ; mais ils déchargèrent celui-ci de toutes les réclamations qu'on lui faisait pour sa petite guerre de 1340 : en d'autres termes, ils reconnurent qu'elle avait été juste de sa part. On passa à l'affaire de Warcq, sur laquelle il fut dit que huit des principaux coupables, dont Jean donnerait les noms, seraient condamnés à aller outre mer, ou à autre pèlerinage, sans pouvoir revenir avant le terme qu'il fixerait : ensuite que, dans l'année courante, et en la ville de Verdun, il serait fondé, au capital de 500 livres chacune, deux chapelles à la collation des bourgeois, lesquels, moyennant cette réparation, quitteraient toute guerre, et rappelleraient tous bannis à ce sujet. De cette condamnation à fonder des chapelles expiatoires, il résulte que le tribunal reconnut le massacre de Warcq pour commis en trahison (1). Vint enfin l'article essentiel, qui était celui des gardes. Pour celle de Bar, on jugea que la Ville y était légalement, et devait y rester, suivant les anciennes conventions, toute la vie du comte Henri, et toute celle de son fils nouvellement né Edouard ; mais, quant à la censive de 900 livres que l'ancien Edouard s'était fait allouer en 1328,

---

(1) Il y a, à cette époque, d'assez nombreux exemples de fondations de chapelles expiatoires, en cas pareils : ex. la comtesse Iolande pour noyade de deux députés du Chapitre ; Jean, sire de Boulay, pour meurtres sur des messins, en 1369. Bénéd. H. de Metz, II. 571, etc. Après l'assassinat du duc d'Orléans, en 1408, par Jean Sans Peur, celui-ci fut sommé de se reconnaître coupable, en fondant une chapelle et des services pour sa victime.

les arbitres, la trouvant sans doute exorbitante, et tenant compte du changement survenu ; la déclarèrent annulée avec tous ses arrérages, et remplacée par une contribution annuelle de douze petits tournois sur chaque personne solvable : quant à la garde de Luxembourg, on se borna à la reconnaître, suivant les traités en vigueur de 1337; enfin les arbitres se réservèrent la solution des difficultés en interprétation de leur arrêt; mais on ne voit pas qu'il en soit survenu aucune (1).

Environ un mois après cette sentence, vinrent à Verdun le roi de Bohême et le comte de Bar, pour conclure les accords définitifs, soit entre eux, soit avec la Commune assemblée en leur présence, le 10 mars 1342 (43). Par leurs arrangements particuliers, ils s'engagèrent, à la grande satisfaction des communaux, à ne recevoir ni l'un ni l'autre l'évêché dans la garde qu'on allait établir. (2) Dans le traité avec la Ville, Jean fit d'abord écrire, en protocole, que c'était du gré des citains qu'il associait le comte de Bar à sa garde, stipulée exclusive pour lui seul en 1337 ; et que les citains accordaient également, de bonne grâce et volonté, à la prière desdits seigneurs, les modifications nécessitées par l'acte d'Essey-en-Woëvre. Voici les clauses de précaution qu'ajouta la Commune pour sa sûreté. En premier lieu, sur l'article de ces accroissements futurs ou possibles que les deux comtes s'étaient promis de toujours mettre en commun, il fut expliqué qu'ils n'en accepteraient ni retiendraient aucun, directement ou indirectement, en la

Leur traité avec la Commune.

---

(1) Un long extrait de cette sentence, dans l'Inventaire de Lorraine, à l'an 1342 (43), sous le titre de Traité et accord.

(2) « Nul de nous, ni de nos hoirs ne peut penre d'ores en avant en garde l'évesque, sa maisnie, ne les villes de son éveschié, ne aucune personne d'icelles. » Quant aux gardes déjà prises, il est dit que celles du roi de Bohême dans les villes de Mengienne, d'Aysanne et de Crépion, et celles du comte de Bar à Siverei-sur-Muese, à Bréhéville et à Haudainville seront désormais communes par moitié, ainsi que toutes celles prises puis dix ans en la tèrre l'éveschié ou le Chapitre. — Ce traité particulier entre Jean et Henri est dans l'Inventaire de Lorraine, à l'an 1342.

ville, banlieue, territoire, même par donation de particuliers quelconques, « si ce n'estoit par l'accord de tous les linaiges, frairies (corporations de métiers), et communauté conjointement, c'est-à-dire sans ratification d'une assemblée de Commune : « et ce que seroit fait au contraire seroit de nulle valeur ». Pour la neutralité de la cité, en cas de guerre entre Luxembourg et Bar, on adopta l'article suivant : « Item, se il avenoit (que Dieu ne vueille!) que nous dits roi et cuens, ou nos hoirs en perpetuitei, eussiens guerre ensemble, lesdits de Verdun ne pourroient, ne seroient tenus bailler aide, confort, recept, à armes ou sans armes, argent, ne vivres, ne autres manières; ains du tout se doient cesser d'aidier li un contre l'autre : et pourront saulvement aller, venir, marchandier, et faire leurs besongnes...; et nos gardiens, qui seront de par nous députés en Verdun, exerceront comme si nulle guerre n'estoit ou fust. » Moyennant la contribution réglée par la sentence arbitrale, les deux gardiens députés à résidence en ville seront aux frais des princes; pourront les citains recourir à l'un ou à l'autre de ces gardiens, ou à tous les deux, comme ils voudront, selon la teneur de cette présente garde et compagnie; et si, ce que encore Dieu ne veuille, il s'élevait entre lesdits citains et nous, sur aucun point de ces présentes lettres, débat que nous ne pussions terminer sur simples remontrances, nous roi, et nous comte nommerons chacun quatre de nos chevaliers, et les citains prendront de leur côté huit arbitres, à leur choix, par moitié dans les conseils de chacun de nous, lesquels seize, après avoir juré d'être bons et loyaux, concilieront le différend. Suivent des dispositions assez louches où, sous prétexte qu'il n'était pas toujours facile de tenir des assemblées de Commune, et d'avoir ainsi l'usage légal du sceau de la cité, les deux hauts gardiens s'engagent à intervenir, même sur plaintes non scellées des citoyens, ou de partie d'iceux : ils interviendront également quand on réclamera contre les manquements de la justice, ou d'aucune des justices de

Verdun (1). C'étaient là d'excellents articles pour entretenir entre les communaux les luttes anarchiques dans lesquelles ils se combattaient, se bannissaient, et appelaient à leur secours les princes étrangers. Enfin Jean, ne voulant rien laisser d'indécis, parla d'une lettre à lui donnée en novembre 1335, sous le grand sceau de la cité, pour l'établissement d'un tabellionage luxembourgeois à Verdun (2); et il fut dit qu'en vertu de la mise en commun, cette lettre vaudrait droit pareil à Henri. Nous avons vu, en 1324, qu'un des griefs des Quatre Confédérés contre Metz était que les messins avaient, sous le nom d'amans, des notaires par devant lesquels leurs citoyens contractaient avec les

<small>Tabellionage de la garde commune.</small>

---

(1) « Item, pour ce que és lettres dessus incorporées (la garde luxembourgeoise de 1337) est contenu que, si les habitans de Verdun se deulent (se plaignent) d'aucunes choses indeument faites en la ville, nous roi de Bohaigne soions tenu de venir y mettre remède, ou envoyer pour nous, si venir ne pouvons, toutes fois que en serons requis par lettres seelleies dou grant seel de la citei : et, pour ce que, par moult de fois, la communitei ne se pourroit mie assembler pour doloir, et ainsi ne pourroit-on mie, à toutes fois, avoir aisément le seel de la citei, Est accordei entre nous roi, comte, et habitants que, toutes fois que lesdits habitans, ou partie d'iceulx se doulront conjointement ou divisément à nous roi et comte dessusdits, y serons tenus à mettre remede selon la qualité dou fait, en gardant les usaiges, franchises de ladite citei, sans ce que il conviene en rien avoir lettres sous le seel de la citei, nonostant que il soit dit et spécifié par exprés és lettres dessus incorporées. — Item , combien que en un autre article ésdites lettres, soit dit que, si la justice de Verdun est défaillante d'aucune chose touchant lesdits bourgeois, nous y devons mettre remeide, Est encore esclairci, et eswartissons et accordons entre nous que, pour ce que li article est trop généraul, et que pourroit estre entendu d'une seule justice (la justice proprement dite, ou le Nombre), exprimons que toutes fois que aucune des justices de Verdun seroit défaillante de faire ce que lor appartient, nous roi et comte, par nous ou par nos gens, se requis en sommes de la partie qui se doulra, y devons mettre remeide, en wardant toujours les usaigés, franchises de la citei. » — On ne trouve pas ces modifications de 1343 à la suite du traité de 1337 dans les Preuves de D. Calmet.

(2) Nous n'avons pu retrouver le texte de ces lettres de 1335. L'article de 1343 porte : «Item, à savoir est... que nousdit roi, et nos hoirs comtes de Lucembourg, pouvons et devons avoir un tabellionaige en Verdun, selon la tenour contenue és lettres sur ce faites, seelleies dou grant seel de Verdun, dou douzime jour dou mois de novembre mccccxxx et cinq, Avons accordei et accordons que notre cousin Henri, comte de Bar, ait compaignie à nous en tout ledit tabellionaige et lesdits eswarts, d'autant comme à nous et à nos hoirs peut et doit toucher. »

sujets des princes, sans scel authentique de ceux-ci (1) : ce fut pour ces actes mixtes entre Verdunois et forains, et afin qu'il y en eût lettres exécutoires aux pays des gardiens, que l'on établit chez nous, en 1343, le tabellionage de la garde commune. Lecture faite de toutes ces clauses, on les jura sur l'évangile, Jean d'abord, avec quatre chevaliers de son conseil, dont les noms sont dans l'acte; puis Henri, aussi avec quatre chevaliers, qui furent Thiébault de Bar, Jean d'Apremont, Pierre de Haraucourt, et Jean de Billey; enfin jurèrent, après les seigneurs, le maître échevin, le doyen, les échevins du Palais, les maîtres des métiers, et avec eux, dit l'acte, « nous les autres de ladite communauté assemblés, levant les mains vers les évangiles et les saints » (saintes reliques). Grands sceaux du roi de Bohême, du comte de Bar, et « des linaiges, citains et communauté », c'est-à-dire de la cité de Verdun. On voit, en cette assemblée solennelle, les lignages reparaître, et les maîtres des métiers continuer à figurer, en troisième rang, après le Palais et le Nombre, comme autorité reconnue, aussi bien que ceux-ci. Telles furent les chartes d'installation du régime qui succéda à la garde de France.

Traité de la monnaie commune. Pendant leur séjour en notre ville, les comtes de Luxembourg et de Bar, y firent, en l'honneur de leur nouvelle et bonne harmonie, un traité de monnaie commune, pour trois ans, pendant lesquels on la frappa, de part et d'autre, de même poids, même aloi, même empreinte, aux noms réunis de Jean roi et Henri comte, associés en monnayage *Johannes rex; Henricus comes : moneta sociorum.* La lettre de cet accord, datée de Verdun, 9 mars 1342 (43), explique que « cette commune monnoie, au nom de nous et de nos armes, coursable par nos deux comtés, sera faite, pour nous roi de Bohême en nos villes de Lucembourg et Damvillers, et pour nous comte de Bar, en nos villes de Saint-Mihiel et d'Esten (Etain), ou autres lieux de nos comtés et ressorts, là où mieux nous plairoit; et sera le profit à nous de moitié

(1) Ci-dessus, p. 137, notes.

en moitié : et doit cette compaignie durer du jour de Pasques prochainement venant à trois ans ensuivant. » On conserve encore de ces pièces dans les cabinets de médailles ; et elles sont décrites dans les ouvrages de numismatique lorraine (1).

Après ces grands arrangements, la Commune, bien assurée du côté des puissances féodales, reprit, pour sa bonne économie intérieure, un projet qui lui tenait à cœur depuis longtemps contre le Chapitre, dont elle voulait abolir les priviléges. Pareils assauts furent livrés en ce même temps aux Chapitres de Metz et de Toul, soit concert entre les trois villes, soit plutôt contagion de mauvais exemples entre elles : les Toulois furent ceux qui poussèrent le plus loin la violence de leurs attaques (2). Dans l'histoire du XIII° siècle, nous avons déjà parlé de ces immunités capitulaires, fondées sur chartes impériales et autres, qui semblaient, au temps où nous sommes, choses fort antiques, et hors du cours du siècle présent ; et nos communaux entendaient que ces seigneurs d'église, régaliens dans toute la terre Notre-Dame, fussent, en ville, bons citoyens et bons bourgeois, taillables, contribuables et justiciables comme les autres, sans for ecclésiastique, ni privilége de clergie. C'était une chose très gênante que cette terre Notre-Dame, comprenant cinq prévôtés et plus de quarante villages, où le Chapitre se prétendait en droit, non-seulement d'empêcher les gens de la glèbe de forfuir, comme il disait, c'est-à-dire d'aller se faire recevoir bourgeois à Verdun, ou ailleurs, mais prohibait encore toute acquisition d'immeubles autrement qu'en main morte ; ce qui excluait les propriétés bourgeoises : tandis qu'au contraire les communaux, surtout en temps de troubles, recevaient les forfuyants sans se gêner, et éludaient la pro-

Démêlé de la Commune et du Chapitre.

---

(1) Saulcy, Monnaies des comtes et ducs de Bar, p. 25. Henri désigna Saint-Mihiel et Etain, sans doute comme lieux de Barrois non mouvant.
(2) P. Benoit, p. 483. Philippe de Vigneulle, à l'an 1340, dans Huguenin, p. 77.

hibition d'acquérir, en endettant frauduleusement en ville les sujets de l'église, puis en les expropriant, de telle sorte que leurs mainmortes passassent en aleux aux citains créanciers. Le Chapitre repoussait ces infractions en détail, et du mieux qu'il pouvait; mais, en 1340, on le poussa à bout, en lui envoyant une taille communale de 200 livres, à répartir, comme il l'entendrait, entre ses membres. Ce qui aggravait cette offense, c'est que la Commune qui harcelait ainsi était, non pas le Postal, supprimé dès la fin de 1336, mais bien la vraie Commune, avec doyen, maître échevin, Palais et Nombre légal et épiscopal, assistés, il est vrai, et incités par les maîtres des métiers, grands représentants du peuple (1). L'assemblée capitulaire répondit, ainsi qu'on s'y attendait, qu'elle n'avait ni ordre ni taille à recevoir de la Ville : alors on fit des saisies ès maisons et propriétés canoniales : en représailles de quoi, messire Gilles, doyen de Saint-Maxe de Bar, obtint pour ses confrères de Verdun que le comte Henri mit séquestre sur les biens des citains en Barrois (2); ce que celui-ci dut accorder de bon cœur, les communaux suivant alors contre lui le parti de Jean, qui empêchait par mauvaises chicanes le rétablissement de la garde de Bar. Cependant Henri ayant, comme nous l'avons vu, demandé arbitrage de délégués apostoliques, le Chapitre entra dans la même voie, et présenta, pour son

---

(1) Cette Commune se composait de Jean Martin, doyen de la cité, des six échevins du Palais, Mengin Jacquet, Jean Maupilat, Nicolas Sautel, Wiard Ranxin, Collignon et Collet Proesse, et avec eux, dit Wassebourg, p. 411, ceux qui gouvernoient la justice pour ladite année (le Nombre annuel), nommés par l'évesque, suivant l'ancienne coutume. » — Ici, comme pour l'affaire de 1332, Wassebourg brode beaucoup sur les documents; et il prend la même liberté, en racontant le démêlé du Chapitre de Metz, « ne sçais où il l'a trouvé, » dit le compilateur de Philippe de Vigneulle, dans Huguenin, p. 79.

(2) « Accordei est que des vins, cens, rentes et autres choses que nous citains avons prins des biens des signours de Chapitre, et dou Chapitre de la Magdeleine, restitution se fera..., et des jardins monss^r Henri de Germinei et Simonin Roland : et, en semblant manière, se fera à nous restitution des biens que messire Gilles, doien de Bar, ait fait penre de nous citains et communaultei de Verdun. » Accord de 1348.

propre démêlé, pareille supplique au pape, en nomination de commissaires; ayant soin toutefois, dit Wassebourg, d'agir séparément de l'évêque, et sans recours à sa juridiction, de laquelle, suivant notre auteur, ils étaient exempts de toute ancienneté. De cette manière, ils ne pouvaient attendre grand appui de Henri d'Apremont, lequel d'ailleurs leur savait mauvais gré de l'avoir contrecarré dans l'affaire, encore récente, de la garde de France. Tout tira ensuite en longueur. Les commissaires apostoliques, qui furent l'abbé de Gorze, le doyen de Toul, et le grand archidiacre de Metz, espérant sans doute que les combattants finiraient par se calmer d'eux-mêmes, (ce qui arriva en effet, en 1348), les laissèrent, après avoir signifié ordre à tous, sous peine d'excommunication, de se tenir paisibles, sans rien attenter les uns contre les autres pendant la procédure (1); mais, dans la première animosité des esprits, cette tentative d'apaisement ne servit qu'à empirer les choses : car les communaux persistant à exiger leur taille, le Chapitre leur imputa cet entêtement à transgression de l'ordonnance, entraînant pour eux chute dans l'excommunication comminatoire, laquelle leur fut en effet signifiée par le doyen de Reims, comme encourue de fait, tant par eux que par leurs amis les Mendiants, qui leur faisaient l'office divin, sans respect de la censure (2). D'autres troubles vinrent ensuite du côté de Henri d'Apremont, hostile au

(1) Cette ordonnance est mentionnée dans l'Inventaire de la Ville : « Commission du pape Benoit, de l'an 1341, (peut-être 42 av. P.) portant défense, sous peine d'excommunication, aux habitants de Verdun, aux chanoines et aux officiers de l'évêché de rien attenter les uns contre les autres, pendant le procès en cour de Rome. » Buvignier, Note sur les archives municipales, p. 26.

(2) « Procuration donnée en l'an mil trois cent quarante six à messires François Garcin, Gilles d'Eix, et Wiard de Chastillon, députés vers Sa Sainteté, pour la supplier de commettre cardinaux, pour vider les différends d'entre la cité et les religieux mendiants d'une part, et l'évesque, princier, et aucuns chanoines, d'autre; et lever l'excommunication fulminée contre eux et lesdits religieux. » Husson, Notes sur Wassebourg. Cette mention prouve que la première commission n'avait rien fait, et qu'on en demandait une autre formée de personnages plus éminents, et moins intéressés dans ces débats.

système de la garde commune de Luxembourg et Bar, et voyant avec grande peine s'écrouler celle de France, à gardien unique pour la ville et l'évêché, comme il avait, en dernier lieu, arrangé les choses avec Philippe de Valois (1) : il résulta de ses tracasseries qu'on fit une nouvelle Commune illégale de Facteurs et exécuteurs de la cité, telle à peu près que celle du Postal, et aussi éphémère qu'elle. Tout finit néanmoins sans grandes luttes, et par le seul cours des événements que nous allons bientôt raconter. Dans cette Commune des Facteurs, il y avait, à la place du Nombre, les Six de la justice; peut-être l'ancien Nombre, qui resta, en tout ou en partie, après son année expirée; puis, pour conseil exécutif, les Sept des métiers : on laissa le Palais, vu son adhésion complète à l'entreprise contre le Chapitre; enfin les affaires furent mises sous la haute direction de Collinet et de Gillet, que l'on titra clercs conseillers, et qui étaient un Postal en deux personnes. Nous avons déjà parlé de Collinet, populairement appelé maître François; son collègue Gillet est un personnage inconnu d'ailleurs. Wassebourg les traite de gens insolents, orgueilleux et ennemis de l'église; mais il exagère : car, en 1348, on les trouve l'un et l'autre au nombre des arbitres choisis pour régler le différend (2).

Commune des Facteurs.

(1) « Lettres, sur parchemin, de Henri évesque, de ses plaintes et protestations contre les citains et communauté de Verdun des entreprises par eux faites sur ses droits, et de ce qu'ils se sont mis en la protection des comtes de Bar et de Luxembourg, auxquels ils ont fait part, pour un quart, des amendes qui lui appartiennent : et de ce que lesdits citoyens auroient ordonné une levée de deniers, pour payer auxdits comtes leurs droits de protection. » Inventaire de l'évêché, n° 165. — « Lettres, sur parchemin, portant demande par la communauté et université de Verdun à Henri évesque, étant en son chasteau de Charny, de pouvoir juger les fuyants (forfuyants?) par personnes à ce députées : à laquelle demande fut répondu par ledit évesque que ceux qu'on lui présentoit étoient incapables de juger, attendu qu'ils étoient escommuniés. » *Ibid.* n° 167. Il est fâcheux qu'on n'ait pas le texte de ces deux pièces, que l'Inventaire date l'une et l'autre de 1342, c'est-à-dire 1343 avant Pâque.

(2) « Item, se il avoit nulles autres restitutions à faire, messire le doien et maistre Nicole de Lenoncourt chanoine, pour nous Chapitre, et maistres François Collinet et Gillet, deux clercs, pour nous citains, en pourront dire et rapporter. » Accord de 1348.

En 1344, la veille de Noël, mourut à Paris le comte Henri IV de Bar, allié fidèle de Philippe de Valois, lequel l'appelait son neveu, ayant traité le comte Edouard de frère. Henri fut bienveillant dans ses rapports avec notre ville; mais il ne régna que huit ans; et ses deux fils en bas âge, Edouard et Robert, restèrent sous la tutelle de leur mère Iolande de Flandre qui, non pour le bien du pays, survécut cinquante ans à son mari, et n'alla qu'en 1395 le rejoindre, sous son mausolée de marbre blanc, à Saint-Maxe de Bar (1). Parmi les chartes des années que nous venons de parcourir, il s'en trouve une donnant soupçon qu'au temps d'Edouard, les baillis de Vitry, de Chaumont et de Sens s'étaient attribué la levée directe de l'arrière-ban royal dans le Barrois de la mouvance, ou, comme parle cette pièce, dans le pays de la nouvelle reprise: et cette soumission aux baillis royaux pourrait avoir été l'une des causes de la grande faveur dont jouit le comte Edouard près de Philippe de Valois; mais Henri réclama contre ces levées directes; et le roi les abolit dans le Barrois mouvant, distinguant néanmoins de ce pays de la nouvelle reprise les prévôtés de Bassigny concédées par Philippe le Bel à Edouard, lors de son mariage avec Marie de Bourgogne: pour celles-ci, il n'accorda qu'un ordre de surseoir jusqu'à ce qu'on eût vérifié les conditions de la cession. Cette charte, que ne semblent pas avoir remarquée nos auteurs, donne quelque éclaircissement sur ce qui se fit en Barrois mouvant dans les premiers temps de la mouvance (2). La France du

Mort du comte Henri IV de Bar.

Charte royale pour le Barrois mouvant.

---

(1) Leurs épitaphes, dans la Généalogie de Bar, de D. Calmet.

(2) « Philippe, etc., aux commis et députés sur le fait de l'arrière-ban de notre présente guerre ès bailliages de Vitry, Chaumont, Sens, et aux baillis ou receveurs desdits bailliages, ou leurs lieutenants. A la supplication de notre amé et féal nepveu Henri comte de Bar, vous mandons, et à chacun de vous, que de lever ledit arrière-ban à Bar et en la chastellenie de Bar, et en tous autres lieux de la nouvelle reprinse, lesquels Henri jadis comte de Bar, aïeul de notredit nepveu, tenoit en franc alleu par deçà la Meuse vers notre royaume de France, et desquels il fit hommage lige à notre très chier seigneur et oncle le roi Philippe le Bel, que Dieu absolve! pour lui et ses hoirs rois de France, vous cessiez et faites cesser en tout, et aussi en

XIVᵉ siècle cherchait à s'assurer, par le Bassigny et contrées limitrophes, une bonne position entre le Barrois et la Lorraine. En 1337, Philippe de Valois voulut avoir le domaine direct de Vaucouleurs : et il l'acquit par échange sur Ansel de Joinville, sénéchal de Champagne (1) : et, en 1335, les Sarrebrück de Commercy qui, dès 1315, s'étaient reconnus vassaux de France pour quelques portions de leur domaine, accordèrent, de l'agrément de l'évêché de Metz, seigneur dominant, que le roi aurait désormais, au château, droit de recept pour ses troupes, et d'établir des sergents pour garder les chemins et passages dudit Commarcey, afin que les choses qui sont ou seront défendues du roi, ou de son bailli de Vitry, ne puissent passer par iceux (2). » Il y a trace que l'évêque de Toul Thomas de Bourlémont, ancien doyen du Chapitre de Verdun, songea à mettre sa principauté en pariage, c'est-à-dire en moitié avec le roi (3), soit pressé par lui, soit effrayé des lorrains

Accroissements français à Vaucouleurs, Commercy et Toul.

tous chasteaux, chastellenies, et autres lieux que notredit nepveu tient hors de notre royaume, delà la Meuse (Barrois non mouvant, où les baillis voulaient sans doute dépasser les limites); et, si aucune chose est prinse en chacun desdits lieux, ou aucuns d'iceux pour celle cause, rendiez le, ou faites rendre et mettre au délivré, excepté les chasteaux de La Marche, Chastillon sur Saonne, Conflans, et tous les lieux et chastellenies desdits chasteaux, dont nous voulons et vous mandons que vous surseoiez de lever ledit arrière ban jusques à la Chandeleur prochaine venant, dedans lequel temps notredit nepveu, ou ses gens, nous doivent montrer comment et par quelle manière les dessusdits chasteaux et chastellenies de La Marche, de Chastillon sur Saonne et de Conflans sont, ou furent rendus et baillés aux prédécesseurs de notredit nepveu : desquels chasteaux et chastellenies, si aucune chose est pour ce prinse ou saisie, rendez leur, et mettez au délivré pendant ledit terme : et ce faites en telle manière que notredit nepveu, ou ses gens n'en tournent plaintif par votre défaut. Donné au bois de Vincennes, le xᵉ jour de novembre, l'an de grâce 1338. Par le roi, à la relation du conseil. » — Ces châtellenies du Bassigny barrois avaient été réunies au domaine de la couronne par le traité de 1301, puis rendues au comte Edouard : v. ci-dessus, p. 51, 53.

(1) Ci-dessus, p. 41, et tom. II, p. 446.
(2) Charte dans l'Hist. de Commercy de M. Dumont, tom. I. p. 108.
(3) Sur ce projet de pariage, voir les Hist. de Toul du P. Benoit, p. 482, et de Thiéry, I. 284. Ils ne donnent, ni l'un ni l'autre, de pièces officielles. Thomas de Bourlémont avait négocié avec Ansel de Joinville l'échange de Vaucouleurs pour le roi : ce qui n'empêcha pas qu'à propos d'une contesta-

qui, trouvant son château de Liverdun gênant et dommageable à leur pays, le lui rasèrent, sans avoir, raconte la chronique, « dit gare à qui que ce soit : de sorte que le Borlémont, ne pouvant endurer pareille chose, fit pacte avec ceux de Bar » (1); et son évêché fut ballotté entre le duc Raoul et le comte Henri, dans une guerre que termina, par arbitrage, Philippe de Valois, en 1337. C'est ainsi que nos grandes principautés commençaient à traiter les petites, en attendant que le cours des siècles les mît elles-mêmes à la merci des puissances de premier ordre.

De l'an 1346 date le premier des trois grands revers Crécy, Poitiers et Azincourt qui accablèrent la France pendant la guerre de cent ans. La bataille de Crécy fut perdue le 26 août 1346 : et Philippe de Valois, que ses courtisans surnommaient le Fortuné, dut, après un tel malheur, renoncer à ce brillant surnom. Froissart a raconté comment périt, en cette funeste journée, le vaillant roi de Bohême Jean de Luxembourg, « qu'estoit aveugle,
« dit-il ; et, quand il ouït l'ordonnance de la bataille, dit :
« Mes gents compaignons, je vous requiers, en ce jour-
« d'huy, que me meniez si avant que je puisse férir un
« coup d'épée; et si avant s'y boutèrent que tous y demeu-
« rèrent, et furent trouvés morts sur la place, leurs che-
« vaux tous liés ensemble; mais monseigneur Charles de
« Behaigne, qui s'escrioit (en cri de ralliement) : J'ai roi
« de Behaigne, et en portoit les armes, quand il vit que
« les choses alloient mal pour les François, s'en partit, je
« ne sçais pas bonnement par quel chemin » (2). C'était le fils aîné de Jean ; et nous aurons souvent à reparler de lui

Jean de Luxembourg tué à Crécy.

---

tion pour quelques villages, le bailli de Chaumont ne le fit arrêter. V. les mêmes historiens.

(1) Thierriat, cité par Digot, Hist. de Lorraine, II. 233.

(2) Il est bien probable que plusieurs gens de notre pays allèrent avec les luxembourgeois à l'armée du roi à Crécy; mais, dans les chroniqueurs, on ne mentionne de combattants que les seigneurs et les illustres. La chronique messine, racontant qu'en 1347, le sire Willaume le Hungre, chevalier, citain de Metz, fut fait maître échevin, ajoute incidemment qu'il revenait d'Angleterre, après avoir payé sa rançon. Huguenin, p. 83.

sous le nom d'empereur Charles IV. Parmi les morts de Crécy furent encore, de la maison de Lorraine, le duc Raoul, et Henri de Vaudémont, chef de la branche cadette issue de Gérard d'Alsace, comme la branche aînée : Marguerite, sœur de cet Henri, hérita de son comté; elle avait, vers 1322, épousé Ansel de Joinville, fils du fameux historien de saint Louis, et le même qui céda Vaucouleurs à Philippe de Valois : ce fut ainsi que la baronnie de Joinville fut unie à Vaudémont, branche qui arriva au trône ducal avec René II, vers la fin du xve siècle; de René, Joinville passa à son fils puîné Claude de Guise; et des Guise aux Orléans de la dernière maison. Quant à Charles de Luxembourg, dont Froissart n'a trouvé rien d'héroïque à raconter de la bataille de Crécy, il venait, en ce moment même, d'être élu empereur par les ennemis de Louis de Bavière : après la mort de celui-ci, l'année suivante, il régna en Allemagne et en Bohême jusqu'à la fin de 1378; mais il n'eut pas le Luxembourg, dont Jean avait fait l'apanage de son dernier fils Wenceslas, qu'il avait eu de sa seconde femme Béatrice de Bourbon. C'était un enfant mineur : de sorte qu'il y eut alors régence en Luxembourg en même temps qu'en Barrois; mais la régente de Bar Iolande fut fort attaquée par des compétiteurs, tandis que Béatrice resta paisible, ayant laissé toute l'autorité à Charles IV. Ces deux douairières, Iolande et Béatrice, vécurent très vieilles, et nous firent peu de bien et beaucoup de mal, dans leurs châteaux de Clermont et de Damvillers.

La garde luxembourgeoise impériale. — La garde de Luxembourg, établie par Jean et affermie par son fils Charles IV, fut le lien qui, dans les temps suivants, rattacha Verdun à l'Empire. L'empereur, ne pouvant être lui-même notre gardien titulaire (1), maintenait la cité et le pays verdunois par son duché de Luxembourg qui, jusqu'au milieu du xve siècle, resta dans sa maison impériale, laquelle était l'ancienne dynastie luxembourgeoise elle-même, puis revint à la maison d'Autriche, par héritage du

(1) V. ci-dessus, p. 107, art. de la nature des gardes.

fameux duc Charles de Bourgogne. Cette sorte d'agencement politique du duché de Luxembourg, ayant en annexe la garde de la cité impériale de Verdun, passa en droit et coutume tellement que, dans les pièces officielles, la Ville se reconnaissait sujette du Saint-Empire, et de toute ancienneté sous sa garde et protection, à cause du duché de Luxembourg; « et paient, à cet effet, par chacun an, certaine somme de deniers, appliquée au domaine dudit duché, pour, à ce moyen, être neutres », etc. Ainsi parle, entre autres pièces, la supplique à Charles Quint, au commencement de ses fameuses guerres avec François 1er; et tel était alors l'ordre de choses établi par les usages des anciens temps.

A l'élection impériale de Charles IV, le 10 juillet 1346, tout se tourna de son côté à Verdun. Son père Jean avait été, pendant les dix années précédentes, le gardien préféré de la Ville; et, pour le moment, l'influence luxembourgeoise dominait sans contrepoids, le Barrois étant divisé entre Iolande et ses compétiteurs : quant à la France, elle s'était retirée de fait, après l'arrangement d'Essey-en-Woëvre; et il n'était devenu que trop évident, depuis le grand désastre de Crécy, que de longtemps elle ne serait en état de reprendre nos frontières. Alors Henri d'Apremont, avec l'évêque de Metz (1), et probablement aussi des députations de nos villes, allèrent présenter leur foi et hommage de princes et cités d'Empire au nouveau souverain, à son couronnement à Bonn, fin de novembre 1346; et il leur fut tenu compte de cette démarche, grandement compromettante, si Louis de Bavière venait à l'emporter; mais, cette fois, notre prélat eut la chance de prendre le bon parti politique. Quelques jours avant son départ, et pour que ni lui, ni la Commune ne se présentassent devant l'empereur en mauvaise contenance de gens discordants, il fut fait entre eux, par deux personnages luxembourgeois, Arnoul sire de la

---

(1) Leur présence au couronnement mentionnée dans Berthollet, VI, 171.

Accord de 1346 entre l'évêché et la Commune. Roche en Ardenne (1) et Erard de Bazaille, abbé de Saint-Vanne, un accord sur la base du maintien, ou rétablissement des anciens droits de chacun, savoir haute seigneurie de l'évêque, et institution de la justice par lui, conservation des libertés et franchises des citains, le tout en la manière des coutumes du temps passé, sans spécification; mais, en cas de controverse, au jugement de quatre arbitres, ayant pour sur-arbitres l'abbé Erard et le sire de La Roche, enfin, en dernier ressort, notre saint père, si ces six juges ne peuvent s'entendre. Henri accorda que « les bourgeois et citoyens pourroient avoir et tenir héritages en l'évêché, et user d'iceux selon droit et raison » (2). Sur l'article du for ecclésiastique, et des immunités de tailles aux gens d'église, on reconnut en principe qu'il n'y aurait plus de voies de fait, et qu'on suivrait les formes et dispositions du droit: on ajouta que, bien qu'il fût d'ancienne coutume d'abattre les maisons des homicides et foringés (bannis à perpétuité: ceci sans doute pour les empêcher de revenir), on se contenterait désormais de vendre ces maisons, au profit commun et par moitié de l'évêché et de la Ville, en la manière des amendes de la Charte de Paix. Enfin les communaux, reconnaissants des bons services des Mendiants, firent mettre, en dernier article, qu'à l'avenir ni l'évêque, ni ceux de Chapitre ne pourraient éjecter (faire sortir de la ville) les religieux mendiants, ni les empêcher dans leurs offices, prédications et chants, quelque débat qui pût advenir entre lesdits évêque, Chapitre et ceux de la cité. Fait le 20 novembre 1346, du consentement d'honorables personnes princier, doyen et Chapitre, s'il plait à notre saint père (3),

---

(1) Il est assez probable que ce sire Arnoul de La Roche, dont il est dit en ces pièces qu'il faisait, pour le plus, (habituellement), résidence en la cité, fut le premier gardien luxembourgeois de Verdun. Il est mentionné dans l'approbation donnée par la chevalerie de Luxembourg, en mai 1336, au second mariage de Jean. Dans Berthollet, VI, Preuves, p. XXXII.

(2) V. l'explication de cet article, et le commentaire de Henri d'Apremont, ci-dessus, tom. I. p. 444.

(3) Ce consentement de Chapitre, pour que la transaction engageât l'évêché, et non simplement l'évêque. Au traité qui est dans Wassebourg, p. 413,

sous les sceaux de Henri d'Apremont et de la cité, sans préjudice, de côté ni d'autre, des gardes respectives, et sous un dédit de mille livres, au rapport et relation des arbitres. — En vertu de ce traité, la Commune de la Charte de Paix fut rétablie; mais les métiers prétendirent qu'il était de leurs anciennes franchises que les maîtres fussent au conseil de Ville; et il s'éleva sur ce point des contestations dont nous verrons la fin sous l'épiscopat de Hugues de Bar.

Restait l'arrangement avec le Chapitre, ou plutôt avec les Chapitres; car celui de la Madeleine n'avait eu garde de laisser les frères de Notre-Dame seuls au bon combat. Ces vénérables personnages, attendu que leurs immunités n'avaient pas été spécifiées ni catégoriquement exprimées dans l'arrangement général, en firent un autre qui, tant ils y mirent de circonspection et pesèrent bien toutes les clauses, n'arriva à conclusion que le 31 octobre 1348 : aussi fut-ce une charte très solide, qui fit loi pour l'avenir, et subsista comme texte fondamental entre la Ville et le Chapitre jusqu'aux derniers temps de celui-ci. Ce qu'il y a de plus curieux dans cette longue stipulation, ce sont les combinaisons de résistance qu'elle organise contre l'envahissement séculier de la terre Notre-Dame, laquelle, suivant le Chapitre, devait toujours rester tout entière, s'il était possible, en sa main-morte, sans aleux quelconques, et

<small>Accord de 1348 entre la Commune et le Chapitre.</small>

<small>on peut ajouter les mentions suivantes, indiquant que Henri d'Apremont et la Commune s'occupèrent sérieusement de consolider leur accord : « Deux grandes lettres, sur parchemin, portant accord entre Henri évêque et l'université et communauté dudit Verdun, sur quelques points et articles de juridiction qui n'estoient pas compris és lettres de la paix faite par avant : et un compromis pour d'autres, avec dénomination d'arbitres. De l'an 1346 (probablement 47 av. P.) — Lettres, sur parchemin, de l'accord fait entre Henri évêque et les citoyens et communauté, que les lettres de paix accoustumées estre jurées (la Charte de Paix) seroient suivies et entretenues en tous leurs points; Que les fuyants (forfuyants) se jugeroient en bonne foi; Que le vicomte (maître échevin) seroit obligé de prester le serment en l'hostel dudit évesque, le jour de saint Jean-Baptiste, suivant la coutume; Que la justice se feroit de bonnes personnes et en bonne foi par ledit évesque; Qu'il seroit loisible aux bourgeois de tenir héritages et terres en l'évesché. De l'an 1348. » Inventaire de l'évêché, nos 166, 168. — Cette dernière pièce devait être l'accord définitif.</small>

sans autres concessions que ce qu'on ne pourrait refuser au nouveau système d'affranchissement, que l'évêché introduisait de plus en plus dans ses villages; mais, d'un côté, les bourgeois éludaient cette main-morte, en expropriant pour dettes des sujets de l'église, en concert et collusion souvent avec eux; et, de l'autre, le Chapitre craignait de laisser ses hommes sans garantie hypothécaire, et par conséquent sans crédit pour les emprunts dont ils pourraient avoir besoin réel. On para à ces inconvénients au moyen d'un article où, conformément au précédent du tabellionage déjà établi pour Luxembourg et Bar par le traité de leur garde commune, il fut dit que le Chapitre aurait aussi à Verdun ses tabellions notaires, devant lesquels, à peine de nullité, se passeraient tous les actes de créances bourgeoises contre ses sujets, avec défense aux tabellions de rien écrire sans préalablement tenir, à insérer en l'acte, bonnes lettres d'attestation données à l'emprunteur par le maïeur et la justice de son village : autrement le titre ne serait pas valable pour obtenir expropriation (1). Ce cas d'expropriation arrivant, le citoyen créancier requerra d'abord la justice du village du débiteur de lui faire faire

Tabellionage du Chapitre

(1) « Item, accordei est que nous princier, doien et Chapitre estirons quatre tabellions notaires pour passer les créans (obligations) des hommes et des femmes la terre le Chapitre qui se voulront obliger aux citains de Verdun : et demorront en Verdun lesdits quatre tabellions...; et cil ou celle qui se voulra obligier venra premier à la justice, ou au maïeur et un des eschevins de son lieu, et fera mettre en escript son nom et le nom de cil à cui il se voulra obligier, et la somme en laquelle il se voulra obligier, et la valour de son héritaige souffisante à obligation; et fera signer du signe de son maïeur; et seront mins les noms de la justice, ou du maïeur et d'un des eschevins ondit escript. Et portera ledit escript ainsi signei par devant l'un des quatre tabellions; et adoncques peut penre le créant lidit tabellion, et non aultrement; et mettra en son protocolle ou instrument la teneur de l'escript signei dou maïeur. Et, si la somme n'est de plus de soixante souls, li instrument fera pleine foi, combien que il ne soit seellei dou seel dou tabellion de Chapitre : et, si la somme est de plus de soixante souls, li créditours ne pourront faire exécution de lettre de tabellion notaire, se n'est seelleie dou seel le tabellion de Chapitre; et lui pourra faire seeller le créditour toutes fois qu'il lui plaira jusques à cinq ans; et, se il ne requiéroit que sa lettre fust seelleie dedans les cinq ans, il ne s'en pourroit jamais aidier. »

satisfaction par celui-ci, faute de laquelle, « ou d'autre défense équipollente qui la vaulsist : équipollence sur laquelle le défendeur pourra demander à estre oï en Verdun, dans le délai d'un mois », l'exécution se fera, en meubles d'abord, puis en immeubles et héritages; ceux-ci, vendables seulement « as hommes de la terre le Chapitre, de pareille condition à l'obligié, c'est-à-dire main-mortables comme lui; et, si on ne trouvoit tel qui acheptast, Chapitre achepteroit, et paieroit le créditeur », lequel s'en irait ainsi, avec son argent. Il fallut cependant reconnaître, au moins possible pour le Chapitre, quelque chose des faits accomplis : en conséquence il transigea, au sujet des acquisitions du temps passé, que les possesseurs en resteraient en jouissance, à charge pour leurs héritiers, dans l'an et jour de leur hoirie, de mettre ces fonds en vente, toujours as hommes de Chapitre, à défaut desquels celui-ci achètera encore, à suffisance de prix. A la demande de la Ville, le louable et ancien usage des villages d'aller prendre droit à Sainte-Croix fut expressément maintenu, sans nul empêchement, partout où il existait dans la terre capitulaire (1). Vint l'article des immunités. Celle de portage et péage, ou de droits d'entrée aux portes, et des fermes de la Ville, fut restreinte « au propre des chanoines et de lors maisnies (gens de leurs maisons), sans faire négotiation », c'est-à-dire que, dès qu'ils mettaient en vente ce qu'ils ne consommaient pas de leurs blés, vins ou autres denrées, ils en devaient le droit. Pareille exemption des tailles personnelles; mais ici il n'est rien dit de la « maisnie » : de sorte que, pour se mettre en sûreté et ne pas voir de tailles dans leur cloître, les chanoines firent et réitérèrent des

Précautions pour maintenir la main-morte capitulaire.

Règlement sur les immunités du Chapitre.

---

(1) « Item, les hommes de la terre le Chapitre qui ont accoustumei à penre droit à Sainte-Creux le doient et dovront penre d'ores en avant, selon ce que on l'a accoustumei anciennement, sans nuls empeschements, sans fraude et sans mal engien. » Nous avons déjà dit que pareille coutume existait dans l'évêché, et qu'il y avait à Sainte-Croix des jours d'audience pour ces forains, présentés par les justices des villages, quand elles ne pouvaient terminer, ou que leurs plaideurs le demandaient.

statuts prescrivant à chacun d'eux de composer sa domesticité de sujets de la terre, non de gens de la ville, taillables de la Commune (1) : et, quand on leur objectait que ces forains, par le seul fait de leur domicile, devenaient, sinon bourgeois, du moins habitants, ils soutenaient que tout territoire de Chapitre, y compris le cloître de Verdun, était du comté, non de la cité. Les quatre anciens marliers ou vergers, officiers du Chapitre en corps, furent maintenus dans l'exemption à eux reconnue par les arrangements du XIIIe siècle (2) : c'étaient les seuls bourgeois que le Chapitre eût droit certain d'exempter, en se les incorporant: les maîtres des métiers expliquèrent que, si les marliers exerçaient quelque industrie, leur marlerie ne les empêcherait pas d'être passibles des peines de malfaçon; la Ville mit que cette exemption s'entendait seulement des tailles personnelles, non des impôts fonciers; enfin, comme ces tailles personnelles ne laissaient pas d'être lourdes aux riches, étant jetées d'après la fortune présumée de chacun, les communaux craignirent que des citoyens opulents ne s'en sauvassent en achetant des verges de Chapitre; de sorte qu'on stipula nullité d'acquisition par des gens ayant plus de 300 livres vaillant, au jour de leur entrée en l'office (3). On achetait en effet ces vergeries, et même on

(1) *Fuit conclusum quòd deinceps non permitterentur aliqui taillabiles morari in domibus canonialibus; et, si forsàn essent, quòd expellerentur.* 5 septembre 1435.—Messrs ont conclu qu'ils défendront *viriliter* les franchises de l'église, spécialement touchant la taille jetée par ceux de la cité sur les domestiques et servantes de mess^{rs}. Et ira-t-on vers eux pour leur remonstrer cette chose, avec plusieurs insolences qu'ils font *dictim* à l'église et suppôts d'icelle, 3 avril 1460.—Il est conclu qu'un chacun de mess^{rs} gagnant gros de prébende paieront aujourd'hui, pour tout délai, en la main du cellérier, chacun un florin de Rhin, pour aider à soutenir la dépense qu'il faut à garder la juridiction de l'église, franchises, libertés, cens et revenus d'icelle, et mesmement pour poursuivre la cause d'entre monss^r de Verdun (Guillaume de Haraucourt) et l'église; et ce *sub pœnâ crocheti.* 27 mai 1469.

(2) Ci-dessus, tom. II. p. 355.

(3) « Item traitié est que nous Chapitre pourrons avoir quatre officiers ou marliers borgeois de Verdun, se il nous plaist, et non plus (pas davantage) borgeois de Verdun : ne povons penre borgeois qu'eust vaillant plus de trois cents livres de forts, au jour que on li donneroit l'office. Et doient estre

les recherchait comme offices sans fonctions, sinon d'honneur, et avec privilége d'immunité : ce fut de cette manière, au XVIIe siècle, que le père de Chevert se trouva l'un des quatre vergers, non pas bedeau, comme l'écrivent quelques biographes de son célèbre fils. Une autre stipulation de l'accord de 1348 porte (ceci peut-être pour éviter le for ecclésiastique, dont la Ville ne voulait que le moins possible) que, s'il survenait entre particuliers de l'église et bourgeois, des affaires pour dettes, injures, voies de fait, ou tels cas semblables, non rares à cette époque, on n'irait pas devant les tribunaux ; mais chaque corps, sur la plainte de l'autre, mettra à droit et raison ses membres, suppôts et sujets; et, si cette justice n'est trouvée bonne, on en pourra appeler à quatre arbitres, deux de Chapitre, deux de cité : et, mettant sur le champ cet article en application, on nomma, pour terminer sur les dégâts commis ès maisons canoniales lors des saisies, le doyen et messire Nicole de Lenoncourt, chanoines, maîtres François (Collinet) et Gilet, citains, lesquels, s'ils ne peuvent bonnement finir d'ici à la Chandeleur, auront telle prolongation de terme qu'ils demanderont en bonne foi, et au plus brief possible. Au Chapitre incombera charge et entretien du mur de la Fermeté, aux endroits correspondants à ses maisons. Enfin les communaux, pensant aux Mendiants et craignant de les voir en butte aux rancunes et affronts des seigneurs de la haute église, firent écrire que « accordei est que les religious mendiants, et lors participants en la citei et defuers, seront remins en lor premier estat, sans fraude ni malengin : c'est à savoir que nous princier, doien, arcediacres et Chapitre ne les eschuirons, ne ferons eschuire pour quelconque chose ou occasion des descords qui ont estei ; ains les rece-

---

francs et exempts de tailles, impositions, et toutes autres choses, exceptei cas de malfaçon, sauf tant que des héritaiges que tenront, en feront, quant est de tailles, ce que par droit on en peut et doit faire. » Les chanoines non plus n'étaient pas exempts pour leurs biens personnels : « Item de tailler les héritaiges que cils de Chapitre ont, ou auront en Verdun, on en fera selon droit et coustume, » porte un autre article.

vrons as offices divins, processions, prédications, et toutes autres choses, ainsi comme devant, en bonne foi. Fait à Verdun, le darrien jour d'octembre 1348, par le consentement révérend peire en Dieu et chier signour monss^r Henri, par la grâce de Dieu évesque de Verdun : et li avons priei que weuille mettre son seel en cest présent accord, avec les nostres » (1).

Peste de 1348. L'année suivante 1349, arriva chez nous la terrible peste noire, de laquelle Froissart a écrit qu'elle fit périr en Europe bien la tierce partie du monde : estimation effrayante, et cependant confirmée par toutes les chroniques : on put même la trouver faible en certains lieux, qui perdirent jusqu'aux deux tiers de leur peuple. A Paris, où la maladie commença au mois d'août 1348, elle emportait, dans son plus fort, cinq cents, quelquefois huit cents personnes par jour. De notre pays, nous ne savons rien par relation contemporaine; et il n'en existe aucune de ce périlleux moment : ce qu'en disent, en quelques mots, Philippe de Vigneulle et Wassebourg, sans particularités ni indications locales, et en termes absolument pareils, semble puisé aux renseignements communs de l'histoire (2).

(1) Sur l'article de sa seigneurie en la terre Notre-Dame, le Chapitre, ne s'en rapportant pas tout à fait aux communaux, obtint de l'empereur les lettres suivantes : « Charles, par la grâce de Dieu roi des Romains adés en accroissement *(semper Augustus)*, roi de Boesme, comte de Lucembourg. Comme honorables hommes nos amis les princier, doien et Chapitre de Verdun se soient complaints à nous que notre gardien de Verdun ait prins et reçeu en notre garde, encontre eux, plusiors de lors hommes de serve condition; et les citains, et autres nos subjets font adjourner lesdits hommes à cours et juges à cui la connoissance ne appartient, et néanmoins les font exécuter non deument, et plus asprement que de raison, Nous qui en aucune manière ne voulons les droits amenuer, ains toujours maintenir et avancier, ordonnons et déclarons par ceste perpétuelle sentence, (suit un décret conforme)..., et, avec ce, se aulcuns de la citei, ou aultres nos subjets vouloient aucunes choses demander as hommes dessusdits de serve condition, que ils soient traitiés et appointiés par devant les signours de ladite église, à cui lor justice appartient, et non devant aultres... Donné à Lucembourg, en l'an Notre Seigneur mil trois cent quarante huit, le juedi dixime jour dou mois de mars (1349 av. P.), le tiers an de nos royames. »

(2) V. Wassebourg, p. 420, et Philippe de Vigneulle, dans Huguenin, p. 89. Ils ont dû, ou copier ce court passage l'un sur l'autre, ou le prendre dans

Quelques modernes, mal à propos à ce qu'il paraît, ont vu dans ce fléau une première et très formidable invasion de choléra asiatique : au XIVᵉ siècle, on en savait qu'il avait pris naissance dans la Haute-Asie, vers 1346, d'exhalaisons pestilentielles qui s'étaient, disait-on, élevées de vastes contrées, puis répandues sur l'Egypte et la Grèce; ensuite la maladie, passant la Méditerranée, vint en Italie, France et Espagne; enfin dans le nord, en 1348-49 : elle était si pernicieuse que tout homme atteint était réputé mort en deux ou trois jours au plus; et il y eut des gens qui n'osaient pas même regarder les malades, tant ils craignaient la contagion, qui se communiquait, suivant eux, par le simple regard. En cette terreur panique, s'éleva, en Allemagne d'abord, puis dans les Pays-Bas, une sorte de frénésie de pénitence, par flagellations que se donnaient sur les places publiques, en procession et cérémonie, de grandes bandes qui allaient de ville en ville, chacun portant un fouet à nœuds garnis de petites croix de fer fort piquantes, pour en fustiger les épaules nues de celui qui marchait devant lui; et ces extravagances se pratiquaient en vertu d'une lettre de rémission de tous péchés apportée, disait-on, par les anges, pour ceux qui feraient trente-trois jours et demi ces étranges promenades. Les évêques menacèrent ces fanatiques de les excommunier; mais le pays ne laissa pas d'être quelque temps troublé par leurs attroupements, attirant tous les exaltés et quantité de vagabonds. Une de ces processions traversa Metz et Verdun, en novembre 1349, se rendant en Champagne, pour aller montrer la pénitence aux Français; mais les prévôts du roi s'y opposèrent, aux passages de Sainte-Ménehould et de Montfaucon; de sorte que la compagnie revint exténuée de froid, de mauvaise nourriture, et de coups d'étrivières; et quelques-uns de ces insensés périrent misérablement en route (1).

Flagellants.

la même chronique générale. Nous avons déjà dit que le compilateur de Philippe de Vigneulle connaissait l'ouvrage de Wassebourg, qu'il cite quelquefois.
(1) V. Philippe de Vigneulle, ibid. p. 89, 90. Buirette, Hist. de Ste-Ménehould, p. 167.

Mort de Henri d'Apremont.

Henri d'Apremont ayant, depuis sa prise de possession en septembre 1313, passé trente-sept ans dans notre évêché, à travers mille bouleversements, mourut le 5 janvier de l'an 1349 avant Pâque, 1350 selon le comput moderne (1). Cette première moitié de notre XIV° siècle s'écoula en grande confusion; et ce temps, à la distance où nous en sommes, ne se découvre d'abord que comme un désordre informe et presque inintelligible de luttes, d'anarchie et de complications entre le roi, le comte Edouard, Jean de Luxembourg, l'évêché, les communaux, le Chapitre, les gens du parlement; mais Henri fit tête à tous, et subit leurs assauts sans trop reculer. C'était un homme tenace sur ses droits et prétentions, cependant sans violence ni déloyauté; et aucune tache ne vint par lui à la croix blanche des Apremont. En choses ecclésiastiques, il eut dû, plus qu'il ne fit, vaquer au soin de son diocèse; et sans doute il l'eût voulu : mais, ne le pouvant au milieu de tant de troubles, il prit un suffragant, François Chaillot, évêque *in partibus* de Chalcédoine, que le peuple appelait l'évêque des Cordeliers, parce qu'il était gardien des frères Mineurs de Verdun : ce qui ne les empêcha pas de se joindre, comme les autres Mendiants, au parti des communaux, Chaillot sans doute n'existant plus, ou n'étant plus père gardien en ce temps. Henri laissa pour souvenir de son passage dans l'église le petit Chapitre d'Hatton-Châtel, qu'il fonda, comme nous le raconterons bientôt : il rebâtit à l'évêché la chapelle des Clercs, pour une sorte de séminaire, à son service et à celui des paroisses de sa collation;

---

(1) Wassebourg, qui avait sous les yeux le testament de Henri d'Apremont, dont il donne un extrait latin, p. 415, dit que cet acte, daté du 2 mars 1348 (49 av. P.), portait une confirmation, du 20 octobre de l'année suivante (par conséquent 1349), en laquelle, ajoute-t-il, l'évêque mourut la veille des Rois. Cette veille des Rois, ou 5 janvier 1349, ne pouvant être, dans notre manière de dater, postérieure au 20 octobre de la même année, il s'ensuit que le comput de Wassebourg et des autres documents est de style ancien, et que le 5 janvier dont il parle est celui de 1350, comme aurait dû le remarquer Roussel, au lieu de dire, sans explication, que H. d'Apremont mourut la veille de l'Epiphanie 1349.

il donna à la cathédrale de beaux joyaux, faits de l'argenterie de sa mère Isabelle de Kiévrain (1); enfin il accrut la mense et les fondations par diverses notables largesses, dont le détail peut aujourd'hui être passé sous silence (2). Il y a plus d'intérêt à savoir que ce prélat ne mettait pas, comme le Chapitre, la servitude de la glèbe au nombre des choses sur lesquelles il fallait être intraitable : au contraire il affranchit volontiers, et en grand nombre, les villages de l'évêché : on lui a même fait honneur d'un affranchissement général (3) : ce qui n'est vrai qu'en ce sens qu'il admit la loi de Beaumont comme droit de plus en plus commun, appliqué, ou prochainement applicable à tout le domaine. Il reste de lui, en numismatique, plusieurs gros et demi-gros, au type français (4). Pour dernière particularité de son histoire, nous remarquerons, après Wassebourg, que « combien qu'il eust ordonné, par son testament, son corps estre inhumé en la chapelle Saint-Pierre Saint-Paul, fondée par ses ancestres, et augmentée par lui au bas de notre église, et combien qu'il eust mérité signe de sépulture, néanmoins n'en appert aucun » (5). Peut-être

(1) *Anno* MCCCXLIX, *vigiliâ Epiphaniæ, obiit bonæ memoriæ dominus Henricus de Asperomonte, episcopus Virdunensis, qui dedit huic ecclesiæ* XL *libratas terræ de hæreditate suâ, videlicet magnum et parvum terragium de Samoguuels, etc...; et in anniversario ejus debent pulsari grossiores campanæ.* Article ajouté au Nécrologe, d'une main ancienne, mais à une page autre que celle des nones de janvier. — *Henricus de Asperomonte, qui sedit annis* XXXVII, *mensibus* V, *diebus* IV, *dedit ecclesiæ tria pulcherrima et dilexissima ornamenta, rubri, viridis, et albi coloris, et jocale* (joyau) *in quo reponitur corpus Christi. Molendina de Tilly, et terras impignoratas episcopatûs redemit, et liberas successori suo dimisit, et multa alia bona fecit.* Jean de Sarrebrück, dans l'Excerptum. — Ce *jocale* de la montrance, ou ostensoir, existait et servait encore du temps de Wassebourg, p. 414, verso.

(2) A Sainte-Lucie de Sampigny, il donna une belle châsse de cuivre doré, sur laquelle on le voyait sculpté en relief, près d'un crucifix, avec écussons à ses armes de famille paternelle et maternelle : sur l'autre face, des traits de la vie de la sainte. Longueur 2 pieds ; hauteur 2 pieds et demi.

(3) Roussel, p. 336. Nous reviendrons sur ce sujet, à l'article des affranchissements.

(4) Description dans les Mém. de la Société philom. tom. IV. p. 260.

(5) V. sur cette chapelle et les tombes des Apremont, ci-dessus, tom. II. p. 575.

pourrait-on induire de là qu'il mourut, le Chapitre étant dispersé, et tout se trouvant en confusion pendant la peste noire. On trouve, au nécrologe, l'article de Henri hors de sa place, et comme surajouté; et il est dit, dans les pièces relatives à son testament, qu'aucun des exécuteurs testamentaires ne voulant venir, le Chapitre crut pouvoir, après Pâque 1350, leur substituer le neveu du défunt, Jean d'Apremont, sire de Conflans. (1) Les dates funéraires s'accumulent dans les nécrologes de nos églises, à la fin de 1349 et au commencement de 1350 : Jacques de Dompierre, abbé de Saint-Airy, mort le 13 septembre 1349, Erard de Bazailles, de Saint-Vanne, le 18 janvier suivant, treize jours après Henri d'Apremont, Nicolas de Verdun, de Saint-Paul, le 26 février : ce fut probablement alors le moment du grand danger de cette mort noire, que les allemands appelaient aussi *Schwarztodt,* sans doute à cause de la couleur livide des cadavres. Ce fléau ne distinguait pas les grands des petits; car, à Paris, il fit périr, en 1349, Bonne de Luxembourg, sur le point de devenir reine, par l'avénement de son mari Jean, fils de Philippe de Valois, et son successeur en août 1350.

Il nous reste, pour terminer ce chapitre, à dire comment, après Henri d'Apremont et Philippe de Valois, qui ne survécut que huit mois à notre évêque, cessa officiellement la garde de France à Verdun. Tout avait marché vers ce dénouement pendant les quatorze ans écoulés depuis l'acte d'Essey-en-Woëvre, en 1337: et ce qui se passa, en 1350-51, ne fut que la mise au grand jour des conséquences de cet arrangement : néanmoins la déclaration ne laissait pas d'être grave en politique. Elle se fit sans aucun doute à

Victimes de la peste noire.

(1) « Commission de Chapitre à Jean d'Apremont, seigneur de Conflans, neveu de feu Henri évêque, pour exécuter le testament dudit son oncle, au défaut et en l'absence des exécuteurs dénommés audit testament. De l'an 1350. » Grand inventaire de la cathédrale, p. 106, art. Siége vacant. Les commissions d'administrateurs *sede vacante* étant encore, dans cet inventaire, datées de 1349, il s'ensuit qu'elles furent décernées avant le 28 mars, jour de Pâque 1350.

l'impulsion et sous la pression de l'empereur Charles IV, très-hostile à un système par lequel notre ville était devenue française de fait; et ce prince, quelques années plus tard, lorsqu'il eût vu le nouveau désastre de la France à Poitiers, prononça solennellement, en diète à Metz, que toutes ces gardes de Verdun, établies pendant la vacance ou la vacillation du Saint-Empire : *sacro vacante, aut vacillante imperio*, (c'est-à-dire au temps de Louis de Bavière), étaient attentatoires aux droits impériaux, et, comme telles, nulles de pleine nullité; mais, comme en 1350 il n'était pas encore possible de parler si haut, on mit en avant les communaux, par le gardien luxembourgeois, pour que non-seulement ils n'allassent pas faire mettre au nom du nouveau roi Jean les traités jadis conclus avec ses prédécesseurs, mais qu'ils en redemandassent même les lettres, vu, leur dit-on, la très fausse et préjudiciable reconnaissance qu'on y avait incluse, que Verdun était dans le royaume et ès limites de France. La Ville hésita à faire une pareille démarche, traîna en longueur, laissa écouler l'an de l'avénement; enfin, quand il fallut prendre un parti, le bailli de Vitry réclamant peut-être de son côté et mettant en demeure, elle achemina vers Paris des députés avec cette fâcheuse commission, bien différente des anciennes suppliques aux rois précédents; et nous savons, sinon les détails, du moins le résultat de l'audience par la pièce suivante, de style assez sec (1) :

La Ville renonce à la garde de France.

Jean, par la grâce de Dieu roi de France, à notre amé et féal clerc

(1) Voici le texte latin : *Johannes Dei gratiâ Francorum rex, dilecto et fideli clerico nostro magistro Ode Boucherii, salutem. Vobis mandamus quatenus omnes litteras quibus cives et habitatores civitatis Virdunensis in Lotharingiâ jampridem compositi, et dicta civitas, fuissent in salvâ gardiâ regis, in certâ pecuniæ summâ receptoribus Campaniæ, nomine regio, singulis annis solvendâ se obligârunt, et per quas confiteri dicuntur se et dictam civitatem in regno nostro et infrà illius terminos consistere, visis præsentibus, ex certâ causâ reddatis ipsis civibus, vel eorum certo mandato, non obstante hujusmodi recognitione, vel quibusvis aliis contentis in litteris supradictis : litteras recognitorias de hujusmodi litterarum traditione et receptione debitas penès vos retinendo. Datum Parisiis, die* XVII *septembris, anno Domini millesimo* CCC *quinquagesimo primo. Per regem, ad relationem consilii, in quo erant domini Senonensis, Laudunensis, Belvacensis, Noviomensis. Signé Mareuil.*

Eudes Boucher. Au vu des présentes, remettez aux citoyens de Verdun, ou à leur certain procureur, toutes lettres de leur composition à sauvegarde royale, moyennant certaine somme annuelle qu'ils avaient promis de payer à notre receveur de Champagne, s'avouant, dit-on, eux et leur ville pour être en notre royaume, et sous ses limites. Nonobstant cette reconnaissance, rendez-leur lesdites lettres; mais ayez soin de prendre acte de la remise, et de leur faire laisser reçu. Donné à Paris, le 17 septembre 1351. Par le roi, à la relation du conseil, où étaient messeigneurs de Sens, de Laon, de Beauvais et de Noyon. Signé Mareuil.

Pour apprécier la conduite de nos communaux en cette circonstance, il est d'abord à dire que c'était le roi lui-même qui, s'arrangeant en 1337 avec Luxembourg et Bar, s'était substitué les deux comtes « en la terre que il avoit à Verdun, tant par lui, comme par son gardien », la leur abandonnant à chacun « par moitié héréditablement... de telle sorte, poursuit ce texte, qu'ils soient et demorent gardiens signors conjointement en la ville de Verdun, et en tous les droits, etc. » Ceci était formelle contravention à l'article de nos traités portant que jamais le roi, ni par cession, ni par transmission quelconque, ni lui ni ses successeurs, ne mettraient hors de leur main la garde de Verdun (1) : aussi avait-on, en cet arrangement, qui est celui d'Essey-en-Woëvre, évité le mot garde, et écrit simplement territoire de la garde; de sorte que, grâce à cette périphrase, le parlement pouvait juger que le roi ne laissait pas de rester en son droit de haut gardien : mais ceci était subtil; et, comme en fait et aux termes mêmes de l'acte d'Essey, les deux comtes étaient reconnus « signors gardiens en la terre que le roi avoit auparavant à Verdun », les communaux pouvaient aussi plaider que c'était Philippe de Valois qui avait rompu le pacte, et que la défection ne venait pas de leur côté : à quoi son avocat aurait sans doute répondu qu'eux-mêmes, par leurs manœuvres avec

---

(1) *Ità quòd extrà manum nostram, vel successorum nostrorum regni Franciæ, poni seu transferri valeant in futurum.*

Jean de Luxembourg, avaient été la première cause de la rupture. Il y avait là ample matière à chicaner et contester; et on n'y manqua pas dans la suite (1). Pour le moment, il dut être facile de persuader à la Ville que, si elle allait reconnaître la haute garde du roi Jean, la conséquence serait pour elle d'avoir à payer la censive et les droits *quibus compositi receptoribus Campaniæ* : car l'acte d'Essey ne renonçait non plus formellement à rien de tout cela; et cette censive était lourde depuis qu'on lui avait successivement fait atteindre la somme annuelle de onze cents livres. En résumé, nous ne savons de ce qui se fit et fut dit alors rien que par la lettre, fort laconique, du roi Jean; et, sans y faire plus long commentaire, nous ajouterons que, malgré ce qu'elle ordonnait, les gens du roi ne nous rendirent pas les chartes de nos anciennes gardes de France : car ils surent fort bien, au temps de Charles VI, les retrouver dans leurs archives, même la lettre où nos députés de 1318 avaient reconnu, sous leurs sceaux privés,

(1) «... Disant et remontrant lesdits gouverneurs, conseil, citains, université et communauté, par leursdits procureurs, que ladite garde et devoir d'icelle leur avoient été quittés et remis par feu de bonne mémoire le roi Jean, notre bisayeul; et de ce leur avoit octroyé quittance et révocation, et que toutes lettres faisant mention desdites gardes et devoirs, estant en la Chambre des comptes, leur fussent rendues : et, par ce, en estoient demeurés francs, quittes et exempts jusques au temps notre très chier seigneur et père, cui Dieu pardoint!, lequel les avoit reprins et remins en ses protections et sauvegardes, l'an 1396. Et, par notre procureur, fut remontré au contraire que, dès feu de bonne mémoire le roi Louis (Hutin) de France et de Navarre, icelle garde fut jadis donnée et octroyée sous condition que nos prédécesseurs, ne autres leurs successeurs rois de France ne pourroient séparer ne démembrer icelle de la couronne : par quoi apparoist icelle estre héréditaire; et, pour ce, notredit bisayeul le roi Jean ne l'avoit pu séparer, et que les lettres qu'il leur en avoit données estoient subreptices, et subrepticement impétrées, icelui notre bisayeul non adverti... A quoi fut respondu par lesdits de Verdun que lesdites lettres de quittance à eux baillées par notredit bisayeul leur avoient été par lui octroyées présents plusieurs notables seigneurs, prélats et autres de son grand conseil, comme le duc d'Athènes, comte de Vendosme, l'évesque de Laon, etc.; et avoient été présentées lesdites lettres de quittance aux gens des comptes; et, en exécution d'icelles, fut mandé audit receveur de Champagne que d'illec en avant, il les tinst quittes et paisibles; et ainsi estoient demeurés en franchise d'aucune chose à paier ». Débat au Grand Conseil, en 1445, sous Charles VII.

que Verdun était, non pas seulement dans le royaume, mais du royaume; et nous raconterons, dans l'histoire de la fin de ce siècle, comment le bailli de Vitry fit savoir à la Ville que toutes ces pièces existaient, et qu'on ne les avait pas laissé tomber en poussière dans les Olim (1).

(1) « Item, que le roi a, en son trésor, les lettres desdits de Verdun, séellées du séel de la cité, par lesquelles ils confessent la ville estre du royaume; desquelles lettres le roi a envoyé la copie, etc. Instructions données au bailli de Vitry, en 1391.

GRAND SCEAU DE St VANNE

CHAPITRE III.

DIVERS FAITS SE RAPPORTANT A LA PÉRIODE PRÉCÉDENTE.

Ce que nous dirons ici ne sera ni de grande importance, ni fort intéressant; mais des lacunes resteraient dans l'histoire, si nous omettions ces détails.

En 1315, le comte Edouard, à son avénement, et le Chapitre firent entre eux le traité en vertu duquel la prévôté d'Harville, autrement dite ban de Pareid, fut, jusqu'à la Révolution, mi-partie Barrois et Chapitre. Ce n'était pas une seigneurie fort considérable; car elle ne se composait que de six villages, Harville, Pareid, Moulotte, Villers-en-Woëvre, Warville et Thyméville; et ces deux derniers ayant été détruits par les guerres de la première moitié du XVe siècle, elle se réduisit à quatre. Avant 1315, il était déjà intervenu des arrangements sur ces villages; car, en 1254, nous avons vu le comte Thibauld II, lorsque le Chapitre fournit à son frère 500 livres, pour le tirer des mains de l'empereur Guillaume, céder aux chanoines toute la vouerie, seigneurie, et fief desdits lieux, « sans rien à retenir »; ce qui n'empêcha pas qu'en 1310, on n'ait fait enquête sur quelques points encore à débattre (1); enfin, en 1315, soit qu'Edouard eût allégué quelque juste réclamation, soit que le Chapitre de son côté eût réfléchi que, n'étant pas le plus fort, il valait mieux pour lui céder la moitié que de s'exposer à perdre tout, les parties firent entre elles communauté de tout le domaine (2), sauf le

Traité du ban de Pareid, en 1315.

(1) Ci-dessus, tom. II. p. 458.
(2) « Pour oster tous descords, etc., warder paix, et plus grand profit avoir, accordei est, convenancei, ordenei et fermei à tous jours, sans jamais contrevenir, entre hault homme et noble Eddowars, chevalier, cuens de Bar, pour lui et la comtei de Bar à tous jours, et honorables hommes le princier, doïen, Chapitre, etc., pour ladite église. Que compaignie est faite et com-

patronage des églises, les dîmes et granges dimeresses, qui resteront en propre au Chapitre : « et sont, porte l'acte, et seront perpétuellement toutes justices haute et basse, et forces desdits lieux communes et en commun auxdites parties; et les feront faire et mettre à exécution en commun par les sergents communs (1) : ne n'y aura l'une des parties plus de seignorie ne de droit que l'autre : et ne peut ne li une, ne li aultre faire ne avoir habitation forte ne munition eu lieux dessusdits, ne l'une sans l'autre recevoir quelconque chose, même de don et cortoisie, que ne soit de commun et en ceste compaignie ». L'article relatif à la levée du ban mérite encore d'être rapporté : « Ne pourront lesdits seigneurs traire (tirer) les gens hors desdits lieux ne les mener en ost ne chevauchie pour meffaire sur aultrui, fors que pour défendre les héritaiges et les terres de l'une des parties et de l'aultre; et encore ne les y pourront mener, se n'est par l'accord et octroi commun : et quand on les meneroit hors desdits lieux, ils seront, la première nuit, à lors despens, et de là en avant aux des-

munion, de moitiei en moitiei, perpétuellement à tous jours, de tout ce en tieirement que lidits cuens, princier, doyen, etc., avoient, et avoir pouvoient et devoient, en quelconque manière, eins villes, eins bans, finaiges, terriloires et parochaiges de Harville, de Pareix, de Molettes, Wareville, Thimeville, Villers-en-Weivre, fors les patronaiges des églises, les deixmes. (Suivent les articles que nous rapportons en texte, et autres de détail, moins essentiels). Et ne peut, ne doit lidit cuens, ne sui hoirs et successours comtes de Bar, mettre fuers de lor main lor partie de ceste communion et compaignie; et ne peut aller en aultre personne que en cell qui seroit cuens de Bar, ne par héritaige, succession, vendaige, etc., ains demorra au comté et à la comtei de Bar, à tous jours... Fait, sous les sceaux des parties, l'an de grâce 1315, ou mois d'avril. » — La mention de la chevalerie d'Edouard semble mise là en compliment pour cette chevalerie, alors toute neuve, dont il venait d'atteindre l'âge. — Il n'y a pas trace de l'intervention de Philippe le Long en cette affaire, comme le dit mal à propos D. Calmet, Notice, art. Pareid, en citant un passage mal rédigé de Roussel, où il ne s'agit que du comte Edouard.

(1) Sur ces sergents communs, il est dit : « Les parties devront faire et feront sergens, maieurs, eschevins, et aultres que mestier (besoin) seroit, lesquels feront feaulté et serment à l'une des parties et à l'aultre équalment et seront subjets et obéissans à l'une et à l'aultre équalment, et sergenteront, et leveront les rentes et droitures, et en compteront et rendront raison en commun. »

pens de celui qui les meneroit ». Il fut ajouté que chaque successeur d'Edouard viendrait jurer le traité, à la cathédrale, sur la châsse Notre-Dame, avec quatre chevaliers de son conseil, au choix du Chapitre, plus le bailli de Saint-Mihiel et le prévôt d'Etain, le Chapitre jurant de son côté par le princier, le doyen et quatre chanoines, au choix du comte, le prévôt capitulaire d'Harville assistant et prêtant aussi serment. Grâce à ces précautions, et sauf quelques disputes inévitables, le traité se maintint : on a encore les actes des serments réciproques jusqu'au duc Léopold, pour lequel jura, en 1702, le bailli d'Etain (1) : ensuite le Chapitre eut l'honneur insigne d'avoir, au ban de Pareid, la co-seigneurie du roi, comme duc de Bar; et cela était encore ainsi en 1790, et fut spécifié dans la déclaration *in extremis* des capitulants, le 24 février de cette année de leur fin.—Pour ne plus revenir sur ces détails, nous ajouterons qu'en novembre 1317, deux ans après l'accompagnement, le ban fut affranchi par ses deux co-seigneurs, à la loi de Beaumont : c'était une brèche à l'antique ordre de choses de la terre Notre-Dame; mais l'exception avait été prévue dès 1315, Edouard ne voulant pas sans doute de sa part de moitié aux embarras où le Chapitre se mettait par sa main-morte (2) : néanmoins, de peur que la brèche n'allât trop loin, il accorda en 1322 que les forfuyants des autres territoires de l'église seraient rigoureusement rendus, qu'on abolirait les entrecours, enfin que toutes les

---

(1) Serment du duc Robert, 21 mars 1360; du cardinal de Bar, 21 mai 1416; de René, fils de roi de Jérusalem et de Sicile, duc de Bar et de Lorraine, 20 janvier 1452 (53 av. P.); de Théodore de Lenoncourt, bailli de Saint-Mihiel, au nom de l'altesse de monseigneur le duc de Calabre, Lorraine, Bar, etc., 3 janvier 1608; de Henri de Gournay, comte de Marchéville, premier chambellan et premier des ordonnances de Son Altesse royale, chef de province, et bailli de St-Mihiel, Hatton-Châtel, etc., le 15 novembre 1658. La lettre du duc Léopold à son très cher et féal bailli de notre bailliage d'Estain, François du Hautois de Recicourt, est datée de Nancy, 18 mai 1702.

(2) « Des mortes-mains, des formariages et forfuyances que le princier, doien et Chapitre y avoient.., se ainsi estoit que on ne donnast loi et franchise, et quittance des servitudes, conditions et droitures dessusdites, elles demorroient et seroient en commun. »

terres capitulaires jouiraient, du côté de Bar, de neutralité pareilles à celles que leur avait accordées Luxembourg en cas de guerres présentes ou futures des comtes avec l'évêché ou la Commune (1). Comme renseignement sur ce que les seigneurs pouvaient alors tirer de leurs villages, nous remarquons, dans ces mêmes arrangements de 1322, une charte où il est dit qu'Edouard et le Chapitre « se sont accordeis en teille manière qu'à cette saint Remei prochaine, ils leveront de cils dou ban de Harville et Pareid six cents livres de tournois, lesqueilles doient estre leveies par nous ensemble : ne li un n'en doit rien lever sans l'autre » (2). Au XVIᵉ siècle, le Chapitre eut le bonheur de sauver son ban de Pareid des conquêtes que firent alors sur l'évêché les illustrissimes administrateurs perpétuels cardinal Jean de Lorraine et son neveu Nicolas, ainsi que nous le verrons dans l'histoire mémorable de ces grands et ruineux personnages. — La justice du ban de Pareid se rendait d'ordinaire à la prévôté d'Etain, par le prévôt, assisté en ces causes d'un officier de l'église (3).

(1) « Nous Eddowars, etc., et honorables hommes princier, doien, etc. Avons promins et promettons que, pour werras, descords qui désormais etc., (comme dans la charte de Jean de Luxembourg, ci-dessus, p. 130). Et sont, et seront désormaix nuls et annulleis à tous jours tuit li entrecours queils qu'ils soient et puissent estre, entre les lieux, les villes, la terre et les gens desdits princier, doien, Chapitre, et nos villes, nos lieux, nos gens, notre terre de la comtei de Bar...; et, en semblant manière, ne peuvent, ne pourront recevoir, retenir, défendre nos hommes, ne nos femmes en lors villes, etc. Longue charte, du dimanche avant l'Ascension 1322... Et avons prié à hault homme et noble, notre bon ami monsignor Ansel, signor de Genville (Joinville), seneschaul de Champaigne, que il meist son seel avec les nostres en ces présentes lettres. » — Sur les entrecours, ci-dessus, tom. , p. 450.

(2) Charte, dans les notes de Husson sur Wassebourg. « Et avons fait seeller ces lettres dou seel notre secret, qui furent faites l'an de grâce 13.., le venredi après Pentecoste. » — Ce scel « notre secret » pourrait bien indiquer que c'était là quelque exaction, qu'Edouard et le Chapitre combinèrent à part eux, pour ne pas faire crier le public.

(3) « Le soubsigné, qui a porté la charge de procureur d'office au ban de Pareid pour messieurs de la cathédrale, dés et depuis 1607, a toujours vu exercer la justice par les prévosts d'Estain et de messieurs conjointement, le prévost de sadite Altesse ayant néanmoins la prééminence, et étant nommé le premier... Toutefois, si le prévost dudit Chapitre, que l'on qualifioit

Le Chapitre de Montfaucon renouvela en 1319, avec Philippe le Long, son traité de pariage conclu en 1272 avec Philippe le Hardi, aux mêmes clauses essentielles, savoir : établissement en commun de deux officiers prévôts, l'un royal, l'autre capitulaire, faisant conjointement au nom des deux co-seigneurs les actes de justice et de seigneurie (1); mais, après ce renouvellement, s'éleva entre le Chapitre lui-même et son grand-prévôt, archidiacre

Rénovation du pariage de Montfaucon, en 1319.

prévost d'Harville, ne se trouvoit aux causes, qui le plus souvent se tenoient à Estain, le greffier écrivoit : « Par devant N., prévost, ou lieutenant en la prévosté d'Estain, tant en ladite qualité que pour et au nom du prévost de Harville. » ... On mettoit aussi assez souvent les causes ordinaires à certain jour au lieu de Pareid, où les deux prévosts et autres officiers se trouvoient... Signé P. Warin. — On voit, dans un jugement du bailliage de Verdun du 3 décembre 1697, que le Chapitre vouloit que les officiers d'Etain tinssent des jours certains, où ils viendraient siéger à Pareid avec son prévost, faute de quoi, concluait-il, voir ordonner que la juridiction et justice seraient à lui seul Chapitre pendant une année, et au prévôt d'Etain l'année suivante.

(1) *Philippus, Dei gratiâ Francorum et Navarræ rex... Dilecti nostri Renau... decanus, totumque Capitulum ecclesiæ Montis-Falconis, Remensis diœcesis, ... considerata utilitate et pace ecclesiæ suæ et terræ, nos associaverunt in medietate justitiæ suæ temporalis in totâ terrâ sud, videlicet in villâ Montis-Falconis et aliis villis appendentibus* (ces villages ne sont pas spécifiés, comme dans l'acte de 1272). *Quòdque nos, seu deputandus à nobis, et decanus et Capitulum prædicti faciemus et ponemus majores, scabinos, et alios servientes* (sergents) *in dictis villis communiter et concorditer, sicut ipsi solùm hactenùs facere et ponere consueverunt, totumque emolumentum justitiæ erit nobis et eis commune. Retinuerunt tamen, et sibi reservaverunt quòd eligent semper ... in dictâ villâ Montis-Falconis quinque homines* (il n'y en avait que trois dans le pariage de 1272), *videlicet tres ad serviendum ecclesiæ suæ* (comme les quatre vergers de la cathédrale), *et alios duos janitores claustri Capituli : ... quinque homines in omnimodâ jurisdictione Capituli permanebunt perpetuò, ab omni servitio, exercitu, consuetudine et coustumâ nostri, successorumque ... erunt liberi et immunes. Insuper retinuerunt sibi redditus suos, decimas et omnia alia bona sua...* — La connaissance des différends entre le Chapitre et ses sujets est attribuée au bailli de Vermandois. A la Toussaint, le roi lèvera, tous les ans, sur chaque feu deux sous tournois : le doyen et le Chapitre promettent de faire leur possible pour engager leurs hommes à se soumettre à cette contribution, moyennant laquelle le prévôt royal sera aux frais du roi, qui protègera et défendra la terre du Chapitre comme la sienne propre; il ne mettra jamais ce pariage hors de sa main; et les deux prévôts jureront réciproquement de ne rien faire au préjudice des droits de l'autre co-seigneur... *Datum Trecis* (à Troyes), *anno Domini* 1319, *mense novembri. ... Dominum nostrum regem, præsente consilio.* Signé Baquelin. —Sur Montfaucon, v. ci-dessus, tom. I. p. 166-172, et tom. II. p. 486.

d'Argonne et premier dignitaire, le même que le princier des cathédrales, une vive discussion sur les prérogatives de la grande prévôté en ce régime mixte. Le parlement de Paris, saisi de l'affaire, rendit, le 23 juin 1335, arrêt sur enquête qui forme document instructif, bien qu'un peu long, et mérite que nous en donnions quelques passages en note. Le grand-prévôt y est reconnu chef de la force publique et de la haute justice, les chanoines n'ayant que la basse, ou police, et seulement dans la cour de leur cloître, ainsi qu'en un lieu voisin, dit rue ou ban Doussard, où leur cellérier pouvait infliger des amendes de quinze sous; plus haut, il leur fallait s'adresser, comme les autres, au grand prévôt : en revanche le Chapitre avait l'administration, en vertu de laquelle il instituait les maires et échevins, non-seulement à Montfaucon, mais dans tous les villages de la prévôté. L'enquête constate la bonne procédure suivie en ce territoire, dès longtemps avant le pariage et d'ancienneté immémoriale, pour les cas de grand criminel : l'information se faisait par les maires et les échevins; puis le grand-prévôt les mandait tous en son hôtel, où ils faisaient le jugement par délibération commune, lui-même, ainsi que son bailli ou lieutenant, se retirant de la séance de cette espèce de jury. Il y avait encore alors à Montfaucon un « advocat », c'est-à-dire un voué, ou plutôt un sous-voué; car le titulaire de la grande avouerie était, ou avait été le comte de Grand-Pré, représentant les anciens comtes de Dormois. On ignore comment le Chapitre parvint à se débarrasser de lui : ce fut probablement quand Thibauld II de Bar prétendit lui avoir acheté ses droits d'avouerie : prétention que le Chapitre rendit vaine, ainsi que nous l'avons vu, au moyen du pariage avec Philippe le Hardi (1).

Justice criminelle en cette prévôté.

(1) « Enqueste, par notre commandement faite et rapportée en notre cour, et reçue pour estre jugée, parties ouïes. S'est trouvé que, au temps du pariage, et du par avant, lesdits doien et Chapitre étoient en possession et saisine de instituer les maires et eschevins dans ledit bourg de Montfaucon,

En ce temps, la mode des princes et des grands seigneurs était d'avoir, dans leurs manoirs, des chapelles collégiales, c'est-à-dire desservies par un collége, ou corps plus ou moins important de clergé, que l'on rehaussait du titre de Chapitre. Ainsi faisaient les rois de France, à la Sainte-

recevoir leurs serments, et lever les amendes jusques à quinze sous, desquels la troisième partie appartient à l'advocat, (le sous-voué), le tiers du restant audit grand-prévost, et les deux autres parts aux doien et Chapitre. Et quand, audit bourg et villages dépendants, arrive cas de haute justice, lesdits maires et eschevins et le grand-prévost, par lui ou son baillif, font informer; et, quand le jugement se doit faire, lesdits maires et eschevins, et autres eschevins des autres lieux, estant assemblés en la maison du grand prévost, disent à lui ou à son baillif qu'ils se retirent. Lors lesdits maires et eschevins entre eux délibèrent; et, le jugement rendu, font revenir ledit baillif; et, si le coupable est condamné à la mort, disent lors audit baillif: Faites votre devoir. Lors ledit baillif fait sonner le cor ou la trompette pour assembler le peuple; et le baillif, ou son lieutenant, les maires et eschevins, et l'advocat conduisent le criminel où on a de coutume faire telles justices et exécutions; et, ainsi fait, les meubles du condamné appartiennent au grand-prévost, les immeubles au doien et Chapitre. Et, si ledit coupable doit estre banni, le ban est publié de par le grand-prévost, doien et Chapitre, les maires et eschevins, et en la cour proche la maison du grand-prévost, et dans la rue, ou ban dit Doussard. Et tel devoir se fait pour la haute justice. —S'est trouvé que lesdits doien et Chapitre, et leur cellérier peuvent faire les congrégations, convocations et citations des subjets pour tenir conseil sur le fait de ladite église; et, pour faire les captures et représailles, si le cas y eschoit, ont de coustume les faire ensemble avec le grand-prévost; mais, quant à ce qui est de mener les subjets à la guerre, mesme en nos armées (du roi) ou cavalcates, ont de coutume d'estre assemblés par ledit grand-prévost seul, au son du cor ou trompette. — A esté aussi trouvé que, dans Montfaucon et lieux dépendants, comme aussi à la cour et rue, ou ban dit Doussard, ledit grand-prévost y a droit, quant à la haute justice...; outre plus, est en possession d'exercer toutes sortes de hautes justices sur les hommes dits les Montignons; la connoissance de toutes les amendes qui sont au-dessus de quinze sous,; item, est en possession et saisine de repousser toutes violences et injures faites auxdits sujets, et de les assembler, ensemble avec le cellérier, doien et Chapitre, pour faire captures et représailles; et les mener et ramener, par lui ou autre, dans notre armée et cavalcates; item mettre et instituer en son nom son baillif et son sergent, un ou plusieurs; item, prendre, arrester, emprisonner et déprisonner auxdits bourg et villages, mettre un tourier pour garder la tour, maison dudit grand prévost, et sa maison et les prisonniers... La cour maintient les parties aux droits, possessions et saisines prouvées par l'enquête, donne main levée des saisies faites sur elles par ordre du roi, comme supérieur, leur remet ce qu'elles avaient demandé l'une contre l'autre pour les dépens, et leur impose silence perpétuel. Donné à Paris, en notre parlement, le vingt troisième jour de juin 1335.

Chapelle du Palais de Paris; et, en Lorraine, il y avait Saint-Georges de Nancy, où le duc était premier chanoine, en vertu de la fondation ducale, de 1339. De la même manière existait, à Bar, le Chapitre de Saint-Maxe, dont la fondation, dans l'antique chapelle castrale, remontait à la seconde moitié du Xe siècle. En 1315, le comte Edouard voulant, à son avénement, inaugurer son règne par quelque acte « à l'avancement de sainte église et accroissement de notre chastel de Bar », procura l'érection, en une chapelle près la halle de la ville haute, d'une seconde collégiale, du nom de Saint-Pierre; et, s'étant associé pour cette bonne œuvre, Ansel de Joinville, Pierre et Albert de Norroy, avec plusieurs autres, tant clercs que laïques, la fondation se fit, d'une manière dont nous n'avons point encore vu d'exemple, par une sorte de tontine, que l'on créa en autorisant cinquante ou soixante clercs à former une société de chanoines fondateurs, moyennant par chacun certains apports, que les fondateurs garderaient en jouissance viagère, et lègueraient à la masse commune, qui s'accroîtrait ainsi jusqu'à ce que, par les décès successifs, il n'y eût plus que seize prébendes, lesquelles dès lors seraient toutes à la nomination du comte de Bar. Vu la modicité des premières ressources, les fondateurs ne furent astreints qu'à un service de résidence, ou stage annuel de seize semaines, à une heure par jour; mais, pour leurs successeurs, il fut dit qu'ils devraient résider vingt-une semaines. La charte donna permission à toute personne d'aumôner le nouveau Chapitre, et faculté à celui-ci d'accroître, par toute voie licite, son fonds jusqu'à 600 livrées de terre, sans haute justice toutefois; et le comte renonça à tout droit d'amortissement sur ces acquêts; mais ce fut tout ce qu'il donna : du moins l'acte ne mentionne de lui ni aumône, ni donation quelconque; de sorte qu'à s'en tenir à ce texte, il n'aurait pas payé fort cher son honneur de fondateur; et on put s'imaginer qu'il n'avait eu d'autre but que de créer, aux

Nouvelles sortes de fondations: St-Pierre de Bar

dépens du public, seize bénéfices à la collation de ses successeurs (1).

En 1317, Gobert, frère de notre évêque Henri, et en 1328, cet évêque lui-même voulurent aussi avoir, chacun en sa résidence, l'un à Apremont, l'autre à Hatton-Châtel, une petite collégiale, lesquelles ils érigèrent l'un après l'autre, et qui restèrent près de 400 ans aux lieux où les avaient mises leurs fondateurs, mais, au commencement du XVIIIe siècle, il y eut fusion entre elles, et elles se firent transférer à Saint-Mihiel, en 1707, pour devenir là Chapitre de ville, titré Saint-Léopold, en l'honneur du duc qui autorisa ces changements. On trouve, dans les Preuves de dom Calmet la dotation assignée par Gobert à sa collégiale Saint-Nicolas d'Apremont, du consentement de Marie de Bar, sa femme, l'une des filles du comte Thibauld II (2) : il donna de ses domaines assez largement pour entretenir onze prébendes, que le malheur des temps suivants réduisit de moitié. Quant à Hatton-Châtel, il est d'abord à noter que, bien que la charte de 1328 n'y mentionne aucune fondation collégiale antérieure, et dise même que l'église Saint-Maur de ce bourg n'était que paroissiale, il y a néanmoins preuve, dans nos cartulaires, qu'un ancien corps de clergé, d'origine immémoriale et inconnue, et dont les membres étaient qualifiés chanoines, se conserva là jusqu'à la

Collégiales d'Apremont et d'Hatton-Châtel.

(1) V. la charte, avec la confirmation de l'évêque de Toul Jean d'Arzillières, dans les Preuves de D. Calmet, II. 566, 67, 1re édit. Dans la Notice de Lorraine, art. Bar, Calmet ajoute que « ces manières de fondations, en forme de loteries, etc. furent alors assez communes ».

(2) Charte de 1319, dans D. Calmet, Preuves II. 570, 1re édit. Elle suppose un Chapitre déjà constitué par la charte de 1317, dont un extrait, dans les Ruines de la Meuse, de M. Dumont, III. 23. Il y avait en cette église des cryptes remarquables ; et, après la translation du Chapitre à Saint-Mihiel, des Récollets le remplacèrent ; mais il ne reste rien aujourd'hui ni d'eux, ni de la collégiale, ni de la forteresse. La plus ancienne fondation était un prieuré Notre-Dame, au Val-sous-Apremont, doté par les seigneurs, et donné par eux aux bénédictins de Gorze, vers le milieu du XIe siècle ; après la destruction de Gorze, au XVIe, il passa aux Jésuites de Pont-à-Mousson. Ce village sous Apremont s'appelait alors Tigeville ; c'est l'Apremont actuel.

seconde moitié du XIIIe siècle (1) : ce corps venait probablement d'une mère-église mérovingienne ou carlovingienne, dont le clergé, à cause sans doute du château de l'évêque, resta à Hatton-Châtel, après l'érection des paroisses rurales; mais, au temps de Henri d'Apremont, il se réduisait à deux prêtres, curés partiaires, comme les deux de Saint-Sauveur de Verdun (2). Ces antiquités étant à restaurer, Henri trouva qu'il y avait du bon à imiter dans le procédé du comte Edouard à Saint-Pierre de Bar; cependant, comme le Chapitre d'Hatton-Châtel n'était point à créer tout à neuf, notre prélat n'alla pas jusqu'à chercher le nombre exorbitant de cinquante ou soixante nouveaux fondateurs : et il se contenta de vingt, qui mirent chacun dans la masse un minimum de cent sous tournois de rente perpétuelle, de telle sorte que, les décès successifs arrivant, la fondation améliorée se réduisit à dix prébendés et onze prébendes, le doyen ayant double portion, en qualité de curé, tenu à résidence continuelle, à la place des deux anciens partiaires. Relativement aux fonctions curiales de ce dignitaire, la charte donne un tarif de casuel, le plus ancien qui se soit conservé dans nos archives (3) : elle

---

(1) *J. Dei gratiâ Virdunensis electus* (l'élu Jean)... *Hugo de Domno-Severino..., quidquid habebat in decimâ grossâ et minutâ de Domno-Severiano (Domsevrin), et etiàm croadistarum suarum quas à nobis tenet in feodum, canonicæ præbendarum quarum collatio ad nos pertinet in ecclesiâ de Hattonis-Castro contulit et concessit in perpetuum, ità quòd Willermus clericus noster de Virtut, canonicus ecclesiæ prædictæ, dictas decimas toto vitæ tempore possidebit, excepto quòd canonicis præbendarum quarum collatio spectat ad Capitulum Virdunense, et hospitibus clericis frequentantibus chorum dictæ ecclesiæ qui præsentes erunt in anniversario dicti Willermi, distribuentur sex denarii monetæ Virdunensis. Datum 1247, mense aprilis.*

(2) *Item, quia præsentatio ad ipsam parochialem ecclesiam, in quâ sunt duo perpetui vicarii, de cætero cùm vacabit de uno solo curato fiet.... duobus vicariis sublatis, non erit in eâ nisi unicus rector, videlicet decanus.* Passage de la charte de 1328, omis par D. Calmet, Preuves, II. 581, 1re édit. — Sur les deux curés partiaires de Saint-Sauveur, ci-dessus, tom. II. p. 14.

(3) *Singulos denarios pro baptismate et communione, et eos quinque solidos qui pro nuptiis, et decem et octo solidos qui pro corporibus defunctorum, et alia jura funeralia quæ pro defunctis, secundùm usum loci, dari consueverunt decanus decanus recipiet.* — On voit encore, dans l'église d'Hatton-Châtel, l'épi

ajoute que ce doyen-curé sera à l'élection de son Chapitre, les autres chanoines devant être nommés par l'évêque et le Chapitre de Verdun, à l'alternative en faveur de l'évêque de deux nominations sur trois (1). La disposition la plus importante fut l'union de la prévôté capitulaire ainsi reconstituée d'Hatton-Châtel à l'archidiaconat de la Rivière (2) : par cet arrangement, l'archidiacre de ce titre devint prévôt d'un Chapitre, tout aussi bien que l'étaient les trois titulaires des archidiaconats plus anciens, le princier à la cathédrale, l'archidiacre d'Argonne à Montfaucon, et celui de Woëvre à la Madeleine; mais leurs Chapitres étaient bien plus importants. L'archidiacre de la Rivière pouvait aller présider et voter à Hatton-Châtel, quand il le jugeait à propos : à chaque vacance du doyenné, on lui devait un droit de vingt livres tournois, pour congé d'élire aux chanoines; et il avait encore d'autres préroga-

taphe du premier de ces doyens-curés, l'un des fondateurs du Chapitre restauré sous Henri d'Apremont : « Ci gist messires Jehan de Luxeu, cureis de Hathonchasteil, primiers doiens, et li uns des fondours de ladicte église de céans, qui morut l'an MCCCXXXVII, le primiers jours dou mois de mai. »

(1) Le Chapitre de la cathédrale perdit la collation de ses trois prébendes d'Hatton-Châtel au commencement du XVIᵉ siècle, par suite d'arrangements avec Wary de Dammartin, contre lequel Wassebourg, p. 408, ne manque pas cette occasion de se récrier. Nous verrons qu'il est injuste et fort partial contre cet évêque Wary.

(2) *Quæ præpositura et præbenda annexa erunt in perpetuum archidiaconatui de Ripariâ, in ecclesiâ nostrâ Virdunensi.* — Plus loin, et dans les passages omis par Calmet : *Cujus archidiaconatûs de Ripariâ collatio pertinet, et pertinuit ab antiquo nobis episcopo Virdunensi, nostrisque prædecessoribus, et successoribus nostris pertinebit.* Calmet omet également la fin de la charte, où l'on voit que tous ces arrangements furent pris de concert entre Henri d'Apremont, le Chapitre de la cathédrale, et l'archidiacre de la Rivière : *In quorum omnium et singulorum testimonium, nos Henricus de Asperomonte, episcopus supradictus, et nos primicerius, decanus et Capitulum prædictum, sigilla nostra præsentibus litteris duximus apponenda : rogamusque nobilem et discretum virum dominum Colardum de Calvomonte, archidiaconum de Ripariâ, ut et ipse prædictæ fundationi, annexioni et recompensationi consentiat, atque ipsas approbet, pro se et suis successoribus archidiaconis de Ripariâ, sigillumque suum unâ cum nostris, præsentibus litteris apponat. Et nos Colardus de Calvomonte, archidiaconus prædictus, nostro et successorum nostrorum nomine, omnia et singula supradicta approbamus, etc. Actum et datum anno Domini 1328, duodecimâ die mensis septembris.*

tives : cependant son infériorité et celle de sa corporation paraissaient en ce que, tandis que les trois grands Chapitres élisaient leurs prévôts, qu'ils présentaient ensuite à l'évêque pour l'institution archidiaconale, c'était au contraire l'évêque qui nommait le quatrième archidiacre, et l'imposait comme prévôt aux chanoines d'Hatton-Châtel. L'église de ce Chapitre subsiste encore, la nef paroissiale formant angle avec le chœur des chanoines, l'autel commun, en vue des deux côtés ; et, derrière cet autel, sous trois petites arcades, des sculptures de mérite, œuvre d'un maître du XVIe siècle, que l'on croit être, soit Richier, soit quelqu'un de sa famille, et dont nous pourrons reparler à cette époque (1).

Le cardinal Talleyrand, princier.

Dans les rangs de notre clergé figurait alors, avec éclat de premier ordre, le très-éminent et noble Elie Talleyrand, cardinal de Périgord, que la cour de Rome, séant en Avignon, nomma à la princerie de Verdun, non, comme on le pense bien, pour qu'il en fît les fonctions, mais afin que ce beau bénéfice lui aidât à soutenir sa haute dignité. Cette promotion, qui arriva l'an 1331, après la mort d'Adénulfe de Supin, donna le mauvais exemple d'une sinécure créée pour les gens de cour, aux dépens de nos églises : abus qui s'accrut peu à peu, tant chez nous qu'ailleurs, et finit par devenir énorme, au profit des cardinaux de Lorraine ; mais, au temps où nous sommes, le Chapitre, loin de faire opposition à son éminent princier, (ce qui d'ailleurs eût été complètement inutile) l'accueillit au contraire avec joie, afin de pouvoir opposer son bras puissant aux tracasseries de Henri d'Apremont, qui voulait reprendre pour l'évêché la juridiction de la princerie et des autres archidiaconats. Un grand débat sur ce sujet, à propos de l'institution des curés, s'était renouvelé en 1326,

(1) On voit encore dans cette église un ancien reliquaire d'argent, en forme de bras, où est une relique de saint Maur, patron titulaire, en l'honneur duquel Henri d'Apremont mit à sa charte de 1528 un préambule en style d'une solennelle magnificence.

du temps du princier Adénulfe (1); mais alors l'évêque, embarrassé dans ses complications avec Édouard, les communaux et les Français, avait fait trêve, et consenti au maintien des choses en leur état, provisoirement, et pour la vie du titulaire actuel (2), après lequel il se trouva en face de Talleyrand, tellement que, n'osant se commettre avec un si grand personnage, il jugea à propos, en 1335, de reconnaître prolongation de la trêve et du statu quo, pour le bien de la paix, dit-il, et pour moi personnellement, pendant mon épiscopat, réservé le droit de mes successeurs. Il devait encore s'écouler bien du temps avant que ceux-ci fussent plus heureux que lui. Le cardinal fit exercer sa charge à Verdun par un vicaire chanoine, agréé du Chapitre, lequel renouvela, à cette occasion, un statut de 1324, au sujet des deux sceaux de la princerie,

---

(1) Cette institution aux cures était réglée par l'accord de 1229, avec Raoul de Torote, ci-dessus, p 54 : *Primicerius cæterique archidiaconi habent, de consuetudine antiquâ et approbatâ..., personas à veris patronis ad curas animarum præsentatas curatè investire, diœcesano irrequisito.* En vertu de cet article, l'évêque lui-même, lorsqu'il nommait à une cure de son patronage, devait envoyer son élu à l'archidiacre du lieu; et ceci était mentionné dans les provisions. *Nicolaus Bocherius, Dei et sanctæ sedis apostolicæ gratiâ episcopus et comes Virdunensis, sacri imperii princeps, venerabilibus et circumspectis viris decano et capitulo ecclesiæ nostræ Virdunensis. Ad parochialem ecclesiam loci de Chastancourt, nostræ diœcesis, cujus vacatione occurrente, præsentatio seu jus præsentandi personam idoneam, ad vos, ratione monasterii S. Vitoni, episcopali mensæ perpetuò uniti, collatio verò, institutio et qua vis alia dispositio, ad vos, ratione unionis etiam perpetuæ mensæ capitulari vestræ primiceriatûs, ab antiquo pertinere asseruntur, etc.* Nomination de Jean Dacques, sur la résignation de Gérard Violard, 29 décembre 1588.

(2) Ces différents détails sont tirés du grand Inventaire de la cathédrale, art. Princerie, p. 148. 49. Wassebourg dit un mot de cette affaire p. 407.— Le Chapitre eut l'art de faire insérer dans la charte d'Hatton-Châtel de 1328 une rédaction où Henri d'Apremont sembla reconnaître lui-même les droits archidiaconaux : *Cœterùm cùm archidiaconi de Ripariâ habuerunt et habere consueverunt, à tempore cujus contrarii memoria non existit, jus visitandi dictam parochialem ecclesiam et vicarios seu rectores ejusdem, et procurationem quæ debetur visitationi recipere : item quia præsentatio ad ipsam parochialem ecclesiam, in quâ nunc sunt duo perpetui vicarii, de cætero, cùm vacabit, de uno solo curato fiet* (le doyen étant désormais seul curé), *nobis episcopo Virdunensi nostrisque successoribus præsentando, licet anteà præsentatio prima de quolibet dictorum vicariorum fieret dicto archidiacono, et missio in corporalem possessionem per eumdem...*

dont cet acte décrit la forme, et qu'il défend de changer, de peur sans doute que, sous prétexte d'insignes cardinalices, on n'en fit disparaître les emblèmes capitulaires. De ce cardinal Elie Talleyrand de Périgord l'histoire dit qu'il fut l'un des principaux ministres de la cour de France, et qu'on élut successivement à Avignon quatre papes, sous son influence, qui était celle du roi lui-même; mais on lui reprocha d'avoir, au conclave de 1352, fait échouer l'élection du pieux Jean Birel, général des Chartreux, en disant qu'avec un tel saint homme, les cardinaux seraient bientôt réduits à quitter leurs bénéfices, et à envoyer leurs beaux chevaux à la charrue : et, bien que dans la suite, Talleyrand se soit repenti d'avoir lancé ce mauvais propos, le succès qu'il obtint prouve que l'esprit de mondanité commençait à dominer le sacré collège. Cet homme célèbre posséda la princerie de Verdun de 1332 à 1364.

Hommage pour Virton.

Henri d'Apremont, qui ne laissait rien péricliter ni de ses droits ni de ses prétentions, se fit rendre et réitérer par ses feudataires plusieurs notables hommages, au nombre desquels nous remarquons ceux qu'il exigea pour Virton. Tant qu'il y eut des comtes de Chiny, l'hommage à l'évêché; mais, en 1337, s'éteignit, en la personne du de Virton, aujourd'hui du territoire belge, fut fait par eux comte Louis VI, l'ancienne et illustre race des Chiny, de l'héritier desquels Jean de Luxembourg acquit, par acte du 11 novembre 1340, Virton, Ivois et la Ferté-sur-Chiers (1); et, le premier de ces lieux étant fief de l'évêché, il le reconnut tel, dès le 28 du même mois, entre les mains « de son cher seigneur et bien amé cousin Henri évêque de Verdun » en prenant lui-même ses grands titres de roi de Bohême, comte de Luxembourg. Ceci néanmoins ne tranquillisa pas tout à fait Henri d'Apremont, parce que Jean n'avait alors que nu-propriété en ces domaines, qui étaient douaire de

(1) P. Delahaut, Annales d'Ivois, p. 86 (marquée, par erreur, 68). Les diverses chartes, dans Berthollet, tom. VI.

Marguerite de Lorraine, veuve du dernier comte Louis : en conséquence notre prélat voulut avoir aussi l'hommage de cette dame Marguerite : elle retarda la cérémonie jusqu'au 16 juin 1348, mais elle la fit enfin, par procureur, étant elle-même malade, et reconnaissant que cette procuration ne nuirait pas au droit du seigneur évêque d'exiger hommage personnel (1) : enfin, après la mort de Jean, Henri réclama encore foi et hommage de Béatrice de Bourbon, tutrice du jeune comte Wenceslas. On voit que ce ne fut pas la faute de cet évêque si le fief de Virton se perdit; mais, quand cette terre fut devenue luxembourgeoise, et que le Luxembourg lui-même eût passé aux puissants ducs de Bourgogne, puis d'eux aux empereurs de la maison d'Autriche, l'évêché, n'osant presser de tels feudataires, dut se contenter de présenter, à l'occasion, quelques remontrances, aussi humbles qu'inutiles. « Ont dénié, par succession de temps, les empereurs ducs de Luxembourg, les reconnoissances qu'ils devoient pour ledit fief », dit Psaulme, dans un mémoire de 1549, où il énumère, avec doléances, plusieurs autres pertes semblables.—On trouve encore, du temps de Henri d'Apremont, un hommage pour Veldenz, daté de l'an 1334, et reproduisant l'aveu que ce fief était lige, avec château rendable à tous besoins et réquisitions de nos évêques (2).

(1) Ces hommages mentionnés, avec d'autres plus anciens, dans l'arrêt de la Chambre royale de Metz, du 24 octobre 1680. Nous en avons cité un, tom. II. p. 468, note.

(2) *Nos Henricus, Dei gratiâ episcopus Virdunensis..., quòd comes Veldentiæ tenetur ad præstandam fidelitatem nobis et successoribus nostris, et debet esse homo ligius nobis antè omnes dominos. Feudum autem ejus tale est, videlicet castrum Veldentiæ, reddibile episcopo Virdunensi, etc., etc... Hæc omnia dominus comes tenet in feodum ligium à nobis, ratione episcopatûs nostri Virdunensis..., 1334, feriâ quintâ post festum Marci evangelistæ.* Dans le *Corpus diplomaticum* de Dumont, tom. I. *part.* 2, p. 140.—Sur Veldenz, ci-dessus, tom. I., p. 415. — Parmi les autres hommages, remarquer, à cause de l'indication topographique, celui de Jennette, fille de Guy de Marchéville, qui reprend, en 1357, de Henri d'Apremont, pour elle et ses sœurs, comme tutrice, la grange de Harouyncourt, maison de fief entre Haudainville et Dieue. Husson, Simple crayon, art. Marchéville.

Suite de l'histoire de St-Vanne.

Au nombre des morts de la grande peste, nous avons compté, en 1349, les abbés de Saint-Vanne et de Saint-Paul. Le premier, Erard de Baseilles, élu vers 1320, trouva le monastère encore en la décadence où nous l'avons laissé à la fin du siècle précédent : il l'en tira, paya les dettes, dégagea les terres hypothéquées (1); puis reprit la construction de la grande église, pour laquelle les titulaires des offices claustraux, ainsi que les prieurs des prieurés de la dépendance s'imposèrent des taxes annuelles (2). On voit, au détail de ces taxes, que le système de la division des menses s'était alors tellement étendu que chacun des offices de l'abbaye avait ses fonds à part, qu'il fallut, dans la suite, travailler péniblement à réunir à la mense conventuelle, réduite outre mesure par ces officiers claustraux qui anticipaient sur elle chacun de son mieux. Après ce bon abbé Erard, et ses trente ans d'heureux gouvernement, vint Raimond d'Aiche, qu'une réserve d'Avignon força les moines de recevoir, en 1350, à l'exclusion de leur élu, le prieur Sébastien, de Chaude-Fontaine, près Sainte-Menehould : ce d'Aiche ne siégea que trois ans; puis, la cour papale continuant à user de réserves et de grâces expectatives, l'abbaye tomba à Gérard de Vaudenay, parent de Thibauld de Vaudenay, que Froissart nomme parmi les bons chevaliers auxquels le roi Jean confia Charles, son

(1) *Decimo-quinto kalendas februarii* 1349 (1350 av. P.) *obiit recolendæ moriæ domnus et venerabilis abbas Erardus de Bazeilles, qui debita et impias rationes suorum prædecessorum delevit, et anno* 1340 *duas medias majores campanas fieri jussit, tectum dormitorii et templi innovavit, et turrim lapideam Rarecurtem totaliter perfecit* (noter cette mention de la maison forte de Saint-Vanne à Rarécourt). *A principibus et viris nobilibus adunatus,* etc... *pultus in choro, antè candelabrum æreum.*

(2) Ces taxes, par extrait, dans Wassebourg, p. 414, verso. Cellérier, chambrier de Saint-Vanne, 10 livres tournois, plus le foin pour les chevaux de deux chorriots, et la nourriture de deux maçons. Trésorier et infirmier, chacun 60 sous de forte monnaie. Prieurs de Flavigny et de Chaude-Fontaine, chacun 20 livres. Prieurs de Neufvillers et de Saint-Martin (de Longwy), chacun 10 livres. Prieurs d'Auzécourt *(alias Rayrecourt)* et de Mun..., chacun 14 livres. Prieur de Neufville, six livres.

fils aîné, qui fut Charles V (1). Si ce fut ce messire Thibauld qui obtint la promotion abbatiale de son cousin, on peut dire qu'elle lui fit peu d'honneur : car Gérard fut l'un des pires abbés que nos moines aient eu le malheur d'avoir. Quand il eut obéré et hypothéqué tout ce qu'il put des biens, réduit la communauté à cinq ou six membres, pressuré les sujets, et contracté pour vingt-six mille francs de dettes, il alla jusqu'à mettre en gage les titres et les chartes; de sorte que Saint-Vanne perdit sous lui le tiers de son revenu : à peine chantait-on douze fois l'an à l'église, et encore au moyen de Mendiants payés au rabais, la plupart des religieux étant dispersés, et vagabondant aux dépens des prieurs de campagne. Que Dieu lui pardonne! dit le nécrologe, en enregistrant sa mort, à la date de 1381 (2). Son successeur Henri de Passavant, surnommé le Champenois, autre prieur de Chaude-Fontaine, ne put rétablir la conventualité qu'à l'aide des Quatre Mendiants, qui lui cédèrent un certain nombre de bons frères, auxquels il apprit l'institut bénédictin, et qui passèrent avec lui les dix années de son abbatiat à effacer les traces des plus criants désordres du temps précédent.

A Saint-Paul, Nicolas de Verdun, dès l'an de son avénement, en 1325, fit avec Erard de Saint-Vanne un arrangement par lequel on voit combien ces bons abbés tenaient à gouverner leurs frères avec sagesse et en douceur. Ils stipulèrent, chacun s'engageant pour sa communauté et ses successeurs, que tout religieux de leurs maisons qui croirait avoir sujet de plainte, soit de ses supérieurs, soit de ses confrères, obtiendrait (sauf le cas, dont Dieu nous pré-

Suite de l'histoire de St-Paul.

---

(1) Froissart, liv. I. part. 2. ch. 31 et 39.
(2) ... *Gerardus de Vaudenay, gratiâ Sedis apostolicæ. Qui bona monasterii malè dissipavit, census et redditus obligavit, litteras et chartas summè necessarias impignoravit, homines et subditos depauperavit. Redditus in tertiâ parte minoravit, ac in aliis* XXVI *millibus francis, et ultrà damnificavit, et monasterium nostrum in tantam paupertatem redegit quòd vix duodecies in anno matutinæ cantabantur. Quæ omnia parcat illi Deus et indulgeat!*—On voit dans ce texte que l'on commençait à compter en francs. Mention de francs de France dans une quittance de la garde de Luxembourg, en 1373.

serve! de faute énorme) permission de passer quarante jours dans l'autre monastère : pendant ce temps, si ses chagrins ne se dissipent, les confrères serviront de médiateurs : en outre, les deux abbés, en se visitant réciproquement, pourront lever chacun chez son collègue les punitions par lui infligées pour transgressions simples des règlements (1). L'abbé Nicolas, qui siégea près de 25 ans, acheva l'église de la Vieille-Saint-Paul, en faisant faire les grandes verrières du chœur. Son successeur Jacques, aussi de Verdun, s'occupa d'enseignement, ne dédaigna pas d'enseigner lui-même dans l'école : son épitaphe nous apprend en outre qu'il était médecin : c'est le premier de notre ville dont le nom soit connu (2). Après lui, vinrent Roger de Pont à Mousson, en 1358, et Arnoul de Landres, vers 1370, celui-ci de la maison de Briey, dont il portait les armoiries, et tous deux bien notés dans les souvenirs (3); mais il n'en fut pas de même de Remi de Metz, que les moines surnommèrent La Gelée, pour sa rigidité glaciale

(1) *Nicolaus de Virduno, permissione divinâ abbas Sancti-Pauli, Præmonstratensis ordinis, totusque ejusdem loci conventus... Inter nos et abbatem et conventum Sancti-Vitoni, ordinis sancti Benedicti, de voluntate et assensu omnium hinc et indè, est statutum* (d'abord un service annuel en chaque couvent, pour les frères de l'autre, morts dans l'année). *Et, si quis de fratribus alterius ecclesiæ adeò fuerit perturbatus quòd confratres suos de facili pacificare non possit, si velit ire ad alterutram ecclesiam seu monasterium, debet ab abbate suo licentiam obtinere, abbas verò ad quem venerit tenetur eum recipere, et per quadraginta dies cum suis fratribus retinere, et ad hoc ut reconcilietur ecclesiæ suæ, pro posse suo interim laborare, nisi, quod absit! excessus illius tàm enormis fuerit quòd aliter debeat duriùs vindicari. Si autem sine licentiâ ierit, abbas ad quem venerit non tenetur eum aliquatenùs retinere. Poterit etiàm quilibet abbatum in alterutro monasterio, de culpis et pœnitentiis, prout sibi justum visum fuerit, dispensare. In cujus rei testimonium, nos abbas et conventus prædicti sigilla nostra, etc. Actum et datum anno Domini 1325, xvi die mensis februarii* (1326 av. P.). — *Simplex et mitis, fugiens opprobria litis,* dit son épitaphe.

(2)   *Cultor doctrinæ, noscens artem medicinæ,*
    Morbos sanabat, pueris artes reserabat. Epitaphe.

(3)   *Abbas Rogerus, de Pontis origine clarus,*
    Nulli severus, cunctis dulcedine carus...
    —*Hic pater Arnulfus de Lend tumulatus,*
    Non fuit ex vulgo, cujus generosa propago,
    Mitis, pacificus, mirâ charitate repletus... Epitaphes.

PÉRIODE DE LA PREMIÈRE GARDE DE FRANCE. 235

Les visiteurs de Prémontré le disculpèrent, et imposèrent silence aux murmurateurs; mais, l'opposition persistant, La Gelée se démit au Chapitre général du 11 octobre 1388. Suivirent des temps malheureux, où les routiers et bandits de la guerre de cent ans infestant les campagnes, il fallut presque abandonner Saint-Paul-hors-des-murs (1); et l'abbaye demeura ainsi délaissée jusqu'à l'excellente restauration que fit Habran de Mambres, au commencement du siècle suivant.

(1) « Marie, fille de roi de France, duchesse de Bar, marquise du Pont... Considérant la bonne affection de nos biens amés en Dieu les abbé, religieux et couvent de Saint-Paul hors les murs de Verdun, située en la plus grande partie de ses membres ès mettes (limites) de l'Empire, hors le royaume de France, envers notre très cher et très redouté seigneur et mari monseigneur le duc de Bar, marquis du Pont; et ayant compassion aux griefs, dommages et oppressions qui auxdits, à défaut de protecteur, sont faits de jour en jour, par quoi le divin service est en adventure de cesser en icelle, et lesdits religieux abandonner le lieu, pour la doute (crainte) de leurs corps..., nous, de notre grâce espéciale, par la licence et autorité de notredit seigneur le duc, prenons, mettons et recevons en et soubs notre protection ladite église, en chef et en membres...; et, se mestier est, fassent mettre nos panonceaux sur les édifices et membres d'icelle, afin que aucun ne prétende ignorance. . Donné à Bar, le 4ᵉ jour du mois de janvier, l'an 1393 (94 av. P.).

GRAND SCEAU D'HATTON-CHATEL.
(Petit tom. 1 p 455.)

AUTRE SCEAU DE St VANNE

LA MADELAINE

CONTRE-SCEAU
DE LA MADELAINE

PÉRIODE
DE LA
GUERRE DE CENT ANS.

Les terribles calamités de cette guerre, et les scandales du grand schisme qui, dans le même temps, divisa l'église, ébranlèrent toutes les institutions. Le moyen-âge se flétrit alors en ce qu'il avait de noble, de saint, de chevaleresque : et le cri général qui retentit dans les conciles du xve siècle pour la réforme de l'église et de l'état dans leurs chefs et dans leurs membres fut comme la proclamation que les hommes de cette époque firent eux-mêmes de leur triste décadence.

Tous les événements et tous les malheurs de la France ayant eu chez nous leur contre-coup, nous continuerons à diviser notre récit en époques françaises. Le milieu de la guerre de cent ans est marqué dans notre histoire par le rétablissement de la garde de France, à Verdun, sous Charles VI, en 1396, et la fin par la restauration définitive du pouvoir français, à l'expédition de Charles VII dans les Trois-Evêchés, en 1445.

PREMIÈRE SOUS-PÉRIODE.

ENTRE LA CESSATION DE LA GARDE DE FRANCE, EN 1350, ET SON RÉTABLISSEMENT, EN 1396.

A ce que nous allons raconter des premières années de cette période, il est nécessaire de faire un mot d'introduction sur les branches et les personnes de la maison de Bar en ce moment. En tête de la dynastie, il y avait, sous la tutelle de leur mère Iolande de Flandre, les deux fils mineurs du comte Henri IV, mort en 1344; ces enfants s'appelaient Edouard et Robert; et nous aurons à reparler d'eux, surtout du dernier. Venait ensuite, dans l'ordre de parenté, leur grand'tante Jeanne, sœur de leur aïeul Edouard : on appelait cette Jeanne comtesse de Garenne, parce que, par l'entremise de sa mère Alianor d'Angleterre, elle avait épousé Jean Warren, comte de Surrey et Sussex, dont on ne lui connaît point d'enfants. Le reste de la famille se composait des deux branches que nous avons déjà indiquées en racontant comment, vers 1310, la Commune ayant pris l'alliance d'Erard, sire de Pierrepont, l'évêque Neuville lui opposa en contre-poids Pierre, sire de Pierrefort; c'étaient deux des nombreux fils du comte Thibauld II (1) : la branche d'Erard n'alla pas plus loin que son fils Thibauld, qui la représentait au moment où nous sommes, et qui mourut en 1354; quant à Pierre, mort dès 1349 (2), il laissa pour lignée ses deux fils, Henri, chef de sa maison, et Hugues, évêque de Verdun, en outre son petit-fils le second Pierre, fils de Henri. Toute cette postérité lui venait de sa première femme Jeanne de Vienne : en 1326, l'évêque de Metz Louis de Poitiers lui en avait fait épouser une seconde, Eléonor de Poitiers, qui lui survécut, sans enfants, et fut dame douairière de Bouconville, vers Saint-Mihiel, maison forte qui, après elle,

---

(1) Ci-dessus, p. 72-73.—Mariage de Jeanne avec Warren, comte de Sussex, mentionné dans la Généalogie de Bar de D. Calmet. Maillet dit mal à propos comtesse de Varennes. Ces mots Varenne et Garenne étaient synonymes : on appela, jusqu'à la Révolution, capitainerie de la Varenne du Louvre la juridiction des chasses royales.

(2) « Monss^r. Pierre de Bar, qui fut », dans une charte du jeudi devant les Bures 1348 (49 av. P.). D. Calmet, Preuves II. 614, 1re édit. Il vivait encore au commencement de 1347, comme le prouve la sentence de Philippe de Valois dont nous allons parler.—Sur la date de 1354 de la mort de Thibauld de Pierrepont, v. Servais, Annales du Barrois, I. 29, note a.

retourna aux enfants de son mari (1). Toute cette famille barisienne s'accordait à détester Iolande, méchante femme, il est vrai, mais coupable, par-dessus tout, d'avoir supplanté ses rivaux dans la régence, malgré leurs titres, bien supérieurs aux siens, à ce qu'ils prétendaient. Pierre réclama dès la mort du comte Henri IV; Philippe de Valois, jugeant, arbitralement, à Vincennes, en février 1346 (47 av. P.). tâcha d'arranger les choses par une sentence où il était dit que Iolande garderait la mainburnie (tutelle) de ses enfants, « tant comme elle se voudrait tenir de marier, et ne prendrait autre estat que elle a à présent : et lui ferons à savoir, ajoute le roi, que, de ce qui touchera l'estat desdits enfants et leur héritaige, elle en parle et s'en conseille, quand elle pourra, aux dessusdits Pierre et Henri, ou à l'un deux. » Pour toutes leurs prétentions, ceux-ci durent se contenter, le premier de deux mille livres tournois, le second de deux cents livrées de terre annuellement payables à eux, par la régente (2) : quant au sire de Pierrepont Thibauld, il ne lui fut rien accordé, bien que sa branche eût droit d'aînesse sur celle Pierrefort; et la sentence ne dit pas un seul mot de lui. Il fut, en conséquence, très-mécontent : et les voies de fait commencèrent de son côté. Tels étaient, au milieu du XIVe siècle, les acteurs des scènes auxquelles nous allons assister.

(1) V. les pièces dans les Annales du Barrois de M. Servais I. 381 et 408. — Chevalier Arnoul de Bouconville et son prieuré, au XIIe siècle, ci-dessus, tom. II. p. 165. Il donna cette seigneurie à Saint-Vanne, duquel elle passa à Saint-Mihiel, et de Saint-Mihiel au comte Thibauld II, par l'acte d'échange que rapporte M. Dumont, Hist. de Saint-Mihiel, I. 86. Il est probable que la chapelle castrale mentionnée par D. Calmet, Notice, art. Bouconville, fut une transformation de l'ancien prieuré.

(2) Cette sentence de Philippe de Valois, dans D. Calmet, Preuves III. 408, 1re édit. Hors de sa place, et mise là pour remplir un vide fait par la censure. V. Noël, Table de D. Calmet, p. 24. — Dans cette pièce, Philippe de Valois appelle Iolande sa nièce, comme femme du comte Henri IV, qu'il traitait de neveu.

CHAPITRE Iᵉʳ.

ÉVÉNEMENTS DU TEMPS DE L'ÉVÊQUE HUGUES DE BAR.

De 1350 à 1361.

A la mort de Henri d'Apremont, les élections capitulaires ne pesant déjà plus devant les grands souverains que le poids qu'ils daignaient leur accorder, le pape Clément VI refusa l'élu du Chapitre, archidiacre Henri de Germiny, et nomma d'autorité Othon de Poitiers, un de ses auditeurs de Rote. C'était le cousin germain de l'évêque de Metz Adhémar de Monteils, neveu lui-même de son prédécesseur Louis de Poitiers; ces Poitiers, que beaucoup de gens ne connaissent plus aujourd'hui que par la fameuse Diane du roi Henri II, descendaient des anciens comtes d'Aquitaine; et ils étaient, ainsi que les Monteils, qui furent ensuite les comtes de Grignan, des premières maisons du Dauphiné, introduites dans l'évêché de Metz par l'évêque Henri Dauphin. Pour les Germiny, gens de la vieille souche lorraine, il paraît qu'on ne les prisait ni en cour de France, ni surtout en Avignon, autant que les dauphinois; cependant ils tenaient rang très honorable chez nous; et ils furent longtemps dans les prébendes et dignités de notre cathédrale (1). Le Chapitre imputa à l'évêque de Metz l'échec de son élection manquée; et, afin qu'en des temps meilleurs, s'il en venait jamais, la postérité sût qu'il avait

---

(1) Mention et sceau de Jean de Germiny au testament du duc de Lorraine Ferri III, en 1297. — Dans notre Chapitre, outre l'archidiacre Henri, doyen Bertrand, député, en 1396, à Charles VI, pour le rétablissement de la garde de France : nous avons parlé de lui à l'occasion du jubé qu'il fit construire à la cathédrale : ci-dessus, tom. II. p. 570. L'ancienne famille s'éteignit dans Odet, tué à Bulgnéville, en 1431. — Germiny est un village de l'arrondissement de Toul : on y voit encore quelques ruines du donjon et des tours de l'ancien château. V. Lepage, Statistique de la Meurthe.

usé jusqu'au bout de son droit, on inséra, au catalogue épiscopal, cette note qu'après Henri d'Apremont, il y avait eu Henri de Germiny, élu non confirmé. Ainsi l'écrivit encore Wassebourg, en tête de son paragraphe : « s'ensuivent les vies de Henri esleu, et d'Othon évesque...; et fut Henri frustré de son élection (1). »

Othon de Poitiers étant à Verdun, sa cousine Eléonor et les deux fils de Pierre de Bar, ses beaux-fils à elle, comme veuve douairière de Pierre, se mirent à faire de la politique de famille, pour tirer l'évêché de leur côté. En préliminaire, les deux beaux-fils, renonçant aux chicanes qu'ils avaient d'abord faites sur le douaire de Bouconville, le reconnurent, en bonne et ample forme, à leur belle-mère, avec spécification des villages qui en dépendaient, et dénombrement des livrées de terre qui lui appartenaient; en outre, réparation et mise en bon état du château, à leurs frais : ces arrangements sont datés du 24 mai 1351, par devant l'évêque, au profit de sa cousine. Peu après, celui-ci, ayant stipulé pour lui-même pension sur l'évêché, le résigna à Hugues, dit alors Huguenin, second fils de Pierre, l'aîné Henri, chef de la famille, se rendant solidaire de la pension : puis l'évêque Othon de Poitiers retourna en Avignon, après être resté à Verdun environ treize mois (2). Les murmurateurs du parti Germiny ne manquèrent pas de dire qu'il n'était venu chercher que cette pension de

Othon
de Poitiers.

---

(1) Wassebourg, p. 418,419. *Henricus de Germinei, electus non confirmatus,* dit l'*Excerptum* de J. de Sarrebrück, qui était le catalogue officiel. — On savait aussi à Metz qu'Adhémar, « par ses soins et diligences avoit tant fait que son cousin germain Othon fut pourveu de l'évesché de Verdun, environ l'an 1350. » Meurisse, p. 507.

(2) Beaucoup de pièces manquent ici. L'*Excerptum*, document à peu près contemporain de ces années, porte : *Otho de Pictaviâ, qui resignavit, sedit uno anno, mensibus tribus. Hugo de Barro habuit per resignationem dicti Othonis ; et obiit in deserto inter Babyloniam Ægypti et Sanctam-Katharinam : sedit annis decem, mense uno.* Les points fixes de cette chronologie sont la mort de Henri d'Apremont, 5 janvier 1350, et celle de Hugues de Bar, au désert de Sinaï, en août 1361. La vacance après Henri d'Apremont dut être courte, le Chapitre pressant l'élection, de peur de la nomination en cour de Rome, et les Poitiers pressant de leur côté la nomination, de peur de l'élection.

sinécure, que le pape lui régla à 1300 florins d'or, payables jusqu'à sa mort, ou sa promotion à quelque dignité (1). Peut-être le principal motif de sa retraite fut-il qu'il s'effraya de la situation tendue et compromise où il trouva les choses en notre pays.

Hugues de Bar. Hugues mit l'évêché à la disposition de sa maison de Bar-Pierrefort; et tout ce qui lui arriva dans son épiscopat fut la conséquence du rôle qu'elle lui fit jouer. Personnellement, il était homme de bon et facile caractère; et il plut tout d'abord aux communaux en prenant envers eux tout le contre-pied de Henri d'Apremont : quant aux gens d'église, ils purent bien trouver, au commencement, qu'il n'était pas grand clerc, et que la vocation lui était venue brusquement; car, en 1349, on l'appelait encore le chevalier Huguenin; et il se battait pour son frère Henri contre les Apremont, au sujet de villages que Pierre leur avait pris (2) : néanmoins

(1) Les arrangements sur cette pension, dans l'Inventaire de Lorraine, l'an 1353 : « Lettres de Hugues de Bar, évesque de Verdun, par lesquelles déclare estre, par l'ordonnance du pape, tenu de payer sur les revenus de l'évesché, qui en sont obligés, à monss^r. Otho de Poitiers, ci-devant évesque de Verdun, la somme de 1300 florins d'or, chaque année, sa vie durant, ou jusqu'à ce qu'il soit pourvu de dignité. Et ledit Hugues évesque a prié et requis Henri de Bar, seigneur de Pierrefort, son frère, de vouloir obliger pour lui, en son nom et en celui dudit évesché, sa terre de Puisaye en la main dudit Otho, pour payer ladite somme de 1300 florins chaque année; et ledit Hugues promet, pour lui et ses successeurs, de rendre à sondit frère ladite somme de 1300 florins chacun an, tant que ledit Otho tiendra ladite terre : et, pour plus grande sûreté, oblige et met en la main de sondit frère la ville et prévosté de Tilly-sur-Meuse, toutes les villes d'icelle, justices, et tout ce qui lui appartient; veut que les officiers et sujets fassent foi et hommage à sondit frère, et lui obéissent : de mesme oblige à sondit frère tout ce qu'il a ès dimes de Rouvroy et de Marre, et tous autres biens dudit évesché. Fait le 7 juin 1353 ».

(2) « Nous Thibaus de Bar, sire de Pierrepont, Joffroi sire d'Apremont, Renault de Bar, (frère de Thibauld), et Jehan d'Apremont, sire de Conflans et de Forbach, quatre conjointement, sommes alliés de bonne alliance léaule encontre messire Henri et Huguenin, son frère, enfants monss^r. Pierre de Bar, qui fut..., tant que li sires d'Apremont devantdit soit remis à plein en la possession de son héritaige de Aulnois, Vertusei, etc., desquelles choses lidit sire fuit rayé par la prinse que messire Pierre de Bar fit de lui entre Saint-Julien et Liouville;.., et devons mettre à Aspremont trente hommes armés de fer, pour porter dommaige auxdits .messires Henri et Huguenin, et lors aidants, en tous cas..., 1348, jeudi devant les Bures (49, av. P.). D. » Calmet, Preuves, II. 614, 1re édit.

nous ne trouvons pas que personne l'ait jamais traité de mauvais évêque, ni que, du côté du clergé, des murmures se soient élevés contre lui. Les troubles de sa carrière et la ruine qui la termina lui vinrent, non de son peuple ni de son église, mais de sa naissance qui l'entraîna périlleusement dans toutes les dissensions des princes barisiens.

Tout sembla d'abord se bien présenter. A son avénement, en 1351, on était encore sous la minorité d'Edouard, où les Pierrefort, profitant de la bonne position que leur avait faite la sentence de Philippe de Valois, tiraient à eux le jeune prince, et laissaient les emportements et les violences aux Pierrepont, qui assaillaient Iolande sur les grandes routes (1). Malheureusement Edouard mourut à quinze ans, en juin 1352 : il paraît que ce fut chez l'évêque Hugues, à Verdun ; du moins on voyait, à la Vieille-Saint-Paul, sa sculpture en un retable qui le représentait offrant une chapelle à Notre-Dame (2). Dès qu'il n'exista plus, toute la famille de Bar se ligua pour empêcher qu'Iolande ne reprît la régence au nom de son fils survivant Robert : on disait (et le bruit était véritable) qu'elle allait se remarier au comte de Longueville, Philippe de Navarre, frère du

<small>Mort du jeune Edouard.</small>

---

(1) «Exposa comment, elle revenant de voir le roi, messire Thibauld de Bar, et ses complices, par trahison, sans défiance (défi de guerre), en Champagne, au pays du roi, où chacun devoit estre sûr, avoit voulu la prendre et la meurtrir, prenant ses gens, chevaux, harnois, et faisant lesdites gens prisonniers, avec plusieurs de la maisnie mons' d'Apremont, Humbert de Bulgnéville, etc. Pièce du dernier jour de décembre 1351, dans M. Dumont, Hist. de St-Mihiel, 1. 96.

(2) « On croit qu'il est enterré à Saint-Paul de Verdun », dit Maillet, p. 70. Cette tradition est confirmée par le livret des épitaphes de Saint-Paul : « Au-dessus de la table de ladite chapelle de Bar, y a une Annonciation en imagerie de pierre ; et, près de l'ange, est taillé en pierre un prince de Bar ayant l'un des genoux à terre, et offrant une chapelle à Notre-Dame, à l'entour de laquelle est un rolleau escript : *Dame, je vous présente;* et ès deux espaules d'icelui comte priant, y a à chacune un escusson contenant en champ d'azur deux barbeaux d'argent. » — Il est parlé dans les traditions d'Amel et Senon d'un écart de la forêt de Pierreville, dont la coupe annuelle se partageait entre des gens qui se disaient descendus de ceux qui, en 1351, étaient venus au secours du comte Edouard contre les troupes de l'évêché. Le fait est possible ; mais il doit être du temps d'Edouard Ier et de H. d'Apremont.

fameux Charles le Mauvais, et qu'alors elle livrerait le pouvoir à son mari : en sorte que, pour ne pas tomber en pareilles mains, les princes et les états déclarèrent la régence dévolue à la comtesse Jeanne de Garenne, le plus proche parent de Robert, après elle. Tout ceci se passant sans que personne parût songer que le Barrois était, jusqu'à la Meuse, fief mouvant de la couronne de France, le roi Jean crut nécessaire de se montrer; et il donna, à la fin de juillet 1352, déclaration qu'il émancipait Robert (1) : ce qui, vu l'âge de dix ans de celui-ci, signifiait qu'il le prenait sous sa main, pour nommer en son nom les administrateurs qui lui conviendraient à lui-même; et, comme on parut ne pas comprendre sa volonté, il envoya, au commencement de novembre, le bailli de Sens à Bar, saisir la principauté et la gouverner en son nom (2). Alors on ne sut plus en Barrois à qui obéir; et, chez nous, l'évêché se mit si notoirement au service des ennemis d'Iolande qu'on crut à Metz que c'était l'évêque Hugues qui lui faisait la guerre (3). Vers la fin de l'année, on la força de reconnaître sa rivale; et elle en fit le semblant : de sorte que la comtesse de Garenne put annoncer l'établissement de son gouvernement, du consentement de tous; sa circulaire, instructive sur les promesses

Régence de la comtesse de Garenne.

(1) *Joannes, Dei gratiâ Francorum rex... Quòd, cùm dilectus et fidelis consanguineus noster Robertus, comes Barrensis, œtatem legitimam non attingat, propter. quòd sub baillo, tuteld, vel curâ, juxtà consuetudinem patriæ, usque ad legitimam ætatem regi deberet, nos eidem Roberto veniam ætatis plenè concessimus... Datum apud Conflancium, anno* MCCCLII, *die* XXVII *julii.* Dans Duchesne, Maison de Bar, Preuves, p. 50. — Edouard Ier avait été qualifié de frère du roi; Henri et Iolande furent neveu et nièce; Robert n'était plus que cousin, *consanguineus*; mais sa parenté se releva, comme nous le verrons.

(2) « La semaine d'avant la saint Martin d'hiver, l'an LII, que li bailli de Sens vint premièrement à Bar, pour gouverner de par le roi. » Extrait des comptes, dans les Annales du Barrois de M. Servais, I. 361. — Il y a, dans cet ouvrage, qui commence à l'avènement de Robert, quantité d'extraits semblables, très-précieux pour les dates et les détails des faits.

(3) « Audit an de LII, Yolland de Flandre, dame de Cassel, comtesse de Bar, avoit guerre contre l'évesque de Verdun, nommé Hugues de Bar, et aussi contre la duchesse de Lorraine Marie de Blois, dit Philippe de Vigneulle.

qu'elle fit et les conditions qu'elle accepta, contenait ce qui suit :

« Lettres de Jeanne de Bar, comtesse de Garenne, que, pour le profit et utilité du comté de Bar, espécialement pour le bien et avantage de son très cher et amé cousin Robert, comte de Bar, encore mineur, elle prend, jusqu'à ce qu'il sera majeur, le gouvernement dudit comté, par l'avis et consentement de sa nièce la comtesse de Bar (Iolande), et des gentilshommes du pays. Que, dans l'intervalle, elle ne pourra mettre ledit gouvernement hors sa main, sauf du conseil et consentement dudit comté; Que, moyennant la promesse que tous les habitants dudit comté lui ont faite de la servir et lui obéir, aux usages et coutumes, elle est tenue et s'oblige de les maintenir en toutes les libertés, lois, usages, franchises spécifiées en leurs chartes, sans y donner nulle atteinte; Que, pour ledit gouvernement, elle doit avoir un conseil de personnes suffisantes, qu'elle ne pourra ni établir, ni destituer, hors le cas de méfait, ni remplacer, en cas de mort, méfait, ou autres, que du consentement et avis du dessusdit comté; Que, parmi (moyennant) tous ces points, auxquels elle se soumet, elle promet au comté et au comte de Bar de payer toutes leurs dettes dans le même intervalle; et que, pour y parvenir et leur en donner plus grande assurance, elle leur engage dès à présent tous ses biens, et prend pour cautions Waleran, comte de Deux-Ponts (gendre du feu Pierre de Bar), Thibauld de Bar, sire de Pierrepont, Henri de Bar, sire de Pierrefort, Ferry de Chardogne, Eudes de Sorcy, Hue de Maizey, tous chevaliers, et Jean, dit Rouffouls, de Maire (Marre), escuyer, qui, à sa prière et requête, se rendent effectivement cautions, sous promesse qu'elle leur fait de les indemniser, en cas de perte. Fait le 15 décembre 1352. Sceaux de Waleran, de Thibauld, et de Henri, avec fragments d'autres, sur sept bandes de parchemin à double queue, où ils étaient appendus (1) ».

Ces promesses étaient belles, notamment celle de payer toutes les dettes; et il fut heureux aux prometteurs et à leurs cautions que les circonstances les dispensassent de

---

(1) Extrait fait, à la fin du siècle dernier, par dom Colloz, pour l'historiographe de France Moreau, dans les archives du Chapitre, qui avait conservé ce parchemin, à lui envoyé par la comtesse Jeanne. Dans l'Inventaire, art. Barrois, il y a simplement : « Acte de régence du comté de Bar, en faveur de Jeanne, comtesse de Garenne, pendant la minorité de Robert. De l'an 1352. »

tenir parole. Iolande faussa ses engagements de soumission, et la guerre recommença; de sorte qu'au lieu d'éteindre la dette, il fallut de nouveaux emprunts (1). La régente de Lorraine Marie de Blois augmentait beaucoup ces embarras, et profitait du désordre, pour faire courir le pays par Burckhardt de Fénétrange, que nos campagnards appelaient le Bourcart, Brochart, Brocart, qui s'avança jusqu'à Etain (2). Henri de Pierrefort tint alors la campagne pour la régente Garenne : ces confusions durèrent tout l'an 1353; et après, il en vint d'autres, au milieu desquelles on a peine à se reconnaître. Le roi persistait à vouloir que Robert fût majeur; Robert laissa sa mère Iolande revenir au pouvoir; puis Henri de Pierrefort n'osant arrêter Iolande elle-même, fit emprisonner son mari, de l'autorité du roi, à ce qu'il semble, ou du moins sur ses instructions : car ce grand éclat eut lieu après un voyage de Henri à Paris, avec la comtesse de Garenne; enfin il se fit donner par Robert des lettres de lieutenant général, irrévocables tant que le jeune prince n'aurait pas atteint sa 14ᵉ année. C'était un terme assez court; car cette quatorzième année s'accomplissait dans l'automne de l'année suivante 1356. Il est bien probable que les Pierrefort espéraient de la cour de France prolongation, soit en droit, soit en fait; mais le roi Jean ayant été vaincu et pris par les Anglais à Poitiers, le 19 septembre 1356, il résulta de cette grande catastrophe que Henri fut remercié de ses

(1) « De Poince de Vy, eschevin, citain de Metz, 1500 florins à l'écu, du roi Philippe de France, pour le grand profit et nécessité d'elle (Garenne) et de la comtei de Bar : et requiert ses cousins Hugues de Bar, évesque de Verdun, Thibauld de Bar, sire de Pierrepont, Henri de Bar, sire de Pierrefort de se rendre pleiges et principaux rendours. Février 1353. — De Jehan du Morier, citain de Verdun, 1100 florins à l'écu, de bon or et juste poids, du roi Philippe. Avril 1353.--Beaucoup d'autres, dans Servais. Annales, I. 355 —A Hannequin de Verdun, son orfévre, 41 florins au mouton, pour façon de deux hanaps d'argent: plus, gratification de six florins, à la femme dudit, novembre 1357. Ibid. p. 39.

(2) « Environ Noël, l'an de LIII..., contre les gens Bourquart, qui devoient courre devant Estain. » Compte du prévôt de La-Chaussée Jean de Thiaucourt.

services dès le jour de l'expiration de sa charge. Iolande revint au gouvernement du Barrois; et un terrible orage se prépara, par ses soins, contre ses ennemis, en général, et l'évêque de Verdun, en particulier.

Pendant ces années, les démocrates de la Commune gagnèrent beaucoup de terrain, par la peur qu'eut l'évêque Hugues qu'ils ne le troublassent de leurs agitations dans sa politique de famille. Il aurait bien souhaité les mettre tous d'accord, tant entre eux qu'avec lui et les lignages; mais le commun se prétendant trop opprimé, voulait qu'on lui donnât, comme garantie, une part propre et reconnue de véritable autorité communale : et il fallut aviser à le satisfaire. On savait, de longtemps, ce qui lui plaisait : c'était une Commune telle que celle du Postal, ou que l'autre de même genre, dite des Facteurs et exécuteurs de la cité; ce que Hugues répugnait à accorder, n'étant pas convenable qu'il se fît lui-même, comme un démagogue, démolisseur de l'ordre établi des choses. Son système, qu'il essaya dans les temps suivants de faire prévaloir, à la seconde séance de la salle de Saint-Paul, en 1359, était une constitution mixte, où le commun aurait eu part du tiers; mais alors les lignagers rejetèrent son projet; et le commun ne l'eût pas mieux accueilli, au temps où nous sommes. Pour ce moment présent, il ne trouva rien de mieux que de permettre l'établissement d'une sorte de commission populaire, en droit de participer aux enquêtes et de reviser les sentences du Palais et du Nombre. Cette commission, formée d'un chef et de quatre conseillers, et jointe aux maîtres des métiers, était en réalité une seconde Commune ébranlant l'autre, et difficile à mettre en harmonie avec elle; mais Henri d'Apremont, pour avoir obstinément refusé institution à la magistrature populaire, s'était vu ébranlé lui-même; et les gardiens de Luxembourg et de Bar avaient, en dépit de lui, promis au peuple, par article formel du traité de 1343, assistance contre les manquements, réels ou prétendus, de la justice de Verdun.

L'évêque Hugues autorise une Commune populaire,

Ceci explique les concessions et arrangements de l'évêque Hugues. Il n'en existe, du reste, pas de charte, peut-être parce qu'il ne jugea pas à propos de trop authentiquer ces choses; mais elles prirent une telle assiette (1) qu'environ quatre ans après, à la diète de Metz, en décembre 1356, notre prélat, n'osant révoquer lui seul ce qu'il avait imprudemment accordé, alla, comme en pénitent, en faire sa confession à l'empereur Charles IV, pour obtenir un décret de cassation. C'est par ce décret que nous connaissons ces incidents de notre histoire communale (2) : et nous savons encore, par le procès-verbal de la première séance à la salle

(1) Mention d'un nommé Pied-de-Porc, mis, ainsi que Jacques son frère, au ban de l'Empire, sur plainte des magistrats de Verdun. — Confirmation impériale de la condamnation à mort de Georges Becard par les consuls et justiciers de Verdun, ayant tout exercice et exécution de justice haute et basse dans la cité. » Ces pièces, citées par Roussel, p. 540,41, prouvent que la nouvelle Commune, dès qu'elle eut son institution épiscopale, fut reconnue par l'empereur, à l'intervention sans doute du gardien de Luxembourg : et de là vint que Hugues ne put la casser sans recourir à l'autorité impériale.

(2) *Carolus quartus, etc. Inter gloriosas reipublicæ curas, etc.* (solennel préambule, en bon latin). *Sanè venerabilis Hugo, episcopus Virdunensis, princeps et devotus noster dilectus, in nostræ majestatis constitutus præsentiâ nobis exposuit quòd, licet privilegium à divæ memoriæ divo Frederico secundo prædecessore nostro collatum habuerit hactenus et habeat* (c'est le diplôme de 1253, *contrà communia civitatum*, qui est inséré ici, et que Hugues croyait spécial à l'évêché), *tamen inconsultè ac minùs deliberatè agens, et rem non itâ perniciosè credens procedere ut posteà comperit, à communitate et popularibus civitatis Virdunensis se circumveniri permisit in tantùm quòd consensit eisdem ut, exclusis majoribus et nobilibus ejusdem civitatis, communitas et populares magistratum sibi, qui caput diceretur, et quatuor consiliarios eligerent, sicuti elegerunt, qui potestatem haberent suprà processus et sententias consuetorum judicum suorum ordinariorum cognoscendi, et etiâm judicandi. Quare idem episcopus dicens liquidè constare quòd hoc, licet bonâ fide et ex simplicitate permiserit, posteà tamen cognovit et cognoscit apertè, imò asserit esse notorium, id non solùm in suprascripti sui privilegii dispendium, verùm etiam in reipublicæ et boni status civitatis non modicam vergere perniciem, majestati nostræ humiliter supplicavit, etc. Nos igitur, etc., quia informati sumus suprascriptam Magistratûs, seu Capitis, et consiliariorum electionem, necnon et quamdam magistrorum ministeriorum* (maitres des métiers) *adinventionem nullatenùs expedire, sed magis in episcopi, ecclesiæ, cleri, civitatis et civium Virdunensium, ac aliorum, scandalum et incommodum redundare, electionem ipsam, sine consensu ab episcopo præstito, nec non prædictam consiliariorum et magistrorum ministeriorum adinventionem, omnia quoque et singula quæ ex hiis, vel eorum aliquo secuta sunt et sequi poterunt quovis modo, irritamus, cassamus, abolemus,... Datum Metis, anno Domini 1357,* (à la mode de Trèves), *quinto kalendas januarii.*

de Saint-Paul, le 14 octobre 1354, que le nouveau rouage mis au mécanisme municipal ne marcha pas d'accord avec les anciens, et qu'on tâcha d'établir quelque harmonie, entre les tiraillements et les anticipations réciproques. Ce qu'il y a de mieux à noter en ce procès-verbal, c'est qu'il prouve, et ceci soit dit à l'éloge des parties, qu'elles n'étaient pas en grande animosité les unes contre les autres, ni près, en aucune manière, d'en venir aux mains :

« Par devant Pierre Robert d'Escurey et Dominique de Varenne, notaires apostoliques impériaux de la cour (officialité) de Verdun... Des différends et débats entre monss^r. Hugues de Bar évesque, et les citains et habitans, fut journée prise à Saint-Paul, où s'étant rendus, le 14 octobre 1354, en la grande salle d'en bas, savoir ledit évesque en compagnie des nobles et clercs de son conseil et hommes de l'évesché, d'une part, et grande quantité des citains et habitants de Verdun, des eschevins du Palais, de la Justice (Nombre), des maistres (des métiers) et du conseil de ladite cité, d'autre..., deux de leurs procureurs, pour et au nom de ladite cité, en présence des deuxdits notaires, tenant une cédule en mains, ont dit ce qui suit :

« Que l'intention du traité et de ceux qui s'en entremettoient étoit que, l'évesque venu en la salle de Saint-Paul, la plus grande partie des bonnes gens lui feroient la révérence, comme à leur seigneur, et par l'un d'eux lui seroit dit :

« Que sur les plaintes que ledit évesque faisoit contre eux, comme d'avoir fait quelques exécutions sans son consentement et autorité (1); d'avoir converti, par fraude, certaines amendes à leur profit, qui lui étoient dues; d'avoir maintenu (soutenu) que les Trois et les maistres des mestiers pouvoient faire enqueste sans la Justice (sans le Nombre); d'avoir fait commandements et jugements contre la juridiction du doyen et des eschevins du Palais; qu'ils avoient forfait et mes—

---

(1) Ceci, rapproché de ce que nous venons de voir, dans une des notes précédentes, que la Commune avait eu recours à l'empereur pour faire exécuter Georges Becard, semble indiquer que Hugues s'était réservé, dans son arrangement, droit de visa sur les sentences capitales; et il se plaignoit qu'on eût passé outre sans ce visa. En Empire, il n'y avait pas d'appel au criminel, ainsi que nous l'avons noté ci-dessus, tom. I. p. 394, et que nous le reverrons avec plus de détails dans l'histoire du démêlé de Psaulme avec le Magistrat, immédiatement avant 1552.

prins en la nomination du vicomte et des eschevins de la vicomté (1); enfin que, contre raison, ils retenoient le poids la laine, qui appartenoit à l'église de Verdun, et à celle de Saint-Maur (v. ci-dessous, art. des Fermes de la Ville);

« Ils lui répondoient que, si eux ou aucuns d'eux avoient mespris és cas dessusdits, ou aucuns d'iceux, ils n'y vouloient saüver (se défendre), ni porter préjudice en aucune manière audit évesque et à son droit, lui en demandoient grâce et pardon..., sans préjudice des accords faits avec les précédents évesque et le Chapitre.

« Et, les choses ainsi proférées, ledit seigneur évesque leur dira qu'étant leur seigneur souverain, il vouloit toujours les traiter à l'amiable et les recevoir familièrement; et, moyennant leur bonne volonté, il les quittoit de toutes amendes qu'il pourroit leur demander, et pardonnoit de bon cœur toutes entreprises contre sa juridiction, ne voulant rien préjudicier aux accords faits avec ses prédécesseurs. Et, sur les autres cas dont il se plaignoit d'eux, il les en rapportoit à ce qu'en ordonneroient le receveur et Simonin Perchez, dans le jour de la nativité saint Jean-Baptiste venant. Les choses ainsi faites et proférées, en seroit fait acte; et bonne paix seroit d'ores en avant entre eux.

« Ce que lesdites parties ont promis et juré, présents nobles seigneurs Robert de Watronville et Hue de Marcey (Mercy), chevaliers, Domenge de Villers, official de la cour de Verdun, Pierre de Chaumont, sage en droit, seigneurs Jacques de Cessei, Bertrand de Billei, Ponce de Bertraumeix, prestre, Hue d'Orne, Wautier de Bras, et Jean de Maire (Marre), escuyers, et Jacomin Chabossère, notaire impérial de la cour de Verdun (2) ».

Cette municipalité demi-populaire fut la dernière où les gens du commun aient trouvé place : après, et dès le

---

(1) Ces griefs signifient que les Trois (les quatre du diplôme de Charles IV, c'est-à-dire les nouveaux commissaires populaires), au lieu de se borner, comme Hugues l'avait permis, à s'adjoindre aux enquêtes de Justice du Nombre, faisaient ces enquêtes sans lui; qu'au civil, ils procédaient également sans doyen ni échevins du Palais; enfin que, pour l'institution du vicomte et des échevins de la vicomté (maître échevin et Nombre annuel), ils ne gardaient pas les règles de la Charte de Paix. Ils allaient, comme on voit, grand train au renversement de la Commune lignagère.

(2) L'original de cette pièce ne se trouve plus. Nous la donnons d'après le résumé de l'Inventaire.

déclin de ce siècle, l'aristocratie lignagère domina exclusivement. — Dans l'histoire communale, nous trouvons encore à noter ici la paix de la Ville avec son vieil ennemi Philippe de Florenge, et la fin du débat sur les aleux du ban de Buzy. C'était une querelle qui durait depuis quarante ans : apaisée un moment, en 1312 (1), par accord entre la Ville et le père de Philippe, celui-ci l'avait renouvelée ; puis était survenue, en 1336, à la grande exaspération des esprits, la tragédie du guet-apens de Warcq ; enfin, en 1352, chacun se réconcilia, de guerre lasse, et en se remettant réciproquement « toutes les arsures (incendies), brisures, occisions d'hommes, etc., jusqu'à la date de ces présentes lettres. » Philippe promit aux citains qu'il ne mettrait plus de surcharges sur leurs héritages situés en ses bans, et n'exigerait d'eux rien de plus que les droitures anciennes : « et si, ajoute-t-il, il advenoit, que Dieu ne veuille ! que je feisse le contraire en aucune manière, je vueil, en toutes cours et en tous hosteils de signours, estre teil, et tenu pour teil comme cil qui auroit sa foi menti et notoirement parjurei. En tesmoing de ce, etc., mon séel en ces présentes lettres, qui furent faites l'an mil ccc cinquante dous, le venredi après la saint Martin d'hiver » (2).

Les années suivantes, on eut les grandes et imposantes cérémonies des diètes impériales que vint tenir à Metz l'empereur Charles IV en personne. Ce prince n'était point hostile à la France ; sa jeunesse, comme nous l'avons dit,

Paix avec Philippe de Florenge.

---

(1) Ci-dessus, p. 75, 76.

« (2) Philippe, sire de Florehenges, chevalier. Comme, on temps passei, guerres, descords et riots fuissent et aient estei entre mi et mes aidants, d'une part, et les citains, habitans et universitei de la citei de Verdun et lors aidans, d'aultre, en laquelle guerre furent feus bouteis, occisions d'hommes et aultres griés (griefs) et gros dommaiges faits et s'ensuivirent, d'une part et d'aultre ; A savoir est que, par traitié et accord de plusieurs saiges bonnes personnes, amis à me et à eulx, me suis apaisié et accordei, et ai, de bonne volontei et de bon cuer (cœur), fait asdits de Verdun, et ils à mi, bonne paix et bon léaul accord de toutes les guerres, débats et riots quelcunques qu'ils eurent uncques à mi et je à eulx, de toutes arsures, brisures, occisions, dommaiges, etc. Suivent les conventions analysées en texte.

Objet des diètes de Metz. s'était passée à la cour de Charles le Bel, et il avait épousé la sœur de Philippe de Valois; mais, en sa qualité d'empereur, et surtout comme chef de la maison de Luxembourg, il devait trouver que les Français s'étaient fait sur cette frontière une position fort gênante pour tous les autres, et qu'il convenait de les faire reculer. Sa première entreprise, couronnée du succès que nous avons raconté en 1351, fut que, se mettant derrière nos communaux, et les pressant par son gardien luxembourgeois, il les fit renoncer à la garde du roi Jean. Ce point de Verdun reconquis, à l'endroit le plus extrême et le plus exposé à l'invasion française, on travailla à la restauration solennelle de la majesté du Saint-Empire, fort compromise depuis cinquante ans : et ce fut l'objet des deux diètes de Metz. La première, tenue au mois de mars 1354 (1), eut pour occasion, ou prétexte,

---

(1) *Datum Metis, anno Domini* 1354, *indictione* 7, *tertio idus martii*, portent les deux diplômes d'érection de Luxembourg en duché, et de Pont à Mousson en marquisat. Sur cette date du 13 mars 1354, et les autres des deux diètes de Metz, il est à noter qu'elles sont, non de l'ancien style ordinaire (autrement, mars 1354 serait 1355 av. P., comme l'a cru mal à propos D. Calmet), mais du style et usage de Trèves, que Charles et son frère Wenceslas suivaient en leur qualité de luxembourgeois, et pour ne pas faire les choses à la française. Ce style trévirois commençait l'année à l'Avent, vers le 1er décembre, avec l'année liturgique des offices de l'église : de sorte que le mois de décembre y appartenait déjà à l'année qui, dans le vieux style ordinaire, ne commençait qu'à Pâque suivant. On en a la preuve en ce que la seconde diète de Metz s'étant ouverte au jeudi après la saint Martin d'hiver 1356, comme portent les chroniques messines, les diplômes du mois de décembre qui suivit sont datés de 1357 : ex. celui déjà rapporté de la cassation de notre Commune demi-populaire : *Datum Metis, quinto kalendas januarii* (28 décembre) 1357 : nous en citerons d'autres tout à l'heure; et il y en a aussi aux Preuves de l'Hist. de Metz, IV. 171. En exemple de l'usage que les luxembourgeois faisaient du style de Trèves, on peut citer le traité signé le 13 avril 1358 contre Verdun, entre Iolande et Wenceslas de Luxembourg : il y est dit que ces présentes confédérations dureront cinq ans, commençant le jeudi après l'Annonciation Notre-Dame (25 mars), au mois de mars dernièrement passé, l'an mil trois cent cinquante huit, « selon le style et usage du diocèse de Trèves. » Sans cette explication, le mois de mars dernièrement passé eût été compté 1357 avant Pâque. Déjà, en parlant de la dédicace de la cathédrale, ci-dessus, II. 226-28, nous avons trouvé des exemples de l'embarras chronologique causé par ce style trévirois.—Quant à la première diète de Metz, il est bien certain qu'elle se tint en mars 1354, et non 1355 avant Pâque : ainsi le prouvent les extraits des comptes de Bar

la majorité de 15 ans du jeune Wenceslas, frère de père de l'empereur, et apanagé du Luxembourg par le testament paternel. Charles n'avait pas administré cet apanage en très-bon père de famille; de sorte qu'il lui sembla convenable d'en rehausser et dorer du moins la couronne, avant de la remettre au titulaire : et il voulut faire cet acte de souveraineté en pleine diète, dans la plus grande ville de la frontière. « Vint en Metz, dit Philippe de Vigneulle, Charles, roi des Romains, esleu empereur, avec son frère, Wainzelaus; et fut reçeu magnifiquement par l'évesque, clergie, estats....; et fit Lucembourg un duchié; et son frère, en lieu de comte, fut nommé et appelé duc, recevant le chapeau d'honneur de duc. » C'est toute la relation que nous avons; mais le diplôme de ce chapeau d'honneur ducal existe, daté du 13 mars 1354 : et, à partir de ce jour, on dit et écrivit, non plus comte, ni comté, mais duc et duché de Luxembourg, à l'orgueil et patriotique jouissance du duc et de toute sa chevalerie de duché.

On fit ensuite une seconde cérémonie, non moins intéressante; mais sur laquelle nos auteurs ne sont jamais tombés parfaitement d'accord. La chronique Vigneulle continue : « Et le comte Robert de Bar fut fait, créé, et érigé marquis du Pont, que par avant on disoit la comté de Serpanne (Scarponne). » Ce qui fait ici difficulté, c'est que l'autre chronique, celle du doyen de Saint-Thiébauld, substitue aux mots précédents ceux-ci : « Et l'empereur fit duc le comte de Bar. » Comme une telle promotion eût constitué empiètement énorme sur les bornes de Vaucouleurs et la frontière de 1299, nous ne croyons pas, quoi qu'en dise le doyen, que ce soit l'empereur qui ait alors érigé le Barrois en duché; et la preuve qu'il ne le fit pas,

Première diète.

Erection de Luxembourg en duché.

Le marquisat du Pont.

donnés par M. Servais, I. 27, note; et ainsi l'avaient noté Philippe de Vigneulle et le doyen de Saint-Thiébauld qui, datant tous deux selon l'ancien style français, mettent la première venue de Charles IV à Metz à la fin de leur année 1353, et la seconde en novembre 1356 ; ce millésime en toutes lettres, et ayant sa rime dans la chronique du doyen.

c'est que, le 4 avril, au sortir même de cette diète de Metz, il donna à Toul une charte où, tout en qualifiant Robert du nouveau titre de marquis du Pont, il lui laissa, pour le Barrois, l'ancien nom de comte de Bar : et ainsi se titrait encore Robert lui-même, au mois de mai suivant (1). Il paraît donc certain qu'à la diète de mars 1354, on ne s'occupa pas du Barrois mouvant; et que, comme le dit la chronique Vigneulle, ce fut seulement le comté de Mousson, situé au-delà de la Meuse, que l'on transforma en marquisat. Le diplôme en existe, de la même date que celui du duché de Luxembourg; et telle est l'origine de ce titre de marquis du Pont, qui, à dater de ce temps, figura dans le protocole de Bar, puis dans celui de Lorraine.

Duché de Bar. Pour le duché de Bar, c'est une chose fort étrange qu'on n'ait jamais pu trouver ni titres, ni lettres de sa couronne ducale. On n'a de ces actes ni texte, ni vidimus de cartulaire ou d'inventaire, ni citation ancienne ou moderne, ni même témoignage de personne qui dise les avoir vus : de sorte que l'apparence est non-seulement qu'ils n'existent plus, mais qu'ils n'existèrent jamais. Il est cependant certain que l'érection du Barrois en duché se fit alors : on en sait même la date très-rapprochée, entre mai 1354, où Robert ne se titrait encore que de comte, et novembre de la même année, où on parla, en assemblée officielle, d'allier « la duchié de Bar à celle de Lorraine » (2). Dès les premiers mois de 1355, le grand sceau portait en suscription : *sigillum ducatûs Barrensis*. Ce ne fut pas, quoi qu'on en ait dit, l'empereur qui autorisa ces changements; car lui et la seconde diète de Metz les ignoraient

---

(1) *Carolus, etc..., illustrem Robertum, marchionem Pontensem et comitem Barrensem, principem et consanguineum* (cousin) *nostrum dilectum... Datum Tulli, anno Domini* 1354, *indictione 7, secundo nonas aprilis*. Dans Calmet, Preuves, II. 621, 1ʳᵉ édit.—Nous Robert, marquis du Pont, comte de Bar... assensons toutes les monnoies et chainges de notre comtei de Bar à notre amei Humbelet de Gondrecourt..., le quart jour du mois de mai 1354. Ibid. p. 622.

(2) Annales du Barrois de M. Servais, tom. I. p. 52.

encore officiellement, à la fin de 1356 (1). Le titre nouveau dut donc venir au Barrois mouvant de son souverain français; mais on a peine à comprendre qu'il n'ait été fait d'un tel acte absolument aucune écriture de diplôme. Pour donner, par conjecture, quelque éclaircissement de ce problème historique, nous supposerons que le roi Jean, voulant, de son côté de la frontière, se montrer souverain autant que l'empereur, peut-être aussi pour préserver son Barrois français de toute invasion de marches marchisantes, gagna alors Robert par la promesse qu'il lui fit de le marier un jour royalement avec Marie de France : en considération de quoi on commença à appeler le jeune prince duc Robert (2), sauf à écrire plus tard son diplôme, et à lui mettre le chapeau ducal quand les futurs époux, qui alors n'avaient guère que dix ans, seraient en âge et fiancés : puis survint le malheur, grand et imprévu, de la prise du roi par les Anglais, et tout resta en suspens ; de sorte que le nouveau duc n'eut authenticité de son titre que par l'usage et les préséances. Telle fut l'instabilité de ces hautes fortunes qu'avant un siècle de là, la maison de Bar s'éteignit, son duché passa à la Lorraine, et celui de Luxembourg à la Bourgogne. — Pour notre ville et notre évêché, ils ne paraissent pas à Metz en 1354; et on ne voit pas leurs noms au traité qui y fut souscrit pour la commune paix de la frontière ; cependant on leur signifia

(1) *Carolus quartus, etc... Spectabilis Yolandis de Flandriâ, comitissa Barrensis... suo et filii sui illustris Roberti, marchionis Pontensis et comitis Barrensis nomine, nobis exposuit, etc... Datum Metis, anno Domini 1356, VII kalendas januarii.* Dom Calmet, Preuves, II, 625, 1ᵉʳ édit.

(2) Il y a du roi Jean une lettre, du commencement de 1356, *A mon beau-fils Robert duc de Bar.* Citée dans les Mémoires de l'ancienne Académie des Inscript. tom. xx. p. 487. Ceci, rapproché de la lettre latine du 27 juillet 1352 (ci-dessus, p. 244, note 1), où Jean n'appelle Robert que son cousin, *consanguineus*, indique qu'il était survenu entre eux un grand resserrement de parenté; et cela, comme le dénote le titre de beau-fils, par la promesse du mariage de Robert avec Marie, fille de Jean. L'étiquette s'observait bien dans les lettres royaux quant aux degrés de parenté : nous avons vu le premier Édouard, Henri, et Robert successivement traités de frère, neveu et cousin, jusqu'à ce que ce cousin se relevât au rang de fils.

ce traité; car l'empereur, dans une lettre du mois de septembre suivant, les compte parmi les adhérents. Il est inutile de parler de cette commune paix, qui n'exista guère que sur le parchemin officiel de ses articles.

Seconde diète de Metz.

Dans la seconde diète, qui fut d'une solennité extraordinaire, comparurent, vers la fin de décembre 1356, tous les corps et états verdunois, évêché, cité, chapitre et abbayes, pour supplier l'empereur de leur confirmer leurs priviléges, et reconnaître ainsi qu'ils les tenaient de lui. L'évêque Hugues partit le premier, ayant à tenir son rang de prince à l'entrée du cortége impérial à Metz, le jeudi après la saint Martin de novembre (1); les autres n'arrivèrent que plus tard, peut-être avec les Français, dans la dernière moitié de décembre. On était à deux mois de la bataille de Poitiers, le roi captif à Londres; et Charles, aîné fils de France, dauphin de Vienne, duc de Normandie, régentait le royaume. Il parut opportun qu'il vînt à la diète, demander à l'empereur secours, conseil, ou du moins neutralité; et il s'y fit précéder et annoncer par son ministre le cardinal de Périgord. Celui-ci n'avait rien à se reprocher au sujet de la funeste bataille; car c'était contre son avis qu'on l'avait engagée; et il allait partir pour l'Angleterre, afin de négocier la délivrance du roi. Le dauphin et lui arrivèrent, grandement et noblement escortés de français; le cardinal avec 400 chevaux; Charles et son jeune frère âgé de quinze ans, avec deux mille : l'empereur alla à leur rencontre hors de la cité de Metz; et, le jour de Noël, il tint devant eux état impérial, avec grand repas en public, où on le vit, dans toute sa majesté, seul à une haute table, sous une tente en forme de dais, les sept électeurs lui

(1) « Et portoient le ciel (dais) sur l'empereur seigneur Philippe le Gournais, etc.; et le ciel sur l'impératrice, six escuyers, etc.; et marchoient en avant les archevèques de Trièves, Coloigne, Mayence, les ducs de Bavière, de Saxonne, le marchis de Brandebourg, eslisuers, (électeurs), les évesques de Liége, Strasbourg, Toul, Verdun, etc., etc., chantant *Veni creator;* et furent reçus à la grande église, en grosse triumphe, et noblesse mélodieuse de chantres et d'orgues. Philippe de Vigneulle.

faisant service d'honneur, et, à côté de lui, ses trois couronnes de fer, d'argent, et d'or, qu'il mit successivement. A la table et à la droite de l'impératrice, était Charles de France qui, après ce mémorable diner, fit foi et hommage pour son Dauphiné, terre de l'ancien royaume d'Arles, qui venait d'être réunie à la France : le chroniqueur français des quatre premiers Valois n'a pas jugé à propos de tenir note de ce détail de la cérémonie; et l'empereur témoigna sa bienveillance en ordonnant aux villes impériales de la frontière d'envoyer ce qu'elles pourraient d'hommes au secours des Français (1). Philippe de Vigneulle dit qu'en ce moment il y avait bien à Metz, de tous les pays de l'Empire, « trente-trois cents chevaliers, sans les grands princes, éliseurs (électeurs), ducs, marchis, comtes, arcevesqués et évesques, qui étaient bien un cent »; plus, sans qu'il soit besoin de l'ajouter, une innombrable foule de curieux : tout ce monde venu pour voir la promulgation des derniers articles de la fameuse bulle d'or d'Allemagne, dont les premiers avaient été lus à Nuremberg, au commencement de l'année. Dans cette noble et immense assistance se trouvaient, confondus et comme perdus, les députés verdunois, attendant leur audience, qu'ils eurent le 26 décembre, en cour où siégeaient les électeurs de Trèves, Mayence, Cologne, avec leurs collègues séculiers le palatin du Rhin, duc de Bavière, le duc de Saxe, le marchis de Brandebourg ; puis les évêques de Strasbourg, Lubeck, Metz, Toul, Verdun, les abbés princes de Fulda, Cluny, Weissembourg, les ducs de Juliers et de Mecklembourg, les burgraves de Magdebourg, les comtes de Nassau,

(1) *Carolus quartus, etc.... Cùm illustres Carolus, regis Franciæ primogenitus, dux Normanniæ, delphinus Viennensis, et ejus fratres, nepotes nostri, magnis periculis subjaceant et multas pressuras indebitè sustinuerint...., nos, habito respectu ad dilectionem sinceram quâ serenissimum Joannem, illustrem regem Franciæ, fratrem nostrum carissimum et dictos nepotes nostros digné prosequimur, signanter cùm Delphinus prædictus sit princeps Imperii, fidelitatem vestram affectuosè requirimus et hortamur quatenùs centum galeatos ad civitatem Tullensem velitis absque dilatione destinare, ad obsequia nostrorum nepotum, à die quâ prædictam civitatem Tullensem applicuerint. Datum Karlstein, 13 septembris, etc.*

Spanheim, Sarrebrück, Deux-Ponts, Anhalt, Veldenz et autres (1). En présence de cette assemblée, vraiment noble et germanique, le chancelier leur remit un parchemin à sceau d'or pendant, mais ne contenant, au lieu de confirmation de la Commune (à quoi probablement on s'attendait peu, dans l'état de déchirement où elle était) que ce qui suit :

Cassation des gardes.

Charles, empereur romain, roi de Bohême, aux justiciers, aux citoyens et à la communauté de Verdun. Chers fidèles, nos sujets immédiats et du Saint-Empire, nous savons par des rapports dignes de foi (il l'avait assez vu lui-même, du vivant de son père Jean) que, du temps passé, quand le Saint-Empire vaquait ou chancelait, vous, sous prétexte d'insupportables vexations de la part de vos voisins, avez demandé la garde et protection des très-illustres rois de France, ainsi que celle des comtes de Luxembourg et de Bar ; que des traités à perpétuité ont été conclus entre eux et vous ; enfin qu'au préjudice de nos frontières, vous avez détourné au paiement de ces gardes une partie des amendes que vous étiez tenus d'employer à l'entretien de vos remparts. Ni notre devoir, ni l'intérêt de l'Empire ne nous permettant de tolérer de pareils abus, nous, de l'avis de nos électeurs et de nos princes, de certaine science et pleine puissance impériale, cassons et annulons les susdites lettres de garde, avec déclaration qu'elles n'ont jamais eu de valeur, attendu que vous n'aviez pas le droit d'offrir, ni les princes n'avaient celui d'accepter de pareils traités. Quiconque enfreindra ce présent décret sera irrémissiblement puni d'une amende de mille marcs d'or fin, applicables moitié à notre fisc, moitié à la réparation des préjudices portés. Scellé de la bulle d'or, au type de notre majesté. Donné à Metz, l'an de grâce 1357, indiction 10, le 7 des calendes de janvier, onzième année de nos règnes, seconde de notre empire (seconde depuis le couronnement de Charles à Rome : auparavant, son titre officiel était roi des Romains, élu empereur) (2).

(1) Ce sont les *testes* de la charte que nous allons donner.... *Boemundus Trevirensis... Adhemarus Metensis, Bertrandus Tullensis, Hugo Virdunensis.*

(2) *Carolus quartus, etc.... Ut subditus nobis christianus populus gratâ pacis securitate lætetur, etc.* (préambule). *Relatione condignâ, ad nostræ majestatis pervenit auditum quòd dilecti nobis justitiarii, cives et communitas civitatis Virdunensis, nostri et imperii sacri fideles, nobis et ipsi imperio immediatè subjecti,*

Tel fut le premier sceau d'or de la Ville, où elle obtint reconnaissance d'être impériale immédiate; mais, pour la confirmation de ses priviléges et franchises, c'est-à-dire, comme on parlerait aujourd'hui, de sa constitution communale, il lui fallut attendre un second sceau, qui ne vint qu'en 1374, tant elle eut besoin d'intervalle pour se mettre en ordre digne d'être approuvé. Des choses semblables arrivèrent à Toul, où l'empereur passa peu après la diète de Metz : les bourgeois, en venant le saluer, lui demandèrent aussi charte confirmative; mais il éluda leur demande; et ils attendirent dix ans l'expédition de leur sceau d'or. (1) Il est remarquable que ce fut précisément en ces années que le régime aristocratique prit le dessus en nos villes : d'où l'on pourrait peut-être induire que l'autorité souveraine attendait qu'il se consolidât, et que c'était le seul qu'elle trouvât digne de son approbation. Cependant la reconnaissance d'impérialité immédiate obtenue par Verdun, dès 1357, était un excellent principe; car il s'ensuivait qu'une fois qu'on aurait la charte de confirmation, personne ne pourrait, sans l'aveu de l'empereur, toucher à la constitution de la Commune, pas même l'évêché, sous prétexte d'engagement à renouveler de sa fameuse vicomté, avec nouveau versement de finance,

La ville reconnue impériale immédiate.

---

olim sacro vacante aut vacillante imperio, et à nonnullis magnatibus, nobilibus, mediocribus et plebeiis personis intolerabiliter offensi, se et sua, quamvis jure non possent, defensioni, tuitioni et gardiæ illustrium regum Franciæ quandòque et interdùm Lucemburgensis et Barrensis comitum voluntariè et perpetuò submiserunt, se et suam universitatem et successores suos ad certas pecuniarum summas annuatim dictis solvendas principibus, per suas patentes litteras obligârunt; et, quod deterius est, eisdem comitibus nonnullas emendarum partes, quæ pro ipsius civitatis firmitate, necessitate, et clausurâ applicatæ sunt debitè, contrà rationem, ac in nostrum et sacri imperii damnum indebitè assignârunt. Nos igitur, etc. Suit le décret de cassation : *ipso jure, cùm neque offerentes prædicta, sen recipientes eadem, offerendi aut recipiendi habuerint potestatem. Sub bullâ aureâ, typario imperialis nostræ majestatis impressâ*. Ce sceau d'or pendait à lacs de soie jaune : exergue, *Carolus IV, Romanorum imperator et Bohemiæ rex*. Revers : *Roma caput mundi regit orbis frena rotundi*. En champ : *Aurea Roma*.

(1) Thiéry, Hist. de Toul, II. 299.

260   PÉRIODE DE LA GUERRE DE CENT ANS.

comme l'avait exigé Henri d'Apremont en 1314. — Au sujet des villes impériales, nous lisons dans les historiens allemands que ce fut en cette même diète de Metz qu'on accorda, le 24 décembre, aux cités de Mayence, Spire et Worms les premières chartes où se voie, non pas seulement, comme dans la nôtre, le titre d'immédiate, mais aussi celui de libre (1) : c'était une prérogative encore fort rare, et dont on ne faisait pas profusion.

Cassation de la commune populaire.

Deux jours après l'audience de la Commune, l'évêque eut la sienne, le 28 décembre. Ce que nous venons de dire de la défaveur des choses démocratiques en diète explique l'humble attitude en laquelle il se montra, avouant comme une faute, l'intrusion autorisée par lui du populaire dans le Magistrat de sa cité : il est possible et vraisemblable que les lignagers de la députation communale lui aient suggéré cette doléance, ainsi que sa demande en révocation de cette mauvaise Commune, qui existait toujours, de sa permission et de sa faute. Cette révocation décrétée, à la requête de notre évêque, et dans les termes que nous avons vus, p. 248, l'empereur ajouta ces paroles :

« En outre, nous annulons, tant en général qu'en particulier, toutes et chacune gardes prises sans autorisation impériale, de quelque prince que ce soit, par quelques gens que ce soit de l'évêque, de l'église (Chapitre), de la cité, et de l'évêché de Verdun ; les déclarons nulles de pleine nullité, et invalidons dès à présent toutes celles qu'on tenterait de prendre à l'avenir..., à peine, pour chaque contraven-

(1) Pfeffel, Abrégé chronol. de l'Hist. d'Allemagne, à l'an 1356. — Il est assez probable que l'empereur, par cette déclaration que Verdun était ville immédiate de lui et du Saint-Empire, entendait surtout réprouver la puissance intermédiaire que le système de la garde de France avait créée au profit du roi. — La charte du Chapitre, donnée dans la même audience que celle de la Ville, se trouve dans Berthollet, VII, Preuves, p. XXV, *relatione honorabilis primicerii, decani et Capituli*. Ce princier était le cardinal Talleyrand : aussi la charte ne laissa rien à désirer, au moins sur parchemin. — La charte de Saint-Vanne, du 26 décembre, *sexto kalendas januarii*, renferme transcription de la bulle de Léon IX en 1049 : c'est là que cette bulle importante s'est conservée. Saint-Paul eut aussi son diplôme, en date du 31 décembre : *secundo kalendas januarii*,

…tion, de cent marcs d'or fin... Donné à Metz, le 5 des calendes de janvier 1357 (1). »

Nous verrons bientôt quelle protection Charles IV donna à l'évêché et à la Ville, quand, après la cassation de toutes les gardes, il fit rétablir de force celles de Luxembourg et de Bar : de sorte qu'en réalité il n'annulait que celle de France. Pour la Commune, cette annulation était un fait accompli depuis 1351, où les Luxembourgeois l'avaient poussée à renoncer au roi Jean; mais alors l'évêché s'était gardé de suivre son exemple; et il persistait à ne rien dire, tout en conservant dans ses parchemins le traité de Henri d'Apremont avec Philippe de Valois. Cette attitude étant suspecte, l'empereur et la diète l'en déboutèrent, en notifiant à l'évêque en personne, et en insérant dans sa charte toutes ces cassations et annulations redoublées.

Ici nous rapporterons, comme incident, l'anecdote de la principauté d'Apremont, érigée par ce même empereur, que les Gobert et les Joffroi poursuivirent, à chacun de ses voyages, pour qu'il leur donnât rang de princes. Il le leur donna en effet, et par deux diplômes de très-grand style; mais que ni lui ni eux ne crurent opportun de montrer en pleine lumière de diète. Ce qui paraît tout d'abord singulier en ces chartes, c'est qu'elles furent toutes deux faites hors du pays, immédiatement après les clôtures des deux sessions de Metz, qui se terminèrent, comme nous l'avons dit, la première vers le 15 mars 1354, la seconde, le samedi lendemain des Rois 1357 : à quoi correspondent, dans les chartes d'Apremont, les dates du 24 mars 1354 à Mastricht, et 18

_{Principauté subreptice d'Apremont.}

---

(1) *Prætereà omnes et singulas gardias quibuscumque hominibus dictorum episcopi, ecclesiæ, civitatis et episcopatûs Virdunensis, per quemcumque cujuscumque etiàm potestatis et præeminentiæ, præter auctoritatem cæsaream concessas, vel in posterum concedendas, sicut per leges nostras imperiales cassavimus, ità cassas, irritas et invalidas cunctisque viribus vacuas esse decernimus. Nulli ergò hominum, etc., sub pœnâ centum marcarum auri puri, etc. Signum serenissimi principis et domini, domini Karoli quarti, etc. Datum Metis, anno Domini 1357, quinto kalendas januarii.* C'est la fin du diplôme dont nous avons donné le commencement ci-dessus, p. 248, note 2.

janvier 1357 à Utrecht (1). En explication de ces rapprochements de temps, et éloignements de lieux, il faut d'abord dire ce que contenaient ces chartes. La première, donnée pour simple reconnaissance de l'état ancien du fief d'Apremont et Dun, portait que c'était une baronnie immédiate du Saint-Empire, constituée, de temps immémorial, en terre salique, héréditaire de mâle en mâle et d'aîné en aîné, sans partage ni division, sinon d'apanages suffisants aux puînés. Ce dernier article n'intéressait que les membres de la famille; mais il n'en était pas de même du premier qui affirmait l'immédiateté; car, et là se trouvait le pivot de tout le système, s'il était vrai que la baronnie ressortît directement à l'empereur, celui-ci pouvait, sans atteinte au droit d'aucun intermédiaire, accorder aux Apremont telle indépendance et suprématie qu'il lui plairait : et de ce principe, la seconde charte tirant les conséquences, érigeait la baronnie en terre souveraine, avec droit au prince régnant de frapper monnaie à tous métaux, de conférer la chevalerie, d'anoblir les roturiers, d'établir des notaires; en un mot d'user de toutes prérogatives régaliennes. Malheureusement il n'était pas du tout constant qu'Apremont fût un fief immédiat : ce n'était qu'un simple arrière-fief de l'évêché de Metz, auquel l'empereur n'avait pas droit de l'ôter, sans qu'il y eût cas de commise ou retour féodal : cet évêché pouvait produire les foi et hommages qu'on lui avait rendus, de temps immémorial; et autant pouvait en faire de son côté l'évêché de Verdun quant à Dun, qu'un Gobert du siècle précédent lui avait soustrait, en usant des détours que nous avons vus (2). Cet état de choses obligeant à marcher avec prudence, la nouvelle principauté dut se contenter, pour venir au monde, d'un diplôme rendu à petit bruit, et comme subrepticement, loin de la diète et des

---

(1) Nous citons d'après l'analyse de ces chartes qu'on trouve dans la généalogie de Briey par Lainé, p. 39. Lui-même les donne d'après les nos 21, 22, de l'art. Apremont dans l'Inventaire de Lorraine.

(2) Ci-dessus. tom. II. p. 397.

contradicteurs (1); et il est étrange que Charles IV se soit prêté à ces manœuvres. Elles eurent pour instigateur Joffroi, neveu de notre évêque Henri, et fils de son frère Gobert : trois personnages que nous connaissons pour les avoir vus travailler inutilement, de toutes leurs forces, à mettre la garde héréditaire de Verdun dans leur famille. Le fils de Joffroi fut Gobert l'Infortuné, qui ruina la maison, avant que la prescription eût eu le temps d'en consolider les diplômes princiers, et de mettre l'évêché de Metz hors de droit et possession d'exiger l'hommage; mais, à l'intérieur du domaine, où personne ne les contredisait, les Apremont usèrent de leurs prérogatives; et il y a mention de leur monnaie dans les documents (2). Telle était cette seigneurie, quand y survint la grande chute que nous raconterons bientôt.

En autres traits à recueillir dans l'histoire des diètes de Metz, nous noterons la permission que l'archevêque Boëmond de Trèves demanda à l'empereur d'avoir des Juifs à demeure dans les places et territoires de son évêché : *dass*

(1) En comparant les noms des *testes* de notre charte du 26 décembre (ci-dessus, p. 258) avec ceux de la charte de Joffroi à Utrecht, le 18 janvier (15 des calendes de février), on trouve qu'il n'y avait plus alors avec l'empereur que les princes allemands retournant à sa suite. Le seul personnage de notre féodalité qui soit mentionné en cette cour d'Utrecht est Wenceslas duc de Luxembourg, lequel était encore mineur de fait, peu instruit des ramifications de nos mouvances féodales, et d'ailleurs personnage fort obséquieux de son frère l'empereur.

(2) « Monss^r. d'Aspremont a establi Lambert de Namur pour deux ans à faire monnoie à Dun, blanche, noire et d'or, aloi et quantité; et comment le nom de monseigneur y doit estre Et fut criée ladite monnoie à Dun, en pleine halle et marché, du commandement de monseigneur; et doit estre prise et coursable par toute sa terre, à toutes marchandises. » Extrait d'un registre cité dans les Mém. de la Société philomat. de Verdun, tom. IV, p. 253. — Une pièce d'or, au nom de Gobert, a été, dit-on, trouvée, il y a quelques années, à la côte Saint-Germain, près Dun. — On ne voit pas, dit D. Calmet, que ceux d'Apremont aient jamais eu séance aux diètes, ni dans aucune cour des princes qui y entrent; encore moins trouve-t-on qu'ils aient eu investiture des empereurs, ou leur aient fait directement foi et hommage. En conséquence, toutes ces grâces obtenues par Joffroi sont mortes avec lui. » Dissert. sur la maison d'Apremont, en tête du tom. III, p. IV de l'Hist. de Lorraine, 2e édit. — C'est à dire que, hors de la terre d'Apremont, tout le monde savait que le diplôme de Joffroi était subreptice et sans valeur.

L'archevêque de Trèves demande des Juifs.

ein jeglicher Ertzbischoff zu Trier, und der Stifft, mögen empfangen, setzen, und behalten Juden in landtstätten, schlossen und festen des stiffts Trier, in ihre stätte Trier, Coblentz und andere... von welchen landen dass sie kommen : et l'empereur le permit, à condition qu'on ne vexerait jamais ces Juifs; car c'était à lui qu'ils appartenaient tous, comme serfs de sa chambre (1). La demande et la réponse sembleront peut-être étranges à nos lecteurs modernes; mais alors on n'y vit rien que de fort ordinaire; et la chancellerie écrivit la permission en allemand, n'y daignant pas mettre la solennité de son magnifique latin impérial. A peu près en même temps que l'archevêque demandait ainsi des Juifs, les Messins, en 1365, chassèrent les leurs, à cause d'un coup de tonnerre qui brûla 22 maisons en Juif-rue dite Jurue (2); mais ce ne fut qu'une expulsion momentanée; et nos établissements israélites subirent ainsi, à diverses reprises, des tribulations qui empêchent d'en bien suivre l'histoire au moyen-âge. C'est parce que les Juifs étaient serfs de la chambre (3) qu'il fallait obtenir permission de

(1) *Und dass sie (der vorgenant Ertzbischoff, sein nachkommen, und der stifft) kein steuer, volleist, mitgabe, oder schenke an die Juden fordern, heischen, oder mit gewalt von ihnen bringen.... Geben zu Metz, an den heiligen jungfrau St. Lucie tag* (13 décembre) 1357. Dans Hontheim, II. 196.

(2) Bénéd. Hist. de Metz, II. 560. Au commencement du XIV° siècle, tout juif entrant à Metz payait 30 deniers. Ibid. p. 502. — Cette Jurue tirait son nom d'une très ancienne synagogue, dont Begin a fait dessiner les vestiges dans les Mémoires de l'Acad. de Metz, 1843, tom. I.; et ce devait être un quartier notable, puisqu'il donna son nom à l'un des paraiges de Metz, dont le contre-sceau portait, suivant le même Begin, un buste de Juif. Ibid. p. 245 et 267. — Le mot Juif se prononçait Jue : « Je Armesens (Ermesinde), comtesse de Luxemburch, fas cognissant que Isaac, me jues (mon Juif) de Marville, tient à paiei entieirement, etc. 1242, le jor de Pasques. » — Il semble qu'il y ait eu en ces temps des Juifs à Marville; car, en 1347, on trouve l'article suivant dans les comptes de Jean de Ste-Geneviève, prévôt de Longwy : « Item monss' Jehan de Billei envoya le prévôt à Marville, pour faire venir à Longwi Abraham le juyf, parler audit monss' Jehan, savoir à lui ce que donneroit à Madame de prières » (impôt d'aides).

(3) *Servi sunt nostræ cameræ speciales*, dit une charte de Frédéric II, dans Ducange, au mot *Judæus*. — *Mandamus ut Judæi de Haguenowe nostræ cameræ servi, nostræ cameræ tantùm et per nostras patentes litteras serviant, ad indebita et inconsueta servitia compellantur*. Charte de l'empereur Richard en 1272.

l'empereur pour avoir droit de leur donner séjour fixe en villes ou territoires d'Empire : autrement on se fût exposé aux peines légales contre les récepteurs de forfuyants; et cette autorisation ne s'accordait que sauf les redevances et tailles dues par eux au fisc ; tellement qu'on vit des empereurs garantir leurs dettes envers les villes en donnant à celles-ci pour gage les Juifs domiciliés chez elles (1). On trouve, en beaucoup de cités impériales, traces de fort anciennes synagogues; ce qui nous fait conjecturer que, dans le haut moyen-âge, ces cités avaient pleine liberté à ce sujet, étant censées elles-mêmes domaines impériaux. A l'an 1434, nous reprendrons ces détails, à propos des Juifs que la ville de Verdun demanda à l'empereur Sigismond.

Nous revenons à notre histoire politique, aussi pleine, en ce moment, de toutes sortes de complications, d'intrigues et même de guerres que pouvait l'être celle des premiers potentats. Pour Iolande, la catastrophe de Poitiers fut une victoire : car il en résulta que son ennemi Henri de Pierrefort, l'instrument des Français, l'homme qui avait renversé son gouvernement et emprisonné son mari, tomba avec le roi Jean, et dut faire retraite en Champagne, au service du dauphin contre les Anglais (2). De peur que son frère l'évêque Hugues et les Verdunois ses amis ne lui tinssent quelque porte ouverte, l'ombrageuse comtesse mit en marche contre eux une expédition de guerre, dès le mois d'octobre qui suivit la bataille de Poitiers (3) :

Etat politique
après
la bataille
de Poitiers.

(1) *Dimisimus, et obligamus, et liberè dimittimus discretis viris consulibus civitatis nostræ Munchenberg omnes et singulos Judæos, fideles cameræ nostræ servos, apud ipsos in dictâ civitate manentes et ibidem in posterum venientes, in satisfactionem et recompensam triginta marcarum argenti Brandenburgici,* Charte dans Ducange, ibid. — En 1317, l'empereur engage les Juifs de Spire à la ville, pour 4,000 livres. En 1321, ceux de Ribeauvillers (Alsace) au sire de Ribeaupierre, pour 400 marcs d'argent. Begin, ibid. p. 272.

(2) La bataille de Poitiers est du 19 septembre 1356. Henri gouvernait encore en Barrois le 8. V. Servais, Annal. I. 50.

(3) « Je Jehan, sire de Villemont, chevalier, lieutenant à Verdun pour hault prince noble et puissant mon très chier et très redoubté seigneur monseigneur le duc de Lucembourg et de Brabant, et nous citains et universitei de la citei...., avons assuré et assurons de bonne assurance léaule les villes

mais alors furent annoncés l'empereur et la diète de Metz; et, comme il ne fallait pas enfreindre à si grand bruit devant eux l'ordonnance de commune paix, la régente, en son conseil, trouva mieux et plus politique de transférer le champ de bataille dans la diète elle-même, qui devait lui tenir à bonne recommandation les persécutions qu'elle avait souffertes de la part des agents du roi. Elle ne se trompa pas dans cet espoir; et elle fut en effet fort bien accueillie: car, le 24 décembre 1356, on lui décerna la garde et administration du marquisat du Pont, pour son fils Robert qui, malgré toutes les proclamations officielles de sa majorité, demeurait toujours mineur en fait, n'ayant guère alors que 14 ans (1). Cette affaire du Pont, sans intérêt direct pour nous, montra néanmoins de quel côté penchait l'empereur, et avec lui, par entraînement, son jeune frère Wenceslas de Luxembourg: et ce fut le préliminaire d'autres dispositions qu'il nous faut expliquer avec soin, parce que de là sortit le cas de guerre qui arriva les années suivantes.

Il était bien entendu, et les Verdunois ne pouvaient l'ignorer, que leur ville placée sur l'extrême frontière, à la porte et à la prise de la France (laquelle pourrait bien ne pas toujours être dans son humiliation de ce moment),

de Dugnei, de Landrecourt, de Ancemont, de Senoncourt, dou grand Maheron et dou petit, habitants, biens, cheptels, tout le temps de ceste présente guerre durant, laquelle nous avons au duc de Bar, la comtesse sa mère, lors sujets et lors aidants, parmi ce que asseureront à nous de pareille asseurance la ville de Haudainville .... 1356, le devant darrien jour dou mois d'octobre. » Dans les Preuves de Roussel, p. 24.

(1) Les qualités sont ainsi reconnues à Iolande dans une charte de la diète : *Spectabilis Iolandis de Flandriâ, comitissa Barrensis, suo et filii sui illustris Roberti, marchionis Pontensis et comitis Barrensis nomine.* Ainsi, à la fin de 1356, l'empereur ne reconnaissait encore le Barrois que pour comté: ce qui s'accorde avec notre hypothèse qu'il n'y eut pas de lettres officielles d'érection, et prouve clairement que cette érection ne fut pas faite à la diète de 1354.— Cette charte, qui est dans les Preuves de D. Calmet, II, 623, 1re édit., fait longues et expresses défenses aux bourgeois de Pont a Mousson d'arrêter les sujets barrois pour dettes de leurs souverains, c'est à dire de Robert et d'Iolande, dont, à en juger par cette ordonnance, les dettes devaient être bien criardes.

serait fortement rattachée à l'Empire par Luxembourg; et l'empereur, comme chef de cette maison, devait régler, de concert avec le duc son frère, et avec la cité elle-même les détails de l'arrangement. On voulait, en diète, que ce fût un arrangement nouveau, et une garde luxembourgeoise créée tout à neuf, parce que l'ancienne, bien qu'elle eût été établie « du droit comme a le roi d'Allemaigne sur ladite ville », ainsi que le portait la sentence de Mante de 1323, se trouvait néanmoins, par les transactions de Jean l'Aveugle, subordonnée d'abord au roi de France, puis, en 1343, mise en commun avec le comte de Bar mouvant de France; en conséquence la diète avait cassé la garde luxembourgeoise, comme toutes les autres, afin que tous ces surcroits, ajoutés sans autorisation impériale, tombassent avec elle, et qu'on pût procéder sur tout autres bases. Mais ainsi ne l'entendaient pas Iolande et Robert, suivant lesquels le rétablissement de la garde de Luxembourg entrainait de plein droit, et aux termes de 1343, celui de leur part commune : autrement, disaient-ils, l'empereur mentirait à la foi de son père Jean, et fausserait la parole jurée. Charles IV hésita, craignit de revoir les longs démêlés qu'on n'avait pu terminer que par ce traité de la garde commune : il espéra que son frère, qui serait toujours premier gardien, aurait la prépondérance; enfin, en dernier motif, et chose assez honteuse, il reçut de l'argent. Cette dernière raison n'était pas, comme on pense bien, à écrire dans les préambules du décret : aussi ne la connaissons-nous que par le billet qu'il fit aux barisiens qu'on leur rendrait ce qu'ils avaient payé, si jamais lui, ou ses successeurs, révoquaient la garde barroise de Verdun. Ceci impliquait aveu de Robert que c'était une garde révocable; par conséquent autre, en droit, que celle de 1343, sous le déguisement de laquelle on la passait (1).

Arrangements pour la rénovation des gardes de Luxembourg et de Bar.

(1) *Vidimus*... de lettres de l'empereur Charles IV, par lesquelles Robert, marquis du Pont, comte de Bar, lui ayant fait connoître qu'il y avoit un traité entre Jean roi de Bohème, père dudit empereur, et Henri comte de Bar, son père, pour la garde de Verdun, il confirme ledit traité. Et, au cas où les

PÉRIODE DE LA GUERRE DE CENT ANS.

Refus de la ville de se soumettre.

Des événements qui suivirent, il n'y a pas de chronique; et nous ne les connaissons que par la série des pièces officielles. Ce manque de détails est regrettable; car il survint alors des choses importantes. Les Verdunois refusèrent de reconnaître leurs gardiens établis par l'empereur (1), sachant fort bien que la garde de Bar serait celle d'Iolande. Ceci rendit la comtesse de plus en plus soupçonneuse qu'ils complotaient, avec leur évêque Hugues, le retour de Henri de Pierrefort, pour la renverser encore une fois : en conséquence elle remit sur pied son expédition interrompue par la diète de Metz; et elle revint contre l'évêque et la ville dès les premiers mois de 1357. Robert marchait avec elle : et, de peur que les Verdunois, ou autres, ne contestassent le titre en vertu duquel elle agissait, il lui donna, le 9 juin, des lettres de régence et de lieutenance. Tout ce que les assaillants gagnèrent fut que Brocart, profitant de la circonstance, se jeta sur le Bassigny; Henri le secondant avec sa « route » (bande) : de sorte qu'à la fin de l'année, la comtesse, au lieu d'être victorieuse, se trouva elle-même assiégée dans Bourmont (2). Ce mauvais succès vint de l'inertie du duc Wenceslas, qui répugnait à se mêler à la querelle verdunoise, personne à Verdun ne faisant opposition à sa garde.

Coalition de Luxembourg et Bar.

Les choses changèrent de face, en 1358, où les deux duchés se coalisèrent. On ne sait pourquoi Wenceslas tarda tant à venir en aide à ses co-gardiens : peut-être espérait-il que le différend s'aplanirait sans lui; peut-être voulait-il laisser les combattants user leurs forces, pour devenir ensuite lui-même seul maître du terrain. Enfin, adjuré par les intéressés, et probablement aussi requis,

---

empereurs ses successeurs voudroient révoquer cette garde de Verdun audit comte de Bar, ils seroient tenus de lui faire rendre la récompense qu'il en avoit donnée. Fait à Metz, l'an 1357, le 2 des nones de janvier (4 janvier). Dans l'Inventaire de Lorraine, à l'an 1357.

(1) « Touchant la guerre qui estoit ou sujet des gardes mises par lesdits ducs et comtesse dans ladite ville et pays. » Accord de 1359. — Il résulte de ces paroles que ce fut bien à cause des gardes que s'éleva la guerre.

(2) M. Servais, Annal. I, 58-60.

à leur instance, par l'empereur, qui ne pouvait, sans mot dire, souffrir qu'on foulât ainsi aux pieds ses arrangements, il scella, le 13 avril 1358, avec Iolande et Robert, le formidable traité d'alliance qui suit :

« Nous Winchelas de Boesme, par la grâce de Dieu duc de Luxembourg, Lothier, Brabant, Limbourg, marchis du Saint-Empire, d'une part, Et nous Iolande de Flandre, comtesse de Bar, dame de Cassel, et nous Robert, duc de Bar, marchis du Pont, son fils, d'autre part... Pour conservation et défense de nos terres et pays, et grever et nuire nos ennemis et malfaiteurs, avons fait et faisons vraies alliances, confédérations, etc.

« Encontre l'évesque de Verdun, le doyen et son Chapitre, messire Henri de Bar, seigneur de Pierrefort, son frère (de l'évèque), la ville de Verdun, et tous leurs aidants, receptants, conseillants, complices et confortants quelconques, pour les grever, nuire et dommager, en corps, en villes, forteresses, terres et autres biens, en toutes manières que nous pourrons..., à grant force et à petite, à pied et à cheval, de toutes nos puissances, et de ceux que nous pourrons adjoindre à nous.

« Et commencerons premièrement à meffaire sur ladite ville de Verdun, habitants et défendeurs d'icelle, sur l'évesque et éveschié, aidants, receptants, etc.; et, en après, sur et contre ledit messire Henri, ses forteresses, terres, subjects; et, se il sembloit mieux à nous, ou à nos chevetaines et gouverneurs de par nous, faire par autre manière et en autre ordre, faire le pourront et debvront.

« Et, se nous ou aucuns de nous, durant le temps de ces présentes alliances, prenions ou conquérions villes, forteresses, pays, prisonniers, ou autres gains sur nosdits ennemis, nous en serons compagnons et parsonniers de moitié, espéciaulment de la cité et ville de Verdun. Et, en cas où nous prenrions forteresse, nous la tenrons par commune main, ou nous l'abattrons, se il nous plaist, d'un commun accord.

« Qui prendra vilain ou homme de condition (serf), il en aura cinq sols tournois, et non plus; et li prisonnier sera commun à nous de moitié. Cils qui prenront bestes à pied fendu, ils en auront la moitié pour butiner entre eux teste à teste; et sera l'autre moitié à celui de nous à qui ceulx qui les auront prises seront.

« Li lieux où le panonceau de l'un de nous seroit assis, sans fraude, seront seurs. Et ne pouvons faire paix, accords, traités, souffertes (sursis) à nosdits ennemis l'un sans l'autre.

« Et doient durer ces présentes alliances par cinq ans entiers continuellement ensuivant l'un après l'autre, commençant le jeudi après l'Annonciation Notre-Dame, on mois de mars darriennement passé, l'an mil trois cent cinquante huit, selon le stile et usaige du diocèse de Trièves.

« Et est à savoir que, en cas où nous, ou li un de nous, prenriens, gaigneriens ou conquerriens ladite cité de Verdun, aucune partie d'icelle, ou aultre ville ou forteresse de l'Empire, nous devons léaulment et en bonne foi, sans fiction, chacun de toute sa puissance, pourchassier par devers notre très chier et redoubté seigneur l'empereur que il consente et conferme la chose ainsi gaigneie et conquise estre et demorer au commun profit de nous les parties dessusdites, de moitié en moitié.

« Avons promis et promettons, etc. sur saintes évangiles, etc... » ces lettres qui furent faites l'an 1358, le 13º jour du mois d'avril. Sceaux pendants des trois contractants (1).

<small>État des belligérants.</small>

Cette confédération des deux ducs gardiens contre les Verdunois était (et ceci la rendait encore plus redoutable), non une simple affaire de guerre privée, ni une attaque en vertu du droit du plus fort, mais une véritable exécution impériale, contre des rebelles qui refusaient obéissance aux mesures arrêtées par l'empereur pour l'ordre politique de leur pays. Légalement, la ville et l'évêché étaient en rébellion; les ducs au contraire soutenaient le droit; et leurs conquêtes, s'ils en faisaient, pouvaient être déclarées justes et bonnes. Ainsi l'espéraient-ils; et ils l'avaient prévu dans leur traité.

Comme on ne pouvait guère se flatter chez nous de résister à la coalition de deux aussi puissants duchés que Luxembourg et Bar, appuyés de l'empereur, il est bien probable qu'on espérait le secours des Français, par Henri de Pierrefort, qui commandait pour eux sur la frontière de Champagne; mais c'était un espoir bien précaire que celui

(1) Dans les Preuves de D. Calmet, II. 628-31, 1ʳᵉ édit.

PÉRIODE DE LA GUERRE DE CENT ANS. 271

de l'intervention de la France, absorbée dans sa lutte terrible contre les Anglais. Nous manquons de documents sur ce qui se passa dans notre ville en ce moment critique. Les lettres de défi, c'est-à-dire les déclarations de guerre, suivirent de près le traité que nous venons de rapporter; mais des trois qui furent envoyées, l'une à l'évêque, la seconde à la Ville, la troisième au Chapitre, celle-ci seule s'est conservée; et ce n'est que là que nous pouvons puiser quelques indications. Iolande se plaint en cette pièce que le Chapitre avait donné et donnait encore aide à des gens qui occupaient la cité, au préjudice et à la déshéritance, dit-elle, du droit de mon fils; en outre, les chanoines refusaient de faire faire raison et amende condigne à leur doyen, qui proférait et commettait de « groses vilainies contre elle, par l'entrepart de vous, Chapitre ». Ce doyen se nommait Jean de Véel; et ce devait être un barisien : circonstance qui rendait peut-être ses outrages plus sensibles à la comtesse. Quant aux gens qui occupaient la cité, au préjudice et à la déshéritance de la gardé de Robert, on peut croire que c'était quelque détachement envoyé par Henri de Pierrefort; et on entrevoit encore, à la teneur du document, que ces gens n'avaient rien tenté contre la garde de Luxembourg : ce qui résulte aussi de ce fait que Wenceslas, au lieu de défier le Chapitre, lui renouvela en ce moment même ses lettres de neutralité (1). Le défi d'Iolande aux chanoines est un écrit assez curieux pour mériter insertion :

Lettres de défi.

(1) Nous Béatrice, par la grâce de Dieu roine de Boesme et comtesse de Lucembourg... Avons vu et tenu une lettre séellée du séel notre très chier fils Waincelle de Bohesme, duc de Lucembourg, etc. esquelle estoit contenu la teneur d'une autre lettre séellée du séel notre très chier seigneur et époux, de noble mémoire, Jean par la grâce de Dieu roi de Bohesme et de Poulenne (Pologne), comte de Lucembourg, etc. comme s'ensuit : « Accordéi est que, pour werre ou descord (suit la lettre de neutralité ci-dessus, p. 130, note 1.). Renouvelée par Wenceslas le 9 janvier 1358. Confirmée le 22 du même mois par la reine Béatrice, en tout ce qui peut la toucher à cause de son douaire. Par madame la roine, présents monsieur de Granei, messr. Colart docteur, et sire d'Arrancy, prévost de Marville et de Saint-Mard.

De par la comtesse de Bar, dame de Cassel. Doyen et Chapitre : Comme plusieurs fois vous ayens requis que vous ne feissiez aucune faveur à icelui votre doyen, si le contraindissiez à ce qu'il feist raison et amende condigne de ce qu'il a meffait à nous et à notre fils; et aussi vous, doyen et Chapitre, avez donné force, aide et conseil à ceux qui ont prins la cité de Verdun, et encore le faites, au préjudice dou droit de notre fils et à sa déshéritance, laquelle chose nous ne pouvons plus souffrir, ni les vilainies que lidit doyen nous ait faites, par l'entrepart de vous, Chapitre. Pourquoi vous faisons savoir que d'ores en avant, vous vous wardiez de nous et de nos alliés et aidants; car c'est notre entention de faire tout ce que nous pourrons contre vous, et vous porter tous dommaiges que nous pourrons. Donné le vintiesme jour d'avril de l'an mil trois cent cinquante-huit. — Même lettre, et de même date, de par le duc de Bar, marchis du Pont.

La Fosse aux chanoines.

Le Chapitre répondit en s'excusant humblement [1], et, à ce qu'il semble, infructueusement; car la tradition est que, malgré la bienséance de ses explications, Iolande ne les reçut pas, et en fit jeter les porteurs dans un fond de puits du château de Clermont. Du temps de Wassebourg, on montrait encore ce funeste trou, qu'on appelait vulgairement la fosse aux chanoines. Dans la liste des crimes que le roi Charles V pardonna, en 1373, à la comtesse, après lui avoir fait faire deux ans de prison dans la tour du Temple de Paris, il est dit qu'elle avait fait prendre, en la ville de Bar, Raoul de Bonnay, chanoine de Verdun, et, à Autrécourt, un clerc marié nommé Warnesson, lesquels

[1] *Quibus diligenter auditis, domini mei decanus et Capitulum et ego summè mirati sumus undè tales diffidentiæ processissent, cùm nos nec nostrûm aliquis, per se vel alium, nesciremus vel crederemus contrà præfatos dominam comitissam, ducemque ejus filium, et eorum gentes in aliquo deliquisse, sed semper nos et homines nostri reverentiam et honorem, et debitam obedientiam prædictis dominæ comitissæ, duci et eorum gentibus impenderimus, et impendere de die in diem parati simus. Et quia præfati domini mei decanus et Capitulum et ego sumus personæ ecclesiasticæ, nec contra præfatos dominam comitissam et ducem velimus de pari contendere, sicut neque possumus, dictas diffidationes non acceptavimus nec retinuimus... Actum in vico juxtà Macellum, anno 1358, die 28 mensis aprilis, præsentibus nobilibus et potentibus viris dominis Johanne de Asperomonte, Theoderico de Lenoncuriâ, Balduino de Turre et Gerardo de Boux militibus, necnon nobilibus et honestis viris H. de Crehange, Roberto des Ermoises, Balduino de Regneville, Joanne de Briey, etc.*

furent tous deux menés et mis à mort à Clermont, par ses ordres : ce Warnesson était peut-être le clerc que Bonnay prit avec lui pour signifier ses écritures ; et la comtesse fit sans doute courir après eux, afin que le Chapitre vît quel cas elle faisait de lui, et comment elle accueillait ses respectueuses protestations. Nous ne trouvons pas dans les pièces officielles d'autres indices sur ce fait scandaleux de la noyade des chanoines ; et il demeura toujours parmi les choses non éclaircies ; car Iolande n'en convint jamais. Il est certain que les deux délégués du Chapitre disparurent : mais le siége qu'on mit peu après devant Verdun, et le grand trouble qui s'ensuivit empêchèrent de rechercher ce qu'ils étaient devenus ; puis la comtesse se raccommoda avec la Ville et l'église, devint vieille et dévote ; enfin fonda, à la cathédrale, une chapelle, en expiation, fut-il dit à voix basse, de quelque chose qu'elle avait à se reprocher ; mais ceci ne fut pas écrit dans l'acte ; et on convint de laisser ce malheureux accident dans l'oubli (1).

On est un peu mieux renseigné sur la petite guerre de 1358, et sur le siége de Verdun, au mois de septembre de cette année, bien que, faute de chronique et de relation contemporaine, il soit encore impossible d'en raconter les détails. Les citoyens de ce temps n'ayant rien écrit pour la posté-

Siége de 1358.

---

(1) Roussel, arrangeant les choses à sa manière, dit p. 342, qu'Iolande avait fait mettre le feu au village d'Auzéville, et que le Chapitre lui en envoya porter plainte. Mais c'était à Iolande elle-même, comme douairière de Clermont, et nullement au Chapitre qu'appartenait ce village d'Auzéville ; et, s'il fut alors incendié, ce dut être par Henri de Pierrefort. — Autres méfaits d'Iolande, portés sur la liste de Charles V : Avoir fait prendre, au royaume, Colart de Marisy, sergent, et un sien valet, pour certains exploits faits à Bar-le-Duc, les avoir fait mourir. Avoir fait prendre, encore au royaume, un nommé Loys de Berzus, chevalier, et mettre à mort à Clermont, etc.... De tous lesquels cas ladite comtesse s'étant mise à notre merci, et aussi la comtesse d'Artois et de Flandre ayant supplié ; en considération de quoi, et aussi de ce que ladite comtesse a été longuement détenue en nos prisons, le roi quitte, remet et pardonne, et tous autres cas, quoiqu'ils ne soient spécifiés, ne déclarés. Donné à Paris, le 26 octobre 1373. P. Blanchet. Et scellé du grand sceau.

rité, celle-ci ne peut que les laisser dans l'obscurité qu'ils méritent par leur négligence. Des informations et inductions puisées aux pièces authentiques, il résulte qu'après la déclaration de guerre du 13 avril, plusieurs mois s'écoulèrent encore sans hostilités effectives, chacun sans doute se préparant, et cherchant des alliés. Henri de Pierrefort promettait plus qu'il ne pouvait tenir; et il n'était pas libre de ses mouvements en Champagne : de leur côté, Robert et Iolande avaient aussi leurs embarras en Bassigny, où les harcelaient Brocart, les lorrains, et autres : de sorte que, par tous ces empêchements, on put encore espérer que les choses traîneraient en longueur, et qu'on finirait par se raccommoder; mais les dernières tentatives échouèrent, à une journée à Metz, au mois d'août. Alors, rien n'étant plus à ménager, Henri mit le feu et le pillage dans les terres d'Iolande en Clermontois : si ce fut ce moment que prirent les députés du Chapitre pour se présenter à elle, on doit avouer qu'ils choisirent mal leur temps. Dans les registres des comptes barrois, on voit que, du côté de Bar, furent mandées les troupes des prévôtés d'Etain, de La-Chaussée, de Foug, de Pont-à-Mousson et de Condé-sur-Moselle; peut-être encore d'autres; car on n'a pas tous les registres : en outre Ferry et Jacquet de Fénétrange, avec cent hommes d'armes (1), le Wauleaire de Bitche, avec 174 chevaux; et Robert traita encore avec Henri de Lieutenberg, pour un service de vingt hommes d'armes pendant toute la guerre, moyennant 800 florins à ce capitaine, et 50 à chacun de ses hommes. Luxembourg, moins embarrassé d'ennemis que Bar, dut fournir un contingent au moins égal. Pour la Ville et l'évêché, ils eurent, outre Henri de Pierrefort, leur principal aidant, et Henri de Sarrebrück, qu'ils engagèrent moyennant 20 florins par

Alliés de part et d'autre

(1) Nous avons déjà dit qu'un homme d'armes, qu'on appela dans la suite une lance fournie, se composait du chevalier, de son écuyer, d'un page ou varlet, et de deux ou trois archers. — Les extraits des comptes barrois, dans M. Servais, t. 67.

mois, plusieurs gentilshommes de bonne noblesse, mais de puissance médiocre (1), de sorte que, comme le dit Wassebourg, les assaillants étaient « trop plus forts. » Parmi ces gentilshommes, nous remarquons divers lorrains : et, dans le traité du 13 avril, il était stipulé que, « si lesdits comtesse Iolande et duc Robert, l'un d'eux, ou leurs gens, voulaient, après le siége de Verdun, chevaulcher et meffaire sur leurs ennemis, fût-ce sur la duchié de Loheraine » Wenceslas s'engageait à les aider. Ce sont des indices de la mésintelligence qui régnait alors, et qui régna fort souvent, entre Lorraine et Bar : au reste nos citains étant en hostilité avec Wenceslas et Robert ne pouvaient guère se renforcer que de lorrains et d'allemands, qu'il était difficile de faire venir à travers des pays ennemis. Malgré ces obstacles, ils se défendirent tellement que les ducs, ayant mis le siége devant Verdun le 18 septembre (2), n'avaient encore remporté aucun avantage le 2 octobre : insuccès qui, joint à celui des quatre confédérés devant Metz, en 1324, semble prouver que la tactique de ces temps n'était pas fort habile dans l'art de prendre les places. Le

Levée du siége.

(1) « Entre lesquels, dit Wassebourg, p. 425 verso, je trouve Thirion de Manonville, Hue d'Orne, messire Ferry de Parrois (en Lorraine, environs de Lunéville), Thierry de Lenoncourt, Errard du Chastelet, Ferry de Ludres, Wary de Créhange, Liébauld de Montreuil, Savary d'Orne, Huet d'Autel (celui-ci ne fit que prêter de l'argent pour payer les dettes après la guerre), Haudinet de Brabant, Hugues Poullet, et plusieurs autres, qui sont de présent inconnus. » Wassebourg ne donne pas la liste de ceux que la ville prit à son service : il reste d'eux quelques quittances données, de 1360 à 1362, par Wautron de Havelines, Willaume de Morbach, Herman de Brisach, Jehan de Craincourt, Walles de Tichémont, Jean de Boucq. « Wautrons de Havelines, escuyer, reconnoît que lui et ses compaignons as chevaulx et à armes sont entièrement paiés, et ne peuvent plus rien répéter à la cité de Verdun pour les services qu'ils lui ont faits et les pertes qu'ils ont subies dans la guerre qu'elle et l'évesque de Verdun avoient eue contre les ducs de Luxembourg et de Bar. 17 fevrier 1359 (60 av. P.). Robert des Armoises, qui avait pris le parti des ducs, se plaignit, après la paix ,de grands dommages à lui portés par les gens d'armes de la cité.

(2) « Et y serons, nous Wenceslaus, Yolens et Robert en nos propres personnes, le mardi xviii° jour de septembre, à force, pour mettre et tenir siége devant icelle ville et cité de Verdun, sans partir dudit siége jusqu'à ce que nous aurons bon accord, par commun assentement de nous les par-

siége traînant en longueur, les assaillants tinrent conseil de guerre, le 2 octobre, sous la tente d'Iolande dans la plaine de Charny; là ils avisèrent qu'il valait mieux transporter le théâtre de leurs exploits devant des forteresses de campagne, tout en laissant la ville assez bloquée pour empêcher sa milice d'aller contrarier leurs manœuvres. Par ce changement d'opérations, ils espéraient forcer l'évêque Hugues à capituler, quand il verrait ses châteaux pris, ou menacés de l'être : en conséquence ils partirent, dès le lendemain, les luxembourgeois contre Mangienne, et les barisiens contre Sampigny, ceux-ci renforcés d'un détachement de cent hommes d'armes, en bonnes montures et armures, avec un bon chevetaine (capitaine), que Wenceslas leur donna pour les aider (1). On ne sait rien du siége de Mangienne : cette forteresse était probablement mauvaise, et hors d'état de tenir; mais Sampigny résista tellement qu'il fallut qu'Iolande demandât deux fois à Toul un maître « engeigneur, » (ingénieur) pour y jeter des feux, et qu'au risque de dégarnir Pont-à-Mousson, où son gouvernement était alors fort menacé, elle en tira tant d'engins qu'on eut besoin de dix chars, de trente charrettes, et de six cents sergents à pied pour les transporter. Ce grand attirail força enfin la place, atta-

Attaques de Mangienne et de Sampigny.

ties, à ceux de ladite ville, sauf et réservé pour nous comtesse et duc de Bar, se on venoit et vouloit venir en notre pays de la duchié de Bar pour y meffaire, nous y pourriens envoier de nos gens, le siége demorant garni de notre parti suffisamment. Accord du 5 septembre 1358, dans D. Calmet, Preuves, II. 631, 1re édit.

(1) « Accordei fut, en l'ost entre Verdun et Charnei, le mardi second jour d'octobre l'an 1358, en la tente de noble, haute et puissante princesse madame la comtesse de Bar, dame de Cassel, par nobles, hauts et puissants princes le duc de Luxembourg, etc. que les dessusdites parties se départiront le mercredi ensuivant, tiers jour dudit mois, bien matin ; et doit traire ledit duc de Luxembourg devant la forteresse de Magienne, etc. ; et y tenront siége, sans départir, jusqu'à ce que les dites forteresses soient prinses.... Ce présent escript fait en papier, l'an et le jour dessusdits. Preuves de D. Calmet, ibid. p. 626. — Cette mention que l'écriture fut passée sur papier indique que régulièrement on devait écrire les authentiques sur parchemin ; mais sans doute il ne s'en trouvait pas au camp.

quée le 5 octobre, à se rendre le 23, après l'arrivée de Wenceslas en personne, et par capitulation où les défenseurs Ferry de Parrois, Erard de Rosières, Guillaume de Sampigny, et leurs compagnons stipulèrent que, la semaine suivante, ils la remettraient à Jean de Salm, aux mains de qui elle resterait pendant un mois : alors elle serait rendue, ou aux ducs, si l'évêque n'avait fait paix avec eux, ou à celui-ci, dans le cas contraire (1). On fit prêter aux bourgeois serment de garder ces clauses; et ils le prêtèrent en réservant leur parole pour le cas où l'évêque serait rétabli : puis on dressa de la capitulation un authentique où pendaient jusqu'à neuf sceaux (2) : et Hugues et les Verdunois eurent ainsi avertissement que, s'ils persistaient encore un mois dans leur rébellion, Mangienne et Sampigny passeraient par conquête définitive l'un à Luxembourg, l'autre à Bar. Les confédérés reprirent alors le siége de Verdun, où Robert fut de retour le vendredi avant la Toussaint.

En ce moment, les bourgeois du Pont, voyant la forteresse de Mousson dégarnie d'engins, et les troupes absentes, soit à Verdun, soit à Sampigny, s'insurgèrent contre leur souverain seigneur, marchis duc Robert, et appelèrent Henri de Pierrefort de son château, qui n'était qu'à deux

Diversion. Révolte de Pont-à-Mousson

(1) Servais. Annal. 1. 68, note.

(2) Lettres d'accord entre Wenceslas duc, etc., Iolande et Robert, qui sont au siége de Sampigny, d'une part, et Ferry de Parrois, Errard de Rosières, Guillaume de Sampigny, etc., étant en la forteresse, d'autre part : Que ledit siége demeurera devant la forteresse jusqu'au vendredi prochain, heure de soleil levant, ou ailleurs près de la forteresse, tous les gens du siége assemblés en un lieu comme il plaira au duc de Luxembourg; et ne pourront les parties porter dommage l'une à l'autre. Et, le lundi, ledit Ferry, et tous les gentilshommes qui sont dans la forteresse promettent de la rendre et délivrer en la main de Jehan de Salmes le jeune, seigneur de Viviers, et de ceux qu'il menera avec lui, pour la garder pendant un mois. et la rendre auxdits ducs et comtesse, en cas où ledit évesque n'aura bonne paix et accord avec eux dans ledit temps : et, si paix y avoit, ledit Jehan de Saulmes rendroit ladite forteresse, sans l'endommager ni les habitants; et, en ce cas, seront quittes et déchargés les gentilshommes qui ont héritage en la forteresse, et tous les habitants d'icelle, de tous serments qu'ils auront faits auxdits ducs et comtesse. Fait le 23 Octobre 1358. Scellé de neuf sceaux. Inventaire de Lorraine, à l'an 1358.

278 PÉRIODE DE LA GUERRE DE CENT ANS.

lieues de leur ville. Ils firent des insultes et de folles bravades, jusqu'à dire qu'ils tiendraient bientôt monseigneur dans leurs prisons : et le courroux d'Iolande tomba sur eux, un peu plus tard, par de terribles exécutions de plusieurs qui furent pendus, et d'un certain Huillon, qui fut écorché, comme chef de la mutinerie (1). Telle était la haute justice de la comtesse; et ainsi procédait-elle en ses châtiments exemplaires. Cette révolte de Pont-à-Mousson survint en novembre 1358, au moment le plus critique de nos affaires; et elle y fit une grande diversion. Les Barisiens s'en inquiétèrent, à cause des dispositions suspectes de la Lorraine; et les Verdunois, se trouvant encore plus en détresse dans le mauvais pas où ils s'étaient mis par leur refus de reconnaître leurs gardiens légaux, on chercha de part et d'autre à terminer promptement la querelle. Il fut convenu qu'on tiendrait pour bon et valable tout ce qu'avaient fait les ducs confédérés, en ce sens que la Ville les indemniserait des frais de son siège, et que l'évêché leur rachèterait Mangienne à Wenceslas, et Sampigny à Robert; et on ne parla d'abord de rien autre chose; mais Iolande, trouvant mauvais qu'on l'oubliât, se fit tailler pour elle une troisième part, en s'emparant d'Hatton-Châtel, on ne sait comment : sans doute par quelque brusque surprise, tellement combinée que la place se trouvant, au moment de l'accord, en ses mains victorieuses, on pût ajouter cet article aux rançons à payer par l'évêque (2). Dans une

(1) Sur cette révolte de Pont à Mousson, voir les Annales de M. Servais, aux années 1358, 59. On ne la connaissait pas avant cet ouvrage. Au temps de la seconde diète de Metz, le mécontentement des Mussipontains était déjà tel qu'on fut obligé de leur faire défendre par l'empereur Charles IV d'arrêter les sujets barrois, ou de leur courir sus, sous prétexte de dettes de Robert et d'Iolande. Preuves de D. Calmet II. 623, 1re édit.

(2) Le coup de main se fit probablement du 19 au 29 décembre 1358, par une troupe qu'on envoya alors à La Chaussée, sous prétexte de défendre la prévôté contre l'évêque et les bourgeois de Verdun. (Servais, Annal. I. 73). — La charte de Robert dit : « Comme notre amé et féaul chevalier messire Robert d'Aulnoy...., perdit les lettres principauls qu'il avoit (d'une rente en froment) à la prise de Hatonchastel, quand elle fut prinse par les gens madame notre mère, on temps, etc. Donné le 25 avril 1385. »

charte des temps suivants, le duc Robert rejeta cet exploit, en profit comme en honneur, sur « les gens madame notre mère, au temps que elle gouvernoit, et que nous estiens dessous aage » : mais on ne laissa pas de mettre Hatton-Châtel au traité du 7 janvier 1359, par lequel fut faite « la paix des guerres qui longtemps existèrent au sujet des gardes mises par lesdits ducs et comtesse en ladite ville et pays », comme porte le texte de l'Inventaire de Lorraine, qui résume ainsi ce traité :

« Pour le dédomagement desdits ducs et comtesse des frais des gens de guerre, lesdits évêque et citains paieront une somme de florins de Florence.

« Et, pour ce que lesdits ducs et comtesse ont gagné par armes et l'aide de leurs amis, les forteresses de Mangienne, de Sampigny et de Hattonchastel, lesquelles étoient à l'évêque, est accordé que lesdites forteresses, avec leurs appartenances, demeureront auxdits ducs et comtesse en gage, à savoir Mangienne et Sampigny pour cinq mille florins (chacune), et Hattonchastel pour quatre mille. Et, au cas où l'évêque ne rachèteroit lesdites forteresses avant la mort des ducs et comtesse, elles ne demeureroient chargées chacune que de quatre mille florins, pour lesquels il pourroit les racheter. Fait le 7 janvier 1358 (59 av. P.). »

Traité.

Il fallut se soumettre ; mais Hugues, dans son acquiescement, affecta de ne pas parler d'Hatton-Châtel, protestant ainsi, au moins par le silence, qu'il ne reconnaissait pas cette conquête frauduleuse et illégale :

« Nous Hugues de Bar, par la grâce de Dieu évesque, etc. Comme par la forme de la paix proparlée et accordée entre haults et puissants princes, nos chers amés cousins, monsieur Wancelaus de Bohesme, etc., madame Yolande de Flandre, etc., et monsieur Robert duc, etc., d'une part, et nous et tous les habitants de notre cité de Verdun, d'autre, soit ordonné et devisé que les forteresses de Sampigny et de Mangienne doivent estre et demorer en wagière et pour wagière ès mains de nos dessusdits cousins, de cinq mille petits florins, au vivant desdits deux seigneurs, et après leurs décès, au rachat de quatre mille florins chacune (1). Et il soit ainsi que nos

(1) Voici la formule ordinaire de ces engagements « en wagière et pour wagière, » dont il est souvent parlé dans l'histoire du moyen-âge : « Et, pour

dits cousins aient entre eux divisé lesdites forteresses par telle manière que notre cousin le duc de Luxembourg tint la forteresse de Magienne, et notre cousin de Bar celle de Sampigny, à rachat comme dessus est dit, Nous, voulant ladite paix tenir et accomplir bonnement et fermement, avons assigné et délivré en wagière et pour wagière à notre dit cousin de Luxembourg la forteresse de Magienne, à tenir par lui et ses ayant cause, moyennant rachat dessusdit, c'est à savoir, quand il nous plaira racheter, le pourrons faire pour cinq mille florins de Florence, et après son décès, pour quatre mille. Et tout le semblable du duc de Bar, pour la forteresse de Sampigny; et ledit rachat se fera pour et au profit de l'évesché, et non d'autre. Donné au mois de janvier 1358. (59 av. P.)—Dans Wassebourg, p. 426.

Post-scriptum, du mois de février. Item, que madame Béatrix de Bourbon, roine de Bohesme, et mère dudit duc de Luxembourg, aura et recevra, pour ses peines, frais et mises d'avoir poursuivi et traité ladite paix, la somme de deux mille cinq cents florins de Florence, de bon or et bon poids, dont obligeons ladite terre de Magienne, jà soit que déjà obligiée envers sondit fils, pour la somme dessusdite. » Ibid.

Ce post-scriptum semble signifier que les princesses douairières ne s'oublièrent pas, et que les ducs, en bons fils qu'ils étaient, voulurent qu'il y eût un cadeau pour leurs mères. Iolande le prit elle-même, en héroïne belligérante et conquérante, par sa victoire d'Hatton-Châtel, qu'on lui paya 4000 florins : quant à Béatrice, qui ne vint

récompense et seureté, ledit seigneur engage le chastel et forteresse de..., les villes de..., avec les revenus et droitures, sans rien réserver, (ou à telles et telles réserves), pour en jouir jusqu'au paiement de ladite somme de..., qui se fera à une fois (ou plusieurs), en la ville de..., ; et ne pourra ledit seigneur (l'engagiste) percevoir aucune chose ésdits chastel et lieux outre ce que les sujets ont accoustumei paier, se ce n'estoit de lor volonté et consentement... Et sera tenu ledit seigneur (l'engageant), lors du rachapt. avertir un mois d'avance...; et sortira (l'engagiste) desdits chastel et lieux, après le paiement, en laissant tout en l'estat que il lui aura été délivrei, sans pouvoir demander aucune chose des frais, retenues, (réparations de maintien), sauf que, si aucuns des murs ou édifices du chasteau alloient à ruine ledit seigneur (engageant) devroit restituer ce qui y auroit été mis, à dire d'ouvriers. »—On voit que les engagements différaient de nos hypothèques en ce que le créancier avait la jouissance de la chose hypothéquée, dont les revenus ou les fruits lui représentaient l'intérêt de son argent.

qu'après, et comme messagère de paix, elle se contenta de 2500; et on lui devait mieux, si réellement ce fut elle qui, par ses bons offices, modéra la rançon de l'évêché. Tout compte fait, les vainqueurs ne le taxèrent qu'à 16 mille 500 florins; ce qui n'était pas énorme, comparativement aux rançons bien plus fortes dont il est parlé dans les histoires de ce temps, et dont nous verrons bientôt quelques échantillons dans la nôtre; mais il avait à sa charge beaucoup plus qu'on ne voit aux articles du traité. D'abord, et immédiatement, il lui fallut payer les troupes et la plupart des chevaliers qui lui étaient venus en aide; puis, pour créancier différé, il eut Henri de Pierrefort, qui ajourna ses réclamations tant que vécut l'évêque son frère, mais les fit ensuite valoir, et fort durement, par son fils Pierre de Bar; enfin, après le fléau des confédérés, vint celui, plus désastreux encore des Grandes Compagnies, qui ruinèrent pour longtemps le pays. Par toutes ces causes, et par d'autres malheurs, l'évêché resta obéré plus de trente ans, ayant du reste pour consolation, si c'en était une, de voir les ducs et autres princes, plus gênés souvent encore que lui. L'évêque Hugues, en homme sage et bien au fait des manières de sa cousine Iolande, n'eut pas de repos qu'il ne lui eût tiré des mains les forteresses engagées; et il se garda de se laisser prendre au rabais de mille florins qu'on lui promettait sur chacune de celles de Mangienne et de Sampigny, s'il voulait les laisser aux jeunes ducs, leur vie durant. Il emprunta, fit argent par de petites aliénations et par des engagements moins scabreux, dont Wassebourg rapporte quelques-uns, en échantillon des autres; et, dès la Pentecôte de cette année 1359, il rentra à Hatton-Châtel, ayant signifié, la semaine précédente, que les 4000 florins du rachat étaient en dépôt chez l'archidiacre de Woëvre, à l'ordre des engagistes. L'acte de remise du château, le 6 juin, porte, après reconnaissance par Iolande et Robert qu'ils ont reçu leurs florins, et par l'évêque qu'on lui a rendu sa forteresse, cet article inattendu : « Et, en

<small>Rachat d'Hatton-Châtel et Sampigny.</small>

considération de ladite délivrance, l'évêque accompagne (associe) le duc par moitié à tous les profits et émoluments que peut avoir l'évêché, à cause de son droit en la juridiction temporelle de la cité de Verdun et des faubourgs; lequel accompagnement le duc reconnaît pouvoir être racheté par l'évêque, ou ses successeurs, moyennant la somme de cinq mille florins (1). » Il est inadmissible que Hugues, ayant payé les 4000 florins d'Hatton-Châtel, ait ajouté de lui-même, par gratitude et courtoisie, un cadeau de 5000 sur la vicomté de Verdun; mais, comme on trouve qu'il recouvra Sampigny dix jours après, à la date du 16 juin (2), il paraît que, sans juger à propos d'en rien dire à la Commune, il transporta sur Verdun, où il ne craignait pas l'usurpation d'Iolande, les 5000 florins hypothéqués sur Sampigny : et Robert accepta, parce que ce transport lui fournissait un moyen d'action pour restaurer chez nous sa garde de Bar, malgré les répugnances de la ville contre Iolande : dès cette restauration, en 1363, on ne voit plus que le duc ait rien perçu des issues de la vicomté. Quant à Mangienne, Hugues ne le dégagea pas; et, bien que le duc Wenceslas, qui mourut en 1383, en eût ordonné la restitution par son testament, les querelles du grand schisme furent cause, comme nous le verrons, que ce domaine ne fut remis à l'évêché qu'au commencement du siècle suivant (3).

(1) Inventaire de Lorraine, à l'an 1359.

(2) Pièce citée dans l'arrêt de la Chambre royale de Metz sur Sampigny, du 29 mai 1680. — Il est bien certain que Sampigny fut dégagé par l'évêque Hugues ; car nous verrons, en 1362, son successeur Jean de Bourbon, et, en 1375, le successeur de celui-ci, Jean de Saint-Dizier en disposer librement dans leurs arrangements avec les Pierrefort.

(3) Quelques autres détails. Le château et la châtellenie de Dieulouard engagés, le 21 avril 1358, à Ferry de Ludres et à Thirion de Manonville, écuyers (lorrains), pour 1800 florins d'or à l'écu de France, du coin du roi Philippe. Rachat par l'évêque Liébauld de Cusance, de Jean de Ludres, écuyer, fils de Ferry, le 11 juin 1380 : et, en 1382, rachat par le même de l'engagière des Manonville. — A Ferry de Parois, engagement de Dieue et Genicourt, pour mille florins du roi Philippe, en novembre 1358. — A Hue d'Autel, sénéchal du duché de Luxembourg, engagement de Champ et

PÉRIODE DE LA GUERRE DE CENT ANS.   283

Pour la Ville, elle se reconnut, le jour même de la conclusion de la paix, 8 janvier 1359, « tenue, par certaines clauses et conditions, de payer à chacun des deux ducs une rente viagère de 500 florins, rachetable par 5000 (1). » Comme les gardes n'étaient pas rachetables, ces 500 florins ne sont pas les mêmes que ceux des censives qui furent ensuite fixées à pareille somme pour chacun des deux ducs gardiens; et la faculté d'amortir par 10 mille florins ces deux rentes de 500 indique un intérêt au denier dix, comme viager sans doute, et aussi pour pousser les communaux à verser le capital : ce qu'ils firent, nous ne savons quand, ni comment. Ces 10 mille florins imposés à la Ville étaient la même rançon que celle de l'évêché pour Mangienne et Sampigny, les deux seules places que les confédérés, dans leur traité officiel, se fussent accordés à lui saisir, tout le surcroît tombé sur lui venant des cadeaux aux douairières; mais Iolande réclama aussi son cadeau de la Ville; et on lui alloua 500 florins pour avoir, à part des ducs, sa paix de dame belligérante de Clermontois. Elle souleva quantité de difficultés, d'abord sur de prétendus retards de paiements aux jours précis, puis chicana sur l'évaluation des espèces autres que les florins; et cet embarras força de recourir au change de Metz; puis elle arrêta, pour sûreté et en otage, un nommé Périn Brise-Paixel,

<small>Arrangements de la Ville.</small>

Neuville, à rachat de 300 florins de Florence, 19 mai 1360. — Comme il n'est pas probable que le sénéchal de Luxembourg ait soutenu l'évêque contre le duc Wenceslas, cet engagement, fait en 1360, eut sans doute pour but, de la part de Hugues, de se procurer de l'argent pour payer d'autres dettes, après la fin de la guerre. — A Jean de Hannonville, engagement d'Amblonville, à rachat de pareille somme de 300 florins de Florence, 10 juin 1367. Le tout, à charge que les engagistes feront hommage à l'évêché.

(1) Dans l'Inventaire de Lorraine, au mois de janvier 1358, c'est-à-dire 59 avant Pâque. Cet inventaire, suivant une faute qui lui est habituelle, ne remarque pas que janvier 58 de l'ancien calendrier est janvier 59 du nouveau; de sorte qu'il met le traité de paix avant la déclaration de guerre. — Beautrix de Bourbon, par la grâce de Dieu roine de Bohesme et comtesse de Lucembourg... avons eu et reçeu de nos ameis les citains de Verdun la somme de cinq cents florins de Florence, en quoi ils étoient tenus à nous..., à Damvillers, le grand mescredi de Pasques, l'an 1359. (60 av. P.)

notable citain : en représailles, les Verdunois lui saisirent quelques-uns de ses sujets; et il résulta de ces querelles des dommages qu'elle porta dans son mémoire : enfin on eut sa paix le 22 août 1359; et les prisonniers de part et d'autre furent mis en liberté, le 31. On ne peut bien tirer au clair les détails de tous ces comptes d'argent (1). La garde de Bar ne fut officiellement rétablie qu'à la fin de 1363, soit qu'il ait fallu s'arranger avec Robert pour la part de vicomté que l'évêché lui avait engagée, soit qu'on traînât en longueur jusqu'à ce qu'il gouvernât tout à fait par lui-même, sans ingérence de son insupportable mère. — Le Chapitre aussi s'endetta fort en ces années, ayant été entraîné dans la guerre, bien malgré lui, et nonobstant ses humbles excuses à la comtesse. Il lui en coûta plus de quatorze mille florins, qu'il emprunta par contrats remboursables à sa volonté, presque tous au denier douze, ou huit pour cent; et il se trouva ainsi grevé de 1080 florins de rente (2). On n'était guère plus à l'aise chez nos voisins : en 1360, Wenceslas fut obligé de vendre au comte de Namur la forteresse de Mirouart, avec 14 villages; en 1367, Robert emprunta, d'un seul coup, 15 mille florins à Metz : l'année suivante, il eut à subir l'énorme rançon de 140 mille, dont nous parlerons bientôt; et, dès 1356, ses pièces de deniers étaient tellement mauvaises qu'on disait publiquement qu'elles ne valaient pas un bouton de cuivre, et que le prévôt du roi, croyant que c'était de la fausse monnaie, les fit saisir sur la foire de Vaucouleurs (3).

Mauvaise situation financière générale.

(1) L'Inventaire de Lorraine, au titre Luxembourg, cité par M. Servais, I. 75, note, mentionne un acte du 5 décembre 1359, duquel il résulte que les Verdunois avaient alors payé 19 mille florins, à partager entre les ducs. On ne connaît pas les articles de ce total ; il est vraisemblable que le rachat des rentes y figurait, avec d'autres choses, telles qu'arrérages des gardes non payées pendant la guerre, indemnités pour dommages particuliers, etc.

(2) Wassebourg, p, 427, art. des obligations et hypothèques faites par ceux de Chapitre.

(3) Servais, Annal. I. 195 et 521. Saulcy, Monnaies de Bar, p. 58. En garantie des 15 mille florins de 1367, Dieu-Ami, le prêteur messin, exigea

Par ces comptes des embarras de finances du milieu du XIVe siècle, on voit que, longtemps avant la découverte de l'Amérique, l'or était devenu assez commun pour qu'on n'évaluât plus qu'en cette monnaie les sommes un peu considérables. Ainsi que l'indique le nom, partout répandu, de florins de Florence, l'or était revenu par l'Italie; et l'Italie elle-même le tirait du commerce de Venise, Pise, Gênes avec Constantinople, la cité aux besans d'or (1), qui semblait aux croisés tellement riche qu'ils crurent que l'Orient était le pays des métaux précieux, des pierreries et de la richesse. Depuis les Mérovingiens, qui frappaient leurs *triens* barbares aux dépens des pièces romaines, on n'avait presque jamais monnayé d'espèces d'or, quand parurent les florins, vers la fin du XIIIe siècle. C'étaient des pièces à peu près du module de nos napoléons de 20 fr., mais plus minces et plus légères, à l'empreinte de saint Jean-Baptiste, patron de Florence; de l'autre côté, une grosse fleur de lys, avec le mot *Florentia*, ou *Francia*, etc.; car on imita partout ces pièces, que tout le monde trouva commodes; et elles eurent une vogue universelle. Leur poids de marc était 70, c'est-à-dire que, dans le marc, ancienne demi-livre, quart à peu près du kilogramme, on en taillait 70; et leur alliage au 24e valait mieux que celui de la monnaie décimale, qui est au 10e (2).

Monnaies d'or.

Florins.

caution sur les villes de Pont-à-Mousson, Saint-Mihiel, Gondrecourt, Etain et Varenne.

(1) Besan veut dire pièce de Byzance, c'est-à-dire de Constantinople. Joinville dit que le Soudan rançonna saint Louis à dix cents mille besans d'or, faisant 500 mille livres. Ainsi le besan fut évalué 10 sous ; et le sou du temps de saint Louis valant un peu plus d'un de nos francs, la rançon montait à environ 10 millions actuels.

(2) Voici quelques exemples : « Et doit ledit Bonnin (monnayeur) faire florins au coin de Florence, de 70 pour marc de Paris, et à 23 carats de loi. » Bail du duc Eudes de Bourgogne, en 1327, dans les Preuves de l'Hist. de Bourgogne, II. 187. L'or supposé pur était représenté par 24 carats : l'or à 23 contenait 23 parties de fin sur 24. Le duc Robert, dans son bail de 1372, aux Preuves de D. Calmet, II. 661, 1re, édit., n'autorisa qu'un 30e d'alliage : « Petits florins de 70 au marc de Troyes (le même que celui de Paris), et à 14 carrés (carats) et demi, » c'est-à-dire, sur 15 parties, 14 et demi de fin. Quant à l'argent, son état de pureté était représenté par 12 deniers ; et il devait y avoir dans la monnaie au moins 10 deniers de fin : c'est ce qu'on appelait argent le Roi.

Moutons et francs.

Saint Louis, le restaurateur des monnaies, frappa, à 60 au marc, une pièce plus forte, qu'on appela, à cause de l'empreinte, Aignel, et, dans la suite, Mouton d'or; et, entre le florin et le mouton, se plaça, dans la seconde moitié du siècle, le franc de France, dit aussi florin franc, qu'on frappa, à 64 au marc (1), sous les rois Jean et Charles V (2). On aura une idée du poids de ces monnaies par rapport à nos pièces de 20 francs, en remarquant que 155 de celles-ci pesant le kilogramme, il faudrait, pour les équilibrer, ou 240 moutons, ou 256 francs, ou 280 petits florins; mais, au moyen-âge, où l'or ne valait que 12 fois l'argent (3), et non pas 15 fois et demi, comme aujourd'hui, l'aignel de saint Louis, qui pèse 4 grammes 91, se serait échangé con-

(1) « Lesquels donjon, chastel, ville et forteresse de Lonwi, avec toutes villes, villeaus et autres appendices avons vendu pour la somme de dix mille francs de France, de bon or et juste poids, c'est à savoir de sixante et quatre francs pour le marc de Troyes de fin or. » Acte de 1370.—Le marc de Troyes était le même que celui de Paris.

(2) Les noms vulgaires des pièces étaient tirés des empreintes. L'écu, où était l'écusson de France, alors à fleurs de lys sans nombre; l'Ange ou Angelot, quand un ange tenait cet écu; le Pavillon, où on voyait le roi sous un dais en forme de tente; le Lion, quand il avait un lion sous ses pieds; la Chaise, quand il siégeait sur un trône; la Masse, quand il tenait la main de justice; il y avait les moutons à longue et à courte laine, etc. Le florin lui-même tirait son nom de sa grosse fleur de lys. On appelait francs à cheval ceux du roi Jean, où il était à cheval sur son coursier : sur les francs à pied, on voyait Charles V debout, sous une sorte de portail gothique. Ces effigies sont beaucoup trop petites pour qu'on puisse y prendre le portrait du roi : ceux qui ont dit que Jeanne d'Arc avait reconnu Charles VII à l'empreinte de ses monnaies ont fait preuve qu'ils ne connaissaient guère les vieilles pièces françaises.

(3) « Et voulons que on fasse nos monnoies blanches et noires sur le pied de 60 gros tournois d'argent le Roi, au marc de Paris, c'est à savoir qu'un marc d'or fin vaudra et courra pour douze marcs d'argent..., en recevant le marc d'argent le Roi pour 7 livres 10 sous tournois, et un marc d'or fin pour 90 livres. (12 fois 7 livres 10 sous font en effet 90 livres). Ordonnance de Philippe de Valois des 29 janvier et 6 avril 1339, au tom. II, pages 138 et 142 des Ordonnances. Cette proportion de 12 à 1 se maintenait encore au temps de l'édit de 1609, qui dit, art 3 : » tellement que toutes les pièces d'or et d'argent se rapporteront par une proportion douzième de l'or à l'argent et de l'argent à l'or. » A la fin du traité des monnoies de Poulain, p. 441.—Ce que l'or a maintenant gagné sur l'argent vient sans doute de ce que, jusque vers le milieu de notre siècle, le nouveau monde a fourni bien plus d'argent que d'or.

onze seulement de nos pièces d'argent de 1 franc, à peu près, tandis que maintenant il en faudrait donner 14. En tenant compte de cet ancien rapport de l'or à l'argent, on trouvera, sans rigueur mathématique, que le petit florin équivaut à peu près à 9 francs décimaux : ainsi les 500 florins de la garde annuelle de la Ville feraient 4500 fr., les 16 mille florins de la rançon de l'évêché 144 mille fr., et les 140 mille de la rançon de Robert lui-même, en 1368, 1260 mille fr. (1). Cette somme est forte, mais non hors de proportion avec ce qu'on fit payer à d'autres princes en pareil cas : trois millions d'écus d'or pour le roi Jean aux Anglais; aux Bourguignons, pour le duc René d'Anjou, pris par eux en 1431, 400 mille écus, à 70 au marc, c'est-à-dire florins; 90 mille livres aux lorrains pour le comte Edouard, en 1314, etc. Les espèces supérieures au mouton, qu'on frappa en France dans le xiv° siècle, se répandirent peu chez nous : c'étaient des pièces assez rares, dont on spécifiait la valeur chaque fois qu'il s'en présentait : on les appelait, ainsi que les moutons, du nom commun de gros francs ou de gros florins. Quant aux vrais francs, ceux de Jean et de Charles V, nos comptes en expriment d'ordi-

(1) Quelques exemples. Pour le franchard de blé, (le véritable ancien franchard, de deux décalitres 556, et non le franchard métrique, ou double décalitre et demi). Le rez froment fut vendu 6 florins à Verdun en 1566. Le rez faisait 16 franchards; et les 6 florins, à 9 fr. font 54 fr. : d'où le prix du franchard 3 fr. 20 c. à peu près. Wassebourg, dans l'article déjà cité des dettes du Chapitre en 1358, mentionne deux rentes de quatre rez froment, qui peuvent, dit-il, valoir environ 50 florins. C'est son évaluation, d'après la valeur du florin de son temps : au xiv° siècle, en supposant cette valeur 9 fr. et en remarquant que les quatre rez de Chapitre en valaient cinq, ou 80 franchards de la Ville, on trouverait un prix de 5 fr. 50. Dans les baux en argent, le franchard était supputé, encore de notre temps, valoir en moyenne de 4 à 5 fr.—Un coursier, valeur moyenne au xiv° siècle, 100 florins. C'était le cheval de guerre des chevaliers, capable de les porter, avec leur pesante armure, dans tous les galops et évolutions des batailles; et, comme les chevaliers mettaient leur luxe à avoir de beaux coursiers, ces puissants chevaux devaient être proportionnellement plus chers qu'aujourd'hui. Celui du duc Robert, qu'il donna à l'archiprêtre, bien à contre-cœur probablement, fut évalué 220 florins : mais c'était un coursier de duc, donné peut-être avec les harnois. Le palefroi (cheval de dame) de la duchesse Marie, acheté le 25 octobre 1370, à Verdun, de Roland d'Ancel-Rue, 130 francs, ou 156 florins.— On ne trouve pas de compte en florins pour les menus objets.

naire la valeur par cette formule : cinq francs pour six florins : ainsi les 500 livres-francs d'or, à 20 sous tournois, dont la Ville convint avec Charles VI, en reprenant la garde de France, l'an 1396, feraient aujourd'hui 5400 fr. Les valeurs du franc et du florin se rapprochèrent peu à peu; puis, après Charles V, les francs tombèrent en désuétude, même en France : sous Louis XI, ils étaient déjà devenus « les escus d'or vieils » (1); enfin tout fut mis au système, ou autour du système du florin de 70 au marc, les noms des pièces variant suivant les empreintes. Les choses restèrent à peu près ainsi jusqu'au louis de 1640, sauf qu'au XVIe siècle s'introduisirent quantité d'espèces étrangères, qui embrouillèrent fort les comptes. — Dans la numismatique lorraine du moyen-âge, on ne cite pas de pièces d'or antérieures aux florins des ducs Jean Ier, vers 1370; et Robert de Bar en frappa aussi, à la même époque; mais une partie de ses florins dut être fabriquée à la monnaie de Jean, conformément à un accord portant que le duc de Lorraine verserait 40 mille de ces pièces à Metz pour le compte de son voisin de Bar, et lui en ferait en outre frapper 20 mille autres à Nancy, moyennant fourniture du métal (2).

Tous les historiens de la monnaie française ont remarqué que le franc d'or des rois Jean et Charles V valait justement la livre tournois : et c'est ainsi en effet que l'évaluent les lettres de notre garde de France rétablie en 1396 : « cinq cents livres, franc d'or pour vingt sous tournois. » Il paraît, au premier coup d'œil, très singulier que saint Louis n'ayant compté son aignel, de 60 au marc, que pour 12 sous 8 deniers, on ait, un demi-siècle après lui, reçu pour 20 sous une pièce moins forte, dans la proportion de

(1) « 400 mille escus d'or vieils, de 64 au marc de Troyes, » porte une quittance du duc de Bourgogne à Louis XI, citée par Le Blanc, à la fin de son chapitre des monnaies de compte. Il ne donne pas la date de cette quittance.
(2) « Digot, Hist. de Lorraine, II. 285 et 289. On ne connaît les florins de Jean de Lorraine que depuis 1845. La gravure de ceux de Robert est dans M. Servais, Annales. I. 259.

60 à 64. On ne peut trouver de meilleur exemple que ces estimations, qui semblent au rebours des choses, pour faire connaître ce que c'était que la monnaie tournois, et par quelles causes les comptes en livres, sous et deniers ne nous donnent que des idées confuses sur la valeur des objets au moyen-âge. C'est que cette livre n'était qu'une monnaie de compte : en d'autres termes, il n'y avait pas une pièce, à poids et à alliage fixés, qui fût la livre tournois d'argent : seulement on était convenu d'appeler livre une somme de 20 sous, et sou une somme de 12 deniers. Que ces deniers fussent bons ou mauvais, la douzaine en valait toujours un sou, et la vingtaine de sous une livre : or, comme on avait fort altéré le denier depuis saint Louis, il arriva que la quantité d'or qu'on achetait 12 sous de son temps, en valut 20, et plus, sous le roi Jean; et l'anomalie apparente des estimations signifie seulement que 12 sous du temps de saint Louis valaient mieux que 20 du temps de Jean. La livre, au moment où Charlemagne la prit pour unité de compte monétaire, était la véritable livre-poids romaine, de 12 onces; au commencement du XIIe siècle, elle avait déjà perdu un tiers; et on la mit au poids de marc de 8 onces, ce qui fut une première et très-grande chute, résultant de tous les abaissements insensibles précédemment faits. Quand saint Louis restaura la monnaie, et qu'il évalua son aignel 12 sous, on peut induire du poids de cette pièce, et de l'estimation de sa valeur, eu égard à la proportion 12 à 1 existant alors de l'or à l'argent, que la livre et le sou valaient en ce moment, la première 20, la seconde 1 de nos francs décimaux. L'altération des deniers d'argent ayant ensuite recommencée, Philippe-le-Bel s'attira le surnom de faux monnayeur, pour avoir mis jusqu'à deux tiers d'alliage : cependant, après lui, la monnaie remonta un peu, la clameur publique ayant forcé de revenir à de meilleures espèces; de sorte qu'au temps où Jean eut l'idée de faire une pièce d'or qui valût la livre, on représenta celle-ci, par la 64e partie du marc d'or, ou un

Monnaie tournois.

8ᵉ d'once (1). Ce serait en notre monnaie, et compte toujours tenu de l'ancienne proportion de l'or à l'argent, 11 à 12 fr.; en prenant 12 fr., nombre rond, on trouverait 60 centimes pour le sou, et 5 pour le denier, qui aurait ainsi valu notre sou actuel de cuivre; mais il n'est pas toujours possible de traduire ainsi les monnaies tournois en francs et centimes, parce que, sauf les cas où la livre fut rapportée à une pièce d'or de poids et de titres connus, on ne sait que vaguement en quel état de valeur elle se trouvait à un moment donné. On voit encore que la coïncidence du franc d'or de Jean avec la livre se rencontra à peu près fortuitement; et ce rapport ne pouvait durer qu'à condition que celle-ci ne baisserait plus; mais il n'en fut pas ainsi; et, d'abaissements en abaissements, cette antique livre monnaie de compte, qui avait représenté 12 onces d'argent sous Charlemagne, se trouva, à l'établissement du système décimal, descendue jusqu'à coïncider simplement avec le nouveau franc (encore ne fut-elle évaluée que 99 centimes), comme, au milieu du xivᵉ siècle, elle avait coïncidé avec le franc d'or du roi Jean (2).

(1) Cette coïncidence de la livre tournois de 20 sous avec l'écu d'or arriva dès les derniers temps de Philippe de Valois : car, dans un acte du 19 mars 1346, nous trouvons, en explication ajoutée à la mention d'une somme de 50 livres petits tournois, ces mots : « un florin à l'écu, du coin du roi de France, pour 20 sous tournois. »

(2) Voici quelques prix en monnaie tournois, dans des comptes du xivᵉ siècle. « Bons charpentiers et bons maçons, la journée 12 deniers, avec leurs dépens (nourriture); sans dépens, 18 deniers. Moyens charpentiers et maçons, 12 deniers, sans dépens ; autrement 8. Vignerons, hotteurs et autres menus ouvriers, 8 à 9 deniers. Souliers de cordouan, bons et fins, pour homme, les meilleurs 32 deniers; souliers de vache, bons et fins, les meilleurs 2 sous, ou 24 deniers. Fers de cheval d'armes, les plus grands, 8 deniers; de palefroi, de roncin et de grand mulet, 6 deniers ; de roncinaille et de mulleton, 4 deniers; d'âne, 3 deniers. Pour relier une grande cuve, 6 sous. Cent d'œufs, en 1369, 6 sous; en 1375, 4 sous, 9 deniers; en 1376, 4 sous. En ces mêmes temps, un mouton 10 à 18 sous; un porc 2 à 3 livres; un bœuf 8 à 12 livres, sans indications de poids ni de qualités. En temps de monnaie faible, un mouton, 3 livres. Pour 34 pièces de poulaille, 34 sous. Livre de chandoille de seuf (suif), de couton (coton) et de lumignon, 8 deniers. En 1329, un cent de laine, 22 livres; en 1341, 240 toisons à 10 sous pièce. Sous saint Louis, où le sou valait un de nos francs, l'aune de fine

Pour les francs d'argent, il est bien certain qu'on n'en Francs d'argent. frappa pas en France avant le règne d'Henri III, et que les francs du xive siècle étaient des francs d'or : cependant on trouve dans nos documents qu'on pendit, à Saint-Mihiel, le 15 décembre 1374, un nommé Collet Vasson, pour avoir fait des faux francs d'argent au coin du roi (1). Nous induisons de ce fait que le peuple, qui ne se servait pas souvent de monnaie d'or, appela francs les grosses pièces d'argent français, tels que les gros tournois, et autres de même calibre : et peut-être pourrait-on expliquer ainsi Franc barrois. l'origine du franc barrois de 12 gros, qui commença à partir du xve siècle, et fut, pendant tout le xvie, notre monnaie de compte dominante. Pour tout éclaircissement sur l'origine de ce franc, nos auteurs disent qu'on le trouve en usage dès 1434 (2). Il y était dès 1408, comme le prouve la lettre du duc Robert, que nous rapportons en note (3); et on s'en servait comme monnaie de compte

toile *ad camisias* (pour chemises), 2 sous; la grosse toile à tour et à coutil, 1 sou. En 1343, aune de toile commune, 2 sous 3 deniers; de toile de table, 3 sous 10 deniers; de toile blanche 5 sous 10 deniers; en 1359, toile grosse 3 sous, commune 7 sous, fine 15 sous. — Il faut remarquer qu'alors on ne tissait ni coton, ni même chanvre : celui-ci, jusqu'au xviie siècle, ne servit qu'à faire des cordes ou des toiles d'emballage. — En 1322, aune de futaine, 1 sou 8 deniers. Le fin drap, 3 livres, l'aune. C'était cher : mais ce compte est peut-être en monnaie faible.

(1) Servais, Annal. 1. 295, 96.

(2) Saulcy, Monnaies de Lorraine, p. 88.

(3) « De par le duc de Bar, seigneur de Cassel. Chers et bien-amés, nous vous prions très acertes que, ces lettres veues, vous vueillez bailler et délivrer à nos amés les Lombards marchands de la Table de Verdun, la somme de deux cents francs, douze gros de Metz pour chacun franc, en descomptant des mil florins, qui nous sont deus du terme de Noël darrien passé, à cause de notre garde et censive, que nous prenons chacun an en votre ville, notre vie durant : laquelle somme avons ordonnée auxdits Lombars en descomptant de ce en quoi nous sommes tenus à eux... Si n'en veuillez en aucune manière faillir, en tant que plaisir nous voulez faire ; car il nous tourneroit à très grant dommaige, pour ce que il nous convient nécessairement ravoir d'eux certains gaiges qu'ils ont de nous, qui sont en adventure de perdre. Notre Seigneur soit garde de vous. Escript à Bar, le xxxe jour de janvier 1407 (1408 av. P.). A nos chers et bien amés les maistres eschevin et la justice de Verdun. » Le 2 janvier de l'an suivant, Robert, disposant des mille florins de la nouvelle échéance de Noël, manda de remettre à Estienne, clerc

pour les gros de 15 deniers (1), de même que l'on comptait par livre pour les sous de 12 : mais le franc barrois et la livre tournois baissèrent l'un comme l'autre, et pour les mêmes causes. On avait, au moyen-âge, l'usage de grosses unités fictives pour les comptes un peu considérables : ainsi, pour les grains, on comptait par rez de 16 franchards, bien que le franchard, avec ses divisions, fût la seule mesure réelle (2).

Nous reprenons les événements à la paix rétablie, à grands frais et à grande peine, entre notre ville et les puissants coalisés de Luxembourg et de Bar. On ne sait qui, lors de la guerre de 1358, dominait chez nous des lignages ou des métiers ; l'apparence est que tous marchèrent una-

de son receveur général, 112 francs en écus d'or, douze gros de Metz pour le franc, et le reste encore aux Lombards. Ainsi il rapportait les écus d'or eux-mêmes à la monnaie de compte du franc d'argent de 12 gros.

(1) Les gros tournois à l'O rond, de 15 deniers, (ci-dessus, p. 183), étaient la même chose que les gros vieux tournois. « Un gros vieux tournois à l'O rond, pour 15 deniers petits tournois » : acte de 1343. Habituellement : un gros tournois vieux d'argent, pour 15 deniers tournois vieux.

(2) Il y a, de l'an 1392, une ordonnance de Charles VI « à nos amés et féaux les généraux maistres de nos monnoies... que grand profit seroit à nous et à tous les subjets de notre royaume, se une Monnoia de par nous estoit faite, constituée et estaublie en notre ville de Sainte-Manehould... pour ce que grant quantité de billon de notredit royaume est portée aux Monnoies des duchés de Bar et de Lorraine, et autres Monnoies estrainges, en notre grant préjudice. Si vous mandons... faire et édifier, le plus brief que bonnement pourrez, une Monnoie en notre dite ville de Sainte-Manehould, en la forme et manière qu'avez accoustumé de faire en nos autres villes... Donné à Paris, le xiie jour d'aoust, l'an de grâce mil iiie iiiixx et douze, et de notre règne, le xiie. Ordonnances des rois, tom. vii, p. 490. Suit l'acceptation par le roi des conditions auxquelles Bernard Bonoti a proposé de prendre à ferme la Monnoie nouvellement établie à Sainte-Ménehould. On doit lui délivrer, pour les deux premières années 400 marcs d'or, et 4000 d'argent.—En conséquence, Buirette semble s'être trompé en contestant p. 183 de son Hist. de Sainte-Ménehould, l'existence d'une Monnoie en cette ville, et en imputant à erreur à Leblanc d'avoir dit que la 22e chambre des Monnaies y eut son siége, avant qu'elle fût transférée à Nantes, avec sa marque distinctive T. — Il y eut aussi à Sainte-Ménehould un grenier à sel, c'est-à-dire un dépôt en droit exclusif de vente, établi en 1343, par Philippe de Valois V. Buirette, p. 150. Ce grenier fournissait les territoires de Montfaucon, Beaulieu, Grand-Pré : au xvie siècle, on se servit de ses registres pour établir que la nouvelle forteresse de François Ier, à Ville-Franche près Dun, était bien sur pays français.

nimes sous l'impulsion de Henri de Pierrefort et de son frère l'évêque Hugues; mais, avec la tranquillité, revint la question de la constitution communale, comment on l'organiserait en vertu des décrets de la dernière diète de Metz. Il était clair que, sur cet article, les ducs gardiens ne permettraient pas plus qu'on désobéît à la volonté impériale qu'ils ne l'avaient permis quant aux arrangements politiques concernant leurs propres gardes: en conséquence devait être réputé absolument aboli tout ce que l'empereur avait qualifié de pernicieuses inventions, savoir, comme il l'avait expliqué lui-même, le conseil des Quatre et des maîtres des métiers; et c'était à l'évêque Hugues, ancien approbateur de ces blâmables choses, à en faire la réforme; car on lui avait renouvelé, à cette fin, non-seulement le diplôme régalien de l'évêché de 1156, mais encore celui de l'empereur Frédéric II, prohibant d'une manière générale et absolue toute érection de Commune sans assentiment épiscopal (1). Cependant notre prélat hésitait; et il lui répugnait, tout armé qu'il fût de ces souverains pouvoirs, d'en user avec telle rigueur au détriment des bonnes gens du commun, ainsi qu'on les appelait, que désormais ils ne fussent absolument plus rien en Commune. On vit alors que, malgré son extraction princière, des plus hautes et des plus vieilles races féodales, il n'était pas un véritable aristocrate, tout-à-fait selon le cœur des lignagers; car son système fut que, puisqu'il n'était plus permis dans la rigueur des décrets, et selon les nouveaux vrais principes, de constituer au commun un pouvoir à part du Nombre, on pouvait tolérer qu'il entrât dans le Nombre lui-même, non sans doute en telle proportion qu'il y formât majorité, ou même égalité de suffrages, ce qui eût encore été une Com-

Arrangement communal de Hugues de Bar.

(1) La rénovation du décret de Frédéric II, *contrà communia civitatum* fut insérée dans la charte même de cassation des Quatre et des Métiers, rapportée ci dessus, p. 248. Nous avons parlé de ce décret de 1232, ci-dessus, tom. II, p. 393. Quant à la rénovation du diplôme de 1156, elle fut faite par charte à part, datée du même jour 28 décembre 1357 (style de Trèves, c. a. d. 1356.)

mune populaire, mais seulement pour une fraction, qu'on pouvait raisonnablement porter au tiers : en outre, et par transition de bon ménagement, il promit aux lignagers que, pendant les quatre ans prochains, toutes les nominations seraient pour eux exclusivement. Malheureusement pour le commun, Hugues n'eut jamais occasion d'appliquer ce système, car il mourut avant les quatre ans; et son ordonnance fut enterrée avec lui. Il n'en reste que le projet, qu'il notifia en ces termes, à la salle de Saint-Paul, le 20 avril 1359 :

« Révérend père en Dieu et sire messire Hugues de Bar, par la grâce de Dieu évesque de Verdun, devant plusieurs des bonnes gens des linaiges de la citei de Verdun, pour ce assemblés, recognent que, afin que ladite citei fust miex gouvernée de ci en avant, et les droits miex wardés et retenus, il veult et ordonne que, de la feste saint Denys (9 octobre) prochainement venant en quatre ans après, sans moien continuellement ensuivant, quand il nommera et créera la justice en ladite citei de Verdun, que on dit le Nombre Certe, wardours de la Paix, ou cils qui la créeront et nommeront pour lui, il les créera et nommera des bonnes gens des linaiges, sans mettre nuls autres. Et, les quatre ans passés, il, ou cils qui nommeront et créeront chacun an ladite justice, pour tout le temps qu'il serait évesque de Verdun, ils y mettront au moins les dous (deux) parts des bonnes gens des linaiges, et la tierce partie dou commun, s'il li plait. Et toutes les choses dessusdites, et chacune d'icelles, a promis et juré ledit révérend père messire Hugues, en parole de prélat, la main mise au pect (poitrine, *pectus*), veues les saintes évangiles, et par sa foi donnée en mains d'un chacun de nous notaires, comme de personnes publiques, solennellement stipulant et recevant pour ceux à qui il appartient, à tenir et warder toute sa vie fermement et inviolablement; et veult que nous notaires en fassiens auxdits des linaiges un instrument public. Ces choses furent faites en l'abbaye de Saint-Paul fuers des murs de Verdun, en la salle basse, dessoubs la chambre l'abbé, présents vénérables, religioses et discrètes personnes seigneur Rogier, par la patience de Dieu abbé de Saint-Paul, seigneur Jehan par la patience de Dieu abbé de Saint-Ary, mons' Jehan de Véel de l'église de Verdun, mons' Richard de Billei de l'église de la Madeleine doyens, mons' Hue, doyen de Hadonchastel, frère Jehan Amice,

PÉRIODE DE LA GUERRE DE CENT ANS. 295

custode des frères menours, frère Nicole Gravelat dou couvent des preschours, et frère Jehan de Noville-on-pont (Nouillonpont : *nova villa ad pontem,*) dou couvent des frères Augustins, priours » *Et ego Petrus Robertus de Escureyo, publicus apostolicâ auctoritate notarius, ad præmissa juratus, subscripsi. Et ego Joannes Bartelli de Gircourt, publicus auctoritate imperiali notarius, etc.*—La date, au protocole, est : l'an de Notre-Seigneur 1359, indiction 12, le 20ᵉ jour du mois d'avril, environ heure de tierce (9 heures du matin).

L'année suivante, l'évêque Hugues se disposant au grand voyage dont il ne revint pas, voulut, avant de partir, mettre en ordre, au moins provisoire, tout ce qui pouvait rester encore de questions litigieuses. Sur celle de la princerie et des archidiaconats, il recula, comme avait fait son prédécesseur Henri d'Apremont, devant l'éminentissime cardinal Talleyrand : cependant, à la nouvelle prolongation de trève pour six ans, en 1357, il gagna que l'official épiscopal aurait deux mois sur trois pour juger au for ecclésiastique en ville (1). Un autre embarras s'éleva du côté de la Commune. Quand Robert voulut savoir ce qu'il tirerait de l'engagement que lui avait fait l'évêché, dans la détresse de 1358, d'une partie des produits de la vicomté, les communaux dirent que, de temps immémorial, ils ne tenaient compte à l'évêque que de sa part dans les amendes de la Charte de Paix, le reste allant à l'entretien des fortifications; et les choses se passaient ainsi en effet : cependant Hugues, pour faire honneur à son engagement, demanda arbitrage de son frère Henri de Pierrefort et de son chevalier Nicole de Rampont, les citains désignant pour eux Simon de La-Porte et Jean Maupilat, échevins du Palais, et on convint d'un dédit de deux mille florins de Florence contre la partie désobéissante à la future sentence (2);

Ses derniers actes.

(1) L'acte est daté du 16 juillet 1359. Les grands embarras des années précédentes avaient sans doute empêché de s'occuper plus tôt de cette affaire; car Henri d'Apremont n'avait accordé le *statu quo* que pour sa vie.
(2) «Disons et maintenons, nous évesque, que, de tous deniers et levées qu'ils prennent et tiennent par manière de ville en ladite cité, tant en tailles, amendes, impositions comme en autres choses, nous en devons être parti

mais il ne paraît pas qu'elle soit jamais intervenue, Robert réfléchissant sans doute que tout ce qu'il pourrait gagner ainsi deviendrait immédiatement partageable par Luxembourg, aux termes du traité de la garde commune, à la prochaine rénovation duquel la question fut ajournée.

Commencement des Grandes Compagnies.

En ce temps commença le fléau des Grandes Compagnies, dont notre histoire parle pour la première fois en 1359, lorsque le perfide et méchant roi de Navarre Charles-le-Mauvais, ayant échoué l'an précédent, avec son complice Etienne Marcel, dans une tentative sur Paris, envoya ses bandes en Champagne, où elles s'emparèrent, vers la Marne, de plus de soixante châteaux et forteresses (1). Henri de Pierrefort, gouverneur de Châlons pour le dauphin, les empêcha de passer par Sainte-Ménehould et Vitry : alors elles se détournèrent vers Langres, et prirent pour repaire et place d'armes un fort château nommé Mont-Saujon (2), aux environs de cette ville. Froissart, en son chapitre « Comment les Navarrois pilloient, gastoient et roboient », dit que de ce Mont-Saujon ils coururent jusqu'en l'évêché de Verdun, c'est-à-dire sans doute jusqu'à ses limites méridionales; car il ne paraît pas que leurs ravages d'alors aient beaucoup dépassé le Barrois. Ces bandits sont souvent appelés Anglais dans nos documents, Charles le Mauvais ayant pris à solde quantité de soudards de cette

par moitié : laquelle chose ils n'ont fait et ne font en manière qu'ils doivent; car des tailles et impositions (il ne dit pas ici des amendes), ils attribuent tout le profit à eux : ce que faire ne peuvent ne doivent sans notre octroi espécial. Et nous les citains et habitans maintenons le contraire, et disons que tout ce que nous avons fait et faisons, nous avons permis (permission) de ce faire, tant par priviléges de monss^r l'évesque dessusdit et de ses prédécesseurs, comme d'usaiges et anciennes coutumes, desquelles il n'est mémoire du contraire. » Suit la nomination des quatre arbitres qui, en cas de partage, devront prendre conseil de bonnes gens : et jurent aux saintes évangiles de bien et loiaulment apaisier ledit descord.—Sur la part de l'évêché dans les issues de la vicomté ci-dessus, tom. II. p. 518, et III. 99.

(1) Les détails dans Froissart, liv. I. part. 2. ch. 80, édit. Buchon.

(2) Aujourd'hui village du dép^t de la Haute-Marne. C'était une prévôté de l'évêché de Langres : le château, occupé par les ligueurs, fut rasé au XVIIe siècle.

nation, laissés disponibles par la suspension de la guerre de cent ans (1). Dans l'automne de 1359, le duc Robert traita à prix d'argent avec les capitaines de l'invasion, pour qu'ils s'en allassent du Barrois; mais ils revinrent, au printemps suivant; et leurs bandes se répandirent dans tout le pays depuis Heilz-le-Maurupt en Champagne jusqu'à Sorcy et Void dans l'évêché de Toul : ils rançonnèrent plusieurs villages des environs de Bar ; le bruit courut même qu'ils avaient pris Saint-Mihiel (2). Ces Compagnies, dont il est beaucoup parlé, à diverses époques et sous différents noms, dans l'histoire de France, étaient de véritables milices, rassemblées sans autorisation par d'anciens officiers : elles se louaient, moyennant bon paiement, aux princes qui demandaient leurs services : et, faute d'emploi, faisaient la guerre et le brigandage pour leur propre compte. Froissart, qui vit se former celles du milieu du xive siècle, dit que quantité de mauvais pillards, « qui bien savoient que le retour en leurs pays ne leur profiteroit guère, pour les vilains faits dont ils estoient accusés, se recueillirent ensemble (après le licenciement des armées régulières), firent nouveaux capitaines, prenant par droite élection tout le pire d'entre eux ; et puis chevauchèrent outre. »

Aux perturbations de ces années s'ajouta, le 18 octobre

---

(1) Pierre de Bar fut alors, pendant un an environ, capitaine de Châlons pour son père de Pierrefort : « Cuidoient (les Anglais et Navarrais de Pierre d'Audelée) entrer à Châlons par devers l'abbaye Saint-Pierre, qui gît tout à mont au dehors la cité. Et oïrent les gardes le bondissement des Navarrois, comme leurs armures sonnoient et retentissoient; car le vent venoit de ce côté. Adonc dirent : Par le corps Dieu, vécy ces Navarrois et Anglois qui viennent nous escheller et prendre !... Et chut si mal à point pour ceux de Châlons que Pierre de Bar, qui avoit été capitaine et gardien, à plus de cent lances, un an tout entier, s'en étoit nouvellement parti; car il ne pouvoit, à sa volonté, estre payé de ses gages, etc. Froissart, liv. I. *part.* 2, ch. 89, édit. Buchon.

(2) Servais, Annal. I. 83 et 95-99.—Froissart dit : « Quand le roi d'Angleterre se fut tenu à siége devant Reims, bien le terme de sept semaines (depuis la fin de novembre 1359), et que il lui commençoit à ennuyer, et ses gens ne trouvoient rien mais que fourrer, et étoient en grand mésaise, ils se délogèrent et se mirent au chemin par devers Châlons : et passa ledit roi et tout son ost par devers Châlons, et se mit par devers Bar. » Liv. I. *part.* 2, ch. 119.

Tremblement de terre de 1356.

1356, un tremblement de terre, phénomène presque inouï chez nous, et dont, à notre connaissance, il n'est parlé que cette seule fois dans nos annales. C'est aux chroniques de Metz et de Toul que nous en devons la mention, qui doit être plus ou moins applicable au Verdunois et au Barrois; mais alors personne, en ces deux pays, n'écrivit de relation ni de ce fait, ni des autres. Voici les paroles du chroniqueur messin : « En celle année 1356, dit-il, le jour de saint Luc, en octobre, fut le crollement (croulement) en Metz; et tel et si grand tremblement que tout crolloit en plusieurs lieux par la cité; et sembloit que les maisons deussent cheoir; et heurtoient les tuppins (vases et ustensiles) des maisons et cuisines, où ils étoient pendans près l'un de l'autre : et crolla la terre plusieurs fois (1). » La chronique latine des évêques de Toul parle aussi d'édifices renversés; et ce fut, dit-elle, un fléau qui s'étendit fort au loin (2). Il paraît que les plus fortes secousses arrivèrent dans les contrées du Rhin supérieur, car la relation messine, disant aussi que « cettui crollement fut en plusieurs pays », ajoute qu'il fit choir bien septante-huit forteresses entour de la ville de Basle, au long du Rhin. »

Pèlerinage et mort de Hugues de Bar.

Hugues de Bar, ayant été malheureux dans tout son épiscopat, mourut, avec malheur encore, non en notre pays ni dans aucun château de l'évêché, mais au loin, dans le désert de Babylone d'Egypte, c'est-à-dire du Caire, en ces mêmes funestes lieux où, un siècle auparavant, le sable avait recouvert le cadavre de son bisaïeul le comte Henri II; et on l'inhuma, à ce qu'on raconta chez nous, au couvent de Sainte-Catherine du mont Sinaï. Son projet d'aller en Terre-Sainte remontait au commencement de 1358 (3).

---

(1) Chron. Huguenin, p. 97 et 101.
(2) *Circà has regiones, et alibi, factus est magnus terræ motus, ex quo multa ædificia corruerunt...; et hujusmodi motus nimium fuit generalis.* Dans les Preuves de D. Calmet, 1, 184, 1re édit.
(3) La charte relative à ce projet de 1358 n'existe qu'en copie du notaire P. Horin, certifiée, le 9 mai 1603, par l'évêque Erric de Lorraine; mais ils n'étaient habiles ni l'un ni l'autre en histoire ni en déchiffrement d'écritures

peut-être crut-il pouvoir échapper ainsi à la tempête de la guerre civile, qu'il voyait sur le point d'éclater; mais, ayant été forcé de rester, le désir du saint voyage lui revint, à la fin de 1360, par dévotion, et espoir qu'en s'éloignant, il donnerait aux rancunes d'Iolande le temps de s'adoucir. Ses compagnons ne nous ont rien laissé d'écrit sur son itinéraire, ni sur sa mort : nous n'avons pour renseignement que son testament, reçu par le notaire Oulri Poncin de Romagne, l'un des pèlerins de sa suite; et cet acte de dernière volonté est touchant à lire, bien que rédigé en termes de droit et de pratique :

« En nom du Père et du Fils, etc., l'an Notre Seigneur 1361, l'indiction 14, le 15ᵉ jour du mois d'aoust, environ heure de vespres....., eins parties de Outre-Mer, c'est à savoir eins déserts qui sont entre le Caire de Babilonne et l'église de Sainte-Catherine du mont de Sinay, homme de bonne mémoire messire Hugues de Bar, par la grâce de Dieu lors évesque de Verdun, en allant en pèlerinage pour visiter ladite église et les autres saints lieux d'icelles parties, avec plusieurs autres nobles hommes :

« S'étoit transporté ledit révérend père, sain de pensée et de entendement, si comme il disoit, et griefvement de corps foible et malade, en la présence de moi notaire public ci-dessoubs escrit, et des tesmoins dignes de foi ci-après-nommés, en volontei de faire son testament et sa dernière et franche devise. Et dit, proposa et prononça les paroles qui s'ensuivent :

« Je me sens forment faibli, et n'ai point espérance de retour; et suis tenu et obligié à mon freire monsieur Henri de Bar, seignor de

trustes: car, au lieu du nom de Hugues, ils ont mis celui de Robert, avec la date 1258 pour 1358; de sorte que, dans leur transcription, on voit l'évêque Robert de Milan parler de sa cousine Iolande de Flandre. Il est facile de corriger ce gros anachronisme; mais nous ne pouvons de même suppléer à la date de mois, emportée, à ce qu'il paraît, à la fin de l'original. « Nous Hugues de Bar, par la grâce de Dieu évesque de Verdun.., avons par bonnes raisons baillé à noble escuyer Jehan Bally, citain de Toul, qu'est maistre de notre maison, pour les bonnes choses qu'il nous a faites en cour le pape, l'empereur, et notre cousine dame Iolande de Flandre, comtesse de Bar, et qu'encore il nous a jurei et créantei de faire le voiage avec nous par de là la mer, en la terre où qu'a endurei notre doux Seignor, et encore que c'est tousjours esté un des vieils gentils-hommes de notre maison, etc.., l'an que li miliaires couroit par mil trois cent cinquante huit. »

Pierrefort, en plusieurs grosses et grandes sommes de bleis, de vins, de deniers qu'il m'a presteis, et a enwaigié sa terre pour moi et mon pouvre éveschié. Si veuil que tuit mes biens qui sont au pays de Loherenne lui soient mis en mains; et les y mets dès maintenant, pour satisfaire et pour payer, tant à lui comme as aultres asqueils je puis estre tenu; et veuil que tuit cil de ma maisnie qui m'ont servi soient payés au mieux que on pourra, à chacun selon le service que il auroit fait... Et de ces choses, ledit révérend peire requit de moi notaire estre faits un ou plusieurs instruments, etc., (1).

Ainsi finit cet évêque, en léguant toute sa fortune personnelle pour réparer les malheurs arrivés à cause de lui à son église. Ses contemporains ne les lui reprochèrent pas; car tous, la Ville non moins que les princes des branches barisiennes, étaient soulevés contre Iolande : tellement qu'il eût été difficile à l'évêque, quand même il n'eût pas été de l'avis des autres, de résister à leur entraînement. On voit, à ses rapports avec la Commune, qu'il était par caractère homme bon, populaire et cherchant les conciliations. Il est facile de le blâmer, aujourd'hui que nous connaissons le mauvais succès des mesures et des entreprises auxquelles il prit part; mais l'équitable histoire doit replacer ses personnages au temps et dans le milieu où ils vécurent, quand ce qui est pour nous le passé était devant eux l'avenir, avec ses incertitudes et ses chances. Les numismates ne connaissent pas de monnaies de cet évêque Hugues de Bar : il y a cependant indice qu'il en frappa (2). Comme souvenir de lui, nous mentionnerons son beau livre de Bréviaire, qu'on voit à la bibliothèque de la Ville; ample

---

(1) Dans les Preuves de D. Calmet, II, 632, 1ʳᵉ édit. — *Hugo de Barro, qui habuit per resignationem Othonis de Pictaviâ, obiit in deserto inter Babyloniam Ægypti et Sanctam-Catharinam. Sedit annis decem, mense uno; post eum vacavit sedes mensibus quinque : et habuit maximam guerram; et fuit omnis terra ecclesiæ tempore suo desolata.* Jean de Sarrebruck.

(2) « De l'an 1352, une lettre de l'évesque de Verdun Hugues, de laquelle il appert qu'il avoit sa monnoie en son chasteau de Hatton-Chastel. » Dupuy, Droits du roi, p. 675. Dans un compte de 1354-55, que nous a communiqué M. Servais, il est dit que Hugues alla à Nonsart, chez son frère Henri, « avec le prévôt et deux monnoyeurs d'Hatton-Châtel. »

et noble volume, armorié et illustré aux lettres capitales, avec miniatures fines et originales sur les marges. C'était un bréviaire à lire sur pupitre, devant un fauteuil; mais la belle illustration des pages reste à moitié du livre, inachevée sans doute à cause des désastres qui survinrent à la mense épiscopale (1).

(1) Sur la première page de ce manuscrit, après le calendrier, les armoiries de l'évêque, qui sont celles de Bar, avec lambel de branche puînée, et crosse transversale : ces deux pièces assez faiblement marquées. Au bas de la page, en un endroit un peu gâté par le doigt du lecteur, une grande armoirie d'aigle éployée : c'est le blason de Jeanne de Vienne, mère de Hugues (P. Anselme, tom. vii. p. 795). En haut, une armoirie à pals, au chef d'or chargé de quatre merlettes ; champ vairé. Armes de son aïeule Jeanne de Tocy, seconde femme du comte Thibauld II. (Père Anselme, ibid. p. 734).

CHAPITRE II

TEMPS DU ROI CHARLES V ET DE L'EMPEREUR CHARLES IV. — LES DUCS
WENCESLAS DE LUXEMBOURG ET ROBERT DE BAR. — LES ÉVÊQUES
JEAN DE BOURBON, JEAN DE SAINT-DIZIER, GUY DE ROYE.
— AFFERMISSEMENT DE LA COMMUNE LIGNAGÈRE;
SCEAUX D'OR DE 1374 ET 1378.

De 1360 à 1380.

En ces années, la France se releva par le sage gouvernement de Charles V à l'intérieur; et, sur nos frontières, par le mariage du duc Robert avec une des filles du roi Jean, Marie, sœur du roi Charles : de ce mariage naquirent les derniers princes de la maison de Bar, qui furent de sang royal français par leur mère. Du côté de l'Empire, la Ville, déjà reconnue impériale immédiate à la diète de Metz de 1356, mérita, par son obéissance à l'empereur Charles IV et à son frère Wenceslas de Luxembourg, les bulles d'or qu'elle obtint en 1374 et 1378. L'évêché regrettait la garde de France, sans oser encore en relever les panonceaux, ayant assez à faire d'alléger ses dettes et ses désastres de 1358. Nos deux ducs gardiens eurent aussi leurs malheurs: Robert fut pris par les Messins en 1368, et Wenceslas par le duc de Juliers en 1371 ; ces infortunes, et d'autres accidents, mirent leurs finances à peu près dans le même état que celles de l'évêché. Le peuple des campagnes fut obéré d'impôts d'aides et de prières, et dévasté, en surcroît, par les Grandes Compagnies, qu'on appelait chez nous les Bretons et les Routes : ces bandits rançonnèrent aussi les princes et les villes. Ce temps ne fut prospère qu'aux prêteurs et manieurs d'argent; aussi vit-on florir dans les cités les changes et les tables de Lombards, où s'enrichirent plusieurs notables gens de parage et de lignage. Tel est l'aspect général de la fin du XIVe siècle; mais les détails se compliquent d'incidents dont, faute de chroniques, il n'est pas toujours possible de bien assigner les causes.

L'évêque Jean de Bourbon, seul personnage nouveau qui paraisse, au moment où nous sommes, sur notre scène, y entra, au commencement de 1362 (1), par l'appui du duc Wenceslas, qui était Bourbon par sa mère Béatrice; mais nous ne savons ni les circonstances de la promotion de Jean, ni ses quartiers de généalogie, ni par conséquent son degré de parenté avec le duc et sa mère. La plupart des anciennes maisons, même les illustres et les princières, n'ont pas de listes fort exactes de leurs puînés, qu'on ne connaît souvent que par mentions incidentes aux chartes. Il est dit dans la généalogie de Lorraine que, vers 1250, Laure, fille du duc Mathieu II, épousa Jean de Bourbon, seigneur de Dampierre en Champagne, et qu'elle en eut deux fils, Jean qui fut titré Dampierre, et Guillaume Saint-Dizier, nouveau domaine qui était la dot apportée à la famille par sa mère Laure (2). Nous croyons que c'est à cette branche de Bourbon qu'il faut rattacher notre prélat; et on explique ainsi comment il eut pour successeur un autre Jean, indifféremment appelé de Dampierre ou de Saint-Dizier, et comment son sceau portait les armoiries des anciens Bourbons (3), antérieurs au mariage, en 1272, de Béatrice, héritière du Bourbonnais, avec Robert de France, 6e fils de saint Louis. De cette explication, il suit que le Bourbon qui fut évêque

L'évêque Jean de Bourbon.

---

(1) On n'a pas ses bulles; mais l'Inventaire date de 1361 celles qu'il obtint à son avénement pour des indulgences à la cathédrale. Cette date 1361 est au plus tard 1362 avant Pâque, Hugues de Bar étant mort en août 1361. Dans les archives, on ne trouve de Jean de Bourbon aucun acte antérieur au 20 octobre 1362; ce qui suffit toutefois pour montrer qu'il y a une erreur dans la note : *sedit annis* VI que porte la copie existante de l'*Excerptum* de Sarrebrück. Jean de Bourbon mourut le 29 février 1372, sa onzième année d'épiscopat commençant : et l'*Excerptum* portait probablement : *sedit annis* XI; mais la lettre X aura été transformée en V, par faute de copiste.

(2) D. Calmet dans la Généal. de Lorraine, p. ccxxxii, en tête du tom. i. 2e édit. Digot, Histoire de Lorraine, ii. 72.

(3) Mention de ce sceau dans Roussel, p. 348. Armoiries des anciens Bourbons : d'or, au lion de gueules, à l'orle de huit coquilles d'azur.

de Verdun n'était pas de la lignée royale, comme sa parente Béatrice, douairière de Luxembourg. Quoi qu'il en soit, et quel qu'ait été le rang de noblesse de l'évêque Jean, ce fut un homme de peu de faste, assez petit seigneur d'une terre de Mont-Perreux, ou Mont-Perroux, qu'il avait sans doute en légitime de famille; on le mit dans l'église, et il était doyen d'Autun (1), déjà vieux quand il parvint à notre évêché. Il s'effaça beaucoup parmi les grands personnages du pays; et cette modestie fut un bonheur; car la mense avait alors besoin d'épargne et d'économie.

Rétablissement des gardes de Luxembourg et de Bar.

La Ville, rentrant de son côté dans les voies de la sagesse, s'empressa, dès 1359, et pour première amende honorable de sa rébellion, où elle avait été complice de Hugues de Bar, de rétablir la garde de Luxembourg (2). A cette garde revenaient de droit les prémices de la restauration : car elle était impériale et entre les mains d'un prince de la maison impériale; il semble même, comme nous l'avons vu, qu'à la diète de Metz, l'intention de l'empereur ait été qu'elle fût seule rétablie; de sorte qu'il fallut réclamation de Robert, et même paiement par lui d'une certaine somme pour obtenir qu'on le fit rentrer dans le bénéfice de la communauté de 1343 (3). A cause

(1) *Joannes de Borbonio, dominus de Mont-Perroux, Guidonem de La Chaume, in solemni suo ingressu in Eduensem ecclesiam recepit, anno 1345, vel 46.* Dans la liste des doyens d'Autun, *Gallia christiana*, IV. 435.—Il y a Mont-Perreux dans le comté de Bourgogne. (Franche-Comté).

(2) « Beautrix de Bourbon, par la grâce de Dieu roine de Boesme et comtesse de Lucembourg..., nous avons eu et reçeu de nos ameis les citains de Verdun la somme de cinq cents florins de Florence, en quoi ils estoient tenus à nous : si en quittons eux, etc..., ces lettres scellées de notre séel à Damvillers, le grand mescredi de Pasques, l'an mil trois cent cinquante nuef (1360 av. P.)—« Wenceslaus de Boesme, par la grâce de Dieu dux de Lucembourg et de Brabant, prions et volons que vous signours de la justice et conseil de Verdun paiiez et delivriez, pour et en nom de nous, à notre bien amé Regelet votre concitain, notre hoste, quatre-vingt-nuef livres dix sous, monnoie de Verdun, etc., etc., en rabat des 500 petits florins que très prochainement nous debvrez; et de tant vous quittons dès maintenant. *Per* sous notre séel, le jour de saint Thomas l'apostle (21 décembre) 1363. *Per dominum ducem.* Jehan Deroi. »

(3) Ci-dessus, p. 267.

PÉRIODE DE LA GUERRE DE CENT ANS. 305

de cette différence, et surtout à cause de l'aversion contre Iolande, la garde de Bar ne fut officiellement reprise par la Ville que le 24 décembre 1363, toujours suivant les formules anciennes et ordinaires, pour la vie du duc, et sans attribution de juridiction à lui; mais, cette fois, les princes gardiens ajoutèrent à leur promesse de maintenir les libertés, franchises, coutumes, cette restriction caractéristique du nouveau régime des choses : « excepté desdites franchises celles qui sont annulées et irritées par très-excellent prince et seigneur notre seigneur Charles-le-Quart, empereur du Saint-Empire de Rome. » Ceci voulait dire : excepté la magistrature populaire, les maîtres des métiers, et autres mauvaises innovations, proscrites en termes formels dans le décret de Charles IV, par ces mots : *magistrorum ministeriorum adinventionem, quatuor consiliarios*, etc.; et on peut croire que, sur cet article, les lignagers ne pressèrent pas les gardiens de mitiger les annulations. Nous remarquons que ce 24 septembre 1363, où fut conclu le traité avec le duc Robert, ne précédait que de quinze jours la saint Denys, fin et terme des quatre ans de jouissance exclusive des charges laissés par le feu évêque Hugues de Bar aux lignagers : il était par conséquent d'urgence à eux de conclure, et de ne pas laisser arriver les revendications qu'après cette saint Denys ne manquerait pas de faire le commun, en vertu des anciens traités, qui lui reconnaissaient droit de recours aux gardiens, si le Nombre lui faisait déni de justice (1). Les autres articles de 1363 ne sont que ceux des anciennes gardes rajustées aux nouvelles circonstances : la censive de Bar fut portée à 500 florins, comme celle de Luxembourg (2); on stipula l'alliance envers et contre tous, sauf

Principales dispositions du nouveau traité.

(1) Ci-dessus, p. 190, 91. Cet article, ainsi que celui qui autorisait les gardiens à intervenir, en cas de différend entre les citains, furent reproduits en 1363; mais la cessation des discordes civiles les rendit sans application.
(2) Voici, comme échantillon, une quittance de cette censive : « Nous Robert, duc de Bar, marchis du Pont. Comme nos chers et bien amés les maître du Nombre (maître echevin), la justice, les bourgeois et communauté

HIST. DE VERDUN. — III. 20

le pape, l'empereur et le roi de France; il fut dit qu'en cas de guerre entre les deux duchés, la Ville resterait neutre, les citoyens étant, pour toute autre expédition, pleinement libres de suivre les ducs, ou celui des ducs qu'ils voudraient; et la cité laissant également ses gardiens libres d'acheter à Verdun autant de vivres et de munitions qu'il leur conviendrait, sans toutefois la mettre elle-même au dépourvu; et si, pour son propre compte, elle avait guerre, elle pourrait demander à chacun de ses alliés jusqu'à 120 hommes d'armes, à ses frais, savoir, par jour un demi-écu du roi Philippe, ou six gros aux haubergons (cottes de mailles), un écu aux hommes d'armes, et deux au capitaine; en outre, on la secourra à grande et à petite force, si elle est assiégée. Chaque duc aura son lieutenant sous-gardien en résidence continuelle : ce seront de bonnes personnes et d'honnêtes chevaliers, qui feront serment devant la Commune, et resteront en charge un an, après lequel les hauts-gardiens pourront les continuer, d'accord avec les citoyens. — Ces continuations furent le cas ordinaire; car nous trouvons, dans ces temps, de longues lieutenances exercées par les Baudricourt, pour Bar (1), et

de la cité de Verdun soient tenus à nous en la somme de 500 petits florins de Florence, pour cause de lor censive du terme de la Nativitei Notre Seigneur (Noël) darriennement passée, desquels ils en ont baillé et délivré, de notre spécial commandement, à Milet de Mirewault, etc., etc., nous nous tenons pour souls et paié, et en quittons dès maintenant le maistre du Nombre, etc. Donné à Clermont, sous notre séel, l'an 1367, lendemain de ladite Nativitei. — En 1371, Robert constitua sur ces 500 florins de sa garde de Verdun deux rentes viagères de 120 florins chacune, à Philibert de Beffroimont (Bauffremont) son chevalier, et à Girart de Nancy, son escuyer.

(1) « Au courier qui porta lettres de monssʳ à Baudrecourt, gardain de Verdun, la veille de la sainte Catherine 1373. » Compte de Colet Henrion, prévôt de St-Mihiel. — En 1383, mention au Nécrologe, *quarto nonas octobris*, de Jean de Baudrecourt, gardain de Verdun pour monssʳ le duc de Bar, et de Laure, femme dudit Jean, qui fondèrent leur anniversaire à la cathédrale. Le P. Anselme, tom. vii. p. 113, ne commence les Baudricourt qu'en 1384 à Liébauld, père du Robert connu par l'histoire de la Pucelle. — En 1370, Jehan de Landrecourt, gardain de Verdun pour monssʳ le duc de Bar.

plus tard, par les d'Autel pour Luxembourg (1). Les lieutenants, ou sous-gardiens seront aux frais des ducs, moyennant indemnité par la Ville : on allouera pour cette dépense une taille de 18 deniers par an sur chaque feu solvable de la cité et des bourgs. Ces gardes sont incessibles et non attributives de juridiction; enfin « si l'évêque de Verdun, qui est ou sera, vouloit presser ou mener les citoyens contre leurs franchises, les ducs gardiens les défendront de toutes manières. » Cet article, qui datait du temps de Henri d'Apremont et du comte Edouard (2), prit des usages de la nouvelle Commune cette explication mieux définie, que la cité avait pour première franchise que son gouvernement ne serait jamais en d'autres mains qu'en celles des lignagers des anciens lignages; et les évêques des temps suivants durent jurer le privilége en ce sens. Telles furent les conséquences qu'on sut tirer des décrets du très-excellent empereur Charles le Quart. Quant à Hugues de Bar, il eût

(1) Les d'Autel ne paraissent en cette charge qu'après le duc Wenceslas mort en 1383. Voici un acte d'institution de gardien par ce duc : « Wenceslaus de Boëme, par la grâce de Dieu duc de Luxembourg, de Lothier, de Brabant et de Limbourg, marchis du Saint-Empire... Avons mis, constitué et establi, mettons, constituons et establissons notre amé et féal messire Jehan, seigneur de Mylberg à estre, pour et au nom de nous, notre gardien de la citei de Verdun, de toutes ses appendices et appartenances : lequeil office nous li avons commis à maintenir, warder et exercer bien loialement, selon les lettres de la warde que ladite citei a de nous. Si prions et requiérons la justice, les maistres jureis et toute la communitei de ladite citei de Verdun que audit seigneur de Mylberg, comme notre gardien, soient entendants et obéissants en tous cas touchant ledit office de notre warde, en la manière qu'ils savent que faire se doit selon le contenu des lettres, sans mal engien... Donné à Lucembourg, le 24ᵉ jour en octombre, l'an 1378. » Dans Berthollet, vii. Preuves, p. xxxvii. Avant ce Mylberg, on trouve Philippe des Ermoises, mentionné en 1374, avec son collégue de Bar Jean de Baudrecourt, dans le procès-verbal des communaux, lors de leur démêlé avec Jean de Saint-Dizier, dont nous parlerons. « Wenceslaus de Boesme, par la grâce de Dieu duc de Lucembourg, etc. Nos chers et bien amés le maistre eschewin, la justice et l'universitei de la citei de Verdun ont délivrei et paiei à notre féaul chevalier messire Philippe des Ermoises, notre gardien en ladite citei, la somme de six-vingts francs de France, que leur promettons à rabattre de la somme qu'ils nous devront au jour de Noeil prochain venant, etc. Donné à Bruxelles, le xxiiᵉ jour du mois de mai, l'an de grâce 1373. »

(2) Ci-dessus, p. 127 et 145.

308 PÉRIODE DE LA GUERRE DE CENT ANS.

mérité qu'on mît son nom à côté de celui de l'évêque Nicole dans les renoncements de la Charte de Paix ; mais mieux fut trouvé encore de ne plus parler de lui, ni de son malencontreux système d'alliage à un tiers de commun dans le Nombre.

Ce traité de la double garde, que nous venons d'exposer, était au fond, et moins la part de la France, le même arrangement que ceux de Charles le Bel à Mante, en 1323, et de Philippe de Valois, avant l'acte d'Essey de 1337 (1) ; et il fut toujours impossible de trouver une autre stabilité politique pour notre petit territoire, tant qu'il fut entre les deux grands duchés, qui étaient toujours prêts à l'absorber. Les conditions de ces gardes n'étaient d'ailleurs pas dures, et il valait certainement mieux les subir que d'être toujours aux prises avec de si redoutables voisins; malheureusement, (et on ne le vit que trop lors de l'invasion des Compagnies) les gardiens ne gardaient pas très-sûrement, même chez eux : cependant cette sorte de confédération valant toujours mieux que l'isolement, chacun s'y rattacha. Tous les villages prirent successivement les gardes ducales, chacun suivant son voisinage, les payant tantôt en deniers, tantôt en avoine, ou denrées diverses, parmi lesquelles nous remarquons souvent de la cire, les ducs ne se montrant pas difficiles sur les accommodements, et comprenant très-bien que, si la France ne reparaissait plus, ils redeviendraient, sous le nom de gardiens, ce qu'avaient été, dans le haut moyen-âge, les grands voués. L'évêché aurait voulu qu'en l'honneur de ses droits régaliens, personne ne prît de garde sans sa permission ; et il y a trace qu'il protesta en ce sens (2), mais pour la forme et en conservation

Extension des gardes aux campagnes.

---

(1) Ci-dessus, p. 132 et 184.

(2) « Lettres comment le seigneur évesque fait protestation que, par l'apposition du séel en certaines lettres èsquelles les ducs de Luxembourg et de Bar se disoient gardiens de la cité et citains de Verdun, par cela il ne les confessoit ni approuvoit tels. » Dans l'Inventaire Psaulme, p. 251. Pas de date, cet Inventaire n'en rapportant aucune; mais la pièce est postérieure

de sa prérogative, attendant toujours pour son propre compte et souhaitant le rétablissement de la France ; cependant ses dettes, ainsi que la crainte des Compagnies l'obligèrent aussi à des arrangements. Quant aux corporations à grands domaines, comme Saint-Vanne, Saint-Paul, et surtout le Chapitre, elles firent les meilleurs traités qu'elles purent : nous noterons celui de Robert avec Saint-Vanne, où le duc déclare reprendre son titre de gardien tel que l'avaient eu ses prédécesseurs, sans qu'on pût arguer des décrets de Charles-le-Quart au préjudice de ses anciens droits (1). C'est ainsi qu'il tenait compte de ces mêmes lettres impériales en vertu desquelles il avait, en 1358, obligé la Ville à le reconnaître comme co-gardien avec Wenceslas. Le 21 mars 1360 (61 av. P.), il jura, avec le Chapitre, l'accompagnement du ban de Pareid, aux stipulations de 1315 (2) : puis, huit jours après, donna lettres, que « ayant été faites plusieurs prises de deniers, de bleifs, et autres choses sur les hommes dudit ban ; et les ait-on fait aller en plusieurs chevalchiés, au commandement de notre amée dame et mère, spécialement quand nous estions en

A Saint-Vanne.

Au ban de Pareid.

à l'érection de Bar et de Luxembourg en duchés. Nous verrons bientôt Jean de Saint-Dizier protester, en 1374.

(1) Cet acte est curieux. On y voit que l'empereur avait pris Saint-Vanne sous sa sauve-garde spéciale, et délégué Robert à cette charge, mais que celui-ci obligea l'abbaye à le reconnaître, non à ce titre (qui était révocable), mais en la même qualité que ses prédécesseurs : « Nous Gérard de Vaudenay, par la patience de Dieu humble abbé de St-Vanne... Comme très souverain prince notre seigneur l'empereur ait pris et reçu nous, notre couvent et nos biens en sa protection et salve-garde espéciale, et ait commis par ses lettres à très-noble et puissant seigneur monseigneur le duc de Bar et marquis du Pont nous garder et conserver, pour et en nom de lui et du Saint-Empire, lequel très-noble et puissant seigneur a bénignement pris et reçeu ledit faix et charge... C'est à savoir sauf et réservé audit monseigneur le duc les droitures, gardes et usages que ses prédécesseurs avoient et ses très-redoubtés seigneurs aïeul et père, et lui subséquemment à cause d'eux, sans aucun préjudice estre engendré sur ce pour les lettres dudit empereur, pour les siennes, ne pour autres faits quelconques, lesquelles (droitures) demeurent en leur vertu et valeur, ainsi que si les lettres dudit empereur n'eussent oncques été faites... 1358. 10e jour du mois de février (1359 av. P.). Dans D. Calmet, Preuves, II. 627, 1re édit.

(2) Ci-dessus, p. 217.

sa mainburnie, et ce sans faire parson auxdits princier, doyen, Chapitre, en lor grand préjudice, selon que l'ont à nous et à notre conseil dit et montré quand nous feismes le serment en ladite église, lequeil nous estiens tenu de faire par la vertu dudit accompaignement. A savoir est que nous, qui en aucune manière ne voulons amoinrir le droit de sainte église..., avons fait bon accord que ne lor puist nuire ou grever, ne à nous (1). » Il se pourrait, et Iolande en était bien capable, que, dans la guerre de 1358, on ait forcé les propres hommes du Chapitre à marcher contre lui : quoi qu'il en soit, et sans revenir sur le passé, on fit aussi paix avec la comtesse; et elle en donna les lettres suivantes en 1362 :

Paix définitive avec Iolande.

« Nous Yolant de Flandre, comtesse de Bar, dame de Cassel... De la somme de deniers que nous fut jadis deue pour cause de la paix et accord que autrefois furent faits entre notre cousin le duc de Luxembourg et de Brabant, nous et Robert notre fils, d'une part, et feu l'évesque Hugues de Bar et lesdits citains, d'autre..... Item que Gocillon Wautrenel, feu Francignon du Tournant (2), et autres citains avoient arresté certaine quantité d'avoine que on menoit en notre chastel de Clermont, et couru à armes en notre prévosté dudit Clermont, et par espécial en notre ville de Brabant, etc..... : et sur ces choses aviens fait et donné par escript plusieurs demandes qui sont contenues en deux roolles, etc..... A savoir est que lesdits citains nous ont informé de la satisfaction et paiement, et montré leurs excusations justes et raisonnables..... Considéré que lesdits de Verdun nous povent faire plusiors services et amitiés, et aussi pour nourrir paix et accord entre nous et eux, avons quitté et quittons de bonne quittance loiale, tant desdits huit cents florins, desquels lesdits de Verdun nous ont fait montrer quittance, dessoubs notre séel et le séel notre fils, contenant iceux florins avoir esté délivreis à messire Richier de Saint-Mihiel, prebstre, etc., etc. Donné en notre hostel de Clermont, le 24ᵉ jour de juin l'an 1362. »

De ce moment, Iolande laissa la Ville en paix, se trouvant sans doute assez d'autres embarras, et se faisant bonne

(1) Dans les pièces justificatives de M. Servais, I. 406.
(2) C'est-à-dire de la rue du Tournant. Ci-dessus, tom. I. p. 482.

voisine, à cause de son douaire et château de Clermont. Elle n'eut jamais titre de duchesse, son époux Henri étant mort simple comte; et, comme elle posséda longtemps le douaire de Clermontois, il est possible que ce soit à cause d'elle que l'on ait commencé à qualifier ce pays comté. Dans les années où nous sommes, il semble qu'elle entrait en défiance de son fils Robert, lequel, âgé déjà de vingt ans, s'émancipait peut-être, et la soupçonnait d'avoir par ses hauteurs fort envenimé les dissensions des temps précédents. Elle prit de loin ses précautions; car, dès le 27 juin 1362, on la voit promettre 700 moutons d'or à Jean d'Apremont, sire de Conflans et de Forbach, pour avoir de lui aide, conseil, épée et troupes, au besoin contre Robert lui-même (1); préparatifs qui annonçaient de loin la scène de 1371, quand elle osa faire arrêter Robert en personne; et celui-ci, s'il connut le pacte de 1362, en sut aux Apremont le bon gré qu'il leur montra quand vint le moment de leur ruine. — Comme anecdote de ce temps de grands seigneurs endettés, nous rapporterons les pérégrinations que firent, de Lombard en Lombard, les beaux chapeaux à perles de la comtesse, et sa superbe « couronne d'or, à seize florons de perles, huit grands et huit petits, dont on fait, dit le texte, cercle quand on veut (2). » Ces augustes bijoux étaient, en 1359, en gage à Metz, où le doyen de Saint-Maxe de Bar alla les racheter, le 6 août; mais, soit nouvelle détresse, soit que le Lombard de Strasbourg fût moins

Elle se défie de Robert.

Ses joyaux.

(1) M. Servais, Annal. I. 123. Ce Jean était le second fils de Gobert, frère de notre évêque Henri. On trouve encore de ce temps des engagements de deux autres seigneurs pour servir Iolande pendant un an, l'un à 12, l'autre à 13 glaives de bons compagnons, bien montés et bien armés, la première troupe moyennant 700 petits florins de Florence, la seconde pour 800. Ibid. p. 109. — En 1365, Jean de Sarrebrück, seigneur de Commercy (père de l'évêque de Verdun du même nom) reçut d'Iolande 500 livrées de terre, à vie, pour lesquelles il se reconnut son homme envers et contre tous, excepté le roi, monss^r le duc de Normandie son fils, l'évêque de Metz, le duc de Lorraine, et le connétable.

(2) Ainsi décrite par Iolande elle-même, dans son testament du 12 octobre 1388.

usurier que celui de Metz, on les réengagea à la table strasbourgeoise presque sur le champ, avec de la vaisselle plate (1). En 1363, pour un prêt de 2400 florins, les joyaux allèrent chez Perrin Brise-Paixel de Verdun (2); et ils y retournèrent encore le 16 octobre 1365; enfin, en 1370, ils prirent la route de Bruges, lors des emprunts pour la rançon du duc Robert (3). Marie de Blois fit aussi voyager la couronne ducale de Lorraine, d'or à neuf branches semées de perles et d'émeraudes; ce magnifique chapeau, avec plusieurs décorations, et une splendide chapelle à chanter messe se trouvèrent, en juillet 1368, chez Simon, abbé de St-Symphorien de Metz, qui mourut alors; et l'évêque de Toul Jean de Heu voulut mettre ce trésor en séquestre, prétendant que la succession de Simon revenait à la Chambre apostolique, dont lui évêque Jean de Toul était nonce et collecteur; et il extorqua ainsi 4000 florins aux moines (4). Le Lombard de Verdun revit encore, en 1388, de fort beaux atours d'Iolande, qu'elle avait déposés en l'abbaye de Chéhéry, sans doute pour sa parure quand elle allait se montrer en comtesse à Clermont ou à Varennes; mais, cette fois, les bijoux avaient été dérobés; et la justice verdunoise les fit rendre, après avoir arrêté les larrons (5).

(1) M. Servais, Annales, I. 89 et 114.
(2) Reconnoissance de Perrin Brise-Paixel, citain de Verdun, que madame la comtesse de Bar lui a mis en gage sa bonne couronne d'or à pierres et perles, trois grands florons et six petits de ladite couronne, deux chapeaux d'or à pierres et à perles, et douze écuelles d'argent, pour la somme de 2400 florins de Florence de bon or, qu'elle lui rendra dans le mois de Pâques prochain, 2 février 1362 (1363 av. P.). — Quittance du 12 juillet suivant, mais continuation de prêt pour 2000 florins, sur d'autres joyaux. Dans l'Inventaire de Lorraine.
(3) M. Servais, ibid. p. 144, note, 431, et 220.
(4) Bénédictins, Hist. de Metz, II. 563.
(5) « Nous Yolant de Flandre, comtesse de Bar, dame de Cassel. Comme naguéres aulcuns de nos joyaux, comme ceintures, pater-nostres (chapelets), effiches (épingles), anneaux, mirouers, boursettes, verges d'or, et plusieurs autres, tant de perles, pierres précieuses, or, comme de autres divers ouvrages, en l'abbaye de Chéhéry, diocèse de Reims, nous eussent esté prins en larcin et roberie, et détenus jusqu'à ce que, pour certaine suspicion

PÉRIODE DE LA GUERRE DE CENT ANS. 313

Jean de Bourbon trouva l'évêché dans la ruine où l'avaient mis les désastres de 1358; et ses efforts pour l'en tirer furent couronnés de peu de succès. Toute son administration se passa à contester et à s'arranger avec les Bar-Pierrefort, qui réclamaient des sommes énormes, en paiement, disaient-ils, de leurs dépenses pour l'évêque Hugues; et, bien que ce malheureux prélat eût cherché à les satisfaire dans son testament du désert de Sinaï, et qu'ils l'eussent eux-mêmes, et, pour leur propre intérêt, entraîné dans leur querelle contre Iolande, ils ne voulurent plus faire grâce de rien, dès qu'ils virent l'évêché hors de leur maison. Jean de Bourbon, peu après son avénement, en 1362, plaida en arbitrage, pour faire réduire leurs prétentions: il dut laisser à Henri, outre l'hypothèque d'engagière déjà consentie sur Tilly pour la pension d'Othon de Poitiers, Sampigny, à peine redevenu libre par les derniers arrangements de Hugues (1); enfin, les difficultés renaissant toujours les unes des autres (2), il arriva,

Administration de Jean de Bourbon.

nos gens et officiers suirent un appelé Wauterin de Bayonville (vers Buzancy, Ardennes), qui estoit vigneron dudit Chehéry par le temps de la prise desdits joyaux, son frère appelé Jehan, dit Court-Coul, et un fils dudit Jehan Court-Coul, et les eussent fait prenre et arrester par nos amés le maistre et les compaignons de justice de Verdun: et, tant és lieux où lesdits Wauterin etc., avoient esté aubergiés en Verdun comme en la maison des Lombars, ladite justice et nos gens avec eux eussent trouvé nos joyaux devant dits, petit en faillit (peu s'en fallait), lesquels joyaux incontinent trouvés furent montrés à notre amé procureur Simon de Montfaucon demorant à Varennes, et à notre amé sergent de Varennes Jehan Demeure..., pour ce quittons de bonne quittance loiale lesdits de justice de Verdun, etc.. Donné en notre chastel de Nieppe (en Flandre), l'an 1388, le 25e jour de septembre. » — Il y avait, en ces temps, à Verdun, un certain Perrin, dit Laituaire, chez lequel on trouve, dans les comptes barrois, que la jeune duchesse Marie de France achetait du veluel (velours), du fil d'or de Chypre, et autres objets de toilette.

(1) « Titre, à trois sceaux du 2 septembre 1362, par lequel ledit évesque, pour terminer ses différends avec Henri de Bar, seigneur de Pierrefort, qui avoit pris et occupé certains chasteaux de l'évesché, lui engage sa terre de Tilly et son chastel de Sampigny, pour la somme de 4000 florins de Florence, restant de 7000, à quoi toutes les prétentions dudit Henri ont été réduites. » Arrêt de la Chambre royale de Metz sur Sampigny du 29 mai 1680.
(2) En 1364, c'est-à-dire 65 av. P., mention, dans l'Inventaire de Lorraine, d'un compromis, pour arbitrage qui dut être important et compli-

en 1370, que l'évêque, à bout de tout autre moyen, dut ajourner son dangereux adversaire au parlement de Paris. On remarquera cette reprise de recours au parlement; depuis Henri d'Apremont, il n'avait plus été parlé chez nous de cette cour; et la procédure que notre évêque y souleva en 1370, sur le motif que Henri de Pierrefort était au service du roi, indique un notable relèvement de l'influence française. C'est tout ce que nous dirons de ce débat, sans intérêt historique au fond (1). A ces temps de détresse se rapporte encore l'aliénation des droits de pêche de l'évêché en la rivière de Meuse (2), sauf à Tilly et à Sampigny, qui étaient engagés à Henri de Pierrefort, et sauf encore à Verdun, où les bourgeois avaient des usages, pour le maintien desquels ils obtinrent sentence du Nombre en 1397, après longues contestations avec Raimbauld de Châtel, l'acquéreur des pêcheries de l'évêché (3). La Ville aussi

qué; car on nomma onze arbitres, pour juger à la majorité de huit au moins, sauf, si la majorité n'allait qu'à sept, à en référer à l'évêque de Metz en son conseil. Acte passé en pleine cathédrale, sous un dédit de mille florins, entre Jean de Bourbon et Henri de Pierrefort.

(1) V. la pièce dans les Preuves de Roussel, p. 25.

(2) Dans Wassebourg, p. 432.

(3) « L'an 1397, l'onzième jour du mois d'octobre, environ heure de tierce (9 heures du matin), en la salle derrière du Palais de Montaulbain de la cité de Verdun, de la maîtrise Gocillon Wautrenel (lui étant maître échevin) fut dit et sentencié par la bouche seigneur Didier Weiriot, eschevin du Palais, de l'accord et consentement dudit maistre du Nombre, de seigneur Jacques Roxin, eschevin dudit Palais, Jean Martel, Jacquemin Masson, Colin d'Eix, Richart La Foxe, jadis maistres eschevins, et Bertrand de Mandres, tous, pour celui jour, des jurés et justice de ladite citei : Qu'aucun queilconque citain, bourgeois, habitant ne doit, ne peut peschier ap yawes (eaux) monsieur l'évesque de Verdun, Chapitre de Verdun, abbayes et monastères de Saint-Venne, de Saint-Paul et de Saint-Arry, à engins, registaul, à feunette, à balées ou rassaul à bouler, ne à queilconque harnois dormant. Et peuvent tous citains, bourgeois, habitants qui ne peschent mie pour vendre jeter engien au cordel, à pied sans entrer en neif (barque). Et peut chacun bourgeois avoir neif à son combre (lavoir), et aller avau l'yawe, peschier à la ligne et à l'excipet, pour son propre hostel, sans mal engien (sans fraude, pour revendre). Et peut chacun bourgeois qui ait combre derrière lui jeter nasse entour sondit combre tant seulement, et non aultre part, etc... Réservei les usaiges et franchises des bourgeois et habitants qui suellent peschier pour vendre et gaigner leur vie, selon ce

était pressée par les Pierrefort, auxquels elle devait 2000 florins, « et autres choses encore », dit l'acte; et l'évêque craignait que cette dette ne retombât sur lui, peut-être parce que son prédécesseur l'avait cautionnée (1). Au total, la situation financière était si mauvaise que les Pierrefort, pour se faire payer, établirent, sur les routes les plus voisines de la ville, un péage qu'on ne put faire casser qu'en 1387, par l'empereur Wenceslas, qui dit dans son décret de cassation, seul document que nous ayons ici, qu'il y avait eu, ou qu'on prétendait avoir eu, pour l'établissement de ce péage, autorisation de l'empereur Charles IV, dont cependant l'acte ne paraissait pas, et n'avait jamais été signifié à la Ville. — Pour l'histoire du pays, nous noterons, en 1364, la fin de Chiny, par absorption dans le Luxembourg, moyennant la vente que fit au duc Wenceslas l'héritier en ligne collatérale des anciens comtes de Chiny, dont le dernier avait été Louis VI, mort en 1337, sans enfants (2).

Il y avait malheureusement alors bien d'autres fléaux que ces misérables querelles de débiteurs et de créanciers. On était aux dernières et funestes années du roi Jean et aux premières de Charles V, où les Grandes Compagnies s'abattirent sur notre pays. C'était la France qui nous jetait ainsi ses bandits, à chaque nouvel effort qu'elle faisait pour s'en délivrer. Les Navarrais et Anglais de Charles-le-Mauvais, dont nous avons déjà parlé, ouvrirent, en 1359, ces scènes de haut

Invasion des Grandes Compagnies.

―――

que on en ait usei anciennement : lesquels ne doient aller en neif, se n'estoit ès yawes que ils tinssent et eussent admoisenées. Laquelle sentence les dessus nommés de justice ordonnèrent estre mise et escripte en papier et livre dudit Palais, à la requeste et demande Raimbauls de Chastel, leur concitain; et accordèrent que en eust copie, se il li plaist. Ce fut fait en la présence de Jehan Chardin de Dun, clerc, et Dommenget Jennesson, notaires de la cour de Verdun, et jurés de la justice, l'an, le jour dessusdits.

(1) Voir l'acte du 20 octobre 1362, dans M. Servais, I. 409.

(2) La suite des derniers collatéraux de Chiny, jusqu'à la vente de 1364, dans Berthollet, VI. XXXII; en tête. V. ci-dessus, tom. I. p. 336.

brigandage. Après eux, vint le grand attroupement des quinze mille aventuriers de toute nation, dont Froissart raconte que, « voyant leurs souldées faillies, » c'est-à-dire étant congédiés sans solde, après la paix de Brétigny du mois de mai 1360, ils prétendirent continuer la guerre, « en nom de Navarre », se rassemblèrent en Champagne où, par hardi coup de main, ils prirent le château de Joinville, avec tout ce que les gens du pays croyaient y avoir mis en sûreté, pour une valeur de cent mille francs, disait-on ; puis firent de là des courses sur les évêchés de Langres, de Toul et de Verdun (1). Il y a apparence que, par évêché de Verdun, Froissart entend ici, comme en 1359, la partie du Barrois qui en est voisine : quoi qu'il en soit, cette bande ne resta pas longtemps ; et elle s'en alla, grossissant toujours, par la Bourgogne, le Forez, la Provence, jusqu'en Avignon, où elle rançonna de 40 mille florins notre saint père Innocent VI, dans l'automne de 1361 ; puis le marquis de Montferrat les prit à son service en Italie contre les Milanais.

L'archiprêtre. Les années suivantes, s'établit, à Château-Vilain en Champagne (2), presque aux confins du Barrois, le fameux archiprêtre Arnauld de Cervolle, le plus ancien et le plus redoutable chef de ces bandes. Il n'était, comme on le pense bien, ni prêtre, ni archiprêtre ; on l'appelait ainsi par sobriquet, à cause d'un archiprêtré dont il avait usurpé le revenu en son pays de Périgord ; et c'était un chevalier de naissance assez haute pour qu'il pût s'allier aux grands. Prisonnier à la bataille de Poitiers, en 1356, puis racheté et au service du dauphin, il épousa, en 1362, l'héritière de Château-Vilain ; là il rassembla de véritables légions, avec lesquelles il allait se battre pour tous ceux qui promettaient, à lui et à ses hommes, solde et pillage. On ne tarda pas à entendre parler de lui en Lorraine ; toutefois il put

---

(1) Froissart, liv. 1. part. 2, ch. 142, édit Buchon.
(2) A quatre lieues environ de Chaumont, Haute-Marne : endroit notable, chef-lieu de canton, avec vestiges considérables d'anciennes fortifications.

PÉRIODE DE LA GUERRE DE CENT ANS. 517

dire, à sa décharge quelconque, qu'il y fit ses invasions, non de lui-même, ni de sa seule impulsion, mais à l'appel, d'abord d'Eudes de Grancey (1) contre le duc de Bar, puis de Henri de Vaudémont contre celui de Lorraine, enfin de Pierre de Bar contre Metz. Vaudémont le traitait de cher et amé frère (2); et il était en effet des grands féodaux de Champagne. Au dire des historiens lorrains, les ducs le battirent : cependant on trouve dans les documents qu'ils furent rançonnés par lui, à peu près comme s'ils eussent été battus, Jean de Lorraine à 30 mille florins, Robert de Bar à 20 mille, par traité du 13 août 1363 (3). Avec cet argent, les bandits s'en allèrent en Alsace ou, comme disent nos chroniques, en Aussaie, au service de divers seigneurs contre l'évêque de Strasbourg et autres : là leur troupe se renforça des routiers français pourchassés par Du Guesclin, à l'avénement du roi Charles V, en 1364; enfin Pierre de Bar, imitant les pernicieux exemples de

(1) Ces Grancey avaient hérité des Bar-Pierrepont, éteints à la mort de Thibauld, vers 1354. Grancey-le-Château, dép¹ de la Côte d'Or, autrefois forteresse considérable de Champagne, aux confins de Bourgogne.

(2) « Nous Henri comte de Vaudémont, sire de Joinville, et nous Ernault de Cervolle, sire de Chastel Nuef et de Chastel-Villain...; et comme il soit ainsi que nous ayons empris guerre contre le duc de Loheraine..., pourquoi nous Henri baillons à notre très chier et amé frère messire Ernault de Cervolle nos forteresses de Chatigny et de Vézelise en garde. Donné à Bayon, le jour des Brandons 1362 (1ᵉʳ dimanche de carême 1363). — Eudes, dans sa paix avec Robert, le 1ᵉʳ février précédent, comprend « les routes et compaignies de Bretons, Gascons, Anglois qu'il avoit amenés pour meffaire en la duchié de Bar. » Il paraît, aux dates, que ces bandits, à peine congédiés par Grancey, passèrent au service de Vaudémont.

(3) « Ernault de Cervolle, etc. Comme noble et puissant prince monssʳ le duc de Bar, marquis du Pont, fut tenu et obligié à notre amé frère le comte de Vauldémont en la somme de 20 mille florins de Florence, si comme il appert par bonnes lettres obligatoires, et nous ait donné pleiges et ostaiges, c'est à savoir six chevaliers et xiii bourgeois..., et, au cas où deffault y seroit les ostaiges dessusdits doivent et sont tenus retourner en prison à Saint-Dizier, ou à Châlons. Donné à Bar-sur-Aube, le dimanche xiiiᵉ jour du mois d'octobre 1364. » Sceau d'Arnauld de Cervolle : un cerf, et une tête de cerf sur le casque. Cité par M. Lepage, Journal d'archéol. lorraine, septembre et octobre 1866. Cette pièce prouve bien qu'en Champagne l'archiprêtre, sans préjudice de sa qualité de chef de brigands, était reconnu pour un vrai seigneur.

Grancey et de Vaudémont, attira ce grand orage sur Metz, au commencement de l'été 1365.

Pierre de Bar. Ce terrible et turbulent Pierre de Bar, dont nous n'aurons que trop d'occasions de parler jusqu'à sa mort en 1380, était fils de Henri de Pierrefort, et petit-fils du premier Pierre de Bar, fils lui-même du comte Thibauld II. On l'appela toute sa vie damoiseau de Pierrefort, parce qu'il n'eut le titre seigneurial de cette châtellenie que durant les six mois qu'il survécut à son père Henri ; et ce fut en lui que s'éteignit la branche des Bar-Pierrefort. De ses vaillantises il reste encore tradition populaire au pays de Briey, où l'on montre, sous le nom de saut de Pierre de Bar, un rocher de la rive droite de l'Orne (1). Il se brouilla avec les Messins pour un retrait lignager qu'il prétendait sur le village de Norroy, vendu par Robert en quelqu'une de ses détresses ; puis, comme la cité de Metz était trop forte partie pour lui, il appela l'archiprêtre. Celui-ci, enchanté de cette bonne occasion de pillage, accourut à bande si grande que, dit Philippe de Vigneulle, « on les estimait bien soixante mille, tous mauvaises gens, pires que Sarrasins, sans foi ni loi, ne prisant leur vie une angevine (un quart de denier) ; et s'en vinrent enragés à grand ost, au val de Metz, devers la Pentecôte 1365 (2) ». Les seigneurs des paraiges, épouvantés d'une telle avalanche, firent tout d'abord, et par précaution de défense, brûler les faubourgs, la veille de la saint Jean : « et, poursuit Philippe, les bourgs qui lors furent ars tenoient quasi autant de place que la cité ». Malgré cette héroïque mesure, pire peut-être que tout ce qu'eût fait l'archiprêtre, on trouva sage de négocier : et on offrit dix-huit mille florins aux capitaines, pour qu'ils menassent ailleurs « leurs maudits chiens enragés ». Cependant la compagnie ne crut pas devoir partir sans saluer l'évêque de Metz, Thierry de

(1) Excursion dans le Barrois mosellan, par M. de Sailly, dans les Mém. de la société d'archéol. de la Moselle, 1868, p. 185.
(2) Chron. Huguenin, p. 105.

Boppart, en son château de Vic : il donna de beaux coursiers aux chefs, et gagna leurs bonnes grâces par son excellente réception et sa belle prestance martiale : de sorte qu'ils le laissèrent, en disant que « c'était un des biaulx prélats qu'ils eussent oncques veus. »

Cette énorme bande de 60 mille routiers, « sans les valets et poursuivants », ajoute encore la relation, que l'archiprêtre et Pierre de Bar firent passer par Metz, en 1365, s'était assemblée comme armée de croisade pour aller en Hongrie contre les Turcs ; et c'était là en effet que voulait les envoyer le roi Charles V, afin de délivrer la France des Grandes Compagnies, en tirant d'elles, s'il était possible, quelque service à la chrétienté. Comme les Turcs menaçaient les provinces du Danube, l'empereur Charles IV trouva ce projet bon, et promit aux nouveaux et étranges croisés passage à travers l'Allemagne : alors on se mit en France à pousser les routiers vers nos frontières ; et le roi donna cette tâche au célèbre Bertrand du Guesclin, récemment créé comte de ce comté de Longueville en Normandie, dont Iolande avait porté le titre par son mariage avec Philippe de Navarre. On ne tarda pas, chez nous, à s'apercevoir que les Bretons de Claicquin (ainsi nos chroniques appellent du Guesclin), malgré ses belles exhortations (1), ne valaient pas mieux que les autres ; et, dès leurs premières bandes, à la fin de 1364, il y eut, dans toutes nos campagnes, ordre et cri de « traire à forteresse ». Après l'exploit de Metz, la Route, comme elle devait s'y attendre, trouva en Alsace, non seulement les passages du Rhin fermés, mais encore des troupes envoyées par l'empereur pour l'empêcher d'aller dévaster l'Allemagne :

---

(1) Faisons honneur à Dieu, et le diable laissons !
Trestous avons fait pis que ne font les larrons,
Avons hommes occis, et mis tous à rançons,
Efforcées sont les dames, et arses les maisons.
Pour Dieu, avisons-nous ! sur les payens allons,
Je vous ferai tous riches, se mon conseil créons (croyons)
Et aurons paradis aussi, quand nous mourrons.

alors, chassée par cette armée impériale, elle rebroussa chemin jusqu'à Saint-Nicolas en Lorraine; et là, dit Philippe de Vigneulle, se départit la compagnie de l'archiprêtre, les uns de çà, les autres de là, sans savoir que tout devint. » Ce fut vers la fin de juillet 1365.

Pendant cette retraite de la grande bande, il se détacha d'elle de petites troupes qui, ne voulant pas suivre du Guesclin en Espagne, où il prétendait les mener en croisade contre les Maures, s'éparpillèrent au passage, et pénétrèrent par le Barrois dans le territoire de Verdun (1). Ce pays était une contrée qu'aucune grande invasion n'avait encore épuisée, et d'où on pouvait courir aisément soit en France, soit sur Bar et Luxembourg; mais les routiers qui y vinrent n'ayant pas avec eux le terrible archiprêtre, et n'étant que de mauvaises troupes de traînards et de maraudeurs, ne se battaient pas en armée régulière, et se sauvaient devant la force armée, comme de vulgaires larrons qu'ils étaient. Il y avait déjà près d'un an qu'ils commettaient çà et là chez nous de petits brigandages, quand Robert étant venu à Verdun, le 25 juillet 1366, on proclama une levée générale de ban contre eux (2) : ceci les mit en fuite du côté de la frontière du Luxembourg, d'où, au mois d'octobre, Wenceslas et l'archevêque de Trèves leur firent faire contre-marche (3), de sorte qu'ils revinrent vers le

(1) Leur arrivée devant Verdun, et leur logement à Charny et à Nixéville au commencement d'août 1365. Comptes de Collet Henrion, prévôt de Souilly. Une garnison envoyée par Robert resta à Souilly du 6 août au 4 septembre. Servais, Annal. 1. 172.

(2) Ce fait est connu par une obligation du duc à Henriet Dumorier et Gilles Péresse citains de Verdun, qui fournirent 160 rez de froment, à six florins le rez, « pour l'hostel du duc à Verdun, quand il y fit son mandement contre les routes et compaignons. » Fait l'an 1366, le 25 juillet. Invent. de Lorraine.

(3) « Celle année 1366, après la saint Remei, vinrent les Bretons en la duchié de Lucembourg : si les en chassa le duc de Brabant jusqu'en la duchié de Bar; et y en eut aucuns pris et pendus ». Chron. Huguenin, p. 108. — Cuno (de Falkenstein), *cum duce Luczemburgensi, contra quemdam cupidineum qui dicebatur archipresbyter, et qui totam provinciam disposuerat depopulari, cum suo exercitu effugavit.* Gesta, ch. 260.

Barrois. Ainsi se les renvoyait-on à travers les campagnes désolées : puis, en novembre, Robert, craignant qu'ils ne prissent leurs repaires de quartier d'hiver dans quelques maisons fortes mal garnies en Woëvre, fit raser celles de Manheulles, de Pintheville et d'Hennemont, étant lui-même si peu sûr du pays que, tandis qu'il employait par corvées à ces démolitions les gens de la ville et prévôté d'Etain, le comte de Linange lui prit Etain même, par coup de main (1). Telle était l'anarchie : et les routiers ne s'en allaient jamais, parce qu'ils trouvaient toujours des seigneurs pour les prendre à solde. Il est dit, dans une lettre du roi Charles V, que Henri et Pierre de Bar « ont recepté et receptent plusieurs malfaiteurs qui détruisent, pillent et robent de jour en jour la terre de l'église de Beaulieu en Argonne, qui est de notre royaume, et en notre protection especiale; que commune renommée est que tels pillages se font du consentement et commandement desdits Henri et Pierre : dont il déplaît très-fort au roi, qui a fait saisir et mettre en sa main tout ce qu'ils possèdent au royaume, et envoie ès parties de Lorraine le bailli de Vermandois, pour faire justice; priant et requérant le roi « sa cousine Iolande de donner audit bailli confort et aide ». Il ne fut probablement pas nécessaire d'insister beaucoup près de la comtesse pour qu'elle se joignît au bailli contre Henri de Pierrefort (2).

Jean de Bourbon, notre évêque, homme vieux, sans

(1) Servais, I. 182.
(2) Cette lettre, dans les Preuves de Roussel, p. 25 : il y met la date 1370. Buirette parle, Hist. de Ste-Ménehould, p. 151, d'un capitaine Pierre de Montcels et d'une troupe de Bretons qui ravagèrent Beaulieu, il ne dit pas en quelle année : une pièce citée par M. Servais, I. 415, indiquerait, au contraire, que Pierre de Montcels fut fait prisonnier par les Bretons. Mention dans D. Baillet, en 1401, d'Eustache de Warnencourt et Jean Rollet, deux capitaines, qui pillèrent l'abbaye et y mirent le feu. Par ces incendies, et d'autres, périrent les archives de Beaulieu. Autre mention dans Duchesne, Maison de Bar, Preuves, p. 70, d'un abbé de Beaulieu Hugues de Bar, le 12 octobre 1363 (lisez 73), différent de notre évêque, son homonyme, en ce que, pour l'abbé, le surnom de Bar signifiait seulement qu'il était né en cette ville. Rien à noter sur les abbés, jusqu'à Dominique du Pont, de 1429 à 1453.

prestance ni vaillance, et que les routiers n'eussent probablement pas respecté pour sa bonne mine, comme ils avaient fait de son collègue Thierry de Metz, avisa, en ces temps périlleux, de mettre l'évêché, non pas sous la garde du duc Robert (ce qui eût obligé celui-ci à partager avec Luxembourg, en vertu du traité de la communauté des gardes), mais « en amoisonnement » avec ce prince. C'était un nouveau système, qui revenait à une vraie garde, et même à quelque chose de plus; car le mot amoisonner, que nous disons maintenant amodier, signifiait que Robert serait détenteur tant que durerait l'amoisonnement : de sorte qu'il commanderait dans les forteresses épiscopales comme dans les siennes, afin de tout coordonner dans un plan de défense commune. Cet arrangement fut fait et « appleigié » (cautionné) à Souilly, en juillet 1363; et Robert, par acte du 29 de ce mois, se reconnut débiteur envers l'évêché des châtellenies de Charny, Amblonville Hatton-Châtel (1) : il y vint plusieurs fois, les années suivantes, fit abattre, comme nous venons de le rapporter, les maisons fortes non défensables en Woëvre, convoqua, en 1366, à Verdun, la levée générale du ban : enfin, pour qu'il y eût bonne marche d'ensemble des choses, on fit bailli de l'évêché Colet Henrion, prévôt ducal de Souilly (2); mais, malgré les proclamations réitérées de « traire à forteresse, dès le premier cri de la doubte (appréhension) des Bretons, » ces brigands, qui arrivaient à l'improviste,

Amoisonnement de l'évêché.

---

(1) Acte cité par Roussel, p. 546. Quelques détails dans M. Servais, I. 148, note. Le 22 septembre 1363, Robert étant à Charny, écrivit à ses prévôts de Sathenay (Stenay), Marville, Lonwi, Longuyon de prendre copie des écrits de la finance qui allait être jetée èsdites prévôtés pour le fait de sa rançon au comte de Wademont et à l'arceprestre. »

(2) « Despens dudit Colet Henrion, baillif de l'éveschié de Verdun, qui fuit mandei à Saint-Mihiel, de par monss' le duc, à armes, à tout ce qu'il pourroit de compaignons...; et y furent à route de 25 chevauls; et fuit du commandement monss', et par ses lettres faites à Saint-Mihiel, le 28ᵉ jour du mois d'aoust 1367. Comptes de Colet Henrion, prévôt de Souilly. — Ceci indique que l'amoisonnement durait encore, quand Robert fut pris par les Messins, au commencement d'avril 1368.

tinrent le pays en telle alarme qu'il y eut des villages où on ne put cultiver les champs.

Comme pour empêcher tout relâche à ce grand désordre, la fatalité voulut que, le 4 avril 1368, le duc Robert eût le malheur d'être pris par les Messins. C'était le mardi de la semaine sainte ; et ce revers lui arriva à l'occasion d'un duel en champ clos, où les deux parties l'avaient pris pour juge :

Le duc Robert pris par les Messins.

> Champies devant le duc de Bar,
> Qu'estoit juge pour les deux parts,

dit la chronique rimée ; ce qui prouve que personne ne le suspectait, et explique sa présence à Ligny, lieu du combat, sans qu'il soit besoin de l'y faire survenir pour courir sus aux enfants de Metz, comme l'insinue la chronique en prose. L'affaire était entre deux chevaliers, Jean de Mai ou de Mars, au service de Pierre de Bar, et Robert d'Hervilliers, à celui de Metz, le premier ayant insulté l'autre des épithètes de traître et de menteur, avec offre de prouver son dire en champ clos, devant la cour du comte de Saint-Paul à Ligny. Ce comte était Guy de Luxembourg, dont nous reparlerons à propos de deux de ses fils, Waleran, et Pierre évêque de Metz, surnommé le Bienheureux. Sur la route, les Messins de la compagnie d'Hervilliers rencontrèrent, dit-on, « un astrologien qui, tirant l'un d'eux à part, lui dit à l'oreille : Je te prie, ami, retourne et prends ton harnois ; car il y aura batterie cejourd'hui. » L'anecdote, si elle est vraie, indiquerait un astrologien bien instruit, et ayant sans doute lu ailleurs que dans les astres ; mais c'est probablement une histoire inventée par ceux qui voulurent voir de la trahison dans ce qui arriva ensuite (1). Au rendez-vous, les Messins ne trouvèrent ni cour, ni champion ; et, l'heure étant passée, ils s'en retournaient déjà, disant que May « s'étoit prouvé bien faux » : néan-

---

(1) Cette anecdote de l'astrologue, dans Wassebourg, p. 434, et, comme un *on dit*, dans les Bénédictins, Hist. de Metz, II. 569.

moins il n'y avait de sa part que simple retardement; et ils le rencontrèrent assez près de la ville, ayant avec lui le duc Robert, Jean de Salm, Robert des Armoises, Guillaume de Stainville, Huard de Billy, Jean de Watronville, et autres, bien accompagnés d'hommes, au nombre environ de sept-vingt (140) glaives, les Messins en ayant six-vingt de leur côté. Ce sont les nombres donnés par les chroniques messines (1). Sur quelque querelle qui s'éleva à la rencontre, on tira l'épée; et Jean de Salm cria à ses gens, comme en cri de guerre : *Aux parmentiers ! Aux parmentiers !* voulant dire que les Messins n'étaient que des boutiquiers et des artisans en parements d'habits; mais les parmentiers, se laissant huer, gagnèrent doucement un lieu propice, d'où ils firent partir des écuyers et des chevaux en fuite apparente, tellement que les Barisiens, se précipitant pour s'emparer de ces beaux coursiers, tombèrent dans l'embuscade, où Jean de Salm fut tué, et le duc Robert pris en personne. On l'emmena à Metz, en traversant tout le Barrois depuis Ligny, sans que, chose assez étrange, il y ait mention d'attaque sur la route, pour délivrer un tel prisonnier, sinon à Reffroy, où les Messins en furent quittes pour perdre quatre chevaux ; de sorte qu'ils se vantèrent « d'avoir emmené à force ledit duc de Bar, par sa duché et son pays, deux jours et deux nuits, m'algré ceux de sondit pays » : et ils notèrent la date de ce mémorable exploit dans les rimes suivantes, où le mot saumon signifie Jean de Salm, et celui de bar (barbeau) le duc Robert :

> L'an mil trois cent soixante et huit,
> Fut mort le salmon à grand bruit,
> Et le bar pris par ceulx de Metz,
> Et ses barons menés à Metz.
> Et si vous dis, sans nulle glose,
> Ce fut le jour de saint Ambrose (4 avril).

(1) « Issirent de Metz quatre ou cinq cents », dit la chronique rimée : ce qui revient au nombre de glaives, ou d'hommes d'armes comptés dans la relation en prose, un de ces glaives, ou lances fournies, valant quatre ou cinq hommes.

Le roi fut fort peiné de ce malheur arrivé à son beau-frère : il ordonna, pour lui aider à faire les premiers fonds de sa rançon, qu'on lui payât sur le champ tout ce qu'il n'avait pas encore touché de la dot de Marie de France; et comme les Anglais avaient fort obéré les finances et le territoire, demande fut faite au pape Urbain V qu'il autorisât la levée d'une décime ecclésiastique sur les diocèses de Cambray, de Liége, et sur ceux de Flandre, pays d'Iolande; enfin, dès les derniers jours de mai, la cour envoya négocier à Metz Jean de Berry, frère du roi, et Jean de Sarrebrück, seigneur de Commercy (1); mais, quoi qu'on pût parlementer, et quoi que Robert lui-même pût faire pour s'évader, force lui fut de rester en détention jusqu'au 8 août 1370. Il paya la somme énorme de 140 mille florins, pour lui et ses compagnons d'infortune; enfin, le roi ayant encore envoyé un de ses frères Philippe duc de Bourgogne (2), et les ducs de Lorraine et de Luxembourg interposant aussi leurs bons offices, les Messins laissèrent partir leur prisonnier, fort rançonné, et sur son billet qu'il leur devait encore 60 mille florins (3). Comme indications sur

Sa délivrance et sa rançon.

(1) Dumont, Hist. de Commercy, I. 142. Leur commission, datée du 26 mai 1368, avec allocation à Jean de Sarrebrück de 20 francs d'or par jour. Une charte de 1365 le qualifie de « noble homme monss' Jehan comte de Sarrebruche, bouteillier de France ».

(2) Il est mentionné comme présent à l'acte du 9 août 1370, que Robert fit à Pont à Mousson, dès le lendemain de sa sortie de Metz, afin qu'on ne pût dire que le traité lui avait été extorqué de force en sa prison : « Et nous Philippe, fils de roi de France, duc de Bourgogne, Wenceslaus duc de Lucembourg et de Brabant, Jehan duc de Lorraine et marchis, avons, à la prière et requeste de notre très chier et amé frère, neveu et cousin le duc de Bar dessusdit, mis nos séels, etc., ». Dans les Preuves de D. Calmet, II. 661, 1re édit.

(3) « Que oncques le duc Robert ne paya », dit Philippe de Vigneulle, à l'an 1370 : et, en effet, on trouve qu'en 1445, lors de l'expédition de Charles VII et de René d'Anjou, celui-ci se fit rendre de force « la lettre obligatoire des 60 mille florins dont le duc Robert de Bar étoit tenu et obligé, de pure dette, à la cité ». Chron. Huguenin, p. 244. Ces mots *de pure dette* signifient sans doute que c'était là l'indemnité en réparation de dommages consentie par Robert dans l'acte de Pont à Mousson : car, quant à la rançon elle-même, il résulte de ce que disent les Bénédictins, Hist. de Metz, II. 571, 73, que le dernier terme en fut payé, et que le maître échevin

ce qu'il en coûta aux sujets barrois « pour la rançon et délivrance de monsieur », nous trouvons que le Chapitre, pour son ban de Parcid, qui était mi-partie, consentit, sur lettres de non préjudice de la duchesse Marie, à une levée de 200 francs d'or, considérable pour un si petit territoire (1). On taxa la prévôté de Souilly à 405 francs, dont la moitié tomba sur Souilly, le reste sur Dugny, Landrecourt, Ancemont et les deux Mont-Hairons ; et ce ne furent ni les seules, ni les dernières prières.

Condition relative aux gardes.

Il y a à remarquer, dans l'accord de Robert avec les Messins, un article où il renonce à toutes gardes prises par lui, ou ses prédécesseurs, au territoire de Metz, et promet de n'en plus prendre à l'avenir. Ceci prouve qu'on sentait parfaitement l'inconvénient d'avoir des princes gardiens, toujours plus ou moins disposés à se transformer en seigneurs ; mais tout le monde ne pouvait, et personne ne pouvait toujours prendre une si fière attitude devant les grandes puissances. Pour premier usage de sa liberté, Robert, au sortir de Metz, alla assiéger les Toulois, coupables, suivant lui, d'avoir aidé ses ennemis pendant qu'il était captif ; et, comme il y avait à Toul une garde de Lorraine, il fut réglé, au mois d'octobre suivant, dans une autre assemblée de Pont-à-Mousson, que désormais « ladite ville seroit perpétuellement en la garde des deuxdits seigneurs ducs de Lorraine et de Bar conjointement et également, sans que l'un s'y puisse accroître sans l'autre : et à ce seront contraints ceux de Toul, par guerre, ou au-

en donna quittance en 1375. Les Bénédictins, qui évaluent la rançon de Robert à 120 mille florins, paraissent n'avoir pas connu l'acte qu'on trouve aux pièces justific. de M. Servais, I. 444, et qui porte 140 mille.

(1) Cette lettre de non préjudice, du 11 juin 1369 : « Marie fille de roi de France, duchesse, etc. Comme nos bien amés princier, doyen, Chapitre de Verdun aient cejourd'hui envoyé par devers nous messire Jehan de Santi et messire Saintes chanoines pour, par commun accord et consentement de nous et d'eux, faire prières en villes du ban de Harville et de Parcix, qui montent à la somme de 200 fr. d'or, pour la reanson et délivrance de monsieur, etc.

trement, s'il est besoin » (1) C'était absolument le procédé de la coalition barro-luxembourgeoise chez nous.

On ne sait ce que devint l'amoisonnement de l'évêché pendant le temps que le duc passa à Metz. Peu avant la malheureuse journée de Ligny, Colet Henrion écrivit à Bar « pour le fait du prévost de Hadon-Chastel, qu'avoit été occis »; et il résulte d'autres pièces qu'après avoir ainsi occis ce prévôt, deux chevaliers, Henri de Pintheville et Jean de Watronville, bien qu'hommes de l'évêché, s'emparèrent par coup de main de sa forteresse; puis Watronville ayant été lui-même pris par les Messins, Pintheville, resté seul, traita avec Pierre de Bar lequel, sans s'enquérir scrupuleusement des titres de ce vendeur, lui acheta ses droits, on ne dit pas combien, mais dans le but, qu'il ne dissimula pas, d'endommager d'autant mieux l'évêque et l'évêché. De son côté, Jean de Bourbon, avouant aussi ses fautes, convint qu'au temps passé, « sa gent de Hatton-Chastel avoit, par plusieurs fois, récepté les ennemis dudit Pierre, son cher cousin, et couru et rescous à ses dépens plusieurs pièces de prisonniers et de bestes, qui pouvoient valoir grosse somme de deniers, si comme, ajoute-t-il, nous en a été suffisamment informé par chevaliers et escuyers. » Ils restèrent ainsi au plus mal ensemble pendant toute la détention du duc; mais, le moment de sa délivrance approchant, Pierre réfléchit qu'il pourrait bien rechercher jusqu'à quel point l'occupation qu'il faisait d'Hatton-Châtel était compatible avec l'arrangement d'amoisonnement; et l'évêque apprenant, d'autre part, que son adversaire se réconciliait avec Robert, et faisait même des concessions aux Messins pour le tirer de leurs mains, il sembla politique aux deux combattants de se réconcilier aussi ; ce qu'ils firent par acte du 27 avril 1370, où ils se pardonnèrent toutes leurs offenses, avec promesse, pour l'avenir, de paix, amitié et soutien réciproques. L'acte public n'en dit

Pierre de Bar à Hatton-Châtel.

---

(1) Cette affaire de Toul, dans les Annales de M. Servais, I. 225, 26.

pas davantage; mais, dans un écrit à part, Pierre, sous prétexte d'être dédommagé de ce qu'il avait payé à Pintheville, se fit allouer 1500 florins pour rendre Hatton Châtel; et ceci fut encore une avanie qui tomba sur la mense épiscopale (1).

Arrestation des demoiselles d'Apremont.

Ces temps, dont personne n'écrivit la chronique, n'ont qu'une histoire brisée et morcelée, dont nous ne pouvons que mettre les fragments les uns après les autres, par ordre chronologique. Après ce que nous venons de dire, les documents mentionnent, sans éclaircissements, un acte assez étrange de l'évêque Jean de Bourbon, qui, vers le milieu de 1369, fit arrêter deux jeunes dames d'Apremont comme elles passaient devant son château de Charny, puis les envoya à Damvillers, chez sa cousine la douairière Béatrice, afin qu'elles fussent là au pouvoir du duc Wenceslas, à rendre par lui à leur père, quand on le jugerait à propos. C'étaient Marguerite et Guillaumette, filles de Gobert, le neveu de Henri, en son vivant notre évêque (2). Par coïncidence, qui pourrait bien n'être pas fortuite, l'histoire du Barrois rapporte, au même moment, que la

(1) L'acte public, dans les Preuves de D. Calmet, II. 652, 1ʳᵉ édit. L'autre acte, de même date, dans l'Inventaire de Lorraine : « Lettres de Jean de Bourbon, etc., contenant que, comme Henri de Pintheville, homme dudit évêque et Jean de Watronville ses aidants eussent pris la forteresse de Hatton-Chastel, avec tous les biens qui étoient dedans, et qu'il (lui évêque) eût aussi guerre avec Pierre de Bar..., lequel, pour d'autant plus endommager ledit évêque et l'évêché, eût acheté ladite forteresse dudit de Pintheville, ledit évêque l'a retirée dudit Pierre pour la somme de 1500 florins de bon or, payables en trois termes, savoir 500 francs au 1ᵉʳ mai prochain, autres 500 francs à la saint Remy suivante, enfin 500 à Noël aussi suivant. Fait en la forteresse de Pierrefort, le 27 avril 1370. — On voit, en cet acte, les mots florins et francs pris comme synonymes.

(2) « Promesse de Joffroi, sire d'Apremont et de Dun, et de Gobert son fils ainé à Jean de Bourbon évêque de Verdun, qu'ayant été faites par ledit évêque prisonnières devant sa forteresse de Charny damoiselles Marguerite et Guillaumette, filles dudit Gobert, avec leurs harnois et suite, et conduites à Damvillers pour être rendues, au nom du duc de Luxembourg, libres et franches aux mains de leur père, ils n'auront jamais action ni demande contre ledit évêque, qui en demeure quitte, et tous ses hommes et sujets dudit évêché, 15 juillet 1369. Invent. de Lorraine. — Roussel, p. 346, défigure assez notablement ce fait.

duchesse Marie, régente pendant la captivité du duc, fit emprisonner Gobert lui-même au château de Gondrecourt (1). Il semble qu'il y avait dès lors contre les Apremont un concert qui fut le présage, et peut-être le prélude des grands malheurs qui ne tardèrent pas à tomber sur eux, au temps de ce Gobert, dont le surnom fut l'Infortuné.

L'histoire communale ne présente non plus en ces années que des faits épars, dont le sens est à chercher, et presque à deviner. Il est rapporté que, le 3 février 1367 (68 av. P.), l'évêque étant absent, les gens du Magistrat allèrent à l'évêché, et en tirèrent, pour la maison de Ville, tout l'attirail et tous les ustensiles de la Monnaie, sans opposition, à ce qu'il paraît, ni réclamation de personne, et sur simple procès-verbal de leurs opérations (2). Comme on ne trouve, ni pour cette affaire ni pour autre, aucune querelle entre Jean de Bourbon et la Commune, et que tout semble s'être passé régulièrement et poliment, nous conjecturons qu'il y eut alors quelque projet d'engager la Monnaie à la Ville, comme fit, un peu plus tard, en 1376, Thierry de Boppart, pour dix ans, à Metz, à charge que les pièces seraient toujours à effigie épiscopale, et qu'on ne ferait pas, par marc d'argent, plus de deux gros de bénéfice de seigneuriage (3). On ne cite à Verdun aucune pièce ni de Jean de Bourbon, ni de ses successeurs immédiats; et les coins se trouvant ainsi, pour le moment, meubles à peu près inutiles, Jean eut sans doute l'idée de les engager, pour en tirer quelque parti; mais, en 1368, après les désastres des dix dernières années, la Ville n'était pas plus que l'évêque en état de battre monnaie; et le projet resta à l'état d'affaire sans conclusion.

Quelques documents des années 1368 à 1373 parlent

Projet d'engager la Monnaie à la Ville.

---

(1) « Le prévôt de Gondrecourt mandé, le 14 mai 1369, par madame la duchesse, parce qu'elle voulait envoyer Gobert d'Apremont tenir prison à Gondrecourt, pour lui ordonner comme il y soit plus sûrement ». M. Servais, Annales, I. 210.

(2) Ancien Inventaire, dans Roussel, p. 346.

(3) Preuves de l'Hist. de Metz, IV. 306.

Guerre avec Simon de Bassompierre

d'une petite guerre entre la cité et Simon de Béchampier, Becompier, Bassompier, ou enfin de Bassompierre : dernière prononciation qui a prévalu ; mais, au moyen-âge, le peuple prononçait à sa manière, comme nous l'avons déjà remarqué à propos de Du Guesclin, qu'on appela chez nous Claicquin. Ce Simon de Bassompierre est un des ancêtres du fameux maréchal, en l'honneur duquel nous dirons un mot du débat, bien qu'il ne soit ni plus intéressant, ni mieux connu que la plupart de ceux qui remplissent les chroniques féodales. Le fief de Bassompierre, en allemand Bettenstein, était à la frontière extrême du Barrois non mouvant, vers le Luxembourg, non loin de Briey, dans le pays même dont Pierre de Bar était alors le héros; et il y a apparence que lui et Bassompierre s'entendaient contre nous, tant entre eux que, pour mieux nous nuire, avec nos prochains voisins les Watronville : car, en même temps qu'on trouve, au commencement de 1368, un Watronville, du prénom de Jean, parmi ceux qui s'emparèrent d'Hatton-Châtel pour Pierre de Bar, on voit, dans le cours de cette même année, Erard de Watronville pour Bassompierre contre la cité. Cet Erard fut assez promptement mis hors de combat; et il lui fallut, en septembre 1368, pour se tirer des mains des Verdunois qui l'avaient fait prisonnier, donner lettre qu'il n'aiderait ni ne récepterait plus leurs ennemis dans son château; mais il n'était pas aussi facile à nos citains d'aller

---

(1) Bassompierre, aujourd'hui village de l'arrondissement de Briey (Moselle). Généalogie des Bassompierre, dans le P. Anselme, VII. 465. Le premier qu'il cite est Olry de Dompierre qui, en 1292, fit hommage de son fief de Bassompierre à Henri comte de Bar, dont il se reconnut homme lige après le duc de Lorraine. Dans l'arrangement de 1387, entre Luxembourg et Bar, pour la paix sur la frontière des deux duchés, on trouve Simon de Bassompierre parmi les chevaliers du Barrois. — Le village de Longchamps près Pierrefitte appartient, pour quelque part, aux Bassompierre. En 1403, Geoffroy, sire de Bassompierre et Longchamps (fils de Simon), reconnait avoir vendu au duc de Bar tout ce qu'il avoit au ban et finage de Longchamps, qu'il tenoit en fief de l'évêque de Verdun.—La forteresse de Bassompierre fut ruinée en 1635.

au-delà de Briey contre Bassompierre lui-même, au risque de rencontrer là avec lui Pierre de Bar, et gens de leur alliance. Wenceslas, bien qu'à titre de gardien, il dût intervention et protection, exigea néanmoins de la Ville, en 1370, quatre mille francs pour imposer un arrangement tel que, les prisonniers étant préalablement mis en liberté, les parties viendraient débattre leurs griefs en journée devant lui (1); mais, en 1371, il fut lui-même pris par le duc de Juliers, à la bataille de Bastwiller, le 24 août, où périt, entre autres personnages, le comte de Ligny, Guy de Luxembourg-Saint-Paul; et, quand il revint, énormément rançonné pour son compte, et qu'il eut le loisir de s'occuper des combattants, il prononça à Ivois, le 21 août 1373, qu'attendu qu'il savait, de science certaine, qu'en fait de dommages les parties n'étaient en reste de rien l'une envers l'autre, il leur ordonnait de se les remettre réciproquement, et de vivre désormais en paix, « tout ainsi qu'estre devroient, si oncques n'eussent eu guerre ne descord ensemble (2) » En 1393, la querelle revint : car on trouve

(1) « Wenceslaus de Boesme, par la grâce de Dieu duc de Lucembourg, de Brabant et de Limbourg, marchis dou Saint-Empire, et d'icelui par delà les Monts vicaire géneraul. Cognissons que nos chers et bons amis ceulx du conseil de la citei de Verdun nous ont bien et entieirement paiei la somme de quatre mille francs de France, pour la somme de quatre mille petits florins, que promis nous avoient en cas que nous contraindrions Simon sire de Becompierre que aulcuns citains et aultres, que il avoit prins sur ladite citei, remettroit en notre main, pour mener à jour et à droit contre ledit Simon : si comme fait avons : et avons rendu les lettres que nous aviens de ladite somme, sans malengien, etc..., en tesmoing, ces lettres en papier, esquelles notre seiel est affichié. Donné la vigile dou Sacrement (Fête-Dieu). l'an 1370. *Relatione dominorum de Rodemach et senescalli.*

(2) « Wenceslaus (même protocole). Comme de la guerre, débats, descords entre nos chers et bons amis les citains et la citei de Verdun, lors aidants, etc., d'une part, et notre amé et féaul chevalier messire Simon, seigneur de Béchampier, et les siens, d'autre, lesdites parties se soient pleinement et du tout mis sur nous... Nous, qui avons avisei tout ce qu'il en est avenu, disons, et, de certaine science, prononçons que de ladite guerre, débats, etc., bonne paix ferme, et seur (sûr) accord soit à toujours, sans mais faire réclame, impétition, araine (champ clos), ne demande de chose que avenue en soit, tant de l'une desdites parties comme de l'autre, et soient des choses dessusdites purement, ligement et parfaitement réconciliées, apaisiées et

de cette année un engagement de Philbert de Roissy chevalier envers la cité de Verdun, pour la servir dans la guerre qu'elle a contre Simon et Geoffroi les Bassompierre (1); enfin il dut y avoir bonne paix; car les Bassompierre, en signe qu'ils voulaient être à toujours amis de la cité, se firent recevoir citains, et inscrire au rôle du lignage de La Porte.

Renouvellement de la querelle des archidiaconats.

Le mal de discorde, véritable épidémie de ce temps, reprit du côté de l'église, à la mort, en 1364, du cardinal Talleyrand, titulaire depuis longues années de la princerie de notre cathédrale (2). La crainte et considération respectueuse qu'imposait cet éminent personnage forçait les évêques, depuis le temps de Henri d'Apremont, à tolérer, bien à contre-cœur, et sous toutes protestations de réserves, une sorte de trève au sujet de la juridiction des archidiacres; mais, la mort du princier faisant tomber cette trève, Jean de Bourbon, loin de la renouveler, comme déjà elle l'avait été par deux fois, s'empressa, avant que le Chapitre eût élu à la princerie, d'ordonner qu'on en remît le sceau à la cour épiscopale; et il annonça qu'il reprendrait de la même manière les sceaux des autres archidiacres, à mesure des vacances. Tout le Chapitre se souleva contre lui d'opposition énergique : il fut dit qu'on soutiendrait par pro-

en bonne amour, tout ainsi qu'estre devroient se oncques n'eussent eu guerre ne descord ensemble, toute fraude et malengien hors mis. Donné à Yvoix, le xxie jour en aoust, l'an de grâce mil trois cens sissante treize. *Per dominum ducem, præsentibus dominis de Rodemach*, etc., etc.

(1) Inventaire de la Ville, dans Buvignier, Archives municipales, p. 14.— On trouve encore dans les Inventaires : « Bertrand Dupuis, écuyer, renonce à toute réclamation contre les citains de Verdun, pour dommages par eux à lui portés pendant la guerre contre messire Simon et messire Joffroi de Bassompierre, ladite renonciation faite par l'intervention de messire Outry de Landres, chevalier, 1er septembre 1399.—Jean Chazelle d'Amelle a perdu, au service de la Ville contre les Bassompierre, un cheval qui valoit 60 écus d'or : et fut fait prisonnier le jour qu'il sortit de Verdun contre le duc de Lorraine, qui faisoit des courses aux environs de la cité ». Sans date.

(2) *Quinto decimo kalendas februarii, obiit Taleyrandus cardinalis, in Franciæ sedis apostolicæ legatus, Antissiodorensis episcopus, Virdunensis primicerius.* Nécrologe.

cédures, et jusqu'en dernier ressort, s'il le fallait, les cours archidiaconales en tous leurs droits de première instance et autres, conformément à l'accord de 1229, intervenu depuis plus d'un siècle avec Raoul de Torote, et sur possession déjà immémoriale en ce temps; (1) et cette bonne cause fut remise aux mains intrépides d'Aubry Randulfe, princier nouveau qu'on se hâta d'élire, et qui se hâta lui-même de nommer un official de sa cour, afin de montrer à l'évêque qu'on ne tenait compte de son acte arbitraire; sur quoi il fut excommunié en cour épiscopale, et il y eut défense, à pareille peine, au clergé paroissial, en synode diocésain, de reconnaître sa prétendue juridiction. Les chanoines murmurèrent que l'évêque était complice et partageant des malversations du mauvais abbé de Saint-Vanne, Gérard de Vaudenay: et que c'était pour empêcher les procès de ce voleur d'aller ailleurs qu'en cour épiscopale qu'on voulait supprimer l'officialité de la princerie. Rien ne se trouve dans les documents qui appuie ces imputations; cependant Wassebourg, le fidèle historien capitulaire, en a pris note; et il a recueilli, comme nous le verrons dans la suite, de la même manière et avec le même soin, toutes les allégations qui coururent contre Louis d'Haraucourt, Wary de Dammartin, et autres prélats odieux au Chapitre. Cependant le procès ayant son cours, l'ordonnance de Jean de Bourbon fut réformée à Trèves, comme contraire aux articles de 1229; alors il appela à la Rote d'Avignon, où le princier alla plaider en personne; enfin, au commencement de 1370, après débat de plus de quatre ans, l'évêque étant, suivant ses adversaires, près d'être débouté, ou, suivant ses partisans, voulant sacrifier à la concorde, on en revint encore une fois à l'ancien état des choses, tous actes et toutes poursuites contraires mis au néant, « signamment, dit l'accord, l'excommuniement de maître Albéric primicier; et désormais ne seront plus

---

(1) Ci-dessus, p. 34, note 1.

faites semblables procédures, ni par l'évesque, ni par ses successeurs : et, par le moyen d'iceux articles, les parties confirment amitié à toujours, chacun à ses dépens pour le procès. Fait le 1ᵉʳ mai 1370, par devant trois notaires dont les noms sont en l'acte (1) ». Le Chapitre entendit ces mots « chacun à ses dépens » en ce sens que c'était au princier seul à payer les frais du procès, soit de Trèves, soit d'Avignon : puis il fit, en 1377, arrangement avec ce même princier Randulfe pour qu'il laissât son bénéfice à la mense, sous réserve d'une pension de 200 florins ; ce qui, ayant mis les capitulants en goût et jouissance de la princerie, ouvrit les voies au grand projet qu'ils exécutèrent heureusement, en 1385, de l'absorber tout entière dans leur corps capitulaire, pour en jouir eux-mêmes en tous droits, juridictions, revenus et prérogatives.

Administration et mort de Jean de Bourbon

Jean de Bourbon passa ainsi les dix ans de son épiscopat tantôt en petites querelles, tantôt en grandes inquiétudes, au milieu des bouleversements du pays, et toujours en pénurie d'argent ; de sorte qu'il ne fit, et ne put rien faire de bien mémorable dans son administration. Il trouva en projet, à son avénement, une entreprise d'embellir la cathédrale, en voûtant les hautes nefs et en mettant le

(1) Dans Wassebourg, p. 455, verso. L'article 1ᵉʳ de cet accord porte que désormais, « advenant la vacance de la princerie ou des archidiaconats, on ne remettra les sceaux de leurs officialités ni à l'évêché ni au Chapitre ; mais l'intérim sera fait par une bonne personne, nommée de concert. — En conséquence de ce traité furent rétablies dans les chartes épiscopales les clauses reconnaissant la juridiction archidiaconale : ex. dans le décret d'union des paroisses d'Herbeuville et de Combres, en cette forme : *Joannes Dei gratiâ Virdunensis episcopus, venerabili viro archidiacono de Ripariâ in ecclesiâ nostrâ Virdunensi, aut ejus officiali, vel vicario. Cùm parochiales ecclesiæ de Herbuvillâ et de Commes archidiaconatûs antedicti, sibi ad invicem propinquæ, propter guerras et mortalitates diutiùs in hâc nostrâ diœcesi vigentes adeò sint præsenti reddituum tenues quòd de illarum alterâ unus rector, oneribus supportatis, sustentari commodè non possit... Hinc est quòd nos, de præmissis factâ et habitâ informatione legitimâ, de consensu patronorum, pro ipsarum ecclesiarum evidenti utilitate, auctoritate nostrâ ordinariâ, de consensu Capituli ecclesiæ nostræ Virdunensis, ipsas ambas parochiales ecclesias perpetuò duximus uniendas, etc., etc. Datum anno Domini 1370, die viii mensis aprilis.* — Cette union subsista jusqu'à la fin du xvᵉ siècle.

fenêtrage à la mode élégante du style gothique, que n'avaient connu, au milieu du xiie siècle, ni l'évêque Albéron ni son architecte roman Garin; et il obtint d'Innocent VI cent jours d'indulgences à prêcher aux fidèles pour les encourager à faire aumônes à cette bonne œuvre; mais les dures réclamations dont il fut assailli par Henri et Pierre de Bar, dès son arrivée, l'empêchèrent de mettre la main à l'ouvrage. Il s'y reprit en 1364, et fit un mandement où il ajouta tout ce qu'il put d'exhortations et d'indulgences à celles du pape (1) : cette fois encore, il fallut surseoir, à cause de l'invasion de l'archiprêtre en 1365. On ne fit presque rien avant 1378; alors le doyen séculier Vautrec prit en main ce grand labeur, et l'acheva généreusement de ses deniers. Le nécrologe marque, sans date d'année, la mort de Jean de Bourbon à la veille des calendes de mars, ou dernier jour de février; c'est, au plus tôt, 1371, puisque nous venons de voir l'arrangement du prélat avec le Chapitre daté de mai 1370. Il est assez probable qu'il mourut en 1372, s'étant, l'année précédente, démis en faveur de Jean de Saint-Dizier, puis ayant quitté le diocèse; du moins on ne mentionne de lui ni tombe ni épitaphe dans aucune de nos églises.

D'étranges choses se passaient alors en Barrois, au sujet d'Iolande, qui fut arrêtée en 1374, par ordre du roi Charles V, puis transférée à la tour du Temple de Paris, où on la retint prisonnière deux ans entiers. De cette soudaine catastrophe de la comtesse, les contemporains, bien que l'événement dût piquer au plus haut point leur curiosité, n'écrivirent absolument rien dans aucune chronique : de sorte que nous ne pouvons nous expliquer les choses que par des inductions tirées des pièces officielles. Il semble résulter de l'ensemble des faits et de leurs principaux incidents que, quand le roi et les princes s'employèrent

---

(1) Ce mandement de 1364, et la bulle d'indulgences de 1361 (sans doute 1362 av. P.), dans le grand Inventaire de la cathédrale, aux articles : Lettres de Rome et Lettres épiscopales.

pour tirer Robert des mains des Messins, en 1370, il aurait été convenu que le duc ne laisserait pas sa mère gouverner plus longtemps, et qu'il rappellerait dans ses conseils Henri de Pierrefort, serviteur éprouvé de la France; mais il n'était pas facile de faire agréer en douceur une pareille déchéance à l'ancienne dame régente et dominante. Elle trouva sans doute que son fils, pour qui elle avait engagé ses biens et jusqu'aux bijoux de sa couronne, et auquel elle venait encore, au mois d'octobre 1370, de prêter des florins pour un quartier de sa rançon, était un monstre d'ingratitude; et elle osa, dans sa première colère, et par quelque surprise probablement, le faire arrêter, au commencement de 1371. Le roi lui envoya sur le champ le bailli de Vitry, avec mandement, daté de Paris 19 janvier 1370 (71 av. P.) qu'elle eût à remettre immédiatement le duc en liberté, faute de quoi elle serait ajournée elle-même, à certain jour compétent, quelque part que fût la cour. Alors la comtesse, n'osant désobéir, s'en prit à Henri de Pierrefort; et, par nouvel attentat, fort aggravatif du premier, elle lui tendit, pendant le mois d'avril, aux abords mêmes de la demeure royale de Vincennes, une sorte de guet-apens, au moyen duquel elle s'empara de sa personne; puis le séquestra en divers lieux sûrs, et enfin le tira hors du royaume (1). Ceci étant outrage de majesté souveraine, et insulte à la paix de la résidence du roi, quatre chevaliers bien escortés partirent aussitôt pour Bar,

Nouvelles violences d'Iolande.

(1) « Avoir, de sa propre autorité, sans congé, combien qu'il (le roi) fust en son hostel du bois de Vincennes, fait prendre, prés dudit hostel, son amé et féal cousin Henri de Bar, qu'estoit en sa sauve-garde et sauf-conduit, et l'avoir fait mener et mettre en diverses prisons, tant au royaume qu'ailleurs, où il demeura longuement, encore qu'après et incontinent ladite prise, le roi lui eust mandé le ramener et le faire restituer : ce qu'elle négligea de faire ». Lettres de rémission, du 26 octobre 1373, dans les pièces justificatives de M. Servais, 1. 476.— « C'est l'ordonnance et plaisir du roi. Premier: messire Henri de Bar sera amené au bois de Vincennes, en la main du roi, par restaublissement, etc... Tous ceux qui furent à la prise dudit messire Henri, au nombre de six ou sept des plus notaubles, venront à Paris, en eux submettant en la main et ordonnance du roi, pour tenir prison, et ordonner ce qu'il lui plaira ». Ibid. p. 466.

PÉRIODE DE LA GUERRE DE CENT ANS.

où ils arrêtèrent Iolande elle-même, le 25 avril 1371; et on la conduisit, de donjon en donjon, jusqu'à la tour du Temple, d'où elle s'évada; mais on la reprit, en septembre 1372; et elle ne sortit qu'au mois d'octobre de l'année suivante (1), en se mettant devant le roi à merci et bon plaisir, et en recevant de lui des lettres de grâce dans lesquelles ses méfaits, du moins les plus énormes, furent écrits, à son humiliation. Parmi les conditions de sa délivrance, nous remarquons l'engagement qu'elle prit, à peine de nouvel emprisonnement de sa personne, de faire passer par héritage tous ses domaines de Flandre sur la tête de Robert : ceci prouve combien on se tenait sûr en France de la maison de Bar, puisque le roi lui-même travaillait à son agrandissement. Une autre condition imposée à la comtesse, fut qu'elle laisserait en gage dans notre pays à Charles V trois forteresses, savoir Clermont, Vienne-le-Château et Cumnières (2), qu'elle dut livrer avant sa sortie du Temple, et qu'alla occuper, le 19 octobre 1373, un notable chevalier barisien, des dévoués à la France, Raoul de Louppy, celui-là même qui, en 1352, avait assisté le bailli de Sens à la saisie royale du gouvernement du Barrois, pendant la lutte des deux régentes. Clermont et Vienne devaient rester ainsi au roi tant qu'il lui plairait, pour assurance de la future bonne conduite de sa cousine; quant à Cumnières, les lettres disent : « jusqu'à ce que soient réparés les dommages souventes fois faits au royau-

Son emprisonnement à la tour du Temple.

---

(1) Ou même à la fin de novembre, suivant les pièces citées dans Duchesne, Maison de Bar, Preuves, p. 49 : « Desquelles prisons le roi l'a aujourd'hui délivrée, à la supplication de sondit fils, etc... Donné au château du bois de Vincennes, le 24 novembre 1373 ».

(2) « Item, plait au roi, et pour plusieurs causes, que les forteresses de Clermont et de Viane soient mises en sa main royaulment et de fait, pour les tenir tant et si longuement comme il lui plaira... Item, pour ce que le royaulme ait plusieurs fois esté dommaigié par la forteresse de Quemenieures et les résidans en icelle, et encor de jour en jour peut estre, plait au roi que icelle forteresse, laquelle est subjette et des fiefs de Clermont, soit mise en sa main de fait, jusques lesdits dommaiges soient restitués à lui et à ses subjets. »

me par ladite forteresse, et les résidans en icelle ». Ce mot royaume ne peut guère s'appliquer ici qu'à la prévôté de Montfaucon, réputée terre de France, à cause des Pariages de 1272 et 1319; et il paraît que dès lors on mettait en pratique la maxime que la couronne des lys était, ou devait être ronde; car Raoul de Louppy saisit, en 1374, plusieurs villages clermontois, ou prétendus tels, de l'évêché, du Chapitre et de Saint-Vanne; et ne les rendit qu'après hommage au roi, souverain seigneur (1). Dans la suite, les gens du parlement soutinrent que l'Argonne était, soit Barrois mouvant, soit fief de Champagne; et, en preuve historique, ils alléguèrent la saisie des places d'Iolande faite par Charles V, en vertu de sa suzeraineté, disaient-ils; mais on a, de l'an 1378, une lettre de ce roi Charles V lui-même où il reconnaît que Clermont est en Empire (2); et, en effet, ce château était compris dans l'investiture impériale de l'évêché de Verdun, qui l'avait sous-inféodé aux comtes de Bar, lesquels, pour le moment, le laissaient en douaire viager à Iolande, sur laquelle la saisie fut faite, non par droit de suzeraineté, mais par mesure de punition temporaire, et pour avoir des gages contre elle.

<small>Saisie royale du Clermontois.</small>

Clermont resta ainsi en séquestre jusqu'au 7 décembre 1377, où le bailli de Vitry Eudes de Savoisy en fit la restitution, à conditions toutes françaises, que la comtesse n'établirait ni dans cette prévôté, ni dans ses autres domaines d'Argonne que des officiers tirés du Barrois ou du royaume; qu'elle jurerait de se comporter désormais envers le duc et la duchesse de Bar « en toute bonne amour et parfaite dilection, comme mère doit faire à ses enfants; et pareillement, ajoute le texte, jurera le duc; et si néan-

(1) Cette affaire dans Wassebourg, p. 431, « Entre lesquels villages et terres, dit-il, sont nommés Sohesmes, Wandelaincourt, Lemmes, Aubréville, Dompbasle, Neuvilly, Amblecourt (près Beauzée) : en quoi semble que ledit roi usa plus de force et autorité que de droit. »

(2) Cette lettre de Charles V, que Clermont est en Empire, dans les Preuves de D. Calmet, n. 664, 1ʳᵉ édit. Déjà citée ci-dessus, tom. 1. p. 403. Les prétentions des gens du roi, dans Dupuy, Droits du roi, p. 670.

moins il s'élève encore des différends, on les terminera par arbitrage de deux conseillers du roi, jugeant avec l'arbitre élu par chacune des parties, enfin, en dernier ressort, sur-arbitrage d'un des seigneurs de parlement, qui se fera assister de six ou huit de ses collègues, et informera sommairement et de plain (1). Sous le bénéfice de ces arrangements, Iolande garda paisiblement Clermont jusqu'à sa mort en 1395; mais il ne paraît pas qu'elle y ait rendu ses sujets fort heureux; car Robert, quand cet héritage lui revint, trouva, à ce qu'il déclare lui-même dans une charte, « les habitans et bourgeois de son grand chastel de Clermont si désolés, amoindris et chûs en telle pauvreté que ils étoient en voie de laisser le lieu inhabitable, et aller demorer autre part ». En remède à une si triste décadence, le duc leur renouvela, par lettres du 1er décembre 1401, les franchises qu'ils tenaient du comte Thibauld II, en y ajoutant, de sa propre largesse, exemption aux habitants de la forteresse, présents et futurs, de tailles, corvées, aides, prières, charrois, ost, chevauchées et autres charges (2).

De la forteresse de Cumnières, dont Charles V dit, dans une des pièces que nous venons de citer, qu'elle est sujette et des fiefs de Clermont, il est parlé assez en mal dans nos événements de ce temps. Ce lieu est l'ancien Commenières, *Commenariæ*, que mentionne Bertaire dans l'histoire de Childebert II et de saint Airy (3); et nous conjecturons qu'il fut fortifié dans la seconde moitié du XIIe siècle, contre

Forteresse de Cumnières

---

(1) Appointement fait par le roi, le 5 décembre 1377, dans les pièces justificatives de M. Servais, I. 494.

(2) Cette charte de 1401, dans les mêmes pièces justificatives. II. 478. La charte du comte Thibauld II, en 1246, dans les Preuves de Roussel, p. 14 : nous en avons cité un passage ci-dessus, tom. II. p. 335. Ces deux chartes ne concernent que les habitants du château : quant à ceux du bourg, D. Calmet dit dans la Notice, art. Clermont, que le comte Henri IV leur accorda, en 1339, des lettres d'affranchissement si onéreuses qu'en 1484 ces bourgeois en demandèrent au duc René II modération, qu'on fut obligé de leur accorder, de crainte qu'ils ne se retirassent ailleurs.

(3) Ci-dessus, I. p. 142.

les Henri de Grand-Pré, qui possédaient alors l'avouerie du Chapitre de Montfaucon (1) : puis l'évêché l'ayant inféodé à quelque chevalier bon défenseur, il y eut là des seigneurs particuliers, desquels était ce Garnier de Cumnières qui vendit, en 1233, sa moitié de l'avouerie du mont Saint-Vanne à l'abbé Louis (2). Dans la suite, ce château changea d'emploi, et servit, non plus à la protection, mais à la vexation de notre territoire. Il est parlé assez vaguement, vers le milieu du XIV⁰ siècle, d'un assassin qui, ayant tué un bourgeois de Verdun, trouva refuge et soutien à Cumnières : les citains allèrent le reprendre, et se vengèrent du crime en commettant eux-mêmes des « arsures (incendies), prinses de biens, forces, violences et occisions, » que Jean l'Aveugle, par sentence du 22 mars 1345 (46 av. P.) déclara faites de bonne guerre ; mais, peu après, il fut tué lui-même à Crécy ; et les désordres et représailles continuèrent jusqu'en 1352, où l'empereur Charles IV promit à la Ville de faire exécuter de point en point la sentence de son père, si elle-même voulait payer immédiatement un reliquat de 700 florins resté de 2600, pour lesquels on s'était arrangé lors de l'établisement de la garde luxembourgeoise, en 1337 et années suivantes (3). Nous apprenons incidemment par ce détail que, lors de l'affaire de cette garde, Jean ne s'était pas exposé pour rien au risque de se brouiller avec Philippe de Valois (4). Survinrent, dans les temps suivants, l'emprisonnement d'Iolande et la saisie royale de ses trois forteresses. Quand il s'agit de restituer celle de Cumnières, un zélé capitaine français Jean de Forges, que Raoul de Louppy y avait établi, s'obstina plus d'un an à ne pas entendre l'ordre du bailli de Vitry d'évacuer la place ; de sorte qu'Iolande en étant dolente et

(1) Ci-dessus, tom. II. p. 214.
(2) Ci-dessus, tom. II. p. 291.
(3) Ces faits, ainsi que la sentence de 1345, connus par les Extraits de D. Colloz.
(4) V. ci-dessus, p. 179.

courroucée, comme dit une autre lettre royale, et finissant par perdre patience, ordonna à ses gens d'appréhender au corps ce Jean de Forges, partout où on pourrait le rencontrer; ce qui fut exécuté sur la frontière même, et dans un endroit qui pouvait passer pour être du royaume : de sorte qu'il fallut encore demander pardon à Charles V de cette violation de territoire (1). Il n'est guère probable qu'un officier subalterne, tel que paraît avoir été ce personnage Jean de Forges, ait pris sur lui, sans instigation ni approbation supérieure, de désobéir si longtemps au bailli de Vitry; et on peut présumer que, quand enfin Cumnières fut rendu à la comtesse, le roi requit exécution stricte de son appointement de décembre 1377, que le commandement de ladite forteresse serait remis à un sujet du royaume; de telle sorte qu'il y eût, pour la France, une place militaire en prolongement du territoire français de la prévôté de Montfaucon jusqu'à deux lieues de Verdun, où la garde royale n'était pas encore rétablie. — Pour achever le peu que nous savons de l'histoire de ce château, nous noterons, vers la fin de ce siècle, une petite guerre de la cité contre Pierre d'Argiers, « seigneur de Cumignières » : les d'Argiers, qui étaient de noblesse champenoise des environs de Sainte-Ménehould (2), paraissent avoir eu inféodation française de cette petite place forte de Cumnières; car ce fut sur un Jean d'Argiers que les Verdunois la prirent, en 1439; alors ils la rasèrent : mais il leur fallut payer cet exploit, à la gracieuse visite qu'ils reçurent, peu après, du roi Charles VII, comme nous le verrons en cet endroit de l'histoire.

À Verdun, le successeur de Jean de Bourbon fut Jean de Saint-Dizier, qu'on appelait aussi de Dampierre et de

---

(1) Ces lettres de pardon, qui renferment tout l'exposé du fait, dans les Preuves de D. Calmet, II. 664, 1re édit. Elles sont datées de Paris, 6 avril 1378 avant Pâque, c'est-à-dire 1379. C'est là qu'il est dit que Clermont est en l'Empire.

(2) Argiers ou Argières, aujourd'hui Argers, petit village à une demi-lieue de Sainte-Ménehould.

Jean de Saint-Dizier, évêque.

La-Roche, mais qui, malgré tous ces noms de beaux domaines, n'était par lui-même qu'un assez chétif seigneur, puîné de la maison Saint-Dizier, puînée elle-même de celle de Dampierre (1); et il avait, pour légitime, une terre de La-Roche, dans la baronnie de Joinville; mais la grandeur des Dampierre le rehaussait; et il mettait leurs armoiries sur son sceau, avec le lambel, ou brisure de branche cadette (2). Ces Dampierre, de Dampierre en Estenois, près Sainte-Ménehould, gens de grande noblesse champenoise, étaient seigneurs de Châtillon-sur-Marne, de Somme-Py, de Conflans, et autres lieux : l'un d'eux Jean, titré maréchal de Champagne, fut tué à Paris, en 1358, défendant le dauphin contre le séditieux Etienne Marcel : un autre du nom de Hugues, devint, en 1362, grand-maître des arbalétriers de France; enfin, il y eut Jacques, grand amiral, qui périt à Azincourt, en 1415 (3). Avec une si haute parenté française, Jean de Saint-Dizier ne pouvait manquer de l'appui du roi, entraînant celui du duc Robert et du fidèle serviteur de France et de Bar Raoul de Louppy, beau-frère du maréchal de Champagne tué par Marcel. Ce qu'on sait de la promotion du nouvel évêque, c'est d'abord que le Chapitre n'y entra pour absolument rien; elle paraît s'être faite sur résignation de Jean de Bourbon *in favorem;* et ces résignations en faveur d'un candidat dénommé ne pouvant se faire qu'entre les mains du pape, il en résultait vacance en cour de Rome : ce qui réduisait les Chapi-

---

(1) Ci-dessus, p. 305.

(2) V. les armoiries de Dampierre-Conflans et de Châtillon-Dampierre dans le P. Anselme, tom. vi. p. 159, et tom. viii. p. 46. Celles de Jean de Saint-Dizier, que l'on connaît par un cachet de cire assez endommagé qui pend à un acte de 1374, portaient sur une bande un lion couronné (peut-être deux, dont l'un emporté par la cassure de la cire), l'écu brisé d'un lambel de trois pièces.

(3) P. Anselme, aux endroits cités dans la note précédente, et tom. vii. p. 816. On pourrait remonter à Guillaume de Dampierre, comte de Flandre, par son mariage, en 1218, avec l'héritière Marguerite la Noire ou de Constantinople : ce Guillaume lui-même était fils d'un Guy de Dampierre et de Mathilde, héritière de Bourbon. V. Art de vérifier les dates, tom. iii. p. 16.

très au rôle de spectateurs. Comme l'évêque de Metz Thierry de Boppart fit, vers ce temps, plusieurs messages et ambassades de l'empereur au pape et du pape à l'empereur, on lui attribua d'avoir obtenu leur agrément pour son nouveau collègue de Verdun (1), lequel donna procuration à deux vicaires généraux, le 29 août 1372 (2), et vint résider au commencement de l'année suivante, où on le mentionne, pour la première fois, en mars 1373, à une journée tenue à Pont-à-Mousson pour accorder les Messins avec Pierre de Bar. C'était la troisième guerre que leur faisait cet ennemi acharné, aidé cette fois, de la connivence de Wenceslas, récemment sorti de sa prison de Juliers (3). Robert et les Messins, oubliant leurs rancunes encore toutes douloureuses, étaient allés ensemble assiéger

(1) « Et avoient, dit Wassebourg, grande amitié et familiarité ensemble, et, comme on croit, affinité ou parentage. » Meurisse répète, p. 519 : « Il (Thierry de Boppart) eut bien le crédit de faire donner l'évesché de Verdun à un nommé Jehan de Saint-Dizier, son ami intime, et mesme son parent, ou allié; et, en repartant d'Avignon, il le prit en sa compagnie, et le vint installer, en passant, dans la chaire de Verdun. » — Les ambassades de Thierry de Boppart, dans les chroniques Huguenin, p. 107.

(2) « Procuration par devant Aubert Collignon, notaire à Verdun, par Jehan de Saint-Dizier évesque, à Pierre de Vitry, prieur de..., et Girard de Tullois, bachelier ès lois, doyen de Bar sur Aube, par laquelle il les établit vicaires généraux dans son évesché. Du 29 août 1372. » Invent. de Lorraine.

(3) « Lettre de Wenceslas, du 4 octobre 1372, portant ordre à ses hommes et sujets, prière à ses amis et bienveillants que aucuns ne méfassent à son cousin Pierre de Bar, ses gens et aidants, ains leur soient conseillants et confortants : et veut que ledit Pierre passe sûrement par tout pays de Luxembourg. » Dans les pièces justificatives de M. Servais, 1. 461. » — « Je Jehan de Watronville escuyer, fils monss* Robert de Watronville chevalier, qui fut... Comme je ai eu défiei pour Pierre de Bar le maistre eschevin, les treize jurés et toute la communauté de la cité de Metz, ai esté aidant ledit Pierre en sa guerre encontre lesdits de Metz; et il soit ainsi que je ai esté prins et leur prisonnier par longtemps : de laquelle guerre est à présent paix et accord, parmi lesquels lesdits de Metz m'ont de ma foi et de ma prison quitté..., ai promis et promets que de ladite prise de mon corps, et de tous griefs, injures et dommages qui venus m'en sont ne demanderai aucune chose, à nul jour mais..., 1373, 22 mars » (74 av. P.). — Ce fut dans le cours de cette guerre que, le dimanche après la Fête-Dieu 1372, Pierre de Bar tomba sur des seigneurs et dames de Metz qui dansaient paisiblement au Champ à Panne, découpa leurs joyaux, et en navra plusieurs jusqu'à la mort, dit Philippe de Vigneulle.

Sampigny, que Pierre tenait par engagement de Jean de Bourbon; ce fut probablement à cause de ce siége que l'évêque Saint-Dizier vint à la journée de paix de Pont-à-Mousson; et Robert convoitait fort cette place de Sampigny, précieuse pour lui, à cause du voisinage de Saint-Mihiel. Pour être plus sûr de s'en emparer, il prit à sa solde, du 6 décembre 1372 au 10 janvier suivant, quatre compagnies de routiers français, commandées par de bons capitaines, auxquels il remit Souilly en gage de leur paiement; mais Pierre se défendit si bien, et la saison devint tellement mauvaise que les assaillants furent contraints de lever leur siége; alors les routiers, se voyant sans service et sans paie, passèrent au camp opposé, allèrent avec Pierre brûler Gondrecourt et ravager le Bassigny : enfin, en dernière avanie, se firent payer par Robert mille francs d'or, pour le temps passé à son service (1).

Règlement des dettes de l'évêché.

Jean de Saint-Dizier, dans son court épiscopat, eut l'honneur ou, pour mieux dire, la chance, car il y eut pour lui coup de fortune, de faire les arrangements desquels résulta, sous son successeur, l'extinction de la grosse dette de l'évêché. De cette dette le créancier, difficile et peu traitable, était Pierre de Bar lui-même, que l'on appelait, parce que son père Henri vivait encore, le damoiseau de Pierrefort; rude damoiseau, fils unique, seul héritier, et par conséquent propriétaire définitif de toutes les vieilles obligations et hypothèques de l'évêché, au profit de la famille, depuis le temps de l'évêque Hugues, grossies de surcroîts pour arrérages, dommages intérêts, réclamations et allégations diverses, tellement qu'enfin de compte les

(1) Les détails, dans M. Servais, Annal. I. 258-270.—Les quatre capitaines français étaient les frères Jean et Hervis de Malestroit, Patrice de Châteaugiron et Jean d'Assigny, qui s'engagèrent à servir, excepté contre le roi, ses frères, et monseigneur le duc de Bretagne, à paie de 25 florins le mois pour homme d'armes ou archer à trois chevaux, et de 20 florins à deux : « et, tant que son chasteau de Souilliers sera en leurs mains, ils le doivent garder à route de douze personnes d'état de leurs gens, sans faire par ledit chastel à personnes quelconques guerre, ou autre chose par quoi ledit duc, ou son pays, en puissent avoir dommage. »

prétentions se montaient à quarante mille francs d'or. En une telle situation, il est vraisemblable que notre prélat se garda, à la journée de Pont-à-Mousson, du 23 mars 1373, de trop appuyer pour les Messins contre Pierre; au contraire, il noua là avec celui-ci des relations bonnes, et telles qu'après les fêtes de Pâque et de Pentecôte, il put aller à Pierrefort même, chez les seigneurs créanciers, négocier avec eux accommodement amiable; mais il fallut du temps pour se bien reconnaître dans tous les articles d'un si long mémorial. On partit de l'affaire la plus récente, celle des 1500 florins stipulés en 1370 par Jean de Bourbon pour qu'on lui rendit Hatton-Châtel : Saint-Dizier reconnut cette dette, apporta le consentement réitéré du Chapitre (1); et, ce premier point convenu, on renouvela, le 29 juin 1373, la bonne paix de 1370, où Pierre avait promis « que toutes et quantes fois monss{r} l'évesque, mon cousin, aura besoin de moi et de mon service, et m'en requiert sans malengin, je l'aiderai, servirai, conforterai et récepterai en mes forteresses, exceptei contre monss{r} mon père et mon linaige, le roi de France et son linaige, monss{r} l'empereur et son linaige ». On put alors discuter et négocier le reste : enfin, pour arrangement complet et définitif, Jean de Saint-Dizier pensa que, puisque en ces malheureux temps de routiers et de dévastateurs, l'évêché avait besoin d'une force capable d'imposer à ces bandits, et puisque on avait déjà, comme précédent, l'exemple du traité d'amoisonnement de Jean de Bourbon avec le duc Robert, il valait autant, et mieux, prendre Pierre lui-même pour défenseur, en lui faisant des avantages tels que, lui mort, sa jouissance pût passer pour avoir amorti la dette, à la manière des fonds perdus. Ceci était, pour les Pierrefort, une offre séduisante; car leur force d'armes s'accroissait ainsi de la possession des places de l'évêché; mais le risque

---

(1) Cet acte, du jour saint Pierre saint Paul, ou 29 juin 1373, en la forteresse de Pierrefort, dans les Preuves de Roussel, p. 26.

aléatoire semblait contre l'évêque, le damoiseau étant encore fort jeune (1); néanmoins, vu son humeur batailleuse, on pouvait assez raisonnablement mettre au nombre des chances celle qu'il ne mourrait pas dans son lit : et il le présumait peut-être lui-même; car il fallut, pour le décider, stipuler certains avantages réversibles sur son fils, s'il en avait jamais un; enfin on lui fit un nouveau billet de 1500 francs, motivé, de peur que le Chapitre ne le rejetât, sur un emprunt que l'évêque fut censé faire pour payer ses bulles en la chambre de notre saint père, et pour réparations urgentes d'édifices (2). Tout ceci ne se conclut ni sans longs pourparlers, ni surtout sans difficultés de la part de Robert, mécontent de voir l'amoisonnement passer de ses mains en celles des Pierrefort : sa déplaisance était de mauvais augure; et il voulut que du moins Charny lui fût remis en contre-gage (3); mais l'évêque s'obligea envers Pierre à racheter le plus tôt possible cette forteresse, et à la lui donner en garde, comme les autres. Enfin, tout étant ou semblant concilié, on scella à Pierrefort, les

(1) Son père Henri de Pierrefort avait épousé sa mère Isabelle de Vergy en 1341.

(2) Ce billet, du 16 mars 1374 (75 av. P.), dans l'Invent de Lorraine, « pour pourvoir aux dettes dont lui et son évesché sont chargés envers la chambre de notre saint père, ainsi que pour réparation des forteresses et édifices qui tombent évesque en ruine; et s'oblige ledit évesque à rembourser à la saint Remy 1376. » Cette obligation, non ratifiée par le Chapitre, fut mise en dépôt chez la dame de Saint-Dizier, tante de l'évêque, ainsi que l'ancien billet de pareille somme souscrit par Jean de Bourbon, lors de la restitution d'Hatton-Châtel. Maillet dit, p. 77, sans citer de documents, que le pape Grégoire XI aida l'église de Verdun par de grandes libéralités.

(3) Cet engagement de Charny à Robert est de 1374. « Lettres de Robert duc de Bar touchant l'engagement du château de Charny entre ses mains, moyennant certaines conditions qui devoient être agréées par le Chapitre, faute de quoi lesdites lettres seroient nulles. 1374, sans date de mois. » Invent. de l'Evêché. — Autres lettres du même, portant que Jean de Saint-Dizier pourra toujours entrer au château de Charny, pourvu qu'il n'y soit pas le plus fort, et qu'il prête serment de n'y rien entreprendre au préjudice dudit duc Robert. Ibid., même date. — Acte de Robert par lequel il s'engage à rendre à mouss^r. Jehan de Saint-Dizier la rente annuelle de 200 livres qu'il avoit achetée de lui, et de lui quitter la somme de 5000 francs qu'il lui avoit prêtée si, de la date du présent acte à la feste de la nativité

10 et 14 mars 1374 (75 av. P.) les actes définitifs en vertu desquels Henri et Pierre remirent tous leurs titres de créance « rasés et annulés : »

« Jehan, par la grâce de Dieu et du saint siége de Rome évesque de Verdun. Comme nous, notre église, notre éveschié fussiens et encore soyens tenus de très-grants debtes, pour lesquelles lesdits créanciers, et autres gens malfaiteurs, griefvent, molestent et dommaigent, etc.; et aussi Pierre de Bar, fils monsʳ. Henri, etc., disoit avoir eu et encouru, par défaut de paiement, plusieurs et grands dommaiges, pour lesquels nous faisoit demande de quarante mille francs : dont très-grands inconvénients et dommaiges irréparables s'en fussent ensuis, et encore pourroient ensuir. Considérei que auxdits créanciers ne pouviens satisfaire, et aussi que de guerre et de rigour n'aviens puissance de obvier et résister; Eue délibération plusieurs fois avec saiges gens, nobles, clercs et autres, etc.

« Et n'ait esté trouvei remeide profitauble, ne moins dommageauble que de mettre en warde la terre de notredit éveschié en aucunes mains de seignors puissants, et, par espéciau, en la main dudit Pierre, pour lui satisfaire de aucune partie de ce en quoi notre dit éveschié li estoit obligié et ypothécquié par lettres obligatoires de nosdits prédécesseurs, et confermées dou Chapitre. Lesquelles nous ont esté rendues rasées et de nulle valeur.

« De certaine science et advis, certifié sur ce de notre droit et pouvoir de ce faire, avons, pour nous et nos successeurs, mis dès maintenant et mettons notredit éveschié, c'est à savoir notre ville ferme de Hadonchastel et de Amblonville, en la saulve-garde, conduit et protection de notredit cousin Pierre de Bar, sa vie durant tant seulement, en la forme et manière que s'ensuit... (1).

« Item, se aucune des terres de notredit éveschié qui sont hors

saint Jean-Baptiste, il fait confirmer par le Chapitre, ou par notre saint père, les lettres par lesquelles il a transporté et donné en gage audit duc le château, châtellenie et prévôté de Charny, 1374, sans date de mois. Dans les extraits de D. Colloz. Évêché. — On voit, à cette dernière pièce, que Robert tenait beaucoup à avoir Charny, afin, sans aucun doute, que tout l'évêché ne fût pas aux mains de Pierre.

(1) Savoir : chaque conduit, (ménage, ou feu) ayant bestiaux, paiera annuellement à Pierre un franchard et demi de froment. Les conduits sans bestiaux, deux poules, ou un gros denier, s'ils peuvent. Pour chaque grosse bête annuellement, un franchard et demi d'avoine. Pour chaque menue bête, deux petits tournois vieux.

notre main, à vie ou à rachapt, revenoient à nous ou à nos successeurs, en l'heure que elles y seront revenues, seront en ladite warde (1). Item, voulons et consentons que la ville et prévosté de Charnei soient en icelle warde, en cas qu'il plairoit à monss^r. le duc de Bar, notre cher seignor et cousin, en cui mains l'aviens engagiée par avant ces présentes...

« Et, parmi cette présente lettre, ledit Pierre est tenu, toute sa vie durant, garder, défendre, soutenir, réclamer, requérir ledit éveschié comme ses propres hommes... Et, pour recevoir les droits et profits de ladite garde, commettra ledit Pierre aucuns de par lui asdits lieux; et iceulx droits et profits receus, les gens de notredit éveschié les doient mener et charroier, ès périls dudit Pierre, en l'une de ses forteresses, c'est à savoir à Pierrefort ou à Bouconville, ou en une aultre aussi loin, au plaisir et ordonnance dudit Pierre.

« Et commencera le premier paiement de ladite warde à la saint Martin prochien venant, qui sera l'an mil trois cent soixante et quinze... Et prions et requérons à nos bien amés doien et Chapitre que toutes ces choses, et chacune d'icelles vueillent louer, gréer et en bailler leurs lettres audit Pierre... Donné l'an de grâce 1574, le xive jour du mois de mars (1575, av. P.), en la forteresse de Pierrefort. »

Sampigny et Tilly. « Est convenu que Henri de Bar, et Pierre son fils les tiendront leur vie durant, et le survivant; et retourneront lesdites forteresses et prévostés, après leur mort, en la main de l'évesque ou de ses successeurs, au cas que ledit Pierre n'auroit enfans en mariage; et, se il en avoit, ils tenront lesdites forteresse et prévostés héréditablement, à rachapt de quatre mille francs. Et, pour sûreté, l'évesque passera obligation audit Pierre de la somme de 1500 francs, jusqu'audit jour (c'est-à-dire jusqu'au jour de la mise en vigueur de la garde, 1er octobre 1575), comme celle qu'il a, confirmée du Chapitre, qui est en la main de madame de Saint-Dizier : et, en cas que ledit traité en étoit confirmé (c'est-à-dire, sans doute, dès qu'elle s'en serait rendue caution), les deux lettres

---

(1) Mangienne était toujours aux mains de Wenceslas. Dieulouard en celles des Ludres et des Manonville. Robert avait voulu avoir Charny. Sampigny et Tilly furent compris dans l'arrangement avec les Pierrefort, par un acte spécial, que nous rapportons après celui-ci, et qui fut fait pour assurer quelque reversibilité au fils de Pierre, s'il en avait un. Il ne restait plus guère de libre à l'évêché que les prévôtés de Fresnes et de Dieppe; mais la garde de Pierre n'était point une engagière, et ne lui attribuait pas la totalité du revenu des prévôtés gardées.

de trois mille francs doivent estre données audit Pierre, en leur forme et teneur. Et seront rendues audit évesque toutes lettres, obligations et procès que ledit messire Henri a dudit évesque, tant de son temps comme de ses prédécesseurs, toutes quittes et annulées; et pareillement doit faire ledit évesque de celles qu'il a dudit Henri; et donneront quittance de tout le temps passé. (Le reste, comme dans la lettre d'Hatton-Châtel et d'Amblonville). Fait le 10 mars 1374. (1375, av. P.)

Il arriva, comme nous le verrons, que, par les accidents des choses, cinq ans seulement après ce traité, la maison de Bar-Pierrefort s'éteignit complètement, et son viager avec elle; mais l'engagière de Charny introduisit de graves complications. L'en-cas qu'on avait supposé possible, « que il plairoit à monseigneur le duc de Bar que ladite forteresse, une fois dégagée, seroit remise en la warde de Pierre » paraissant devenir improbable, on suscita à Charny et dans la prévôté une sorte d'émeute où les bourgeois, soit d'eux-mêmes, soit à l'instigation de plus hauts personnages, crièrent qu'ils voulaient se donner au duc de Brabant. C'était Wenceslas, duc de Brabant par sa femme, et que l'on appelait plus ordinairement Brabant que Luxembourg; et nous avons vu, par un incident de la dernière guerre de Pierre contre les Messins, combien celui-ci s'entendait avec son ami le duc de Brabant-Luxembourg; mais Robert ne trouva pas de bonne forme cette manière de l'exproprier par émeute de ses droits d'engagiste; et il menaça de prendre les armes (1). Nous raconterons les suites de cette affaire au temps de l'évêque Guy de Roye. Dans l'intervalle, Pierre fit bon emploi de sa bravoure en allant, à l'exemple de son père, servir la France contre les Anglais; et il mérita les éloges et les récompenses du roi (2); puis il se réconcilia définitivement avec

Résultats de ce traité.

---

(1) Servais, Annal. I. 288.
(2) « Charles, etc..., en récompense des chevaux et autres biens que Pierre de Bar, escuyer, a perdus estant à notre service à la journée de Saint-Sauveur-le-Vicomte (en Normandie) contre les Anglois, et pour les bons et agréables services qu'il nous a faits audit voyage..., la somme de 500 francs d'or,

les Messins, lesquels lui donnèrent lettres que, « pour les bons et agréables services qu'il leur avoit faits (non pas, sans doute, celui de leur avoir amené l'archiprêtre), et pour ceux qu'ils espéroient encore de lui au temps à venir, ils lui accordaient d'entrer et de séjourner comme il voudrait dans leur ville, pourvu qu'il n'y vînt pas avec plus de trente chevaux. Ces lettres sont du jeudi avant la Chandeleur 1375 (76 av. P.) (1). — On revit encore en ces années les Routiers, au nombre de 4000 lances, faisant 12 à 15 mille hommes, appelés, disait-on, par le duc Jean de Lorraine (2), pour quelque expédition en Allemagne, où le chef de la bande, Enguerrand de Coucy prétendait des droits à la succession du duc d'Autriche. Ce furent les mêmes scènes que dans les invasions précédentes; le Barrois méridional et le Bassigny eurent la visite de la bande, pendant qu'elle allait en Lorraine; puis, au retour, elle n'oublia pas la cité et l'évêché de Metz, qui lui payèrent la première 35 mille francs, le second 16 mille, sacrifice dur, mais jugé nécessaire, attendu, répète encore ici Philippe de Vigneulle, que « n'y avoit ville, chasteau ne forteresse qui pussent durer devant eux » (3); puis ils s'éparpillèrent sur notre territoire, d'où ils ne sortirent certainement pas les mains vides; mais nous ne savons leur passage que par mention incidente, aux comptes de Bar, d'un sergent de Souilly qui vint de la part du prévôt

Nouvelle venue des Routiers.

pour une fois, à prendre par la main de ses officiers sur le profit et gabelle du sel blanc, aux greniers de Chaalons, Bar-sur-Aube, Saint-Dizier, ou l'un d'eux, jusqu'à la quantité de 900 muids de sel, mesure de Paris, qui sera vendu auxdits greniers, à tour de papier. Donné au bois de Vincennes, le 16 juillet 1375 : scellé à la prévôté de Paris le 26. Dans les pièces justificatives de M. Servais, I. 483. — Le 13 janvier suivant, à la prière du duc de Bourgogne, amnistie à Pierre de Bar de tous ses anciens méfaits. Ibid. p. 509.

(1) Invent. de Lorraine, dans les pièces justif. de M. Servais, ibid. p. 488.
(2) Du 14 juillet 1375, ordre de la duchesse de Bar Marie à divers prévôts, entre autres à ceux de Souilly, d'Etain, de La-Chaussée, d'aviser au pays pour les Routes qui venoient de France en Loheraine, « à requeste du duc ». Cité dans M. Servais, I. 302.
(3) Chron. Huguenin, à l'an 1375, p. 113.

à Verdun, « pour enquérir l'estat des Routes qui estoient en pays, et en porter nouvelles à monssʳ. à Bar », au commencement de 1376.

La désolation était alors grande dans nos campagnes, ruinées par tant de guerres et de brigandages. Beaucoup de cultivateurs, n'ayant plus rien « à traire en forteresse, » quand retentissait ce cri d'alarme, se réfugiaient dans les villes : et le Chapitre eût bien souhaité que ses hommes, ainsi forfuyants malgré eux, retournassent à sa glèbe une fois le péril passé; mais la Commune les avait reçus à bourgeoisie, et ne voulait pas les rendre. Il s'en plaignit à l'empereur, lequel donna, en juillet 1370, commission à l'archevêque de Trèves, aux abbés de Gorze, d'Orval, et de Saint-Paul, à Hue d'Orne et à Robert de Watronville chevaliers, d'annuler ces bourgeoisies illégales, en remontant jusqu'à dix ans; et défense, à peine d'amende de cent marcs d'or, de plus en accorder de semblables à l'avenir (1). En 1376, le Chapitre poursuivit à Metz des forfuyants d'Herméville et de Foameix, que les Treize lui firent rendre, par sentence du 19 décembre (2); mais lui-même était journellement troublé par les communaux en ses immunités réelles ou prétendues; et c'était encore pis à Metz, où les gens d'église se trouvaient fort mécontents de Thierry de Boppart, parce qu'il avait abandonné un plaid (procès), « qu'il eust gaignié, disaient-ils, et qui eust affranchi la clergie, laquelle avoit esté et est encore en

Campagnards forfuyants.

---

(1) Cette commission impériale, dans les Extraits de D. Colloz. Elle rappelle le décret déjà porté, pour pareil cas, à la seconde diète de Metz, et porte ordre de contraindre *communitatem Virdunensem, seu justitiam secularem loci, ac communitatis consilium.*

(2) Sentence donnée par Joffroi de Warize, Treize-Pair et justicier de la cité de Metz, pour lui et au nom des autres Treize ses compaignons, pairs et justiciers du gouvernement de ladite cité. Enjoint auxdits forfuyants de sortir de la ville et pays messin, attendu qu'ils sont hommes de Chapitre de Verdun, et serfs à eux de morte-main, de formariage, de forfuyance, et de toute condition de servitude de maisnie. A requeste de messire Saincte, de Hatton-Chastel, prévost du ban de Fouaumeix, et de Jacomin de Rampont, chantre de l'église de Verdun.

servitude de taille, de bannissement, d'amende, de guet, et toutes autres choses, comme sont les corvixiers (cordonniers), savetiers, lanterniers, et telles manières de gens » (1).

La Commune en débat avec Jean de Saint-Dizier. Pour la Commune, elle était en ce moment paisible, attendant sa confirmation impériale que, lors des diètes de Metz, on lui avait ajournée ; et, pour mériter le sceau d'or, les maîtres des métiers s'affiliaient aux lignages, et le gouvernement des lignagers s'affermissait. Il y avait déjà quinze ans que durait cette attente en paix, quand arriva l'évêque Saint-Dizier, en 1372; et comme il pensait, aussi bien du reste que les communaux eux-mêmes, que la future charte sanctionnerait l'ordre qu'elle trouverait consolidé par l'accord des deux parties, chacune se tenait sur ses gardes, de peur de trop céder à l'autre. Quand on voulut faire jurer les franchises communales par l'évêque à son entrée, il répondit qu'il fallait d'abord lui dire en quoi on les faisait consister, et qu'il entendait en outre que les communaux lui jurassent réciproquement le droit épiscopal (2), de sorte qu'il n'y eut pas de serments prêtés; et chacun resta sur la réserve, en sa possession d'état, l'ordre en vigueur subsistant, jusqu'à une journée d'explication, à tenir plus tard (3). Le Nombre annuel fut institué, et la Charte de Paix lue, à la manière ordinaire, le 23 février 1373; puis l'évêque s'absenta, pour ses arrange-

(1) Chroniques Huguenin, à l'an 1365, p. 107.

(2) « Secondement, quant à ce qu'en sa réception, il avoit refusé jurer tenir les franchises de la cité, n'a esté sinon pour autant que les citoyens refusoient faire le semblable... Finalement offroit qu'en lui présentant et monstrant par escript lesdites libertés et franchises qu'ils prétendoient, les jurer et en faire son debvoir en ce qu'elles seroient équitables et de raison : disant qu'autrement ne devoit estre contraint, attendu que les hommes ne sont tenus jurer sinon des choses qu'ils cognoissent. » Articles de l'évêque, à la séance du 23 novembre 1373, dans Wassebourg, p. 458.

(3) Roussel dit, p. 349 (de son invention) que les magistrats s'opposèrent à la prise de possession de Jean de Saint-Dizier. Ils firent sans aucun doute leurs réserves; mais ils le reçurent, les choses restant en leur état de part et d'autre ; car il résulte du procès verbal de 1374 de la Ville, que Saint-Dizier avait institué le Nombre annuel en février 1373.

ments, que nous avons racontés, avec Henri et Pierre de Bar, en leur château de Pierrefort. Ce ne fut que le 24 novembre qu'on s'assembla, à l'évêché, pour la séance d'explication, présents quatre notaires dressant procès-verbal, et, de la part de la Ville, en délégués officiels, le maitre-échevin Aincherin, et deux échevins du Palais. L'assistance ouït d'abord une belle remontrance de Jean de Saint-Dizier, haranguant en personne, et concluant à ce qu'on reprit la discussion où elle était restée à la salle de Saint-Paul, sous Hugues de Bar, en 1354, quand il avait été écrit, au procès-verbal, après les salutations et bonnes paroles réciproques, qu'on s'en rapporterait, pour les points non convenus, à une sentence arbitrale : puis il tira un papier où étaient écrites ses demandes, dont il donna lecture, afin qu'on sût de quoi il poursuivrait redressement devant les arbitres. Son article capital disait qu'il blâmait d'abus la possession de la vicomté par la Ville en vertu des lettres, subreptices selon lui, de Henri d'Apremont, en 1314; qu'il revendiquerait cette juridiction, et en demanderait les comptes depuis dix ans, même depuis quinze, pour les tailles et impôts extraordinaires. Chacun comprit que l'évêque voulait retirer la vicomté, constater ainsi qu'elle était bien sienne; puis en faire un nouvel et quatrième engagement, à l'antique prix sans doute de deux mille livres fortes qui, converties en florins de Florence, ou en florins francs de France, serviraient à faire patienter Pierre de Bar, ou quelque autre importun créancier; mais ce n'était pas, en droit, chose facile à la Commune que de parer ce coup. Aux termes de la sentence de 1254, constitutive sur la matière, la vicomté se dégageait d'elle-même, c'est-à-dire que les deux mille livres versées par la Ville se remboursaient peu à peu par les « issues », ou recettes dont elle avait jouissance : or, comme il y avait déjà soixante ans que les dernières deux mille livres avaient été versées à Henri d'Apremont, il n'était guère douteux que ce capital ne fût amorti, et que l'évêché ne pût soutenir qu'il était temps, et plus que temps, de renouveler le bail et la finance; faute de quoi l'engagière de la Ville serait périmée, et lui-même rentrerait de plein droit dans tous ses *Regalia* du diplôme de 1156. Telles étaient les questions épineuses soulevées par le premier article. Le deuxième, qui concernait les gardes, ne manquait pas non plus d'importance. « Item, disait-il, entendu que la seigneurie de la cité appartient aux évesques, requiert ledit seigneur lui estre communiquées et monstrées les lettres de saulvegarde que les citains ont prinses des ducs de Luxembourg et de Bar, pour voir s'il y auroit aucune chose qui fust préjudiciable à ses droits et seigneuries. » Cet article n'eût pas manqué d'à-propos, si la garde de France se fût trouvée là pour le soutenir; mais, dans l'état présent des choses, l'évêché faisait une faute de politique, dont les communaux ne manquèrent pas de tirer parti contre lui près du duc Wenceslas et de son frère l'empereur Charles IV. La remontrance épiscopale se terminait par des plaintes sur les difficultés et le mauvais vouloir qu'on mettait à rendre les forfuyants, sur les contrats illégaux passés avec des main-mortables sans agrément de leurs seigneurs; et il y avait encore des points secondaires, mis en développement des griefs principaux. Expédition du procès-verbal fut remise aux échevins délégués; et ils répondirent qu'en l'honneur du seigneur évêque, ils s'empresseraient de communiquer ses articles à la communauté et à la justice (1).

Il fut alors décidé dans les conseils de la Commune qu'on recourrait à l'empereur, par une sorte d'action au possessoire, en se gardant, pendant l'intervalle, de rien compromettre par acceptation d'aucun arbitrage, ou même

---

(1) Le sommaire de ces articles de l'évêché, dans Wassebourg, p. 458. C'est la seule pièce de cette affaire qu'il paraisse avoir connu. Roussel n'y ajoute que des erreurs, entre autres que l'engagement de la vicomté par Henri d'Apremont, en 1314, avait été cassé à la diète de Metz. On n'y cassa rien autre chose que la Commune des Quatre et des maîtres des métiers.

par réponse officielle quelconque à l'évêché, et sauf à protester contre lui s'il faisait de son côté quelque innovation. On l'attendait à la prochaine création du Nombre; car, s'il persistait dans sa prétention de reprendre la vicomté, il devait, quand l'ancien Nombre lui rapporterait la Charte de Paix, la garder, au lieu de la rendre, comme à l'ordinaire, aux nouveaux Jurés en leur donnant l'institution. Ce qui se passa à cette mémorable création du Nombre de 1374 fut écrit par quatre notaires, que les communaux prirent avec eux, s'attendant bien qu'ils auraient à protester et à verbaliser; et ce procès-verbal est très-instructif sur les usages de la Commune du moyen-âge:

Création du Nombre de 1374.

« Par la teneur de cest présent public instrument, etc., l'an de grâce 1575 (74 av. P.), le xxii⁰ jour du mois de février, environ heure de tierce (9 heures du matin), en la clausure (enclos) de l'hosteil révérend père en Dieu monseigneur Jehan de Saint-Dizier évesque, en la cour dudit hosteil, en la présence des quatre notaires et des témoins ci-dessous escripts, Oulrion de Chastel (de la rue de Châtel), maistre du Nombre de la laie justice de Verdun, avec lui le doien et aucuns eschevins du Palais, et plusieurs du Nombre, et quantité des citains et habitans, pour et au nom de tous les citains, dit et exposa les paroles suivantes. C'est à savoir :

Procès-verbal des communaux

« Comme usaige et coustume soit et doit estre, par certains accords et certaines compositions entre l'évesque de Verdun et les citains et habitans, que l'évesque qui est pour le temps, ou, pour lui, autre personne ayant en ce son pouvoir, au jour devant ce qu'il doit nommer et prononcier la Justice que on dit le Nombre, qui doivent gouverner et exercer la justice pour un an ensuivant, tant seulement, lequel Nombre doit estre publié au jour que doit faillir et expirer le Nombre et la puissance pour l'an précédent.

« Et soit tenu et doit faire apporter chacun an, devant Sainte-Croix, dous (deux) nouvels lettres contenant la forme et manière de la Paix et accord qui a esté et doit estre entre ledit évesque, d'une part, les citains et habitans d'autre : et les dous nouvels lettres doient estre collatées et semblables aux dariennes lettres pour ce et sur ce faites, jurées et scellées de l'une partie et de l'autre; et, le jour après ensuivant, la collation desdites lettres justement faite, lesdites lettres novelles doient estre leues, publiées, jurées et seellées, tant de l'évesque comme des citains et habitans ; et, toutes ces choses faites comme dit est, l'évesque, ou autre pour lui, peut et doit nommer et pronuncier la justice de Verdun, et le Nombre de ceulx qui pourront et devront gouverner et exercer la justice pour un an tant seulement ensuite :

« Et, pour tant que li pénultiesme jour de la fin de l'année précédente où failloit le Nombre de ceulx qui avoient esté nommés et pronunciés, estoit vingt-unième jour dudit mois de febvrier darriennement passé, auquel jour, afin qu'endits citains et habitans n'eussist point de deffault, les dessusdits attendirent à ce et pour ce suffisamment, tant comme ils debvoient ; on quel jour ledit évesque, ne aultre pour lui, ne vint ne comparut.

« Et, nonobstant le deffault dudit évesque, les dessusdits citains encontre et d'abondant, et pour montrer toute diligence, et que le deffault n'est point en culx, se paroffroient et présentoient en l'hostel dudit évesque, pour voir, ouïr et savoir se des choses dessusdites, ou d'aucunes d'icelles, le dessusdit évesque, ou autre pour lui, vouroit aucune chose dire, pronuncier, remonstrer ou proposer. Et de cet offre et présentation requist ledit Oulrion avoir instrument public, un ou plusieurs.

« Et tantost (aussitôt) après celle meisme heure, le dessusdit Oulrion avec la Justice, les citains et habitans, en récitant les paroles dessusdites, se paroffrirent et présentèrent devant le barreau (balustrade) de l'église de Verdun, par devant honorables et discrètes personnes messire Bertrand de Germinei doien, Jacomin de Rampont chantre, Jacomin de Saulx et Colart de Marcei chanoines, comme devant doien et Chapitre, et comme qui ne savoient devant qui autres se offrir ou présenter pour les choses dessusdites : et lesdits doien et chanoines respondirent qu'ils voioient et oïoient bien leurs offres, et de ce leur feroient et porteroient volontiers bon tesmoignaige, toutes fois que besoin seroit. Présents honnestes et discrètes personnes Erard curei de Vignuelle, Jehan de La Vauls, Perrotin de Corgnei, Jehan de Romaignes, escuiers, etc. (1).

(1) Roussel, continuant son exposé erroné, dit que les bourgeois se mirent et se maintinrent dans l'autorité absolue de choisir leurs magistrats. Il résulte, au contraire, de ce procès-verbal qu'ils se bornaient à soutenir que l'évêque n'avait pas droit, sous prétexte de litispendance au sujet de la vicomté, de suspendre l'institution annuelle du Nombre.

Ce procès-verbal formait pour la Commune pièce justificative que, tandis qu'elle observait scrupuleusement, de point en point, et, tant pour le fond que pour la forme, tous les détails de l'ordre établi des choses, c'était au contraire Jean de Saint-Dizier qui y portait le trouble et l'innovation : et cette position au débat étant avantageuse pour les communaux, l'évêque entreprit de la leur enlever. On vient de voir par leurs écritures qu'il était d'usage, et en ce point l'usage modifiait la Charte de Paix, d'envoyer les nouvelles lettres et d'instituer le nouveau Nombre dans les deux derniers jours d'exercice de l'ancien, tellement que les deux exercices se succédaient sans intervalle; mais ainsi ne disait pas le texte même de la Charte, où on lisait au contraire que l'évêque, avant d'instituer les nouveaux « prod'hommes, retenoit en sa main, comme sire, par aucuns jours, la devantdite justice »; et, bien que d'ordinaire on passât sur cette formalité, elle n'en était pas moins écrite dans la teneur de la loi; de sorte qu'on pouvait objecter aux communaux qu'en dressant leur procès-verbal dès le 22 février, ils avaient agi précipitamment. En conséquence, le 4 mars, l'évêché envoya à Sainte-Croix les deux nouvelles expéditions de la Charte, à collationner sur l'ancienne avant qu'on la rapportât, et signifia que, le lendemain, le Nombre serait institué par son procureur : ceci sans doute pour témoigner par l'absence personnelle de l'évêque combien peu lui étaient agréables ces entêtés communaux; mais ils persistèrent, et suivant toujours les formes du droit, ils prirent comme témoins avec eux leurs gardiens de Luxembourg et de Bar, firent revenir les notaires, et se préparèrent à verbaliser de rechef, on va voir sur quels motifs, ou chicanes. On croirait qu'ils ne savaient, ou ne voulaient rien écrire que par-devant notaires, et en style d'acte public :

« En la présence des quatre notaires et des témoins ci-dessous escripts, Colin Sainctignon, avec lui Bertin Boipuix et Hémonnet Saint-Périn citains de Verdun, et généralement quantité d'autres

Suite du débat.

Nouveau procès-verbal.

citains et habitans, pour et au nom de tous présents et absens, conjointement et divisément, pria et requist à saige et honneste personne Jehan Watreit (Wautrec), citain et doien de la laie justice de Verdun, qu'il voulsist dire, exposer et pronuncier à tous ceulx qui estoient là ce que les dessusdits citains li avoient commis et encharegié à dire. Lequeil Jehan Watreit, à lor prière, prononça en sustance les paroles qui s'ensuivent :

« Monsr le doien de l'église de Verdun, et vous aultres signours et personnes qui estes ci présents et présentes, nous vous disons qu'il est d'usaige et de coustume en la citei de Verdun, et a esté notoirement approuvé par le passé de dix, de vingt, de trente, de quarante, de soixante ans, devant et après (1), que monss^r l'évesque qui est pour le temps présent fist la justice de Verdun, etc., et doit estre par certains accords, etc. (comme au premier procès verbal). Mais est bon de voir qu'à la journée de hier, c'est à savoir le quart jour dou mois de mars, mess^r Hugues, curei de Ruauville, chapelain et procureur dudit évesque, dit et signifia, comme procureur, à aucuns des citains, que il vouloit nommer et pronuncier, pour et au nom dudit évesque, les personnes et Nombre de ceulx qui gouverneroient la justice de Verdun pour l'année ensuivante. Et apporta dous novels lettres, lesqueilles n'estoient mie semblaules aux lettres darriennes faites et seellées, mais estoient deffectives en plusiors leus (lieux), et non mie tant seulement en une lettre, en un mot ou dous, mais, à aucuns leus (lieux), en une ligne ou en une roie tout entière, si comme on le monstra et desclara audit mess^r Hugues, et à ceulx qui y estoient présens : et estoient lesdites novels lettres en grand préjudice des libertés et franchises des dessusdits citains et habitans, et des us et coustumes dessusdites. Et pourtant vous disons-nous et signifions que, si ledit mess^r Hugues, qui est ci présent, ou aultre pour et au nom de l'évesque dessusdit, veult apporter lettres suffisantes et telles comme elles doient estre, semblaules et collatées comme dit est, lesdits citains et habitans préscns, tant pour eulx comme pour les absents, estoient tous prêts et appareillés de voir, et de l'oïr, et de faire tout ce qu'ils doibvent par raison. Et, après ces

(1) C'est-à-dire que, suivant les communaux, leur jouissance depuis 1314 suffisait pour que, par prescription de 60 ans, la vicomté appartînt à la Ville. Ils ne jugèrent pas à propos de remonter au-delà de 1314, jusqu'aux premiers engagements par Raoul de Torote et l'élu Jean, parce qu'en remontant si haut, ils eussent rencontré la sentence de 1254, sur laquelle l'évèché appuyait sa thèse que la vicomté se dégageait d'elle-même.

PÉRIODE DE LA GUERRE DE CENT ANS. 339

parlers dessusdits, demanda et requist ledit Jehan Watreit se ce estoit ce que on l'avoit enchargié à dire; et tous les citains et habitans présents respondirent à une voix : Oil, sans contredit.

« Après lesquelles choses, le devandit mess^r Hugues respondit que monss^r l'évesque entend et tient que la clausule des lettres novelles qui fait mention de monss^r Jehan de Bourbon, qui fuit évesque de Verdun, dont Dieu ait l'âme, doit estre èsdites lettres (1). Et, sor ce débat, requiéroit ledit mess^r Hugues que dous (deux) prod'hommes fuissent prins (en arbitrage), si comme il est contenu en la lettre de la Paix et de l'accord qu'a esté et est entre l'évesque de Verdun et les citains (c'est-à-dire conformément à l'article de la Charte de Paix portant que tous démêlés entre l'évêché et la Ville seront terminés par arbitrage.)

« Auquel mess^r Hugues li dessusdit Jehan Watreit, pour et au nom de lui et des citains, dit que ladite clausule faisant mention de monss^r l'évesque Jehan de Bourbon, qui fuit, ne doit point estre mise ne expressée èsdites lettres, pour les causes dessusdites, et si comme il appert par les darriennes lettres seellées et jurées par l'évesque de Verdun qui est pour le temps présent (2). Pourquoi la response dudit mess^r Hugues n'est mie suffisante, ne à recevoir.

(1) Il est probable qu'après ces mots de l'ancien texte : « Et nous citains devons rendre toutes les lettres que nous aviens de monsignor l'évesque Nicole », on avait ajouté, à l'évêché : « et de monsignor Jehan de Bourbon, qui fuit devanterien à devant dit signor Jehan de Saint-Dizier. » Comme le dernier évêque du prénom de Nicolle avait été Neuville, prédécesseur de Henri d'Apremont, Saint-Dizier crut probablement que l'article tel qu'il était n'obligeait les communaux qu'à lui remettre leurs vieilles lettres antérieures à l'engagement de 1314; et il voulut qu'on spécifiât bien qu'on lui rendait aussi les lettres postérieures, même celles de son prédécesseur immédiat. Ceci contrariait le système des communaux que, depuis soixante ans, leur possession n'avait pas été interrompue; et ils tenaient à ce que les lettres rendues chaque année fussent toujours censées de Nicole : prétention insoutenable; car c'était absolument le même texte avant comme après; mais on gagnait ainsi du temps sans innovation au possessoire, en attendant la lettre impériale. — Sur l'évêque Nicole de la Charte de Paix, ci-dessus p. 77.

(2) Autre chicane : ces « darriennes lettres scellées et jurées par l'évesque de Verdun qui est pour le temps, » c'est-à-dire par Jean de Saint-Dizier lui-même, ayant été faites en provisoire de *statu quo*, et sous les réserves établies par les refus de serments de part et d'autre, le jour de l'entrée de l'évêque. — Il résulte de ce passage que Saint-Dizier avait bien donné la Charte de 1373, et par conséquent institué le Nombre : ainsi la Ville ne s'était pas, comme le prétend Roussel, opposée à sa prise de possession.

« Présents messires Philippe des Armoises, chevalier et gardien de ladite citei pour et au nom de monss^r le duc de Luxembourg, Jehan de Baudrecourt, gardien de ladite citei pour et au nom de monss^r le duc de Bar, marchis dou Pont, Bertrand de Germinei doien de l'église, Jacomin de Rampont chantre, Jehan Corbessy maistre en théologie, freire Jacques, prior de Saint-Paul fuers les murs de Verdun, Girart escuier audit messire Philippe des Armoises, Jehan de Romaignes escuier, et plusieurs aultres. »

<small>Echec de l'évêché.</small>

Il est bien probable que Saint-Dizier comptait, pour avoir le dernier mot en cette affaire, sur l'empereur Charles IV, qui ne pouvait, croyait-il, avoir déjà oublié ses beaux et encore récents décrets de la diète de Metz de 1357 où, après avoir cassé la Commune des Quatre et des maitres des métiers, il avait prononcé restauration complète de l'omnipotence épiscopale, aux termes du diplôme de 1156, et même à ceux du rigoureux et suranné décret général de 1232 *contrà communia civitatum* (1); mais les choses avaient tellement changé depuis cette courte date de 1357 que, contre toute attente de l'évêché, il lui arriva de perdre son procès. Les communaux, persistant à refuser l'arbitrage où il voulait les pousser, députèrent, vers la fin de 1374, à Charles IV à Nuremberg, et obtinrent de lui un diplôme où, après avoir répété et confirmé ce qu'il avait dit à Metz, que la cité de Verdun était impériale et du ressort de la chambre impériale (2), il déclarait la maintenir, comme telle, et pour récompenser ses citoyens de leur fidélité, au Saint-Empire en tous les priviléges qu'elle tient, disait la charte, soit des empereurs nos divins prédécesseurs, soit de ses propres et anciennes louables coutumes (3). Il n'entrait pas dans les détails au sujet de

<small>Diplôme communal de 1374.</small>

---

(1) Ci-dessus, p. 248.
(2) Ci-dessus, p. 258-59.
(3) *Carolus quartus, Romanorum imperator augustus, etc., Cæsareæ dignitatis benigna sublimitas illos amplectitur præcipuis favoribus qui rerum experientiâ cognoscuntur amplioris devotionis et fidei circà nos et sacrum Romanum imperium. Sanè, pro parte civium et incolarum civitatis Virdunensis, ad imperialem cameram pertinentis, nostrorum et sacri imperii fidelium, oblata petitio conti-*

ces coutumes; et cela n'était pas à propos, de peur de tomber en contradiction trop palpable avec les décrets de Metz : mais on savait d'avance par la déclaration officielle de Wautrec, produite et proférée le 4 mars précédent, au nom de la Commune, présent tout le public, et approuvant les deux gardiens de Luxembourg et de Bar, que les citains se déclaraient paisibles possesseurs de la vicomté depuis 20, 40, 60 ans; ce qui suffisait, et d'abondant, pour leur former titre ancien et louable, ratifié par conséquent dans les termes généraux du diplôme. Ainsi fut conquise à la Ville, par la vertu de cette charte impériale de 1374, la possession irrévocable de la vicomté, en toutes attributions, et avec sa juridiction de haute justice, sans que désormais l'évêché pût y rien troubler, en allant chercher la sentence de 1254 pour en induire qu'il fallait de temps en temps se soumettre à lui rendre ses droits, ou à lui en payer un nouvel engagement (1); sauf toutefois l'hommage à lui dû,

La vicomté irrévocable à la commune.

nebat quatenùs jura, privilegia, litteras, libertates à divis Romanorum imperatoribus et regibus ipsis concessa et concessas, necnon usus, observantias et consuetudines laudabiles hactenùs observatas per eos, approbare, ratificare, innovare, confirmare, de solitâ benignitatis clementiâ dignaremur. Nos igitur, consideratis attentè multarum virtutum et probitatis meritis, ac immotâ fidei puritate quibus nobis et sacro Romano imperio dicti cives Virdunenses multipliciter placuerunt, eorum supplicationibus favorabiliter annuentes, universa et singula jura, privilegia, litteras, libertates à divis Romanorum imperatoribus, etc., in omnibus et singulis eorum clausulis, articulis, verborum expressionibus atque punctis, ac si præsentibus de verbo ad verbum forent signanter et nominatim expressa, necnon usus, observantias, ceremonias et consuetudines laudabiles antiquitùs observatas, de imperialis plenitudine potestatis, approbamus, innovamus, confirmamus : non improvidè neque per errorem, sed de certâ nostrâ scientiâ, sano principum, comitum, baronum et procerum nostrorum accedente consilio; supplentes omnem defectum, si quis in illis, vel eorum quolibet, obscuritate verborum aut solemnitatis omissæ compertus fuerit, quovis modo : non obstantibus, etc., quibus derogamus. Et, ut prædicti cives et civitas gaudeant uberioribus gratiarum favoribus, ipsos et civitatem, et eorum bona in nostram et sacri imperii protectionem, defensionem et tutelam assumpsimus. Nulli ergò hominum, etc. sub pœnâ mille marcarum auri purissimi... Datum Nuremberg, anno Domini millesimo trecentesimo septuagesimo quarto, indictione XII, quarto nonas decembris (2 décembre 1374), regnorum nostrorum anno XXIX, imperii verò XX.

(1) Ni Saint-Dizier, ni aucun de ses successeurs pendant un siècle et demi, ne s'avisèrent qu'il fût encore possible, après le diplôme de 1374, de

et maintenue la coutume, non moins louable et encore plus ancienne, de présenter annuellement les Jurés du Nombre à son institution régalienne : ce que la Commune observa fidèlement tant qu'elle fut en sa forme moyen-âge, avec sa Charte de Paix. Peut-être Saint-Dizier, qui croyait toujours en vigueur la légalité restaurée de 1357, trouva-t-il étrange le revirement de 1374; mais l'empereur voyait de plus haut que lui dans la grande politique. On en avait alors fini avec les Communes populaires; et partout s'organisaient aristocratiquement dans les cités d'Empire les notables citains, prenant pour eux, comme privilége, ce que les anciennes chartes avaient dit, en termes généraux, des *cives* et *burgenses;* de sorte que les charges de cité devenaient pour ainsi dire leur fief, appartenant, il est vrai, non aux individus, mais au corps, et à posséder exclusivement par ses membres : nouvelle noblesse dite de parage, de lignage, de *geschlechter* dans les villes d'Allemagne, et, en général, noblesse de cloche, c'est-à-dire de beffroi municipal. Cette haute bourgeoisie, qui tenait de l'Empire ses beaux priviléges, fut toujours très-impérialiste; et Charles IV la constitua fort à propos chez nous, à la veille du grand schisme, qui allait livrer les trois évêchés à la papauté d'Avignon, c'est-à-dire à la France. On ne voit pas, dans ces événements de 1373-74, reparaître en scène les gens de la Commune populaire; peut-être, s'ils eussent eu quelque pouvoir, se fussent-ils mis du côté de l'évêché plutôt que de celui des lignagers, qui les frustraient de la part du tiers que l'évêque Hugues avait voulu réserver dans le Nombre aux bonnes gens du commun. — A Metz, les Métiers finirent leur rôle à peu près en même temps que chez nous. « Furent abattues, dit Philippe de Vigneulle,

revenir sur l'engagement de la vicomté; mais, en 1520, la tradition de ces choses étant perdue, Louis de Lorraine essaya une nouvelle entreprise, que, du reste, il ne poursuivit pas, et qui laissa pour tout résultat des pièces d'écriture, curieuses sur les idées que lui, ses gens et les communaux d'alors se faisaient de notre ancienne histoire.

à l'an 1382, les frairies, confrairies et compaignies des mestiers, pour ce que entre eux, et sans licence de justice, faisoient alliances et assemblées : pourquoi on ne voulut plus souffrir ne endurer icelles confréries »; mais elles ne se tinrent pas sur le champ pour battues; et il fallut les prohiber de nouveau après la grande émeute messine de 1405, à laquelle elles n'étaient peut-être pas étrangères (1).

Jean de Saint-Dizier ayant, pendant ses trois ans d'épiscopat, réglé les dettes de ses prédécesseurs, puis suscité à la Commune des querelles qui tournèrent autrement qu'il n'attendait, mourut le 4 mai 1375 (2); et sa mort remit en agitation dans le Chapitre les graves et de plus en plus perplexes questions de savoir s'il y avait encore pour les églises vacantes des droits électoraux, et jusqu'à quel point on devait s'en servir, et comment on pourrait les sauver. A en juger par ce que firent les capitulants, ils n'espéraient pas grand succès; et le découragement s'introduisait chez eux. Ils se réunirent le 11 mai, d'abord dans leur salle d'affaires, où ils convinrent, entre eux, que maître Albert de Sapogne serait official du siége vacant, le Chapitre lui donnant à cet effet dispense d'un an de résidence dans la cure qu'il cumulait avec son canonicat, et lui-même promettant, en réciprocité, que, quand il serait sur son siége d'official, ses confrères curés obtiendraient de lui pareille dispense, à charge toutefois, sur la conscience respective de chacun, de faire desservir en intérim les cures par personnes idoines; et cette délibération fut

Mort de Jean de Saint-Dizier.

(1) Chroniques Huguenin, p. 114 et 139.
(2) Jean de Saint-Dizier mourut le 4 mai : *Quarto nonas maii, obiit dominus Johannes à Sancto-Desiderio, episcopus Virdunensis*, dit le Nécrologe. Ce 4 mai est 1375, puisque la séance capitulaire du siége vacant est datée *anno 1375, die XI maii*. Il suit de là que le siége vaqua par la mort de Jean de Saint-Dizier, et non par sa translation à Dol en Bretagne, comme le supposait l'ancien *Gallia christiana*, en confondant cet évêque avec son successeur.— *Joannes à Sancto-Desiderio sedit annis tribus*, dit l'Excerptum Sarrebrück. On ne connaît de lui ni tombe, ni épitaphe : il est probable qu'il mourut hors du diocèse.

Tentative d'élection.

prise comme à huis clos, de peur des malveillants, qui eussent pu interpréter que le Chapitre allait mettre pour un an, ses paroisses au rabais entre les mains de mercenaires. Après ces arrangements de bonne fraternité, on passa, la cloche sonnant, au Sacraire, où le Chapitre se déclara assemblé pour voir et pourvoir au vacant, en toute bonne mesure d'administration et de conservation des droits et des choses; et cette affaire étant grave, il fut dit qu'on y reviendrait à deux fois, pour 1° Délibérer si, dans les circonstances, il convenait de faire élection véritable, aux formes anciennes et toujours existantes en droit, ou s'il valait mieux se prêter à quelque accommodation, en se bornant à postuler, c'est-à-dire à adresser supplique au pape en faveur d'un candidat. 2° Procéder en séance définitive, selon le mode qu'on aurait adopté (1); mais ni cette seconde séance, ni même la première ne vinrent à tenue, parce qu'on reçut signification d'une réserve apostolique du pape Grégoire XI, déclarant que, pour cette fois, *hâc vice*, il avait retenu la collation de l'évêché, et qu'il en donnait les bulles au seigneur Guy de Roye, second fils de Mathieu, grand-maître des arbalétriers de France. Si Froissart eût été du Chapitre, il aurait, lui qui racontait si bien tous les beaux faits d'armes, mis sur le champ ses

(1) *Anno 1375, die XI maii, vacante sede episcopatûs, ut dicebatur, decanus et Capitulum concessit magistro Alberto de Sapognes ut, priùs constituto officiali dictæ curiæ Virdunensis ex parte dictorum decani et Capituli, in suâ parochiali ecclesiâ usquè ad annum non resideret, dùm tamen per idoneum faciat ibidem deserviri. Et dictus officialis simili modo non residentiam concessit usquè ad annum singulis canonicis ejusdem ecclesiæ curatis in diœcesi Virdunensi: et similiter omnes consenserunt ut Colinus de Novâ-Villâ, facto juramento de legitimè officium exercendo, deferat sigilla, dictâ sede vacante, si ea deferre voluerit: qui quidem Colinus, ad requestam Capituli, juravit, et detulit sigilla. — Eodem anno, die XI mensis maii, dicto decano et Capitulo, post sonitum campanæ ad capitulandum super infrà scriptis in sacrario ecclesiæ propter hoc specialiter congregatis, ad videndum et providendum super vacatione sedis episcopatûs, assignaverunt diem ad diem Lunæ proximè venientem, videlicet XIII mensis maii, ad videndum et concordandum si sit bonum supplicare, vel postulare, seu eligere: et, concordiâ habitâ super hoc, assignare diem ad prosequendum viam in quâ convenerint.* » Roussel abrège mal cette conclusion en disant que le Chapitre résolut de procéder à l'élection d'un évêque, l'onzième mai 1375.

confrères au courant que Mathieu de Roye, père du nouvel évêque, était un grand baron de Picardie, très-bon homme d'armes en son temps, et bien renommé en plusieurs pays (1), défenseur de Poitiers, en 1356, de Reims, en 1359, ces deux exploits contre les Anglais, puis envoyé pour le roi Jean parmi les otages répondant de lui en Angleterre; et c'était pour récompense des bons services paternels que Guy avait été puissamment recommandé en Avignon, où il était déjà en titre d'auditeur de Rote, quand Charles V lui fit avoir, comme par tour de faveur, la réserve apostolique de notre évêché (2). Cette famille de Roye remontait à la fin du XIe siècle (3); Guy avait pour mère Jeanne de Chérisey; et lui-même était bon clerc, connu par la composition du Doctrinal de Sapience, livre fort en vogue au XVe siècle, et dont il fut fait beaucoup d'éditions après l'invention de l'imprimerie (4); mais le nouvel évêque était ambitieux et amateur immodéré de grandes dignités d'église (5).

Guy de Roye, évêque.

(1) Froissart, liv. I. part. 2, ch. 50, 116, 117, 159, édit. Buchon.

(2) *Viâ reservationis Virdunensem primò adeptus est episcopatum*, dit Marlot, en parlant de Guy de Roye, dans l'histoire des archevêques de Reims. Métr. Remens, liv. IV. ch. 25.

(3) La généalogie de cette maison dans le P. Anselme, tom. VIII. p. 6 et suiv. La famille s'éteignit en 1569 dans la personne de Charlotte de Roye, comtesse de Roucy, qui porta les titres et l'héritage dans la maison de La Rochefoucauld. En 1779, on trouve encore dame Pauline de Roye de La Rochefoucauld, duchesse de Biron. — Ce lieu est aujourd'hui une petite ville du département de la Somme.

(4) « Guy de Roye, évêque de Verdun. J'ai vu quelques-uns de ses écrits imprimés..., son *Doctrinale Sapientiæ*, qu'il composa en 1388, et qui fut traduit en français, l'année suivante... Il y ajouta des historiettes et des contes assez plaisants. » Bibliothèque de Lacroix du Maine et du Verdier, tom. I. p. 303, édit. 1772.

(5) Au grand scandale de Marlot : *Dùm turpiter ecclesia per ipsa capita, proh dolor! scinditur* (le grand schisme), *ii quibus quæstui tantummodò erat religio hoc unum spectasse videntur ut à minori sede ad ditiorem, quoquo modo, spretis Capitulorum suffragiis, pervenirent. Fœdæ hujus cupiditatis celebre prodit exemplum in Guidone de Royâ qui, viâ reservationis, Virdunensem primò adeptus est episcopatum, mox Dolensem, Castrensem posteà, deindè archiepiscopatus Senonensem et Turonensem, tandem Remensem, in quo stetit, aliis forsàn abdicatis.* Suivant les dates données dans le Gallia christiana, il eut

Guy de Roye ne prit notre évêché que comme point de départ pour s'élever plus haut : de sorte qu'il n'y résida pas, ne le tint que quatre ans, et le laissa misérablement dévaster. Tel est le panégyrique peu flatteur qu'il semble mériter dans nos histoires; mais il nous faut entrer dans des explications. D'abord il est à dire que la première cause des désastres fut la mortelle guerre que se firent de son temps le duc Robert et Pierre de Bar, guerre dans laquelle l'évêché se trouva impliqué, non tant du fait de Guy de Roye, que de celui de Jean de Saint-Dizier, auteur de l'arrangement donnant en viager à Pierre la garde des principales forteresses épiscopales. Au point où en était cet arrangement, à la mort de Saint-Dizier, il ne manquait plus guère à Pierre, pour avoir en main toute la force de l'évêché, que la forteresse de Charny, dont Robert avait retenu l'engagement : encore était-il stipulé que Saint-Dizier la dégagerait au plus tôt, pour qu'elle fût en même condition que les autres; et il avait déjà préparé des fonds afin d'arriver à ce dégagement. Telle fut la situation que trouva Guy de Roye. Tout d'abord, et par acte qui dut sembler d'excellent administrateur, il remboursa Robert pour Charny, et le duc le lui rendit en mai 1376 (1); mais

Ses arrangements au sujet de Charny.

Verdun en 1376, Dol en 1379, Tours en 1382, Castres en 1383, Sens en 1385, enfin Reims en 1390. Au XVIe siècle, le cardinal Jean de Lorraine fit encore mieux.

(1) « Lettre du 1er mai 1376... ledit évêque Guy de Roye promettant que, lui rachetant la terre de Charny, et ledit duc s'en retirant, elle ne serait engagée à personne; lequel serment l'évêque fit en la ville de Fismes, diocèse de Reims. » *Invent. de Lorraine.* — « Lettres du 21 mai 1376, par lesquelles Tristan de Roye, chevalier, au nom et comme procureur de Guy de Roye évêque de Verdun (procuration passée à Muret, le 8 mai,) reconnaît avoir reçu de Robert, duc de Bar, le château de Charny, etc... Fait en un jardin près l'abbaye de Saint-Mihiel, présents Guillaume de Stainville et Robert de Gombervaux. » *Ibid.* — « Robert duc de Bar, marquis du Pont..., avons receu de révérend père en Dieu, notre chier ami, messire Guy de Roye évesque de Verdun, par les mains de notre bien amé Colin de Reue, procureur dudit évesque, la somme de deux mille francs d'or, en quoi ledit évesque estoit tenu à nous, à cause de feu messire Jehan de Saint-Dizier, jadis évesque, notre cousin..., qui pour ladite somme nous avoit obligié et mis en notre main le chastel, chastellenie et terre de Charnei appartenant

ensuite, au lieu de le remettre en garde à Pierre, on prétendit que la promesse à lui faite par Jean de Saint-Dizier était subordonnée à l'agrément du duc Robert, haut gardien avec Wenceslas de Luxembourg; puis Guy, prenant un moyen terme, et trouvant bon qu'il restât à sa disposition au moins un des châteaux de l'évêché où il ne voulait pas résider, mit la forteresse entre les mains, non de Pierre ni de Robert, mais en celles de son propre frère Tristan de Roye; ceci toutefois du consentement de Robert, auquel il donna parole que, si jamais on réengageait Charny, ce ne serait qu'à lui-même duc Robert, et nullement à son cousin Pierre, qu'il n'aimait à voir ni là, ni ailleurs. Ainsi arrangea les choses l'évêque Guy, croyant, et ainsi devait-il lui sembler de son lointain poste d'Avignon, que Pierre, simple damoiseau, n'oserait, ou ne pourrait contredire le duc. Les années 1377-78 s'écoulèrent, Pierre étant absent; du moins nos chroniques ne parlent pas alors de lui : et aucun souci de l'évêché ne vint distraire Guy de Roye des choses extraordinaires qui arrivèrent dans la cour papale.

Ces scènes extraordinaires, et qui l'absorbaient tout entier, n'étaient rien moins que le commencement du grand schisme, où l'on vit, pendant quarante ans, deux papes, l'un à Rome, l'autre à Avignon, sans que l'on sût positivement qui était le véritable, et entre lesquels les princes choisissaient, suivant leurs intérêts politiques. Avignon, que Clément VI avait acheté en 1348 à la maison de Naples-Anjou, était, depuis Clément V, en 1305, la cité papale; et sept papes y avaient déjà régné, quand, en 1377, Grégoire VI voulut revoir Rome. Il ne se plut pas dans cette ville éternelle; et il songeait déjà à la quitter, quand

Commencement du grand chisme.

---

audit éveschié, lequel chastel, etc., avons, parmi ce, rendu et fait délivrer audit messire Guy, comme à lui appartenant, à cause de sondit éveschié... Donné à Paris, le 1ᵉʳ jour de juin, l'an 1376. » — Roussel, par confusion avec ce qui arriva sous Liébauld de Cusance, attribue à Guy de Roye d'avoir aussi réclamé Sampigny : mais il n'y eut rien à réclamer là, tant que vécut Pierre de Bar, engagiste à vie.

il mourut en 1378, moins d'un an après son retour : alors, la même année, les mêmes cardinaux, ayant d'abord élu Urbain VI à Rome, sous la pression d'une émeute populaire, se retirèrent à Anagni, annulèrent l'élection comme contrainte et forcée, puis proclamèrent Clément VII. Celui-ci retourna à Avignon; et on ne put jamais obtenir ni de ces deux premiers papes du schisme, ni de leurs successeurs, qu'ils abdiquassent ensemble, ou qu'ils missent leurs droits en compromis d'arbitrage; de sorte qu'il fallut en venir à les faire déposer dans un concile. Il y eut des hommes éminents, et même des saints dans les deux obédiences. L'Empire se prononça pour Rome, à la diète de Francfort, du 27 février 1379, où assista le métropolitain de Trèves Conon de Falkenstein; en France, on se décida pour Clément VII, sur un exposé que fit, pendant le carême de cette même année 1379, devant le roi, au Louvre, en grande assemblée de princes, prélats, docteurs d'université, le cardinal Jean de Cros, évêque de Limoges, qui jura sur sa conscience et le salut de son âme que tous les faits dont il venait de faire rapport étaient de la plus exacte vérité : témoignage qui parut décisif, à cause de la probité reconnue du cardinal. Pour nos trois évêchés, ils suivirent l'église gallicane, leur métropolitain trévirois tenant au contraire pour le pape romain; et il résulta de là des dissensions que nous verrons à l'avénement du successeur de Guy de Roye : mais celui-ci ayant ses bulles de Grégoire XI, le dernier pape d'avant le schisme, était en titre incontesté.

Au commencement de 1379, il arriva que les gens de l'évêque ne surveillant pas mieux Charny que lui-même ne les surveillait, Pierre de Bar reparut tout à coup, et s'empara de la place. Cette désagréable surprise tomba sur Guy de Roye en moment aussi inopportun que possible : car on était aux premiers éclats du schisme; et il n'avait garde de quitter sa position au théâtre de ce grand événement : de sorte qu'il se borna à envoyer dans son diocèse un monitoire dénonçant Pierre excommunié, s'il ne cessait son envahissement. En réplique, celui-ci expédia à la porte de l'évêché, le 19 mars 1378 (79 av. P.), des procureurs et des notaires offrant, pour lui, justification en droit du fait de Charny, et autres dont on le chargeait; et nul ne s'étant présenté pour les ouïr, ils revinrent, deux jours après, signifier une écriture où Pierre disait qu'attendu qu'il n'avait trouvé personne à qui parler, ni l'évêque ni qui que ce fût de sa part, attendu en outre qu'on lui refusait copie de la sentence monitoire, et qu'enfin lui-même ne restait à Charny qu'à la prière instante des habitants vexés par les officiers épiscopaux, qui profitaient de l'absence de leur seigneur, il se portait pour appelant à Trèves du prétendu monitoire, et faisait sommation à l'official de recevoir son appel, ainsi que l'assignation qu'il allait faire donner au seigneur évêque, et qu'on déposa en effet, le 27 avril suivant (1).

Pierre de Bar à Charny.

De ces écritures on passa aux faits. Le premier, qui donnait beaucoup à réfléchir, fut que Wenceslas, se posant chevaleresquement en défenseur de l'évêque absent au loin, envoya à Pierre un cartel à deux ou trois jours, et à

---

(1) Ces pièces, dans l'Inventaire de Lorraine. « Lettres par devant Jehan Joffroy et Pierre Robert, notaires apostoliques et impériaux, le 19 mars 1378 (79 av. P.), par lesquelles Huguenin dit Poulet, étant à Verdun, devant la porte de l'évêque, déclare, au nom de Pierre de Bar, qu'il était venu pour se purger devant l'évêque de la prise du château de Charny, et autres méfaits; et n'ayant pu lui parler, demande aux notaires acte de sa déclaration. — Autres lettres du 21 mars suivant, par lesquelles le même Huguenin, dit Poulet, toujours au nom de Pierre de Bar, et ayant en mains une cédule, qu'il met en celles de Joffroi de Lobbes et de Pierre de Kemenières notaires, contenant que, sur la prise du château de Charny appartenant à l'évêque, et des biens qui y étoient, de valeur de plus de IIIe livres, il disoit que cette prise étoit pour le bien et l'utilité de tout le pays, qui devoit être préféré à celui de l'évêque, lequel opprimoit tout ledit pays : icelui Pierre de Bar s'étant plusieurs fois présenté audit évêque sans être écouté, et copie des sentences monitoires lui ayant été refusée ; et a député ledit Huguenin pour faire l'appellation, dont il demande acte aux notaires. Sont annexées deux lettres, la première pour avoir une commission de l'official, afin de citer devant l'archevêque de Trèves, pour entendre ledit Pierre de Bar et autres, la seconde est l'ajournement et citation faite audit évêque de Verdun, le 27 avril. »

armes dont on conviendrait (1) : ce qui signifiait que le duc de Luxembourg n'entendait pas rester neutre, et que le damoiseau l'aurait contre lui, en même temps que son propre cousin de Bar : de sorte que c'était une nouvelle coalition. A cette annonce menaçante, il eût peut-être été prudent à Pierre de prendre au mot Wenceslas et son cartel, d'aller en champ-clos avec le duc, pour l'honneur, et de s'en tirer après quelques passes d'armes, le plus courtoises possible ; mais il voulut braver le péril jusqu'au bout. Ceci paraît témérité, à moins toutefois qu'il ne vît alors des choses que nous ne distinguons pas bien, à la distance où nous en sommes. Les deux ducs (ce que nous n'avons encore pu raconter) venaient de ruiner la maison d'Apremont ; et celle de Pierrefort se ressentait encore de leur formidable attaque du temps de notre évêque Hugues. Il est possible que l'affaire de Charny, faisant suite aux arrangements de Jean de Saint-Dizier avec Pierre pour les gardes de l'évêché, ait remis en défiance les deux hautes puissances coalisées, tellement qu'elles crurent qu'il fallait enfin anéantir cette dangereuse branche de Bar-Pierrefort, dont l'apanage était, en tous cas, une bonne valeur à recouvrer. On ne peut ici aller au-delà du soupçon ; mais Wenceslas et Robert ne s'y fussent pas mis à plus grande force, s'ils eussent d'avance et de concert, entrepris d'en finir pour toujours avec le dernier de ces inquiétants Pierrefort.

De la tragédie qui suivit et de la désolation qu'elle sema, le spectacle est confus dans notre histoire. Pierre ne recula devant rien ; et, soit défi audacieux à ses ennemis, soit qu'il fût poussé lui-même dans les nécessités d'une défense désespérée, il appela à son aide ses amis des Grandes Compagnies de France, vieux frères d'armes qui l'avaient plus

---

(1) « Lettres de Wenceslas de Bohème faisant mention que Pierre de Bar avoit pris le château de Charny appartenant à l'évêque de Verdun ; et, au cas où ledit Pierre ne voudroit rétablir ledit évêque, il s'offre à le combattre dans deux ou trois jours, à telles armes que chacun pourroit avoir. » Sans date, dans l'Inventaire de Lorraine ; mais la pièce ne peut être de beaucoup postérieure à l'occupation de Charny par Pierre de Bar.

d'une fois suivi contre les Anglais, et sur d'autres champs de bataille : et, vers l'an 1379, il les installa dans ses forteresses, à commencer par Charny; puis il se maintint près d'un an dans le pays avec eux, vivant sur les campagnes, sans regarder à les ruiner de contributions, rançons et même de pillages, dans tout le Verdunois, et sur la Meuse jusqu'à Dun et Stenay, et en Argonne jusqu'à Varennes, tellement que la Ville, en 1382, allégua à l'évêque Liébauld, pour excuse de lui avoir ruiné son Charny, que c'était à cause des gens de Pierre de Bar, qui avaient fait de là des dommages pour plus de cent mille écus. Le Chapitre leur donna mille florins pour qu'ils épargnassent ses terres: ce que Pierre promit; mais il ne put faire tenir parole à ses compagnons. Puis, l'an suivant, quand vinrent les ducs confédérés, ils exigèrent pour eux-mêmes le double, étant juste, disaient-ils, qu'on les reconnût mieux, eux libérateurs, qu'on n'avait fait la compagnie des pillards (1). Cependant Guy de Roye ne revenait pas, et ne répondait même pas aux lettres de détresse du Chapitre, se tenant sans doute sûr, quant à lui, que, quoi qu'il arrivât à Verdun, il trouverait toujours, grâce à sa bonne position en cour, soit de France, soit d'Avignon, des évêchés à choisir dans les vacants. Alors les ducs libérateurs pensèrent que ce serait un bon plan de politique et de guerre que de profiter de son absence pour entraîner dans l'extermination de Pierre l'évêché, qui lui avait donné ses forteresses en garde. On promit à la Ville, si elle voulait marcher avec Robert au siége de Charny, qu'elle aurait pour elle le tiers de la prise et du butin, avec garantie ducale contre toute revendication possible des futurs évêques : en outre, amnistie de tous méfaits et forfaits commis par les bourgeois, depuis 1376, en différentes courses sur les prévôtés baroises, particulièrement Etain, Souilly et Saint-Mihiel (2).

Ravages de Pierre et de ses ennemis.

(1) Ces détails dans Wassebourg, p. 442 verso, d'après les registres.
(2) Cette amnistie, datée du 20 janvier 1379 (80 av. P.) dans l'Inventaire de Lorraine.

Le Villé s'allie avec Robert.

Il ne paraît pas qu'il ait fallu beaucoup prier nos citains, vexés qu'ils étaient par la Compagnie de Charny, et peut-être forts contents, au fond de leur cœur, de pouvoir, sous le couvert du duc, ruiner à l'évêché celle de ses forteresses qui les tenait le plus en respect; et ils s'y mirent de si bon courage qu'ils passèrent pour avoir été, avec Robert, les héros de l'exploit (1). Cet article de Charny, avec tiers à la Ville, fut convenu entre les ducs à Damvillers, le 5 août 1380; et, pour eux-mêmes, ils stipulèrent qu'après Charny, ils prendraient Sampigny; que toute forteresse gagnée en commun par eux serait possédée en commun, à moins que, dans le mois, ils ne décidassent, en commun aussi, qu'il valait mieux l'abattre; enfin que chaque conquérant aurait pour lui ses conquêtes particulières (2). Ainsi protégeait-on l'évêché dans la coalition de Luxembourg-Bar; et on s'étonnera peu, après telles choses, que l'évêque Liébauld ait mis toute sa politique à faire rétablir la garde de France. Afin de mieux accabler Pierre, on manda et convoqua tous ses ennemis; parmi ceux qui vinrent nous remarquons les seigneurs de la Petite-Pierre en Alsace, dont le grief avoué était que Pierre, au temps

---

(1) « En celle année (1380), le duc de Bar assiégea Charney, avec ceux de Verdun, que Pierre de Bar tenoit à force; et fit tant qu'il la print. Item, en ladite année, morut Pierre de Bar, et fut enseveli au champ. Et fut aussi mort le bon abbé de Gorze, qui estoit de la lignée de Petite-Pierre, Doyen de Saint-Thiébauld. — A partir de ce moment, Robert et les Verdunois devinrent si bons amis que le duc leur laissa son artillerie du siège de Charny : « Robert, etc., à nos bien amés les jurés, justice et citains de la cité de Verdun. Chers et amés, vous debvez savoir que, au partir du siège que nous tinsmes pièça devant Charnei, nous vous baillames et mismes en garde en votre cité nos engiens et brigoles que nous aviens oudit siège de Charnei. Et, pour ce que présentement en avons grant mestier, vous prions très acertes et requérons instamment que nosdits engiens vous vueilliez tantost et sans délai rendre, et les bailler et délivrer à notre bailli de Saint-Mihiel, lequel envoyons devers vous pour les faire amener à Sancei; et de ce ne vueillez faillir; ou autrement, se dommage en aviens, nous nous en prenriens à vous... Donné à Sancei, le xvi° jour de juin, l'an 1402.

(2) Ce traité de Damvillers, du 5 août 1380, dans l'Inventaire de Lorraine, titre Luxembourg. Cité par M. Servais, II, 10.

de ses anciens démêlés avec les Messins, avait ravagé la terre de Gorze, abbaye où leur frère était abbé; mais, pour vrai motif, ils paraissent avoir eu qu'on projetait de faire passer l'évêché de Verdun à cet abbé de Gorze, sans préjudice de son abbaye, qu'il devait garder, en supplément très-nécessaire à la mense épiscopale, dans l'état où on se proposait de la mettre. En ce moment, vers Pâque 1380, mourut le vieil et brave Henri de Pierrefort, qui eut le bonheur de ne pas voir la catastrophe : on l'inhuma aux Cordeliers de Toul, en habit de frère mineur, près de son père, l'ancien Pierre; et son fils, le second Pierre, échangea alors son titre de damoiseau contre celui de sire, qu'il ne devait pas porter longtemps. Cependant le Chapitre, épouvanté de ces préparatifs, et désolé de voir que Guy de Roye ne donnait pas signe de vie en pareil moment, crut bon de s'adresser directement à Clément VII, pour lui dire, tous ménagements gardés envers le seigneur évêque, qu'il était urgent de le remplacer par le seigneur Nicolas de la Petite-Pierre, dont l'entremise apaiserait les confédérés : cette lettre, en termes pathétiques, contenait en substance ce qui suit :

Lettre du Chapitre à Clément VII.

Au très-saint seigneur Clément, etc., ses humbles fils le doyen (absent le princier) et Chapitre de son église de Verdun, immédiats de son saint siége (1). Très saint père, la sérénité de nos jours vient d'être troublée par un noir et épouvantable orage, que l'éternel ennemi du genre humain a déchaîné sur nous. Un homme, roche de pierre par son nom (2), exterminateur de fer par son bras, nous a attiré, pour la répression de ses furieuses audaces, l'hostilité des ducs de Bar, de Luxembourg, de Lorraine, auxquels se sont joints les comtes de Salm, de Deux-Ponts, et de la Petite-Pierre, celui-ci avec ses trois frères, parmi lesquels se trouve, bien heureusement

---

(1) *Ad Romanam ecclesiam sine medio pertinentes.* C'est la première pièce officielle où nous voyons le Chapitre s'affirmer immédiat du saint siége, par conséquent exempt de la juridiction épiscopale. Nous reviendrons sur ce sujet.

(2) *Petrosus hostis.* Expression fine et ingénieuse, pour dire Pierre de Bar.

pour être notre intercesseur, le très-honorable et illustre Nicolas, abbé de Gorze. Ils ont, après avoir durement et rudement maltraité le pays, dirigé leurs préparatifs de ruine contre deux forteresses épiscopales nommées Charny et Sampigny; et l'empressement de leur convoitise à dévorer ce malheureux évêché est affreux à voir (*hiatu terribili devorare nituntur*). Personne, sauf cet excellent abbé de Gorze, ne prend notre défense : nous lui sommes plus redevables que notre plume ne peut l'écrire : venez en aide, très-saint père, à lui et à nous, et écoutez notre supplication. Nous ressemblons maintenant à des abeilles sans reine; notre pieux et vénérable pasteur Guy de Roye n'est pas avec nous; il mérite par ses vertus une plus haute dignité : si votre clémence jugeait à propos de l'en pourvoir, nous la supplierions très-humblement de nommer à notre évêché le digne abbé de Gorze, en lui permettant de garder son abbaye; ce que ne justifierait que trop la misère où nous allons tomber. C'est un homme de vertu, de talent et de science; il en a fait preuves sur son siège abbatial : en outre, sa maison étant grande en Alsace, on pourrait espérer de ramener par lui à l'obéissance de votre très-saint siège quelques-uns de ces allemands qui ont le déplorable malheur de s'y soustraire (1).

Si cette lettre dit vrai, que trois ducs et trois comtes se soient mis à la fois contre Pierre de Bar, il faut avouer, ou qu'on le craignait beaucoup, ou qu'on avait absolument décidé qu'il n'en échapperait pas. Pour l'abbé de Gorze, les insinuations délicates du Chapitre arrivèrent trop tard; Guy ayant déjà résigné, ou résignant en ce moment son évêché à Liébauld de Cusance, candidat du roi, par la protection duquel il fut lui-même transféré à Dol en Bretagne; mais les capitulants n'eurent pas à regretter trop longtemps l'échec de leur postulation; car, outre que le nouvel évêque, appuyé par la France, était mieux que personne en état de faire face à l'orage, il arriva, comme nous l'avons dit, en citant le doyen de Saint-Thiébauld, qu'en cette

(1) Texte latin dans Wassebourg, p. 443. Sans date, mais de 1380, au moment des préparatifs des confédérés contre Charny et Sampigny. Wassebourg hésite ici sur la chronologie; mais le passage déjà cité du doyen de Saint-Thiébauld, et les comptes barrois fixent le siège de Charny en juillet-août 1380.

année même, et très peu après Pierre de Bar, « mourut le bon abbé de Gorze, qu'estoit de la lignée de Petite-Pierre. »

Le siége de Charny, en août 1380, dura environ six semaines, au bout desquelles Pierre, ayant intrépidement soutenu les assauts de Robert et des Verdunois, ruina lui-même le château, y mit le feu, et fit sa retraite sur Sampigny et Bouconville. Alors les confédérés, voyant qu'il n'y avait plus à Charny rien de bon à garder, laissèrent la place aux Verdunois, pour leur part de prise; et ceux-ci s'empressèrent, avant qu'il vînt un nouvel évêque, d'achever la ruine, déjà fort bien commencée par Pierre de Bar. A ce spectacle, le Chapitre, de plus en plus désespéré, et toujours sans réponse d'Avignon, écrivit ces lamentables nouvelles à Guy de Roye, qu'il croyait toujours évêque : on verra par cette lettre l'acharnement de la coalition, et la rapidité avec laquelle elle poussait ses opérations de saccagement :

Ruine de Charny.

Révérend seigneur et père, nous vous informons, la douleur dans l'âme, que votre bon et noble château de Charny est maintenant rez pied rez terre; que monseigneur de Bar part en ce moment pour aller mettre Sampigny en même état, disant que Pierre s'y renforce; et on ira ainsi le chasser successivement de partout, jusqu'à son extermination complète, si l'on peut. Tel est le projet bien arrêté de nos amis (1) : en vérité, nous ne savons ce qu'ils feraient de pis s'ils étaient nos ennemis; car, pour les pillages et ravages de terres, des vôtres comme des nôtres, nous serions fort en peine de dire qui s'y distingue le mieux. Il est bien à craindre que les amis, quand ils auront pris vos châteaux, sous prétexte d'en chasser Pierre, ne vous les rendent que contre bon et cher paiement de leurs services. Peut-être, si étiez ici, votre présence empêcherait-elle quelques désastres; mais, s'il n'est pas en votre pouvoir, ou en votre volonté de venir, et si, comme on le dit, il y a promotion de votre personne à quelque autre prélature, sauvez du moins cet évêché, en appuyant notre sup-

Lettre du Chapitre à Guy de Roye.

---

(1) *Quem Petrum, si poterunt, exterminare proponunt : et transferent se successive ad castra Petri, ut firmiter proposuerunt; et vastant, pro posse, nedum inimici ; imò et amici... Super his, reverende pater, deliberationem celerem et bonam habeatis, etc.* Cette lettre, aussi dans Wassebourg, ibid.

plique en faveur de l'abbé de Gorze. Il est, avec ses frères, de la ligue contre Pierre; et ils s'y sont signalés : de sorte qu'ils seraient en position, si lui était notre évêque, d'empêcher la ruine de Sampigny; mais l'urgence est grande; et il faudrait obtenir qu'on n'exigeât pas de l'abbé démission de son abbaye. Nous en écrivons au saint père : présentez-lui nos lettres le plus tôt possible, et sur le champ, si vous le trouvez bon, à moins qu'il ne vous paraisse mieux de les garder, à présenter au premier moment opportun. Le Très-Haut vous conserve longtemps et heureusement! Vos amis et dévotieux suppliants, (*devoti oratores*), le doyen et le Chapitre.

Fin de Pierre de Bar. Pierre de Bar périt en bataille, vers la fin d'octobre 1380, et « fut enseveli au champ », dit brièvement la chronique, sans un mot de plus, ni sur le lieu, ni sur les circonstances de sa catastrophe, ni sur les honneurs que ses parents de la maison ducale ne rendirent probablement pas à sa fosse au champ. C'était le dernier des collatéraux de Bar; et il avait pour héritier son cousin germain Evrard comte de Deux-Ponts, dont le père avait épousé une fille du premier Pierre; mais Robert, prétendant que la suzeraineté du duché primait tout autre droit, fit procès et guerre à ce comte Evrard, lequel, en 1384, transigea, de gré ou de force, moyennant dix mille pièces d'or (1); et ainsi fut réuni au Barrois l'apanage de Pierrefort, qui paraît avoir été un arrière-fief de Lorraine, comprenant des possessions de ce duché entre Meuse et Moselle, fort éparses : car il y avait, outre la forteresse principale (aujourd'hui simple maison de ferme) de Pierrefort, vers Pont-à-Mousson, l'Avant-Garde, vers Nancy, Bouconville et Nonsart, des environs de Commercy et de Saint-Mihiel; enfin, sans parler d'autres endroits, Somme-Dieue, près Verdun (2).

(1) Leur guerre et leur traité dans M. Servais, Annal. II. 61, 81.
(2) Cette mouvance de Lorraine résulte de l'hommage du comte Edouard au duc Ferry IV en 1322, cité dans D. Calmet, Notice. art. Somme-Dieue, « de tous les fiefs que Pierre (Ier) de Bar, son oncle (d'Edouard) tenait dudit duc de Lorraine entre les rivières de Meuse et de Moselle, parmi lesquels la forte maison de Somme-Dieue ». Pareil hommage renouvelé, en 1370, à Jean Ier de Lorraine par Robert de Bar, « pour tous les fiefs qu'Edouard son aïeul avait repris en 1322 de Ferry IV, savoir la forteresse de l'Avant-

En ce village de Somme-Dieue, alors fort petit, était une forteresse, dont nous mentionnerons la destruction par les Verdunois, au commencement du siècle suivant. Dans la succession de Pierrefort ne passèrent pas les anciennes et lourdes dettes de l'évêché, que la mort de Pierre éteignait, conformément au traité fait avec Jean de Saint-Dizier : néanmoins Robert chicana sur ce qui concernait Sampigny, et imposa, pour cette forteresse, à l'évêque Liébauld de Cusance des arrangements dont nous parlerons. En dernier résultat, la tempête attirée par Pierre de Bar n'ébranla pas l'évêché : la perte se borna pour lui à la ruine de son château de Charny, rasé de fond en comble, il est vrai; mais l'extinction de la dette laissait à la mense d'amples ressources pour le reconstruire.

Pendant ces batailles féodales, la Commune, marchant toujours à la conquête de son indépendance, et déjà en possession irrévocable de la vicomté par le diplôme de 1374, gagna encore sa liberté financière, par nouveau diplôme du même empereur Charles IV, lors du dernier voyage qu'il fit en Luxembourg, au commencement de 1378. La supplique que lui présentèrent alors nos communaux n'existe pas en texte; mais de la teneur de ce décret même de 1378, il résulte qu'ils alléguèrent la nécessité de

Diplôme communal de 1378.

Garde, le château de Pierrefort, et les maisons fortes de Bouconville, Nonsart, Somme-Dieue. » Servais, Annal. r. 227. Cet apanage de Pierrefort était donc un arrière-fief de Lorraine, que les Pierrefort tenaient du Barrois par sous-inféodation, et dont les comtes, ou ducs de Bar devaient hommage direct à la Lorraine; mais l'origine de ces mouvances est mal connue. Quoi qu'il en soit, il en résulte que Somme-Dieue n'était pas de l'évêché, comme Dieue. Nos auteurs s'y sont trompés, parce qu'on trouve, du 14 janvier 1358 (59 av. P.), des lettres de l'évêque Hugues de Bar et de Henri de Pierrefort son frère, octroyant à Ferry de Paroie (pour ses services dans les évènements de 1358) « à lui et à ses hoirs la forte maison, ville, ban et finage de Somme-Dieue, à rachat de mille florins, sans rien retenir que les bois »; mais Hugues dut donner ces lettres en qualité de frère et d'héritier éventuel de Henri, non en qualité d'évêque de Verdun. Le rachat n'étant sans doute pas fait à l'extinction des Pierrefort, les Paroie de Lorraine disposèrent de ce domaine, on ne sait quand ni comment, en faveur de Philippe de Norroy, qui en était seul seigneur quand les Verdunois ruinèrent la forteresse, vers 1408.

reconstruire à neuf toute la fortification de Verdun, grande entreprise que pourrait contrarier, disaient-ils, l'évêché livré de plus en plus à la France par les papes d'Avignon. Il en avait en effet tout pouvoir de droit : car la légalité en finances municipales était toujours, et malgré toute pratique contraire, celle qu'avait imposée Guy de Melle, après sa victoire de 1246, que la Ville n'eût pour fonds ordinaires que les issues de la vicomté, sauf, en cas extraordinaires, à recourir à des « portaiges » (péages aux portes), qui, de fait, existaient habituellement, mais où l'évêché pouvait toujours susciter des embarras, en prétendant qu'il fallait son autorisation, qu'on devait lui rendre des comptes, et même lui réserver part : tant il avait peur qu'en moment de troubles communaux, les travaux publics ne servissent de déguisement à lever des fonds contre lui (1). On se souvenait encore en ville de Henri d'Apremont, de ses longues tracasseries, et des gênantes permissions qu'il avait fallu lui demander (2) : de sorte qu'à tous

---

(1) Ci-dessus, tom. II. p. 436.
(2) En exemple, voici le texte d'une des demandes à Henri d'Apremont, que nous avons mentionnées ci-dessus, p. 165, note : « Nous li citains et toute la communitei de la citei de Verdun... Comme fussiens tenus et obligiés envers plusours créditours en griefs (grièves) summes d'argent, dedans briefs (briefs) termes, et nous eussiens priei et requis à aucuns des borjois et borjoises de la citei, jusqu'à trente-nuef, que ils prestassent à la Ville chacun une certaine summe d'argent, jusques à la summe de quatre mille et quarante livres de petits tournois en tout ; Et eussiens priei et supplici à révérend peire en Dieu notre très chier signour Henri d'Apremont, par la grâce de Dieu évesque de Verdun, que il, pour eschuire les grants maux qui venir nous en povoient, volsist gréer et consentir à cette chose, comme sire ; et lui eussiens ancore priei et supplici que, comme cette dite summe de quatre mil et quarante livres ne soffisist mie, que il se volsist consentir à ce que nous puissiens faire une leveie en la citei jusques à la summe de mille et sexante livres de ladite monnoie sor certaines personnes citains ; et eussiens encore priei et supplici à nostre devantdit signor que il se volsist consentir à ce que nous puissiens faire une autre leveie sor le remanant (le reste) des citains, à paier par semaines, l'un plus, l'aultre moins, pour rendre as devantdits trente-nuef prestours, et que, se il y avoit aucuns des dessordits trente-nuef prestours, ou de ceulx sor cui ces devantdites leveies seroient jeteies qui fuissent rebelles dou prester ou dou paier, que ledit révérend peire donnast povoir et autoritei à son Nombre de Verdun, qui sera pour le temps, d'eulx à contraindre par

les points de vue, il sembla bon qu'après avoir, par le diplôme de 1374, mis fin à la servitude de la vicomté, laquelle, suivant l'ancien ordre légal, se rachetait d'elle-même et devait, au bout d'un certain temps, faire retour de plein droit à l'évêque, on brisât également, et par conséquence de la première victoire, l'autre servitude qui pesait sur le trésor. L'empereur donna les mains à ce projet, tout en évitant, comme il avait déjà fait dans son premier diplôme, de rien dire d'officiel contre le droit épiscopal; et la nouvelle franchise fut accordée en ces temes généraux (1) :

Charles IV, etc. Considéré le fidèle dévouement à nous et au Saint Empire de la cité de Verdun, qui relève de notre Chambre impériale, nous l'autorisons, elle, son conseil et sa Commune, à établir, de notre autorité, sur ses citoyens et habitants, présents et

impositions de summes suffisans jusques à cent livres, le plus ou le moins, selon ce qu'il semblera audit Nombre que bon soit, » etc.

(1) Karolus quartus, etc. Pensatis fidelibus obsequiis, quæ nobis et imperio sacro universitas civium et incolarum Virdunensis civitatis, ad imperialem cameram pertinentis, exhibuisse noscuntur, et exhibent quotidiè; ad supplicationem eorum, volentes ipsis gratiam facere specialem, civitati, consilio ac communi Virdunensi concedimus, et auctoritate cæsarea liberaliter indulgemus quod liceat eis, quotiescumque opportunum fuerit civitatem turribus, fossatis aut murorum firmare structuris, pro relevandis impensarum oneribus quæ in his supportare necessarium est, rationabiles collectas et solutionum impositiones habitatoribus et civibus præsentibus et futuris imponere, ab eis exigere, percipere et levare, et ad usus prædictos convertere, prout ipsis videbitur utilius expedire, cujuscumque contradicentis obstaculo procul remoto. Et insuper ut consilium et commune imperialis civitatis Virdunensis, qui sunt nunc et erunt temporibus affuturis, secundum consuetudinem eorum et observantiam secutam ibidem antiquitus, et litteras ipsis et civitati Virdunensi per divos Romanorum imperatores et reges prædecessores nostros hactenus erogatas, quoscumque homines et personas qui in eâdem civitate, ad morem civium domicilium habere, morari ac residere voluerint, in cives Virdunenses licitè recipere et assumere possint et valeant, et assumptos, prout jus et statuta civitatis ejusdem requirunt, tanquàm cives alios civitatis ejusdem confovere, defendere et tueri, impedimento quocumque penitus non obstante, dictis consilio et communi civitatis nostræ Virdunensis prædictæ de novo damus, tribuimus et largimur, cæsareâ potestate prædictâ, sub bullâ aureâ, typario nostræ majestatis impressâ. Datum Lucebourg, anno Domini millesimo trecentesimo LXX° octavo, indictione primâ, nonis februarii, regnorum nostrorum anno tricesimo secundo, imperii verò vicesimo tertio. Ego Nicolaus protonotarius, vice et nomine reverendi domini Cunonis, archiepiscopi Treverensis, sacri Romani imperii per Galliam et regnum Arelatense archicancellarii, recognovi.

futurs, toutes tailles ou impositions raisonnables et nécessaires pour fortifier ses tours, ses fossés et la Fermeté de ses murs, et à faire desdites tailles pour lesdits usages tout emploi qu'elle jugera utile et avantageux, nonobstant opposition ou contradiction de qui que ce soit. En outre, vu ses anciennes coutumes, et les lettres à elle accordées par les empereurs et les rois des Romains, nos divins prédécesseurs, voulons que le conseil et la Commune de ladite cité impériale puissent continuer à recevoir à bourgeoisie toute personne qui viendra chez eux prendre domicile, à la manière et usage des citoyens (1); renouvelons cette autorisation, et, en tant que besoin, l'accordons de nouveau, de notre puissance impériale, et sous sceau de bulle d'or, à l'effigie de notre majesté. Donné à Luxembourg, jour des nones de février 1378 (2).

Ce dernier article mit le Chapitre en émoi, à cause de ses forfuyants qui se réfugiaient en ville; et il fit sur le champ courir à Luxembourg, pour avoir, sur ce sujet, note explicative, qui lui fut donnée, en ces termes que les gens suspects d'avoir forfui ne seraient reçus bourgeois qu'après un an et jour de domicile paisible, sans réclamations de leurs seigneurs (3). Pour le reste, et sauf encore les amendes de la Charte de Paix, au texte de laquelle les communaux avaient refusé, sous Jean de Saint-Dizier, de faire le moindre changement, le sceau d'or demeura sans restriction; et, comme il y eut, dès ce moment, et à perpétuité, des travaux publics du genre de ceux qu'il autorisait, l'affranchissement financier fut définitif, non sans doute pour le

(1) Le premier de ces diplômes d'autorisation de recevoir à bourgeoisie remontait à l'an 1142. Nous en avons parlé ci-dessus, tom I. p 99 et 438.
(2) 5 février 1378. C'est une date à la mode de Trèves et du Luxembourg, où on commençait l'année à l'Avent. Il ne faut pas entendre ici 1379 avant Pâque; car Charles IV mourut à Prague, le 29 novembre 1378.
(3) *Nisi si hujusmodi homines ligii, servilis conditionis... postquam per annum et diem in civitate continuam traxerint mansionem, si infrà idem tempus, videlicet annum et diem, per dominum seu dominos suos quorum sunt, sive sit episcopus, primicerius, decanus et Capitulum Virdunenses, sive quicumque alius eorum dominus, dum de dictâ eorum mansione, domicilio atque morâ verisimiliter constare poterit, repetiti non fuerint, ex tunc sine impetitione cujuscumque, de cætero cives Virdunenses permaneant et esse realiter censeantur... Datum Luxemburg, xvi kal. martii, anno Domini 1378,* (toujours à la mode de Trèves). Ce décret est adressé *consilio, civibus et communi imperialis civitatis Virdunensis.*

public, qui continua à payer les impôts en murmurant, mais pour le fisc du Sénat et conseil de la cité impériale.

On commença alors l'enceinte des remparts à tours, que nous avons décrite dans l'histoire topographique, et qui subsista environ trois siècles, jusqu'aux fortifications modernes de Vauban. Deux nouveaux quartiers, ceux de la Chaussée et de Saint-Maur, qui s'étaient formés au nord de l'ancienne Fermeté, furent compris dans cette enceinte du XIVᵉ siècle; et Wautrec, le doyen de la cité, que nous avons vu porter la parole pour les communaux dans leur démêlé avec Jean de Saint-Dizier, inaugura cet agrandissement de la ville par la construction, à ses dépens, de la belle tour double que l'on voit encore à l'entrée du grand pont. C'était un riche et généreux citoyen qui, sans lignée directe (1), faisait noble usage de son opulence pour le bien public, ainsi qu'avaient fait, deux siècles avant lui, les anciens bienfaiteurs Constance et Effice, auxquels on devait ce pont même qu'il venait de fortifier : et, à l'exemple de Constance, qui avait aidé à la construction de la cathédrale, Wautrec voulut aussi bien mériter en travaux à cette basilique. Il semblait, depuis qu'on voyait les belles cathédrales, alors toutes neuves, de Metz et de Toul, que la nôtre, en sa vieille et massive structure romane, sans hautes voûtes, ni aucune élégance, se sentait beaucoup de la barbarie de l'ancien temps; et on projetait, depuis plusieurs années déjà, de la refaçonner, autant que possible, sur les magnifiques modèles du style gothique; mais on en restait toujours au projet; et ni Jean de Bourbon, avec ses indulgences et ses mandements, ni ses successeurs, encore plus endettés et ruinés que lui, n'avaient presque

Nouvelle enceinte de la ville.

---

(1) « Lettres du 21 mars 1402, par lesquelles Liébauld donne main levée au Chapitre pour le gagnage de Wadelaincourt, saisi par l'évêché à la mort, sans enfants, de Jean Wautrec, doyen de la laie justice de Verdun. » Extraits de D. Colloz. Les bourgeois pouvaient acquérir en bans main-mortables de l'évêché, mais « à charge de tels services comme le tréfond doit, » (ci-dessus, tom. I. p. 444); par conséquent, en ban de main-morte, à charge de retour de la terre au seigneur si la lignée directe de l'acquéreur s'éteignait.

Achèvement de la cathédrale.

rien fait. Wautrec, saisissant l'occasion de tous ces maçons qui travaillaient aux remparts de la Ville, fit venir l'excellent architecte de Metz Pierre Perrat, sous la direction duquel furent élevées, non seulement les grandes voûtes, mais encore la belle abside, ou rond-point du chœur, à laquelle on sacrifia la basse *testudo* du vieil architecte Garin, avec l'ornementation romane dont il avait décoré le chevet de son édifice ; puis, quand on vit cette abside en beau fenêtrage à gracieuses découpures, il parut indispensable de continuer ainsi dans la nef, où les nouvelles voûtes bouchaient les étroites fenêtres, ou plutôt les lucarnes dont s'était contenté jusqu'alors le public, mal éclairé et sans goût artistique (1). La cathédrale resta ainsi, moitié romane, moitié gothique, jusqu'à l'incendie de 1755.

On fit beaucoup d'architecture à Verdun, vers ces temps de la fin du XIVe et du commencement du XVe, les maçons des remparts servant probablement aux entrepreneurs. Nous avons noté dans l'histoire topographique les édifices de cette date (2) ; et nous donnerons ici, près de Wautrec, un souvenir à Simon de La-Porte, qui mourut en 1382, le dernier de son nom, et chef de son lignage, pour les assemblées duquel il avait fait construire le beau et vaste cloître des anciens Cordeliers (3). Ce fut de ses héritiers que la Ville acquit, en 1388, l'hôtel de Montaubain (4), où elle

Acquisition de l'hôtel de Montaubain.

---

(1) Plus de détails, ci-dessus, II. p. 564, 65. Tombe de Wautrec, *ibid.* p. 578. A côté de la tombe de Wautrec, celle de son père, « Jehan Vautrel, drappie, citain de Verdun », *Johannes Waultereti, drapperius, civis Virdunensis*, lit-on au Nécrologe. Sur la tombe, ce drapier Wautrec, en pourpoint, les mains appuyées sur une grande épée placée verticalement entre ses jambes.

(2) Wassebourg rapporte, p. 453, « que sire Jehan Waltrac, voyant lors l'église de la Madeleine fort ancienne et caduque, délibéra la faire rééditier ; mais les chanoines, craignant qu'une fois abattue on ne la rétablît que fort lentement, lui demandèrent caution de la parfaire : de quoi mécontent, les laissa et fit les voultes de la Cathédrale. » Cette anecdote indique le temps où finit à la Madeleine l'église romane d'Ermenfroi, dont il resta seulement le portail et les deux tours, jusqu'à la Révolution.

(3) Ci-dessus, tom. I. p. 473.

(4) L'acte d'acquisition de Montaubain est du 14 janvier 1388 (89 av. P.) « Nous li citains, habitants et communaultei de la citei de Verdun. Comme

PÉRIODE DE LA GUERRE DE CENT ANS. 385

transféra le palais municipal, auparavant vers Sainte-Croix : et Montaubain resta maison de Ville jusqu'à l'acquisition de l'hôtel actuel, en 1736.

Après le diplôme de 1378, la Commune, cherchant pour son fisc tout ce qu'elle put trouver d'impôts et de matières imposables, établit à perpétuité ou, comme on disait, en deniers de patrimoine communal, vingt catégories de droits qui furent nommés Fermes de la Ville, parce qu'on les mettait tous les ans en adjudication aux plus offrants et mieux cautionnés bourgeois, à lever par eux à leurs frais, risques, périls, en rendant au trésor la somme ferme et fixe portée dans leurs enchères, sans augmentation ni diminution au prorata des recettes. Cette adjudication s'appelait le Grand Vendage des impositions; et on la faisait tous les ans, le 1ᵉʳ mars, présents les seigneurs de Justice (Nombre) et les trois Négociateurs de la cité, qui étaient trois membres du Conseil, désignés par leurs collègues pour marchander et négocier les affaires occurrentes. Le livre du Grand Vendage contenait le cahier des charges, soit générales, soit particulières, de chacun de ces baux annuels : on ne le modifia jamais qu'à de longs intervalles de temps, et seulement pour quelques détails : il existe encore; et on voit, en ses vingt chapitres, figurer à peu près tous les objets vendables et consommables, taxés, en règle générale, au 40ᵉ denier du prix des ventes : quant aux immeubles, l'impôt ne les atteignait qu'en cas de vente, échange, ou constitution de cens et rente; et toujours au taux de six deniers pour livre du prix, ou un sou sur

Le Grand Vendage.

---

par la mort et trespassement de honorable personne seignor Simon de La Porte, qui fuit jaidis eschevin dou Palais, la maison de Montaulbain séant à la monteie de Chastel, entre Gillet des Béguines, etc… et, pour tenir les conseils de notredite citei, et faire aultres profits et exploits d'icelle, nous est la devantdite maison profitauble et nécessaire, à savoir est que entre nous et nosdits concitains les co-hoirs doudit sire Simon, sont faits teils eschainges, etc., etc. — Sur Montaubain, ci-dessus tom. I. p. 477, 78. Ce devait être alors un bel hôtel ayant vue sur la place Mazel, non encore rétrécie par les maisons entre elle et la rue de la Vieille-Prison.

quarante. Il résulte des documents qu'avant la rédaction du Vendage, existaient un grand nombre des droits qu'il règle (1), et que c'était déjà l'usage de les affermer : car Henri d'Apremont, dans les discussions de 1314, quand il se fit payer le troisième engagement de la vicomté, articula, entre autres griefs, que les citains « vendent, de leur volonté, les portaiges, sans nous requérir et sans notre commandement, et les lèvent continuellement » : ce qui était contraire au traité de 1246, d'après lequel on ne devait les établir que temporairement, et pour un objet déterminé d'utilité publique; mais ce ne fut qu'après l'affranchissement financier de 1378, *cujuscumque contradicentis obstaculo pœnitùs remoto*, qu'il devint loisible et légal à la Ville de faire, à dates fixes, adjudication régulière de ses impôts, officiellement et de sa seule autorité. La principale réforme du Vendage se fit en 1693, pour le mettre en harmonie avec les nouveaux octrois, qui commencèrent vers ce temps : alors, et jusqu'à la Révolution, la Ville eut deux recettes, les Fermes, ou deniers patrimoniaux, et les octrois, ceux-ci censés temporaires, mais tendant à devenir perpétuels, comme les portaiges de 1246 étaient devenus les Fermes. Voici le préambule du vieux texte :

« Ci-après s'ensuit l'ordonnance du vendaige des impositions de la citei de Verdun, pour un an, commençant au premier jour de mars prochain venant : de laquelle ordonnance notre saint père le pape (s'il vient jamais à Verdun; immunité qui ne dut pas beaucoup gêner les fermiers des impôts), monss^r. l'évesque de Verdun, nosseigneurs gardiens (2), les maisons des Malades, les trois ordres men-

---

(1) L'Estaple au vin, la Grange aux bleifs, le Bullion des héritages, déjà établis lors des mesures financières de 1329 : ci-dessus, p. 148, 49. En 1314, dans les réclamations de Henri d'Apremont : « Item, les devant dits citains vendent (afferment) les mesures, et ce qu'ils appellent les droitures du sel, dou charbon, dou chavant, et dou batisel de la waide. »

(2) Le roi, pour la garde de France, les deux ducs de Luxembourg et de Bar, et leurs lieutenants, ou sous-gardiens résidant en ville.

PÉRIODE DE LA GUERRE DE CENT ANS.

diants (1), et le corps de la cité de Verdun (2) sont exceptés et hors mis de toutes choses qui se feront (lèveront) pour le profit commun. Et est à savoir que les impositions de ladite cité ne s'étendent pas aux gens d'église, sinon en cas de négociation (3). Suivent les conditions générales et communes à toutes les fermes; puis les articles spéciaux, savoir : 1° La Friperie vieille et neuve, et les objets mobiliers mis en vente publique. 2° Le Chavant. Ce vieux mot signifie tous paniers de fruits, légumes, fromages, etc.; la ferme comprenait aussi les corbeilles et ouvrages de vannerie, les tonneaux, barils, poteries, verres, etc. 3° Le Chenevinge, ou chanvage : toutes toiles grosses et fines, ouvrées et à ouvrer; item la corderie. 4° La Pelleterie vieille et neuve. 5° Le Bullion des matières d'or et d'argent (4), et du 40° denier des ventes, échanges, donations d'immeubles, constitutions de cens et rentes. 6° La Batterie du métier des maréchaux, comprenant les objets métalliques travaillés au marteau. 7° Les cuirs crus et conrés (tannés), cordouan, veau, basane; item la warcolerie des selliers. 8° Les Bêtes et la graisse, lard, saindoux, suif, etc. 9° Le sel : ici, outre le 40° denier du prix de la vente, la maille, ou demi-denier que la Ville lève sur chaque franchard, et sauf le droit de Saint-Vanne (5). 10° La Grange aux bleifs, c'est à dire toutes

(1) Il n'y avait pas de Carmes à Verdun, de sorte qu'on n'y disait pas « les Quatre Mendiants. »

(2) Les gens du corps de Ville, savoir le Palais, le Nombre et le conseil, dits ensuite les gouverneurs de la cité, Sénat et Conseil, Messieurs du Magistrat, etc.

(3) C'est à dire qu'ils ne sont exempts que pour les denrées de leur propre consommation ; mais, s'ils vendent ce qu'ils n'ont pas consommé chez eux, ils en doivent le droit, aux termes du traité de 1348 avec le Chapitre.

(4) En anglais, ce vieux mot bullion s'est conservé pour dire de l'argent en barre. Dans l'autre sens, savoir 40° denier du prix de vente des immeubles, le Vendage le prend comme synonyme de ce qu'on appelait à Metz la bullette, qui était un petit sceau qu'il fallait faire mettre aux contrats; et le droit de bullette à Metz fut aussi établi à six deniers pour livre en 1380. Chron. Huguenin, à cette année.

(5) *Ut quidquid salis civitati tuæ advehitur, nusquàm in totâ civitate nisi in banno præfati montis (Sancti Vitoni) debeat vendi.* Ainsi était le droit de Saint-Vanne en 1049, quand le pape Léon IX l'enregistra dans sa bulle, sur l'attestation de Thierry. Il subsista, plus ou moins modifié, jusqu'en 1634, où le roi ayant établi dans les Evêchés la gabelle du sel, pour fonds de création du parlement de Metz, on donna à Saint-Vanne, en place de ce qu'il appelait son tranchoir au sel, un franc-salé, c'est-à-dire une livraison annuelle de sel franc, à fournir par la ferme générale des gabelles, en la quantité de deux muids, ou, en argent, 216 livres par an.

HIST. DE VERDUN. — III.   25

céréales et tous grains secs : deux deniers par franchard ; et défense de vendre ailleurs qu'à la Grange : en outre la Cuillerée, ou prélèvement en nature, à la petite mesure dite cuillerée, ancienne jointée. 11° Les Issues des grains transportés hors de la Ville et des faubourgs ; même droit de deux deniers par franchard. 12° Le Poids la Ville, un denier pour toute pesée de 25 à 50 livres, et autant par 50 livres en sus : défense de peser les objets de plus de 25 livres ailleurs qu'au Poids la Ville. 13° Le Barisel de la wède, c'est à dire la gaide ou pastel en petits barils : deux blancs par barisel (le blanc valait un tiers de sou, ou un quart de gros). 14° Les Portaiges sur les chars, charrettes, et bêtes chargées passant aux portes : char, deux deniers ; charrette 1 ; cheval, une maille ou demi denier ; et ne doublera-t-on en nuls temps, ne à foire, ne avant, ne après, ne à jour quelconque (1). 15° L'Estaple au vin, cervoise, (bierre) etc. : 15 sous par queue (deux pièces), à la décharge ; et pareil droit pour l'exportation, avant laquelle on doit conduire les vins à la place de l'Estaple à Mazel, pour payer le droit. 16° La Laine teinte et non teinte, les peaux à laine : 40° denier du prix de vente, comme à l'ordinaire. 17° La Draperie grosse et fine. 18° La Bûche : tous bois, soit de charpente, soit à brûler ; item les paixels (échalas) et le charbon. 19° La Mercerie, comprenant la quincaillerie, l'épicerie (2), la lormerie de selles, brides, etc., la mégisserie, parcheminerie ; les couleurs, garance, guède, alun, et toutes teintures, les tapisseries de haute lisse, la cire, la passementerie d'or et d'argent, les soieries, le santal (velours rouge), les vraies perles et pierreries ; bourses, coutellerie, lanternes, etc. 20° la Pêcherie : tous poissons doux et salés ; le marché du premier à la Pierre à Mazel. 21° Enfin les Moulages, ou moutures : de chaque franchard, deux pichelins (3).

(1) Les portes mentionnées en cet article du Grand Vendage sont 1° le Mesnil et Notre-Dame (pour les foins du pré l'Evêque). 2° La Chaussée. 3° Saint-Victor.

(2) Alors sans denrées dites coloniales. Le peu de sucre qu'il y avait se vendait, comme remède, chez les apothicaires, sur les drogues desquels le Vendage ne met aucun droit. Jusque vers la fin du XVII° siècle, on ne vendit de dragée que chez eux.

(3) On ne connaît pas les prix d'adjudication des Fermes de la Ville dans ces anciens temps ; mais on peut se faire une idée de l'importance relative de chacune d'elles par les « remonts » ou enchères du Grand Vendage. Pour la Friperie, on ne pouvait enchérir que par 10 sous. Chavant 20. Chenevinge 20. Pelleterie 30. Buillon 40. Batterie 60. Cuirs 60. Bêtes et graisse 100. Sel 60. La Grange 100. La Cuillerée 4 franchards. Le Poids 20 sous. Le Bari-

Vers ces années, on commença à sceller les actes de la Ville, non plus au vieux sceau *Civitas Virdunum*, qui était celui de l'universitei et communitei des citains, tombée ou tombant en désuétude, mais à l'armoirie impériale de l'aigle à deux têtes et à grandes ailes éployées, autour de laquelle on mit pour inscription, au lieu du simple mot Cité, ceux-ci : les Jurés de la cité, en cette forme : *S. les jurcis de la citei de Verdun* (1). Ce changement arriva peu de temps après les diplômes de 1374 et 1378 : et il exprima en blason la transformation communale dont ils étaient le couronnement. L'aigle impériale signifiait que la ville était immédiate de l'Empire, comme l'avait reconnu Charles IV, à la diète de Metz : *imperii sacri fideles, nobis et ipsi imperio immediatè subjecti* (2); et l'inscription, au nom des Jurés seuls, indiquait, en particulier, que la Commune populaire, à laquelle cet empereur avait refusé confirmation, lors de cette diète, était maintenant remplacée par un corps bien constitué, et bien approuvé, de magistrature lignagère qui, en signe de l'autorité dont il tirait ses pouvoirs, éployait l'aigle impériale sur la cire de ses actes officiels : en commentaire de quoi, il fut dit, dans la suite, que le Magistrat était représentant du Saint-Empire, et son vicaire dans la cité. Il ne tint pas aux Jurés, Sénat et Conseil qu'on ne crût que l'aigle de leur sceau était d'ancienneté immémoriale ; ils le dirent et l'écrivirent, en 1390, au bailli de Chaumont, lequel eut peine à y ajouter foi ; et, en fait,

Sceau à la double aigle

sel 10. Le Portaige à la Chaussée 40. Au Mesnil 50. A St-Victor 20. L'Estaple 20 francs. La laine 20 sous. La Draperie 60. La Bûche 60. La Mercerie 100. La Pêcherie 40. Les Moulages 10 livres.

(1) Le sceau qui subsiste, et dont nous donnons la gravure, ne parait que sur des actes du xv⁵ siècle ; mais, dès la fin du xiv⁵, on trouve des empreintes absolument semblables, sauf que les têtes de l'aigle ne sont pas couronnées. Ce premier sceau à l'aigle fut sans doute brisé, ou perdu par quelque accident. Il paraît assez probable qu'on le fit immédiatement après le diplôme de 1374 ; du moins il devait être en usage depuis plusieurs années déjà en 1390, quand les communaux écrivirent au bailli de Chaumont la lettre que nous rapporterons.

(2) Ci-dessus, p. 258, 59, note.

nous n'avons pas trouvé de charte municipale à l'aigle, avant le dernier tiers du XIVᵉ siècle. Pour les empereurs eux-mêmes, cette armoirie ne remontait qu'à Louis de Bavière (mort en 1347), qui mettait en support à ses sceaux deux aigles, dont ses successeurs firent, par réduction, une seule à deux têtes. Des anciens usages de notre cité il resta encore quelque temps ce vestige que l'universitei et communitei des citains, et son sceau *Civitas* subsistèrent, l'une en protocole, l'autre à la fin des actes qu'il fallait rendre bien obligatoires et mettre à l'abri de toute contestation possible : nous en avons vu un exemple dans le contrat d'acquisition de Montaubain, en 1388; et ainsi écrivit-on encore la reprise de la garde de France, en 1396: puis ces choses tombèrent peu à peu en tel oubli que, lors du démêlé de Psaulme avec le Magistrat, en 1549, pas un seul des témoins entendus ne sut dire du sceau autre chose sinon qu'il portait une aigle à deux têtes, et que c'était là l'armoirie de la Ville (1); et, quand le gouverneur français voulut, en 1608, que l'on supprimât cet emblème impérial, les municipaux lui objectèrent que, de tout temps, l'aigle avait été l'armoirie de la cité (2).

Ruine des Apremont. — A la fin de ce chapitre, nous raconterons la ruine des Apremont, de laquelle il ne nous a pas encore été possible de parler, au milieu de la continuité des événements. Elle fut consommée en 1377, par le partage que les ducs Wenceslas et Robert se firent de leurs dépouilles; mais les documents laissent ici bien des détails dans l'obscurité. Dès 1369, sans qu'on sache pour quelles causes, ni comment se préparait alors la catastrophe, Gobert fut, comme nous l'avons dit, emprisonné à Gondrecourt, par ordre de la duchesse Marie; et l'évêque Jean de Bourbon, ayant arrêté ses filles passant devant Charny, les envoya en otages à

---

(1) *In quo sigillo est insculpta aquila habens duo capita; et hæc sunt insignia civitatis*, disent tous les témoins, à peu près dans les mêmes termes.
(2) Registre de la Ville, 7 juin 1608. Répété en 1611, à l'ocasion d'armoiries à l'aigle, mises aux torches des processions de la Fête-Dieu.

Damvillers, au pouvoir de Wenceslas. Il est vraisemblable que ce Gobert, qui fut l'Infortuné, et son père Joffroi, celui-là même qui avait obtenu subrepticement le diplôme de prince, tramèrent alors quelque chose, en profitant de la captivité du duc de Bar à Metz ; mais leur entreprise réussit si mal qu'il fallut que Gobert, pour sortir de prison, reconnût que « feu son père avoit commis et forfait le fief de Dun » (1). Il y avait déjà longtemps que ce fief de Dun plaisait et convenait au Barrois, comme bien situé entre Stenay et Clermont ; et nous avons vu, en 1235, qu'à l'instigation du comte Henri II, Gobert le Bienheureux en avait fait félonie à l'évêché (2) ; mais ce Gobert ne prévoyait pas ce qui devait arriver là à ses descendants. Pour l'Infortuné, quand on le déposséda de Dun, on lui épargna les termes odieux de commise et de forfaiture, qui signifiaient, en droit féodal, confiscation sur un feudataire indigne ; et on écrivit l'acte en forme d'échange qu'il était censé faire de cette châtellenie contre le village de Brouenne, où était une vieille maison forte, presque inhabitable ; à quoi on ajouta, à cause de la plus value évidente de Dun, quelques droits sur les moulins, le tonneu, le poids et le passage de Stenay ; et force fut à Gobert de donner charte qu'il était content. Tout ceci est antérieur à 1377, où les documents parlent de ces choses comme accomplies (3). Alors parut sur cette scène un

(1) Termes d'une charte citée par D. Calmet, art. Dun, dans la Notice de Lorraine, avec mention, en marge, que l'original est à la chambre des comptes de Bar. S'il y avait un arrêt de la Chambre royale de Metz sur Dun, on y trouverait sans doute la date et l'indication précise de cette charte et d'autres ; mais la Chambre ne s'occupa pas de Dun, à cause de la donation qui en avait été faite au prince de Condé.

(2) Ci-dessus, tom. II. p. 597.

(3) « Gobert, sire d'Apremont (on n'ajoute plus de Dun), ayant échangé jadis avec le duc de Bar la tour, donjon, chastel, etc. de Dun, contre la forteresse de Browaines (Brouenne, près Montmédy), les moulins, poids, tonneu, passage de Sathenay, et s'en trouvant alors satisfait, néanmoins ladite forteresse de Browaines n'étant mie plaisante et agréable, ne de force compétente pour y demeurer sûrement, etc..., avons, depuis icelui contrat et échange, tendu à ce que puissiens obtenir la forteresse et donjon

nouveau poursuivant, le duc Wenceslas, non, ce semble, qu'il y ait eu coalition formelle, comme avait été la ligue de 1358 contre l'évêque Hugues, et comme fut celle de 1380 contre Pierre de Bar : mais le principe général de la haute confédération des ducs était qu'en toute dépouille opime il devait y avoir part à deux : en vertu de quoi, Robert s'étant le premier nanti de Dun, c'était au tour de Wenceslas d'avoir un contre-lot, pour lequel il prit Apremont même : et il en chassa les anciens sires brusquement et honteusement, comme débiteurs insolvables d'une dette qu'il évaluait à la somme énorme de 96 mille florins. Cependant cette expropriation forcée, ayant été décrétée et exécutée par lui-même, de son plein pouvoir, ressemblait à une voie de fait; de sorte qu'il crut nécessaire de faire légaliser cette procédure, le 17 avril 1377 (1), par le seigneur dominant du fief, Thierry de Boppart, évêque de Metz, auquel il alla offrir hommage et demander investiture; ce que s'empressa d'agréer l'évêque, enchanté de voir la principauté immédiate et subreptice d'Apremont ainsi mise au néant par le frère même de l'empereur

de Busancei (Buzancy, Ardennes, vers Grand-Pré), ensemble la ville dudit Busancei et la terre d'illec, pour et au lieu de ladite Browaines; et de notre part lui furent offertes plusieurs choses, et de sa part plusieurs quises (requises) et demandées; sur quoi n'eûmes aucun effet... Charte du 15 juillet 1377, citée par M. Dumont, Ruines de la Meuse, III. 31.

(1) Cette date du 17 avril 1377 est certaine, non seulement par l'arrêt de la Chambre royale de Metz sur Apremont, mais par le texte même de l'hommage de Wenceslas à Thierry de Boppart, dans les pièces justificatives de M. Servais, I. 490; « Nous Wenceslas de Bohesme, etc. Comme nous ayons présentement en notre main et puissance le chastel d'Apremont, avec toutes ses appartenances, pour certaines causes (qu'il ne juge pas à propos de déduire), à savoir est que nous reconnaissons avoir prins et tenir en fied et hommaige de révérend père en Dieu l'évesque Thiedrich de Metz... Ces lettres données l'an de grâce 1377, le 17ᵉ jour du mois d'avril » (dates en toutes lettres dans la pièce). En conséquence il faut rectifier D. Calmet, qui dit (Dissert. sur la maison d'Apremont, en tête du tom. III. p. VI de l'Hist. de Lorraine, 2ᵉ édit.) que l'hommage de Wenceslas à Thierry de Boppart est du 17 février 1377. Ce février 1377 étant 78 de notre style, il s'ensuivrait que cet hommage de Wenceslas est postérieur à l'arrangement de Gobert avec Robert, le 15 juillet 1377 : ce qui donnerait un autre aspect aux choses.

auquel Joffroi l'avait extorquée. Alors Gobert, en détresse de périr dans ce gouffre de rapacité, invoqua Robert, en lui promettant que, s'il pouvait, par bons offices de médiateur, le rétablir à Apremont, ce domaine sauvé serait à tout jamais sous la haute main des ducs de Bar; et il y eut, pour ce sujet, des conférences sans résultat entre les deux ducs, à Verdun, en mai 1377 (1); puis, le 15 juillet suivant, Gobert écrivit, comme en une sorte d'acte de dernière et impuissante volonté, les conditions de son arrangement avec Robert. En préambule, il déclarait que ses ancêtres et lui ayant toujours été noblement renommés dans leur haute baronnie d'Apremont, il souhaitait très-désireusement qu'il en fût ainsi de ses descendants à perpétuité, sans que jamais ils pussent en être privés, déshérités, ni forclos; puis, et attendu que c'était également une chose très-désirable que lui et sadite famille parvinssent et se maintinssent au meilleur amour et dilection dudit seigneur duc de Bar, et que la terre d'Apremont fût à l'utilité du pays de Barrois; enfin, attendu encore qu'il restait, en troisième désir, pour le bien de sa maison, que Brouenne, dont jadis il avait été content en échange de Dun, fût maintenant échangé contre Buzancy (2); pour ces causes, et moyennant ledit échange, lui Gobert, sur son honneur et sur les saints évangiles, pour lui et ses hoirs à toujours, jurait que jamais rien du domaine d'Apremont, tant qu'ils l'auraient, ne serait vendu, aliéné, engagé, inféodé, mis en garde, vouerie, ou ressort quelconque, ni non plus affranchi à bourgeoisie ou à entrecours, sans licence et congé par écrit du seigneur

(1) Annal. de M. Servais, 1. 522, 23.
(2) Acquis par Robert, en 1366, pour 4000 florins, sur Henri de Grand-Pré, chevalier. Cet Henri devait être un puîné ayant Buzancy pour apanage: du moins la liste des comtes de Grand-Pré donnée par Miroy ne mentionne en ce temps aucun comte Henri. Buzancy, aujourd'hui chef-lieu de canton dans les Ardennes, côté limitrophe de la Meuse, était ordinairement le titre de l'aîné de Grand-Pré, du vivant de son père. — Nous verrons bientôt cette maison de Grand-Pré en décadence, et Robert intervenir aussi dans ses affaires.

duc (1). Telle fut la dernière charte des Apremont pour leur ancien domaine, au moment où ils le perdaient. Elle eut effet pour Buzancy, que Robert consentit à leur laisser contre Brouenne, non tout à fait par générosité et grandeur d'âme, ni par pitié de leur chute déplorable, mais moyennant abandon de la moitié de ce qui revenait à Gobert dans la succession, fort obérée d'ailleurs, de son oncle Jean, sire de Conflans et de Forbach, frère du Joffroi qui avait obtenu le diplôme princier (2). Quant à la chose principale, c'est à dire Apremont, titre et patrimoine de la famille, on ne put jamais amener Wenceslas à le rendre; et peut-être les arrangements que nous venons de rapporter eurent-ils pour effet de le rendre encore plus intraitable, parce qu'il vit clairement au pouvoir de qui tomberait cette grande terre, s'il s'en dessaisissait. Après sa mort, en 1383, la branche ducale de Luxembourg étant éteinte, le duché, avec la nouvelle acquisition d'Apremont, revint à la branche impériale : et l'empereur Wenceslas prit des mesures dont l'exposé se mêlera aux événements que nous rencontrerons dans le chapitre suivant.

Ce nouvel accroissement de Luxembourg, survenant après l'acquisition du comté de Chiny, en 1364, et une autre anticipation, toute récente, sur Jametz, que Geoffroy, le dernier de cette famille, fut obligé, en 1378, de soumettre à Wenceslas, avec un château reconstruit tout à neuf (3), portèrent le roi de France Charles V à aviser de

(1) Cette charte dans M. Dumont, Ruines de la Meuse, III. p. 31-33. C'es[t] celle dont nous avons déjà cité le commencement.

(2) Dans cette succession se trouvait Rouvres, que l'évêque Richer avait laissé aller à son frère Albert de Briey, et qui de lui était passé aux Apremont, v. ci-dessus, tom II. p. 166, et D. Calmet, Notice, art. Rouvre en Woëvre. Par charte du 5 janvier 1387 (88 av. P.), que l'on trouve dans M. Dumont, ibid. p. 37. Robert disposa de ce qui lui était ainsi revenu dans un certain nombre de villages en faveur et en récompense de son amé et féal écuyer Thomas d'Apremont, qui était un Apremont aux Morlettes v. ci-dessus, p. 96, note 2.

(3) Sur Jametz, ci-dessus, p. 105 et 116, où nous avons mentionné la charte de soumission de Geoffroy à Wenceslas, en 1378. Elle est dans Berthollet, VII. Preuves, p. XLI, où il faut lire Gemetz, au lieu de Gamay

son côté au bon état de sa frontière, pour l'affermissement de laquelle il acquit, le 16 juillet 1378, Mouson et Beaumont de l'archevêque de Reims Richard Piques, auquel il donna, en échange, d'autres terres dans l'intérieur de la Champagne; de sorte que la France gagna sur nos confins une sorte de pointe, que Charles VI avança, peu après, jusqu'à Sedan, et qui fut là, en quelque sorte, ce qu'était Vaucouleurs vers le Bassigny et la Lorraine. Mouson, alors place forte, appartenait à l'église de Reims par donation de Clovis, lors du fameux baptême des Francs; quant à Beaumont (1), qui était aussi fortifié, c'est un endroit célèbre dans nos annales par sa charte, dite loi de Beaumont, donnée, en 1182, par l'archevêque Guillaume-aux-Blanches-mains, et que l'on prit pour modèle dans la plupart de celles d'affranchissement de nos campagnes. Charles V mourut, peu après, en son château de Beauté du bois de Vincennes, le 16 septembre 1380; et, le 4 novembre suivant, l'archevêque Piques sacra Charles VI, âgé d'environ treize ans; à ce sacre assistèrent nos ducs Wenceslas et Robert; puis le jeune roi ayant été armé chevalier, arma à son tour, entre autres seigneurs, Henri, fils aîné de Bar, à peu près de même âge que lui. Des changements de règne arrivèrent aussi en Empire et en Luxembourg, aux environs de l'an 1380; l'empereur Charles IV mourut à Prague le 29 novembre 1378; son frère le duc Wenceslas à Luxembourg, le 7 décembre 1383, laissant son duché à son neveu de même nom que lui, Wenceslas l'empereur, fils de Charles IV : et les grands personnages de l'histoire se trouvèrent ainsi renouvelés au commencement des années dont nous allons raconter les événements dans le chapitre qui suit.

<small>La France acquiert Mouson et Beaumont.</small>

---

ajouter le mot huit à la date de la fin. V. Ch. Buvignier, Jametz et ses seigneurs, p. 6. Cet endroit ne devint notable qu'à partir du XVIe siècle, sous les La Marck.

(1) Ardennes, canton de Mouson, non Beaumont du dépt. de la Meuse.

Sceau des Jurés de la Cité.

CHAPITRE III

PREMIÈRE MOITIÉ DU RÈGNE DE CHARLES VI. — AFFAIRE DU PARIAGE DE L'ÉVÊCHÉ. — RÉTABLISSEMENT DE LA GARDE DE FRANCE. — ÉPISCOPAT DE LIÉBAULD DE CUSANCE.

De 1380 à 1404.

Dans ces années, encore heureuses, comparées à celles qui vinrent après, la France reprit son ascendant sur notre frontière. Sa garde et protection furent restaurées à Verdun : peu s'en fallut même que le roi n'y acquît la souveraineté, en se faisant associer par l'évêque Liébauld aux droits régaliens de la principauté temporelle. Le Barrois était tout Français, depuis le mariage du duc Robert avec Marie fille du roi Jean : et, quand nous terminerons ce chapitre, nous verrons le Luxembourg sur le point de le devenir aussi, par l'avènement au gouvernement de ce duché de Louis d'Orléans, frère du roi. C'est à ce point qu'avait mené les choses Charles VI, au milieu de son long règne; mais déjà sa démence devenue notoire, et la haine qu'avaient prise l'un contre l'autre son frère d'Orléans et son oncle Philippe de Bourgogne présageaient de nouveaux malheurs et une autre décadence, qui fut encore plus profonde que la première.

Cette fin du XIVe siècle s'écoula dans les déchirements du grand schisme, par lequel les Trois-Évêchés furent mis dans l'alternative, ou de passer de fait à la France, en recevant leurs évêques du pape d'Avignon, ou de rester à l'Empire, en obéissant à son pape de Rome. Nous avons déjà dit comment, dès l'origine de cette grande querelle, nos trois diocèses suivirent l'église gallicane, malgré leur

Le schisme dans les Trois-Evêchés.

métropolitain de Trèves, adhérant à la papauté romaine, reconnue de presque tous les princes du corps germanique. En 1379, Clément VII, espérant se les rallier, envoya, comme légat d'Avignon en Allemagne, son habile cardinal Guillaume d'Aigrefeuille : ce légat eut peu de succès; et il échoua notamment près des deux Wenceslas, l'empereur et le duc; de sorte que nos évêchés restèrent de ce côté la limite extrême de l'obédience clémentine. D'Aigrefeuille ne pouvant aller plus loin que Metz, passa un an entier dans cette ville, assurant et étendant de là, autant qu'il put, son territoire de légation. Il arriva vers la saint Jean d'été 1379; et, dit la chronique, « lui obéit toute la clergie de Metz, de Verdun et de Toul, fors l'évesque des Prêcheurs (1) », et quelques chanoines, qu'on essaya d'abord de convertir en les mettant en prison; puis on les laissa s'en aller à Coblenz, vers l'archevêque de Trèves, soutien de leur désobéissance. Guy de Roye, encore alors évêque de Verdun, et avignonnais invariable dès le commencement, envoya, sans aucun doute, en notre diocèse ses mandements à l'appui de ceux du cardinal (2); mais il s'éleva un dangereux contradicteur dans la personne de Rolin ou Roland, damoiseau de Rodemach, trésorier du Chapitre de Metz, et l'un des chanoines fugitifs : ce Rolin et son frère Jean, aussi damoiseau, se firent donner, peu après, commission de l'empereur Wenceslas pour punir, au nom du pape de Rome, les schismatiques clémentistes,

---

(1) Chron. Huguenin, p. 114. — Cet évêque des Prêcheurs était, comme celui des Cordeliers, que nous avons vu à Verdun sous Henri d'Apremont, un *in partibus*, faisant les fonctions épiscopales en suffragance, c'est à dire en suppléance; et le peuple leur donnait le nom des couvents dont ils étaient religieux, et où ils résidaient. L'évêque des Prêcheurs de Metz, qui ne voulut pas reconnaître le pape d'Avignon, se nommait Bertrand : quelques détails sur lui dans les Bénéd. II. 582.

(2) On trouve ainsi mention du mandement du cardinal dans le grand inventaire de la cathédrale, p. 4, n° 19 : « *Mandatum* de Guillaume, cardinal de St-Etienne et légat du saint siége, à tous les évêques, Chapitres, communautés et particuliers des Trois Evêchés de reconnoitre Clément VII pour légitime et seul pape. De l'an 1379. »

corps et biens, autant qu'on en pourrait atteindre de la frontière (1). Ce n'était point une vaine menace : car les Rodemach, de la haute noblesse du Luxembourg, avaient, du côté de Metz, leur grand et fort château, vers Thionville (2); et, du côté de Verdun, Damvillers, que la vieille douairière Béatrice de Bourbon, leur parente et leur amie, tenait à leur disposition. Il paraît qu'on fut content d'eux dans leur parti; car, quand on sut dans cette ligue que Guy de Roye était transféré à Dol, et qu'à la recommandation du duc Philippe de Bourgogne, oncle du roi, Clément VII donnait Verdun à un français, du nom de Liébauld de Cusance, l'empereur Wenceslas fit venir de Rome des bulles d'Urbain VI pour Rolin de Rodemach lui-même, lequel, soit afin de forcer la main aux chanoines, soit en punition de ce qu'au contraire ils recevaient Liébauld, fit ravager leurs prévôtés de Sivry et de Merles par la garnison de Damvillers, avec quantité de ruineuses et odieuses vexations, qui duraient, dit la plainte qu'on en fit, en 1388, à Charles VI, lors de son passage à Verdun, « dès l'an de l'élection de notre évêque Liébauld, quand le Chapitre administroit encore en vacant » (3); et ces hostilités furent

Rollin de Rodemach, prétendant à l'évêché de Verdun.

(1) « Sachiez, doien et chanones de Metz, et toute clergie de l'éveschié qui croient pape Clément, que telles lettres et commandements sont venus à notre damisou Rollin de Rodemacre, triserier (trésorier) de Metz, de par le hault prince le roi (Wenceslas roi des Romains), et dou saint siége de Rome, que vueult mettre et faire mettre mains à tous les clergies qui croient pape Clément, à lors corps et à lors biens, ainsi comme notre damisou aultrefois vous ait escrit que il le faut faire. Et, pour tant, je Jehan de Chainen, je Hellewich de Gueningen, etc., et je Jehan de la Folliée, escrivain de damisou Jehan de Rodemacre, vous faisons savoir que nous convient faire ce que notre damisou nous commande... en tesmognaige dou séel notre damisou Rollin de Rodemacre, qui est placquié en ceste présente, pour nous tous, l'an de grâce 1381, le XVIᵉ jour de janvier. » Preuves de l'Hist. de Metz, IV, 335. Cette pièce étant luxembourgeoise, doit être datée à la mode de Trèves.

(2) C'est aujourd'hui un bourg assez considérable du département de la Moselle. — Sur la maison, alliée à celle de Luxembourg, V. Berthollet, v. 216, et VII. 337. Eteinte au commencement du XVIᵉ siècle. Le vrai nom luxembourgeois est Rodemacheren.

(3) Cette pièce, dans Wassebourg, p. 451.

commises au nom de la dame de Damvillers, Béatrice reine de Bohême, qui dut préalablement faire pareil défi que celui que les gens de Rodemach avait adressé de leur château au Chapitre de Metz.

L'évêque Liébauld de Cusance.

Cet évêque Liébauld de Cusance, dont le début se fit au milieu de si grandes discordes, par lesquelles se continuaient les dévastations de la guerre de Pierre de Bar, était d'une noble et ancienne famille de la comté de Bourgogne, dite Franche-Comté : il avait porté le froc bénédictin dans l'abbaye de Luxeuil (1); et on le connaissait dans le monde avignonnais pour la propagande zélée qu'il avait faite en faveur de l'obédience clémentine aux pays flamands, qui étaient le prochain héritage que son souverain Philippe de Bourgogne attendait de son mariage avec Marguerite de Flandre. On trouve, dans les anciennes histoires bourguignonnes, plusieurs Cusance mentionnés avec honneur (2); dans la suite, leur nom fut connu en Lorraine par la belle Béatrice, qu'épousa le duc fugitif Charles IV; et on sait encore de cette famille qu'elle s'apparenta avec celles de Saulx et de Tavannes ; de sorte que le maréchal de Saulx-Tavannes, le premier gouverneur français de Verdun, après 1552, se rattachait en lignage à l'évêque qui, deux siècles auparavant, avait voulu établir chez nous la souveraineté du roi. — Pour l'avénement de Liébauld, dont la date n'est pas bien marquée dans nos auteurs (3), il résulte des documents que cet évêque dut

(1) *Luxovii pullam qui sumpsit primò cucullam*, porte son épitaphe.
(2) En 1360, Jeanne de Cusance, parmi les exécuteurs testamentaires de mademoiselle de Bourgogne, sœur du duc Philippe le Hardi. En 1362, Girard de Cusance, avec des chevaliers bourguignons au secours du comte de Flandre, dans Bruges. En 1412, Jean de Cusance chargé par le duc de Bourgogne du commandement de ses troupes contre les Anglais, etc. V. l'Hist. de Bourgogne des Bénédictins. — Dans l'affaire du Pariagium, le roi envoya à Verdun, avec le bailli de Vitry, messire Hustin de Saulx, chevalier, parent de l'évêque. — Le lieu de Cusance, ou Cuisance, aujourd'hui du dép' du Doubs, non loin de Baume-les-Dames.
(3) Wassebourg met cette date à l'an 1378; et Roussel le copie, suivant sa coutume. Il résulte de la lettre du Chapitre, rapportée ci-dessus, que Guy de Roye était encore évêque, ou considéré comme tel, au moment du siége

être nommé en cour papale antérieurement au 11 juin 1380 (1), et que le Chapitre l'ignorait, ou feignait de l'ignorer encore au mois de septembre suivant, quand il écrivit à Guy de Roye, censé toujours évêque, la lamentable lettre que nous avons rapportée, pour le prier de postuler en faveur de l'abbé de Gorze Nicolas de La Petite-Pierre; mais cet abbé étant mort en ce temps même, tout le monde se rattacha à Liébauld. Le Chapitre non seulement le reçut, mais fit de lui une élection dans les formes (2), de peur sans doute que les Rodemach ne prétendissent que c'était un intrus, sans autre titre qu'une nomination du pape schismatique; et la Ville, attendu qu'on était dans des circonstances tout à fait exceptionnelles, et que l'empereur avait le malheur de ne pas reconnaître le véritable pape, reçut le nouveau prélat sans investiture impériale (3).

de Charny et de la mort de Pierre de Bar : or ces événements sont positivement fixés à l'an 1380 par la chronique du doyen de St-Thiébauld et par les comptes barrois. Le récit de Roussel sur les premières années de Liébauld est plein d'incohérences et de circonstances qu'il ajoute arbitrairement et péniblement, pour faire cadrer les faits avec sa chronologie erronée, qu'il eût dû rectifier d'après le passage du doyen de St-Thiébauld, dont il pouvait lire le texte dans les Preuves de D. Calmet.

(1) A cette date du 11 juin 1380, on trouve dans les extraits de D. Colloz, reconnaissance de Jean de Ludres écuyer, fils de Ferry de Ludres, aussi écuyer, qu'il a reçu de Liébauld de Cusance, évêque de Verdun, la somme de deux mille francs d'or stipulée pour le dégagement de Dieulouard, que les de Ludres tenaient en gage depuis le temps de Hugues de Bar. — Cette date du 11 juin 1380 n'est pas une erreur de chiffre, car elle est répétée dans le dégagement du 4 octobre 1382 de l'autre partie de Dieulouard engagée aux Manonville, et rachetée de Marguerite d'Haraucourt, veuve de Thirion de Manonville. Liébauld parait avoir fait ces rachats pour mettre Dieulouard aux mains de son frère Girard de Cusance, par acte du 10 février 1386, (87 av. P.); et ce Girard en fit de nouveaux engagements.

(2) *Elegistis, imò potius intrusistis*, dit l'empereur Wenceslas, dans la lettre que nous allons rapporter. Le Chapitre, dans sa doléance de 1388 à Charles VI, dit, de la même manière, « l'an de l'élection de notre évesque Liébauld ».

(3) Le principal document est ici l'exposé, en forme de préambule, que fait l'empereur Wenceslas dans sa lettre au Chapitre, en 1384. « *Wenceslaus, Romanorum rex electus semper augustus, Bohemiæ rex. Dudum sanctissimus dominus noster Urbanus papa sextus, attentâ nobilitate generis, litterarum scientiâ, vitæ et morum honestate venerabilis Rolini de Rodemach, consanguinei*

Liébauld de Cusance trouva le domaine de l'évêché redevenu presque entièrement libre, et la dette principale éteinte par la mort de Pierre de Bar, le dernier des Pierrefort; et, quelque tragique et ruineux qu'eût été cet événement, il ne laissait pas de donner une fort heureuse issue au système des usufruits viagers, combinés par Jean de Saint-Dizier. En fait, c'était un notable service rendu à la mense par les confédérés de 1380, accidentellement, il est vrai, et sans qu'on eût à leur garder beaucoup de reconnaissance de leurs bonnes intentions; car, sans parler de leurs ravages de guerre, Wenceslas occupait toujours Mangienne, en vertu des arrangements de 1358; et Robert ne voulait pas s'en aller de Sampigny, bien qu'il n'eût plus là prétexte d'ennemi à chasser : quant à Charny, que personne ne revendiquait, il était ruiné de fond en comble. Liébauld eût bien souhaité que nos bourgeois, complices fort empressés de cette destruction, aidassent, au moins pour quelque chose, à la réparation ; mais il ne put tirer d'eux que des excuses : ils rejetèrent la faute de la ruine sur les deux ducs, et, en premier lieu, sur Pierre de Bar, qui, n'étant plus là pour répondre, pouvait être chargé à merci; de sorte qu'il fut dit qu'on n'avait pu faire autrement que de détruire le château, parce qu'il l'avait trans-

nostri dilecti, sibi de ecclesiâ Virdunensi, tunc vacante, providit : quâ provisione non obstante, unum secundùm vos elegistis, imò potius intrusistis, qui, ut dicitur, confirmationem suam à Roberto de Gebennâ (Clément VII, que les urbanistes appelaient Robert de Genève) *antipapâ, dicitur accepisse. Cui etiam, in contemptum domini nostri papæ prædicti, nostrum et sacri romani imperii, castra, munitiones et bona Virdunensis ecclesiæ resignastis, immemores beneficiorum et gratiarum quibus vos et ecclesiam vestram insignivit divorum imperatorum et regum romanorum religio : de quo non immeritò serenitas nostra admiratur. Et, quia dominus noster papa Urbanus, verus et catholicus papa esse dignoscitur, nihil aliud ex intentione vestrâ colligimus nisi quòd divum Carolum, Romanorum quondàm imperatorem augustum, dominum et genitorem nostrum carissimum, nos, imperium sacrum et electores dicti sacri imperii, intenditis adstruere non esse catholicos, et fidem catholicam non habere ; et suggestione perversâ inducti, in talem rebellionem prorupistis et persistitis obstinatè. Quocircà, etc.* — La suite plus loin. — Cette lettre est, non de 1379, comme le disent Wassebourg et Roussel, mais de 1384 : et le mot *dudùm* aurait dû les avertir que l'empereur parlait de choses arrivées depuis un certain temps déjà.

formé en repaire de routiers. Comme l'évêque craignait que la Commune, s'il se brouillait avec elle, ne se tournât du côté de Rodemach, il accepta ces explications; et il rebâtit Charny à ses frais, s'estimant peut-être heureux de n'avoir plus que ce sacrifice à faire pour fermer le gouffre de déficit où étaient les finances épiscopales depuis les malheureux temps de Hugues de Bar (1). Quant au recouvrement de Mangienne et de Sampigny, il y eut, en ces affaires, des circonstances que nous aurons tout à l'heure à exposer, dans la suite des événements.

Le 7 décembre 1383, mourut à Luxembourg le duc Wenceslas, sans enfants; de sorte que son duché passa à son neveu Wenceslas l'empereur; et ce fut une grande révolution dans l'équilibre politique de notre pays; car par là finit Luxembourg comme principauté indépendante, et commença la rupture de cette coalition Luxembourg-Bar dont nous avons vu les exploits, depuis la cessation de la garde de France. Froissart, qui était l'aumônier et le secrétaire du défunt duc, et qui lui ressemblait trop de caractère pour ne pas l'aimer, composant avec lui un roman de

Mort du duc Wenceslas.

---

(1) Accord entre Liébauld, évêque, et les citoyens, sur ce que ledit évêque prétendoit qu'ils étoient tenus de rebâtir la forteresse de Charny, qu'ils avoient ruinée et abattue, quand Pierre de Bar faisoit la guerre : à quoi répondoient que ledit Pierre, par ladite forteresse, couroit jour et nuit sur leurs terres, rançonnoit et tuoit; et n'avoient point été chefs de l'entreprise, mais les ducs de Luxembourg et de Bar, qui assiégèrent la place jusqu'à ce qu'elle fut rendue et ruinée, l'évêque précédent étant absent; et, pendant que les Compagnies tenoient ladite place, avoient lesdits citoyens perdu plus de cent mille écus de France de bon or. Sur quoi, après plusieurs pourparlers, ledit Liébauld, certain desdites oppressions, les quitte à toujours du démolissement d'icelle forteresse de Charny, et de toutes autres maisons et édifices de la prévôté; et, pour sûreté de ne jamais les inquiéter, leur donne pour pleige et caution monss' Girard, seigneur de Cusance, chevalier, son frère; et prie et requiert au doyen et Chapitre vouloir confirmer et mettre leur sceau. Fait le 20 avril 1382. — Autres lettres des mêmes, et du même jour, par lesquelles, voulant ôter toute matière de débat entre eux, ils ont élu honorables hommes seigneur Bertrand de Germiny, doyen de l'église, pour la part de l'évêque, et seigneur Simon de La Porte, échevin du palais, pour la part desdits citains; auxquels ils donnent pouvoir d'apaiser et pacifier tous débats. Inventaire de Lorraine.

Méliadus, ou du Chevalier au soleil d'or, dans lequel ils mettaient en commun leur prose et leurs vers de chansons, rondeaux et virelais, écrivit ainsi l'éloge du bon maître qu'il perdait : « En cette année trépassa, en la cité et duché de Luxembourg, le gentil duc Wincelant de Bohesme, qui fut noble, joli, frisque, sage, armeret et amoureux; et, quand il issit de cest siècle, adonques disoit-on que le plus hault prince et le mieux enlignaigé estoit mort. Dieu en ait l'âme! et gist en l'abbaye de Vaulclerc delez Lucembourg; et demora veuve madame la duchesse Jehanne de Brabant; et oncques depuis ne se remaria (1). Cette duchesse veuve Jeanne garda le Brabant, son patrimoine; puis il passa d'elle à sa nièce Marguerite de Flandre, laquelle était femme de Philippe duc de Bourgogne; et de là vinrent aux derniers et fameux ducs de Bourgogne leurs grands domaines flamands, auxquels ils ne tardèrent pas à joindre le Luxembourg lui-même, que la maison impériale, manquant d'héritiers, laissa aller à eux par Elisabeth de Gorlitz.

L'empereur Wenceslas duc de Luxembourg.

Wenceslas l'empereur prit possession de son héritage ducal luxembourgeois le 7 août 1384; puis, l'ayant gardé trois ans, il l'engagea, en 1387, à son cousin Josse de Moravie; et ces deux dates se confondirent entre elles dans les chroniques messines, qui rapportent les mêmes faits les unes à la première, les autres à la seconde de ces années (2). Pour Verdun, nos pièces officielles constatent que, le 25 oc-

---

(1) Froissart, liv. II. ch. 216, tom. II. p. 192, édit. Buchon. Il résulte de ce passage que le duc Wenceslas ne fut pas d'abord inhumé à Orval, où était, dans les derniers temps, son mausolée en marbre noir, avec statue de marbre blanc, et épitaphe française, où il était qualifié duc de Luxembourg, Brabant, Limbourg, Lothier, et comte de Chiny.— Lothier était le nom qui restait de l'ancien duché de Basse-Lorraine, du haut moyen-âge.

(2) Au dimanche après la saint Martin 1384, dit le doyen de St-Thiébauld, dans Calmet, Preuves, II. 185. Au même dimanche 1387, dit Philippe de Vigneulle, dans Huguenin. p. 117. Il est certain par les chartes que Wenceslas vint en Luxembourg en 1384; mais plusieurs des faits racontés par les chroniqueurs messins vont mieux à la date de sa seconde venue en 1387.

tobre 1384, l'empereur duc renouvela, pour sa vie, notre traité de garde expiré à la mort de son défunt oncle : les conditions restèrent les mêmes, ainsi que la censive annuelle de 500 florins d'or ; puis, le 1ᵉʳ novembre suivant, fut institué gardien, à vie aussi, le sénéchal luxembourgeois Uthard de Elters, qu'on appelait, dans le roman pays du Luxembourg français, Huard ou Hue d'Autel (1), personnage qui fut chez nous, contre Liébauld, le mandataire et l'homme de confiance de l'empereur, lequel, en 1387, l'agrandit et l'affermit en lui transmettant héréditairement le grand fief d'Apremont, comme nous ne tarderons pas à le raconter. Pour Liébauld, il essaya, à l'occasion de la venue de l'empereur, en 1384, d'entrer en quelque bonne relation avec cette cour impériale, où il était au plus mal ; et il mit en avant une demande de restitution de Mangienne, conformément à un article du testament du feu duc (2) ; mais Wenceslas répondit sèchement qu'il ne connaissait pas d'évêque de Verdun du nom de Liébauld, et qu'il exécuterait le testament de son oncle quand on aurait mis en possession l'évêque légitime ; de sorte que Mangienne resta en séquestre, non seulement sous Wenceslas lui-même, mais encore sous son engagiste Josse, et jusqu'à l'avénement du duc d'Orléans en 1402 : à l'avantage, du reste, de ce territoire, que le séquestre protégeait contre les hostilités de Béatrice et des Rodemach à Dam-

Hue d'Autel gardien.

(1) Ces lettres d'institution de Hue d'Autel, comme gardien de Verdun, le 1ᵉʳ novembre 1384, dans les extraits de D. Colloz. « Hubard d'Autel est institué gardien et protecteur de la ville de Verdun le reste de sa vie, comme lui-même (Wenceslas) doit la garder et protéger, le reste de la sienne, en vertu des lettres (annexées) du 25 octobre précédent, qu'il a accordées à ladite ville. Il abandonne en conséquence audit Hubard les 500 florins et les deniers sur les feux, qu'il doit recevoir tous les ans de la Ville ; ledit Hubard ne devant, de son côté, rien exécuter, ni rien toucher desdites sommes qu'au nom de Sa Majesté. »

(2) Ce testament n'est pas celui que l'on trouve à l'an 1378, dans les preuves de Berthollet, pour la succession au duché. Bien qu'on n'en connaisse pas d'autre, il est certain, par la demande que Liébauld présenta au duc d'Orléans, qu'il y avait du duc Wenceslas des dispositions particulières, dont l'une était la restitution de Mangienne.

villers. Non content d'avoir ainsi rebuté Liébauld, l'empereur écrivit d'Arlon au Chapitre, le 24 septembre, un mois avant la rénovation de la garde de la Ville, une longue lettre de blâme et de reproches sur l'élection, ou plutôt, disait cette pièce, sur l'intrusion qu'on avait faite de ce prétendu évêque Liébauld en 1380 : c'est dans cette lettre que se trouve le préambule historique que nous avons déjà rapporté comme document ; et la missive se terminait par une menace de procéder contre le Chapitre à toute rigueur, *ad pœnas graviores,* s'il ne se hâtait de déposséder son intrus (1). Il n'en fit rien ; et les Rodemach se chargèrent d'exécuter, aux dépens des terres de l'église, la condamnation *ad pœnas graviores.*

Suite du schisme

Cette affaire des évêques contestés pour cause de schisme devenait grave. Ce n'était plus seulement à Verdun qu'il y avait deux compétiteurs ; car l'évêque de Metz Thierry de Boppart étant mort le 18 janvier 1384, les luxembourgeois firent nommer à sa place, par le pape de Rome, un des notables de leur noblesse, Thielman Boise ou Voise (2), que rejetèrent le Chapitre et la Ville de Metz, en

(1) *Quocircà vos monemus, sub obtentu nostra gratiæ, firmiter et districté, quatenus, posthabitis excusationibus quibuslibet, amoto vestro electo, seu potius intruso, dicto Rolino tanquam pastori et episcopo vestro efficaciter obedire studeatis, sibique castra, munitiones et bona episcopatus Virdunensis resignare curetis, nullam sibi difficultatem amplius inferendo, facturi taliter ut nostra excellentia vos de obedientià commendare habeat, et non procedere ad pœnas graviores, responsum vestrum super hoc habere intendentes. Datum in Arluno, XXIV mensis septembris, regnorum nostrorum anno Bohemiæ* XXII, *Romanorum verò* IX. — Wenceslas avait été couronné roi de Bohême le 15 juin 1365, à l'âge de deux ans, et élu roi des Romains le 10 juin 1376 : de sorte que ces chiffres indiqueraient l'an 1385 ; mais il comptait sans doute l'an commencé : car la série des faits et la comparaison des pièces qu'on trouve dans les Preuves de l'Hist. de Metz, IV. 358, indiquent clairement l'an 1384. Il est impossible d'admettre la date 1379 donnée à cette pièce par Wassebourg et Roussel. — 1384. Privilèges accordés à Marville par Wenceslas roi des Romains et de Bohême, duc de Luxembourg. « Invent. de Marville. » Ceci doit se rapporter à peu près au temps du passage de Wenceslas à Arlon.

(2) On trouve, dans une charte de 1411, « messire Guillaume de Boise de Waldeck, chevalier, mainbour et gouverneur du pays de Luxembourg et comté de Chiny, pour et au nom de très-excellent prince le roi des Romains et de Bohesme ». Dans les Preuves de Bertholet, VII, LXXIII.

recevant Pierre de Luxembourg-Ligny, nommé par Avignon; mais celui-ci était un jeune homme, sortant à peine de l'adolescence; et il ne s'occupait que de piété et de bonnes œuvres, de sorte que Wenceslas, son parent d'ailleurs, le craignait peu, tandis qu'il s'acharna contre Liébauld, notoirement français, et suspect de vouloir livrer son évêché à la France. Ce fut encore pis, en 1385, quand vint à Toul, comme pour compléter le nombre des trois évêques clémentistes, « un certain Jean de Neufchâtel (comme le qualifiait l'empereur), se disant cardinal administrateur de par le pape Clément VII » (1). Vu l'éloignement des lieux, on ne suscita pas là de compétiteur luxembourgeois; néanmoins il y eut à Toul une émeute où, sous prétexte de faire exécuter l'ordonnance impériale et d'empêcher Neufchâtel de prendre possession, on mit le Chapitre en fuite; et l'hôtel épiscopal fut saccagé. De pareils troubles à la paix publique étant de mauvais exemple, et l'intervention de la France pouvant être attirée par ces excès, Wenceslas envoya Hue d'Autel, avec mission de s'opposer au désordre, tout en exigeant des chanoines une élection urbaniste, qu'ils persistèrent à refuser; de sorte que Hue assiégea leur château de Void; alors ils se réclamèrent de Charles VI, qui leur envoya en aide le bailli de Chaumont; et il fallut faire une transaction en vertu de laquelle les Toulois, restant urbanistes, puisque tels ils voulaient être, durent laisser leur Chapitre en liberté réciproque d'être,

(1) *Quemdam Joannem de Novo-Castro, qui se cardinalem falsò denominat, seque gerit pro episcopo ac administratore Tullensis ecclesiæ.* Lettre de Wenceslas, dans Thiéry, Hist. de Toul, t. 522. « Monseigneur le cardinal don Nuef-Chastel, administrateur de l'église et évesché de Toul », disent les documents. Ce Jean de Neufchâtel avait déjà été évêque de Toul avant le schisme : puis Clément VII, son parent, le fit cardinal, le 25 décembre 1383 : alors il se substitua à Toul un certain Savin de Florence; après la mort duquel il voulut reprendre Toul : ce qui occasionna les troubles de 1385. Cette manière de prendre un évêché, de le quitter, puis d'y revenir, ressemble fort au droit de regrès dont le cardinal Jean de Lorraine fit, au XVI⁰ siècle, de nombreuses et remarquables applications à Toul et à Verdun : et il se pourrait que le regrès soit encore une invention remontant au temps du schisme.

de son côté, clémentiste à son bon plaisir. Quant à leur évêché, il demeura au cardinal Neufchâtel, qui le fit administrer par un évêque *in partibus*, lui-même résidant en cour d'Avignon, jusqu'à sa mort, en 1398; alors Wenceslas voulut imposer sur la mense une amende égale à la somme des revenus de trois ans, en punition de ce qu'on avait laissé le défunt prélat jouir sans investiture. Cette tentative échoua, comme les autres; de sorte que la papauté de Rome n'eut d'autres représentants chez nous que Voise et Rodemach, se qualifiant élus l'un de Metz, l'autre de Verdun, mais ne pouvant pas plus l'un que l'autre prendre possession, et réduits à protester inutilement d'intrusion contre ceux qui les mettaient dehors. Nous remarquons que Pierre de Luxembourg et Jean de Neufchâtel furent qualifiés dans leurs évêchés, non pas évêques, mais administrateurs perpétuels; et, plus tard, il en fut également ainsi à Verdun pour le cardinal de Bar, en 1420. Ces administrations perpétuelles semblent avoir été alors des titres encore peu connus; car nous verrons les Messins incidenter et se méprendre, ou feindre de se méprendre sur les droits d'administrateur de Pierre de Luxembourg : en réalité ces droits étaient la pleine, entière et inamovible jouissance tant du revenu que de la juridiction spirituelle et temporelle; de sorte que le perpétuel administrateur était absolument la même chose que l'évêque, sauf qu'en chancellerie on ne le qualifiait pas ainsi, pour éluder les empêchements d'âge, de cumul ou de non résidence, l'administration pouvant se faire par délégués temporels, avec suffragant *in partibus* pour le spirituel. Ce furent là les inventions dont s'enrichit la pratique de la cour papale, au temps du schisme : et elles durèrent malheureusement bien plus que lui; car nous les retrouverons, fort perfectionnées, au XVIe siècle, en faveur des cardinaux de Lorraine, et autres grands personnages. — Pour en finir avec Rodemach, sa parenté et leurs hostilités, notre Chapitre composa, moyennant

1600 francs, plus une prébende pour le soi-disant évêque, sans charge toutefois à lui ni d'assistance ni de résidence, son orthodoxie ne lui permettant pas de prier Dieu avec les schismatiques; et il resta ainsi jusque vers l'an 1400, se titrant toujours élu de Verdun, et ayant d'ailleurs, sous Josse, la qualité plus effective de sénéchal de Luxembourg (1).

Arrangement sur Sampigny.

Le duc Robert, ne pouvant, en sa qualité de prince français, traiter d'intrus les évêques clémentistes, ni, sous ce prétexte, garder Sampigny, comme Wenceslas avait gardé Mangienne, prit un biais, qui fut de n'y rétablir Liébauld qu'en viager, et à charge qu'il consentirait qu'après lui le domaine reviendrait en l'état où il l'aurait reçu, c'est à dire au pouvoir du duc de Bar : ce que notre évêque accepta, par acte du 10 septembre 1384 (2); et nous verrons, dans les temps suivants, que pareille condition fut imposée à chacun de ses successeurs; de sorte que l'ordre de choses devint, à Sampigny, que les évêques jouirent, comme par le passé, sauf qu'à leur mort, la forteresse s'ouvrait aux officiers du duc, lesquels n'en mettaient le nouvel évêque en possession qu'après engagement renouvelé par lui qu'à son décès, la main ducale reviendrait de la même manière. Ceci s'observa tant que dura encore la maison de Bar, puis, après elle, sous les Lorraine-Anjou, et même sous le premier Lorraine-Vaudémont René II, qui expulsa de ce domaine l'évêque Wary. Cet arrangement,

---

(1) « Nous Rolant de Rodemach, esleu de Verdun, comme seneschaul du duchié de Luxembourg, et Henri d'Orle chevalier, gouverneur en roman pays dudit duchié, pour hault et puissant prince monss' le marquis de Morave et de Brandebourg, etc., 4 mars 1399 (1400, av. P.). Dans D. Calmet, Preuves, II. 677, 1ʳᵉ édit. Les Bénédictins, Hist. de Metz, II. 596, citent aussi de Thielman de Voise, élu de Metz, des actes de 1391 et de 1405.

(2) « Lettres de Liébauld évesque de Verdun, par lesquelles il reconnoit que Robert duc de Bar lui a baillé la ville, forteresse, etc., de Sampigny, pour en jouir sa vie durant, ou tant qu'il sera évesque de Verdun, suivant les lettres qu'il a dudit duc; et reconnoit la grâce qu'il lui a faite, et consent qu'après son décès ladite forteresse ouvre audit seigneur duc. Fait le 10 septembre 1384 ». Invent. de Lorraine.

à l'origine, paraît avoir eu pour but politique d'empêcher que Sampigny, à proximité des Sarrebrück de Commercy, ne passât jamais ni en leurs mains ni en celles de quelque autre dangereux personnage, comme avait été Pierre de Bar; mais on ne voit pas clairement sur quels motifs de droit Robert imposa une telle sujétion. Aux termes formels du traité de 1375, qui excluait toute transmission de l'engagière en ligne collatérale (1), cette châtellenie revenait libre et franche à l'évêché par la mort de Pierre sans enfants; de sorte que Robert n'y pouvait prétendre droit d'engagiste; et il ne paraît pas qu'en fait il l'ait prétendu, puisque ni lui, ni ses successeurs ne reconnurent à l'évêché faculté de rachat, comme elle existait pour tout engagement. Ce n'était pas non plus qu'ils prétendissent à Sampigny aucune suzeraineté; car alors ils eussent exigé du nouvel évêque foi et hommage, en le mettant en possession; de sorte que, pour cause du nouvel arrangement, nous ne trouvons que la raison politique. En explication historique de ce qui se fit, on peut conjecturer que, comme en ce temps de 1384, Robert se débattait contre le cousin germain, héritier de Pierre de Bar, il fut répondu à Liébauld, quand il demanda restitution de Sampigny, que la succession de Pierre n'était pas encore réglée; que le duc, en qualité d'héritier, ou de cessionnaire de l'héritier, pourrait avoir des comptes à présenter et des remboursements à poursuivre, mais que néanmoins, de grâce et bonne amitié pour l'évêque, et pour ne pas le faire attendre si longtemps, il consentait à le mettre en possession viagère, les choses restant en état, et sans préjudice des réclamations futures, s'il s'en trouvait. Il ne paraît pas qu'il s'en soit trouvé; du moins de

---

(1) Ci-dessus, p. 348. Hugues de Bar ayant, après la guerre de 1358, racheté son engagement de Sampigny au duc Robert (ci-dessus, p. 281-82), il n'en restait plus d'autre que celui de Jean de Bourbon aux Pierrefort, en 1362, (ci-dessus, p. 313), reconnu par Jean de Saint-Dizier, et compris dans le traité viager de 1375.

quelque apparence; car, bien qu'on eût eu, pendant le long épiscopat de Liébauld, tout le temps d'examiner les titres, on se borna, quand arriva Jean de Sarrebrück, en 1404, à lui imposer, en pareils termes, renouvellement de l'engagement de son prédécesseur. Il est encore à remarquer qu'à cette même date du 10 septembre 1384, où Liébauld souscrivit son engagement, Wenceslas lançait contre lui, d'Arlon, la lettre impériale que nous avons rapportée; ce qui dut rendre notre prélat peu difficile sur les conditions de Robert; et celui-ci, de son côté, était tenu envers l'évêque établi et soutenu par la France à plus d'égards qu'il n'en eût peut-être montré, si l'ancienne coalition Luxembourg et Bar se fût maintenue dans toute sa vigueur d'envahissement; mais l'affaire des évêques clémentistes commençait à faire brèche à l'accord des deux duchés; et leurs relations se compliquant en outre de querelles de voisinage, finirent par devenir tellement mauvaises que la seconde venue de Wenceslas en Luxembourg, l'an 1387, devint comme le signal d'une grande irruption luxembourgeoise sur le Barrois environnant.

Le 8 octobre 1385, vint à Verdun le bailli de Chaumont Jean Morel, se plaignant que d'un vol de deniers royaux récemment commis à sa recette, par le receveur Etienne Josson, était complice ou du moins recéleur maître Pariset de Saint-Mihiel, chanoine des deux Chapitres de Verdun. Sur cette plainte, le maître échevin Jean Martel et le Nombre de Justice ayant fait arrêter cet accusé, le remirent à Jacques Devaux, official de l'évêché, lequel l'incarcéra aux prisons épiscopales, pour lui être son procès fait en officialité; mais le Chapitre se récria, prétendant qu'il aurait fallu le mettre à la geôle du cloître, et procéder contre lui en justice capitulaire. Une telle irrégularité étant, au point de vue canonial, grave infraction de priviléges, il fut décidé qu'on appellerait sur le champ en renfort les confrères de la Magdeleine; et l'opposition unanime ayant été résolue, les deux corps se transportèrent ensem-

Affaire Pariset.

ble, dès le lendemain, en la cour de l'hôtel épiscopal, pour y faire lire par trois notaires une protestation de nullité, sans entrer à l'auditoire, de peur de paraître reconnaître la juridiction de l'official. Celui-ci, voyant cette respectable émeute, s'avança et dit, avec courtoisie, que personnellement il croyait au bien fondé de la réclamation des Chapitres; mais, attendu que le devoir de sa charge était de ne rien céder ni compromettre au préjudice du droit à discuter de l'évêché, il allait lui-même partir aussitôt pour Hatton-Châtel, où était en ce moment le seigneur évêque, afin de conférer avec lui, et de prendre ses ordres; provisoirement il demanda aux réclamants s'ils étaient d'avis qu'on fît enquête de tous les cas semblables dont il y aurait souvenir, et qu'on s'en tînt aux us et coutumes dont l'existence ancienne serait ainsi constatée (1). Ce n'était pas là une proposition très-séduisante pour les capitulants; car, au fond, elle aboutissait à remettre en discussion et lumière publique tous les cas de crime ou de délit grave commis, de mémoire d'homme, par eux, ou des gens de leurs corps; néanmoins ils tenaient tant à bien établir leur possession d'immunité qu'ils passèrent sur cet inconvénient, à condition toutefois qu'on informerait *de plano*, c'est à dire sans monter sur les siéges de justice; ceci toujours de peur de fournir contre eux présomption de juridiction : et l'évêque acceptant de son côté l'enquête, et

(1) *Quibus auditis, dominus officialis respondit : Prout mihi videtur, asseritis quòd ecclesiæ et ecclesiarum canonici, et cæteræ personæ majoris et beatæ Mariæ Magdalenæ ecclesiarum sunt exempti à jurisdictione domini mei Virdunensis, et quòd earum decani et Capitula jurisdictionem habeant in singulares personas et canonicos ecclesiarum suarum, in quibuscumque causis civilibus et criminalibus, et quòd hujusmodi exemptionis et jurisdictionis fueritis et sitis ab antiquo in possessione notoriâ. Et benè credo quòd ità sit : tamen, pro jure domini mei Virdunensis conservando, ego quæro à vobis si de notorietate possessionis vestræ prædictæ velitis informari. Qui quidem dominus Nicolaus, nomine quo supra, respondit quòd sic, et quòd paratus erat fidem facere de dictâ notorietate. Quo audito, dictus dominus officialis respondit non videri sibi bonum ulteriùs procedere, donec præmissa omnia deduxisset ad notitiam domini Virdunensis, magistri sui, ad quem in brevi intendebat iter arripere ad Hattonis-Castrum.* — Ce procès-verbal est très-long.

s'y faisant représenter par l'official, le grand vicaire Aymon, le bailli et le procureur de l'évêché Huet de Bellevue et Jean Maudet, avec pouvoir de délivrer Pariset à qui de droit, selon ce qui serait trouvé, l'information s'ouvrit, le 13 octobre 1385, à la chapelle Saint-Jean du cloître. Wautrec, premier témoin appelé, en sa qualité de doyen séculier et de notable ancien de la cité, déposa ainsi, selon le procès-verbal latin, que nous traduisons en l'abrégeant un peu :

Premier témoin. Jean Wautrec, doyen de la laie justice, 74 ans. Dit qu'il est de notoriété publique que ce n'est pas à l'officialité épiscopale, dite cour de Verdun, qu'on porte plainte contre les membres, ou gens des deux églises canoniales; on va trouver les doyens capitulaires, qui assignent jour pour ouïr et terminer en Chapitre. Prié de spécifier quelque chose de particulier, le témoin a cité le fait de Berthillonne, laquelle, il y a environ 40 ans, sous Henri d'Apremont, disparut, pendant une nuit de Noël, de la maison de son maitre le chanoine Gauthier de Saulx, personnage aussi mal noté qu'elle. Peu après, des bergers apportèrent à Sainte-Croix, où on expose les corps des inconnus trouvés morts dans la banlieue, une malle repêchée par eux dans un étang, et contenant un cadavre qui fut reconnu pour celui de Berthillonne assassinée. Gauthier protesta, de tous ses serments et paroles d'honneur, qu'il était étranger à ce crime affreux; néanmoins le Chapitre, voyant qu'il ne prouvait son alibi que pour les heures de l'office, le fit mettre dans la prison du cloître, où il resta près de deux ans, sans opposition ni revendication de sa personne par aucune autre Justice. Enfin on découvrit que l'assassin était le frère de Gauthier, ennemi de la Berthillonne, parce qu'elle tirait à elle le bien et l'argent de son maitre; alors on délivra le prisonnier, qui ensuite quitta la ville, en permutant son canonicat (1).

(1) *Dixit etiàm, per dictum suum juramentum, quòd jàm sunt quadraginta anni, vel circà, quòd, domino Henrico de Asperomonte tunc existente episcopo, contigit, in quâdam vigiliâ Nativitatis Domini, quòd quidam magister Gualterus dictus de Saulx, quondàm canonicus dictæ ecclesiæ Virdunensis, habebat ancillam quæ dicebatur esse ejus concubina et nominabatur Berthillona, quæ in dictâ nocte, horâ decantationis matutinarum, fuit interfecta : de quo magnum scandalum fuit; itâ ut quasi omnes de hoc loquerentur : et, hujus occasione, captus fuit dictus magister Gualterus per dictos dominos decanum et Capitulum, et in*

2e témoin. Collignon Thiébauld, citain de Verdun, 80 ans. N'a jamais vu les gens de Chapitre assignés à l'officialité, ni pour délits, ni pour dettes, comme on y assigne les autres ecclésiastiques; *sed coràm decano et Capitulo suo corrigi consueverunt, et ibidem adjornari*. La croyance commune et publique (*communiter, palàm et publicè*) est qu'ils sont exempts de la juridiction épiscopale. Interrogé sur l'affaire de Gauthier, répond qu'il fut incarcéré de l'autorité du doyen et Chapitre. — Mêmes dépositions, à peu près, de Jacques Garsile, citain, 70 ans; de Roland d'Ancel-Rue, échevin du Palais, 55 ans; et de son collègue Henriet du Morier, 45 ans. Jean du Morier, grand-père de celui-ci, était l'un des quatre vergers commis par le Chapitre à la garde de Gauthier; et le témoin, alors enfant, accompagnait souvent le domestique qui portait des vivres au cloître pour ce prisonnier.

7e témoin. Simonin Vautrin, ancien maître échevin, présentement l'un du Nombre de Justice, et notaire à la cour de Verdun, ajoute, en cette dernière qualité, que, quand un membre ou officier de Chapitre emprunte de l'argent, il faut, si le créancier entend se réserver faculté de le poursuivre devant ladite cour d'officialité épiscopale, qu'on en insère clause formelle en l'acte, afin que l'emprunteur accepte lui-même cette juridiction. En outre, quand la cour de Verdun veut entendre une personne de Chapitre, elle l'assigne par lettres rogatoires *in juris subsidium*, non par commandement péremptoire. — Gillon le Bossu, 60 ans, ayant 40 ans de notariat, déclare qu'il a toujours vu les actes se faire ainsi. — Mêmes dépositions d'Etienne

quâdam camerâ in claustro ecclesiæ incarceratus; et ibi ferè per biennium fuit sic detentus, palàm, publicè et notoriè. Et contigit quòd dictæ Berthillonæ corpus, quod secretò portatum fuerat in quâdam mallâ extrà Virdunum, et projectum in quodam stagno, desuper aquam enatavit : quod videntes pastores traxerunt ad ripam, et apertâ mallâ invenerunt istud corpus mortuum : et fecerunt grandia hahay, et convenit ibi populus multus; et reportatum fuit ad Sanctam-Crucem in Virduno, sicut fieri consuevit de aliis interfectis in finagio Virdunensi; et juventum fuit quòd erat corpus dictæ Berthillonæ. Et dictus magister Gualterus probavit coràm dominis decano et Capitulo quod, tempore perpetrationis homicidii prædicti, ipse erat ad matutinas in ecclesiâ Virdunensi; et fuit repertum quòd quidam frater suus, qui dolebat ex eo quòd ipse consumebat se et substantiam suam ergà dictam Berthillonam, fecerat hoc homicidium; et ideo domini absolverunt dictum magistrum Gualterum, et liberaverunt eum à carceribus suis, ac in consortium suum receperunt ut priùs : sed ipse postmodùm præbendam suam permutavit, et à Virduno recessit. Nec unquàm dictus dominus episcopus contra dicti Gualteri detentionem, vel ejus causæ cognitionem et decisionem, per dictos dominos decanum et Capitulum reclamavit, vel de hoc in aliquo se intromisit.

Chaillard, notaire de la cour de Verdun, et de Hugues de Fleury, de celle des archidiacres.

Productions du Chapitre de la Madeleine. 1° Une sentence de 1515, rendue par lui entre messire Bertrand Fornel, l'un de ses chanoines, et les parents de Jacquemard, dit Warcol, tué lors des batailles des lignages; lesdits parents accusant Fornel d'être complice, ou instigateur de ce meurtre; celui-ci au contraire se plaignant d'être injustement diffamé par les accusateurs; rendu suspect aux gens de bien, même au seigneur Henri d'Aprémont, et poursuivi de propos outrageants par les rues. 2° Autre procès, en 1522, sur ce que Richer Blaise, chanoine, ayant dit, à l'article de la mort: « J'ai, en mon escrin, ou sacraire de la Madeleine, trente-cinq souls de florins de Florence », on n'en avait néanmoins trouvé que 15; à raison de quoi les héritiers portèrent plainte devant le Chapitre contre maître Nicolas, chapelain de Saint-Oury, responsable du sacraire, et en ayant les clefs. 3° La réponse de Henri d'Aprémont, en 1330, à des remontrances capitulaires au sujet de l'arrestation de Jean de Metz, chanoine de la Madeleine et curé de Saint-Sauveur, accusé d'adultère avec une paroissienne; sur quoi l'évêque dit qu'il retiendrait l'accusé, et le ferait juger en officialité, non comme chanoine, mais comme curé; et on prit acte de cette réponse (1). — Toutes ces pièces présentées aux notaires de l'enquête, pour qu'ils vérifiassent les signatures de leurs anciens prédécesseurs.

En décision, l'official et les conseillers de l'évêché dirent: Nous reconnaissons que vous possédez, de fait, juridiction sur vos membres, depuis 40, 60 ans, et même plus; nous vous réintégrons en cette possession, et vous rendons l'ariset; à réserve toutefois au seigneur évêque de faire, s'il le juge à propos, enquête sur son droit, si cette juridiction est sienne, au fond, et lui appartient, bien qu'exercée par vous. Alors on ôta les fers au prisonnier, on le transféra au cloître; et les Chapitres, en séance, dirent au prévôt de Chaumont: « Nous vous offrons justice de notre confrère que vous accusez, et que nous détenons jusqu'à sentence rendue sur votre plainte » (2).

<small>(1) *Reverendus pater eis respondit : Domine præposite, certum et verum est quod dictus Johannes, licet sit vester canonicus, tamen unà cum hoc est rector seu perpetuus vicarius parochialis ecclesiæ Sancti Salvatoris in nostrà jurisdictione consistentis; nec contrà ipsum super prædicto excessu cognoscimus, sive procedimus tanquàm contrà vestrum canonicum, sed tanquàm contrà nobis subditum, ratione dictæ parochialis ecclesiæ.*

(2) *Venerabiles domini, ego et isti domini qui sumus officiarii et de consilio*</small>

Juridiction du Chapitre sur ses membres.

On ne fit jamais l'enquête de droit qu'avait réservée à l'official; et le Chapitre demeura en possession paisible de sa juridiction sur ses membres, tout comme il était resté, malgré l'opposition plus que séculaire, et toujours inutile de l'évêché, en possession de la juridiction archidiaconale. C'était un corps fort entreprenant et très-tenace que le Chapitre; et, en fait d'empiétements sur l'évêché, il n'avait rien à envier aux communaux. Vers ce temps, il commença à faire passer en force de chose admise, ou de coutume approuvée, sa prétention d'être immédiat du saint siége, c'est à dire indépendant de toute autre autorité que de celle de Rome, tellement que, si l'évêque ou, comme il l'appelait, l'Ordinaire diocésain, lui envoyait quelque ordonnance, même au spirituel, il en interjetait appel, comme d'une anticipation sur les droits du pape. L'honneur de la première mise en vigueur de cette habile tactique paraît revenir au Chapitre de Metz qui, en 1377, s'entendit avec sa collégiale Saint-Sauveur, semblable à la Madeleine de Verdun, pour fermer les portes à la visite et inspection de l'évêque Thierry de Boppart, en lui opposant un appel *ad apostolos*, c'est-à-dire en cour de Rome. Ce n'était pas là sans doute le premier acte de désobéissance canonique; et il est bien probable qu'il y en avait déjà quelque coutume; mais jamais l'insoumission ne s'était produite avec un tel éclat; car elle fit si grand scandale qu'aux Rogations

Son privilége d'immédiateté.

domini Virdunensis episcopi, benè videmus quòd vos satis probastis vos esse in possessione exemptionis, jurisdictionis et libertatis per vos prætensarum à quadraginta annis, et sexaginta, et ultrà. Et idcircò, reservatâ quæstione proprietatis domino Virdunensi episcopo, si super hoc voluerit experiri veritatis quæsitum, dictum Parisetum existentem in domo domini nostri Virdunensis nos reddemus, et restituemus vobis tanquàm exemptis, vestram possessionem vobis redintegrando et restituendo... Et dictum Parisetum fecerunt solvi et liberari à compedibus ferreis..., et deductus est in claustro ecclesiæ Virdunensis, ut incarceraretur... Quibus peractis, præfatis dominis decanis et omnibus ecclesiarum prædictarum canonicis qui voluerunt interesse, in sacrario ecclesiæ Virdunensis congregatis, et capitulantes, evocari fecerunt præpositum de Calvo-Monte prædictum, et per vivæ vocis organum præfati domini decani ecclesiæ Virdunensis, sibi proponi fecerunt : Domine præposite, nos offerimus vobis de Pariseto concanonico nostro, quem tenemus in carceribus nostris, facere vobis justitiæ complementum, etc.

suivantes, le clergé refusa de suivre les croix des Chapitres, et les laissa passer sans honneurs et sans sonnerie devant les portes closes des églises (1). En 1379, vint le cardinal d'Aigrefeuille, légat de Clément VII : alors les chanoines, voulant sortir de querelle à leur honneur, le prièrent de les visiter et réformer lui-même, en vertu d'une bulle qu'il ferait venir d'Avignon; ce qu'il accepta, de peur qu'ils ne se jetassent dans le parti romain; et ils transformèrent sa visite en précédent qu'il fallait un légat du pape pour les inspecter. Quant au Chapitre de Verdun, qui s'empressa, comme on pense bien, d'apporter son bon exemple à l'appui de la bonne cause, il écrivit à Clément VII cette lettre de l'an 1380, que nous avons vue (2), dans laquelle il lui affirma qu'il était immédiat de son saint siège : ce que ni Guy de Roye, qui se démettait en ce moment, ni Liébauld de Cusance, qui arrivait au plus fort de la guerre de Pierre de Bar, ni Clément VII lui-même ne contredirent; toutefois Clément ne ratifia la nouvelle qualité ni par expression formelle, ni même par allusion quelconque dans sa bulle de 1386, au sujet de la princerie. Liébauld la contesta en 1401, dans ses statuts synodaux, mais seulement d'une manière implicite, et déjà tardive; car le Chapitre, à force de répéter sa formule, commençait à y accoutumer le public; enfin, et assez longtemps après, Rome la reproduisit textuellement dans ses bulles; ce qui en passa pour reconnaissance légale. Telle est l'histoire de ce fameux privilége capitulaire d'exemption de toute juridiction épiscopale : il n'y en avait pas de

---

(1) « Pour ce que l'évesque Thiedrich les vouloit visiter comme les autres; mais ne le voulurent souffrir, et en appelont à cour de Rome. Or advint que, quand on porta les premières croix à la saint Marc, les moines noirs ni les nonains n'allont mie avéc eux : et, quand ce vint aux secondes croix qui sont dites les Rogations, lesdits moines, et aussi lesdites nonains, et pareillement tous les curés firent clore les huis de leurs églises, et ne laissèrent point entrer lesdits chanoines, et ne sonnèrent nulles cloches à leur venue, non plus mais que si des bergiers, des champs eussent passé avec leurs bestiaulx. Chron. Huguenin, à l'an 1377, p. 113.

(2) Ci-dessus, p. 375.

titre écrit; du moins on n'en produisit jamais (1): de sorte qu'il semble n'être venu que d'une coutume introduite par les intéressés eux-mêmes, et prescrite grâce à leur obstination. Le Chapitre s'y maintint néanmoins jusqu'à la fin du XVIIe siècle; et il fallut aux évêques de ce temps vingt années de procès au conseil d'Etat de Louis XIV pour le débouter de cette exemption qui fut jugée abusive, et qui avait en effet servi de voile à bien des désordres.

Les capitulants de 1385 réussirent également bien dans une autre fort grande affaire, qu'ils entreprirent pour empêcher que le princier Daulry (connu seulement par son absence perpétuelle) n'eût un successeur, et qu'après lui la princerie ne tombât en commende, comme elle y avait déjà été de fait, sous le cardinal Talleyrand, et comme menaçait de l'y mettre indéfiniment la nouvelle pratique de la curie romaine, qui réservait au pape la collation de toutes les dignités donnant rang de chef de corps. Il y avait déjà près de deux siècles qu'on se passait à Toul de princier et de princerie; et on était parvenu à ce résultat d'une manière très-simple, en supprimant cette prélature et en en répartissant le revenu entre les prébendes (2); mais, sauf en ce dernier point, l'exemple de Toul n'était pas à suivre à Verdun, parce que la suppression pure et simple de la princerie eût mis le grand archidiaconat à elle uni en péril d'être perdu pour le Chapitre, et de faire de plein droit retour à l'évêché. On chercha dans les archives quand, comment et à quelles clauses s'était faite cette union, et si c'était l'archidiaconat qui avait été uni à la princerie, ou la princerie à l'archidiaconat, et si l'un des titres dominait

La princerie unie au Chapitre.

---

(1) Il fallait qu'on en fût bien au dépourvu pour qu'on transformât en exemption la franchise allodiale accordée au cloître de la Madeleine par le diplôme impérial de 1041. Ci-dessus, tom. 1, p. 490, note 2.

(2) La princerie de Toul supprimée par charte de 1120 environ, dans les preuves du P. Benoît, p. xc. *Communi canonicorum Tullensium consensu fuit conclusum ne primiceriatûs dignitas esset ulterius in dictâ ecclesiâ*, dit le droit canon, Décrétales, liv. 1. tit. 2, ch. 8. Le seul Chapitre de Metz garda son princier jusqu'en 1790.

et emportait l'autre (1); mais on ne trouva rien sur ces antiquités, qui remontaient aux temps primitifs où le Chapitre était encore corps commun et central de tout le diocèse; de sorte qu'il parut nécessaire, pour atteindre bien et sûrement le but qu'on souhaitait, de faire intervenir la pleine puissance apostolique statuant de manière à trancher toute difficulté, et par décret applicable en toute hypothèse. Ce qu'on voulait, c'était, non pas que la princerie fût éteinte : au contraire il fallait la conserver très-précieusement, mais que, subsistant en toute intégrité et avec tous ses droits, honneurs, revenus, juridictions et prérogatives, y compris, et au premier rang, l'archidiaconat à elle uni, elle fût unie elle-même à perpétuité au corps capitulaire : de telle sorte que ce fût le Chapitre en corps qui fût censé princier, et eût droit de faire exercer la princerie en son nom, et par tels délégués spirituels et temporels qu'il choisirait. En ce sens fut obtenue de Clément VII, le 4 des ides de février 1385 (86 av. P.), la bulle d'union, fort compliquée, comme l'étaient les choses qu'elle réglait (2); mais

(1) Thierry, dans sa charte pour l'union de l'archidiaconat de Woëvre à la prévôté (princerie) de la Madeleine, dit : *Ut quem fratres præpositum sibi elegerint, Virdunensis sedis antistes simul utrumque et archidiaconum et præpositum esse constituat* : ce qui semble indiquer que la collation de l'archidiaconat dépendait de l'élection à la princerie.

(2) *Clemens, etc. Pro parte dilectorum filiorum Capituli ecclesiæ Virdunensis petitio continebat quòd fructus et proventus ipsius ecclesiæ, propter guerras, mortalitatem pestesque quæ, proh dolor, in his partibus diutius ingruerunt, adeò diminuti existunt, etc... : quare fuit nobis humiliter supplicatum primiceriatum ejusdem ecclesiæ, quæ major in temporalibus dignitas post pontificalem existit, etc... Nos igitur volentes super his, quantùm cum Deo possumus, providere, prædictum primiceriatum etiam cum eodem archidiaconatu, si ipse primiceriatui, aut archidiaconatum ipsum cum eodem primiceriatu, si primiceriatus ei, vel primiceriatum ac archidiaconatum, si ipsi invicem annexi canonicè existant, etiamsi eis, vel ipsorum alteri cura immineat animarum, et etiamsi ad illos vel illorum alterum, qui vel quis consueverint vel consueverit per electionem assumi, et etiamsi dictus archidiaconatus dignitas major post episcopalem in spiritualibus in ecclesia ipsa existat, cum omni eorum præeminentia; ac omnibus annexis juribus et pertinentiis suis spiritualibus et temporalibus, Capitulo ex nunc in perpetuum, auctoritate apostolica, annectimus et unimus, ità quòd cedente vel decedente primicerio vel archidiacono qui nunc est..., liceat eidem Capitulo, per se vel alium seu alios, corporalem possessionem prædictorum,*

si bien cimentée que le conseil d'état de Louis XIV n'y put lui-même trouver rien à casser : de sorte qu'il fut obligé de laisser au Chapitre sa princerie et son grand archidiaconat, sauf à les réduire de fait à rien. Cette bulle dut coûter cher ; car il n'est pas probable que la curie ait accordé gratis l'amortissement d'un si beau bénéfice, qui désormais ne pouvait plus vaquer en cour papale ; mais il y avait une chose que toute l'habileté des canonistes d'Avignon ne pouvait empêcher : c'était que le pape Urbain ne nommât de son côté à la princerie, comme il avait nommé à l'évêché ; et ceci arriva en effet par les sollicitations luxembourgeoises du frère du sire de Boulay, qui obtint de ce pape Urbain la princerie, à posséder sous l'évêque Rodemach. Il fallut que le Chapitre, tout ruiné qu'il se fût dit dans l'exposé des motifs de sa bulle, trouvât encore une somme de trois mille florins pour se racheter des hostilités de ces prétendants ; enfin, les difficultés étant surmontées, il organisa ainsi son nouveau gouvernement. On laissa, au chœur, la stalle princière toujours vide, mais ornée d'un beau tapis, en signe que la dignité existait toujours, au-dessus du doyen. Aux séances, on établit, pour tenir lieu de princier, une sorte de bureau de trois présidents électifs, annuels, et, à cause de cette annualité, non dignitaires (1) ; de sorte que la préséance et le droit d'être

auctoritate propriâ, liberè ingredi et apprehendere, ipsamque in perpetuum retinere, fructus, redditus, etc., diœcesani loci et cujuslibet alterius licentiâ minimè requisitâ, non obstante, etc. Proviso quòd dicti primiceriatus et archidiaconatus debitis obsequiis non fraudentur, et animarum cura, si qua eis vel eorum alteri imminet, nullatenùs negligatur. Nulli ergò hominum, etc. Datum Avenione, quarto idus februarii, pontificatûs nostri anno septimo, (9 février 1385, 86, av. P.).

(1) Le Chapitre fit d'abord exercer la princerie par le tournaire quinzenier, tellement que chaque chanoine des hautes stalles eût sa quinzaine de princerie, suivant l'ordre du tableau dit *circulus quindenarum* ; mais, vers 1420, le fameux cardinal d'Ailly, visitant l'église, blâma cet usage 1° Comme faisant quelquefois tomber la princerie en mains incapables. 2° Parce que certains tournaires, quand il survenait une affaire difficile, la trainaient en longueur, pour qu'elle passât à leur successeur : *Petrus, miseratione divinâ S. R. E. tituli S. Chrysogoni presbyter cardinalis Cameracensis vulgò nuncupatus, in Moguntinensi, Coloniensi, Treviensi, etc., provinciis*

mentionné en tête des actes restèrent au doyen ; mais il ne présidait en réalité qu'aux séances dites chapitres de réforme, pour la bonne discipline du corps et de ses membres : enfin, quant à la juridiction du grand archidiaconat, l'official fut désormais à l'élection capitulaire, et dut s'intituler official de la princerie pour le Chapitre.

Des personnages les plus mémorables de ce temps furent le saint cardinal Pierre de Luxembourg, et son frère le comte Waleran Saint-Paul, celui-ci célèbre dans l'histoire de France, et dont nous aurons plusieurs fois à parler dans la nôtre, jusqu'à sa mort en 1415. C'étaient des Luxembourg-Ligny, branche cadette de Luxembourg ducal, en ce moment impérial (1) ; et, au temps où nous sommes, leur maison venait d'entrer dans la haute noblesse française par le mariage, en 1350, de Guy, leur père, avec l'héritière du comté de Saint-Paul, ou Saint-Pol en Artois. Ligny, qui était un arrière-fief de Champagne, fut, quelque temps après ce mariage, érigé aussi en comté par le roi Charles V, l'an 1367, en faveur de ce même Guy, qui périt en 1371, dans la défaite de son parent le duc Wenceslas, à Bastweiler. De sa nombreuse famille devint alors chef Waleran, qui hérita du titre des deux comtés, et eut, entre autres frères, Pierre le cardinal, et Jean, dont le fils, nommé aussi Jean, se déshonora dans la suite en livrant la Pucelle aux Anglais. Pierre naquit le 20 juillet 1369, à

Waleran et Pierre de Luxembourg.

apostolicæ sedis legatus, apostolicâ auctoritate ecclesiam Virdunensem in capite et in membris, tam in spiritualibus quàm in temporalibus reformans, constituit et ordinavit, etc., etc. *Item quòd, loco primicerii, ex hinc eligatur per Capitulum aliquis canonicorum præsidens ; et sic singulis annis revolutis..., qui præsidens temporalium suscipiat onus uno anno, vel plus, si per Capitulum reeligatur, assignatis sibi, pro condignâ recompensatione, totali et integrali ministerio primiceriatûs,* etc. — On voit, par les Registres du xv° siècle, que le Chapitre assignait annuellement *pro ministerio præsidentiæ, duodecim francos, et quinque rasa frumenti.* Dans la suite, au lieu du président unique établi par le cardinal d'Ailly, on en élut trois, pour former une sorte de commission permanente.

(1) Origine de cette maison de Luxembourg-Ligny, ci-dessus tom. II, p. 399.

Ligny, où l'on visite encore avec dévotion sa chambre natale, dans la seule tour qui reste de l'ancien château : on le mit, dès l'âge de dix ans, aux études de l'université de Paris ; et il signala dès lors son bon cœur, en allant se rendre otage aux Anglais de Calais pour son frère Waleran, fait prisonnier, et rançonné à 120 mille livres, comme seigneur de premier rang. Dans sa captivité, ce comte Waleran, qui était un homme d'heureuse chance, eut le bonheur de plaire à la belle Mathilde de Courtenay, demi-sœur du roi Richard II d'Angleterre ; et il l'épousa en 1380, au mécontentement toutefois de Charles V de France, qui mit alors ses biens en séquestre : mais il sortit de disgrâce à la mort de Charles V, cette année même 1380 ; et, l'an suivant, le vieil évêque de Metz Thierry de Boppart lui donna sa lieutenance temporelle (1), poste au moyen duquel il fit arriver son frère Pierre à l'évêché, par bulles d'Avignon, après la mort de Boppart, au commencement de 1384. L'empereur Wenceslas, bien qu'en sa qualité d'urbaniste, il dût officiellement reconnaître pour évêque de Metz Thielman Voise, pourvu à Rome, ferma les yeux sur cette promotion avignonnaise d'un Luxembourg ; et il ne cria pas à l'intrusion, comme il avait fait contre Liébauld à Verdun : cependant il se trouvait, du côté de Pierre, une défectuosité de plus, savoir qu'il n'était âgé que de quinze ans ; aussi, et encore parce qu'on lui destinait prochainement un chapeau de cardinal, ne fut-il titré dans ses bulles que d'administrateur perpétuel, comme le cardinal de Neufchâtel à Toul, en 1385. Nous avons déjà dit que ces administrations conféraient réellement l'évêché, sous périphrase de chancellerie, pour éluder les canons au sujet de la résidence, du cumul, et de l'âge compétent des évêques (2) ; mais Pierre de Luxembourg, saint enfant qui ne s'occupait que de piété et de bonnes œuvres, ne vit dans

Pierre de Luxembourg évêque de Metz.

---

(1) L'acte, du 12 novembre 1381, dans l'Hist. de Metz des Bénéd. II. 592.
(2) Ci-dessus, p. 406

l'évêché qui lui arrivait ainsi qu'un moyen de faire beaucoup de bien : il affecta aux églises et aux pauvres les deux tiers de sa mense, et s'appliqua exclusivement à la spiritualité, avec son suffragant André de Porte-Muselle, le comte Waléran étant, ou passant pour être le véritable seigneur évêque pour toute autre matière. En cet état des choses, les Messins, qui déjà, à la Chandeleur de l'an précédent 1384, avaient fait créer les nouveaux Treize par les anciens, sans intervention épiscopale, sous prétexte de la vacance du siége (1), mirent en question si le seigneur Pierre de Luxembourg, qui n'était qu'administrateur, pouvait faire la création de 1385 (2) : on laissa indécis ce point contestable; mais il fut dit qu'attendu que les Treize étaient une magistrature oppressive, tyrannique et concussionnaire, absolument comme le Nombre de Verdun, suivant Mélinon et nos communaux, il y avait lieu de saisir cette occasion de les réformer (3) : et la réforme fut qu'on les mettrait en stricte surveillance et dépendance des treize es-

(1) « En icelle année, firent les vieux Treize les nouvels, pour ce que évesque Thierry estoit mort, et n'avoit point d'évesque en Metz. » Doyen de Saint-Thiébauld.

(2) « Pour ce que ils disoient que le devantdit seigneur Pierre de Luxembourg, leur évesque, estoit devenu cardinal, et que notre saint père d'Avignon l'avoit seulement fait administrateur de l'éveschié; et question estoit qui referoit les Treize à la Chandeleur. » Philippe de Vigneulle, dans Huguenin, p. 115. — Philippe semble commettre ici un léger anachronisme : car Pierre de Luxembourg n'ayant été fait cardinal qu'à la fin de 1385, on ne put, à la Chandeleur précédente, alléguer de motif, ou prétexte contre la création des Treize par lui, sinon que notre saint père ne l'avait établi qu'administrateur.

(3) ¶ Pour que les bonnes gens de la ville ne fussient mie si fouleis des Treize, comme ils l'estoient, » dit le doyen de Saint-Thiébauld. — « Pour tant que nous avons veu et entendu plusours plaintes, on temps passei, de plusours de notre citei qui se deulent et ont dollui des injures et torsions que la Justice leur ait faites, tant de deniers, tant d'héritaiges dont les Treize ont maintes fois prins lou descord en lours mains...; et aussi pour ce que maintes gens sont plusours fois dollui de ce qu'ons ont prins dou lour, dont li proffit ne venoit mie à la Ville, ains venoit à plusours personnes particuleirement; et aussi pour tant que on voit clairement que les dous parts de la Ville (les deux tiers qu'elle a aux amendes) vont à niant, et en aultre proffit que on proffit de la Ville, etc. Préambule de l'atour. — Sur la Paix et ses wardours, » ci-dessus tom. II, p. 520-23.

wardours, qui désormais seraient annuellement électifs en paraiges et en commun, huit jours avant la Chandeleur, à cette condition que, si un ou plusieurs des élus venaient à être désignés, la veille de la fête par l'évêché, pour être du nombre de ses Treize, on procéderait immédiatement à les remplacer par nouvelles élections au collége des eswardours. Ce système ressemblait fort à celui de la Commune des Quatre et des maîtres des métiers, jadis établie à Verdun, aussi pour surveiller et redresser le Nombre; et on voit, à cette analogie, que les communaux du xive siècle, faute d'avoir pu renverser les Nombres épiscopaux, travaillaient à les abaisser et à les réduire, s'il était possible, à rien. Ce long atour des eswardours de Metz, daté du 1er février 1384 (85 av. P.), est instructif sur les précautions qu'on prit pour mettre les Treize sous le joug (1); et on récidiva, avec redoublement, dans le grand atour de la rébellion de 1405. Pierre de Luxembourg, qui n'avait pris possession que par procureur, le jour de la Pentecôte 1384, trouva, à son arrivée en 1385 (2), les eswardours en fonctions; et il ne s'en plaignit, ni ne réclama; peut-être même ne s'en aperçut-il pas, tant il faisait peu d'attention à ces choses; mais Waleran, qui y pensait pour lui, demanda que, « pour l'amour de son frère, on deffist ceste ordonnance »; puis, sur le refus des communaux, il commença des hostilités

---

(1) Il est dans les Preuves de l'Hist. de Metz, IV. 362. En tête, on ne mentionne que les cinq anciens paraiges : le sixième, celui du Commun, reste encore compris dans l'ancienne formule générale : « et toute la communauté de la citei de Metz. » Ce paraige du Commun fut formé, vers ce temps, des plus notables bonnes gens hors des cinq anciens ; ensuite tout ce qui resta hors des six ainsi constitués, fut appelé la commune. On aurait probablement eu à Verdun un pareil Commun, si les lignagers avaient voulu admettre le système de l'évêque Hugues de Bar, de laisser dans le Nombre un tiers des places aux bonnes gens du commun.

(2) « Cellui évesque fit son entrée en la cité à nuds pieds, dessus un asne, comme fit Notre-Seigneur en Jérusalem ; et lui fit la cité présent de deux gras bœufs, et deux cowes (queues) de vin, et cent quartes d'avoine ; et fit faire procession à Saint-Vincent. » Phil. de Vign., qui, non plus que le doyen de St-Thiéb., ne marque la date du jour de cette entrée; mais ils la placent tous deux après l'affaire des eswardours.

contre eux. Ceci n'avait rien de bien extraordinaire; car il ne se passait guère d'année que les cités n'eussent querelle, grande ou petite, avec des féodaux; et ce n'était pas là une chose à dégoûter Pierre du séjour de Metz, ni à le porter, quand il fut créé cardinal, au commencement de 1386, à s'en aller résider près de Clément VII. L'apparence est que son évêché lui avait été donné, comme celui de Toul à Neufchâtel, pour défrayer, en cour d'Avignon, l'éclat de leurs chapeaux; et on voit encore ici un des abus qui s'introduisirent au temps du schisme, où les finances ordinaires des papes étant réduites, pour chacun d'eux, dans la proportion de son territoire d'obédience, ils trouvèrent pour ressource d'entretenir leurs cours aux dépens des évêchés. Pour le saint cardinal de Luxembourg, ce qu'il entretenait aux dépens du sien, c'étaient les pauvres; et il s'était ainsi rendu tellement pauvre lui-même que, quand il partit de Metz, à la fin d'août 1386, le roi crut opportun de lui envoyer deux mille francs, pour lui aider à traverser la France. On supposa que Clément VII l'appelait à sa cour pour le former à quelque haute diplomatie de mission vers les princes qui tenaient à la maison luxembourgeoise, comme l'empereur Wenceslas, ou le roi Richard d'Angleterre, tous deux à convertir, s'il était possible, à la vraie papauté séant en Avignon; et c'était certainement un excellent apôtre à leur envoyer qu'un tel missionnaire, en si grand renom de vertu; mais la mort prématurée du jeune cardinal, le 20 juillet 1387, lorsqu'il atteignait à peine dix-huit ans, l'exempta de cette difficile légation. Suivant sa dernière volonté, on l'inhuma au cimetière commun des pauvres; puis, peu après, à cause des miracles qui se firent sur sa tombe, on le transféra en une chapelle Saint-Michel, que le comte Waleran décora de lampes d'argent magnifiques. Froissart, qui fut contemporain, et qui alla voir en Avignon ces « grands merveilles de miracles », écrivit dans sa chronique que le cardinal avait été réputé de tous pour homme « de très-bonne, noble et sainte vie, faisant toutes œuvres plaisantes à Dieu; doux, courtois, débonnaire, chaste, et large aumosnier, qui tout donnoit et départoit aux pauvres; et n'y eut en toute sa vie qu'humilité; et disoit-on qu'il seroit canonisé » (1). Le roi et l'université de Paris le demandèrent en effet; et la voix populaire n'attendit pas de décret officiel pour cette canonisation (2). Sur les autres personnages que nous avons rencontrés dans cette histoire du bienheureux Pierre de Luxembourg, et dont nous aurons à reparler plus loin, nous noterons d'abord que Waleran, par la fille unique qu'il eut de Mathilde d'Angleterre, devint, en 1402, beau-père d'Antoine de Bourgogne, frère de Jean Sans-Peur; et quand, après l'assassinat du duc d'Orléans, cet Antoine devint engagiste du Luxembourg, son beau-père et lui furent, chez nous, les colonnes du parti bourguignon. Mathilde étant morte, Waleran épousa, en 1393, Bonne de Bar, l'une des filles du duc Robert,

(1) Froissart, à l'an 1388, chapitre : Comment le corps saint du cardinal Pierre de Luxembourg faisoit merveilles de miracles en Avignon...; « et on se pouvoit esmerveiller de la grand' créance (confiance) que ceux du pays de là environ y avoient, et des visitations qu'ils y faisoient, et des présents que rois, ducs, comtes, dames et gens de tous états offroient : et, en ces jours que je fus en Avignon (car par là, pour le voir, je retournai de la comté de Foix), de jour en jour ces œuvres et magnificences s'augmentoient; et me fut dit qu'il seroit canonisé. Je ne sais pas comment depuis il en est avenu. » Liv. III, ch. 96, tom. II, p. 662, édit. Buchron.

(2) L'affaire de cette canonisation, dit le P. Berthier, Hist. de l'égl. gallic. à l'an 1387, fut entamée sous Clément VII (d'Avignon), puis reprise sous Martin V, et par le concile de Bâle; mais, à Rome, on ne voulut pas donner à Pierre de Luxembourg les qualités d'évêque et de cardinal, parce qu'il avait été l'un et l'autre dans l'obédience de Robert de Genève (Clément VII d'Avignon lui-même, considéré à Rome comme antipape, et exclu du catalogue); et les pays de l'ancienne obédience avignonnaise s'étant opposés à cette suppression de titres, rien ne fut conclu dans les formes : cependant l'église a fait, pour honorer Pierre de Luxembourg, l'équivalent d'une canonisation juridique. En 1527, Clément VII (de Rome) lui donna le titre de bienheureux; et, en 1600, le vice-légat d'Avignon et l'archevêque de cette ville établirent sa fête au 5 juillet. — On n'est pas entièrement sûr de l'authenticité du « livre de monsieur saint Pierre de Luxembourg, qu'il adressa à l'une de ses sœurs », ni de celle de son « livre de clergie, nommé l'image du monde ». Il existe de ce dernier une édition gothique, sans date, où l'ouvrage est donné comme « translaté de latin en françois. »

second mariage duquel il résulta que les princes barisiens, bien que dans les guerres civiles de France, ils fussent réputés du parti armagnac, eurent cependant, par leur beau-frère, bon appui du côté de Bourgogne. Quant aux eswardours de Metz, dont l'histoire intéresse nos choses communales, ils se maintenaient encore en 1393; car, en cette année, l'évêque Raoul de Coucy se plaignit de rechef que « contre le droit que nous et nos prédécesseurs avons d'ancienneté de faire et créer la haulte justice que on appelle les Treize jurés, et que, par dessus lesdits Treize ne doit avoir nuls aultres justiciers qui empeschassent en rien ce qui seroit jugié par eux, néanmoins lesdits de Metz ont fait, créé et ordonné de nouvel treize justiciers qu'ils appellent eswardours » etc. (1). Cette institution, étant déplaisante à la fois à l'évêché et à l'aristocratie, dut être minée; mais les rebelles de la grande émeute de 1405 la restaurèrent, avec grand accroissement, et même accompagnement de scènes tragiques; et, au lieu d'eswardours, ils créèrent des prod'hommes élus, toujours pour mettre les Treize et le conseil en sujétion populaire; mais les seigneurs des paraiges ayant remporté la victoire, ce fut la fin des entreprises de ce genre. Les lignagers de Verdun, s'étant depuis assez longtemps déjà, et en vertu des ordonnances du très-excellent empereur Charles le Quart, débarrassés également de leurs communaux de métiers, on put, dès le XVe siècle, appliquer aux deux villes ce que Philippe de Vigneulle dit de la première, qu'il n'y eut plus de tels atours comme fut celui des eswardours; et sont tout abolis.

En 1387, l'Allemagne se déchirant en ligues de princes et de cités, et l'empereur Wenceslas, qui y perdait son pouvoir, songeant à se retirer dans son royaume de Bohême, il fut résolu entre lui et son cousin Josse de Moravie, que celui-ci serait gouverneur général du Luxembourg, sous

(1) Dans les Preuves de l'Hist. de Metz, IV. 431.

Josse engagiste du Luxembourg. l'empereur, qui garderait le titre de duc, le haut domaine et le dernier ressort; et Josse paya une engagière pour jouir ainsi du duché. On n'a pas l'acte de ces arrangements; mais les documents des temps suivants les indiquent (1); et ce fut par là que commença en Luxembourg le régime des lieutenances par engagières, qui fit passer successivement cet ancien patrimoine de la maison impériale par Wenceslas à Josse, de celui-ci au duc d'Orléans; puis, après la fin tragique de ce duc, retour à Josse, et transmission par lui à Antoine de Bourgogne, qui épousa, après la fille de Waleran, la nièce de l'empereur, Elisabeth de Gorlitz; enfin, pour dernière vicissitude, cette Elisabeth porta le duché dans les vastes états de la dernière maison de Bourgogne. C'est une histoire difficile à suivre, et dont les complications nous embarrasseront dans le siècle xve. Il paraît que, pour l'engagière de Josse, quand on fut tombé d'accord, Wenceslas, vers la fin de novembre 1387, passa quelques jours en notre pays, pour les dernières dispositions des choses, telles qu'il voulait que son lieutenant les reçût, et telles que celui-ci voulait les accepter. La difficulté était que ce lieutenant ne pouvait guère plus s'occuper du Luxembourg que Wenceslas lui-même; car cette maison impériale, qui manquait de descendance, ne savait comment répartir ses apanages entre ses membres. Elle se composait de Wenceslas l'empereur, de son frère Sigismond, de leur cousin Josse, et de leur nièce madame de Gorlitz; et Sigismond qui, par mariage, était devenu roi de Hongrie, transmettait, en ce temps même de 1388, son

---

(1) V. Berthollet, vii. p. 160. Josse s'intitulait, en Luxembourg, gouverneur-général et administrateur universel : *Nos Judocus, Dei gratiâ marchio Brandemburgensis, sacri Romani imperii archicamerarius; marchio Moraviæ, ducatûsque Lutzemburgensis et comitatûs de Chinci generalis gubernator et universalis administrator*, porte un de ses protocoles, dans les Preuves de l'Hist. de Metz, iv. 608. Le fait de l'engagière est reconnu par Wenceslas lui-même, dans le contrat d'Elisabeth de Gorlitz avec Antoine de Bourgogne : *Ducatum Luxemburgensem, cum comitatu de Chiny, quæ omnia præfatus Jodocus à nobis viâ pignoris tenet*, etc. Dans Berthollet, vii. Preuves, p. lxix. Josse était fils d'un frère de l'Empereur Charles IV, savoir Jean fils de Jean l'Aveugle et d'Isabelle de Bohême.

apanage de Brandebourg à Josse, lequel avait déjà le sien de Moravie; de sorte que le Luxembourg ne pouvait être pour lui qu'un surcroît. On avisa, dans cet état des choses, qu'il fallait, après avoir tout mis en ce pays dans la meilleure situation de paix possible, y établir, tant pour l'empereur que pour son engagiste impérial, un vrai, effectif et sûr lieutenant politique, pour laquelle charge sur notre frontière, fut choisi Hue d'Autel, sénéchal de Luxembourg, et déjà gardien à vie de Verdun, depuis 1384. Afin de le rehausser et affermir autant qu'il convenait à sa haute mission de confiance, on disposa en sa faveur du grand fief d'Apremont, conquête importante et encore récente du feu duc Wenceslas, qui n'avait jamais voulu s'en dessaisir, à cause de la bonne position de ce territoire s'avançant dans le Barrois; mais les revirements des choses ne permettant plus de donner suite à ses projets, et Gobert l'Infortuné continuant à protester contre sa dépossession, il parut bon à Wenceslas de transiger tellement que, lui-même se désistant d'Apremont, et Gobert y reconnaissant pour unique héritière sa fille Jeanne, à l'exclusion de son fils le jeune Gobert, que l'on surnomma pour cette raison le Déshérité, cette Jeanne épouserait Jean, fils de Hue d'Autel; au moyen de quoi les d'Autel seraient désormais sires d'Apremont. Pour le moment, le déshérité Gobert, qui était en bas âge, ne dit rien; dans la suite, il voulut se réclamer de la constitution salique du fief d'Apremont, reconnue par le diplôme (subreptice) de 1354; mais il fut obligé de se contenter de six mille florins, avec Buzancy, lequel était, comme nous l'avons vu, un débris arraché à Robert, lors des échanges forcés de Dun ; et il se retira là, continuant à protester. Ses descendants, qui furent les seuls vrais Apremont à la Croix Blanche, s'accrurent en ce pays de quelques seigneuries, telles que Sorcy (Ardennes), et le château de Lumes, près Mézières, où nous les retrouverons dans les guerres de la première moitié du XVIᵉ siècle. Le contrat de Jean d'Autel et de

Hue d'Autel lieutenant,

Apremont d'Autel.

Jeanne d'Apremont, tous deux sortant à peine de l'enfance, fut passé le 10 octobre 1387, leur mariage à accomplir quand ils seraient en âge (1); et, dès l'an suivant, on notifia à Verdun des lettres impériales de gardien pour cet enfant Jean d'Autel, qui fut ainsi associé à son père et déclaré son héritier dans la garde de la Ville (2). Ce n'était pas une disposition très-conforme à la lettre des traités de de cette garde; mais les impérialistes qui, non sans motifs, se méfiaient de l'évêque Liébauld, crurent la précaution bonne à affermir leur pouvoir; et la Commune n'y contredit pas, impérialiste qu'elle était elle-même, et d'ailleurs fort contente de Wenceslas, qui lui avait promis cassation définitive de toute prétention des héritiers de Pierre de Bar à faire revivre certains péages jadis établis pour les Pierrefort, quand ils étaient créanciers de la ville et de l'évêché (3). Ce décret de cassation fut expédié en effet peu après le retour de l'empereur en Bohême (4). D'autres me-

(1) Ce contrat, par extrait, dans D. Calmet, Maison d'Apremont, p. VI, en tête du tom. III. de l'Hist. de Lorraine, 2ᵉ édit., et dans Lainé, Généal. de Briey, p. 40. En voici les principales clauses : si les deux conjoints meurent sans enfants, le fief d'Apremont reviendra entièrement et héréditairement à Hue d'Autel, ou à ses descendants. En cas de mort de l'un des deux avant qu'il y ait enfants de leur mariage, les deux pères renoueront, autant que possible, l'alliance par les autres enfants qu'ils ont, ou pourront avoir. Hue accepte les dettes qui grèvent le domaine d'Apremont : en outre, dans les trois ans du décès de l'un des deux conjoints, il paiera six mille florins d'or, du coin du roi de France : ce paiement (qui était la légitime du Déshérité), se fera soit à Buzancy, soit à Sainte-Ménehould ; et, faute de ce faire, Gobert et ses hoirs auront à perpétuité droit de rachat sur Apremont, moyennant six mille francs, payables à Metz. Jean d'Autel, à sa majorité, fera foi et hommage d'Apremont à Gobert, ou à ses descendants, lesquels eux-mêmes rendront hommage à l'évêché de Metz. — Toutes les clauses en prévision du cas où les futurs époux resteraient sans postérité demeurèrent sans effet, le contraire étant arrivé.

(2) Mention de ces lettres dans l'Invent. de la Ville : v. Buvignier, Archiv. municip. p. 15.

(3) Ci-dessus, p. 515.

(4) *Wenceslaus, Dei gratiâ Romanorum rex et Bohemiæ..., Pro parte honorabilium communitatis et incolarum civitatis Virdunensis, nostrorum et sacri imperii fidelium, propositam querelam recepimus qualiter hæredes nobilis quondàm Petri de Barro, occasione cujusdam telonei seu pedagii, à serenissimo quondàm domino Carolo, Romanorum imperatore et Bohemiæ rege, genitore nostro*

sures, de plus grande urgence, furent prises pour empêcher qu'il n'éclatât guerre ouverte entre le Luxembourg et le Barrois, naguère en si bonne harmonie de coalition, mais devenus maintenant si mauvais voisins l'un de l'autre qu'on s'était couru sus aux frontières, vers Briey et ailleurs, pendant l'été de cette année 1387. En pacification, il fut convenu, le comte Waleran se portant médiateur, que des conseillers des deux duchés dresseraient de concert un règlement pour réprimer les voies de fait de part et d'autre, et qu'il y aurait une commission de prévôts et de chevaliers, tant luxembourgeois que barisiens, parmi lesquels, et en premier lieu, Hue d'Autel pour Luxembourg, et deux Bassompierre pour Bar, qui rendraient sentence sur tout plaintif, et ordonneraient « le bien public, sûreté, paix et défense d'iceulx pays, hommes et sujets, comme lesdits seigneurs mêmes (les deux ducs) pourroient faire. » Dans ce traité, conclu à Marville le 16 décembre 1387, le duc Robert, toujours très-obséquieux envers le roi, et sachant peut-être déjà sa prochaine venue, fit insérer, pour clause finale, qu'il « n'étoit pas à entendre, par ce présent accord, que monss{r} le duc de Bar voulût entreprendre aucunement contre le roi de France, ses droits ne sa seignorie » (1). Wenceslas mit également tout en bon arran-

Dernières dispositions de Wenceslas en Luxembourg

carissimo, nobili quondàm Henrico de Barro, domino de Petrâ-Forti, et hæredibus suis circum et propè dictam civitatem, ad villas videlicet de Somme-Diewe, de Haudiomont, de Bourvauls, de Flureio et alia nonnulla loca, sicut dicitur, tradidit et concessi, cujus tamen litteræ desuper per dictos cives hactenus non sunt visæ; et licet de bladis, lignis, ovis, caseis et aliis forsàn exegerint et levaverint indebitè, in possessione pacificâ non fuerunt, ac etiàm, si quem usum habere debuerant, in abusum vertentes, de facto et non de jure itinerantes molestant, etc., in prædictorum civium, et etiàm ducatûs nostri Luxemburgensis, tanquàm conterminantium et confinantium, prægrande dispendium et gravamen. Nos igitur, etc., revocamus, cassamus, etc... Adjicientes hanc gratiam ut nova quæcumque telonea seu pedagia incolis et habitatoribus civitatis Virdunensis, ac etiam districtûs ejusdem ad tres leucas, imponi non valeant, nec debeant... ad pœnam viginti marcarum auri puri. Datum in Medlico (Mœlck ou Melck, en Bohême), anno Domini 1387, xiv kal. februarii (19 janvier 1388.)

(1) Ce traité de Marville « par les conseuls (conseillers) des deux pays, pour tenir et nourrir paix et bonne amour » est dans les Preuves de Berthol-

gement de paix par rapport à Metz, sauf que là il ne réussit pas à faire reconnaître Thielman Voise à la place du défunt cardinal Pierre de Luxembourg, mort au mois de juillet précédent; mais ses propres affaires étant trop embrouillées pour qu'il pût beaucoup s'occuper de celles du schisme, il lui fallut laisser les Messins dans leurs errements d'Avignon, d'après lesquels ils reçurent un autre clémentiste français, Raoul de Coucy, fils du seigneur de Montmirail en Champagne, qui prit possession le jour des Rois 1388, et dont Philippe de Vigneulle écrit que c'était un homme de très-belle prestance et de noble lignée, mais qui fit, pendant ses 27 ans d'épiscopat, « grande plaie en l'éveschié, ayant à lui seul engagé plus de terres que n'avoient fait tous les autres devant lui » (1).

A cette date de 1388, on était encore dans les bonnes années du roi Charles VI, personne, du moins dans le public, ne prévoyant encore ni ses futurs malheurs, ni sa prochaine et incurable folie. Il avait alors vingt ans; et son oncle Philippe de Bourgogne l'ayant déjà conduit, en 1382, à la guerre contre les Flamands, il résolut de se mettre lui-même en gloire par quelque grande expédition pour rétablir la domination française autour des frontières

---

let, VII, LVI, et dans celles de D. Calmet II, 668, 1re édit. — Marville, qui était mi-partie Luxembourg et Bar, reçut alors de Robert pareille confirmation de franchises que Wenceslas lui avait accordée en 1384.

(1) Nous avons déjà dit que les mêmes choses sur la venue de Wenceslas en Luxembourg sont rapportées par le doyen de St-Thiébauld à l'an 1384 et par Philippe de Vigneulle en 1387. Il semble assez probable que Wenceslas vint deux fois, d'abord prendre possession du duché, en 1384, après la mort de son oncle, ensuite vers la fin de 1387, régler les dernières dispositions de l'engagière à Josse; et les chroniques messines auront fait entre les circonstances des deux voyages des confusions à cause desquelles nous ne pouvons disposer les dates des détails que d'après les vraisemblances intrinsèques. La lettre où Wenceslas reconnut qu'il ne pouvoit ne devoit jamais rien demander sur ceux de Metz à l'encontre de leurs franchises, est certainement de 1384; car on la trouve, à la date du 15 novembre de cette année, dans les Preuves de l'Hist. de Metz, IV. 358. — Dés 1386, Wenceslas avait projeté d'engager le Luxembourg à Jean de Gorlitz son frère, père d'Elisabeth; mais la mort de ce Jean força de changer le projet. V. Berthollet, VII, p. 251, et ci-dessus, p. 477.

orientales du royaume. Ce fut le but de sa campagne de Gueldre, dont ne parlent que sommairement les histoires générales de France, mais qui eut une haute importance politique pour notre pays. Elle se fit dans l'été de 1388, à très-grande masse d'hommes, « plus de cent mille, dit Froissart, quand l'ost se partit de Grand-Pré, pour passer la Meuse à Mousay; et oncques ne vit-on si nombreux peuple ensemble (1). » On n'en eût pas mis davantage sur pied pour aller conquérir l'Angleterre. Le rendez-vous des troupes ayant été pris à Châlons, le roi se tint trois jours à Grand-Pré, où vinrent le joindre son cousin germain Henri fils aîné de Bar, qu'il garda près de sa personne, et Jean duc de Lorraine, chacun avec de beaux renforts : quant au comte Edouard de Grand-Pré, qui mit aussi toute sa puissance au service royal, et plut à ses nobles hôtes par sa réception de grande liesse, on lui donna poste d'honneur à l'avant-garde. De l'autre côté de la Meuse, Wenceslas accordait passage par les Ardennes; mais ce passage n'était pas facile : car, dit toujours Froissart, dont nous prenons la relation, « le bon chemin défailloit là à chaque pas; et fallut envoyer en avant vingt-cinq cents abatteurs d'arbres et broussailles, avec fossoyeurs et dresseurs de routes, en ces grands bois, roches, montagnes, vallées diverses et étranges. » Quant au gros de l'armée, il cheminait à la débandade et à petites journées, « tant y avoit de gens devant, derrière, et de toutes parts, marchant bellement, pour qu'ils trouvassent logis, pourvéances et charrois : et comprenoient bien, des premiers aux derniers, quatorze lieues de pays, tout à la ronde; et toujours venoient gens; et foulèrent moult les marches où ils passèrent entre Sainte-Ménehould et Chaumont en Bassigny. »

Expédition de Charles VI en 1388.

Ce tourbillon passant devant Verdun, il s'éleva de la

(1) Froissart, liv. III. ch. 117 et 118, édit. Buchon. Au lieu de Mousay, l'imprimé porte Morsay, sans doute par faute de copie ou d'impression.

L'armée française menace Verdun.

troupe de grands cris de menace contre la ville, infidèle, disait-on, et malveillante à la France : et on lui envoya sommation fort rude d'avoir à faire sa soumission, et à se tenir désormais en meilleure grâce devant le roi. Ce fut là le commencement de la reprise de possession de Verdun par les Français; et l'incident n'échappa pas à leur chroniqueur officiel de Saint-Denys (1), bien que, pour Froissart, il se soit perdu dans les flots du grand passage. Pour nous expliquer cet événement, de conséquence pour nous, il faut rétrograder jusque vers le temps du milieu de ce siècle où nos communaux, dès 1337, s'entendirent avec le comte de Luxembourg Jean l'Aveugle, et commencèrent à se soustraire à la garde de France (2). Il résulta, comme nous l'avons vu, de leurs menées que le roi Jean ordonna, en 1351, de rendre aux Verdunois les lettres de leurs traités avec ses prédécesseurs : ce que n'exécutèrent qu'incomplétement et de mauvaise grâce les gens du parlement (3). De ce qui arriva ensuite, nous ajouterons ici qu'à la fin de l'an suivant 1352, le roi, voulant sans doute induire la ville à rapprochement, donna lettres de gardien à un personnage nommé Jean de Cugney, lequel, dit le document, vint présenter sa commission aux justiciers, maîtres des métiers et conseillers de la cité. C'était, par conséquent le temps de la Commune des Quatre et des maîtres des métiers, qui fonctionnaient à côté du Nombre de Justice, dans le système approuvé alors par Hugues de Bar. Cette Commune répondit évasivement à Jean de Cu-

---

(1) *Ad civitatem autem Virduni accedentes, quoniam à fidelitate regis et debito servitio ab antiquo desciverat, eam obsidere decreverunt : sed, mediantibus quibusdam francigenis militibus, cives ad obedientiam redeuntes se quidquid regi placeret facere deinceps spoponderunt.* Chron. de St-Denys, tom. I. p. 532 des Documents inéd. sur l'Hist. de France. Dans la traduction française, il y a: « On résolut d'assiéger cette ville, qui depuis longtemps avait trahi le roi. » Le texte dit seulement *desciverat*; et, en effet, il y avait eu défection, non trahison.

(2) Ci-dessus, p. 177-184. Nous avons vu, p. 340, que Jean avait reçu de l'argent des communaux.

(3) Ci-dessus, p. 213-216.

gney, le 4 décembre 1352, par l'organe de Nicolas Fossetel, échevin du Palais, qu'il y avait, de l'année précédente 1351, en dates du 9 août et du 17 septembre, deux lettres où le roi semblait avoir déclaré, de son propre mouvement, qu'il n'entendait plus continuer sa garde et protection de Verdun : en conséquence, ajoute le procès-verbal, « fut répondu audit messire de Cugney qu'on ne pouvoit le recevoir que le roi et son conseil n'eussent préalablement conféré lesdites lettres avec celles qu'il apportoit : protestant d'ailleurs la Commune, qu'elle étoit toujours, quant à elle-même, à respect et dévotion envers la majesté royale » (1). Les malheurs qui arrivèrent ensuite, tant en France par la bataille de Poitiers et la captivité du roi Jean que chez nous par les événements du temps de Hugues de Bar, firent perdre de vue cette affaire; et elle en était restée là, sans nouvel incident, quand le passage de la grande armée de Gueldre la réveilla brusquement et périlleusement. Les Français firent, à grand bruit, démonstration d'assiéger la ville, qui méritait, disaient-ils, traitement de rigueur, parce qu'elle avait fait défection au royaume, et en punition de ses longs et habituels manquements au service de la couronne : cependant leur intention étant seulement d'effrayer les Verdunois, il survint à propos des intercesseurs qui obtinrent grâce pour la cité rebelle, à condition qu'après amende honorable du passé, elle satisferait, pour le présent, en réquisitions et fournitures à l'armée (2); enfin, pour l'avenir, s'obligerait à fidèle obéissance au bon plaisir du roi : *quidquid regi placeret*, dit le chroniqueur par lequel nous savons ces choses. Peu après

---

(1) Ce procès-verbal ne nous est connu que par les Extraits de D. Colloz. Des deux lettres du roi Jean qui y étaient transcrites, nous avons donné, ci-dessus, p. 213, le texte de la seconde du 17 septembre; mais nous n'avons pu retrouver la première du 9 août.

(2) « Déclaration de Philbert de Vuefromont (Beaufremont), par laquelle il quitte aux habitants de Verdun les pains, vins et moutons accordés au roi de France, pendant son voyage de Juilliers, parmi 400 livres de France, moyennant ce qui étoit já payé. De l'an 1388. » Inventaire de la Ville.

cette opération de justice et de diplomatie militaire, Charles VI vint en personne chez l'évêque Liébauld, sans appareil, et comme en passant; et ils arrêtèrent les bases de leur traité de Pariage, qui ne fut ébruité que l'année suivante, n'étant pas à propos, pour le moment, qu'il en vînt aucune notion à l'empereur Wenceslas, dont il eût très-fort refroidi la bonne disposition à permettre passage de l'armée dans son Luxembourg ardennais.

<small>Plaintes contre Béatrice de Bourbon</small>

De la suite de l'expédition de Gueldre rien ne nous concerne plus; mais, dans l'agitation où elle mit chez nous tout le pays, reparurent des personnages sur lesquels nous avons ici à jeter un coup d'œil. D'abord, et en premier rang de qualité, ce fut la vieille reine de Bohême Béatrice de Bourbon, veuve de Jean l'Aveugle, douairière de Damvillers, et « persécuteresse de l'église », ajoute Wassebourg, comme pour achever de la titrer. C'était une « persécuteresse » déjà invétérée : car elle avait commencé, avec les Rodemach, dès l'année de l'installation de Liébauld; et sa persécution consistait en courses de pillages ou réquisitions, rançons, contributions, vexations qu'on faisait de Damvillers sur la terre du Chapitre, avec rapines misérables et de toutes sortes, jusqu'à voler le poisson de l'étang de Lissey, pour la reine passer son carême; mais il y avait beaucoup d'autres dommages, et de très-grands, dont il fut fait doléance à Charles VI, quand il passa à Verdun. Le Chapitre dit, dans cette plainte, que Damvillers servait non-seulement de place forte à tous ses ennemis, mais encore de repaire aux malfaiteurs ses sujets qui, trouvant là asile toujours ouvert, s'y sauvaient de sa justice, avec tels mépris et bravades qu'ils sortaient par bandes pour aller piller, en compagnie des luxembourgeois, les récoltes et les bestiaux dans les prévôtés de Merle et de Sivry; et ils avaient poussé leurs déprédations jusqu'à enlever tout récemment, à Belleville près Verdun, les trente plus belles vaches du troupeau. En exemple odieux de la sauvegarde que donnait Béatrice aux plus grands criminels, on citait un fait dont on eût pu et dû tirer bonne conclusion pour les chanoines eux-mêmes, au sujet de leur abus de se faire remplacer en intérim dans leurs cures par des chapelains mercenaires : il s'était glissé parmi ces desservants un larron vagabond, qui, non dépourvu de quelque savoir, contrefit des lettres de prêtrise, avec lesquelles il surprit la bonne foi du titulaire de la cure de Sivry; puis, sa friponnerie découverte, il s'enfuit à Damvillers; et, pour le faire prendre et pendre, on avait été obligé d'aller jusqu'au bailli de Laon, obtenir consigne au prévôt de Montfaucon, et autres gens du roi, de faire arrêter ce faussaire abominable partout où on le rencontrerait. Il était encore dit, dans la doléance, qu'au moins six fois, des seigneurs puissants avaient suscité, à main armée, de mauvaises querelles, dont le Chapitre n'avait pu se tirer qu'en mettant des prébendes à leur discrétion. Les plaignants eussent bien souhaité qu'on punît les auteurs de ces excès en faisant passer par Damvillers un détachement de la grande armée française; mais le roi n'entendant pas en ce moment se brouiller avec Luxembourg, se contenta de leur répondre qu'il les prendrait désormais sous sa protection : en reconnaissance de quoi ils votèrent un office annuel et solennel de saint Louis, où, sans aucun doute, ils prièrent Dieu, de tout leur cœur, pour le plus prompt rétablissement possible de la garde de France à Verdun (1).

Dans le récit de Froissart, nous retrouvons Grand-Pré, avec sa vieille dynastie de comtes, toujours florissante, en

---

(1) Le plaintif du Chapitre, rédigé par écrit pour être envoyé au roi après son retour de l'expédition, est dans Wassebourg, p. 451. Remarquer ces mots : « Item, le carême dernier passé, en l'an que le roi fut à Verdun », qui prouvent que Charles VI passa personnellement en ville : ce qu'indique bien, mais ne dit pas formellement la chronique de Saint-Denys. — Il résulte de cette plainte du Chapitre que Béatrice vivait encore en 1388 : en conséquence il faut corriger la date de 1383 donnée à sa mort par Berthollet, vi. 180, d'après l'épitaphe de la princesse, aux Jacobins de Paris, marquant pour date « le jour de Noël, l'an mil IIIe IIII^{xx} et trois. » Il devait y avoir treize (1393), et non trois; mais la vétusté rendait sans doute le dernier mot difficile à lire.

Grand-Pré à la fin du XIVᵉ siècle.

apparence du moins, et à en juger sur la belle réception que fit au roi le comte Edouard, alors chef de la maison, et les bons services qu'il rendit, à l'avant-garde de l'armée ; et déjà, quelque temps auparavant, Edouard s'était montré, avec beaucoup d'honneur, dans l'expédition d'Ecosse, de 1385, sous l'amiral de France Jean de Vienne (1) ; mais cet éclat extérieur cachait mal le déclin de la famille. Depuis le XIVᵉ siècle, où nous avons cessé de rencontrer les Grand-Pré dans notre histoire, la décadence s'était mise sur eux, d'abord par des constitutions de dots et d'apanages qui avaient amoindri leur comté ; ensuite par les ravages des Anglais et des Navarrais en Champagne, l'an 1359 ; enfin par la convoitise du duc Robert, qui commença à trouver Grand-Pré tout à fait à sa bienséance, quand il eut confisqué Dun aux Apremont. Dès 1366, il acquit Buzancy, dont nous l'avons vu se servir, comme d'une sorte d'appoint, pour accommoder Gobert l'Infortuné, dans les arrangements de 1377 (2) : puis, dix ans plus tard, en 1387, il se fit céder sur Grand-Pré même, et par le même comte Edouard, différents droits financiers (3) : enfin, cette dernière acquisition servant d'acheminement, et peut-être le droit du plus fort intervenant, il mit garnison dans le château. Cette seigneurie étant un des sept comtés-pairies de Champagne, le titre n'en pouvait passer à la maison de Bar sans l'agrément du grand comte suzerain, lequel, depuis la réunion de la Champagne à la France, était le roi lui-même ; mais on ne trouve pas trace de cet agrément : au contraire, il résulte

---

(1) « L'amiral de France, et ceux qui en sa compagnie étoient, c'est à savoir le comte de Grand-Pré, le sire de Vaudenay, messire Bracques de Bracquemont (nous allons tout à l'heure revoir celui-ci), etc. Froissart, liv. II, ch. 256... » Ces nouvelles furent moult dures à messires Jean de Vienne (l'amiral), au comte de Grand-Pré, au seigneur de Vaudenay... Ibid. ch. 258. On voit, à la fin de ce chapitre, que beaucoup de gens de notre pays allèrent à cette expédition d'Ecosse, « et en revinrent si pauvres que ils ne savoient de quoi monter ; et se montoient les aucuns, espécialement les bourguignons, les champenois, les barrois, les lorrains des chevaux des ahaniers (gens de peine) qu'ils trouvoient sur les champs. »

(2) Ci-dessus, p. 391.

(3) L'acte du 24 mai 1387, dans Miroy, p. 74.

d'un acte de 1396 (1) que la veuve d'Edouard, Isabelle de Flandre fit, pour ses enfants mineurs, hommage et reprise directement à la couronne; puis, dans les temps suivants, la liste des morts d'Azincourt mentionne « le comte de Grand-Pré », Edouard II : et on trouve, peu après, un autre comte de Grand-Pré parmi les victimes du massacre de 1418, dans les prisons de Paris. Celui-ci devait être Ferry, frère d'Edouard II; et après lui vint Edouard III, que nous retrouverons parmi les fidèles de Charles VII contre les Anglais, quand ceux-ci se furent emparés de la Champagne (2).

De l'expédition de 1388 nous noterons encore qu'à elle se rattache la première mention de quelque importance qui se trouve de Sedan en nos histoires. On ne connaissait, avant ce temps, ce nom de Sedan que comme celui d'un petit fief, dit Sedan et Balan, qui dépendait de l'abbaye de Mouson, et qu'elle avait inféodé à ses voués, au temps des avoueries : et les descendants de ces anciens voués le possédaient héréditairement, à charge d'hommage à l'abbé, relevant lui-même de l'archevêché de Reims : mais, après que l'archevêque Piques eut, comme nous l'avons vu en 1379, transféré Mouson au domaine direct de la couronne, Charles VI voulut achever cette petite conquête de son père en retirant, pour le domaine

Premières mentions de Sedan.

(1) Du 31 août 1396 : cité par Miroy, p. 75. — Le comte de Grand-Pré tué à Azincourt, dans Monstrelet, liv. 1. ch. 155. Celui qui fut égorgé en 1418 dans les prisons de Paris, ibid. ch. 198. La chronique de Miroy est ici assez confuse. Le comte Edouard II, tué à Azincourt en 1415, dut avoir pour successeur son frère Ferry; et le troisième Edouard qui, en 1417, se qualifiait seulement Edouard de Grand-Pré, seigneur d'Imécourt et de Saint-George, était probablement un troisième frère.

(2) L'occupation de Grand-Pré par les barisiens paraît n'avoir été qu'à titre d'engagière. En 1417, 26 octobre, le cardinal de Bar, dans les embarras de sa succession au duché, et voulant favoriser le mariage d'Edouard, héritier de Grand-Pré, lui fit cession de tous les droits résultant de cette engagière; mais sans doute René d'Anjou ne crut pas que cette libéralité du cardinal, son auteur, lui ôtât à lui-même droit d'occuper la forteresse; car ce ne fut qu'en 1443 qu'il la rendit à Edouard : ce qui ne lui coûta pas beaucoup; car les Français l'avaient ruinée en 1441, ainsi que nous le verrons dans l'histoire des expéditions de Charles VII.

direct aussi, ce fief de Sedan, mieux situé encore que Mouson sur la frontière vers les pays de Luxembourg et de Liége : et il en traita, à la fin d'octobre 1389, avec les feudataires. Dans la suite, il donna Sedan à son frère Louis d'Orléans, quand celui-ci eut l'engagière du Luxembourg, en 1402; puis Orléans ayant été assassiné par Jean Sans Peur, en 1407, son fils Charles, en 1443, vendit ce même domaine aux Bracquemont de la famille de ce messire Bracques de Bracquemont, dont Froissart parle à propos de l'expédition d'Ecosse de 1385 (1). Une Marie de Bracquemont ayant ensuite épousé, en 1410, Eberhard ou Evrard de La Marck, ce fut par ce mariage, qui amena divers arrangements avec Louis, frère de Marie, que Sedan arriva à la fameuse maison de La Marck, dont le premier qui s'établit sur cette frontière paraît avoir été cet Eberhard même, que nous trouverons mentionné dès 1398, dans les incidents des petites guerres de ce moment.

Affaire du Pariage.

Nous reprenons les événements verdunois. L'entrevue du roi et de l'évêque Liébauld, au passage de l'armée française en 1388, ouvrit la grande affaire de Pariagium, dont les longs et remarquables débats aboutirent au rétablissement de la garde de France en 1396. Le roi et l'évêque en avaient attendu mieux : car leur projet impliquait que la ville passerait sous la souveraineté française, par la transmission en indivis à la couronne de tous les droits régaliens épiscopaux; mais il fallut rabattre de ce dessein, qui ne plaisait ni aux princes du voisinage, ni surtout aux communaux, l'évêché mettant ainsi de son côté toute la prépondérance de la puissance royale : en outre, au point de vue du droit, par rapport à l'Empire, cet arrangement constituait Liébauld en tentative de félonie difficile à colo-

(1) Ci-dessus, note de la page 436. On trouve encore, à la fin de ce siècle, Robert ou Robinet de Bracquemont, conseiller chambellan de Charles VI, employé dans diverses expéditions; enfin amiral de France, mais renversé par le parti bourguignon. — Tout ce qu'on sait de Sedan antérieurement à Charles VI est résumé dans l'Art de vérifier les dates, tom. II. p. 744, édit. 1784.

rer. Il est vrai qu'il ne se croyait tenu à rien envers Wenceslas, qui le qualifiait d'intrus et lui refusait l'investiture; mais Wenceslas lui-même tombait dans le mépris et l'impuissance en Allemagne, au point qu'en ce temps il se vit obligé d'engager son Luxembourg à son cousin Josse. Pour motif et précédent de bon augure, en faveur du régime de Pariage, l'évêché avait l'exemple du Chapitre de Montfaucon qui, ayant, dès 1273, conclu un tel traité avec Philippe le Hardi, jouissait depuis lors très-paisiblement de son domaine, sans aucune perte de territoire, non pas même aux temps les plus périlleux de l'envahissante coalition Luxembourg et Barrois (1). Sur espoir de pareil avantage pour l'évêque, et le roi considérant dans sa politique l'amélioration de sa frontière, il fut conclu et scellé à Paris, le 30 septembre 1389, entre Charles VI et Liébauld de Cusance, pour eux et leurs successeurs à perpétuité, et sous interdiction, de part et d'autre, de jamais aliéner ni mettre en autres mains, en tout ou en partie, aucun des droits réciproquement stipulés, un acte portant pour clauses essentielles : 1° Co-souveraineté, ou Pariage du roi et de l'évêque en la ville et banlieue de Verdun. 2° Hors de la ville, promesse de garde royale, en tous termes, pour tous châteaux, domaines, lieux, ou sujets que le présent évêque, ou ses successeurs, voudraient y mettre :

« Nous Charles, par la grâce de Dieu, roi de France, et nous Liébauld de Cusance, par la permission divine, évesque de Verdun... Pour le profit évident et paix perpétuelle de notredite église et éveschié dessusdit, et pour eschuire plusieurs grants inconvéniens et dommaiges que autrement se peussent et estoient près de ensuivre,

---

(1) On lit, aux Histoires de Toul du P. Benoit, p. 482 et de Thiéry, t. 284 (celui-ci, non plus que D. Calmet, ne faisant ici que répéter Benoit) que Thomas de Bourlémont mit Toul en pariage avec Philippe de Valois, sous condition de ratification du pape, lequel, loin de ratifier, cassa le traité, à l'instigation du duc de Lorraine, du comte de Bar et de la cité de Toul. Le P. Benoit ne donne ni l'acte de ce Pariage, ni la bulle de cassation, ni même la date précise de ces faits, qu'il rapporte à la suite de l'acquisition de Vaucouleurs par le roi, en 1337.

avons, nous évesque de Verdun fait requerre et supplier de recevoir en la puissance et on droit royal de France les donation, transport, accompaignement et pariaige de notre cité de Verdun, ban, banlieue et finaige d'icelle, et autres choses ci-après desclarées. Lesquelles choses nous Charles, roi de France, en révérence de Dieu et de sainte église, et en contemplation du requérant, avons acceptées et accordées, acceptons et accordons, en la forme et manière que s'ensuit :

« C'est à savoir que nous évesque dessusdit, qui sommes seigneur et avons toute justice haute, moyenne et basse, et mixt impère (*merum et mixtum imperium*), seul et pour le tout en toute ladite cité de Verdun, forsbourgs, (*foràs burgum*, faubourgs), ban, banlieue et finaige d'icelle, associons et accompaignons par moitié par indivis, perpétuellement et à toujours, héréditablement, sans révocation ne rappel, ledit notre sire le roi et ses successeurs rois de France, et non autres, en la seignorie temporelle, et en tous les droits, possessions, fiefs, arrière-fiefs, etc., noblesses, monnoiage et domaines que nous avons, devons et pouvons avoir, ores et on temps à venir, en ladite cité, ban, etc., sauf et réservé tant seulement à nous évesque, et à nos successeurs évesques ou esleus (élus) confermés, la jurisdiction espérituelle, et notre maison épiscopale et ce qui est contenu en la closure d'icelle, laquelle nous demorra ; mais la justice et seignorie temporelle de la cité sera ondit pariaige et accompaignement.

« Ne pourrons, nous roi et évesque dessusdits, ne nos successeurs, mettre hors des propres domaines de notre royaume ou éveschié cedit accompaignement et pariaige, en tout ou en partie, par vendaige, donation, eschainge, gaigerie, partaige, ne aliénation quelconque... : ainsoit durera encorporé à tousjoursmais entre nous ensemble conjointement par indivis, sans ce que nous, ou l'un de nous le puisse transporter en autres mains, par quelconque titre.

« Les choses dudit pariaige nous garderons et défendrons envers et contre tous, et comme pariagiois, ainsi que notre propre chose, en telle manière que, se il sourdoit débat, ou convenoit faire guerre, nous roi et nous évesque la feriens et pourvoiriens on mieux que l'on verroit, par guerre ou autrement, pour le plus expédient. Et nous évesque presterons et délivrerons nos chasteaux, villes fermées et forteresses, se mestier en est ; et nous roi aiderons de notre libéralité ledit évesque ès choses non comprises en ce présent pariaige, à notre bonne volonté.

« Et encore, nous roi de France, à la seureté de l'église, recevons et retenons ledit évesque et ses successeurs, leurs possessions, biens, gens, famille, sujets tels que ils voudront requerre, sans lésion dudit pariaige, en l'espéciale garde de nous et de nos successeurs, perpétuellement; et en donnerons nos lettres, en forme ordenée pour valoir et avoir vertu, audit évesque et ses successeurs, en tous termes de garde : et en useront et pourront user en toutes manières déues et raisonnables. Laquelle garde ne se extendra point, au préjudice dudit évesque, pour ses sujets demorans sous lui en sa haute justice, ne ses hommes et femmes de corps et de servitude; mais toutefois ceux qui seront ou demorront en ladite cité, ban, banlieue, et ès termes dudit pariaige seront et demorront communs à nous roi et évesque, et du droit dudit pariaige tout à plein.

« Item fera le gardien serment, tant à nous roi comme à nous évesque, de bien et loyaument exercer son office; et gardera les droits de un chacun de nous, sans rien entreprendre, contre droiture, qui soit au préjudice de aucun de nous...

« Item, que les justiciers, receveurs, officiers et sergents dudit pariaige seront establis par main commune, et feront serment au lieu des plaids en ladite cité, ou en l'hostel épiscopal, à nous roi et évesque dessusdits, ou à nos gens pour nous, de bien et loyaument garder les droits de chacune partie, sans rien entreprendre sur l'autre.

« Et oultre est accordeï et mis audit pariaige que les sergens qui seront establis en ladite cité porteront en leurs verges ou masses les armes de nous deux; et seront faits les cris et tous autres exploits de jurisdiction temporelle au nom de nous deux roi et évesque : et aussi les séaux qui seront ordenés pour le gouvernement de ladite jurisdiction temporelle, et pour les contracts seront faits aux armes de nous deux; et seront faites les obligations, sentences et autres lettres au nom de nous deux...

« Item, que l'un de nous deux ne pourra faire chastel ou forteresse en ladite citei, ne ès mettes (limites, *metæ*) du pariaige sans le consentement de l'autre, laquelle, si faite étoit, seroit à nous deux par indivis. Et, par voie pareille, ne pourra l'un de nous sans l'ottroi de l'autre mettre, ou souffrir à mettre, pour profit de nous ou de la cité, pour guerre ou pour réfection de murs en ladite cité imposition ou autre exaction quelque elle soit, ne en icelle emprunter somme d'argent, ou quantité de vins, ou de bleis, ou autre chose, ne aussi sur les survenants en ladite cité, pour pain, pour vin, pour bois, ne empescher la venue des survenants (marchands forains).

« Et est mis en convenance que nous évesque serons tenu, et avons promis et convenancié, promettons et convenancions par ces présentes au roi notredit seigneur et à ses gens, de faire accepter cedit pariaige et agréer de notre Chapitre de Verdun, et aussi confermer et autoriser de notre saint père le pape, le fait de nous et dudit Chapitre, en ce qui nous touche et notredite église, en la meilleure manière que faire se pourra au profit du pariaige, à nos frais et despens, sans long délai (1).

« Et, pour que ce soit ferme chose, etc., nous roi et nous évesque dessusdits avons fait mettre nos séaux en ces présentes lettres qui furent faites et données à Paris, le darrien jour du mois de septembre, l'an de grâce mil ccc quatre-vingt et neuf, et du règne de nous le diziesme. Par le Conseil, estant en la chambre des comptes, auquel

(1) Le Chapitre, à l'instigation des communaux, refusa son consentement; mais le pape passa outre, comme déjà avait passé Jean XXII, en 1331, sur le refus du Chapitre d'approuver le traité de garde entre Philippe de Valois et Henri d'Apremont. V. ci-dessus, p. 154 et 180. *Clemens, etc. Sanè pro parte venerabilis fratris nostri Leobaldi episcopi Virdunensis, petitio nobis nuper exhibita continebat quòd ipse in civitate Virdunensi dominium et jurisdictionem altam, mediam et bassam noscitur obtinere; quòdque olim idem episcopus, pro eo quòd, à longis temporibus præteritis, episcopi Virdunenses qui fuerant pro tempore, ac ipse, non potuerant à civibus et habitatoribus civitatis Virdunensis consequi jura sibi spectantia, et aliàs pro evidenti utilitate ecclesiæ Virdunensis, carissimum in Christo filium nostrum Carolum regem Francorum illustrem, in dominio temporali ac utilitatibus, redditibus ac emolumentis dictæ civitatis et ejus banleucæ, pro medietate per indivisum sibi associavit, et etiàm pariavit, prout in litteris authenticis, dictorum regis et episcopi sigillo munitis, quarum tenorem de verbo ad verbum præsentibus inseri fecimus, pleniùs continetur. Quare, pro parte dictorum Caroli regis et Leobaldi episcopi nobis fuit humiliter supplicatum ut associationi et pariagio hujusmodi, non obstante quòd decanus et Capitulum ecclesiæ Virdunensis prædictæ in eis non consenserint, robur confirmationis adjicere, cum suppletione defectuum, si qui forsàn intervenerint in eisdem, de benignitate apostolicâ dignaremur. Nos itaque hujusmodi supplicationibus inclinati, associationem prædictam, non obstante quòd decanus et Capitulum prædicti in eis non consenserint, ut præfertur, rata habentes et grata, illa, auctoritate apostolicâ, ex certâ scientiâ, confirmamus; et præsentis scripti patrocinio communimus, supplentes omnes defectus, si qui forsàn intervenerint in præmissis. Tenor autem dictarum litterarum talis est :* Nous Charles par la grâce de Dieu, etc., (suit le texte entier du traité). *Nulli ergò hominum, etc. Datum Avenione, idibus februarii, pontificatûs nostri anno duodecimo* ». 15 février 1390.

nous, l'évesque de Langres, le mareschal de Blainville, l'admiral, le sire de Rayneval, le sire de Novyant, et plusieurs autres estions (1).

Sur l'article des gardes hors Pariage, c'est-à-dire hors la ville et banlieue, il résulte des réponses que Liébauld fit, les jours suivants, aux gens du roi que son intention était de n'établir et de ne payer ce régime, au moins pour commencer, que dans les prévôtés d'Hatton-Châtel, Charny, Sampigny, Dieulouard et Mangienne (celle-ci à recouvrer sur les luxembourgeois); mais on lui fit ajouter celles d'Amblonville (Dieue), Fresnes, Tilly et la châtellenie de Wimbey, c'est-à-dire à peu près l'évêché tout entier, sauf, quant à Sampigny, que la garde n'y fut stipulée qu'avec cette restriction : « pour tout le temps que ledit Liébauld sera évêque »; ce qui laissait intacte la question entre l'évêché et le duc Robert au sujet de cette forteresse. Du débat sur ce traité des gardes l'article le plus intéressant est celui qui concerne le service militaire. Le roi voulut savoir s'il aurait, « à tous ses besoins », les hommes de l'évêché, à pied ou à cheval, chacun selon son état, pour servir en Champagne, Lorraine, comté de Bar, évêché de Metz, sauf contre les fiefs et arrière-fiefs de l'évêque lui-même (ce qui comprenait le Clermontois) : « et, se ainsi estoit, le roi les retiendroit à ses dépens dès leur second jour de service, savoir : homme à cheval, trois sous de petits tournois par jour; arbalétrier, 12 deniers; et la petite gent, sa pourvéance ». Liébauld répondit que, pour les périls qui pourroient advenir à l'évêché s'il demeuroit dépourvu de gens, il préféroit servir le roi à nombre certain (déterminé) de gens d'armes, lesquels feroient service en la manière que ils sont tenus pour l'évêque, une journée

(1) Tout entier, dans les Preuves de Roussel, p. 27. Il ne donne que cette seule pièce de toute cette affaire; et il paraît que Wassebourg ignorait tout; car il traite (p. 451) cette histoire du pariage de fausse rumeur mise en circulation par les communaux, à l'instigation de Béatrice, pour attirer sur Liébauld l'indignation de l'empereur Wenceslas.

hors de l'évêché (1), non contre les feudataires épiscopaux, ni contre le roi d'Allemaigne, c'est-à-dire l'empereur, duquel par conséquent il était de notoriété, constatée ici par Liébauld lui-même, que, dans le pays verdunois, on était sujet puisqu'on ne pouvait lui faire la guerre sans tomber en félonie. Tout se termina, le 5 octobre, par un article additionnel, de bonne ou de mauvaise politique, selon la tournure que prendraient les choses : cet article, évidemment destiné à mettre la Commune en dépendance du roi, au moyen de revendications à exiger ou à quitter par lui, suivant la conduite qu'elle tiendrait, disait qu'en ce présent pariage était compris tout ce que ceux de Verdun, conjointement ou divisément, pouvaient actuellement devoir à l'évêque, à raison de tailles ou amendes perçues par eux depuis son avénement (2). Ceci était considérable; car, depuis la conquête de la liberté financière par le diplôme de 1378, les communaux, ayant entrepris la reconstruction des remparts, ne s'étaient pas fait faute de tailles extraordinaires, sans autorisation ni participation quelconque de l'évêché. Enfin il fut convenu que l'évêque s'en retournerait à Hatton-Châtel, où le bailli de Chaumont irait, comme délégué royal, lui porter le traité, afin qu'il le ratifiât et acceptât librement en son propre château, sans qu'on pût dire que tout s'était fait à Paris, sous l'étreinte oppressive de la main souveraine; et le bailli étant venu s'acquitter de sa commission, dressa ainsi,

(1) C'est-à-dire une journée sans solde. Si on les retenait plus longtemps, il fallait les payer.

(2) « Nous Liébauld de Cusance, etc., accompagnons par ces présentes le roi de France notre sire en toutes dettes arrérages ésquels ceulx de Verdun, ensemble tous, ou les particuliers conjointement ou divisément, sont, peuvent, ou doivent estre tenus à neus, tant pour cause de tailles, jets et exactions qu'ils ont levées sur les habitans de notre cité de Verdun, comme pour autres dûs appartenant à nous, que lesdits de Verdun ensemble, ou les particuliers, ont eus, levés, et reçus contre notre droit, comme aussi de toutes amendes, estraïères et autres choses, ésquelles lesdits de Verdun sont eschus par devers nous, dès le jour que nous fusmes esleu confermé en évesque de Verdun jusques au jour de la confection de ces présentes lettres. Donné l'an 1389, le 5ᵉ jour d'octobre. »

le 17 octobre 1389, procès-verbal de la mise en possession du roi (1) :

Mise en possession du roi.

« A tous ceux qui ces présentes lettres verront, etc., l'an de grâce 1389, le 17ᵉ jour du mois d'octobre, à Hatton-Chastel, en l'hostel de révérend père en Dieu monseigneur Liébauld de Cusance, évesque de Verdun, en la chambre haulte d'icelui évesque, on quel lieu estoient ledit révérend d'une part, et nobles hommes monseigneur Guillaume bastard de Poitiers, seigneur d'Estrepy, chevalier le roi notre sire et son bailli de Chaumont, et maistre Simon de Bourmont, procureur du roi audit bailliage, commis et ordonnés à ce, de par icelui seigneur, d'autre part.

« Furent baillées audit révérend père, par ledit monsieur le bailli, certaines lettres scellées du séel le roi notre sire, en lacs de soie et de cire verte, et du séel dudit révérend père, en lacs de soie et de cire vierge et rouge, contenant icelles lettres l'accompaignement et pariaige nouvellement faits, etc. Lesquelles lettres ledit évesque eut et reçut agréablement, et tout le contenu d'icelles eut et tint pour agréable, et promit le tout avoir et tenir ferme et estable, par lui et ses successeurs.

« Et après icelle réception, icelui évesque bailla audit monsieur le bailli et audit procureur, pour le roi notredit sire, la saisine et possession des choses contenues auxdites lettres de pariaige, par la tradition de son annel épiscopal lequel, en signe d'icelle saisine et

(1) « Charles, etc. Comme nagueires notre amé Liébauld de Cusance ait associé et accompaigné par pariaige nous et nos successeurs rois de France à la moitié par indivis, etc. Savoir faisons que, pour prendre pour nous et en notre nom la possession et saisine de toutes les choses à nous appartenantes à cause dudit pariaige, avons ordonné, commis et establi, ordonnons, commettons et establissons par ces présentes notre bailli de Chaumont, ou son lieutenant, et notre procureur audit bailliage : auxquels ensemble, et à chacun pour soi, avons donné et donnons autorité et puissance de mettre, créer, ordonner et instituer avec ledit évesque, par main commune, selon la teneur desdites lettres dudit pariaige, justiciers, receveurs, sergents et autres officiers pour, selon ledit pariaige, gouverner, garder et exercer justice, et recevoir les exploits et utilités qui escherront en ladite cité de Verdun, ban, banlieue et finaige d'icelle, de prendre et recevoir sur ce les serments desdits justiciers, receveurs, sergents, de leur tauxer et ordonner, si mestier est, par main commune avec ledit évesque, gaiges, salaires, ou pensions convenables, et de faire toutes autres choses qui seront à faire de notre partie... En tesmoin de ce, avons fait mettre notre séel en ces présentes lettres données à Paris le 4ᵉ jour d'octobre 1389. »

possession, lesdits monsieur le bailli et procureur pour ledit seigneur reçeurent.

« Et, pour icelle saisine et possession bailler et délivrer réellement et de fait au lieu de Verdun auxdits commis et ordonnés, icelui évesque qui, si comme il disoit, ne pouvoit promptement aller audit Verdun, fit ses procureurs espéciauls, quant à ce, nobles hommes monseigneur Ayme de Dompierre (dans une pièce latine, *Aymo de Domno-Petro*) chevalier, Jehan de Montferrand escuyer, et maistre Pierre de Buffignécourt official de Verdun; et de ce leur bailla ses lettres, dont la teneur est telle (semblable à la procuration du roi au bailli de Chaumont rapportée en note).

<small>Opposition de la Commune.</small>

De la teneur de ces pièces il résulte que les hautes parties contractantes réputaient la Commune à peu près rien; et c'était bien en effet le rôle qu'elles lui réservaient dans leur nouveau plan où le roi et l'évêque prenaient pour eux toute autorité de justice, toute institution de fonctionnaires, tout acte de puissance publique, sans demander aux communaux le moindre acquiescement. On eût pu sans doute objecter qu'il ne semblait pas que ni Liébauld ni Charles VI fussent en droit, l'un de transférer, l'autre d'accepter par simple convention entre eux, des droits régaliens qui appartenaient à l'Empire; mais c'était là un point très-délicat à toucher, tant il y avait à se souvenir de la grande armée française de 1388, de sa visite, et des belles paroles qu'il avait fallu lui dire. Cependant force fut aux communaux, après qu'ils eurent essayé de traîner en longueur, le bailli les pressant au contraire et les mettant dans l'impossibilité de reculer, de finir par avouer qu'ils refusaient de prêter serment au roi et de faire faire de par lui les proclamations et cris publics en ville; de sorte que le bailli fut obligé de s'en aller, emportant procès-verbal de ce qu'il appelait leur désobéissance:

« Et, le xviii° jour dudit mois d'octobre, en la cité de Verdun, en l'hostel épiscopal, où étoient lesdits monsieur le bailli et procureur, d'une part, et lesdits monseigneur Ayme de Dompierre, Jehan de Montferrand et maistre Pierre de Buffignécourt, procureurs dudit évesque, qui illecques avoient fait appeler, si comme ils disoient, la justice, eschevins et jureis de ladite cité, pour, en leur présence, voir bailler la saisine dudit pariaige, en vertu des lettres de procuration ci-dessus transcriptes.

« Pour lesquels justice, eschevins, jureis et habitans vinrent plusieurs bourgeois, et, entre les autres, ceux ci-après nommés, que l'on disoit ordonnés à ce pour lesdits habitans et gouverneurs et justice d'icelle ville, c'est à savoir un appelé Othin Robelat, que l'on dit estre maistre du Nombre, Johannin Adnet, Henriet Dumorier, Richard La Fosse, tous justiciers et gouverneurs de ladite cité, et Colart Païen, procureur d'icelle, si comme on dit; et leur fut lu le contenu desdites lettres d'accompaignement et pariaige; et, tant par vertu desdites lettres comme par certaines lettres de chartes séellées de seaulx desdits évesques et du séel la cité de Verdun, esquelles sont contenus les droits que a et doit avoir ledit évesque en ladite cité, ban, banlieue et finaige d'icelle. (C'était la Charte de Paix, dans le préambule de laquelle il est dit que toute la justice et seigneurie temporelle appartient à l'évêque.)

« Auxquels de Verdun iceulx procureurs dudit évesque ordonnèrent et commandèrent de obéir au roi notre sire et à ses gens comme audit évesque leur seigneur, et selon la teneur dudit pariaige. Par lesquels de Verdun fut quis et demandé délai, ensemble copie desdites lettres, afin que ils pussent parler sur ce ensemble, et sur le tout faire réponse. Laquelle chose leur fut octroyée, au dix-neuviesme jour dudit mois d'octobre jusques au vingtiesme.

« Auquel vingtiesme jour, les dessus nommés et plusieurs autres se comparurent audit hostel épiscopal, par devant lesdits monsieur le bailli, etc., qui, à grant instance, leur requiéroient obéissance pour le roi notredit sire, selon le contenu, etc. Par lesquels de Verdun fut toujours par plusieurs fois requis avoir une longue journée de délibération, pour sur ce répondre. Et finablement par lesdits monsieur le bailli et procureur leur fut dit que autre journée ne leur pouvoient bailler, mais leur requiéroient et commandoient, de par le roi, de faire le serment dessusdit, et aussi qu'ils fissent, ou souffrissent faire en icelle ville cris de par le roi notre sire avec ledit évesque, et autres exploits de justice, comme faire peut et doit ledit évesque, de tout temps ancien.

« Lesquels de Verdun respondirent qu'il estoit bien vrai que ledit évesque estoit leur seigneur, et de par lui crieroient volontiers, avec le doyen, eschevins et jurés du Palais de Verdun; et, au-pardessus, se garderoient de meffaire. Et aultre obéissance ne voulsirent donner auxdits monsieur le bailli et procureur. Et de toutes les choses dessusdites lesdits monsieur le bailli et procureur requirent auxdits jurés instrument public, qui octroyé leur fut par ces présentes. »

Lettres de l'empereur Wenceslas.

Il ne se pouvait qu'une si publique et si flagrante usurpation française ne fût bientôt dénoncée à l'empereur Wenceslas par nos fidèles communaux, et surtout par leur gardien impérial Hue d'Autel, dont l'autorité à Verdun s'écroulait, avec celle de son maître. Tous portèrent sur le champ plainte de la trahison de Liébauld qui livrait la ville à la France, conformément sans doute au plan concerté avec les Français, quand ils l'avaient fait nommer évêque; mais c'était un défenseur bien pauvre en ressources que cet empereur Wenceslas, qui venait d'engager son Luxembourg, et qui, à bout de tout moyen de gouverner les Allemands, se réfugiait en Bohème où, suivant ses ennemis, et même suivant la renommée commune, il ne s'occupait plus qu'à s'enivrer. Cependant il importait qu'il se montrât, au moins en démonstration de quelque décret énergique; autrement les Français n'eussent pas manqué de dire qu'il fallait que la Ville fût bien mal fondée en sa prétention d'être impériale, puisque l'empereur lui-même se la laissait enlever sans un mot de réclamation; en conséquence, et sur les avis urgents qu'on lui transmit, il écrivit de Prague, 5 décembre 1389, deux lettres latines, la première au Chapitre, lui faisant défense de donner aucune ratification au Pariage, l'autre à Josse de Moravie et à Hue d'Autel, celui-là engagiste, celui-ci sénéchal du duché de Luxembourg, pour les commettre à la répression des énormes félonies du soi-disant évêque :

Wenceslas roi auguste des Romains et de Bohème, au Chapitre de Verdun. Honorables fidèles, notre Sérénité vient d'apprendre, non sans vif déplaisir, comment Liébauld, l'intrus de Verdun, a,

PÉRIODE DE LA GUERRE DE CENT ANS. 449

sous prétexte de nous ne savons quelle coutume, ou plutôt abus (1), attenté, sans souci ni de son honneur ni de son salut, d'aliéner les Regalia que votre évêché tient de nous et du Saint-Empire. Nous vous défendons d'adhérer à de pareils arrangements, qui sont de toute nullité; et, si vous y aviez déjà consenti par imprudence, nous vous enjoignons de vous rétracter, par seconde et meilleure délibération : autrement nous serions obligé de donner en mandement à certains nos fidèles de procéder contre vous à telle rigueur qu'elle effraie quiconque serait tenté de suivre votre exemple. Ecrit à Prague, le 5 décembre 1389, 27° de notre royauté de Bohême, 14° de notre règne des Romains (2).

Wenceslas, etc., à notre très-cher oncle Josse marquis de Moravie, et à Huard d'Autel, sénéchal du duché de Luxembourg. Le bruit public nous informe que l'intrus Liébauld en est venu à cet excès de sens réprouvé que, sous prétexte d'une certaine lettre dite Charte de Paix (3), et sous ombre de la coutume perverse que l'imprévoyance des citoyens a laissé autrefois s'introduire (4), il tente de faire aliénation, ou subrogation des Regalia que l'évêché de Ver-

(1) Sans doute la coutume introduite en 1315 de prendre la garde de France.

(2) *Wenceslaus Dei gratiâ Romanorum rex semper augustus et Bohemiæ. Honorabiles dilecti, displicenter accepit nostra serenitas qualiter Leobaldus Virdunensis intrusus, regalia seu temporalia quæ à nobis et sacro imperio descendere dinoscuntur, sub prætextu cujusdam consuetudinis, imò veriùs* (un mot emporté), *ut ingratus, famæ suæ prodigus et propriæ salutis oblitus, à nobis et sacro imperio, quantùm in ipso est, alienare satagerit, et per quosdam contractus, quæsitis coloribus, imbrigare præsumpsit. Cùm autem contractus hujusmodi nullius sint roboris, nos eos, quia de facto procedunt, exigente justitiâ revocantes, devotionem vestram requirimus et monemus, et nihilominùs vobis districtè præcipiendo mandamus quatenùs hujusmodi prætensos contractus nullatenùs acceptetis nec etiàm approbetis; et, si forté per appositionem sigilli, vel alio quovis modo, capitulariter eisdem consenseritis, studeatis consultiùs et celeriter revocare : alioquin certis nostris fidelibus dedimus in mandatis quòd contrà vos per pœnarum acrimoniam taliter ex ratione procedant quòd vobis et aliis similia perpetrantibus possit cedere meritò in terrorem. Datum in Pragâ anno Domini 1389, die quintâ decembris, regnorum nostrorum anno, Bohemiæ* XXVII, *Romani verò* XIV. *Ad mandatum domini regis, Johannes Camminensis electus, cancellarius.*

(3) Dans le préambule de laquelle il est dit que toute la justice et la seigneurie temporelle de la cité appartient à l'évêque, et est pleinement et apertement à lui. D'où Liébauld concluait qu'il avait droit de l'aliéner; mais il se trompait; car il ne la possédait qu'en fief d'Empire.

(4) La coutume de la garde de France.

dun tient en fief du Saint-Empire. Nous vous commettons solidairement, tous deux ensemble et chacun de vous en particulier, à la répression de ses attentats : ordonnons aux citoyens et à la Commune de la cité, ainsi qu'aux officiers, vassaux et sujets de l'évêché de vous prêter main forte pour le recouvrement de nos droits et la cassation des prétendus traités faits au contraire ; et nous écrivons aux princes, aux cités et aux fidèles du Saint-Empire d'aider de tout leur pouvoir à l'accomplissement de votre mission. Ecrit à Prague, etc., (même date) (1).

Proclamation impériale contre Liébauld.

Publication et proclamation à Verdun. « Huward, seigneur d'Aulteir (de Elters), seneschaul dou duchié de Luxembourg, commissaire en cette partie de notre très-redoubté seigneur le roi des Romains et de Bohesme, aux doien, eschevins, conse.llers et habitans de la citei de Verdun, et à chacun d'eux, salut. Nous avons receu les lettres de notredit seigneur, contenant cette forme : *Wenceslaus, Dei gratiâ Romanorum rex et Bohemiæ...* (Suit la teneur de la seconde des lettres qui précèdent). Par la vertu desquelles

(1) *Wenceslaus, etc., illustri Judoco marchioni Moraviæ patruo nostro carissimo, ac nobili Hubardo de Altari senescallo ducatûs Lucemburgensis, gratiam regiam et omne bonum. Ad audientiam nostræ celsitudinis, multorum relatibus et famâ publicâ pervenit, qualiter Leobaldus de Cusantiâ in ecclesiam Virdunensem intrusus, in reprobum sensum ductus, regalia seu temporalia, jurisdictiones et jura in civitate et territorio Virdunensi, quæ à nobis et Romano imperio in feudum descendere dinoscuntur, temeritate damnabili, sumptâ occasione, non causâ ex quibusdam litteris dictis de Pace, et prætextu iniquæ consuetudinis per cives olim ex simplicitate de facto concessæ, in alios transferre eaque alienare, quantùm in eo est, vel saltem subrogare præsumpsit, Cùm autem tantæ temeritatis excessus clausis non debeat oculis præteriri, nos, pro recuperatione jurium prædictorum, et confutatione contractuum indè secutorum, vos ambos et quemlibet vestrûm in solidum, contrà prædictum Leobaldum intrusum, et sibi adhærentes, fecimus, constituimus et etiam deputamus nostros et sacri imperii negotiorum gestores, commissarios et ministros : volentes, ut tàm cives et commune civitatis quàm redditurarii, vasalli, ministeriales et subditi episcopatûs vobis et vestrûm cuilibet de hiis pleno jure respondeant, Damus etiàm vobis largam et commodam potestatem jura nostra et sacri imperii exigendi, levandi, percipiendi et de eis contrà rebelles disponendi, per mulctas et pœnarum acrimoniam, cum mero et mixto imperio. Super quibus etiàm certis nostris et imperii sacri principibus, civitatibus et fidelibus dilectis direximus specialiter scripta nostra, requirentes eosdem ut vobis in præmissis assistant, viis, modis et remediis opportunis. Ut autem vestrum ministerium realiter impleatur, omnes et singulos processus quos contrà rebelles ritè feceritis et pœnas quas ipsis rebellibus duxeritis infligendas, ratas et gratas habentes, eas faciemus, auctore Domino, usquè ad executionem debitam inviolabiliter observari. Datum Pragæ, anno Domini 1389, die quintâ mensis decembris, regnorum nostrorum Bohemiæ* XXVII, *Romanorum verò* XIV.

lettres, et pour ce qu'il nous a apparu le contenu d'icelles estre vrai, nous avons mis en la main de notre seigneur dessusdit toute seignorie temporelle, jurisdiction, justice et autres choses que les évesques de ladite citei ont eues en icelle ou temps passei; et que Liébauld de Cusance, qui se dit évesque, s'efforçoit de tenir, et disoit avoir en icelle. Et vous défendons, par le roi des Romains, notre seignor devantdit, sus peine de avoir son indignation et toute autre peine que pourriez encourir envers lui, que d'ores en avant à icelui Liébauld, ne à autre de par lui, ne aussi à autre personne quelconque, ne répondiez desdites signories, juridictions, justice, ne obéissiez par quelconque manière, fors tant seulement à notredit seigneur, et à ceux qu'il ait ou auroit à ce commis et députés; et tant en faites que de négligence ne puissiez estre repris. Donné à Verdun, le lundi lendemain des Brandons, l'an 1389 (1ᵉʳ lundi de carême, 21 février 1390). »

On remarquera la discrétion de ces pièces à éviter toute allusion directe au roi; la maison de Luxembourg, en décadence en ce moment, et d'alliance française depuis Jean l'Aveugle, ne voulant pas paraître s'en prendre à lui. Josse ne se mêla de cette affaire que pour s'en décharger sur Hue d'Autel, lequel, du reste, fut fort bien récompensé de ses soins; car, outre l'investiture d'Apremont, déjà obtenue en faveur de son fils, il reçut pour lui-même, en complément de sa garde de Verdun, la jouissance de Mangienne, prévôté toujours séquestrée sur l'évêché, malgré le testament du feu duc Wenceslas (1). Pour bases d'opérations militaires, Hue choisit les châteaux de Damvillers et de Baleicourt, celui-ci fortifié, comme nous l'avons dit, par Jean l'Aveugle, au temps de ses démêlés avec les comtes de Bar, antérieurement au traité de la garde commune (2); et il établit capitaines en ces places messire Colard de Mercy, et les deux frères Jacomin et Othenin de

---

(1) « Messire Hue d'Autel, seneschaul de Lucembourg, qui est cause de tous ces débats, tient en gaige le chastel, chastellerie et prévostei de Magine, de l'éveschié de Verdun, qui valent chacun an VIIIᶜ livrées de terre, au rachat de Vᵐ francs ». Dans les pièces françaises.

(2) Ci-dessus, p. 187.

Baleicourt; en revanche de quoi monseigneur Louis de Bourbon, oncle maternel du roi, obligea les Watronville, dont il avait, pendant l'expédition de Gueldre, occupé le château, on ne sait pourquoi ni comment, (probablement comme bon poste de surveillance sur Verdun) à y recevoir les Français, et à leur y donner droit de recept pour huit ans (1); enfin on fit pourchasser par le duc Robert les coureurs de Damvillers et de Baleicourt (2).

<small>Mesures prises par les Français.</small>

(1) « Je Robert et je Jehan de Waultronville frères. Comme les gens le roi notre sire nous aient pris notre forteresse de Waultronville, si a plu au roi, par l'ordonnance de lui, de bailler et délivrer notre dite forteresse en la main de notre redouté seigneur monss' Loys duc de Bourbon, comte de Clermont et de Foix, chamberier de France; si a plu à notredit seigneur, monss' le duc de Bourbon, par sa grâce, nous rendre notre dite forteresse franche et quitte, par ainsi que le roi, et monss' le duc de Bourbon, et monss' de Coucy, ils doient y avoir lour recept, ou lours gens apportant lettres séelleies en seaulx pendants de par eulx, lesquels, se besoin est, ont tous ensemble et doient avoir lordit recept pour le terme de huit ans... contre tous hommes, excepteis monss' le duc de Lorraine, monss' le duc de Bar, monss' de Verdun..., encore avons promins que ne mettriens en ladite forteresse chastelain que nous ne li fassiens jurer de tenir fermes et estaubles les choses dessusdites, etc..., le xixᵉ jour dou mois de febvrier, l'an de Notre Seigneur mil trois cens octante et nuef ». 1390, av. P. — Froissart, dans la relation déjà citée de l'expédition de Gueldre, mentionne le duc de Bourbon et Enguerrand de Coucy, gendre du duc de Lorraine.

(2) Mention, dans les comptes barrois que, vers la fin de mars 1389 (90 av. P.), le prevôt de Bouconville poursuivit des gens de la garnison de Baleicourt; que le bailli de Saint-Mihiel réunit le 24 juin, à Genicourt, des forces pour aller devant Baleicourt, et qu'à peu près dans le même temps, le prevôt de Briey, à la tête de ses hommes et de ceux de la prévôté d'Etain, pourchassa jusque devant Mercy Colard de Mercy et Jacomin de Baleicourt, qui emmenaient du bétail de l'évêché de Verdun. Annales de M. Servais, it. 150,51. — Lettres de Charles VI, du 28 février 1395 (96 av. P.), ordonnant au bailli de Vitry, en considération de ce que le Chapitre vient de demander la garde de France, de tenir la main. 1° A ce que le capitaine et autres gens commis par lui à la garde des ville et château de Damvillers ne commettent aucune molestation sur les villages et sujets dudit Chapitre. 2° A ce qu'on leur restitue tout ce qui leur a été pris, tant par les gens que le roi a envoyés différentes fois en Allemagne que par ceux que sondit bailli, ou son lieutenant ont employés à prendre les châteaux de Watronville et de Baleicourt hors du royaume, et par les garnisons qui depuis ont occupé lesdits châteaux ». Dans les extraits de D. Colloz. Cette pièce ne donne ni dates, ni circonstances. Il résulte de la reconnaissance précédente des Watronville, que leur château, qui n'était pas du Luxembourg, fut occupé dès 1389, probablement pour l'affaire du Pariage : quant à Damvillers et Baleicourt, les Français ne durent s'en emparer qu'après les hostilités de Hue d'Autel et

En cet état des choses, le roi ayant d'ailleurs à sa disposition tous les châteaux de l'évêché, on laissa Wenceslas et Hue protester et décréter autant qu'il leur plut, les communaux de Verdun étant suffisamment tenus en respect, et sentant fort bien que la chance était mauvaise pour eux de faire aucune levée de boucliers. Vers la saint Jean 1390, Hue, voyant le peu d'effet de sa proclamation, obtint de Josse qu'il enverrait en délégation à la cité « messire Willemard, chevalier au duché de Luxembourg, pour débattre contre le Pariaige »; mais il fut répondu à cet opposant par les gens du bailli de Chaumont « que ledit Pariaige se tenroit (tiendrait bon); et que, se il sembloit au roi d'Allemaigne que ce fust en son préjudice, le roi notre sire estoit prest d'accorder sur ce une journée de plaid....; et fut accordée ladite journée, laquelle les Allemands ne ont voulu tenir, ains ont refusé venir à droit et à jour; ce que n'eussent fait, se ils entendissent avoir aucun droit ». Ainsi, du moins, les Français interprétèrent leur conduite; et, sur ce défaut des adversaires, ils reprirent, avec les communaux, la suite des dits et contredits. En moyens de droit, le bailli fit valoir 1° Que le roi avait par devers lui « certaines lettres èsquelles, en l'an 1348, les citains avoient confessé eux et leur cité estre du royaume de France, et dans le contenu d'icelui » (1). 2° Que jadis, au temps de Philippe le Bel, il s'était tenu, à Vaucouleurs, une conférence où la Meuse avait été reconnue limite séparative de la France et de l'Empire. Ce fait étant déjà ancien, et les communaux disputant au bailli la conclusion qu'il en tirait par rapport à Verdun, il alla, au mois

Nouvelle discussion.

de Colard de Mercy. Le doyen de Saint-Thiébauld dit, à l'an 1396, que « fut prinse la ville de Damvillers par les François; et fut dit que Jacomin de Baleicourt, qui en estoit capitaine pour le sénéschaul d'Allemaigne (de Luxembourg, Hue d'Autel), en fut consentant ». De la lettre que nous venons de citer de Charles VI, du 28 février 1396, il semble résulter que les Français prirent Damvillers plus tôt que ne le dit le doyen.

(1) C'est la lettre rapportée ci dessus p. 120, et que le roi Jean avait ordonné de rendre en 1351 (ci-dessus, p. 215); mais, comme on le voit ici, il n'avait pas eu soin de faire exécuter son ordre.

de septembre 1390, faire enquête sur les lieux de la conférence : ce fut alors qu'il dressa ce procès-verbal que nous avons rapporté comme document sur l'entrevue de l'empereur Albert et de Philippe le Bel à Vaucouleurs en 1299 (1), entrevue en laquelle, comme nous l'avons aussi dit, on ne s'était pas occupé du Verdunois, dont la limite française avait été antérieurement fixée, non à la Meuse, mais au ruisseau de Biesme en Argonne. Quant à la lettre de 1318, que les gens de la Commune ne s'attendaient probablement pas à revoir, après l'ordre que le roi Jean avait donné, en 1351, de la leur restituer, ils firent sur cet article une réplique assez embarrassée, où l'on voit, à travers toutes leurs précautions de courtoisie, qu'ils répugnaient beaucoup à la souveraineté française, laquelle en effet était fort dangereuse pour l'équilibre de leur petit gouvernement de république aristocratique :

<small>Réponse de la Commune.</small>

« A puissant seignor et noble monseignor Guillaume bastard de Poitiers, chevalier le roi notre sire, et son bailli de Chaumont. Très-chier sire, Nous avons bien veu la copie d'une lettre de très-souverain prince le roi Jehan de France, dont Dieu ait l'âme, contenant que il avoit par devers lui lettres scellées du séel notre citei, èsquelles, en l'an M. CCC. XVIII, les citains et communautei de la citei, parmi certaine garde qu'ils prinrent dou roi Phelippe, cui Dieu pardoint, confessèrent, entre les aultres choses, eulx et ladite citei estre dou royaulme de France, et dedans les termes (limites) d'icelui, soubs la garde d'icelui. Et nous avez escript que sur ce, et sur le fait dou Pariaige, dont aultre fois avez poursui, nous nous avisissiens et vous fissiens teille response qu'il dust suffire, en brief.

Très-chier sire, en véritei Dieu le pardoint à ceulx qui cest fait ont pourchassié; car eux et nous, et le pays de près de nous ils ont mins en grant tribulation, pour ce que chacun sait que, dès la fundation de notre citei, elle est de l'Empire, et proprement (en propriété) chambre d'emperour. Et si nos précessours par les dissensions que ils eurent on temps passei, et meismement au temps de l'an dessusdit, les aucuns auroient fait cette recognissance et sor ce donnei lettres dessoubs le séel de Ville, si est-il toute notoire chose que,

(1) Ci-dessus, p. 45.

à cest temps, en notre citei eûst un descord par leqûel l'hosteil où le séel estoit et le lieu où on le gardoit fut couru et brisié, et aussi fut une partie de la citei; et n'auroit point cesté recognissance estei faite en manière deue, ne par la communaultei deument appelée et consentante. Et, supposei (sans préjudice) que par toute la communaultei eust esté faite, jà par cette cognoissance n'auriens pu ôsteir l'héritaige de l'Empire, mais auriens fait très-grant excès et simplesse, et en seriens en très-grant et très-énorme indignation par devers nos signours les emperours et rois des Romains, qui de la souverainetei de nos ancessours, de notre citei et de nous ont adès estei et sont en vraie possession et saisine : et ainsi le trouvereis vous, se il vous plaist, par tous les signours du pays de deçà, par les Chàpitres et colléges des esglises, et par les anciens : aussi par ce que, de si longtemps que n'est mémoire du contraire, les bannières de l'Empire sont sur les tours et entrées de notre citei, és mesures de bleifs et de vin qui sont de keuvre (cuivre) faites, et aussi est le séel des justiciers de notre citei, de si longtemps comme on peut avoir mémoire (1), et par ce aussi que toutes fois que les emperours et rois des Romains ont eu besoin de notre service, ils nous ont mandeis en armes; et les avons servis comme sujets de l'Empire...

Dieu sçait que au royaulme de France oncques par notre citei, ne les habitans d'icelle maulx ne vinrent; ains avons toujours esté très-bons et féaubles voisins, et servi ceulx du royaulme contre leurs ennemis, comme bons voisins doient faire... (2); et en oultre vous

---

(1) S'ils entendaient par là le sceau à la double aigle, il est certain qu'il n'était pas d'ancienneté immémoriale. V. ci-dessus, p. 387.

(2) Sur cet article du bon voisinage, le bailli contredit : « Saulve leur grâce, ils ont aucunes fois bouté feux ou royaume, et prins une forteresse appelée Villaines, qui est à messire Jehan de Saulx, ou bailliage de Vitry ; et aussi ont receptei Lucien plusieurs fois, qui estoit ennemi du roi; et si ont encore en ladite cité Oulrion de Chastel, et plusieurs autres ennemis dudit royaume, si comme il peut apparoir par les informations que le bailli de Vitry a prins sur les faits dudit Lucien ». — Autres méfaits : « Environ deux ans, ils coururent à la Grange-aux-Bois. Item, plusieurs vinrent à Moiremont (petite abbaye près Sainte-Ménehould), qui est église de fondation royale; et illec prinrent les chevaux messire Pierre d'Argiers, et furent menés à Verdun, et illec butinés, et le butin appliqué à leur profit. Item, et lors, prinrent en ladite église, à force et port d'armes, frère Berthelot Patient, abbé d'icelle, et l'emmenèrent prisonnier audit Verdun, et prinrent son cheval, et, sur lui, un chappel de bièvre (castor) et deux paires de chausses, de blanc et rouge drap semelées. Item, pour lors, prinrent Thierry

saveis que nous vous avons monstrei vıı ou ıx reprinses des évesques de notre citei qui ont estei jà en arrière (d'autrefois), comment ils ont reprins des emperours et rois des Romains toute la temporalité et régale de la citei et eveschié de Verdun; et si en avons envoié au roi les copies authentiques...; Et, se nous nous en dénaturiens ou faisiens le contraire, que Dieu ne vueille, chacun nous tenroit pour traitours et gens renoiés (reniés)... Très-chier sire, le Saint-Esprit vous ait en sa sainte garde. Escript à Verdun, le devant darrien jour de septembre. Les Jureis et gouverneurs de la citei de Verdun, tout en votre recommandement. »

Des pièces suivantes du débat il serait long de parler en détail : ce qu'elles présentent de plus curieux à noter aujourd'hui, c'est, en résumé, qu'on y voit que ni le bailli,

Sandrin, prévost de Sainte-Manehould, Perrinet du Bourg, et Chausson neveu Pierrard, et les menèrent à Verdun; et battirent et navrèrent très-énormément un bourgeois du roi appelé Jehan de La Loge, qui ouvroit (travaillait) en ladite église : toutes lesquelles choses ont faites au contempt du roi, et enfreignant sa garde, qu'a ladite église. Item, environ ledit temps, prinrent la forteresse de Ransières, appartenant à messire Jehan de Saulx et Thierion de Manonville, en laquelle prinrent plusieurs bourgeois du roi, et les menèrent à Verdun, ès vilaines prisons, et encore les détiennent. De toutes lesquelles choses ainsi faites et perpétrées par eux et leurs complices, Jehan Saulier, pour lors lieutenant de messire Guillaume bastard, naguières bailli de Vitry, par le commandement dudit messire Guillaume, fit requeste auxdits de Verdun, en la présence, etc., en l'église des Augustins, à la justice et jurés d'icelle ville : à quoi ne voulurent oncques faire réponse, mais dirent qu'ils en parleroient à messire Richard des Armoises, leur gardien, qui de leurs guerres estoit chargé; et si n'en voulurent aultre réponse faire ». — Ceci est un exposé assez malveillant de divers faits d'une petite guerre que la Ville avait eue contre Jean de Saulx, seigneur de Ransières et Pierre d'Argiers, seigneur de Cumières, qui l'avaient défiée. En violation du territoire français, on avait poursuivi les gens de celui-ci jusqu'aux environs de Sainte-Ménehould : et, parmi les prisonniers, avec chevaux, armes et bagages, s'étaient trouvés deux hommes d'armes de Girard de Cusance, étranger à la querelle. Celui-ci obtint indemnité de 25 francs d'or, par sentence de Roger de Mandres, doyen de la cité, Jacomin Ranxin, échevin du Palais, et Simon Pougnet : quant aux violations de territoire, il y eut, après la reprise de la garde de France, en 1396, lettres d'amnistie, du 22 janvier 1396 (97, av. P.) de tous crimes, délits et méfaits commis sur les terres du royaume, spécialement à Chaude-Fontaine, Morimont, Dannevoux, Baulny et Montfaucon par plusieurs de la cité de Verdun, et par Richard des Armoises, Jehan de Watronville, Jacomin de Baleicourt, pendant la guerre de ladite cité contre Jehan de Saulz et Guiot de Savigny ». — On ne peut faire l'histoire de ces petites guerres : elles étaient très-fréquentes; mais il n'en reste pas de documents explicatifs.

ni les citains n'étaient fort versés dans l'histoire et le droit historique de notre pays. De l'ancien royaume de Lorraine et de ses rois carlovingiens, il ne restait plus à personne aucun souvenir; ce qu'on put se rappeler de plus antique, et encore par tradition fort vague, fut qu'environ quatre ou cinq cents ans en çà, un empereur Othe (sans doute Othon III, lors de l'investiture régalienne de l'évêque Heimon, après le siége de 984), avait fait acte de souveraineté sur le comté Verdunois de ce temps; mais, depuis lors, on n'y trouvait, ni pour l'Empire, ni pour la France, titre de possession continue et reconnue; de sorte que, suivant les Français, cette frontière était devenue par laps de temps une sorte de marche marchisante, c'est-à-dire de territoire vague et indécis entre les états voisins. Durant cette longue incertitude, l'évêché avait acquis et prescrit les droits régaliens, en vraie, pleine et légitime prescription; d'où le bailli concluait que les évêques pouvaient, s'ils le voulaient, et sans que personne eût à y contredire, se mettre en Pariage avec le roi. A la vérité, (et c'était là le point faible de son argumentation), on exhibait des lettres d'investitures impériales qui semblaient indiquer qu'ils ne tenaient leur principauté que comme fief d'Empire; mais, par contre, ces mêmes évêques avaient aussi, et plusieurs fois, demandé la garde de France (1) : tout ce que prouvaient ces actes contradictoires de leur part, c'était l'instabilité des choses sur la frontière, et la nécessité qu'y subissaient les petits princes de se rattacher à la fois à toutes les grandes puissances voisines. Au-dessus de tout, et comme fait décisif et capital, il y avait ceci qu'on n'exerçait à Verdun aucune juridiction quelconque au nom de l'empereur, et que l'Empire n'y commettait pas ès causes d'appel : argument péremptoire pour un légiste français, accoutumé à voir la souveraineté du roi se manifester par le ressort de son parlement. Quant aux allégations de

Système historique des Français.

(1) L'assimilation était mauvaise; car, en droit et par sa nature même, une garde était exclusive de souveraineté. V. ci-dessus, p. 107.

points et faits divers, le bailli avait découvert, derrière tout le verbiage de la Ville, qu'elle ne tirait son titre de cité impériale que d'une subreption adroitement et assez récemment commise par elle, quand sa garde ducale luxembourgeoise était devenue impériale, par la succession de l'empereur Wenceslas à son oncle de même nom, le dernier duc de Luxembourg : c'était alors qu'on avait mis les bannières de l'Empire aux tours et aux portes de la cité ; mais un pareil artifice ne pouvait annuler ni le traité des limites de la Meuse fait à Vaucouleurs, en 1299, ni la lettre de 1318, où, en conséquence de ce traité, les communaux eux-mêmes avaient été obligés de reconnaître qu'ils étaient, non seulement dans les limites du royaume, mais du royaume même. Telle fut la réplique qu'il fit à la lettre des Jurés, et qu'il leur signifia, en longue pièce d'écriture, n'étant pas convenable qu'ils eussent le dernier mot avec lui, délégué royal. D'un autre côté, les communaux pour récompense de leur bonne et ferme conduite impérialiste, reçurent de Wenceslas une lettre, datée de son château de Burglitz en Bohême, 6 novembre 1390, dans laquelle ils lurent, outre les éloges qu'ils méritaient, avis que le sérénissime roi de France allait envoyer à Heidelberg des plénipotentiaires, pour amener tout à concorde sur cette affaire, et autres questions (1). Le bailli de Chaumont s'en

(1) *Wenceslaus, etc., magistro civium, scabinis et juratis civitatis Virdunensis, suis et imperii sacri fidelibus dilectis. Fideles dilecti, delectat nos fidelitatem vestram accuratá mente revolvere ac, loco et tempore, benignis favoribus compensare. Vidimus enim quòd vestra devotio terrore potentum et minis adversantium flecti non potuit, sed nec munerum oblatione à nostræ majestatis obedientiá debitá retrocessit. Ob hoc fidelitati vestræ gratiarum uberes referimus actiones, desiderantes, et vos tenore præsentium requirentes quatenus in concepto proposito persistere, et sub nostrá et imperii sacri fide, prout fecistis hactenùs, velitis constanter permanere : scituri quòd pridem inter nos et serenissimum principem Carolum Francorum regem, consanguineum nostrum, mediantibus nostris utriusque consiliariis ad hoc potestatem plenam habentibus, in villâ Heidelberg, certi sunt confederationum tractatus concepti : de quibus per nobilem Hubardum de Altari, senescallum ducatûs Lucemburgensis, cui copiam ipsorum tractatuum transmisimus, poterit distinctiùs vestra fidelitas informari. Datum Burglis, die sextá novembris, regnorum nostrorum anno Bohemiæ* XXVIII, *Romanorum verò* XV.

retourna donc, avec son rapport; et les Verdunois attendirent le résultat de la conférence d'Heidelberg; mais elle n'en eut aucun; et il paraît qu'elle resta à l'état de projet : de sorte que le roi reprit, en mai 1391, l'affaire de Verdun, absolument en l'état où l'avaient laissée les débats de l'année précédente.

Cette seconde fois, il désigna pour commissaire le bailli de Vitry, au siége duquel était annexée notre garde avant les revirements des derniers temps de Philippe de Valois. Le nouveau mandataire royal eut pour instructions de laisser provisoirement intacte la question irritante du Pariage, et de se borner, en arrivant, à prendre possession de la garde du temporel de l'évêché : ce qu'on ne pouvait imputer à attentat contre l'Empire, attendu qu'une simple garde n'attribuait ni souveraineté, ni même juridiction : puis, cette position prise, s'en servir pour faire passer le Pariage à Verdun, amiablement, par influence politique et bonnes paroles. Voici cette commission du bailli de Vitry, pour l'intelligence de laquelle il est à propos de rappeler que, dans le traité de 1389, on avait stipulé des gardes indépendantes, et « sans lésion dudit pariage », c'est-à-dire sans qu'on pût en rien inférer ni pour, ni contre lui.

Commission et instructions au bailli de Vitry.

Charles, etc. Comme, à la supplication de notre amé Liébauld de Cusance, évesque de Verdun, nous ayons icelui évesque et ses successeurs pris, reçeu et retenu en l'espéciale garde, et protection perpétuelle de nous et de nos successeurs rois de France, par la forme et la manière que il est déclaré en nos autres lettres sur ce faites, desquelles la teneur est telle. (Suivent les lettres d'octobre 1389, que nous donnons en note) (1). Nous audit évesque, à sa sup-

(1) Charles, etc. Comme notre amé Liébauld de Cusance, évesque de Verdun, ait naguières associé et accompagné par pariage nous et nos successeurs à la moitié par indivis de la seignorie temporelle en la cité de Verdun, banlieue, fiefs, arrière-fiefs, etc. Nous, voulant ensuivre les voies de nos prédécesseurs, qui toujours ont accoustumé garder les églises..., en révérence de Dieu..., sans lésion dudit pariage, avons pris, reçeu et retenu en l'espéciale garde, etc., ledit évesque et ses successeurs, leurs possessions, gens et sujets, tels comme ils vouront requerre, ladite cité de Verdun.

plication, avons ordonné et député, ordonnons et députons, par ces présentes, gardien espécial notre bailli de Vitry, ou son lieutenant, auquel mandons et commettons que il ledit évesque et son église, la cité de Verdun, lesdites villes et chastiaux de l'éveschié, etc., défende de toutes injures, violences, oppressions, etc., en gardant en tout et pour le tout la forme et teneur desdites lettres dudit Pariage..., et députe, se mestier est, un ou plusieurs de nos sergents, aux dépens dudit évesque, lesquels ne s'entremettront de choses qui requièrent connoissance de cause... Donné à Paris, le tiers jour de mai, l'an de de grâce 1391, et de notre règne le onzième. Par le roi, à la relation du conseil.

A cette commission officielle se trouvent annexées dans les documents des instructions diplomatiques sur la conduite à tenir par le bailli pour le bon succès de l'affaire dont le roi le chargeait à Verdun. « Semble expédient, dit cette pièce, qu'il parle d'abord à l'évêque et à ses gens, s'enquierre d'eux quels sont ceux de la ville qui ont le Pariage pour agréable, puis donne cœur aux bien disposés en leur disant la bonne volonté qu'a le roi de les soutenir. Au maître du Nombre, aux jurés et au commun, il remontrera que la chose est à leur bien, profit et sûreté; car ils en seront de tant plus en la grâce du roi, lequel voudra les défendre; et auront plus grande communication et amitié à ceux du royaume; et en vaudra mieux la marchandise (le commerce); et en seront lesdits habitans plus confortés. Le roi est bien conseillé et informé de son droit : on a fait enquête si la cité est du royaume, et a été ainsi trouvé; et en a-t-on lettres anciennes des citains eux-mêmes : et, se n'avoit été sçû d'avance le Pariage estre valable, ne l'auroit-on point entreprins. Pour ce qu'aucuns contradicteurs

---

les détroits *(districtus jurisdictionis)* et seignories d'icelle, les chastiaux, terres, villes, fiefs et arrière-ficfs, droits et jurisdictions de Charney, de Hatton-Chastel, d'Amblonville, de Fresnes, de Tilley-sur-Muese, de Dieu-le-ward, appartenances et dépendances, et aussi sa forteresse et prévosté de Sampigny, tant comme ledit Liébauld sera évesque dudit éveschié de Verdun, et non oultre... Donné à Paris, l'an de grâce 1389, on mois d'octobre. Par le conseil estant en la chambre des comptes.

parlent du roi des Romains, on leur répond qu'on lui veut garder son droit, s'en a aucun, sans préjudice : et en seront toujours de bon accord le roi et lui ; et s'en peuvent bien fier lesdits habitans à la parole qu'on leur donne. Le roi a su qu'à l'injure de sa garde et au mépris du droit qui lui compète en vertu dudit Pariaige, a été, contre raison, à l'instigation et pourchas d'aucuns (Hue d'Autel) empeschié l'évesque en son temporel : qui est aussi empeschier le roi en son droit ; mais saura le tenir, comme il est dit dans ses lettres. Item enfin, soient lesdits de Verdun requis, de par le roi, que ils cessent et désistent leurs empeschements, et sur cette dernière sommation et requeste donnent réponse une fois pour toutes, sans plus dilaïer : autrement ne le souffrira le roi, combien qu'il lui déplaira si, par leurs deffaults, il lui convient procéder par autres voies. Par le roi, à la relation de son grand conseil ».

Des discussions qui durent suivre, il n'existe de relation écrite ni par le bailli ni par les communaux ; mais on voit, à la marche des choses, que ceux-ci se montrèrent intraitables, sinon contre tout projet de faire rentrer la ville sous la garde de France, du moins quant à reconstituer cette garde sur la base du Pariage. C'était avec la Commune officielle, c'est-à-dire avec le Nombre, Sénat et Conseil que négociait le bailli ; et il crut s'apercevoir, dans le cours des pourparlers, que ces gouverneurs, comme ils se qualifiaient eux-mêmes, n'avaient pas parfaite sympathie du populaire, lequel, s'il ne redemandait pas précisément une Commune de métiers, était cependant peu satisfait que les gens du commun ne fussent plus rien, pas même le tiers, pour lequel avait voulu qu'on les comptât l'évêque Hugues de Bar. Les lignagers savaient sans doute mieux que personne à quoi s'en tenir sur leur popularité ; et de là venait peut-être leur opposition au Pariage, par lequel le roi et Liébauld eussent pu démolir peu à peu tout l'édifice aristocratique qu'on avait péniblement élevé sur les ordonnances de Charles le Quart et autres diplômes impériaux, depuis la diète de Metz : quoi qu'il en fût de l'état réel des esprits, le bailli espéra chance de faire passer le Pariage, s'il pouvait le proposer en assemblée de grande Commune, c'est-à-dire de l'université des citains, comme elle était jadis. Lui-même n'ayant pas droit de convoquer une pareille assemblée, il avisa que, pour mettre la Commune officielle en demeure de la tenir, il faudrait qu'il arrivât du roi une lettre directe, adressée non pas seulement aux maître échevin, Nombre Juré, gouverneurs et conseil, mais aussi au commun de la cité, tellement qu'on pût demander comparution de ce commun, pour qu'il prît connaissance de la dépêche. Cette lettre fut en effet écrite de Paris, 11 juillet 1391 ; et l'adresse y fut mise comme le bailli la souhaitait : mais les lignagers se gardèrent de donner dans son piége. On verra par le procès-verbal suivant de quelles défaites ils usèrent pour éluder sa demande d'assemblée générale :

Il demande une assemblée générale.

« Le samedi xxiie jour du mois de juillet, l'an mil trois cent quatre-vingt et unze, en la ville de Verdun, noble homme Guiot de Brecous, escuier d'escuirie du roi notre sire, son bailli de Vitry, ayant certaines lettres closes du roi adressantes, si comme par la superscription d'icelles apparoissoit *Aux maistre du Nombre, jurés, justice et commun de la cité de Verdun*, pour à eux exposer le contenu en certaine instruction, scellée et donnée à Paris en son grand conseil, le unzième jour dudit mois, et faire les requestes y contenues, (avec lui le garde du scel et les gens du tabellionage de Sainte-Ménehould).

« Et, après ce que, par messire Hustin de Saulx chevalier, il eût fait savoir aux maître et gouverneurs de ladite ville et aux personnes plus notables d'icelle, vinrent par devers lui, en l'église Saint-Venne, un appelé Jehan Adnet, conseiller de ladite ville et leur avant-parlier, un autre appelé Jacquemin Ranxin, maistre de la guerre, et deux autres bourgeois, dont l'un est appelé le maistre eschevin Parissel : et leur exposa les causes dessusdites, et leur requist très-instamment que ils fissent assembler lesdits maistre, jurés et commun. Et, pour ce que par ledit Adnet fut dit que c'estoit chose qui ne se pouvoit si hastivement, ledit monsieur le bailli répondit qu'il attendroit voulentiers bon temps, et jusqu'à ce que ils pussent estre assemblés ; car c'estoit son intention de présenter lesdites lettres en la présence dudit commun : et, s'ils vouloient avoir délai jusques au lendemain au matin, il lui plairoit bien. Lequel délai les dessus nommés prinrent.

« Et depuis, environ demi-heure, retournèrent par devers monsieur le bailli, en ladite église Saint-Venne, et lui dirent que y avoit plusieurs des bonnes gens, et par espécial ce que on a accoustumei de en faire assembler pour les grosses besoignes de la cité qui assemblés estoient en l'église cathédrale, pour voir et oïr tout ce que il leur vouloit dire et exposer. Lors ledit monsieur le bailli, accompagné d'honorables hommes et saiges maistre Jehan de Lintelles son lieutenant, Jehan de Crespy, substitut ès prévostés de Sainte-Manehould et Passavant en Argonne, de nobles hommes monsieur Henri de Nantuel, monsieur Pierre d'Argiers, monsieur Jehan de Brecous, et dudit monsieur Ilustin de Saulx, chevaliers, Philippe d'Argiers, etc., etc., escuyers, et plusieurs autres, se transporta en ladite église cathédrale, en laquelle plusieurs des plus notables bourgeois et habitans estoient assemblés, entre lesquels estoient les dessus nommés Jehan Adnet, le maistre eschevin Parissel, Jacquemin Ranxin, Richard La Fosse, Colin Montignon et Jehan de Ville, qui se disoient et portoient procureurs ou négociateurs en ladite ville, le doien Watrec, Colin Saintignon, autrement dit le bel Colin, Willame Paixel, Henriet Dumorier, Richard Briatte, Oulrion de Chastel, Simonin Raimbauld, Berthemin de mont Saint-Venne, Gillet Paixel, Jehan Lambert, Oulri de Romaigne, Jacquemin Reverre, Simonin Pasturon, Willame Roland, Jehan Saintignon, Ranxin Labrute, Phelipon Foucret, et plusieurs autres, dont ne purent avoir les noms.

« A tous lesquels ledit monsieur le bailli exposa, et aussi fit exposer par son lieutenant les causes dessusdites ; et requist et fit requérir par plusieurs fois très-instamment que ledit commun fissent assembler pour recevoir lesdites lettres et oïr lesdites sommations : et par sondit lieutenant leur fit exposer plusieurs causes et raisons pour démonstrer que ladite assemblée ils devoient faire, et, sinon, feroient mal, et estoient tenus par raison à faire assembler ledit commun avec eux; car audit commun, aussi bien comme à eux, s'adressoient lesdites lettres.

« A quoi répondirent lors tous les dessusdits, par la bouche dudit

Refus de tenir cette assemblée.

Adnet, que ils n'avoient mie accoustumei, pour quelconques lettres ou requestes à eux envoyées, de ce faire; et que les dessusdits trois négociateurs et maistre eschevin avoient puissance de toutes choses faire, recevoir lettres, oïr toutes requestes et sommations, et en faire response pour toute la ville, comme si tous y estoient assemblés, et que ceste puissance leur estoit donnée par tous les habitans de ladite ville, et par bonnes lettres que ils en avoient sous le grant séel d'icelle (1).

« Lors par ledit monsieur le bailli et son lieutenant leur fut plusieurs fois requis, à grant instance, à voir lesdites lettres, pour voir s'il souffriroit, ou non... Sur quoi, eues plusieurs paroles, finablement fut répondu par la bouche dudit Adnet, et autres, que ils n'en monstreroient aucunes, et que, si on y restoit dix ans, ils n'en feroient mie assembler le commun, et que il devoit suffire et suffisoit; et que plus n'en feroient.

« Lors ledit monsieur le bailli leur présenta lesdites lettres du roi, lesquelles ils reçeurent et se traïrent à part; et, après ce que ils les eurent veues, dirent que icelles estoient lettres de créance (d'accréditement); si dist ce qu'il voudroit. Adonecques, après ce que de rechief leur eust requis que ledit commun fissent assembler, et attendroit bien un jour, ou deux, ou plus avant, à leur aisement, et que ils eurent respondu comme dessus, leur déclara et montra ladite instruction, laquelle lesdits jurés virent; et par sondit lieutenant leur fit exposer et requérir le contenu en icelle, et, premier, leur exposa le Pariaige, etc.; et sur ce, très amiablement, leur fit les sommations, et requist, de par le roi notre sire, une, deux, trois fois, et la quarte d'abondant, que audit Pariaige ne mettent empeschement, et

(1) On ne connaît pas ces lettres; et elles ne furent pas produites quand le bailli demanda à les voir. A Metz, on refusait aussi communication des messages aux bonnes gens de la commune; et ils l'imputaient à grief, qu'ils tâchérent plusieurs fois de redresser : « Et se, dit l'atour des eswardours de 1385, nul venoit en notre citei, d'huy cest jour en avant, pour aucun profit et honneur de la citei, et les Treize ne le voulsissent monstrer as bonnes gens, et la cognissance en venoit as eswardours, que ils aient povoir de l'oïr et monstrer as bonnes gens, se bon lour sembloit ». Preuves de l'Hist. de Metz, iv. 363. Dans l'atour de la rébellion de 1405 : « Item, que le maistre eschevin, les Treize, ne autres n'ouvrent, ne fassent ouvrir lettres, c'est à savoir lettres s'adressant à la cité, ou aux officiers d'icelle, que il n'y ait, quand il ouvre lesdites lettres, aucuns (quelques-uns) des comtes et des esleus de notre cité, pour oïr le contenu d'icelles, et faire la réponse telle qu'il appartient ». Ibid. p. 572.

cessent et se désistent de l'empescher : autrement il conviendra que le roi, pour son droit garder, y pourvoie.

« Lesquelles choses ainsi faites et dites, les dessusdits maistre, gouverneurs, négociateurs et leurs compaignons se traïrent arrière à part, et retournant pour répondre, demandèrent, par la bouche dudit Adnet, délai jusques à Noël prochain venant, du moins jusques à la saint Martin, disant que n'en pouvoient faire réponse, et que ils n'en estoient mie conseillés. A quoi ledit monsieur le bailli répondit que faire ne le pouvoit, car le roi notre sire ne l'avoit mie chargé de ce faire; mais volentiers leurdite réponse reporteroit devers le roi.

« Et, de rechief, leur exposa, etc., et demanda leur réponse finable, une fois pour toutes. A quoi finablement ils répondirent comme dessus, démontrant par signes et apparence que ils avoient grande affection de eux despartir (de s'en aller). Tandis que ledit monsieur le bailli leur parloit, plusieurs se traïrent en arrière, et disoient : Jehan Adnet, allons-nous-en, et prenons congié. Et à tant se départirent; et illeuc ne fut autre chose en sustance faite.

« Après, monsieur le bailli se départit de ladite église, et, retournant en son hostel, encontra ledit doyen Watrec devant son hostel, où y avoit plusieurs pauvres gens du commun, auxquels il dit tout hault que il avoit apporté lettres, de par le roi notre seigneur, aux gouverneurs de ladite ville et au commun d'icelle, pour leur grant bien et profit : lequel commun les dessusdits gouverneurs, le dessusdit doyen Watrec, et autres riches et puissants, qui avoient estei à la présentation d'icelles, n'avoient mie souffert que ils eussent seu ce que leur faisoit exposer et requérir le roi, et n'avoient les dessusdits voulu que lesdites lettres ils vissent, ne que ledit commun oïst les requestes et sommations que ledit seigneur lui avoit ordonné de faire, combien que ce fust pour leur grand bien et profit : et ce que fait en avoient lesdits maistre, négociateurs et autres leurs compaignons étoit très-mal fait; et leur en pourroit venir très grand inconvénient. Et à tant se départit. De toutes lesquelles choses ledit monsieur le bailli, ledit substitut du procureur du roi ont requis instrument public auxdits clercs jurés, etc. »

Paroles du bailli aux pauvres gens.

Ainsi s'en alla le bailli, fort mécontent des lignagers, et proclamant en public, à la porte même du doyen Wautrec, comment ce doyen, ainsi que les autres gouverneurs et grands personnages n'avaient pas voulu qu'on exposât aux pauvres gens du commun ce que le roi leur écrivait pour leur bien; duquel refus lui bailli les rendait responsables, en leur dénonçant que de là « pourroit arriver à eux très-grave inconvénient. » Ceci n'eût probablement pas été une vaine menace, sans le grand malheur qui survint peu après en France, où le roi, qui déjà avait laissé paraître quelques symptômes d'aliénation mentale, tomba en démence notoire, l'an 1392. Alors ses oncles recommencèrent leurs luttes du temps de sa minorité, plus violentes cette fois, à cause de la compétition d'un nouveau prétendant, le frère même du roi, Louis duc d'Orléans, atteignant en ce moment sa 21e année. Contre lui se fit chef d'opposition Philippe le Hardi, duc de Bourgogne; c'était l'un des fils du roi Jean, et l'un des frères de Charles V: ce duc Philippe, puis son fils Jean-Sans-Peur organisèrent le grand parti bourguignon; les haines devinrent implacables; on ne recula devant aucun crime, ni assassinats, ni guerre civile; et les Anglais profitèrent de ces déchirements pour continuer avec succès leur guerre de cent ans. Depuis 1392, la raison ne revint au roi que par intervalles: le peu qu'il fit, en ses moments lucides, tourna à rien, faute d'être poursuivi quand il retombait malade; enfin il s'affaissa tellement qu'il ne sut plus lui-même entre les mains de qui il se trouvait, Orléans ou Bourgogne; et on le faisait changer de langage en le transférant d'un camp dans l'autre. Ainsi s'écoulèrent, dans la plus déplorable anarchie, les longues années qui restaient encore à l'infortuné Charles VI.

Dès le commencement de cette triste période, la cour perdit de vue l'affaire de Verdun; et, chez nous, chacun se tint, avec incertitude et inquiétude, dans l'attente des événements, comment iraient les choses en France, et si la maladie du roi ne serait qu'une crise passagère. Liébauld, qui tenait pour le Pariage, n'osait ni s'en dédire, ni cependant rien risquer pour établir en fait ce nouveau régime; et il adopta pour conduite de laisser, dans l'entre-temps, toutes choses comme elles étaient : mais son système d'expectation se trouva en défaut à la mort du doyen Wautrec, dans les derniers jours d'avril 1394. C'était à l'évêché à lui nommer un successeur ; et, aux termes du Pariage, l'évêque devait faire ce choix de concert avec le roi ; de sorte que les communaux attendaient pour voir si réellement il y aurait intervention royale, ou même si Liébauld trainerait en longueur, tellement qu'on pût le soupçonner d'agir sur instructions demandées par lui au conseil de Paris. Il ne trouva rien de mieux, en cette conjoncture, que de faire semblant de ne pas s'apercevoir de la surveillance méfiante dont il était l'objet, et d'agir de point en point comme avaient fait ses prédécesseurs en pareils cas ; en conséquence, dans le mois qui suivit la mort de Wautrec, il nomma, sur la liste des lignagers, Roger de Mandres, sans que le roi eût été consulté, et absolument comme s'il n'y eût pas eu de Pariage : mais l'official Pierre de Buffignécourt, qui se trouvait en ce moment à Paris, comme pour d'autres affaires, alla sur le champ devant le garde du scel de la prévôté royale, se rendre caution que le seigneur évêque donnerait acte de non préjudice pour cette nomination que les circonstances l'obligeaient à faire seul (1) ; et cet acte fut en effet écrit le 8 juillet 1394 (2). Il résulte

Embarras à la mort du doyen Wautrec.

(1) « A tous ceux, etc., Jehan, seigneur de Folleville, chevalier, conseiller du roi notre sire, garde du scel de la prévosté de Paris. Savoir faisons que par devant nous vint honorable et discrète personne maistre Pierre de Buffignécourt, vicaire et procureur de révérend père en Dieu monseigneur Liébauld de Cusance, etc. (Suit l'exposé du fait, et l'engagement de Pierre pour l'évêque que celui-ci donnera acte de non préjudice). Donné sous le scel de la prévosté de Paris, l'an 1394, le lundi 15e jour de juin. — Wautrec était mort le 28 avril précédent.

(2) « Nous Liébauld de Cusance, etc. Comme par le Pariaige et accompaignement pièça fait avec le roi notre sire, toutes et quantes fois qu'aucun des offices de ladite temporalité vaquera par quelconque manière, icelui sire et nous, de commun accord et octroi, devons iceux offices donner : et il soit ainsi que de présent l'office de la doyenné de la laie justice de ladite cité de Verdun soit vacant par le trépas de Jehan Walterec ; et il soit ainsi que, à notre supplication et requeste, icelui notre seigneur le roi nous ait octroyé,

468   PÉRIODE DE LA GUERRE DE CENT ANS.

de ces pièces que le Pariage, quatre ans après sa conclusion, n'avait pas cessé d'être autant, et même plus inexécutable qu'au premier jour, sans que néanmoins les hautes parties contractantes se décidassent encore à y renoncer, ou même parussent ébranlées dans leur ferme résolution de le maintenir : mais la Ville ne restant pas moins inébranlable dans la sienne de ne pas déchoir de son rang et prérogative de cité impériale, et l'état des choses françaises continuant à paraître peu florissant, il fallut transiger. Il y eut à Hatton-Châtel des conférences dans lesquelles Liébauld, commençant à craindre pour sa propre autorité, promit, le 10 août 1395, aux délégués de la Commune et au nouveau doyen Roger de Mandres, qu'il poursuivrait, la Ville l'appuyant, tant devers le roi que devers le pape, révocation de son traité de 1389, ainsi que de la bulle approbative; en outre qu'il ferait à Paris tout devoir, sans malengin, pour qu'on en cancellât et rendît les lettres, même, s'il était possible, avec déclaration du roi qu'il ne s'en prévaudrait jamais pour prétendre quoi que ce fût dans la souveraineté de Verdun (1). C'étaient là des choses faciles à promettre à Hatton-Châtel; mais, à Paris, le conseil royal trouva qu'il fallait que l'on comptât beaucoup sur le mauvais état de sa politique pour qu'on vînt ainsi lui demander de céder, en abandonnant purement et simplement tous ses avantages; et il répondit qu'il n'accorderait rien, tant qu'à la place de ce Pariage, dont on ne voulait pas, il ne serait point proposé d'autre arrangement,

Liébauld abandonne le Pariage.

de grâce espéciale, que ceste fois, sans préjudice dudit Pariaige, nous puissions seul donner et conférer ledit office de doyenné à bonne et suffisante personne, à notre élection. Avons recogneu et recognoissons que par ce qu'avons fait par cedit don de la doyenné, nous ne entendons faire ne avoir fait aucun préjudice à icelui seigneur, ne audit Pariaige; ains voulons et consentons que, non obstant cedit don, ledit Pariaige demeure en sa force et vertu. Donné soubs notre séel, l'an 1394, le viiie jour du mois de juillet ».

(1) Tout ceci dans Husson, Notes sur Wassebourg. Sauf l'article additionnel du 5 octobre 1389, « ne furent rendues ni cancellées les lettres du Pariaige : et sont encore de présent au trésor des chartes du roi », avec la reconnaissance des communaux de 1318.

sinon équivalent, du moins acceptable : et on parla de la garde de France, que la Ville avait eue autrefois; mais tant de choses s'étaient passées depuis ce temps, et les toutes récentes altercations avec les baillis avaient été si vives qu'on ne pût tomber immédiatement d'accord sur cette nouvelle base. Les communaux voulurent savoir comment se pratiquait maintenant ce régime, qu'ils avaient quitté depuis près d'un demi-siècle; et, sachant qu'il existait à Cambray, ville impériale, et, comme la nôtre, de langue et de frontière françaises, ils envoyèrent là aux renseignements un de leurs notables appelé Colet Payen, qui leur rapporta copie des traités de la Commune de Cambray avec le roi, en outre lettre des échevins cambraisiens, tellement satisfaisante sur les bons effets de la garde que, sauf quelques gens décidément hostiles et impossibles à contenter, ou instruments de Hue d'Autel, qui prétendirent que cette lettre de Cambray était un certificat de complaisance, écrit à l'impulsion du gardien français, tout le monde finit, chez nous, par se convertir au projet (1). On conclut, le 5 juillet 1396, qu'on donnerait, au nom des citains et habitants de Verdun, et sous sceau des gouverneurs et des jurés, procuration à quatre délégués pour, après s'être entendus « avec révérend père en Dieu monseigneur Liébault de Cusance, aller supplier très-souverain prince et seigneur Charles, par

Proposition de changer le Pariage en garde.

(1) *Dilecti fratres et amici carissimi. Dilectionem vestram scire desideramus nos litteras vestras credentiæ, per Coletum Payen concivem vestrum nobis præsentatas recepisse : qui nobis, ex parte vestrâ, retulit vos libenter velle scire qualiter illustrissimus rex Francorum, nostri et nostrorum civium salvagardianus, dictam salvamgardiam exercebat contrà volentes nos injuriare; an et qualiter ergâ nos, nostram civitatem et jurisdictionem; an privilegia et conventiones nobiscum initas fideliter observabat, et quæ et quales sint hujusmodi conventiones et privilegia. Vobis certificamus dictum regem nihil contrà nos, cives nostros, civitatem et jurisdictionem nostram fecisse, sed eumdem contrà quoscumque magnates et potentes, etiàm de ipsius consanguinitate, nos molestare cupientes, alacriter et potenter, tàm de jure quàm de facto defendisse. Privilegiorum verò et conventionum inter eumdem et nos amicitiæ vestræ copiam, sub sigillo nostro, transmittimus, majora pro vobis et vestris, ut tenemur, nunc et aliàs facturi. Dilecti fratres, valeatis semper prosperè et longævè. Cameraci, decimâ quintâ die novembris. Fratres vestri scabini civitatis Cameracensis, ad vestra beneplacita parati.*

la grâce de Dieu roi de France, qu'il vueille, sa vie durant, ou autrement à certain temps, prendre nous et chacun de nous, notre cité, bourgs, banlieue en son espéciale sauvegarde, protection et seur (sûr) conduit » (1) : ce que le roi accorda par les lettres suivantes, datées de Senlis, 28 de ce même mois de juillet 1396 :

Rétablissement de la garde de France.

Charles, etc. Nos bien amés les gouverneurs, conseil, citoyens, université et communauté de la cité de Verdun, par certains leurs procureurs et messaiges à nous par eux naguières envoyés, nous ont fait exposer que d'ancienneté ils ont été en la protection et saulvegarde d'aucuns nos prédécesseurs rois de France, et encore désirent estre en la nostre (2)... Pour ce, nous, eu sur ce advis et délibération avec notre conseil, avons pris et mis, et par ces présentes, de grâce espéciale, prenons et mettons ladite cité, ban, banlieue, citoyens, habitans, université et communauté d'icelle en notre protection et saulvegarde; et les garderons et défendrons par nous, nos gens et officiers, comme les subjets de notre royaume, à leurs frais et despens, envers et contre ceux qui aucuns griefs leur voudroient faire (3) : et leur baillons et députons à gardien notre bailli

(1) « Nous les citains et habitans de la citei de Verdun, confians de la leaultei et prod'homie de nos ameis concitains Simonin Pougnet, Didier Veyriet, Jacomin Ranxin et Colart Malassiet, iceux et chacun d'eux pour le tout avons faits, constituéis et establis, faisons, constituons et establissons, par ces présentes, nos vrais et indoubteis procureurs et certains messaiges, pour faire pour nous et en notre nom, etc., etc...; et avons fait mettre le seel des gouverneurs et jureis de notredite citei en ces présentes lettres, qui furent faites et donneies l'an de grâce Notre Seigneur 1396, le 5e jour du mois de juillet ».
(2) Pour première et notable différence entre cette garde de Charles VI et les anciennes, on remarque que le roi ne dit plus « pour nous et nos successeurs rois de France », les communaux ne lui ayant demandé sa garde que « sa vie durant, ou autrement à certain temps », c'est-à-dire pour un temps à fixer. peut-être craignaient-ils qu'une stipulation à perpétuité ne les mit en désobéissance trop flagrante au décret impérial de cassation de la garde française à la diète de Metz ; et, de son côté, le roi se réservait peut-être aussi, quand le temps de sa garde serait expiré, de revenir au Pariage, dont il ne voulut pas rendre les lettres. Quoi qu'il en soit, à la mort de Charles VI, en 1422, la Ville renouvela le traité avec son fils Charles VII, dans le temps critique où celui-ci n'était encore que le soi-disant dauphin, exclu de la succession à la couronne par le traité de Troyes avec les Anglais ; mais elle chancela ensuite dans sa résolution.
(3) Ici manque la réserve des droits de l'empereur et de l'Empire, que Charles VI ne pouvait reconnaitre sans qu'il n'en résultât objection contre la

de Vitry, qui est ou sera pour le temps, lequel gardien fera serment à nous et auxdits citoyens que tous et chacun d'eux il maintiendra et gardera en leurs justes possessions, droits, usages, franchises et libertés esquelles il les trouvera estre, et leurs prédécesseurs avoir esté paisiblement...; et contraigne, ou fasse contraindre, moyennant justice, nosdits sujets à réparer les attentats, et ceux qui ne seront nos sujets requierre, de par nous, qu'à réparation procèdent dûment, et les contraigne à main armée, se mestier est...

« Et, pour aussi que dure chose seroit auxdits citoyens de venir pour chacun cas devers ledit gardien, voulons qu'il leur députe un sien lieutenant suffisant, notre sujet, pour demeurer et faire résidence continuelle en ladite cité, lequel toutefois ne soit point de ladite ville.....

« Pour raison de ladite garde, lesdits citoyens et habitans nous serons tenus faire ce que s'ensuit. C'est à savoir, ils envoieront et paieront, à leurs dépens et périls, à Vitry à notre receveur, la somme de cinq cents livres tournois, franc d'or pour vingt sols tournois, d'ores en avant, au terme de Pasques. Aussi paieront chacun an, audit terme, audit gardien, pour lui et son lieutenant qui demorra en ladite cité, la somme de deux cents livres de la monnoie dessusdite, outre lesquelles 500 livres pour nous, et 200 pour ledit gardien, nous, ne icelui gardien ne pourrons ne devrons aucune autre chose demander (1). Et aussi lesdits citoyens ne recepteront, ne soutenront, ne aideront, ne haulbergeront en ladite cité, ne en leur pouvoir aucun ennemi de nous ou de notre royaume, ne aucun qui y venroit pour piller, rober ou dommagier, ou qui, après les pilleries,

validité du Pariage. Est également omise l'ancienne clause que le roi n'entend pas s'attribuer juridicion; mais, de leur côté, les communaux ne répètent pas non plus que la ville est dans les limites du royaume. — Garde de 1315, ci-dessus, p. 105. De 1318, p. 119. De 1327, p. 146. — Les Verdunois n'ayant pas voulu que, dans cette restauration de la garde en 1396, leur ville fût déclarée *infra regni Franciæ limites, et de regno*, il arriva, en 1401, que défense ayant été faite d'exporter des grains de France, ils se trouvèrent atteints par la prohibition : sur quoi, le roi leur accorda qu'ils pourraient acheter des grains français, mais seulement pour eux-mêmes et la consommation de leur ville, et non pour être exportés ailleurs, le tout sans fraude, et à charge par les acheteurs d'apporter de bons certificats.

(1) Par conséquent il renonçait à exiger le service militaire stipulé, en 1315, de 50 hommes d'armes à cheval et d'autant d'arbalétriers à pied. La ville n'eût pu admettre cet article qu'en stipulant que ses hommes ne serviraient ni contre l'empereur, ni contre l'Empire, dont le roi, à ce qu'il paraît, ne voulait pas qu'on fît mention.

roberies ou dommaiges que ils auroient faits en notre royaume, retourneroient par icelle. Et si ledit gardien ou lesdits citoyens, pour cause touchant ladite garde, avoient affaire de gens d'armes, nous leur en baillerions, ou ferions bailler, parmi gaiges compétens, à leurs dépens, en tel nombre qu'il appartiendra, selon les cas qui escherront... Sauf, en autres choses, notre droit et l'autrui.

« Donné à Senlis, le 28ᵉ jour de juillet, l'an de grâce 1396. Par le roi en son conseil, où estoient les ducs de Bourgogne et d'Orléans, les évesques de Bayeux, de Noyon et d'Arras, le maistre des arbalestriers, messire Guillaume Des Bordes, et plusieurs autres (1).

Pour dernier acte de ces longs débats, on tint à Verdun, le 19 octobre 1396, une assemblée générale de Commune, où fut acceptée la charte de garde que les quatre délégués venaient de rapporter de Paris. Il est à remarquer que la commission de ces délégués les constituait procureurs au nom des citains et habitants, non en celui des gouverneurs et jurés, qui ne paraissaient en l'acte que tout à la fin, pour l'authentiquer en y mettant le sceau, par mandement de la communauté. Ainsi ne s'étaient pas posés, en 1391, les gens de notre gouvernement devant le bailli de Vitry, quand ils lui dirent qu'ils avaient bonnes lettres de la cité les autorisant à répondre pour elle, sans que, du reste

(1) Est annexé exploit de Poncelet Wary, sergent en la prévôté royale de Sainte-Menehould qui, de l'ordre du bailli de Vitry, à requête des citoyens de Verdun, publia les lettres de la présente sauvegarde, le dernier jour de novembre 1396, en la ville de Liny en Barrois, appartenant à messire Waleran de Luxembourg, à peine contre les infracteurs de 500 marcs d'argent, applicables au roi. De là se transporta, le 10 décembre, à Lucembourg, appartenant au roi d'Allemaigne; puis alla à Metz et à Vic (siège du bailliage de l'évêché de Metz); puis, le 15 du même mois de décembre, à Nancy, où il parla à monssʳ Liébauld du Chastelet bailli, et à plusieurs des principaux officiers de Lorraine, en l'absence du duc, auquel même il l'intima, ayant eu rencontre de lui le 16 décembre, en s'en retournant, assez près du château de l'Avant-Garde, « à quoi ledit monssʳ le duc ne respondit rien, fasché qu'il estoit, comme il parut : ains envoya, peu de temps après, quatre de ses hommes après ledit sergent, qui lui demandèrent à voir sa commission; toutefois ne lui firent autre déplaisir, le laissant prendre son chemin à Mandre-aux-Quatre-Tours, appartenant au comte de Blâmont, où il fit mesme publication ». On publia aussi en Barrois, « tant à la personne de monseigneur le duc comme de ses gens et officiers », porte en mention une commission du bailli de Vitry, du 24 août 1399.

ils produisissent ces lettres, qui sans doute ne concernaient que les affaires ordinaires et courantes; mais le roi, ne voulant pas qu'on pût, dans la suite, élever contestation ou chicane quelconques sur le fait de l'acceptation de sa garde par la cité entière, force fut de convoquer une assemblée dans les formes anciennes, au risque de laisser trace que le droit du commun n'était pas, comme on le prétendait, tout à fait tombé dans le néant :

Grande assemblée pour l'acceptation du traité.

« Nous les gouverneurs, citains, bourgeois, habitans, université et communauté de la cité de Verdun faisons savoir que, après ce que nous avons envoyé devers notre très-redoubté seigneur le roi de France Simonin Pougnet (et autres mentionnés dans la procuration), pour supplier et requérir, de par nous, audit seigneur que il lui pleust prendre et mettre en sa garde et protection, etc. Et, après ce que nosdits procureurs sont retournés devers nous, et nous ont rapporté que il a pleu au roi notredit seigneur nous prendre et recevoir, etc., et nous accorder sur ce ses lettres, parmi ce que, etc. (suivent les conditions de la garde). Nous gouverneurs, citoyens et bourgeois dessusdits nous sommes assemblés au lieu où avons accoustumé pour traitier des besoignes communes touchant nous et ladite cité; et aussi avons appelé à ladite assemblée le peuple de ladite cité et des bourgs, ban et banlieue d'icelle, en plus grant nombre que bonnement avons pu; et en icelle assemblée avons dit et exposé les traités et accords dessusdits faits par nosdits procureurs avec le roi notredit seigneur. Lesquels traités et accords, après meure et pleine délibération eue sur ce, ont semblé à nous et à tous ceux qui ont esté à ladite assemblée estre honorables et profitables à la cité, pour nous et nos successeurs; et tous d'un accord ensemble les avons loués, ratifiés, approuvés, louons, ratifions et approuvons par ces présentes... Donné à Verdun, l'an de grâce Notre-Seigneur 1596, dix-neuf jours ou mois d'octobre (1). »

Ainsi fut restaurée la garde de France, dans les dernières années du XIVᵉ siècle, le royaume étant à la veille de ses

(1) Pour le paiement annuel des 700 livres tournois de cette garde fut établi, au lieu de la capitation de 1318 (ci-dessus, p. 120, note 2), un droit de mouture de deux pichelins par franchard : pichelins qui furent appelés les petits deniers des moulages, et que le Vendage réformé de 1693 convertit en 4 deniers aux portes.

grands revers par les fureurs des Armagnacs et des Bourguignons, et les terribles assauts des Anglais d'Azincourt; mais, en 1396, ces désastres étaient encore impossibles à prévoir; et tout le monde dut croire, chez nous, que la protection de France allait ouvrir pour notre pays une ère de longue paix. A la différence de ce qui s'était passé au temps de Henri d'Apremont, quand les traités avec le roi mettaient aux prises l'évêché, le Chapitre et la Commune, le comte de Bar Edouard s'en mêlant pour envenimer leurs discordes, toutes les parties jadis contendantes s'empressèrent de reprendre la garde, chacune pour son compte. L'évêché l'avait déjà par ses traités de 1389; mais, comme selon ces actes elle n'était qu'annexe du Pariage, tellement qu'on pouvait la croire abrogée avec lui, Liébauld jugea nécessaire de la faire renouveler purement et simplement, aux mêmes termes et en même temps que celle de la Ville (1); et le Chapitre suivit leur exemple, se recommandant plus spécialement lui-même par un nouveau titre historique, qu'il découvrit sans doute alors dans ses archives, que l'église de Verdun était de la fondation des anciens rois de France (2); enfin, pour tout termi-

Gardes de l'évêché et du Chapitre.

(1) « Nous Liébauld, etc., avons envoyé devers notre très-redoublé seigneur le roi de France notre bien amé et féal messire Estienne de Saint-Loup, chambrier de Saint-Venne, pour supplier à notredit seigneur que, notre vie durant, ou tant qu'il plaira à Dieu que nous présiderons audit éveschié, il voulsist recevoir, prenre et mettre nous, notre église, notre éveschié, nos chastiaux, villes, terres, domaines, nos hommes et femmes de corps, nos officiers, subjets, etc., en sa protection et saulvegarde : et le roi notredit seigneur ayant en ce exaucié notre supplication, etc., etc...; et sommes tenu payer chacun an el faire porter audit lieu de Vitry, à nos périls et despens, soixante livres tournois, franc d'or pour vingt sous tournois ». 17 octobre 1396.

(2) Dans les lettres des temps postérieurs, il est expliqué que ces rois étaient « saint Charlemagne, saint Loys, et autres nos prédécesseurs » : ce qu'il serait difficile de prouver. En réalité, la fondation royale de l'église venait, soit de Clovis, par ses largesses à saint Euspice (si l'on peut remonter jusque-là), soit des libéralités, mieux connues, de Childebert II à saint Airy : mais, en 1396, on ne savait plus les histoires mérovingiennes. — Le Chapitre donna, le 2 juin 1396, procuration à son doyen Bertrand de Germiny et à Jean Tinctoris (Teinturier), chanoine, *ad supplicandum excellentissimo et serenissimo principi ac domino, domino Francorum regi, et ejus*

PÉRIODE DE LA GUERRE DE CENT ANS. 475

ner, Charles VI accorda aux Verdunois amnistie de toutes les violations de territoire français commises par les gens de la milice de la Ville durant les petites guerres des années précédentes (1).

Dans ce temps, la maison de Bar fut attristée de grands deuils, pour Iolande, Henri et Philippe, la mère et les deux fils aînés du duc Robert. Ils moururent tous trois dans le cours de la même année, Iolande fort vieille, le 12 décembre 1375 (2), dans son château du bois de Nieppe, près d'Hazebrouck en Flandre, les deux jeunes princes, dans la funeste expédition de 1396, qu'on appela chez nous la croisade de Polin, c'est-à-dire de Nicopolis en Hongrie ;

Mort d'Iolande et des deux aînés de Bar.

nobili consilio, de et pro ejusdem domini regis salvagardia, ad ejus vitam tantum » : et cette garde, dont on trouve la lettre, en texte latin, dans les Preuves de Roussel, p. 29, fut expédiée le 10 juin 1396; puis, pour la publication, on la fit traduire authentiquement, l'an suivant en français : « Charles, etc.... En l'honneur et révérence du souverain roi, et à ce nous incitant les nobles exemples de nos prédécesseurs rois de France qui les lieux de la religion ont ampliés, mesmement (surtout) ceux que la magnificence de nos ancestres par dévotes largesses a doués..., laquelle église de Verdun a esté par nos prédécesseurs ampliée et douée... Et leur députons à gardiens nos baillis de Vermandois, de Vitry et de Chaulmont...; et cette présente saulve garde fassent publier et intimer en tous les lieux et envers toutes personnes desquels ils seront requis..., en mettant nos panonceaux royaux en et sur les villes, maisons, possessions, etc., dudit Chapitre, afin que personne n'en puisse prétendre ignorance... Paîerout, chacun an, à notre recepte de Vitry, tant comme nous vivrons, la somme de soixante francs d'or... Donné à Paris, 19 mars 1397 (98 av. P.) et de notre règne, le 18e ».

(1) Principalement de celle qui s'était faite aux confins d'Argonne, et dont nous avons parlé ci-dessus p. 455-56 note ; mais il y eut opposition à cette amnistie de la part de divers intéressés, qui sans doute réclamaient des dédommagements. « Sentence du 22 mars 1400 (1401 av. P.), par laquelle Jehan de Lintelles, bailli de Vitry, entérine les lettres de rémission que le roi a accordées, le 22 janvier 1396 (97 av. P.), à plusieurs habitans de Verdun, et déclare nulle l'opposition formée contre ces lettres par Jehan de Saulx, Pierre d'Argiers, seigneur de Cumegnières, les religieux de l'abbaye Saint-Venne, et autres. »

(2) Pridie idus decembris, obiit bonæ memoriæ domina Yolent, comitissa Barrensis, domina de Cassel, quæ legavit nobis pro anniversario suo, in vigilia sanctæ Luciæ quotannis faciendo, centum solidos de terra, et sexaginta solidos parisienses veteres in ei super redditibus de Neuvillei : et debet celebrari missa in magno altari. Nécrologe de la cathédrale. — Sur son tombeau à St-Maxe, v. Maillet, p. 68.

expédition racontée dans toutes les histoires de France. On rapporta à Saint-Maxe de Bar le corps de la comtesse mère, qui fut mise sous un tombeau à statues de marbre blanc, près de son premier mari le comte Henri IV, lequel l'attendait là depuis un demi-siècle; et Robert hérita d'elle Cassel en Flandre, que perdit René d'Anjou, en 1436, pour partie de sa rançon à Philippe le Bon de Bourgogne (1). Des œuvres pieuses d'Iolande nous raconterons qu'outre la chapellenie qu'elle dota, dans ses dernières années, à la cathédrale, en expiation de l'incident de la fosse aux chanoines (sans toutefois rappeler ce mauvais souvenir), elle fonda encore deux chapelles de Sainte-Anne, l'une à Saint-Maxe, l'autre à Clermont; et celle-ci subsiste encore restaurée, sur la montagne où fut l'ancien château. Pour motif de ces largesses, la comtesse déclara que, lors d'une grave maladie de son fils, encore enfant, elle avait « promis et voué de faire ouvrer une imaige d'argent, en figure et remembrance de madame sainte Anne, au juste poids d'argent de notre amé fils Robert, à le prendre au jour que nous voudrons faire ouvrer icelle imaige, pour la donner à une église »; mais ensuite on réfléchit qu'un si riche joyau pouvant induire en tentation de convoitise des seigneurs rapaces ou obérés, qui feraient peut-être de cette statue ce qu'avait jadis fait de la Notre-Dame de Beaulieu le comte Henri III, il était à propos, de peur de tels profanes, de faire commuer ce vœu indiscret; ce qu'on obtint par dispense du pape, datée du 16 juin 1359, qui permit de réduire à dix marcs le poids de la sainte Anne, le reste de l'argent à employer en fondations pieuses (2), qui furent les chapelles dont nous venons

<small>Sainte-Anne de Clermont.</small>

---

(1) « Et fut confisquée et appropriée la terre de Cassel, qui estoit à monseigneur de Bar, en la main dudit duc de Bourgogne, pour autres cent mille salus ». Les salus étaient une monnaie de 25 sous tournois, introduite par les Anglais, pendant la guerre de cent ans.

(2) Acte, dans les Preuves de M. Servais, I. 392. A cette date de 1359, un certain temps devait déjà s'être écoulé depuis le vœu, ainsi qu'on le voit à ces mots : « comme piéça eussiens voué et promis »; de sorte que Robert

de parler, et dont on érigea une au château de Clermont, du douaire d'Iolande. Pour que la vieille princesse se plût en cet endroit, Robert lui agrandit, en 1385, son domaine, en y ajoutant Varennes, par échange d'autres terres, aussi de douaire, qu'elle avait au pays de Puisaye; en outre, et probablement pour qu'elle ne tracassât plus ses voisins les Verdunois, il lui délaissa les 500 petits florins annuels de la garde de la Ville (1); mais il se dédommagea, en 1395, lorsqu'on reprit la garde et les tendances françaises; ce qui amena la Commune à considérer « que monss' le duc de Bar étoit peu récompensé des frais que souventes fois il avoit faits (notamment contre les Luxembourgeois, lors de leurs hostilités au sujet du Pariage), même qu'il ne touchoit rien des 500 petits florins, les ayant transférés, en forme de pension, à madame la comtesse sa mère : à raison de quoi les citoyens lui donnent, sa vie durant, autres 500

---

avait dû croître en poids. Ce poids, quand on voulut faire la statue, se trouva être de « neuf-vingt-quatorze (194) marcs d'argent, le marc prisié à juste prix six petits florins de Florence ». C'est la proportion 12 à 1 que nous avons remarquée entre l'or et l'argent : car le florin étant de 70 au marc, 72 chez les orfèvres pour leur bénéfice, on a, pour six florins, un poids de 6/72 de marc d'or, c'est-à-dire 1/12 du poids de l'argent qu'ils valaient. — On n'a ni l'acte, ni la date de la fondation de Sainte-Anne de Clermont. Roussel, p. 346, met l'an 1368, ce qui est possible, bien qu'il fasse là différentes confusions. La chapelle castrale était primitivement au titre de saint Oricle, ancien martyr, dont Flodoard, I. 8, rapporte qu'il fut égorgé, avec ses deux sœurs, à Senuc près Grand-Pré, par les Vandales, au commencement du V° siècle : ce saint Oricle, dont Iolande amplifia aussi la chapellenie, fut, dans la suite, transféré au prieuré de Belchamp, auquel était unie la cure de Vraincourt, près Clermont. — Belchamp, ou Béchamp, prieuré peu notable, fondé, vers 1220, par le comte Henri II, et donné par lui au Val-des-Ecoliers, lequel finit par absorption dans les chanoines réguliers de France : de sorte que Béchamp, mis en commende, dépendit de Sainte-Geneviève de Paris. D. Calmet, au supplément de l'art. Clermont de sa Notice, dit qu'en 1725, on essaya de rétablir ce prieuré pour les bénédictins de Saint-Vanne.

(1) « Lettres de Robert, etc., comme madame la comtesse sa mère lui a délaissé les châteaux, villes, etc., qu'elle avoit, à cause de son douaire, au pays de Puisaye, etc...; et, comme il doit prendre et recevoir tous les ans sur le Nombre, justice et toute l'université des citains de Verdun, sa vie durant, 500 petits florins, payables au jour de Noël, considérant ladite rente être convenable et profitable à ladite dame, il lui transporte, etc. Fait à Bar, le 2 novembre 1385 ». Invent. de Lorraine.

petits florins, annuellement payables au change de la Ville; plus, sur chaque feu solvable, 18 deniers, le tout reversible sur monss^r Henri, son fils aîné, à charge par celui-ci qu'aussitôt le trépas de son père, il viendra, avec quatre chevaliers de son conseil, jurer le traité en la manière qu'il étoit contenu ès lettres de rénovation de 1363 » (1). Ainsi consolidait-on la garde barroise, en même temps qu'on relevait celle de France; ensuite Robert accorda, comme allait aussi faire le roi, amnistie de toutes courses et hostilités commises sur son territoire dans les années précédentes (2). Il y eut alors bonne paix avec la France et le pays mouvant de France; mais, dans ces arrangements, le roi dominait et le duc ne venait qu'en second, comme il put s'en apercevoir à un incident qui arriva peu après, en 1399, au sujet de certains propos d'injures et paroles maugracieuses qu'on lui dénonça avoir été tenus contre sa personne par aucuns de Verdun. Il en fut piqué tellement que ses prévôts arrêtèrent à Souilly et à Saint-Mihiel plusieurs de ces insolents murmurateurs, et voulurent en faire justice, sans le tribunal arbitral établi par les traités; mais le bailli de Vitry trouva que c'était là enfreindre la garde du roi; il exigea des excuses, et manda les parties au bailliage royal (3). Après la mort de Henri et

(1) Ce traité, du 27 mai 1395, dans l'Inventaire de Lorraine, avec mention que la lettre en fut annexée à celle de 1363.

(2) « Lettres du duc Robert par lesquelles, considérant les excuses que la Ville lui avait fait faire, les services qu'il avait reçus d'elle et pouvait encore en recevoir, lui quitte généralement tous dommages faits par le fer et par le feu à ses pays et sujets, ainsi qu'à ses gens d'armes qui avaient couru autour d'elle, nommément à messire Louis de Plancy, messire Simon de Sarrebruche, Ferry de Chardogne, Aubert de Saint-Livier, etc., contre les poursuites desquels il promet de la servir. Du 28 mai 1395 ». Extraits de D. Colloz.

(3) « Guiot de Brecous, escuier d'escuirie du roi notre sire, son bailli de Vitry, gardien donné et député par icelui sire aux citains, habitans et communauté de la cité de Verdun, au premier sergent, ou à deux des sergents des prévostés dudit bailliage de Vitry qui sur ce seront requis... Comme Pierre Louvet se portant et disant prévost de par hault et puissant seigneur monseigneur le duc de Bar en sa ville et prévosté de Souillers, sans requeste aucune ni sommation auxdits de Verdun, comme il appartient en tel cas, ait

de Philippe (1), et bien qu'il restât du premier, qui était l'aîné, un enfant, nommé Robert comme le vieux duc son grand-père, celui-ci se rappelant les troubles de sa minorité, et voyant les temps devenir encore plus critiques, déclara que la représentation n'aurait pas lieu dans sa famille, et que le duché passerait à son troisième fils Édouard, qui avait encore deux frères, Louis, cardinal de Bar, alors évêque de Langres, et que nous verrons évêque

prins ou fait prenre, sans cause raisonnable, le corps d'un appelé Jehan d'Ancemont; et semblablement, depuis et assez tost après, Thierry Blainpoix, prévost dudit monseigneur le duc en sa ville de Saint-Mihiel, a prins et fait prenre les corps de ceux qui s'ensuivent, c'est à savoir: Jehan Aincherin, Jehan Lewoi, Simonin Manet, François le Bouchier et plusieurs autres, tous citains, bourgeois, habitans, sujets et justiciables de ladite cité de Verdun, et, par ce, en la garde et protection du roi... Et, pour ces causes, aucuns de ladite cité, tant prélats et gens d'église, comme autres de justice et citains, se sont trais (retirés) et transportés par plusieurs fois devers ledit monseigneur le duc, et très humblement lui ont exposé; et que, se y avoit aucun descord, seroit déterminé, apaisié, et redressié au regard de quatre chevaliers qui avoient juré à tenir ladite garde (de Bar), avec quatre autres personnes telles qu'il plairoit à eslire auxdits citains, en venant à journée amiable ou de droit, en lieu deu et convenable ; dont il a été refusant et en demeure; et n'en a rien voulu faire, mais a répondu, ou fait répondre par ses gens de son conseil que aucuns de ladite cité avoient dit certaines paroles de injures ou maugracieuses que touchoient la personne dudit monseigneur le duc; et que il vouloit par ses gens faire sur icelui fait enqueste, et les punir comme lui ou son conseil le vouroient, ou du moins qu'on chassast iceux coupables de la cité... Pour quoi nous, à requeste des dessusdits, vous mandons et commettons que vous transportiez par devers ledit monseigneur le duc, ses gens ou officiers, et les requierrez de par le roi notre sire, et priiez de par nous que lesdits bourgeois il vueille rendre ou faire rendre tous quittes, mettre hors leurs prisons...; et viennent iceulx prévosts amender, par devers nous, au roi notre sire l'offense par eulx commise en sa garde enfreinte..; offrant que, se eulx ou aucuns d'eulx vueillent auxdits habitans aucune chose demander, nous les oirons à jour et à droit, en lieu deu et accoustumé...; et nous rescripvyerez la réponse que sur ce vous sera faite; et néanmoins vous informerez bien et diligemment de tout ce que dit est, circonstances et dépendances; et l'information que faite en aurez, au plus tost féablement renverrez par devers nous, enclose sous vos sceaulx. De ce faire vous donnons pouvoir, mandons et commandons à tous à qui appartient, prions et requierons à tous autres que à vous ce faisant, obéissent et entendent. Donné soubs notre scel, le 24e jour du mois d'aoust, l'an 1399 ».

(1) Philippe resta sur le funeste champ de Nicopolis, le 28 septembre 1396. Henri revint mourir à Venise, d'où on rapporta son corps aux Célestins de Paris, où il fut inhumé avec les honneurs de prince du sang royal.

480 PÉRIODE DE LA GUERRE DE CENT ANS.

de Verdun, et Jean, qu'on appelait Jean monsieur : à défaut desquels l'héritage pouvait encore venir à leur jeune neveu Robert; de sorte que la maison ducale, malgré le malheur qui venait de la frapper, semblait toujours pleine de vigueur: et rien n'annonçait la catastrophe qui devait l'anéantir à vingt années de là.

<small>Hostilités luxembourgeoises.</small> Pendant ce temps, les mauvaises relations continuaient et empiraient avec le Luxembourg, où la guerre d'incursions et de brigandages était comme en permanence sur la frontière. Ces dévastations sauvages remontaient, ainsi que l'avait dit le Chapitre à Charles VI, quand il passa à Verdun, en 1388, « à l'an de l'élection de notre évesque Liébauld de Cusance », c'est-à-dire à 1380; et le commencement en venait des Rodemach, assistés des gens de leur cousine la reine Béatrice. Elles s'aggravèrent par l'affaire du Pariage, lorsque Hue d'Autel fut allé, à Verdun même, proclamer, au nom de l'empereur, la déchéance de Liébauld. Il paraît que, dans les hostilités suivantes, il y eut un moment où l'on put croire que les Français chasseraient d'Apremont et de Commercy les d'Autel et les Sarrebrück; et il semble que le duc Robert espéra alors pouvoir s'agrandir à leurs dépens; car, au commencement de 1396, il se munit, pour se mettre à leur place, d'un titre éventuel, moyennant 1800 francs d'or qu'il donna à l'évêque toujours obéré Raoul de Coucy de Metz, pour obtenir de lui, en faveur du prince Henri, engagière réversible sur le jeune Robert de ces beaux fiefs de Commercy et d'Apremont (1); mais la mort de Henri et la suite des événements firent manquer ce projet. Pour tenir en respect les Luxem-

<small>(1) Fait connu par l'arrêt du 15 avril 1680 de la Chambre royale de Metz sur Commercy. « Contrat d'engagement fait par Raoul de Coucy, évêque de Metz, à Henry ainé fils de Bar, du 21 janvier 1395 (96 av. P.), des fiefs et droits féodaux, des châteaux, villes et terres d'Apremont et de Commercy tenus en fief de l'église et évêché de Metz, et des fiefs desdits lieux et d'un chacun d'eux, et de tous les émolumens et services des vassaux, moyennant 1800 francs de bon or, payés comptant : et le rachat ne pourra être fait du vivant du duc Robert, père dudit Henri, ni de Henri lui-même, ni enfin de Robert son fils ». Cette clause fut modifiée, le 1ᵉʳ février suivant,</small>

bourgeois de Baleicourt et de Damvillers, nous avons vu que le duc de Bourbon avait obligé les Watronville de laisser faire de leur château une place française; arrangement dont Colard de Mercy, gouverneur de Damvillers, voulut se venger sur Liébauld; et il lui écrivit, assez rudement, qu'attendu que la forteresse occupée, quels qu'en fussent les occupants, mouvait en fief de l'évêché, il se ferait raison, sur le domaine épiscopal, des courses que Robert de Watronville, Jean d'Orne et leurs complices ne cessaient de diriger de ce château contre le territoire du roi des Romains : à quoi Liébauld, cherchant à se mettre en dehors, répondit qu'il n'était pour rien dans ces attaques; qu'aussitôt la lettre de plainte reçue, il avait mandé Robert pour la lui intimer, mais qu'il n'était pas venu; et que, sur proclamation immédiatement faite à Watronville même, de par l'évêché, qu'on eût à s'abstenir de telles violences, les gens du château avaient dit que leur seigneur était absent, et qu'ils l'avertiraient à son retour (1). On ne sait commment Colard

par autre contrat « contenant faculté par ledit Henri audit Raoul de Coucy, et aux évêques ses successeurs, de pouvoir racheter les fiefs d'Apremont et de Commercy et leurs appartenances, pour eux et l'église de Metz, toutes et quantes fois il leur plaira, moyennant 1800 francs d'or ». — Henri mourut l'année suivante, au retour de Nicopolis.

(1) Chier et amé, plaise vous savoir comment je suis à présent commis à Damvillers, de par mon très-redoubté seigneur le roi des Romains et monss^r le marquis de Morave, et de par les souverains qui maintenant sont pour eux. Or est-il ainsi que Jehan d'Orne, Robert de Watronville et leurs complices y font guerre aux pays de Lucembourg, et sont soustenés en la forteresse de Watronville, qui est de votre fief de l'éveschié de Verdun. Pourquoi vous requiers, de par mes très-redoubtés seigneurs, et prie amiablement de par moi que lesdits Jehan d'Orne, Robert de Watronville et leurs complices contraindiez, afin qu'ils rendent tout ce qu'ils ont prins sur le pays et duchié de Lucembourg, et que la guerre se cesse; ou, senon, sachiez que, se vous ne le faites, il m'eschoit faire tout ce qui m'est commandé de par mesdits seigneurs et souverains. Collard de Mercey. A très-révérend pére en Dieu monss^r l'évesque de Verdun. (Sans date).

Réponse. Chier ami, bien avons veu ce qu'escript nous avez sur ce que Jehan d'Orne, Robert de Watronville et leurs complices font guerre au pays de Lucembourg, et sont sustentés en la forteresse de Watronville, laquelle est de notre fief de l'éveschié. Si vueillez savoir que, tantost vos lettres veues, mandasmes à Robert que il se traist par devers nous afin que, seue (sue) son intention, nous peussions plus pleinement respondre :

fut content de ces excuses; quoi qu'il en ait pu penser, les Français débarrassèrent de lui l'évêque, en prenant Damvillers, l'an 1395, à la connivence, soupçonna-t-on, de Jacomin de Baleicourt, par lequel fut alors donné un très-mauvais exemple à d'autres Luxembourgeois. C'était le bailli de Vitry qui commandait, ou dirigeait les opérations françaises; et on lui envoya, à diverses reprises, des renforts de France (1); mais ensuite, soit que le roi fût retombé en sa maladie, ou la cour en ses dissensions, on se relâcha de surveiller cette guerre; et elle se perdit dans un chaos inextricable. Le duc Robert essaya, en 1396, d'arranger Liébauld avec Colard de Mercy, sans grand succès, à ce qu'il paraît : car, en 1398, les gens de l'évêché allèrent encore « à ost » devant, Watronville (2). Comme

lequel n'est venu, ne de lui n'avons peu avoir aucune responsé. Pour quoi avons envoyé audit lieu de Watronville requérir audit Robert et à ses complices, tant par nos lettres comme par nos commissaires de par nous, qu'ils rendissent, ou au moins recreussent (dédommageassent) tout ce qu'ils avoient prins, en défendant audit Robert et à ses complices, se aucuns en avoit, que d'ores en avant ne meffissent. Et nous ont rapportei nosdits commissaires que ceux qui pour ledit Robert se portoient en ladite forteresse leur respondirent que n'y estoit point, mais, lui retourné, ils lui diroient, et monstreroient les requestes... Si nous semble que, quant à ce que ledit Robert et ses complices ont fait on temps passei, n'en sommes en rien tenu ; car n'en avons esté sommé ne requis en temps deu; mais, si d'ores en avant ils meffont, nous les contraindrons par toutes voies deues et raisonnables. Si vous semble que nous soyens tenu faire plus avant, nous accorderons voulentiers journée, pour faire ce que à raison appartiendra. Et, quant à Jehan d'Orne, vueillez savoir que il n'est en rien notre homme. Chier ami, etc. L'évesque de Verdun. (Egalement sans date).

(1) « Lettres du roi Charles VI, par lesquelles il ordonne à son bailli de Vitry, au capitaine et autres gens commis à la garde des ville et château de Damvillers, de tenir la main à ce que les villes, biens et sujets du Chapitre ne soient ni pillés, ni rançonnés, ni forcés à fournir des vivres : qu'au contraire leur soit restitué tout ce qui leur a été pris, tant par les gens que le roi a envoyés différentes fois en Allemagne que par ceux que sondit bailli ou lieutenant ont employés à prendre les châteaux de Watronville et de Baleicourt, ainsi que par les garnisons qui ont occupé ces châteaux, vu que ledit Chapitre vient de demander à être reçu en la garde du roi. Du 28 février 1395 (96 av. P.) ». Extraits de D. Colloz. — C'est la demande sur laquelle fut octroyée la lettre de garde de 1396 dont nous avons parlé. — Mention de la prise de Damvillers dans le doyen de St-Thiébauld, à l'an 1396; mais ce fut un peu plus tôt, comme il résulte de la lettre royale précédente.

(2) Annal. de M. Servais, II. 240 et 280.

le Chapitre n'avait guère pour force armée que les sergents de sa justice, c'était à ses dépens que les pillards faisaient leurs meilleurs exploits : aussi ses doléances sont-elles incessantes et interminables en ce temps. En 1399, ce fut Rolin de Rodemach qui lui pilla Eton : la même année Amé de Sarrebrück se logea de force à Herméville, à cent hommes de pied, et beaucoup de chevaux, qui firent des dommages pour 200 livres ; et ils menacèrent encore, en s'en allant, de revenir à mille hommes avant Noël : enfin, et nous en passons d'autres, il y a mention, à remarquer, d'un « appelé Erard de La Marche, venu à route de chevaliers et autres gens des pays de Liége et prévôté de Bouillon » ; et sa bande fut la pire de toutes : car elle porta préjudice pour 6,650 francs (1). Cet « appelé Erard de La Marche », que le Chapitre aurait bien pu ne pas faire semblant de prendre pour un quidam, était un La-Marck, le premier de cette fameuse maison qui paraisse dans notre histoire, et celui même qui, peu après, devint seigneur de Sedan, en 1424 : son nom n'était certainement pas inconnu chez nous ; car il y avait déjà eu à Liége les deux évêques Adolfe et Egilbert de La-Marck, qui s'étaient succédé de 1313 à 1364 (2). Liébauld se maintint pendant ces orages en s'appuyant sur le duc Robert, avec lequel il passa des

Erard de La-Marck.

(1) Ces différentes pièces, dans les extraits de D. Colloz.
(2) Erard de La-Marck se convertit à la France (et pour toujours) dès l'an 1400 : « Lettres du roi Charles VI, par lesquelles, sur les plaintes du Chapitre qu'un appelé Erard de La-Marche, etc...; et ont même battu et blessé le sergent à eux envoyé par le bailli de Vitry pour répéter lesdites personnes et choses qu'ils avoient prises : sur quoi icelui bailli a fait saisir et arrêter plusieurs biens et personnes desdits pays de Liége et de Bouillon. Ordonne le roi qu'on les leur rende ; leur quitte et pardonne leursdits excés : et sera dédommagé le Chapitre par trois mille francs sur les deniers du dixième accordé par la dernière assemblée du clergé de France, pour poursuivre l'union de notre mère sainte église : ladite assignation adressée par le roi à messire Tristan Dubois, conseiller, maître des requêtes, prévôt de l'église d'Arras, et chargé de la recette générale desdits deniers du dixième ; du 28 septembre 1400. » Ainsi, on fit payer le clergé de France pour Erard de La-Marck.

traités de garde en 1399 (1). Parmi les incidents secondaires de ces campagnes, dignes des routiers, on trouve un duel en champ clos, à Ivois, le jeudi saint 1397, entre Colard de Mercy et Amé de Sarrebrück; « et fut, dit le doyen de St-Thiébauld, ledit messire Amé par ledit Colard desconfi, et rendu en prison » ; de sorte qu'il lui fallut aller à l'empereur Wenceslas pour qu'il lui rendît l'armure de chevalier, sous laquelle il recommença ses chevauchées, dont le Chapitre fit, en 1400, nouvelles et grandes plaintes au bailli de Vitry (2). Colard périt en juillet 1402, dans une rencontre avec des troupes de Metz : il avait alors dans sa bande Philippe de Norroy, autre personnage qui reparaîtra dans notre histoire, lequel, voyant Colard tué, s'empressa d'emmener tous les prisonniers messins à Commercy, où Sarrebrück et lui les rançonnèrent de leur mieux (3). Tels furent les faits, peu dignes de mémoire, de notre chevalerie, dans les dernières années du XIVe siècle.

Il y eut grand changement de scène en 1402, quand on sut que l'empereur Wenceslas, duc de Luxembourg, et son cousin Josse, engagiste du duché, remettaient cet apanage ducal, ancien patrimoine de leur maison, en gouvernement et « mainburnie, » c'est-à-dire en conservation et maintien

---

(1) « Lettres de Robert, etc., par lesquelles il prend en sa garde et protection monss[r] Liébauld de Cusance, ses officiers, etc., etc., et tous les sujets dudit évesché qui, avec permission, ont demandé la même garde (il y a, du jour précédent, une lettre où Liébauld ratifie les gardes prises sans sa permission, vu l'urgence), spécialement la ville et forteresse de Hatton-Châtel qui, à la différence des autres lieux, ne lui donnera rien pour sa garde; promet de les défendre comme ses propres sujets, de ne prendre aucune espèce de justice sur lesdits officiers et sujets, etc. Du 12 avril 1399. » D. Colloz.

(2) « Lettres du roi au bailli de Vitry que, quoique ledit Chapitre, biens, sujets, etc., soit en sa garde espéciale, néanmoins messire Amé de Sarrebruche chevalier, et Guiot de Savigny escuyer, à grand nombre de gens d'armes se sont logés de force à Consanvoie, Liny, Siverey-sur-Muese, Bréhéville, prenant, sans payer, quantité de blé, viandes et autres vivres, plus quatre queues de vin, et trois autres à Bréhéville; et autres dommages: de la vérité desquels le roi ordonne audit bailli de s'informer secrètement et diligemment, 19 octobre 1400.

(3) Chronique Huguenin, p. 126, 127.

au frère du roi de France, duc Louis d'Orléans (1). Cette im- Le duc d'Orléans, prévue vicissitude des choses venait toujours, en première gouverneur origine, de l'embarras où, dès 1387, nous avons vu la maison du Luxembourg. impériale de répartir ses vastes domaines entre ses trois membres, tous trois sans descendance (2) : et sa situation politique s'étant empirée en 1400, où quatre des sept électeurs avaient entrepris de détrôner Wenceslas pour mettre à sa place Robert de Bavière, il fut résolu, dans les conseils de la famille, que, puisque en fait on ne pouvait régir le Luxembourg que par Hue d'Autel et autres délégués, le mieux était de s'en arranger avec la France pour sa puissante alliance. Le duc d'Orléans, informé des premiers du projet, disposa tellement les choses à la cour qu'on ne voulut pas y recevoir les ambassadeurs de Robert de Bavière; puis il annonça, à grand bruit, qu'il irait en personne en Allemagne secourir Wenceslas : ce qu'il ne fit pas; mais il préparait ainsi les esprits à ce qui allait réellement arriver, et qui produisit dans notre pays un étrange effet de revirement. Tous les combattants, y compris Hue d'Autel, se trouvèrent, comme par coup de théâtre, passés au camp français, et français orléaniste : car la manœuvre du duc Louis avait pour but de contrebalancer, par Luxembourg, par Bar, et par tout ce qu'il pourrait se rattacher, l'énorme puissance acquise sur ces confins de la France au duc Philippe de Bourgogne par son mariage avec Marguerite de Flandre, d'Artois, etc., et prochainement de Brabant, comme héritière de Jeanne, la veuve de l'ancien duc Wenceslas. Dans la suite des

(1) Josse était officiellement, sous Wenceslas, *ducatûs Luxemburgensis et comitatûs de Chinei generalis gubernator et universalis administrator*, (ci-dessus, p. 426, note). Officiellement aussi, il qualifiait le duc d'Orléans : *illustris princeps dominus Ludovicus dux Aurelianensis, cognatus noster, ad gubernandum præfatum ducatum Luxemburgensem et comitatum de Chinei nostrâ auctoritate surrogatus*. Charle dans les Preuves de l'Hist. de Metz, IV. 608. Le duc lui-même s'intitulait : « Loys, fils de roi de France, duc d'Orléans, comte de Valois, de Blois et de Beaumont, seigneur de Coucy, mainbour et gouverneur des pays et duché de Luxembourg et comté de Chiny. »

(2) Ci-dessus, p. 426,27.

temps, les rois Louis XI et François Ier crurent, ou feignirent de croire que le duc d'Orléans avait acheté le Luxembourg : en réalité, il n'y avait acquis que le droit de se substituer comme engagiste à Josse, en remboursant à celui-ci (remboursement qui ne fut jamais effectué) l'argent par lui versé à Wenceslas pour l'engagière, et de jouir, en attendant, du duché moyennant pension viagère de dix mille écus d'or à ce Josse, qui se retira en stipulant cette rente de son capital. Pour tout comptant, Orléans paya 56 mille écus, qui lui furent hypothéqués sur Montmédy, Damvillers, Ivois et Orchimont : et de là vint qu'après son assassinat, en 1407, l'engagière du duché se retrouva de plein droit aux mains de Josse, les héritiers d'Orléans, qui étaient sa veuve Valentine de Milan, ses fils Charles, etc., ne gardant que les quatre prévôtés hypothéquées pour valeur reçue; mais, peu après, les en expulsa Antoine de Bourgogne, sans remboursement (1). A tous ces arrangements, mal connus et mal expliqués par nos auteurs, le public ne comprit autre chose sinon que le duc d'Orléans était désormais maître en Luxembourg, et que chacun avait à conformer sa politique à cette nouvelle circonstance. Les empressés et les fidèles, probablement gagnés d'avance,

<small>Son engagière de Montmédy, Damvillers, etc.</small>

(1) L'acte des arrangements entre le duc d'Orléans, Wenceslas et Josse ne se trouve pas. Berthollet, vii. 191, après avoir rapporté l'engagière de Montmédy, Damvillers, etc., pour 56 mille écus, ajoute que c'était « apparemment » la même somme pour laquelle Wenceslas avait engagé le Luxembourg à Josse : mais l'apparence n'est guère qu'un aussi grand duché ait été engagé pour une somme relativement aussi faible. On voit dans le contrat d'Elisabeth de Gorlitz avec Antoine de Bourgogne en 1409 (aux Preuves de Berthollet, vii. lxviii) qu'Elisabeth eut pour dot 120 mille florins de Rhin sur cette engagière, avec faculté de l'acquérir tout entière en remboursant le reste à Josse, sans qu'on marque quel en était le total; mais il devait être considérable; et il résulte de ces nouveaux arrangements que Josse n'avait pas été remboursé par le duc d'Orléans. Les chroniqueurs donnent peu de lumière. Celui de Saint-Denys, le seul qui sache quelques détails : *Aurelianensis, sperans terram illam posse potiri perpetuò, cum præfato marchioni Moraviæ Jodoco composuit quòd, parte summæ pecunialis solutâ* (sans doute les 56 mille écus pour Montmédy, etc.,) *quamdiù viveret decem mille scuta auri super illam perciperet.* Tom. iii. p. 42, édit. des Documents inédits. Monstrelet, liv. i. ch. 5, ne nous apprend rien autre chose, sinon qu'il y avait eu « espéciales convenances ».

furent les princes barisiens, dont l'aîné Edouard, alors — Ses alliés.
titré marquis du Pont, vint au-devant de son cousin
d'Orléans, dès que celui-ci eut mis le pied sur son nouveau
territoire, en septembre 1402 : peu après, le duc Robert
alla en personne complimenter son neveu à Thionville (1);
enfin vint le duc Charles de Lorraine (2), mais sans grand
dévouement, et hésitant, tant à cause qu'il était gendre de
Robert de Bavière, que pour autres motifs qui parurent
dans la suite. Orléans avait encore dans son parti le duc
de Gueldre, avec lequel il avait fait alliance à Mouson, en
1401 (3). Dans les Evêchés, il pouvait compter sur Verdun,
triplement gardé par le roi, par le duc Robert, et par lui-
même à titre de Luxembourg ; Hue d'Autel mit au nom du
nouveau maître ses anciennes patentes de gardien à vie,
qu'il tenait de l'empereur Wenceslas, puis de Josse, par
continuation (4) ; Liébauld ne fut plus traité d'intrus ; et
on lui rendit enfin sa prévôté de Mangienne ; quant à nos
citains, ils durent comprendre pour quelles raisons spé-
ciales de bon voisinage le duc avait fait mettre Damvillers
et Montmédy dans l'engagière particulière qu'il avait payée,
et qu'il pouvait transmettre à ses ayants-cause. Les deux
autres cités, vu leur plus grande distance de la Champagne, n'étaient pas tenues comme la nôtre ; cependant,

(1) M. Servais, Annal. II. 348. Philippe de Vigneulle, dans Huguenin,
p. 126, à l'an 1402. On vit alors que la politique d'Edouard n'était pas invariable : car, au mois de mai précédent, sous prétexte que les Toulois ne
voulaient pas reconnaître l'empereur Robert de Bavière, il s'était allié au
duc de Lorraine pour les assiéger et les opprimer.

(2) *Duces Lothoringiæ, Barrensis, vicinos quoque barones obviàm habuit, qui
eum favorabiliter receperunt et fœdus amicabile cum eo pepigerunt*, dit le religieux de Saint-Denys, tom. III. p. 42, édit. des Docum. inéd.

(3) Religieux de Saint-Denys, à l'an 1401, ibid. tom. III. p. 8. Il appelle
Mouson, *villam muratam Mouson, Allemannis contiguam...*

(4) Ces « patentes de Loys, fils de roi de France, duc d'Orléans, etc., aux
habitants de Verdun pour la réception de Hue d'Autel comme gardien, sont
du 30 septembre 1402. L'Inventaire de la Ville met 7 janvier 1416 : ce qui
est une faute évidente, le duc ayant été assassiné en 1407. Il est probable
que les rédacteurs peu habiles de cet inventaire ont pris une date de vidimus pour celle de la pièce.

Opposition et dissensions à Metz.

comme il y avait une garde française à Toul, Charles VI la donna à son frère (1); mais la cité de Metz répondit, fort courtoisement et gracieusement d'ailleurs, qu'elle n'était en rien obligée à raison du duché de Luxembourg, c'est-à-dire qu'elle n'en avait pas de garde, et n'en voulait pas. Le duc espéra gagner par de bons offices ces gens mal disposés : il tint des journées amiables pour les mettre en paix avec Charles de Lorraine, et crut d'abord qu'il avait réussi; de sorte qu'il retourna en France, laissant pour lieutenant de ses nouveaux pays Guillaume Le Bouteiller vicomte de Meaux (2); mais, après son départ, les choses se détériorèrent. Les Messins crurent entrevoir quelques connivences entre lui et son cousin Edouard de Bar pour assujettir leur ville : ils interceptèrent même, à ce qu'ils prétendirent, des ordres d'aider, conforter et recepter leurs ennemis; et il est certain que, par personnages secondaires mis en avant, on transporta et entretint aux frontières messines pareil désordre d'incursions et d'hostilités qu'on avait fait régner aux nôtres, au temps du Pariage. On trouve en cette mêlée confuse d'assaillants, d'abord un certain Jean de Lore, bâtard Claicquin de France; puis, en 1404, une véritable invasion des Sarrebrück des deux branches, Nassau et Commercy, en compagnie de Jean de Salm, du sire de Boulay, de Jean d'Autel sire d'Apremont, de Philippe de Norroy, et d'autres. Le gouvernement de Metz leur donna treize mille florins pour qu'ils s'en allassent; mais il y eut à ce propos grands murmures, la commune (ainsi appelait-on le commun peuple) prétendant que les seigneurs paraigers avaient fait ce traité pour sau-

---

(1) Ceci est indiqué par le fait de la pension que Valentine de Milan accorda sur cette garde à Amé de Sarrebrück : v. M. Dumont, Commercy, t. 199.

(2) *Vice-comitem Meldensem*, *dominum Guillelmum Buticularii*, dit le religieux de Saint-Denys, III. 41,44. En 1405, il mentionne encore ce Guillaume Le Bouteiller, *insignis miles*, qui fut chargé de défendre la Picardie contre les Anglais. Nous verrons, en 1462, Quentin Le Bouteiller acheter le comté de Grand-Pré.

vegarder leurs terres et maisons de campagne, aux dépens
du public, lequel était bien assez ruiné sans qu'on lui fît
encore payer cette nouvelle rançon, qu'on eût pu, disaient
les mécontents, réduire beaucoup, si les négociateurs,
dans leur intérêt particulier, ne s'étaient trop pressés (1).
Il résulta de ces discordes une animosité qui, par l'intervention de la Lorraine, devint funeste à la domination
du duc d'Orléans, comme nous le verrons plus loin.

Au milieu de ces événements s'écoulait l'épiscopat de *Synode de 1401.*
Liébauld de Cusance : et, comme il n'était pas possible que
le bon ordre spirituel ne fût ébranlé par tant de bouleversements, qui se succédaient presque sans interruption, à
remonter jusqu'aux négligences de Guy de Roye et aux
dévastations des grandes Compagnies, l'évêque, dès qu'il
vit luire quelques rayons de calme, à l'apaisement de la
querelle de France et de Luxembourg, mit la main à l'œuvre pour la réforme disciplinaire. Tel fut l'objet d'un grand
synode qu'il tint, en 1401, à Hatton-Châtel, et dont la session fut plus notable, et laissa plus longs souvenirs que
celles des temps antérieurs : du moins est-elle la première
dont les actes se soient conservés (2). On y trouve, et il
n'en pouvait être autrement, quantité d'excellentes choses
pour la discipline et les mœurs du clergé, les sacrements,
les prières et les bonnes œuvres, et le maintien de la piété
des fidèles ; mais nous ne pouvons noter ici que quelques
détails historiques sur les pratiques et coutumes de ce

---

(1) Longs détails dans les Chroniques Huguenin, aux années 1403-1405.
(2) On les trouve dans Hugo, *Sacræ antiquitatis monumenta*, tom. II. p. 463. *Acta, lecta et publicata in synodo generali, celebratá in ecclesiá collegiatá beati Mauri Hattonis-Castri, anno 1401* (sans date de mois), *reverendo patre domino Leobaldo de Cusanciá in eá præsidente.* Le synode diocésain étant une institution de droit commun, il n'est pas douteux qu'on n'ait tenu dans le diocèse beaucoup de ces assemblées avant celle de 1401 ; et Liébauld lui-même le dit, dans son mandement du 5 février 1402 (1403 av. P.) contre la juridiction archidiaconale : *Quia per tenores et inspectiones constitutionum synodalium, nedùm unius vel duorum sed multò plurium prædecessorum nostrorum, legitimè constet nobis etc.* On se bornait souvent à des injonctions et exhortations verbales ; et les anciens textes écrits furent négligés, parce qu'ils étaient reproduits dans les nouveaux.

siècle. C'était encore l'usage de donner aux enfants plusieurs parrains et marraines, afin sans doute qu'ils eussent plus de protecteurs de leur jeunesse : et comme, pour ce motif, les parents, dans leurs présentations de parrains, excédaient la mesure, le synode leur prescrit de se borner à trois, ou quatre au plus pour chaque enfant (1). Il recommande qu'on fasse apprendre à tout le monde la formule baptismale « en roman »; ainsi, au XVᵉ siècle encore, notre langue française vulgaire s'appelait le roman, en souvenir qu'elle venait, par dérivation lente, de l'antique latin des Romains (2). Un article singulier est celui qui ordonne de tenir les saintes huiles sous clef, de peur qu'on n'en dérobe pour faire des sortiléges : sont particulièrement défendus, et à peine d'excommunication, les sorts et maléfices qu'on tenterait de jeter sur les mariés, au moment de leurs noces : autre défense aux chrétiens de se mettre en service chez les Juifs : enfin grande recommandation au public de ne pas s'arrêter, dans les rues et places, à écouter des prêcheurs ambulants qui, sans approbation ni d'évêque ni d'archidiacre, pérorent et disséminent bien souvent des erreurs, même des hérésies (3). Pour ordonnance dernière, et qui ne pouvait manquer de soulever des tempêtes, Liébauld, président la séance, notifia que, par réitération de ses précédents statuts, il faisait nouvelles défenses aux curés, vicaires, chapelains, et généralement à tous quelconques, clercs ou laïques, à peine de suspense pour les uns et d'excommunication pour les autres, d'exécuter ni faire exécuter, sans sa permission, aucune sentence d'archidiacre en causes de mariages, non plus qu'aucune dis-

(1) *Ad levandum puerum de fonte, tres vel quatuor ad plus recipiantur.*

(2) *Et in Romano doceant laïcos in necessitate baptisare.* Nous avons vu, dans une charte de 1399, le Luxembourg français appelé « roman pays dudit duché ». Il y a là deux villages d'Audun, l'un dit le Roman (qui appartenait au Chapitre), l'autre le Tiche, c'est-à-dire le Teusch, ou l'allemand.

(3) *Ne audiant prædicantes extrà ecclesiam in vicis sive plateis, propter hæreses et errores quos disseminant, nisi mittantur ab episcopo vel archidiacono.*

pense de bans, ni d'âge, ni de résidence aux titulaires de bénéfices (1). Le Chapitre qui, à couvert sous ses exemptions, n'assistait au synode ni en corps, ni par délégués, adopta, pour tactique d'opposition, d'ignorer complètement cet article : et les officialités archidiaconales continuèrent à procéder, à la Princerie, comme si rien de nouveau n'eût été dit; mais Liébauld signifia un second et plus impératif mandement, daté du 5 février 1402 (1403 av. P.) (2), contre lequel les archidiacres lui firent signifier à lui-même, le 8 avril, en son château d'Hatton-Châtel, acte d'appel au saint siége. Il reçut assez mal cette contradiction, et, laissant les opposants à la grande porte de la cour d'entrée du château, avec leur notaire et leurs témoins, il descendit, comme pour voir ce qu'ils lui voulaient; puis, interrompant leur lecture dès les premiers mots, il dit : « Je tiens vos écritures suffisamment lues, ouïes, publiées, intimées; et vous aurez les Apostolos (3) au terme légal » (4). Ce délai, et les autres des intermi-

Reprise de la querelle des archidiacres.

(1) *Inhibemus, prout aliàs in nostrâ synodo inhibitum fuit, sub pœnâ suspensionis et excommunicationis, ne deinceps curatus, rector, vicarius, capellanus, seu alius quisque clericus vel laïcus mandata archidiaconorum quorumcumque ecclesiæ Virdunensis, seu officiariorum, super matrimoniis, bannorum relaxatione, ætatis dispensatione, de non residentiâ in suis ecclesiis concessione, executioni demandent, seu faciant demandari, nisi super hoc à nobis dicti archidiaconi gratiam obtinuerint specialem.*

(2)... *Contrà quas synodales constitutiones, venerabiles fratres nostri archidiaconi ecclesiæ nostræ Virdunensis, seu curiarum suarum officiales, vel aliqui eorumdem, falcem suam in alienam messem mittentes, et jurisdictionem nostram, quantùm in eis est, usurpare satagentes, à paucis diebus citrà venire et facere præsumpserunt... Datum sub sigillo nostro, anno 1402, quintâ die mensis februarii.*

(3) Ces Apostolos étaient, dans l'ancien droit canon, une sorte de démissoire que l'appelant était obligé de prendre du juge *à quo* pour aller au juge *ad quem*, c'est-à-dire au juge d'appel.

(4) *In Dei nomine, etc. Per hoc præsens publicum instrumentum, etc. Anno Domini 1403, indictione XI, die VIII mensis aprilis, paulò post horam vesperarum, in castro de Hattonis-Castro, extrà et propè introïtum magnæ aulæ, coràm reverendo in Christo patre et domino domino Leobaldo de Cusantiâ, Dei et sedis apostolicæ gratiâ episcopo Virdunensi, et in meâ notarii publici et testium infrascriptorum præsentiâ. Honestus vir Johannes Simonis de Bexin, procurator, ut dicebat, venerabilium virorum decani et Capituli, etc., tenens in suis*

nables procédures de ce temps, furent cause que, rien n'étant jugé à la mort de l'évêque, l'an suivant, et le timide Jean de Sarrebrück, son successeur, ne voulant pas se hasarder dans un tel procès, on resta comme on était, sous le régime de l'accord de 1229, que tant d'inutiles assauts semblaient rendre de plus en plus inébranlable.

Mort de la duchesse Marie de France. — Au commencement de mars 1404, mourut, après 40 ans de mariage, la duchesse de Bar Marie de France, fille du roi Jean, sœur de Charles V, tante de Charles VI, par laquelle les derniers princes du Barrois furent du sang royal français (1). Aux magnifiques obsèques de la duchesse, en l'église Saint-Maxe, le 13 de ce mois de mars, assista son frère Philippe, duc de Bourgogne, qui, quelques semaines après, la suivit dans la tombe. Au sortir de la triste cérémonie, Edouard, l'héritier présomptif de Bar, déjà titré marquis du Pont, alla à Hatton-Châtel, avec des lettres de son père le duc Robert portant donation et « enhéritement » à lui de tous les fiefs barrois relevant de l'évêché; et il en fit hommage, le 19 mars 1404, à Liébauld, malade lui-même de sa dernière maladie (2). Peu après

---

manibus quamdam appellationem in formam publicam redactam, mihi notario publico præsentavit, meque requisivit quòd eam et omnia in eâ contenta coràm dicto reverendo patre legerem, publicarem, intimarem, insinuarem. Quam quidem, cùm legere incepissem, ipse reverendus pater pro lectâ, intimatâ, et insinuatâ et publicatâ habuit et habere voluit. Quibus sic factis, ipse Johannes Simonis, procuratorio quo suprà nomine, instanter, instantissimè, et cum instantiâ quantâ potuit, Apostolos sibi dari per ipsum reverendum patrem petiit, etc.— L'accord de 1229, ci-dessus, p. 34, note.

(1) La duchesse Marie légua à la cathédrale une chapelle consistant, suivant quittance donnée à Jean de Chastillon, secrétaire de monss' le duc de Bar par Jean de Poullegny, prévôt de la Madeleine, archidiacre de Woëvre, en une chasuble de drap de soie rouge doublée de satin, étole et fanon de même, aube et amict parés du même drap de soie que madame avoit fait faire pour sa chapelle. Plus un calice d'argent, avec la platine et l'étui, et un missel, achetés à Verdun, de l'argent de l'exécution du testament de feue madite dame. — Le duc Philippe de Bourgogne mourut à Hall en Hainaut, le 27 avril 1404. Sa venue à Bar, pour les obsèques de sa sœur Marie, dans Monstrelet, liv. 1. ch. 17.

(2) Acte dans les Preuves de Roussel, p. 50. — 1403, c'est-à-dire 1404 av. P.

mourut cet évêque, le 10 mai suivant (1), dans sa 25ᵉ année d'épiscopat, ayant bien mérité de l'évêché, qu'il dégréva de dettes; et il put, à sa dernière heure, en voyant le duc d'Orléans gouverner le Luxembourg, croire à l'heureux achèvement de l'œuvre, à laquelle lui-même avait tant travaillé, de la restauration du pouvoir de la France protégeant notre pays. Personnellement on le réputait homme de caractère calme et d'amitié sûre : ainsi l'écrivit-on dans son épitaphe; et cette louange a son prix, quand on pense que ceux qui la lui décernèrent l'avaient vu pendant longues années, au milieu des plus graves et des plus épineuses affaires politiques (2).

Mort de Liébauld de Cusance.

(1) Date résultant des actes capitulaires du siège vacant, que nous allons voir, et de la reprise de Sampigny par le duc Robert, le 11 mai 1404, dès la mort de l'évêque. Annal. de M. Servais, II. 367. Wassebourg met 1403, d'après l'épitaphe, tout usée de vétusté, dit-il, et que probablement il lut mal.

(2) *Leobaldus de Cusantiâ, natione burgundus, sedit annis viginti quinque. Multa bona fecit redimendo et recuperando terram ecclesiæ.* J. de Sarrebrück. — *Placidus cunctis..., notus amicitiâ*, disait l'épitaphe. Sa tombe, dans la nef, près du jubé, ci-dessus, tom. II. p. 571.

Curé de Sᵗ Amant.

CHAPITRE IV

DERNIÈRE MOITIÉ DU RÈGNE DE CHARLES VI. —
FIN DU DUC D'ORLÉANS; ANTOINE DE BOURGOGNE EN LUXEMBOURG. —
EXTINCTION DE LA MAISON DE BAR. —
RENÉ D'ANJOU, DUC DE BAR ET HÉRITIER DE LORRAINE. —
ÉPISCOPAT DE JEAN DE SARREBRUCK.

De 1404 à 1422.

Dans ces années pleines de catastrophes, notre pays subit le contre-coup de tous les malheurs et de toutes les tragédies de la France; et il eut lui-même ses révolutions par la transmission du duché de Luxembourg à Antoine de Bourgogne, puis par l'anéantissement de la maison de Bar sur le funeste champ de bataille d'Azincourt.

Ce siècle, qui débuta par tant de terribles secousses, s'ouvrit chez nous dans le trouble que mit en toute la province l'occupation, que nous avons racontée en 1402, du Luxembourg par le duc d'Orléans. Cet étrange avénement d'un prince français, arrivant tout à coup au siége même de la domination impériale sur la frontière, déconcerta toute l'ancienne politique, et mit nos princes et nos villes en perplexité, pour leur conduite, de savoir si le duc parviendrait à gagner ce pays pour lui et pour la France, et jusqu'à quel point ses nouveaux voisins, notamment Metz et la Lorraine, se rallieraient à sa cause, comme avaient fait des premiers le Barrois et le Verdunois. Dans ces incertitudes, tout pouvant tirer à conséquence, et la mort du vieil et zélé français évêque Liébauld entrant dans les éventualités prochainement à craindre, les orléanistes disposèrent d'avance les choses pour que son évêché, non seulement ne tombât pas en mains hostiles, mais servît à leur coalition pour y attirer une importante recrue, celle des Sarrebrück de Commercy, avec leur territoire avancé vers la Lorraine et confinant à plusieurs frontières. Après les princes, il n'y avait pas, chez nous, de seigneurs plus puissants: ils étaient, par tradition déjà presque séculaire, serviteurs de la France (1), bien que, dans les dernières incursions, Amé de Sarrebrück se fut un peu dévoyé vers les impérialistes luxembourgeois; enfin la maison avait, pour très-convenable candidat épiscopal, son aîné Jean (2), timide et doux personnage, qui laissait à son frère le droit d'aînesse, Commercy et les batailles, prenant pour sa part l'église, étudiant le droit canon en la Faculté des Décrets de l'université de Paris, et déjà prébendé chanoine en notre cathédrale (3). Il fut dit qu'il serait évêque, en promettant lui et son frère (et ils tinrent parole) service à la France, du côté orléaniste. De peur qu'à l'élection, des contradicteurs n'allassent, pour l'autre parti, réveiller en Chapitre les souvenirs, encore très-peu anciens, des pillages et autres mauvais procédés d'Amé, Orléans, dès les premiers symptômes de la maladie mortelle de Liébauld, en juillet 1403, fit venir directement du roi des lettres

Election de Jean de Sarrebrück.

(1) Ci-dessus, II. p. 40, 41, 304, 447, note. La branche aînée, à laquelle appartenaient le comté de Sarrebrück et le Château-Bas de Commercy, était, en ce moment, Nassau-Weilbourg, par mariage de Jeanne, héritière de Sarrebrück avec Jean de Nassau, dans la seconde moitié du XIV° siècle. Amé et son frère l'évêque Jean étaient de la branche cadette, celle du Château-Haut et de la seigneurie principale de Commercy, qui s'était soumise à la France dès le commencement du XIV° siècle : v. M. Dumont, Hist. de Commercy, tom. I. p. 50, 107, 123, 179, et ci-dessus, p. 198. Amé fut chambellan du roi; le duc d'Orléans lui donna un commandement en Luxembourg; et, après la catastrophe de 1407, Valentine de Milan lui alloua 120 livres de rente sur la garde française de Toul : v. M. Dumont, ibid. p. 191, 197, 199.

(2) Jean était certainement l'aîné. « Lequel présent livre, dit-il lui-même, à la fin de son Cérémonial dont nous parlerons tout à l'heure, mondit seigneur Jehan de Sarrebruche, aisnei fils de monseigneur Jehan de Sarrebruche, seigneur de Commercy et Venisy, fit faire et composer, etc », Venisy en Champagne (aujourd'hui dép' de l'Yonne) venait aux Sarrebrück de Commercy du mariage de Jean II, aïeul de notre évêque, avec Alice de Joinville, dame de Venisy et de Brequenoy : V. M. Dumont, ibid. p. 118.

(3) *Concanonicum vestrum*, dit la lettre, que nous rapporterons tout à l'heure, de la Faculté de Droit.

déclarant catégoriquement que le vrai candidat français était Jean de Sarrebrück, et que, s'il s'en présentait un autre, même avec lettres royales, il faudrait éconduire ce survenant, la présente recommandation étant la seule bonne, et toute autre déclarée d'avance extorquée par importunité ou surprise. Ces paroles de précaution, assez étranges dans une telle pièce, indiquent qu'Orléans craignait que les Bourguignons ne fissent écrire autrement le roi : et on voit ici l'état du malheureux Charles VI, jouet des factions, dont chacune alternativement lui faisait faire tout le contraire de ce qu'il avait fait sous l'impulsion de l'autre :

Lettres du roi et de la Faculté de Droit.

« De par le roi. Chers et bien amés, Nous avons entendu que l'église de Verdun est vacante, ou sur le point de briefvement vacquer, parce que l'évesque dudit lieu est opprimé de griefve maladie, et est mieulx espérance de sa mort que de sa vie, si comme on dit. Et, pour ce que nous avons grant et singulière affection au bien d'icelle église, mesmement que, en cas que il plairoit à Notre Seigneur faire sa volonté dudit évesque, il fust pourveu à icelle de bonne personne et preud'homme de bon gouvernement, et de si bonne lignée qu'elle nous fust agréable et profitable à icelle église et à la ville et citoyens de Verdun, lesquels sont en notre espéciale protection et garde, et situés ès frontières de notre royaume....., Nous, qui sommes bien acertenés de la bonne vie, souffisance, conversation, honnesteté et notable gouvernement de la personne de notre très-cher et amé cousin maistre Jehan de Sarrebruche, vous prions très affectueusement et de cuer (cœur) que, par amour et considération des choses dessusdites, vous vueilliez, en cas dessusdit, eslire notredit cousin en votre pasteur. Et, se par importunité de requérants, ou autrement, avenoit que pour autres vous fissiens aucunes prières, notre entention n'est point qu'elles doient porter préjudice à notredit cousin ; mais voudriens icelui estre préféré à l'élection avant tous autres ; et en ce, pour certain, nous ferez très-grant et singulier plaisir, et en aurons à toujoursmais ladite église et les besoignes d'icelle en plus grant amour et pour plus espécialement recommandées : et aussi tenons-nous fermement que, en ce faisant, il sera bien saintement et proufftablement pourveu à ladite église et au peuple de l'éveschié; et ceste élection aurons-nous moult agréable. Si ne nous en vueillez escondure, si cher désirez nous complaire. Donné à Paris, le..... de juillet. Charles. Et, plus bas, Langlois (1). »

Sur cette lettre, appuyée d'excellents certificats de la Faculté des Décrets, pour « son suppôt maître Jean de Sarrebrück » (2), l'élection passa d'emblée, au commencement de juin 1404; et le pape Benoît XIII d'Avignon la préconisa, sans retard, en consistoire à Marseille, le 4 juillet suivant : après quoi Jean, qui voulait être un bon et véritable évêque, et non un de ces prélats scandaleux qui, sans entrer dans les ordres, prenaient des prélatures à quitter dès la première bonne occasion qu'ils trouveraient de revenir dans le monde, alla (le métropolitain de Trèves étant toujours romain, et, ce qui était encore pis, partisan de Robert de Bavière), passer à Reims environ deux mois, dans une sorte de retraite chez l'archevêque Guy de Roye, son avant-dernier prédécesseur à Verdun, duquel il reçut successivement les ordres de diaconat et de prêtrise, puis le sacre épiscopal, le jour de saint Mathieu, 21 septembre 1404. C'est lui-même qui, dans une note de la fin de son cérémonial, nous rend ce compte édifiant du bon emploi qu'il fit alors de son temps. Il dut ensuite s'occuper de sa

(1) Sans autre date, ni dans l'original, qui subsiste encore, ni dans l'imprimé aux Preuves de Roussel, p. 50. Roussel y met, avec raison, le millésime 1403, cette lettre étant nécessairement antérieure à la mort de Liébauld le 10 mai 1404.

(2) *Venerabiles domini, etc... Cùm igitur, prout intelleximus, Virdunensis ecclesia debeat pastoris officio breviter viduari, et aliquo indigeat cujus, amicorumque suffragio valeat ascendentibus ex adverso resistere..., dilectum suppositum nostrum magistrum Joannem de Saraponte, concanonicum vestrum, apud nos multipliciter in omnibus, teste Deo, commendatum, cujus notam originem regiam nullatenus ignorare debetis, vobis specialiter recommendamus...; et, hoc durante scismate horribili, per eum dominos habebitis propitios in quorum manibus cuncta nunc sunt posita... Vos utinam Deus dignetur perenniter prosperari. Scriptum Parisiis, in nostrâ missâ ordinariâ, in Hospitali S. Joannis Hierosolymitani, die XIII julii. Decanus et Facultas Parisiensis decretorum. Venerabilibus et circumspectis viris decano et capitulo ecclesiæ Virdunensis, amicis nostris carissimis.* — On appelait suppôts de l'université les régents et les membres qui remplissaient certaines fonctions dans le service des Facultés.

temporalité, pour laquelle le roi lui renouvela, le 10 octobre, le traité de garde de l'évêché (1) : puis, le 22 novembre, le duc Robert lui rendit Sampigny, aux charges et conditions jadis imposées à Liébauld (2), et auxquelles il fallut que le nouvel évêque se soumit, le duc et toute sa maison de Bar étant dans les hautes puissances de la ligue orléaniste. Il est à noter qu'ils se tenaient fort aux aguets pour Sampigny, de ce qui y arriverait en ce premier cas échéant des stipulations de l'accord forcé : car, dès le lendemain de la mort de Liébauld, c'est-à-dire dès le 11 mai, ils avaient envoyé leurs officiers mettre la main sur la prévôté (3). Quant à l'investiture impériale, nous n'en avons pas la date ; mais Wenceslas, qui était bien revenu de son zèle pour la papauté romaine, depuis qu'elle s'était mise du côté de son compétiteur, l'accorda sans difficulté : bien plus, et comme il s'était tourné lui-même du côté de la France en acceptant le duc d'Orléans pour gouverneur du Luxembourg, il donna à Sarrebrück, vu sa noblesse princière, le titre et les insignes de comte palatin, savoir « un grand mantel fourré, à trois rubans d'or et d'hermine sur chaque

Sarrebrück, comte palatin.

(1) Liébauld, dans son traité du 17 octobre 1396, que nous avons rapporté, avait pris cette garde « sa vie durant, ou tant qu'il plaira à Dieu que nous présiderons audit éveschié ».

(2) Ci-dessus, p. 407. « Lettres de Jean de Sarrebrück, évesque de Verdun, par lesquelles, reconnoissant que Robert, duc de Bar, lui venoit de céder, pour tout le temps qu'il seroit évesque de Verdun, les ville, forteresse, terre et prévôté de Sampigny..., promet de ne rien répéter des taxes levées par ledit duc (il paraît qu'il avait mis à profit le temps de son occupation) ; de ne recevoir aucun ennemi de lui, de ses pays ou sujets ; de ne jamais rien mettre hors de ses mains desdites ville, prévôté, forteresse et dépendances ; de faire jurer tous ceux qui ont, ou auront le pouvoir après lui de les remettre audit duc, ou à ses successeurs en l'état que lui évêque les a reçues ; et donne pour garants de sa promesse, et cautions du défaut ou retard d'accomplissement son frère Amé de Sarrebrück, Henri seigneur de Hans, Jacques de Hans et Hugues de Broys, seigneur d'Allemanche, ses cousins, qui ont mis leurs sceaux avec le sien. 22 novembre 1404 ». Extraits de D. Colloz.

(3) Annales de M. Servais, II. 367. Cette hâte avait sans doute pour motif d'empêcher que le Chapitre, qui ne reconnaissait pas l'arrangement de Robert avec Liébauld, ne fit occuper Sampigny comme les autres places, pendant le vacant.

épaule, chapeau de bièvre et veluel (castor et velours), éperons d'or », et autres superbes choses, dont notre prélat n'omit pas de se pourvoir, « pour lui vestir à son entrée dans Verdun. »

Cette entrée, « moult grande et moult noble », disent les relations, ouvrit d'une manière brillante un morne et triste épiscopat ; mais la perspicacité de notre évêque, ni celle de ses ouailles n'allait pas jusqu'à pressentir les malheurs imminents : et tous, au contraire, espéraient de longs jours de paix sous le protectorat de la France, appuyé maintenant, et non plus combattu par ses anciens adversaires les impérialistes du Luxembourg. Sarrebrück alla dévotement et paisiblement dire, en l'honneur de la Conception Notre-Dame, sa première messe, le 8 décembre, au château de ses ancêtres, à Commercy ; puis il vint à Hatton-Châtel recevoir les serments des prévôts et officiers de l'évêché, et tout disposer pour sa cérémonie de Verdun, dont il prit jour au dimanche 14 décembre, arrangeant les détails un peu à sa manière, faute, comme il l'avoue lui-même, d'avoir pu « trouver homme qui lui sût proprement dire comment on devoit faire et ordonner » (1). Ce n'était pas une chose de pure et simple cérémonie que cette prise de possession des évêques ; car il y avait certaines formalités à propos desquelles nous avons vu, en 1372, que Jean de Saint-Dizier

---

(1) « Pour quoi, ajoute-t-il, fit faire, composer et mettre en mémoire perpétuelle ce présent livre..., afin que on sache ordonner la venue de un evesque, quand il doit premier entrer en sa cité de Verdun : pour lequel monseigneur Jehan de Sarrebruche prierez Dieu, s'il vous plaist ». — C'est seulement à la prise de possession que finissait l'administration du vacant par le Chapitre. Au sujet de celle-ci, on trouve les conclusions suivantes : « *Anno supradicto* (1404), *die* XIII *maii, fuit ordinatum per dominos decanum et Capitulum quòd dominus Remigius faceret fieri unum sigillum pro curiâ Virdunensi, sede vacante, et quòd ipse portaret et custodiret dictum sigillum*. — *Anno* MCCCC *quarto, die Jovis* XV *maii, fuerunt ordinati per dominos decanum et Capitulum domini Remigius de Delme, H. Betar, et magister Reginaldus Paxelli* (Regnauld Paixel) *ad ordinandum et constituendum officiarios in episcopatu, sede vacante, et eorum juramenta recipiendum*. Ces conclusions prouvent que la mort de Liébauld de Cusance est du 10 mai 1404 et non 1403, comme croyait l'avoir lu Wassebourg sur l'épitaphe à demi effacée.

Les deux textes du cérémonial d'entrée des évêques.

et les communaux n'ayant pu se donner d'explications réciproquement satisfaisantes, on avait refusé les serments; et tout était resté en souffrance (1). On n'en était guère plus avancé au temps de Sarrebrück, rien n'ayant été éclairci dans l'intervalle, ni par Guy de Roye, qui ne s'était jamais fait installer, ni par Liébauld de Cusance, qui l'avait été d'une manière exceptionnelle, sans investiture, vu les circonstances du schisme : de sorte que, chacun persistant à ne vouloir rien compromettre, ni des droits épiscopaux, ni des franchises communales, on ne trouva de meilleur expédient que de laisser désormais tous droits et prétentions indéfiniment en paix, moyennant un détour qui consista en ce que les deux parties, évêché et cité, feraient, chacune pour soi, son texte officiel, sans insertion, mais aussi sans dénégation des articles dont il lui répugnait de donner à l'autre aveu et reconnaissance explicites : et de là vient qu'il y a de ce cérémonial d'entrée deux textes, l'un épiscopal, l'autre municipal (2), qui, au premier aperçu, semblent dire à peu près les mêmes choses, mais où il faut regarder et comparer, de part et d'autre, ce qui est dit, et surtout ce qui est omis : car ces réticences indiquent les articles dont les personnages de la cérémonie se seraient volontiers dispensés, chacun pour sa part, s'il n'eût dépendu que de lui seul. Cette comparaison étant curieuse, nous allons exposer les choses, en donnant le texte de la Ville, parce qu'il n'a jamais été imprimé, et en mettant en note les différences du texte de l'évêché :

(1) Ci-dessus, p. 332.
(2) Celui de l'évêché, en entier, et plein de fautes, tant de copie que d'impression, dans le *Sacræ antiquitatis monumenta* du P. Hugo, tom. II, p. 468. Par extrait, dans D. Calmet, liv. xxvii, n° 124, et dans Roussel, p. 364. — Celui de la Ville, en original dans un fort beau manuscrit, dit Livret doré ou Evangiles à lettres d'or, qui existe encore à l'Hôtel-de-Ville et dont on trouve la description dans la Note de M. Ch. Buvignier sur les archives municipales, p. 69-72, et dans l'Etude sur Nic. Psaulme, par M. l'abbé Gabriel, p. 12.

« Ci-après s'ensuient les ordonnances et cérémonies qui sunt acoustumeies à faire d'anciennetei, à la réception première au temporel de la citei et éveschié de Verdun, des révérends pères en Dieu les seigneurs évesques, ou esleus confermés, ou administrateurs, quand ils sunt novellement promeus, et que ils se vueillent faire recevoir audit temporel par les Jurés, justice, conseil et gouverneurs de ladite citei.

« Premier. Toutes fois que icelui seigneur évesque, esleu, ou administrateur, se, (si), après sa promotion, il se vuelt faire recepvoir par procureurs en son absent. Doient lesdits procureurs premièrement faire foi plénière de leur procuration : après doient faire foi et ostension du droit et title dudit seigneur, soit par bulles, ou aultrement, et, eulx reçeus pour et en nom de lui, doient faire serment aux saintes évangiles, en l'âme d'icelui seigneur, en la présence desdits jurés, justice, conseil et gouverneurs, que ladite citei de Verdun, les bourgs, banlieue, les citains, bourgeois, habitans et communautei d'icelle, tant en commun que en particulier, ils tenront et maintenront en leurs droits, franchises, liberteis, coustumes et communes observances anciennes ès queilles ils trouveront lesdits de Verdun estre, et leurs prédécesseurs avoir estei ; que ils garderont et maintenront en estat le droit de la doinei (du doyen) et du siége Sainte-Croix des veufves femmes et des orphes enfans ; et que ledit seigneur, en sa première venue et entrée, fera les sermens et autres solennités que les autres seigneurs ses prédécesseurs ont fait et accoustumei de faire on temps passei : lesquelles solennités et cérémonies sunt ci-après escriptes en cest présent livre.

« Item ledit seigneur, avant que il fasse sa première venue et entrée, doit faire apparoir deûment auxdits de Verdun que il a obtenu le droit du Régale du souverain seigneur l'empereur, ou roi des Romains, duquel muet (meut, c'est-à-dire relève) le temporel de ladite citei et éveschié : car, sans ledit Régale, lesdits de Verdun ne sunt point tenus de recepvoir aucun seigneur évesque, esleu, ou administrateur audit temporel, se il ne leur plaist ; se donc n'estoit que lesdits de Verdun se voulsissent consentir de le recepvoir, sans préjudice, en baillant bons ostages et souffisans, au los (agrément) de la citei, de avoir et apporter ledit Régale dedans un certain temps ensuivant, dont on seroit d'accord (1).

(1) Tout ceci, depuis le commencement, omis dans le texte de l'évêché, évidemment de peur d'avouer que l'évêque était tenu de justifier de ses

« Item, ces choses ainsi faites, ledit seigneur peut faire sa première venue et entrée, quand bon lui semble, à heure deue, accompaignié selon ce que au cas appartient, sans excéder en nombre de gens, par quoi la citéi puisse avoir charge, grief ou moleste en aucune manière (1). Laquelle entrée il doit et est tenu de faire par la principale porte de la citéi, que on dit la porte Saint-Victor (2), en

titres à la Commune : ce qui impliquait pour celle-ci un droit, plus ou moins étendu, de contrôle. En revanche, la Ville, dans le but non moins évident de ne reconnaitre à l'évêque ni droit de rappel des bannis, ni seigneurie à Haudainville, omet le préambule épiscopal, ainsi conçu :

« Premièrement, monseigneur doit faire savoir à son Chapitre et aux bourgeois et citains, par l'espace de huit jours devant que il fasse sa venue, pour eulx adviser de ce qu'ils doivent faire...; et aussi, se il y avoit nuls bannis qui pussent avoir leur advis de parler à leurs amis, afin qu'ils puissent avoir leur paix à la venue de mondit seigneur ». Article omis par la Ville, pour ne pas constater le droit de l'évêque de faire grâce aux bannis, à son arrivée.

« Item, la nuit que il doit aller en sa cité le lendemain, doit aller au giste à Haudainville, se il lui plaist : car les bonnes gens de ladite ville de Haudainville lui doivent à souper et son giste, à lui et à toutes ses gens, et défrayer de toutes choses pour ladite nuit, et de lits, et leurs chevalz : ou se doient composer à une somme d'argent, ou de bleif, ou de vin, ou d'avoine, pour doubte que mondit seigneur n'y vienne à trop grande compagnie : et a-t-on accoustumé à composer. Nota que les habitans de ladite ville de Haudainville doivent, chacun an, à monseigneur un charrois de bois ; et chacun chef d'hostel doit, chacun an, une poule ».—La Ville prétendait que Haudainville était un de ses faubourgs ; et cette prétention finit par prévaloir, bien qu'on ne pût citer à l'appui aucune ancienne charte. Au contraire, on lit dans une pièce intitulée Droits appartenans à monsieur le doyen séculier : « Auquel village de Haudainville le seigneur doyen a le tendage, et part à la seigneurie pour les cens et redevances personnelles, dont les comptes se rendent par devant le prévôt de Charny ». Haudainville était donc de l'évêché, en la prévôté de Charny : et on le savait encore au temps où fut rédigée cette pièce des Droits du doyen, qui est postérieure à l'établissement du bailliage, puisque on y lit : « Au temps que le siège de Sainte-Croix *subsistait* ».

(1) Restriction fondée sur l'article de la Charte de Paix, interdisant à l'évêque d'amener en ville ost ni chevauchée. L'évêché reconnait ainsi ce droit, dans un post-scriptum à la fin de son texte : « Nota que mondit seigneur ne doit mie amener trop grande quantité de gens d'armes avec lui ; car ceulx de Verdun ne les lairoient mie entrer, pour ce que toujours ils se doubtent trop fort ». Puis il ajoute, en observation, qu'à l'entrée de Sarrebrück, on leur demanda combien ils en laisseraient passer, et qu'ils répondirent : Jusqu'à un cent : néanmoins, quand fut passé le dernier de ce cent, entrèrent tous ceux qu'il plut à mondit seigneur ». Leur « doubte » (défiance) n'était par conséquent pas très-grande ; et il est probable qu'ils ne tenaient qu'à constater leur droit.

(2) C'était par cette porte que devait entrer l'évêque arrivant d'Hatton-

la forme et manière usée et accoustumée d'ancienneté, comme ci-après, en cest escript, est plus à plein devisei.

« Premièrement, ledit seigneur venu on baile (1) de ladite porte Saint-Victor, il doit descendre à pied audit baile, où doit estre prest et appareillé un siége notable, comme il appartient, pour lui seoir : et, lui assis audit siège, doit faire le serment qui s'ensuit, en parole de prélat, veucs les saintes évangiles, en disant par ces mots, ou semblables en sustance :

« Nous jurons, veues les saintes évangiles, notre main mise à notre
« pect (*pectus*, poitrine), que nous tenrons, garderons et mainten-
« rons les liberteis, franchises, coustumes, usaiges et communes
« observances de la citei de Verdun et des appartenances d'icelle,
« ès quelles tenrons et maintenrons les citains et habitans en leurs
« saisines et possessions, sans les enfreindre par quelconque
« manière ». Et là doient estre prests les Négociateurs de la citei, prouveus de notaires apostoliques, pour requérir et avoir instrument dudit serment (2).

Châtel. Les « remonts » du Grand Vendage (ci-dessus, p. 386, 87, note) ne semblent cependant pas indiquer qu'elle fût la principale.

(1) Baile, place d'armes entre la porte et les avant-fortifications, ou palissades, etc.

(2) De là vient qu'on voit, au Livret doré, deux évangiles de messe, l'un de saint Jean, *In principio*, l'autre de saint Luc, *Missus est angelus, etc.*, pour que l'évêque jurât, « veues les saintes évangiles », soit au moment d'entrer, soit en passant devant Sainte-Croix. L'omission de ces deux serments, dans le Cérémonial de l'évêché, est la lacune la plus notable qu'il présente. Sans doute le motif, ou prétexte de cette omission fut que c'était à la Ville de requérir la prestation, et non point à l'évêque de l'offrir, et qu'en toute hypothèse, il était bon de tellement arranger les choses que le prélat qui avait juré fût seul tenu, sans transmettre à ses successeurs pareille obligation, comme devoir imposé par le cérémonial épiscopal lui-même à tout évêque, dès son entrée. — Au baile de la porte Saint-Victor, le texte de l'évêché ne s'occupe que des belles choses qu'on déployait là pour la marche en pompe à travers la ville, savoir « biaulx rochets et sorpelis, belle aulmusse et notable, belle chappe de fine brunette, ouverte et fourrée de menu vair, biaul long mantel fourré, et un autre grand mantel à fond de cowe (de queue, et non de cuve, comme l'a mis le P. Hugo); une cloche (robe plus large en bas qu'en haut) fourrée de menu vair et une autre de santail (étoffe rouge), le grand mantel de comte palatin, chapel de bièvre et de veluel; et doit avoir audit mantel trois ribans d'or sur chaque espaule et la barette fourrée d'hermine ou menu vair; belle mitre dorée et espacieuse, et une autre qui soit blanche; biaulx gants pontificals, et pectoral, annel, etc., etc. Item un biaul cheval, lequel soit couvert de blanc boucassin, et que en ladite couverture y soient plusieurs escussons aux armes de mondit sei-

« Item, le serment dessusdit fait, le maistre eschevin de la citei, qui est pour le jour, doit présenter audit seigneur un fardel (faisceau) de cleifs (clefs) que on suelt (*solet*, a coutume) prendre on sacraire de l'église cathédrale, en représentation que les citains et gouverneurs de la citei le reçoivent à telle seignorie temporelle et espérituelle comme il doit avoir, saulfs les droits, usaiges, coustumes, franchises et liberteis, etc., en la manière que il les a jureies (1).

« Et, ce fait, doit estre deschaussié pour aller nus pieds (2) au long de la citei, par dessus draps que les maistres du mestier de la drapperie doient avoir prests et appareilliés, et faire estendre par le chemin, au par avant dudit seigneur : pour lequel service icelui seigneur doit paier auxdits maistres, pour leur droit, deix livres, monnoie de Verdun, pour une fois, dont ils doient avoir bon pleiges et bonne seuretei; et, avec ce, doient avoir les drappiers leur disner, par la manière accoustumeie. Et, en allant au long de la citei, le doient accompaigner les bourgeois notables, en tel estat comme il leur plaist : et doit précéder devant lui, en allant par-dessus les draps, ledit maistre eschevin portant les cleifs que il lui a présenteies : lesquelles cleifs, tout le ministère de ladite venue accompli, doient estre reportées ondit sacraire de l'église cathédrale (3).

gneur, et que ledit cheval ait deux belles longues resnes : lequel cheval compète et appartient au chancelier de l'église de Verdun, de son droit; mais, devant que mondit seigneur fasse sa venue, il doit composer audit chancelier pour ledit cheval. Item des esperons dorés, etc.

(1) Texte de l'évêché : « Item, le maistre eschevin lui doit porter à cheval les anciennes clefs de la citei, lesquelles sont au Chapitre de Verdun, et lui doit les présenter comme à souverain seigneur et singulier (seul) de la bonne citei de Verdun : et tantost (aussitôt) mondit seigneur lui doit rendre lesdites clefs, en disant que il en fasse bonne garde; et il doit respondre : Oïl, monseigneur, se Diex plaist ».

(2) Texte de l'évêché : « Doit descendre au premier baile; et là doit trouver certaines gens qui l'y deschaussent, et lui lavent les pieds, se il lui plaist, ou ses bosels (bottines); et, de leur droit, doient avoir ses chausses et ses solers, se il en a nuls; mais, se ladite venue est en temps de estei (été), il ne chausse nuls bosels ».

(3) Même texte : « Quand sera deschaussiei audit baile, se doit vestir en estat de prélat, c'est à savoir d'une belle cloche fourrée et le chaperon à l'avenant; et doit avoir son escuyer derrière lui qui lui porte la queue; et ait son rochet par dessous son mantel. Ainsi vestu, doit issir doudit baile, tout deschaus : et lui sont estendus des draps aval les rues, et les y doient porter les drapiers de ladite citei. Et, par cette manière et ordonnance, commence à aller tout bellement et gracieusement, en faisant la beneisson au peuple, à dextre et à senestre; et toujours treuve les draps pour marcher, jusqu'à l'entrée de la rue qu'on appelle Chastel. — Omission de la station et du serment devant Ste-Croix.

« Item, ledit seigneur venu devant l'église collégiale de Sainte-Croix, il doit faire le serment que s'ensuit, en parole de prélat, veues les saintes évangiles, en disant, par ces mots ou les semblables en sustance : « Nous jurons, veues les saintes évangiles, notre main « mise à notre pect, comme prélat, que nous garderons et mainten- « rons le droit de la Doinei (doyenné) et du siége de Sainte-Croix « de Verdun, des veufves femmes et des orphes enfans; et ne met- « trons hommes oudit siége, ne en autres offices de justice, fors que « des idoines et souffisans, des linaiges anciens de la citei. » Et dudit serment doient requérir les Négociateurs de la citei instrument, comme dessus.

« Item, le serment dessusdit fait, ledit seigneur doit procéder en allant adès (de ce moment) par devers l'église cathédrale, jusques à ce que il vienne en la rue de Chastel, au pardessus d'une ruelle qu'on dit la ruelle Brodier; et là doit-il entrer en un hostel à ce déterminé et ordonné d'ancienneté (1) : onquel hostel, il doit trouver appareil honorable pour lui rechaussier et mettre en habit de prince, c'est à savoir en habit de comte (2). Et, à l'issue dudit hostel, doit trouver son che-

(1) C'était probablement la maison des Clochers : v. ci-dessus, tom. I. p. 480. La rue Châtel s'ouvrait alors sur la place Mazel : v. ci-dessus, p. 385, note.
(2) Ici devient inintelligible le texte imprimé du P. Hugo, où on lit que l'évêque, arrivé à cet hôtel, entrait dans une cave, et donnait, en sortant, une courtoisie au sues de l'hôtel. D. Calmet, ne comprenant pas (et la chose était en effet difficile à comprendre) qu'on fit entrer l'évêque dans une cave, a mis « un endroit voûté », et Roussel dit un lieu préparé. Le manuscrit porte : « Là (au bas de Châtel) trouve mondit seigneur un lieu ordonnei où il doit entrer, c'est à savoir en une cour (et non une cave), et en va tout au long jusques à une grant chambre, en laquelle il trouve un bel grand feu (si on est en hiver), et de l'yawe (eau) chaude, pour baigner ses pieds, et bisulx blancs draps, pour essuyer; et là se doit chaussier et ordonner (disposer), et doit donner au sire de l'hostel aucune courtoisie. Quand il sera chaussié, il doit vestir à guise de comte palatin, c'est à savoir d'un grant mantel de belle coulour fourrée, etc., auquel mantel doit avoir, sur chaque espaule, trois ribans d'or et trois d'hermines, et doit avoir la barrette (et non bavette, comme on le lit dans Roussel) à l'avenant; et aussi doit chaussier esperons d'or...; et, à l'issue, doient estre un ou deux de ses pages et deux de ses vallets, qui lui tiennent son cheval tout ordonné et appareillé; mais, quand mondit seigneur sera hors, ils doivent bailler et délivrer ledit cheval aux amis de monseigneur, et eulx laissier convenir (entourer), excepté que ils lui doivent aidier à monter et à mettre ses estriers : et doit estre ledit cheval couvert de blanc boucassin, où il y ait plusieurs escussons, etc., comme ci-dessus. Deux des plus nobles de son lignaige, ou de sa compaignie doient mener son cheval, tous à pied, par les resnes belles et longues : et, par cette belle et noble ordonnance, doit chevaulchier tout bellement amont ladite rue du Chastel..., jusques à une chapelle qu'on dit Saint-Laurent.

vaul, pour monter et aller en icelui habit jusques à ce qu'il vienne devant la chapelle de Saint-Laurent (1) : onqueil lieu il doit descendre et trouver le collége de l'église cathédrale (le clergé en corps), pour lui faire encontre et révérence ; et là doit-il penre les habits de l'église, tels comme ils sunt accoustumeis, pour aller en icelle église avec sondit collége. Et de ce que il doit faire au sorplus, que est au regard de l'espérituel et du droit de l'église, doit soignier et avoir la cure ledit collége, selon ce que à eulx en appartient. »

Réception à l'église. (Ici le texte de l'évêché reste seul). « Là (devant la chapelle Saint-Laurent) doit-il trouver le doyen et Chapitre, et tout le collége de l'église de Verdun, qui lui doient venir au-devant processionnement, et en belle ordonnance ; et doient avoir les croix, l'encens, le texte de l'évangile, tous revestus comme ils sont en l'église. Adonc se avançant et approchant le chancelier de ladite église, doit mettre la main à la bride du cheval de monseigneur, et doit dire : Bien soyez venu, monseigneur ! Après, lui doit dire : Descendez, monseigneur, se il vous plaist. Lors mondit seigneur descend du cheval : et doit avoir ledit chancelier, de son droit, le cheval ; mais, par devant, monseigneur et ledit chancelier doient accorder ensemble, pour aucune somme d'argent. Et lui doit tout le Chapitre chacun dire, l'un après l'autre : Bien veniez-vous, monseigneur ! Après toutes ces choses, on lui doit adoncques dévestir son mantel et sa barette, et lui deschaussier ses esperons dorés, et doit-on revestir de son rochet et sorpelis, et une belle chappe de fine brunette fourrée, et l'aumusse : et le doit vestir le grant doien de l'église, et lui doient aidier le chapelain de monseigneur et ses autres serviteurs.

« Lui vestu en ceste manière, ils se doient despartir pour aller à Notre-Dame, en chantant un respons de la Triuitei, c'est à savoir *Honor, virtus et potestas* ; après cedit respons, doient chanter *Te Deum laudamus* ; et, quand il sera fini, ils doient chanter, à genoulx en l'église, *Veni, sancte spiritus*, et une oraison du Saint-Esprit. Quand ils auront tout ce fini, le doien prend mondit seigneur par la main, pour le mener en Chapitre pour faire le serment, ou ils le doient mener devant le grant autel ; et là doit faire monseigneur le serment. Nota que monseigneur Jehan de Sarrebruche fit le serment sur le grant autel, lequel s'ensuit et fut tel :

(1) Chapelle Saint-Laurent, à l'angle de la Place de la cathédrale, à gauche en descendant vers la Belle-Vierge. Ci-dessus, tom. 1. p. 495.

Ego Johannes, per Dei gratiam episcopus Virdunensis, juro per Patrem et Filium et Spiritum Sanctum, et per has sacras relliquias, et hæc sancta Dei evangelia, bona et jura ecclesiæ et episcopatûs Virdunensis conservare et manutenere, nec aliqua de ipsis alienare, et alienata, pro posse, recuperare; jura, libertates, consuetudines et statuta prædictæ ecclesiæ et Capituli ejusdem servare, et contrà non venire, pacem et concordiam in dictâ ecclesiâ procurare et nutrire, secundùm scire et posse meum. Itâ me Deus adjuvet, et sancti ejus.

« Le serment fait, le doyen doit mener mondit seigneur à son siége pontifical (1); et adoncques on doit chanter une messe de Notre-Dame ou du Saint-Esprit; mais, se il plaist à mondit seigneur, il chante la messe pontificalement (2). Endementiers (pendant) que on chante la messe, les drappiers qui ont livrei les draps aval les rues doient aller enchez monseigneur pour disner, et doient estre servis de toustes de chair (rôtis de viande, *tostum*), de aulx, de rouge vin, mais, se il plaist à mondit seigneur, ce soient servis plus grandement, si ce n'estoit pour accoustumance (sans tirer à coutume). Nota, que en la venue de monss^r. Jehan de Sarrebruche, les drappiers disnèrent à la chapelle des notaires.

« Après la messe, mondit seigneur doit vestir son plus bel mantel ouvert, et le chaperon pareil, et s'en doit-on aller disner, c'est à savoir tous ceulx qui auront esté semons (invités). Se il vuelt faire solennelle venue, il doit semonre au disner, se il lui plaist, les deux Chapitres, c'est à savoir celui de Notre-Dame et celui de la Magdeleine, et les quatre abbés de sa cité et leurs prieurs, se il lui plaist,

(1) Ce siége était le fauteuil de pierre placé au fond de l'abside du chœur, et qui fut descendu aux cryptes en 1694. V. ci-dessus, tom. II. p. 561. — Pareil objet à Metz : « une grosse chaire de marbre, derrière le grand autel ; et là fut mené par l'archidiacre de Metz et le chancelier, qui l'un à dextre, l'autre à senestre le tenoient par les manches de son sorpelis », le procureur prenant possession pour Henri de Lorraine en 1485. Chron. Huguenin, p. 475. — Fauteuil de Toul, dit chaire de saint Gérard, gravé dans Thiéry, Hist. de Toul, I. 34.

(2) Il paraît, par le procès-verbal de réception de Guillaume Fillastre, le jour de la Toussaint 1437, que l'évêque devait pour sa chappe et réception un droit au Chapitre : « Item, mondit seigneur, pour les droits de sa réception et chappe par lui deus, composa à mesdits sieurs de Chapitre pour la somme de 50 florins de Rhin, lesquels il promit payer jusques au jour de Noël prochainement venant ». — Pour sa chappe, c'est-à-dire qu'il devait laisser sa chappe au Chapitre, comme son cheval au chancelier, et ses chaussures et bottines aux gens qui le déchaussaient au baile Saint-Victor.

et plusieurs des plus grants bourgeois et citains. Tant que du souper, ils ne doient venir, fors que aucuns de ses plus prochains amis; car il est de coustume que enchez un prélat ne doit nul souper, se ce ne sont aucuns de ses plus prochains parents ou amis.

« Et fut la venue et entrée de mondit seigneur Jehan de Sarrebruche, le dimanche ensuivant lendemain feste sainte Lucie, l'an mil iiii^c et quatre, en sa cité de Verdun, moult grandement et notablement faite; et y fut Jehan monss^r, fils monss^r le duc de Bar, avec plusieurs aultres princes et seigneurs. Lequel monss^r Jehan de Sarrebruche, le aisnei fils de monss^r Jehan de Sarrebruche, seigneur de Commarcy et de Venisy, fit faire et composer ce présent traitié, etc., pour lequel vous prierez, se il vous plaist, que Dieu, par sa sainte grâce, lui vueille pardonner ses méfaits (1). »

Titre de comte de Verdun pris par l'évêque.

De cette pompeuse cérémonie date la restauration du titre de comte de Verdun, dont Sarrebrück se décora, le premier de nos évêques (2), après qu'à sa venue, il se fût montré solennellement et officiellement en habit de prince, « c'est à savoir de comte », explique le cérémonial de la Ville : à quoi celui de l'évêché ajoute, pour plus ample explication, que c'était comte palatin. Au sens strict, un palatin était un prince de palais impérial et de Saint-Empire, non de territoire (3); et, dans les vraies institutions de la féodalité

(1) Ce cérémonial tomba en désuétude dès le commencement du xvie siècle, à l'avénement des princes lorrains, qui ne tenaient guère à leurs nombreux évêchés que pour le revenu. Roussel dit, p. 434, qu'à la réception de Psaulme, le 12 juillet 1548, on renouvela les cérémonies du livre de Jean de Sarrebrück; mais le silence de Husson, dans sa Vie fort détaillée de Psaulme, et d'autres circonstances que nous rapporterons, rendent ce fait douteux. Après 1552, les évêques se borneront à aller, soit en personne, soit par procureurs, prendre possession du temporel à la maison de Ville Montaubain, avec quelques cérémonies de politesse : enfin, après 1648, la prise de possession ne se fit plus qu'à l'église, suivant le Pontifical.

(2) Ce titre d'évêque et comte est habituel en ses chartes : v. celle de 1407 citée par Wassebourg, p. 459 verso, et autres que nous rapporterons en ce chapitre. On ne trouve pareille qualification pour aucun de ses prédécesseurs, sauf en quelques copies de chartes mises en style moderne. V. ci-dessus, tom. I. p. 386.

(3) En féodalité française, du moins vraie et ancienne, tout seigneur devait avoir pour titre un fief territorial; mais, en noblesse allemande, on reconnaissait des comtes et des barons titrés du Saint-Empire.

primitive, un évêque ne pouvait être comte de son évêché (1); mais ce principe était fort en oubli, au XVe siècle, ainsi que toutes les antiquités du haut moyen-âge, comme nous l'avons vu par les discussions du bailli de Chaumont avec les communaux (2); et tout le monde trouva très-naturel que, puisque l'évêque de Verdun était comte, il fût comte de Verdun, d'autant plus qu'on n'avait jamais entendu appeler le pays verdunois autrement que comté : dénomination qui remontait, en effet, au temps tout à fait immémorial des Mérovingiens. Ainsi revint, et fut glissé, pour ainsi dire, sous le manteau palatin de Sarrebrück, le vieux titre, restauré et remis à neuf, de comte de Verdun : puis, vers le milieu du siècle, l'évêque Guillaume Fillastre, accoutumé à se voir ainsi qualifié chez nous, voulut qu'on le titrât de même à Toul, quand il y fut transféré; et il parvint, en 1451, à faire remettre par l'empereur la couronne comtale sur le blason de l'évêché de Toul (3); mais, à Metz, les documents remarquent que pareille chose ne se fit jamais, et que « n'est en ladite cité l'évesque comte, ne duc desnommé, comme sont aultres prélats en aultres lieux » (4). Au fond, ces titres n'étaient que de vaines décorations, bonnes à faire effet aux en-têtes des chartes et desmandements, mais dont la présence ou l'absence ne changeait absolument rien aux droits régaliens que l'évêque tirait de son investiture. — Avant de quitter cette

(1) Ci-dessus, tom. I. p. 382 et suiv.
(2) Ci-dessus, p. 457.
(3) D. Calmet, liv. XXX. n° 109. « L'empereur, dit-il, permit, en 1451, à Guillaume Fillastre de reprendre le titre de comte de Toul, que ses prédécesseurs avoient négligé ». Ainsi Fillastre croyait, comme probablement Sarrebrück l'avait cru à Verdun, que ses anciens prédécesseurs avaient été comtes, et qu'il ne faisait que restaurer un titre tombé en désuétude. Sur cette reprise du titre de comte de Toul par Guillaume Fillastre, v. Wassebourg, au commencement du 2e épiscopat de Louis d'Haraucourt, et Thiéry, Hist. de Toul, tom. II. p. 20.
(4) Preuves de l'Hist. de Metz, IV. 512. Cette pièce est de la 2e moitié du XVe siècle, puisque l'évêque Conrad Bayer de Boppart, mort en 1459, y est désigné comme « d'autrefois ».

Les drapiers de Verdun.

cérémonie de l'entrée épiscopale, nous noterons, à propos des drapiers et des draps qui y figuraient, que la draperie fut jadis une industrie florissante chez nous; il y avait, pour les drapiers du mont Saint-Vanne, une charte de 1267, donnée par l'évêque Robert de Milan (1); un document des années suivantes parle de drapiers foulant à Saint-Mihiel suivant l'usage et le droit de ceux de Verdun (2); enfin nous avons vu qu'une foulerie à draps exista au moulin la Ville jusque vers le milieu du siècle dernier (3).

Tentatives du duc d'Orléans contre Metz et la Lorraine.

Nous reprenons les événements à l'an 1404, où tout recommença à tomber en désordre par les machinations du duc d'Orléans contre Metz et la Lorraine, qui persistaient à ne pas vouloir plier sous sa domination luxembourgeoise : et il troubla ainsi tout notre pays jusqu'à sa mort tragique à Paris, à la fin de 1407. Il paraît constant que la maison de Bar s'entendit avec lui, tâchant de s'agrandir elle-même au moyen de ces circonstances : on dit qu'Edouard, déjà marquis du Pont, en avancement d'hoirie, fut gagné par l'offre de la main de Marie, fille de Charles VI, comme jadis son père Robert l'avait été par son mariage avec une autre Marie, fille du roi Jean (4) : et il fut convenu, au profit du marquis du Pont, que, s'il parvenait à soumettre les Messins, de gré ou de force, il aurait pour récompense la

---

(1) Ci-dessus, tom. II. p. 479.

(2) Charte, dans M. Dumont, Hist. de Saint-Mihiel, I. 304. « Et ne peuvent fouler à autre foulant qu'au nôtre (de l'abbaye); et ne pouvons (pas) plus les contraindre que on ne les contraint à Verdun ; et fouleront à l'usage de Verdun ». Sans date. La pièce est de frère Gauthier, abbé de Saint-Mihiel, s'adressant « à noble baron Thibauld, comte de Bar ». Ce doit être Thibauld II; car, pour Thibauld Iᵉʳ, on n'eût pas omis de dire comte de Bar et de Luxembourg, comme le portent toutes ses chartes depuis son mariage avec Ermesinde, et comme il était titré au temps du premier abbé Gautier de Saint-Mihiel.

(3) Ci-dessus, tom. I. p. 516.

(4) Ce mariage d'Edouard, différé à cause du jeune âge de la princesse, ne s'accomplit pas, parce qu'elle préféra se faire religieuse au couvent de Poissy, en 1408.

seigneurie de leur ville, en pariage avec son cousin d'Orléans. C'eût été là une magnifique revanche des deux ans de malheureuse captivité qu'avait autrefois passés à Metz le vieux duc Robert, et pour Edouard lui-même un très-beau fleuron ajouté à sa couronne ducale de Barrois, au jour prochain où il la ceindrait; mais il fallait en ces entreprises beaucoup de prudence, surtout du côté de la Lorraine, très-dangereuse à irriter par ses voisins les barisiens; et, quant à Metz, Robert ne pouvait avoir oublié qu'en 1370, il lui avait fallu, pour sortir de sa prison, souscrire reconnaissance qu'il se tenait d'avance pour homme « perjure et deshonoreis », si lui ou les siens venaient à l'encontre de la cité, tant qu'il ne lui aurait pas payé, outre sa propre et énorme rançon, 60 mille florins qu'il devait de pure dette, et qu'il dut toujours, suivant Philippe de Vigneulle (1). En conséquence, il laissa se mettre en avant son fils Edouard, que les engagements de 1370 gênaient moins que lui, et auquel d'ailleurs le marquisat du Pont donnait rang de prince légalement indépendant; et il se tint lui-même de côté, mais cachant si mal son jeu que les Messins, en colère, écrivirent de lui qu'on ne trouverait pas dans le monde entier assez de couleur pour colorer la déloyale conduite de ce perfide Robert (2). Nous ne pouvons raconter en détail ces scènes, qui remplirent les années 1405, 1406 et la plus grande partie de 1407. Le gouvernement messin fut renversé, le lendemain de la saint Jean 1405, par le commun peuple, qu'on appelait la commune (3). Tous les seigneurs des

Son alliance avec le Barrois.

(1) V. ci-dessus, p. 525. La reconnaissance de 1370, pour les 60 mille florins de pure dette, c'est-à-dire, comme l'explique l'acte, « pour cause et en nom de restitution de dommaiges, injures, grieis, violences qu'avons faits à la citei et communaultei de Metz, tant en feus boutés, comme en prinses de personnes et de biens », dans les Preuves de l'Hist. de Metz, IV. 258.

(2) Chron. Huguenin, p. 139.

(3) Nous avons déjà remarqué ce sens du mot commune à Metz : et ainsi entendait-on généralement ce mot, comme le prouve le chapitre de Mon-

Troubles de 1405, à Metz.

paraiges qui tenaient à ce gouvernement s'enfuirent; on effraya les autres en tranchant la tête devant la cathédrale à un certain sire Grongnat; et, le 16 novembre, fut fait, selon toutes les formes légales, au nom du maître échevin, des Treize, des comtes jurés, des six paraiges, avec toute la commune de la cité, présents les dignitaires de l'église, le long et fameux atour qu'on appela ensuite de la rébellion, portant qu'on élirait annuellement, dans chaque paroisse, un prod'homme non paraiger, pour aller et seoir au conseil, sans que rien pût désormais s'y passer hors de l'assistance de ces élus : et défense aux Treize de mettre, de leur autorité, aucun paraiger dans ce conseil (1); mais le gouvernement déchu, profitant d'un échec, assez insignifiant d'ailleurs, subi par la milice de la ville, de la faute, cria-t-on bien haut, des gens incapables préposés au nouveau régime, et les mécontents cabalant et intriguant, il

strelet, liv. i. ch. 198 : « Comment les communes de Paris occirent piteusement tous les prisonniers audit lieu de Paris » (en 1418). Il explique que c'étaient les communes gens, ou gens de petit état. Ce que nous appelons maintenant Commune était alors dit communauté ou université des citains.

(1) « Le grand atour de Metz fait durant la rébellion du peuple », dans les Preuves de l'Hist. de Metz, iv. 564. « Et avons-nous le paraige de Porte-Muselle (et les cinq autres) mis nos seaulx, avec le commun séel de notre cité; et encore nous le maistre eschevin, les Treize, les comtes jurés, les paraiges, et toute la commune et universitei devant dite avons prié et requis à religieux pères, etc...; et nous Ferri abbé de Gorze, Jehan abbé de Saint-Arnoul, Nicolas abbé de Saint-Vincent, Simon abbé de Saint-Symphorien, Thiébaut abbé de Saint-Clément, Henri princier, Guillaume archidiacre de Marsal, Didier archidiacre de Vy (Vic), et Estienne archidiacre de Salbourg, à la prière et requeste desdits maistre eschevin, etc., avons mis nos seaulx..., le xvie jour du mois de novembre, l'an de grâce 1405 ». Ces approbations, bien que données peut-être jusqu'à un certain point à contre-cœur, semblent indiquer que l'affaire de 1405 ne fut pas une aussi pure et simple jacquerie que veut bien le dire Philippe de Vigneulle, qui avoue, du reste, que les seigneurs des paraiges étaient « en telles dissensions et discords les uns contre les autres que, en public, se reprochoient plusieurs choses dont, s'ils fussent été bien conseillés, ils s'eussent passés de les dire : car ce fut cause d'eslever à mutinerie la commune ». Dans Huguenin, p. 151. Les griefs de cette commune sont exposés au long dans le grand atour : ils se rattachaient, en première cause, aux taxes dont on avait foulé le peuple pour se racheter des invasions des luxembourgeois orléanistes : v. ci-dessus, p. 488.

PÉRIODE DE LA GUERRE DE CENT ANS. 515

arriva que, la veille de l'Ascension 1406, « rentrèrent en ville, bien au matin, à l'aide de leurs soldoieurs, et par leurs subtilités, (dit Philippe de Vigneulle lui-même) la seigneurie, chevalerie et anciens bourgeois qui étoient fuyants; et revint la cité en leur obéissance, comme par avant.....; et firent noyer, au pont des Morts, trente et un qui avoient esté des plus malvais; et y en eut plusieurs autres bannis et forjugiés (1) ». Ainsi finit tragiquement la dernière démocratie communale dont parlent nos histoires.

La suite de ces événements, que nous ne pouvons raconter qu'en abrégé, est piquante à lire dans les chroniques. On y voit comment le duc Robert, invoqué pour médiateur, se fit fort de sauver la cité, non par lui-même, dit-il: car, à son regret, il ne pouvait, à cause de son duché de Bar, rien faire sans l'aveu du roi et du duc d'Orléans, mais par deux puissants protecteurs qu'il tâcherait de gagner, l'un du côté de Luxembourg, et qui serait Orléans lui-même, l'autre du sien propre, et qui viendrait en aide par le Barrois: celui-ci devait être son fils, le marquis du Pont, lequel toutefois, ajouta-t-il, n'entrera peut-être pas très-volontiers dans ce projet, et n'acceptera que « bien envis » (malgré lui, *invitus*), crainte d'avoir, au sujet de Metz, quelque chose à partir (débattre) avec son royal cousin; mais je leur écrirai, et je vous transmettrai prochainement leurs réponses, avec les conditions de leur acceptation, s'ils acceptent. Ces réponses vinrent en effet, de Paris toutes deux, celle du duc d'Orléans, du 7 février 1407, celle d'Edouard, du 14 du même mois; et il se trouva que, parmi les choses proposées à leur acceptation, et

(1) Chron. Huguenin, p. 134. « Et, après ce que les seigneurs, citains, chevaliers, escuyers et gens des linaiges et paraiges de Metz eurent remis la cité en leur obéissance contre le commun peuple, qui leur avoit osté le gouvernement, firent ordonnance que nuls gens de mestiers n'allaissent en compaignie, et ne feissent nulles assemblées que pour leurs mestiers ». Ibid. p. 139.

Projet de mettre Metz en Pariage.

qu'en fait ils acceptaient, on avait mis que chacun d'eux aurait, pour lui et les siens, moitié en ladite ville et seigneurie de Metz (1), c'est-à-dire qu'ils tiendraient la cité en une sorte de Pariage seigneurial, à peu près tel que celui qu'on avait voulu établir à Verdun entre le roi et Liébauld : sur quoi les Messins, ayant remercié Robert de son bon vouloir et des bons défenseurs qu'il leur procurait, s'excusèrent de passer outre, vu leur fidélité au Saint-Empire, duquel il fallait, avant tout, qu'ils obtinssent autorisation légale. Alors les deux protecteurs, aussi bien que le médiateur, devinrent tous trois fort mécontents. Edouard, et son frère Jean monsieur, ne se cachèrent plus pour rassembler au Pont-à-Mousson tout ce qu'ils purent de bandes d'ennemis, de bannis et de mécontents de Metz; et Robert, fermant les yeux sur ce qui se passait dans ce territoire, censé indépendant de lui, laissa leur troupe se grossir de très-notables personnages de Barrois (2) : bien plus, s'inquiétant de ce que les Mes-

(1) « Loys, fils de roi de France, duc d'Orléans, comte de Blois, sire de Coucy... Comme aucuns des habitans de la ville et cité de Metz, contre laquelle avons par aucun temps meu la guerre..., se soient traits par devers notre très-chier et très-amé oncle le duc de Bar, seigneur de Cassel, disant que ils estoient et sont d'accord de nous bailler ladite ville et cité aux conditions, premièrement que elle ne sera point courue (qu'on ne fera plus d'incursions), en espécial sur le commun ne sur gens d'église, secondement que le droit de l'Empire demeurera, tiercement que notre très-chier et amé cousin messire Edouard de Bar, marquis du Pont, aura la moitié en ladite ville et seigneurie pour lui et les siens. Avons les choses dessusdites pour agréables, etc. Donné à Paris, le neuvième jour de février, l'an de grâce 1406 (1407 av. P.). Dans les Chron. Huguenin, p. 135. — Pareille lettre d'Edouard, aussi de Paris, 14 du même mois, ibid., et dans les Preuves de l'Hist. de Metz, IV. 604.

(2) « Le bailli de Saint-Mihiel, messire Richard des Hermoises, mareschal du Barrois, sire Robert de Watronville, maistre Jehan, prévost de La-Chaussée, messire Henri d'Orne, etc. Huguenin, p. 137. — Dans une déposition d'un certain Jean de Sampigny, au sujet de l'équipée de Jean monsieur, lorsque celui-ci voulut, en 1408, reprendre, à l'aide des bannis de Metz, l'entreprise manquée l'année précédente, on lit ce passage, assez instructif sur la contenance que prenait le duc Robert : « De quoi ledit monss' de Bar (Robert) li respondit (à Jean monsieur) : Jehan, quelle cause aveis-vous à ciaulx de Metz? et, se vous lor vouleis pourtier dommaige, vous les debvriez deffier, ou n'y aveis point d'honnour. Adonc Jehan monsignour res-

sins continuaient à négocier avec Orléans, directement et sans lui, il tâcha d'intercepter, sur la route de Paris, leurs messages et messagers : de sorte qu'on vit de leurs gens mis au secret à Bar; et d'autres, qui avaient évité de passer par là, furent arrêtés, vers Sainte-Ménehould, par Pierre d'Argiers, qui les mena dans la maison forte de Brouenne, vers Montmédy, à la frontière même du Luxembourg (1).

En Lorraine, la coalition luxembourgeoise, ayant fait invasion dans l'été de 1407, fut battue par le duc Charles à Champigneulle, près Nancy : et déjà auparavant elle s'était presque défaite et dissoute d'elle-même, tant marchaient sans entente entre eux ses confédérés, faute de direction forte, reçue du duc d'Orléans que rappelait et retenait sans cesse, à Paris, sa grande lutte contre le parti de Bourgogne. Dans cette mêlée, assez confuse, de 1407, Amé de Sarrebrück s'étant avancé le premier, en escarmoucheur de pillage et d'aventures, pour son propre compte, fut aussi le premier pris par les lorrains, à Condé-sur-Moselle, le 5 mars (2), ayant, par sa témérité, compromis

Défaite des Luxembourgeois à Champigneulle.

pondit que il se wairderoit bien de faire chose où que il n'eust honnour; car ceals de Metz à cui il avoit parlei lui avient dit que c'estoit pour honnour et proffit de toute la ville; et que, parmei lui, la ville se remestroit en son ancien usaige. Adonc monsignour li dit : Jehan, où prenez gens? Lequeil respondit : monsignour, je n'en vueil nuls des bonnes villes que vous ayez; car, toutes fois que je voulrai, j'aurai IIe chevaliers et escuyers qui me serviront. Et adonc monsignour li dit : Aussi n'en auriez-vous nuls de mes bonnes villes; mais ne faites chose qui ne soit à faire; et Jehan monsignour respondit qu'il s'en warderoit bien ». Preuves de l'Hist. de Metz, IV. 656.

(1) Chron. Huguenin, p. 137 et 138. Le nom de Pierre d'Argiers est écrit Pierre Derchiez. « Et estoit ladite prinse pour savoir les secrets du conseil et affaires de Metz : à quoi faillirent : car n'emportoit-on rien par escript ».

(2) Date trouvée par M. Servais, II. 399, dans les comptes barrois. On s'explique ainsi comment Amé, n'ayant pas été à Champigneulle, ne fut pas compris dans le traité de septembre 1407, pour la rançon des prisonniers de cette journée. — Quelques indications sur cette équipée d'Amé dans la pièce suivante, de l'an 1409 : « Nous Pierre et Andreu de Landrescourt..., à requeste et instance de notre très-chier seignor Ayme de Sarrebruche, avons defflei nos chiers seignors monss^r Raoul de Coucy évesque de Metz, monss^r le duc de Lorraine, le maistre eschevin et la citei de Metz, en la guerre que leur ont faite nos très-redoubteis seignors feu monss^r le duc d'Orléans, monss^r Phelippe comte de Nassau et de Sarrebruche, etc., etc....

l'évêché de Verdun, dont on trouva les hommes combattant avec ceux de Sarrebrück de Commercy. Cet échec faisant sentir aux autres coalisés la nécessité d'un meilleur ensemble, ils s'engagèrent par des stipulations réciproques, le 8 mai, à Epernay en Champagne, où vint le duc d'Orléans (1) : puis les luxembourgeois organisèrent leur armée sur leur territoire, d'où passèrent et repassèrent sur les terres du Chapitre, (qui ne manqua pas de crier à l'excessif dommage), plus de 1200 chevaux « de la grande assemblée de gens d'armes, dit cette doléance, qui séjournèrent six ou sept semaines au pays de Lorraine ». Cette troupe devait, en route, se grossir dans le Barrois: mais les princes barisiens, bien que des principales parties contractantes de l'acte du 8 mai, ne marchaient qu'à contre-cœur, tant il y avait pour leur pays de risques à courir envers la Lorraine; et il semblerait presque, à en juger du moins par leur conduite, qu'ils voulurent absolument éviter que les lorrains ne les vissent en personne dans l'armée d'invasion. Robert s'en alla, dès l'entrée en campagne, sous prétexte qu'on ne voulait pas suivre son avis, qui était de s'emparer d'abord de Frouard, pour avoir là une place de refuge, en cas d'échec (2) : quant à Edouard et à Jean monsieur, on voit dans les chroniques messines qu'au moment de la bataille de Champigneulle, ils étaient à Pont-à-Mousson, occupés de leurs préparatifs contre Metz. Les luxembourgeois pénétrèrent donc à peu près seuls dans le pays lorrain, marchant directement sur Nancy; mais, tout près d'arriver, ils furent mis en déroute, et leurs principaux chefs pris par le duc Charles, auquel ils avaient fait la folle bravade d'envoyer un

et avons esté prins et rués jus par ledit monss' de Lorraine, lequel nous a longuement tenus en ses prisons...; savoir faisons que pour tous iceulx dommaiges quittons ledit seignor Ayme, parmei une certaine somme d'argent qu'avons de lui reçeue ». 4 juin 1409. Dans Wassebourg, p. 460.

(1) Ces conventions, dans M. Servais, Annal. II. 400, 401.
(2) Ibid. p. 409, et Digot, Hist. de Lorraine, II. 312.

héraut dire qu'il leur préparât à souper chez lui : et en effet, remarquèrent en se moquant d'eux les vainqueurs, ils soupèrent à Nancy, non, il est vrai, au château, mais dans les prisons. Cette bataille de Champigneulle dut se livrer vers le milieu de juillet 1407 : on n'en a ni relation ni date précises, les chroniques lorraines laissant ici beaucoup de lacunes. Au premier bruit qui en vint, Édouard, qui rôdait autour de Metz, et faisait préparer des « neifs » (bateaux) pour y entrer, s'en alla si brusquement qu'on en fut « tout esmerveillé, dit Philippe de Vigneulle ; et ne s'attendoit-on pas qu'il s'en retournast ainsi, sans coup frapper » ; probablement il craignit que le duc Charles, poussant sa victoire, n'envoyât des troupes à la Ville : et Robert, de son côté, s'empressa de remettre en liberté les délégués messins qu'il avait arrêtés, à leur retour de Paris, et tenait, depuis plus de huit jours à Bar, au secret rigoureux. Au mois de septembre suivant, on traita de la délivrance, moyennant bonnes rançons, des prisonniers de Champigneulle ; mais Amé, qui avait fait son incursion pour lui-même, et à ses risques et périls, resta dans la Fermeté de Nancy jusqu'au mois d'août 1408 ; et on lui fit l'honneur de le rançonner, tant pour sa personne que pour ses gens, à trente mille écus, absolument comme le maréchal du duché de Luxembourg, commandant en chef de l'armée vaincue. Il se récupéra, l'année suivante, aux dépens de seigneurs allemands qui tombèrent entre ses mains ; et son frère l'évêque Jean, qui le chérissait et se laissait mener par lui, l'aida de ses deniers (1), tout en étant obligé de composer lui-même avec les lorrains, pour se racheter des dégâts qu'ils commençaient à faire dans l'évêché, en représailles de ce qu'on

(1) « Je trouve, dit Wassebourg, de la propre main dudit Ayme de Sarrebruche, une déclaration qu'il donna audit évesque son frère, en laquelle sont nommés les souldats qu'il avoit menés en ladite guerre, avec la taxe que chacun debvoit pour sa rançon, savoir aucuns 200, les autres 150, 40, 30, 20, et, pour le moins, cinq escus : tellement que ladite déclaration monte à mille écus ».

Les Paixel. Leur chapelle.

avait laissé Amé y prendre des renforts pour courir sur eux (1). — En trait détaché, nous raconterons ici la fondation, à la cathédrale, de la belle chapelle des deux frères Regnauld et Gilles Paixel, dite aujourd'hui du Saint-Sacrement: l'évêque, qui connaissait leur intention, consentit à leur vendre, non simplement à leur engager, son finage de la mairie Saint-Paul, au ban de Bonzey; et ils le donnèrent dans la suite au Chapitre, pour leur anniversaire, après en avoir employé le revenu, avec d'autres deniers, à la construction, fort élégante, de cette chapelle, dont nous avons parlé ailleurs, et dont il y a quelque intérêt de noter, en passant, la date (2). Ces Paixel, du lignage d'Estouf, étaient alors des plus notables personnages de Verdun : Regnauld, official de l'évêché et chanoine écolâtre du Chapitre,

(1) Cette incursion de gens d'armes « allemands et autres, qui vouloient courir notre éveschié, et mettre le feu en icelui », dut arriver vers la fin de 1407, d'après la charte de Jean de Sarrebrück citée dans Wassebourg, p. 459, verso. — « Lettres du roi Charles VI que, comme plusieurs nobles, chevaliers, escuyers, archers, arbalestriers et autres, tant de notre royaume que d'ailleurs, par grandes assemblées de gens d'armes pillent, robent, mettent à contribution les terres du Chapitre de Verdun, enlèvent les hommes et ne les rendent qu'à rançon, découvrent les maisons, brisent les meubles, jettent au vent la plume des lits, etc.; et ont été, cette année même (1408), lesdits de Chapitre endommaigiés de trois ou quatre mille francs par un capitaine appelé Raulan d'Estandons, natif d'Auvergne, avec une bande des duchiés de Luxembourg et de Lorraine. Attendu que ledit Chapitre est en notre garde et protection, et fondé en partie par nos prédécesseurs, mande aux prévosts de Paris, Sainte-Ménehould, Passavant, Vaucouleurs, aux baillis de Vitry et de Chaumont, aux capitaines des villes, chasteaux, forteresses de notre royaume, à tous officiers et justiciers de faire publier, à son de trompe, les présentes lettres; ordonne aux gens assemblés de retourner en leurs pays, sans rien prendre ni entreprendre, à peine d'être ennemis du roi, et mis en sa main, corps et biens, comme voleurs et malfaiteurs ». Du 29 juillet 1408. Extraits de D. Colloz.

(2) Ci-dessus, tom. II. p. 576. — *Pridiè nonas augusti, obiit magister Reginaldus Paxelli, qui dedit nobis villicaturam dictam la mairie Saint-Paul, in banno de Bonzeio, mediam partem pro anniversario suo, et aliam mediam partem pro anniversario nobilis viri Egidii Paxelli militis, fratris sui, in capellâ sanctarum Katharinæ et Mariæ Ægyptiacæ, quam ipsi fratres ædificaverunt et erexerunt : et debent pulsari grossiores campanæ, et unum tapete poni suprà sepulturam.* — L'article de Gilles, au 6 des calendes de décembre, (26 novembre) répète le précédent, et n'ajoute rien aux renseignements contenus dans l'épitaphe que nous avons donnée.

Gilles, titré dans les actes noble homme et chevalier, fut successivement échevin du Palais, maître échevin, et doyen de la cité. On trouve de lui une charte de 1399 où il se reconnaît homme de monss^r Liébauld de Cusance et de son évêché, pour la maison forte de Fromeréville (1); et son fils, de même prénom que lui, fut des valets, dits ensuite pages et gentilshommes de la chambre du roi, (2).

Il serait difficile de raconter la rumeur et le trouble qui se répandirent partout, à la nouvelle étrange et subite que, dans les derniers jours de novembre 1407, le duc d'Orléans avait été assassiné dans les rues de Paris, le soir, en guet-apens, par des émissaires de son cousin, le nouveau duc de Bourgogne Jean-Sans-Peur, qui avait succédé, vers le milieu de 1404, à son père Philippe le Hardi, chef de la seconde race de Bourgogne. La nouvelle de ce grand crime, qui mettait si brusquement et si tragiquement fin à la domination française en Luxembourg, fut immédiatement transmise au duc Robert par son fils Edouard, alors à Paris, et qui revint sur le champ (3), laissant en cour son frère le cardinal, pour observer la marche des choses, qui fut telle qu'on sembla tout d'abord craindre de découvrir les meurtriers, et que bientôt le duc de Bourgogne, accom-

<small>Révolution à l'assassinat du duc d'Orléans.</small>

---

(1) « Acte par lequel Gilles Paixel, chevalier, citain et eschevin du Palais de Verdun, reconnaît, pour lui et ses héritiers, qu'il est homme de monss^r Liébauld de Cusance et de son évêché de Verdun, pour les biens qu'il possède à Fromeréville, et qu'il a achetés, sous le bon plaisir dudit seigneur évêque, de Geoffroi de Gorcei, écuyer : au nombre desquels biens sont le siége d'une forte maison à Fromeréville, avec ses appendices, et 40 arpents de bois en la forêt de Germonville. Du 30 mai 1399 ». Extraits de D. Colloz.

(2) Wassebourg, ibid. p. 459, verso. Le titre de varlet ou valet, dans les maisons princières, n'avait alors rien de bas, ces varletages étant une sorte d'école où l'on mettait les jeunes nobles, avant leur chevalerie. Parmi les valets de Philippe le Bel, les comptes royaux mentionnent Louis roi de Navarre, Philippe comte de Poitou, Charles comte de la Marche.

(3) Chron. Huguenin, p. 139. Dès le 11 décembre, mention de la présence d'Edouard, avec son père à Saint-Mihiel : v. M. Servais, Annal. II. 413. — Il résulte d'une lettre du 7 septembre 1407, du duc d'Orléans à Edouard, que, malgré l'échec de Champigneulle, la coalition ne se tenait pas pour abattue, et que les Barisiens entendaient toujours s'aider d'elle pour leur chimérique projet de conquérir Metz : v. Bénéd. Hist. de Metz, II. 612.

pagné de celui de Lorraine et des seigneurs de son parti, entra à Paris, le peuple lui criant Noël, sur sa promesse d'abolir les exactions du gouvernement de sa victime (1). Alors se fit un grand revirement dans les personnages des hautes régions de la politique. Le cardinal de Bar alla, avec les autres princes du sang, ouïr, le 8 mars 1408, en l'hôtel royal de Saint-Paul, la harangue d'apologie et justification de la mise à mort de Louis d'Orléans, prononcée par le docteur Jean Petit, orateur de Bourgogne (2); et, chez nous, Robert s'empressa d'écrire à ses coalisés, qui étaient les comtes de Nassau, Sarrebrück, Salm, Saarwerden, le sire de Boulay et autres, « qu'attendu icelle mort piteuse du duc d'Orléans, duquel il espéroit avoir toutes aides, et vu que le pays de la duchié de Bar estoit le plus prochain des ennemis, et seroit le premier destruit, il estoit d'advis de se appointier, et se appointeroit seul, si tant estoit qu'ils ne voulsissent s'y accorder; de quoi il vouloit bien les advertir » (3). Du côté de Luxembourg, Josse, auquel, comme nous l'avons expliqué, retournait le duché, de plein droit, sauf les quatre places de Montmédy, Damvillers, etc., écrivit, de Brinn en Moravie, dès le 26 décembre 1407, qu'il désavouait tout ce que son illustre et feu subrogé avait fait contre Metz, tenait les Messins quittes de tout, et traiterait prochainement d'une bonne paix avec eux (4). On passa ainsi l'an 1408 à se raccommoder, plus ou moins sincèrement; et il y eut, le 2 juillet, entre les anciens bel-

(1) « Et y estoit le duc de Lorraine, qui l'accompagnoit, etc. Monstrelet, liv. I. ch. 37.

(2) « Et estoit présent, en état royal, le duc de Guyenne, dauphin de Viennois, aîné fils et héritier du roi, le roi de Sicile, le cardinal de Bar, les ducs de Berry, de Bretagne et de Lorraine. Ibid. ch. 58.

(3) Chron. Huguenin, p. 139.

(4) «... *Illustris princeps dominus Ludovicus dux Aurelianensis, cognatus noster, ad gubernandum præfatos ducatum Lucemburgensem et comitatum de Chinei nostrâ auctoritate subrogatus, quorumdam suggestione novam movit quæstionis materiam; et iterùm succrevit aliâ gravis guerrarum afflictio...: nos remisimus et remittimus simpliciter et ex toto, quittamus et absolvimus* », etc. Dans les Preuves de l'Hist. de Metz, IV. 607.

ligérants Charles de Lorraine, Robert de Bar, Edouard marquis du Pont, Metz évêché et cité, traité stipulant six ans de bonne paix et alliance, après lesquels on reprendrait les choses dans l'état où elles étaient si, dans l'intervalle, les différends pendants n'avaient été conciliés. Chacun déclara les amis particuliers qu'il ne voulait pas « se forclore d'aider », même contre les autres, si ceux-ci leur faisaient la guerre : tous, sans exception, mirent en cette catégorie de dévouement sans réserve notre saint père le pape, le roi des Romains, le roi de France, avec son aîné fils, et monss^r de Bourgogne, ainsi que ses frères ; puis Robert, Edouard et la cité de Metz ajoutèrent « que ils ne vouloient pas non plus être forclos que ils ne pussent aidier à la cité de Verdun, se il leur plaisoit, et le cas eschéoit » (1). Jean monsieur, qui n'était rien, n'avait rien à promettre dans ce traité ; mais il lui déplaisait beaucoup que son père et son frère renonçassent à gagner Metz, qu'il eut bien souhaité avoir en apanage ; et il se remit à comploter pour faire lui-même cette belle conquête avec des bannis messins de la jacquerie de 1405 ; mais leur conspiration fut découverte ; et elle échoua, au commencement de 1409, à la honte de Jean, et à l'infortune de ses amis les bannis, dont plusieurs furent pris et pendus. Le parti de Bourgogne domina, dans la politique générale, jusque vers le milieu de 1413, les orléanistes vaincus reformant peu à peu leur ligue autour d'un nouveau chef, le comte Bernard d'Armagnac, d'une ancienne maison souveraine en Gascogne, lequel, pour être à la tête d'une grande faction française, se déclara protecteur de la veuve et des enfants d'Orléans, et fit, en 1410, épouser sa fille à Charles, fils aîné du duc assassiné. On appela dès lors les orléanistes Armagnacs, ou, comme on prononçait chez nous, Erminacs ; et ils amenèrent, du midi, des bandes qui, par leurs cruautés et leurs pillages, se rendirent fort odieuses aux Parisiens, et dans

(1) Ce traité, dans les Preuves de l Hist. de Metz, IV. 614.

les provinces du nord. L'histoire de France raconte les vaines tentatives qu'on essaya plusieurs fois pour réconcilier les princes ; on fit jurer paix, le 9 mars 1409, en présence du roi, dans la cathédrale de Chartres, à Jean-Sans-Peur et aux fils d'Orléans, le cardinal de Bar tenant le livre des évangiles, et s'étant, ainsi que son frère Edouard, avancé des rangs orléanistes, en signe que c'était de ce côté qu'ils marchaient auparavant ; puis Edouard, prenant pour bonne cette réconciliation officielle par ordre du roi, alla déjeûner avec Jean-Sans-Peur à Gallardon, en grande concorde et union ensemble, comme on pouvait voir, dit Monstrelet (1) : enfin, le 15 décembre de cette même année 1409, les deux réconciliés se promirent, pour eux-mêmes et leurs conseillers, de se donner réciproques et prompts avis de tous rapports malveillants que des brouillons pourraient faire à l'un contre l'autre, afin de semer entre eux de nouvelles discordes (2) ; mais, malgré ces pacifications, le public s'obstina à considérer les princes barisiens comme armagnacs, au fond de leur cœur. On en a la preuve à une singulière anecdote, que raconte en ces termes la chronique dite du Bourgeois de Paris : « Et, un peu devant la Toussaint 1410, prescha devant le roi le ministre des Mathurins, très-bonne personne, et monstra la cruaulté que ils faisoient (les Armagnacs), disant que il falloit que y eust des traistres en ce royaume. Dont un prélat nommé le cardinal de Bar, qui estoit audit sermon, le desmentit, et nomma vilain chien ; de quoi fut moult haï de l'Université et du commun ; mais, à peu lui en fut ; car il pratiquoit grandement avec les autres qui portoient chacun une bande, dont il estoit ambassadeur » (3).

La maison de Bar réputée Armagnac

(1) Monstrelet, liv. I, ch. 52, p. 145, édit. Buchon.
(2) M. Servais, Annal. II. 445, 46, d'après l'Invent. de Lorraine.
(3) Journal d'un bourgeois de Paris, dans un volume des chroniques Buchon du XV* siècle, p. 607. — La bande étroite de linge blanc, pendante du senestre bras en travers, ainsi qu'un diacre porte son estole, dit Monstrelet, était l'enseigne des armagnacs. Les Bourguignons portaient chaperon bleu, avec la croix de saint André rouge, la fleur de lys au milieu. — Armagnac est le pays d'Auch en Gascogne.

Dans ce temps, la lutte des partis français entraînant et absorbant tous nos personnages, il ne se passa chez nous rien que de peu important. Il est rapporté d'Amé de Sarrebrück que Valentine de Milan, veuve du duc d'Orléans, lui donna 120 livres à prendre, en rente annuelle, sur la garde française de Toul, qu'avait eue l'infortuné prince assassiné (1) : comme Valentine mourut dès le mois de décembre 1408, on peut induire de ses relations amicales avec Amé que celui-ci lui resta fidèle dans la défection qui bouleversa, cette année, le parti orléaniste ; et l'évêque Jean dut suivre son frère, dont il adoptait toujours la politique ; mais ils s'effaçaient tous deux en ce moment, surtout l'évêque, qui ne savait comment se gouverner en ces terribles troubles où de plus habiles que lui se perdaient. Amé, étant sorti de sa prison de la Fermeté de Nancy, vers le mois d'août 1408, rendit peu après à notre ville le service de la réconcilier avec Philippe de Norroy, auquel les Verdunois avaient détruit son château de Somme-Dieue, dans une de ces petites guerres qui ne cessaient jamais alors (2) : pour accommodement honorable, il fut dit que Philippe serait, dès maintenant, du Conseil et du Nombre, et servirait douze ans la Ville, à 20 hommes d'armes, moyennant 50 francs par an (3). On trouve encore, dans les chartes,

<small>Amé de Sarrebrück, aussi armagnac.</small>

<small>Paix de la Ville avec Philippe de Norroy.</small>

---

(1) M. Dumont, Hist. de Commercy, I. 199.

(2) Sur Somme-Dieue, ci-dessus, p. 376, 77, note.

(3) « Philippe de Noeroy, sire de Broncourt, et nous li citains et habitans de la citei de Verdun. Comme je Philippe eusse fait et fisse poursuite et demande auxdits citains, disant que par eux la forteresse et ville de Somme-Diewe avoit été détruite et abattue, laquelle appartenoit à mi seul, et pour le tout ; et disois que lesdits de Verdun estoient tenus de remettre en estat ladite forteresse et ville, et payer à mi Philippe certaine grosse summe d'argent pour les mobles que par eux avoient esté prins, et les dommaiges faits... A savoir est que, par le traité de très-noble et puissant seigneur monss' Amei de Sarrebruch, seigneur de Commarcei et de Venesei, tant par droit comme par amour, bonne paix fut faite et demeure, en la manière que s'ensuit. C'est à savoir que, en cas où aultres personnes quelconques auroient ou devroient avoir part és demandes dessusdites que je fais aux dessusdits de Verdun, je dois faire, dedans la Pentecôte prochainement venant, que toutes les autres causes, coûts, dommaiges soient miens,

Beaufremont. mention d'une commission de gardien de Verdun donnée par le roi à Jean de Beaufremont, au commencement de 1410, puis révoquée, sur représentations qui furent faites que cette charge était annexée au siège du bailliage de Vitry, suivant les lettres du rétablissement de la garde en 1396 (1). Nous avons déjà vu un Philbert de Beaufremont donner quittance aux Verdunois de leur rançon de guerre, lors du passage de la grande armée française de 1388 : en 1414, un autre Beaufremont, aussi du prénom de Philbert, était au service militaire de la Ville (2); et il fut l'un des quatre chevaliers qui jurèrent avec le cardinal de Bar, quand celui-ci reprit, le 21 mai 1416, notre garde barroise, vacante par la funeste mort d'Edouard à Azin-

et ainsi soie seul et pour le tout : et, dès maintenant, comme pour adoncques et dès adoncques, parmi une certaine et compétente somme de pécune, que pour ce, par l'ordonnance et rapport dudit monss⁰ Amei, me ont délivrei lesdits citains et habitans, de laquelle me tiens pour bien soult et content; et pour ce ai renoncié pour mi et mes hoirs à toutes les demandes que je ai fait et faisois. Et, outre ce, je Philippe dessusdit, dès maintenant dois estre et serai dou Conseil et Nombre desdits de Verdun ; et les servirai de vingt hommes, parmi gaiges compétens, toutes fois que par eulx en serai requis, contre tous et envers tous, excepteis mes signours de cui je suis homme, et mes amis charneils (parents), et à douze ans, commençant au jour de la confection des présentes lettres. Et, pour le service que nous doit faire ledit messire Philippe, et les autres choses dessus comprinses, nous les citains et habitans dessusdits ferons paier et paierons, un chacun desdits douze ans, audit messire Philippe, la somme de cinquante francs, comptant douze gros de Metz (francs barrois), à feste de la Nativitei saint Jehan-Baptiste prochainement venant. Laquelle paix nous Phelippe de Noeroi, et nous citains et habitans avons promins, etc., XIIIᵉ jour de décembre mil quatre cens et euit ». — Ce mot *euit* ayant été mal lu, on a mis *vint* (1420) dans la copie de cette charte ; et l'Inventaire de la Ville a lu 1418. Ce sont des fautes évidentes, puisque Amé périt au siége d'Arras, en 1414.

(1) Ces lettres de révocation, datées du 12 janvier 1409 (1410 av. P.), dans les Extraits de D. Colloz. Il parait que la nomination de Jean de Beaufremont avait été faite pendant une vacance du bailliage de Vitry : car le roi dit qu'il donne la charge de la garde au « nouveau » bailli.

(2) « Lettres de Philbert de Beffroimont, par lesquelles il s'oblige à aider la cité durant quatre ans, contre tous, à l'exception de ses seigneurs et amis charnels (parents), moyennant cent écus au coin de France, que ladite ville lui paiera, chacune desdites quatre années, au jour de Noël. Du 23 novembre 1414 ».

court. Ce nom de Beaufremont, qu'on écrivait aussi Beffroimont, Vuefroimont et Baffromont, était celui d'une très-illustre famille du Bassigny barrois, ou mouvant; et il reste encore des vestiges du manoir de ces barons, non loin de Neufchâteau en Vosge.

Aucune de ces années de profond trouble ne semblait pouvoir s'écouler dans l'histoire sans y laisser quelque sinistre souvenir. Celui qui marqua l'an 1409 fut la mort tragique de notre ancien évêque Guy de Roye, alors archevêque de Reims, qui périt de mort violente, près de Gênes en Italie, en se rendant, avec le cardinal de Bar, au concile de Pise, tenu pour terminer enfin, s'il était possible, le déplorable schisme des deux papautés, qui durait depuis 1378. En ces temps, on ne voyageait guère autrement qu'à cheval; et nos prélats avaient dans leur escorte un maréchal, homme violent, à ce qu'il paraît; car, en passant au bourg de Voltri près Gênes, il se prit tellement de querelle, pour une ferrure valant à peine un sou, qu'il eut le malheur de tuer son adversaire. Au grand bruit qui s'éleva, Guy de Roye sortit en hâte de son hôtel, pour tâcher d'apaiser l'émeute: mais il en fut la première victime; car, tandis qu'il parlait « sur le huis, dit la relation, c'est-à-dire sur la porte, un de ceux de ladite ville lui lança un javelot droit au cœur, si douloureusement qu'il chut là tout mort, sans prononcer aucune parole: et ne leur suffit pas; car ensuite incontinent mirent à mort le juge de leur ville et ledit maréchal; et, avec ce, vouloient enforcer l'hostel du cardinal de Bar » (1), lequel s'enfuit précipitamment, et n'apprit la mort de son confrère que deux lieues plus loin. Ce malheur arriva le 8 juin 1409. On trouva, dans le testament de Guy, un legs de 200 francs pour son ancienne église de Verdun, en dédommagement sans doute, bien qu'assez faible, du désastre que l'absence du testateur y avait autrefois causé, lors de la guerre de Pierre de Bar. —

Assassinat de Guy de Roye.

---

(1) Dans Monstrelet, liv. 1. ch. 55.

Quant au concile de Pise, il eut beau déclarer qu'Ange Corario, dit Grégoire XII à Rome, et Pierre de Lune, se disant Benoit XIII à Avignon, (celui-ci appelé, depuis ce temps, en France et chez nous, pape de la Lune, à cause de son nom espagnol Pedro de Luna) étaient tous deux schismatiques incorrigibles, et parjures scandaleux de leurs promesses de cession, ils ne voulurent se démettre ni l'un ni l'autre : de sorte qu'il fallut procéder à un conclave où fut élu, à leur place, Alexandre V. Pour première mesure, ce nouveau pape voulut que tous les cardinaux reçussent de lui leurs titres, et fussent ainsi tous censés de sa promotion, tellement qu'après sa mort, ils ne pussent plus se diviser en deux colléges faisant chacun son élection à part : ce fut alors que le cardinal de Bar, qui était toujours évêque de Langres, et, dans le sacré collége, diacre de Sainte-Agathe, de la promotion de Benoit XIII, fut avancé au rang de prêtre des Douze-Apôtres, en attendant qu'il devint cardinal évêque de Porto-Romano; ce qui arriva peu après, en 1413 (1). Comme il était de la maison royale, on le nomma légat en France et en Allemagne : ce qui lui valut, à son retour, une magnifique entrée à Paris (2) ; mais ce fut à peu près tout le résultat de sa légation, inutile en France, où personne ne voulait plus du pape de la Lune, et impuissante en Allemagne, où l'empereur Robert de Bavière persista, par opposition, à maintenir l'obédience de Corario, Grégoire XII. Alexandre V promit sérieuse et prompte réforme de l'église dans son chef et dans ses membres ; mais sa mort, dès le 4 mai

(1) Les dates cardinalices de Louis de Bar sont ainsi marquées dans Ughelli, *Italia sacra*, 1. 168 : *A Benedicto* XIII *antipapá, cardinalis S. Agathæ diaconus, anno* 1397. *In concilio Pisano, legitimus presbyter cardinalis duodecim apostolorum. A Joanne* XXIII, *episcopus Portuensis ac S. Rufinæ*, 1413.

(2) *Hujus mensis quartâ* (4 septembre 1409), *dominus cardinalis de Barro, quem summus pontifex Alexander in Franciam destinabat legatum ejus..., quia de prosapiâ regali et ex filiâ Johannis regis descenderat, rex Navarræ, duces Bituriæ, Burgundiæ et de Borbonio, necnon et quotquot aurea lilia deferebant, cum dignum duxerunt honore prævenire; et de Parisiis exeuntes ipsum in villam (urbem) honeste introduxerunt.* Saint-Denys, IV. 254, des Docum. inéd.

1410, l'empêcha de tenir parole; et le choix malheureux qu'on fit de Jean XXIII pour lui succéder fut cause que le schisme, à trois papes cette fois, dura jusqu'au concile de Constance, en 1415. Aucun de nos trois évêques n'alla en personne à Pise; ils se contentèrent d'envoyer leurs procureurs, avec ceux du duc de Lorraine (1), sans part ni approbation quelconque du métropolitain Werner de Trèves, qui perdait son temps et son argent à chercher la pierre philosophale, et prétendait, comme l'empereur Robert, que le pape de Rome était certain et indubitable.

Du côté de l'Empire et du Luxembourg, il y eut alors de grands changements, d'abord par la mort de Robert de Bavière, le 18 mai 1410, à la place duquel on élut Sigismond, frère de Wenceslas, celui-ci restant désormais confiné et méprisé dans sa Bohême, où il ne mourut qu'en 1418; ensuite par la transmission du Luxembourg au frère de Jean-Sans-Peur, Antoine de Bourgogne, déjà titré duc de Brabant, au partage de la succession de leur père Philippe, qui avait épousé Marguerite de Flandre, héritière de Brabant. Cet Antoine, dont nous avons déjà mentionné le mariage, en premières noces, avec la fille unique que Waleran-Ligny-Saint-Pol avait eue de Mathilde d'Angleterre, étant devenu veuf, le projet de la maison de Bourgogne fut de le remarier avec Elisabeth de Gorlitz, nièce de Wenceslas, à telles conditions que, par ce mariage, on pût joindre le Luxembourg au Brabant, comme déjà il l'avait été sous le dernier Wenceslas de Luxembourg, duc de Brabant par sa femme. Ce projet ne paraît pas avoir

Le Luxembourg passe à Antoine de Bourgogne.

(1) *Episcopi qui miserunt suos ambassiatores et procuratores... Henricus* (de Ville) *Tullensis... Radulfus* (de Coucy) *Metensis... Joannes* (de Sarrebrück) *Virdunensis.* Hardouin, Concil. VIII, p. 107. — *Ambassiatores domini Caroli ducis Lotharingiæ et marchionis, Henricus, licentiatus in decretis, decanus Beatæ-Mariæ in Ivodio, consiliarius. Gerselus de Walderfingâ, pastor in Sinis* (Chiny?). Ibid. p. 99. — L'archevêque de Trèves était alors Werner de Kœnigstein, dont il est dit, dans les notes du *Gesta*, ch. 270, tom. II. p. 298, édit. Wyttenbach, que *ad alchimiam conversus, vix non omnia dissipavit..., et in castello suo alchimiæ vanitatis professores annis plurimis secretò tenuit; et extant libri plures de alchimiâ nomine ejus inscripti.*

rencontré beaucoup d'obstacles de la part de la maison impériale, laquelle, n'ayant pas lignée de son sang à établir en son ancien patrimoine luxembourgeois, trouvait politique de s'en arranger avec les Français, pour leur alliance (1) : et un tel arrangement ayant déjà été fait pour le duc d'Orléans, en 1402, il parut conséquent de le refaire, en 1409, pour Antoine de Bourgogne, quand la cour de France, devenue bourguignonne, l'appuya dans son dessein d'épouser Elisabeth de Gorlitz (2). Ce mariage fut célébré à Bruxelles, en juillet 1409, présents et joûtant aux fêtes plusieurs très-notables orléanistes réconciliés, « de quoi on s'esmerveilla », dit Monstrelet, qui ajoute qu'à ces noces furent le marquis du Pont, avec Jean son frère, et leur sœur la comtesse de Saint-Pol, Bonne de Bar, seconde femme de Waleran (3). Wenceslas donnait en dot à sa nièce 120 mille florins, pour gage et sûreté desquels, disait le contrat (et ceci en était l'article politique; car on savait bien que les florins ne seraient jamais payés), Antoine retiendra le duché de Luxembourg et le comté de Chiny, avec faculté à lui et à sa femme de racheter l'engagière de Josse : après quoi ils pourront s'intituler duc et duchesse de Luxembourg, et se faire prêter serment, conjointement toutefois avec Wenceslas, lequel sera toujours en premier rang comme seigneur naturel et légitime, conservera l'institution du capitaine du duché, par accord commun, et pourra se faire ouvrir, soit à lui-même en personne, s'il revient jamais dans le pays, soit à ses officiers, pour ses affaires et celles du Saint-Empire, toutes les forteresses, à charge néanmoins d'en avertir préalable-

---

(1) Sur cet état de la famille impériale, ci-dessus, p. 426, 427 et 485.
(2) Cet appui est un fait certain. *Ad petitionem*, dit Wenceslas lui-même, *serenissimi principis domini Karoli Francorum regis, et aliorum illustrium inclytæ domûs Franciæ principum, avunculorum et patruorum ejusdem domini Karoli, consanguineorum nostrorum carissimorum, et ob singularem favorem illustris Antonii ducis Brabantiæ, consanguinei nostri carissimi*, etc. *Datum Pragæ* 1409, 27 *aprilis*. Dans Berthollet, vii. Preuves, p. LXVIII.
(3) Monstrelet, liv. 1. ch. 60, p. 157.

ment Antoine : enfin, quant aux avantages futurs, Elisabeth est reconnue héritière de tout patrimoine de ses oncles Wenceslas et Sigismond, et de leur cousin germain Josse, s'ils meurent sans enfants (1). Par application de cet article, quand Josse mourut ainsi, dès janvier 1411, son engagière alla aux deux époux héritiers : de sorte qu'ils furent, aux termes du contrat, duc et duchesse de Luxembourg, sans opposition de personne (2). De leur mariage ne sortit cependant pas une maison ducale de Brabant-Luxembourg, Antoine ayant été tué à Azincourt, sans enfants d'Elisabeth : alors le Brabant, avec Saint-Pol et Ligny, passèrent à ses fils, enfants de sa première femme, fille de Waleran ; et le Luxembourg resta à madame de Gorlitz, laquelle, après avoir cherché l'appui d'un second mariage, qui fut encore stérile, finit, comme nous le verrons plus loin, par tout donner à la Bourgogne, malgré quelques revendications, sans résultat, qu'on souleva du chef de la fille unique de Sigismond, dans laquelle s'éteignit l'antique maison ducale, puis impériale de Luxembourg. — Antoine se fit aider et suppléer dans le gouvernement de son nouveau duché par son premier beau-père Waleran-St-Pol, qui fut aussi pourvu de très-grandes charges par les

(1) Ce contrat tout entier, et très-long, dans Berthollet, VII. Preuves, LXVIII-LXXIII. Avec stipulation expresse d'alliance entre Wenceslas, Jean-Sans-Peur, et son frère Antoine, *cum duobus millibus lanceatis, propriis ipsorum sumptibus, contrà Rupertum de Bavariâ, adversarium nostrum.*

(2) Leur protocole fut : « Anthoine, par la grâce de Dieu duc de Lothier, de Brabant, de Luxembourg, et marchis du Saint-Empire, et Elisabeth duchesse des deux duchés et marchise ». Dans cette charte de 1411, dès l'avènement d'Antoine au titre de duc, on lit : « Le sérénissime prince et seigneur notre seigneur le roi des Romains et de Bohême nous ayant en partie donné ses pays de Luxembourg et comté de Chiny, et en partie nous en confié et recommandé la mainbournie, comme est plus amplement spécifié par les lettres patentes que nous en avons, etc. (Berthollet, ibid. LXXIV). On n'a pas ces lettres, qui doivent être celles des arrangements faits après la mort de Josse; mais il est certain par les chartes que Wenceslas établit, en son nom, au duché de Luxembourg, messire Guillaume Boise de Waldeck mainbour et gouverneur (ibid. LXXIII), et Hue d'Autel capitaine (ibid. LXXVI). Pour Antoine, il commit son beau-père Waleran : v. Monstrelet, liv. I. ch. 138, p. 351.

Bourguignons à Paris: quant à Wenceslas, il continua à se faire représenter par Hue d'Autel; et il écrivit aux Verdunois de s'en tenir aux lettres de garde à lui autrefois données, et de ne pas reconnaître d'autre gardien (1).

Guerre civile en France.

En France, la guerre civile des Armagnacs, pour reprendre le pouvoir aux Bourguignons, éclata en 1411 ; et bientôt elle atteignit nos frontières, par la Champagne, où la maison d'Orléans possédait le comté de Vertus (2), dont elle avait fait l'apanage de Philippe, second fils du duc assassiné : et elle comptait parmi ses alliés Amé de Sarrebrück, qui tenait à la disposition des Armagnacs son château de Ville-sur-Tourbe, non loin de Sainte-Ménehould (3). Leur meilleur capitaine, en ce moment vers les Ardennes, était Pierre de Bréban, dit Clignet, amiral de France, de la création du duc Louis, en 1405, puis destitué par les Bourguignons; mais il ne reconnaissait pas sa destitution; et il continuait à prendre et à se faire donner

---

(1) *Wenceslaus, etc... Fidelitatem vestram studiosè requirimus quatenus in officio salvæ-gardiæ civitatis vestræ ad nobilem Hugardum de Altari, capitaneum nostrum Lucemburgensem, respectum habere velitis, nostræ contemplationis intuitu, et sibi et nemini alteri de hujusmodi salvægardiæ redditibus et proventibus, juxtà litterarum suarum continentiam, effectualiter respondere, in eo nobis plurimùm placituri. Datum Pragæ, 26 martii, regnorum nostrorum Bohemiæ 48, Romanorum 36*, (1411, 12). *Honorabilibus magistro civium, consulibus, juratis et communitati civitatis Virdunensis, nostris et sacri imperii fidelibus dilectis.* — Cette lettre semble indiquer que Hue d'Autel craignait qu'on n'établît à Verdun un gardien au nom d'Antoine et d'Elisabeth.

(2) Comté qui ne remontait qu'à 1361, où le roi Jean l'érigea pour en doter sa fille Marguerite, quand elle épousa un Galéas Visconti. Le mariage du duc d'Orléans avec Valentine de Milan fit revenir ce domaine à la maison de France.

(3) Amé avait Ville-sur-Tourbe de sa première femme Marie de la Bove. Ce fut de là qu'il partit, en 1412, avec le jeune duc Charles d'Orléans, pour aller contre Jean-Sans-Peur; et ils laissèrent alors au château le fameux bâtard d'Orléans Dunois, alors âgé seulement de neuf à dix ans. V. M. Dumont, Hist. de Commercy, 1. 184, 201 et 202. Ville-sur-Tourbe est aujourd'hui un chef-lieu de canton du dépt de la Marne. — En ces années, Edouard continuait à être, ou à paraître bourguignon, et il allait avec les grands personnages de ce parti : « Le roi et ses princes, c'est à savoir les ducs de Bourgogne et de Brabant (Antoine), le marquis du Pont, le duc de Lorraine, les comtes... de Nevers (Philippe, troisième frère de Bourgogne), etc., dit Monstrelet, liv. 1. ch. 71. p. 177, au mois de septembre 1410

son titre dans son parti (1). Il parut alors dangereux au nouveau duc de Luxembourg Antoine de laisser les quatre forteresses de Montmédy, Damvillers, Ivois, Orchimont aux mains des enfants d'Orléans; et, comme il n'avait aucune intention de leur rembourser les 56 mille écus jadis payés par leur père pour cette engagière (2), il résolut de les en expulser de force et par coup de main. Hue d'Autel, leur capitaine en ces quatre places (3), sous la garantie de Wenceslas, appela Clignet à son aide dès les premiers préparatifs qu'il vit de cette hostilité; et ils se postèrent sur la Chiers, devant Montmédy, défendant le passage de la rivière, parce qu'ils ne savaient ni l'un ni l'autre où les assaillants iraient porter leur premier choc; mais Antoine les culbuta avec tant d'impétuosité qu'il entra derrière eux dans la place; et, dès qu'elle fut ainsi prise, les trois autres se rendirent. C'est tout ce que nous savons de cet exploit, qui dut arriver vers l'automne de 1411 (4). On ajoute que Valentine de Milan porta plainte à Wenceslas, et qu'il la fit remettre en possession, jusqu'à remboursement à elle de l'engagière (5); mais

Les Bourguignons reprennent Montmédy, Damvillers, etc.

(1) V. le chapitre de Monstrelet : « comment messire Clignet de Brabant (lisez Bréban), soi-disant toujours amiral de France, cuida prendre Rethel, et depuis courut ès pays du duc de Bourgogne », liv. I. ch. 83, p. 203. Amé était avec lui au pont de Saint-Cloud, en octobre et novembre 1412. Ibid. ch. 87, p. 219.

(2) Ces arrangements, ci-dessus, p. 486.

(3) C'est ce qui est dit formellement dans une stipulation de trêve de deux ans, alors faite entre les duchés de Luxembourg et de Bar, adhérant au traité « messire Hue d'Autel, pour les quatre forteresses d'Ivois, etc., qu'il tient et a en gouvernement, et dont ledit gouverneur se fait fort en cette partie, sauf et reservé ce qui peut toucher monsieur d'Orliens ». Cette charte, datée de Marville 21 mars 1410, (1411, av. P.), dans les Preuves de Berthollet, VII. LXXIV. Antoine n'y paraît pas; et d'ailleurs la stipulation ne pouvait l'obliger qu'envers le Barrois.

(4) Probablement, après le cartel insultant que les trois frères d'Orléans envoyèrent, le 18 juillet 1411, à Jean-Sans-Peur. La charte citée dans la note précédente indique que la prise de Montmédy est postérieure au 21 mars de cette année.

(5) Ainsi le raconte Berthollet, VII. 226, à l'an 1411; et il ajoute que ce fut la duchesse douairière d'Orléans (Valentine) qui obtint du roi l'envoi de Clignet. Il paraît avoir ignoré la date de la mort de cette princesse; et d'ailleurs Clignet, qui était armagnac, n'obéissait pas alors à la cour.

Valentine était morte dès la fin de 1408, avant qu'Antoine fût rien en Luxembourg; et, si Wenceslas donna quelque ordre de restitution, il n'est guère probable qu'on l'ait exécuté; du moins nous verrons, vers le commencement de 1415, Waleran s'en aller mourir à Ivois, où certainement il ne se fût pas retiré si cette ville eût été au pouvoir des Armagnacs.

Mort du duc Robert.

Cette année 1411, mourut à Bar, le jour même de Pâque 12 avril, le duc Robert, qui régnait depuis soixante ans : on l'inhuma en l'église Saint-Maxe, près de son père, de sa mère et de sa femme; et il laissa le renom d'homme preux, discret et sage, comme écrivit de lui, en manière d'éloge funèbre, le chroniqueur contemporain Monstrelet (1). De ce prince, qui fut l'un des premiers personnages de notre histoire du XIVe siècle, nous ajouterons ici que, depuis qu'il eût perdu ses deux fils aînés Henri et Philippe, en 1396, tous les ressorts de sa politique se tendirent pour assurer à Edouard la succession ducale tout entière, sans partage ni amoindrissement quelconque de territoire barrois, au profit des puînés Louis cardinal et Jean monsieur, ni surtout à celui du jeune Robert, nouveau survenant auquel on eut bien du mal de faire comprendre qu'il ne représentât pas, en droit d'aînesse, son père Henri; et il réservait, du moins on s'en croyait menacé, de vérifier un jour par lui-même, tant en droit comme en fait, ce point obscur et délicat. Comme il était encore légalement mineur, on le fit plier en lui nommant, le 16 avril 1408, en cour de parlement de Paris, à l'intervention de ses oncles, qu'appuyèrent le duc de Bavière, frère de la reine, messire Jacques de Bourbon, comte de la Marche, et d'autres très-grands seigneurs, des curateurs, parmi lesquels le connétable de Labret (d'Albret), qui lui réglèrent en

Ses dispositions pour sa succession.

(1) Liv. 1. ch. 76, p. 188. Il se trompe sur le nom de Robert, et l'appelle Henri. Le vieux duc, qui ne paraissait plus à la cour, et laissait à son fils Edouard le périlleux honneur de s'y diriger au milieu des partis, était un peu perdu de vue en France.

terres de Flandre, son apanage tel que le souhaitaient son grand-père Robert et son oncle Edouard ; et il y eut, le 11 avril 1409, arrêt de la cour enjoignant aux parties de s'en tenir à cet arrangement (1). Du côté des gendres, on ne craignait rien ; et, à cet égard, on se trompait ; car ils reparurent, quand tous les fils de Bar, sauf le cardinal, eurent été tués à Azincourt : mais on les réputait entièrement forclos par la sage précaution qu'avait prise le duc de marier, comme il disait, ses filles à argent, c'est-à-dire avec dots en sommes une fois payées, pour lesquelles il avait fait renoncer les princesses à toute succession paternelle et maternelle. Restait à assigner les légitimes du cardinal et de Jean. Pour cet acte considérable, sur lequel il ne fallait pas qu'ils pussent jamais revenir, on ne crut pas pouvoir se contenter des tabellions ducaux, nouvellement alors institués en Barrois (2) : et, à cause de la mouvance du duché, Robert et ses trois fils se transportèrent à Sens, le 19 septembre 1409, par devant le prévôt royal, son garde du scel, et son tabellion juré pour le ressort « ès quartiers de Champaigne et de Barrois » ; et là fut dressée, en forme authentique, reconnaissance de tous les intéressés que « le nom et le duchié de Bar, la marquisie du Pont, la seigneurie de Cassel et du Bois de Nieppe, châteaux, villes, terres, seigneuries, revenus, seraient et appartiendraient à Edouard, comme aîné, à lui, ses hoirs et successeurs, sans que lesdits monsieur le cardinal et Jehan monsieur y pussent jamais aucune chose demander », ayant eux-mêmes, et s'en déclarant contents, leurs

(1) Ces pièces, dans Du Chesne, Maison de Bar, p. 63, et Preuves, p. 57, 58. Du côté maternel, le jeune Robert ne fut pas non plus très-heureux en succession ; car sa mère Marie de Coucy vendit cette baronnie, dont il eût dû hériter, au duc Louis d'Orléans ; mais il se dédommagea par un beau mariage avec la fille de Robert de Béthune, vicomte de Meaux, etc. De ce mariage naquit Jeanne, qui fut la dernière personne du nom de Bar, et épousa Louis de Luxembourg-St-Pol-Ligny, connétable décapité en 1475.

(2) Le tabellionage barrois date de ce temps même, et est de la création du duc Robert. V. M. Servais, Annal. II. 441.

légitimes, en terres non barroises spécifiées dans l'acte, avec clause expresse interdisant au cardinal de jamais rien aliéner, ni engager, ni hypothéquer de son lot, sauf le cas, dont Dieu le préserve, où il lui faudrait payer rançon pour son propre corps : tellement qu'après son décès, tout puisse et doive revenir, sans fraude ni malengin, à son frère Jean, ou à ses héritiers, sauf encore quelques réserves pour Edouard (1). Tel fut le testament politique du duc Robert, où il prévit et régla toutes choses, autant que le pouvaient la prudence humaine et sa propre et vieille expérience consommée. Edouard, bien que dépassant déjà l'âge de trente ans, n'était pas marié; et il ne s'en hâtait pas, semblant attendre quelque très-grande alliance, qui l'élevât encore plus haut en rang de prince, et lui revalût les apanages qu'il avait fallu laisser à ses co-héritiers. Son avénement, en 1411, ne fut guère qu'une prise de possession officielle du pouvoir qu'il exerçait déjà de fait, étant, depuis 1399, marquis du Pont, et depuis 1401 duc de Bar, sous réserve du titre et de l'usufruit du duché à son père (2), lequel, en 1404, avait complété cette donation, pour les fiefs barrois relevant de notre évêché, en le faisant recevoir, comme nous l'avons vu, à foi et hommage

Edouard, duc de Bar.

(1) Cet acte, fort long, dans les Preuves de D. Calmet, III. 170, 1re édit. « Vinrent et furent présens en leurs personnes très-hault et puissant prince monseigneur Robert duc de Bar, d'une part; très-révérend père en Dieu monseigneur Louis cardinal de Bar, légat du saint siége de Rome, très-nobles et puissants seigneurs monss^r Edouard, ainé fils de Bar, marquis du Pont, seigneur de Dun, et Jehan de Bar monsieur, frères enfants dudit monss^r le duc et de feue très-haulte et puissante dame et princesse Marie fille de roi de France, jadis duchesse de Bar Disant que, jà soit que jadis de monss^r le duc et de ladite feue madame fussent venus et issus plusieurs enfans, fils et filles, toutéfois toute la succession venue et eschue de ladite feue madame, et à eschoir de mondit seigneur le duc étoit et appartenoit et devoit estre à iceulx ses trois enfans tant seulement, pour ce que tous les aultres avoient esté mariés à argent, et avoient renoncié à succession de père et de mère, excepté très-noble et puissant seigneur Robert de Bar, fils monss^r Henri, jadis fils ainé de Bar, lequel monss^r Robert naguière avoit esté payé et assigné du droit que il pouvoit avoir és successions dessusdites..., etc.

(2) M. Servais, Annal. II. 324.

par l'évêque Liébauld, peu avant la mort de ce prélat : enfin, en 1409, à la suite des partages que nous venons de raconter, et sur la demande du vieux duc, Edouard lui fut associé dans la garde barroise de Verdun ; et la Ville lui offrit alors mille écus, en cadeau de bienvenue (1), puis renouvela avec lui, en août 1411, peu après son avènement ducal, le traité de garde, aux clauses usitées depuis 1363 (2). Amé de Sarrebrück fut du nombre des quatre chevaliers qui assistèrent le duc et jurèrent avec lui, à la cérémonie de cette rénovation ; et Pierre d'Argiers, sire de Cumnières, réconcilié à la cité de toutes ses anciennes petites guerres, fut choisi pour sous-gardien en résidence (3). Nous remarquons, trois mois auparavant, à la date du 22 avril, et dix jours seulement après la mort de Robert, un acte de l'évêque Jean consentant à laisser la forteresse de

(1) « De par le duc de Bar, seigneur de Cassel. Chiers et bien amés, nous vous prions et voulons que à Pierresson Bonnevie, recevour de notre duchié de Bar, délivriez les mille escus que accordés avez à notre fils le marquis pour l'entrée en la garde de votre cité, en prenant dudit Pierresson les lettres de quittance que il vous baillera seellées de notre séel... Notre Seigneur soit garde de vous. Escript à Bar, le vi° jour de janvier, l'an mil iii° et nuef. (1410 av. P.).

(2) Ce traité, du 14 août 1411, tout entier dans les Preuves de D. Calmet, III. 174, 1ʳᵉ édit. — Sur celui de 1363, ci-dessus, p. 505 et suiv. — On voit, par ce que nous avons rapporté, p. 478, que, du vivant du prince Henri, Robert lui avait déjà assuré la succession de la garde de Verdun. — Au traité de 1411, on eut grand soin de réserver la neutralité envers Luxembourg : article important pour le cas où la maison de Bar se retournerait (comme il arriva en effet, et assez tôt après) du côté des Armagnacs : « Et aussi, se ledit duc (de Bar) avoit guerre contre autres seigneurs, exceptei contre hault et puissant prince monss' le duc de Lucembourg, en cui garde nous sommes mis premièrement (parce que cette garde était d'autorité impériale), il pourroit prier qui il lui plairoit, et y pourroit aller chacun de nous, à armes ou sans armes, etc... Item, est à savoir que n'entendons en rien, par les choses dessusdites, à enfreindre en aucune manière la garde dudit duc de Lucembourg, ains voulons et ordonnons qu'elle demeure, tout sondit temps durant, en force et en vertu, par tous les points, etc.

(3) « Pierre d'Argiers, chevalier, sire de Kemenières, gardien à Verdun pour mon très-redoublé seigneur monss' le duc de Bar, marquis du Pont, seigneur de Cassel, recognois que je ai reçeu, par la main Jehan Aincherin, citain recepveur d'icelle cité, etc..., en comptant douze gros de Metz pour le franc..., 19 novembre 1412.

Dieulouard en engagière au nouveau duc (1) : c'était un point avancé vers la Lorraine, et pouvant servir au Barrois au cas, qui arriva en effet, de mauvais voisinage avec les lorrains : et Dieulouard resta ainsi jusqu'au retrait que fit de cette prévôté l'évêque Louis d'Haraucourt, en 1437. On doit dire du duc Edouard, à son éloge, que pendant la courte durée de son règne, les Verdunois n'eurent qu'à se louer de lui : et il fit tellement oublier aux Messins ses anciennes entreprises du temps du duc d'Orléans qu'ils l'appelèrent le bon duc Edouard, comme le portent leurs chroniques, en racontant sa mort funeste, l'an 1415 (2).

Rôles de nos princes dans la guerre civile. — La suite des événements nous ramène à la guerre civile des Armagnacs et des Bourguignons. En ce temps d'anarchie, notre histoire devient presque vide, tous nos personnages ayant tourné leur activité et leur ambition vers la France, et ne reparaissant chez nous que dans les intervalles de la lutte, ou quand ils étaient forcés d'en quitter le théâtre. Plusieurs sont mentionnés dans les événements politiques. Aux premiers rangs des Bourguignons notoires et inébranlables, étaient Waleran-Ligny-Saint-Pol, et son neveu Jean de Luxembourg, qui furent faits l'un capitaine ou gouverneur, l'autre lieutenant de Paris, quand les trois frères d'Orléans, après leur cartel du 18 juillet 1411, s'avancèrent vers cette capitale; et Waleran y servit si bien son parti, sans s'oublier lui-même, qu'au commencement de l'année suivante, on le nomma connétable de France, en destituant, pour lui faire place, le connétable orléaniste Charles d'Albret (3) : ce furent ces deux Luxembourg qui

---

(1) Dans les Preuves de Roussel, p. 51, à l'an 1411.

(2) ... Où moururent (à Azincourt) de vaillants princes, c'est à savoir le bon duc Endowart de Bar, etc. Doyen de St-Thiébauld.

(3) Ces promotions, avec grands applaudissements des Bourguignons : « Et fut fait, dit ici, avec effusion de cœur, Saint-Remy, ch. 8, le bon Waleran-St-Pol, capitaine de Paris : avec lui étoit Jehan de Luxembourg, son neveu, qui depuis fut appelé comte de Ligny, et fut chevalier de la Toison d'or, qui en son temps fit grandes vaillances ». Ce Jean de Luxembourg, dont nous aurons à reparler, était fils de Jean, frère de Waleran et du bienheureux Pierre.

organisèrent à Paris la terrible et sanguinaire faction des bouchers, pour mettre et maintenir, par la terreur, la cour et la ville dans la dépendance absolue du duc de Bourgogne. Le duc Édouard se tint dans une situation indécise et comme intermédiaire. Sa politique était d'être toujours sous la bannière royale, bourguignonne en ce moment : de sorte qu'il était bourguignon, mais sans passion; et il devint suspect, comme orléaniste mal réconcilié. Pour les armagnacs prononcés, leurs gens, que Clignet de Bréban et autres chefs purent lever dans nos provinces, se rassemblèrent, en août 1411, à La-Ferté-sous-Jouarre, chez Robert de Bar, seigneur de ce lieu, à cause de sa femme Jeanne de Béthune, vicomtesse de Meaux : ils passèrent la Marne; et de là, dit Monstrelet, « à grant quantité de combattants, c'est à savoir Jehan, fils au feu duc de Bar, Amé de Sallebrusse, et aucuns ardennois, lorrains et allemands, qui tous ensemble faisoient bien six mille hommes de cheval, sans les varlets armés et gens de trait », allèrent s'emparer du pont de Saint-Cloud, pour courir à leur aise des deux côtés de la Seine; mais, le 11 novembre, Jean-Sans-Peur les délogea, avec grand carnage : alors ils revinrent, Clignet, Amé, Jean de Bar et les autres, en rebroussant par le comté de Valois, puis par la Champagne (1). L'an suivant 1412, sur la nouvelle que les Armagnacs vaincus traitaient avec les Anglais (ce que du reste faisaient aussi les Bourguignons, quand ils avaient le dessous), on envoya le connétable Waleran sur les côtes et frontières de Picardie : et une armée, où le roi fut censé commander en personne, s'organisa, sous la conduite du dauphin, des ducs de Bourgogne, de Bar (Édouard), et des princes du haut conseil (2), pour aller assiéger Bourges, où se renforçaient, avec le duc de Berry et le connétable destitué, les grands armagnacs,

---

(1) Monstrelet, ch. 84, p. 208, et 87, p. 219.
(2) *Jàm vernali tempore arridente, rex cum suis consiliariis illustribus, quibus præsidebant domini duces Guyenniæ* (le dauphin), *Burgundiæ et de Barro, rex Siciliæ Ludovicus, etc.* Religieux de St-Denys, liv. 33, ch. 1.

parmi lesquels furent encore Jean de Bar et Amé de Sarrebrück : de sorte que les princes barisiens avaient des leurs dans tous les camps, même auprès de Waleran, dont la seconde femme, Bonne de Bar, était sœur d'Edouard et de Jean, et tante de Robert. Le siége de Bourges ayant réussi à l'armée royale, il fallut que les rebelles envoyassent, le 16 juillet 1412, les clefs de la ville dans la tente du Dauphin, en fléchissant le genou devant lui ; et ainsi s'humilia, avec les autres, Jean monsieur, en passant devant son frère et le duc de Bourgogne, qui étaient aux côtés du Dauphin.

<small>Edouard se brouille avec Jean-Sans-Peur et le duc de Lorraine.</small>

En ce moment, le drame se compliqua d'une brouille entre Jean-Sans-Peur et Edouard, parce que celui-ci obtint capitulation et amnistie pour les assiégés de Bourges, que Jean voulait, au contraire, traiter à la rigueur, pour anéantir d'un seul coup, s'il se pouvait, tant d'armagnacs rassemblés en cette ville : et tout le monde remarqua, après la levée du siége, le froid qui régnait entre les deux princes (1). Coïncidant avec cette discorde, et plus ancienne qu'elle, il y en avait une autre, entre Edouard encore et le duc Charles de Lorraine, venue probablement de mauvais voisinage, peut-être de quelque ancienne rancune de l'affaire de Metz, de 1405, mais tellement notoire que, le 1ᵉʳ août 1412, quinze jours seulement après le retour de Bourges, Edouard accepta commission d'exécution royale sur arrêt du parlement rendu contre Charles, pour oppressions et tyrannies par lui commises à Neufchâteau (2), ville de garde française, et du ressort souverain de la cour, à cause de la mouvance champenoise du Bassigny. Il résulte de nos documents qu'Edouard exécuta en effet, et marcha

(1) « Et s'aperçut assez le duc de Bourgogne que par aucuns seigneurs avoit été instruit le dauphin aux besusdites (les arrangements de la capitulation) : et, entre les autres, se douta fort et eut grand soupçon sur le duc de Bar : et, depuis certain temps après, montra assez clairement qu'il n'étoit pas content de lui ». Monstrelet, liv. I. ch. 100, p. 244, 45.

(2) Sur ces tyrannies du duc Charles, et l'affaire de Neufchâteau, v. Digot, Hist. de Lorraine, II. 317-326.

en armes contre la Lorraine (1), Charles, appuyé de son ami Jean-Sans-Peur, n'ayant tenu compte de l'arrêt. Telles étaient les relations des trois ducs ; et ainsi s'explique la vengeance dont fut l'objet celui de Bar, et le triste rôle qu'on lui fit jouer dans la fameuse émeute de Paris, du 28 avril 1413, quand les « esmouveurs des communes », comme les appelle Monstrelet, c'est-à-dire les bouchers et cabochiens, avec le bas peuple, ayant pénétré dans l'hôtel Saint-Paul, dirent au dauphin : « Notre très-redoubté seigneur, véezci les parisiens qui, de par cette bonne ville de Paris, pour le bien de votre père et de vous, requièrent qu'on leur livre aucuns traistres qui sont de présent dans votre hostel.....; et entre-temps survinrent le duc de Bourgogne et celui de Lorraine ; et allèrent aucuns desdits parisiens prenre de fait Edouard duc de Bar, cousin germain du roi, et messire Jacques de la Rivière, etc., etc. ; et adonc le dauphin, en grant courroux, dit au duc de Bourgogne : Beau-père, ceste esmeute m'est faite par votre conseil ; et

Il est emprisonné à Paris.

(1) C'est ce que prouve l'assignation de quatre cents florins par lui faite sur la garde de Verdun « à notre amé et féal chevalier messire Philippe de Norroy, pour cause de plusieurs services, à certain nombre de gens d'armes et de trait, en la guerre que faite avons pour monseigneur le roi, en mettant à exécution certain arrest pronuncié en son parlement à Paris contre le duc de Lorraine, et ses complices : et fussiens tenu à icelui messire Philippe, tant pour les gaiges de lui et de sesdites gens que pour perte de chevaulx et harnoix, en certaine somme de deniers, de laquelle sommes encheus en accord avec lui... Avons, pour nous et nos successeurs, vendu, assigné, cédé et transporté, pour lui et ses ayans cause, quatre cents florins de pension, en et sur cinq cents de rente ou pension que avons, prenons et devons avoir chacun an, notre vie durant, sur la cité de Verdun, à cause de la garde d'icelle..; lequel asseing devons faire bon envers les citains de ladite cité; et sommes tenu à eux tant et si bien comme si nous receviens et perceviens chacun an lesdits iiiie florins, lesquels nous, ou nos ayans cause, pourrons racheter et retraire toutes fois que il nous plaira, à une fois ou à plusieurs, en payant au chainge à Verdun, ou au Pont, mil florins pour chacun cent florins : et, se nous alliens de vie à trespassement avant ledit rachapt, ou que, pour guerre ou aultre juste cause, nous perdiens ladite pension, et deussent cesser iceulx citains nous la payer, voulons et accordons que icelle se prenne en certain lieu de notre duchié de Bar bien et convenablement assigné... Donné à Bar, le xxviiie jour de janvier 1413, (1414, av. P.). — Est annexée la lettre de notification envoyée à la cité par Philippe de Norroy, chevalier, seigneur de Port-sur-Seille.

ne vous en pouvez excuser; car gens de vostre hostel sont les principaux : si sachiez seurement qu'une fois vous en repentirez; et n'ira pas toujours ainsi à votre plaisir (1) ». Jean-Sans-Peur, à cause de sa parenté avec Edouard (2), le garda d'abord en son hôtel, et se fit pleige pour lui envers les émeutiers; mais bientôt, continue Monstrelet, « se déporta d'icelle pleigerie »; de sorte que le malheureux captif put craindre un moment la haute et sommaire justice d'une commission qui fit exécuter, le 4 juin 1413, l'ancien prévôt de Paris, et autres armagnacs. En cet instant terrible, le danger parut tel que le cardinal de Bar, se trouvant à Verdun, alla vouer des messes à l'autel et devant l'image Notre-Dame, à fonder à perpétuité, si son frère échappait (3). Il échappa en effet, et avec grande réparation d'honneur pour lui, après trois mois de prison : les princes exilés le réclamèrent, par plaintes écrites (4); et la haute

(1) Monstrelet, liv. I. ch. 119, p. 266.—Ce dauphin qui appelle Jean-Sans-Peur son beau-père est le dauphin Louis, duc de Guyenne ou d'Aquitaine, auquel on fit épouser, en 1404, Marguerite de Bourgogne, fille de Jean : ce qui ne l'empêcha pas de pencher vers les armagnacs. Il mourut à la fin de 1415, à 20 ans, épuisé de debauches et méprisé. Après lui, il y eut le dauphin Jean, duc de Touraine, empoisonné, prétendit-on, par les armagnacs, en 1417. Alors seulement vint le dauphin Charles, qui fut Charles VII.

(2) Ils étaient cousins germains, Marie de France, mère d'Edouard, étant sœur de Philippe, père de Jean-Sans-Peur.

(3) « Loys cardinal duc de Bar, seigneur de Cassel. Comme feu de bonne mémoire notre très-chier et bien amé frère le duc Edouard, notre prédecesseur, en son vivant estant en la ville de Paris, l'an 1413, eust esté prins et emprisonné par le peuple d'icelle ville, en certaines motions (émotions, émeutes), et lors destenu prisonnier au chastel du Louvre, en très-grand péril de sa personne; et depuis, nous lors estant dans la cité de Verdun, très-troublé et courroucié en l'empêchement d'icelui, eussiens esté adcertené de la délivrance d'icelui des mains dudit peuple, etc. Savoir faisons, etc. Donné à Verdun, le VIII° jour de septembre 1417 ». Dans Wassebourg, p. 461.

(4) « Item se deulent que, nonobstant que la connoissance (en justice) de quelconque seigneur du sang royal n'appartienne à aucuns, fors seulement au roi et aux seigneurs de son sang, monseigneur le duc de Bar fut pris, et encore est; et si est cousin germain au roi notre sire : dont moult se deulent les seigneurs dessusdits, et par espécial le roi et la reine de Sicile, qui est sa niepce, lesquels grandement et affectueusement prient et requièrent sa délivrance, et aussi de monseigneur le duc de Bavière, frère germain de la reine ». Doléances des princes, envoyées le 12 juillet 1413, dans Monstrelet, liv. I. ch. 113, p. 279.

bourgeoisie parisienne, effrayée de la tyrannie des bouchers, réagit tellement que, le 4 août 1413, le dauphin, escorté de vingt mille hommes, alla délivrer les prisonniers, principalement Edouard et son compagnon d'infortune le duc de Bavière, frère de la reine. On fit celui-ci capitaine du Louvre, l'autre de la Bastille-Saint-Antoine; et ils rentrèrent ainsi avec gloire dans les châteaux mêmes où ils avaient été prisonniers : après quoi Jean-Sans-Peur, ayant, pendant quelques jours, fait semblant d'être aussi du parti victorieux, s'enfuit en Flandre, où alla le rejoindre Waleran, auquel il conseilla, avec promesse d'appui sans faillir, de ne pas rendre l'épée de connétable, que les armagnacs lui firent redemander, au nom du roi. Les Armagnacs reprennent le pouvoir.

A la suite de ces grandes et étranges scènes de tragédie politique, la guerre fut amenée chez nous par Antoine de Bourgogne qui, de son duché de Luxembourg, fit attaquer le Barrois, parce qu'Edouard était rentré dans le parti armagnac. Depuis longtemps déjà les deux duchés étaient en mésintelligence : et, à vrai dire, ils n'avaient guère cessé de se quereller, à dater de la rupture de l'ancienne coalition entre Robert et le duc Wenceslas : en dernier lieu, Wenceslas l'empereur avait tâché d'assoupir ces discordes par sa trêve de 1411 (1), qui fut l'un derniers actes de son gouvernement luxembourgeois. Nous avons vu comment Antoine, malgré cette trêve, et en dépit de Hue d'Autel et de Clignet, ne s'était pas fait faute d'enlever aux héritiers d'Orléans leurs quatre places de Montmédy, Damvillers, Ivois, Orchimont : et il était très à craindre que la guerre, toujours entretenue sous le couvert de petits princes allemands, ne devînt déclarée dès la fin de l'armistice, qui expirait le lendemain de la Pentecôte, 11 juin 1413. Il ne tint pas à Edouard de prévenir cette échéance de malheur; car, dès le mois de janvier, il alla à Luxembourg faire des propositions d'alliance : puis, la date fatale du 11 juin étant

---

(1) Ci-dessus, p. 531, note 3.

Guerre entre les duchés de Luxembourg et de Bar.

venue pendant sa prison de Paris, son premier soin, dès qu'il se vit libre, fut de faire crier dans ses prévôtés « que nul ne meffist à la duchié de Lucembourg, ne à la comté de Chiny (1) »; mais alors Antoine ne voulant plus de paix avec un prince ennemi de son frère, et le courant des choses entraînant tout à la discorde, il s'engagea, de 1413 à 1415, une mêlée confuse, où les deux ducs se montrèrent peu en personne; car les grandes affaires les retenaient presque toujours ailleurs; mais, à leur place, leurs alliés et subalternes ravageaient le pays. On ignore, et nous le regrettons peu, le détail de leurs exploits: cette guerre fut appelée, chez nous, guerre de Mangienne, parce qu'elle ruina, dans nos environs, toutes les campagnes entre Montmédy et Etain (2). L'évêché, auquel appartenait le château de Mangienne, n'y fut pas épargné, l'évêque Jean, bien que par lui-même il ne fût absolument rien en politique, passant chez les luxembourgeois pour un armagnac de la suite de son frère Amé: mais les pires désastres furent pour le Chapitre, qui payait bien, en ces rencontres, ses économies habituelles d'hommes d'armes et de forteresses. Comme il ne lui était pas possible, en une pareille anar-

(1) Dès le 7 août, ce cri fut fait dans la prévôté de La-Chaussée, et, sans aucun doute, dans les autres. Le voyage du duc Edouard à Luxembourg, en janvier 1412 (1413, av. P.), pour traiter d'alliance avec le duc de Brabant, est mentionné dans les comptes de Richard Jonville, prévôt d'Etain. Notes de M. Servais.

(2) Quelques détails sur ce qui se passa aux environs d'Etain, dans les comptes du même prévôt, Richard Jonville. Les villages de Rouvres, Lanhère, Belchamp et Remanil furent abandonnés. Au mois de juillet 1412, on imposa les curés de la ville et prévôté à dix-neuf rez d'avoine et trois queues de vin pour les garnisons. En juillet 1414, Regnauld Pallardel, abbé de St-Vanne (qu'Edouard, dans une charte, appelle son amé et féal conseiller) prêta, pour la garnison d'Etain, cinquante rez de froment qui, en mesure du lieu, font seulement quarante trois rez, neuf setiers. Autre prêt, par le même, de dix-huit rez, valant, à Etain, quinze rez, neuf setiers. (En janvier 1411, c. a. d. 12 av. P., le prévôt mentionne le passage de monss' de Saint-Venne, en compagnie de quatre-vingt-cinq chevaliers et écuyers). A la suite de ces ravages, la communauté d'Etain emprunta à Jean d'Amel, citain de Verdun, quatre cents écus, de quatorze gros de Metz pièce: somme que le prévôt évalue quatre cents soixante-six livres, treize sous, quatre deniers. Mêmes notes de M. Servais.

chie, de recourir au bailli de Vitry, et que les autres gardes étaient celles des belligérants eux-mêmes, il se laissa aller, en 1413, à un tel découragement, qu'après avoir vainement informé et imploré le cardinal de Bar, qui n'y pouvait rien, il mit l'église en cesse, c'est-à-dire en cessation de service divin, et se dispersa (1). Quant à la Ville, qui n'avait d'autre territoire que sa banlieue, et que protégeait le principe de sa neutralité entre Luxembourg et Bar dans leurs guerres réciproques, principe resté des anciens traités de leur garde commune, elle se maintint de son mieux dans cette neutralité, difficile toutefois à bien tenir dans les chocs des combattants. La balance de l'égalité trébucha sur un ordre du duc de Brabant, en septembre 1413, pour fourniture de vin, à Verdun, à son « ost » devant Mercy (2) ; en représailles de quoi les barisiens suspendirent quelque temps tout commerce avec notre ville (3) : puis, leurs soupçons s'étant dissipés, les gens de leur grand conseil, le duc absent, vinrent chez nous, le 8 juillet 1414, pour s'entendre, s'il était possible, avec le lieutenant militaire, comte de Wernembourg, qu'Antoine, également absent, avait laissé en Luxembourg (4) : enfin, le 10 mars 1415, on convint d'une

(1) La lettre du Chapitre au cardinal de Bar, du 15 mai 1413, dans les extraits de D. Colloz. Elle a pour objet de l'informer, en sa qualité de légat, que le service divin cessera le 24 mai suivant. Autres pièces et détails sur ce cesse, dans Wassebourg, p. 463. On ne sait combien il dura. Le Chapitre devait être, sinon entièrement rassemblé, du moins suffisamment représenté quand le cardinal, devenu duc par la mort de ses frères, vint jurer à la cathédrale l'accompagnement du ban de Pareid, serment dont il fut pris acte daté de Verdun, le jeudi 21 mai 1416.
(2) La quittance de son échanson Louis de Saiceliet, de vingt-cinq queues de vin, que les citains et habitants de Verdun donnèrent à mondit seigneur, lui estant en son ost devant Mercey, datée d'Ivois, 28 septembre 1413. — Avant la guerre, le traité de garde luxembourgeoise, jusqu'alors au nom de Wenceslas, avait été remis à celui d'Antoine, le 2 juillet 1412.
(3) Mention, vers la fin de 1413, de ces défenses, à peine d'amende et de saisie, dans les comptes du prévôt d'Etain Richard Jonville. On y voit, au chapitre des rançons de prisonniers, de pauvres gens qui, pour leur rançon, donnent des denrées, quelques-uns des épices : ainsi le meunier de Pilon, une livre de poivre, etc.
(4) Ces conseillers étaient Robert de Watronville, Willaume de Saint-Baulsomme, Colard d'Ostenge, Joffroi de Bassompierre, Franque de Housse,

trêve jusqu'à Pâque de l'année suivante, terme que ne devaient voir ni Antoine, ni Edouard, alors gisant tous deux au funeste champ d'Azincourt (1). Ce commencement du XVe siècle fut un moment de grande détresse : le taux de l'argent monta, chez nous, à dix pour cent (2); la Ville, malgré sa pénurie, dut traiter avec divers seigneurs, pour avoir à son service leurs hommes d'armes et leurs forteresses (3); et l'évêque Jean ne trouva d'autre moyen de préserver son bourg de Fresne que d'y laisser le prévôt se constituer une sorte de fief, avec tour et maison défensable, dont il fut stipulé que lui et ses hoirs feraient hommage à l'évêché, avec interdiction à eux de jamais employer leur forte tour à hostilité contre aucun qui accep-

Détresse, au commencement du XVe siècle.

bailli de Saint-Mihiel, et Oulri de Boulenge. Mêmes comptes du prévôt Jonville, dans les notes de M. Servais.

(1) Cette trêve du 10 mars 1414, (1415, av. P.), dans les Preuves de Berthollet, VII, LXXIX. Le comte de Wernembourg y est compris. L'acte, au nom d'Edouard, est daté de Paris. — Mention, dans les comptes, d'une course à cents lances de ce Wernembourg à Dun, Stenay, Mousay.

(2) Ainsi Gilles Paixel, qui avait acheté pour mille vingt-cinq francs une rente perpétuelle de cent francs sur la communauté de Sathenay (Stenay), consentit, par acte du 22 avril 1412, en considération de monssr le duc de Bar, à réduire cette rente à cinquante francs. Dans les arrangements déjà mentionnés du duc avec Philippe de Norroy, une somme de cent florins est considérée comme la rente d'un capital de mille (ci-dessus, p. 539, note); de sorte qu'il était très-avantageux de racheter ces rentes en remboursant le capital; ce que prescrivit Edouard, par ordonnance datée du château de Louppy, 6 octobre 1415; et il établit une commission pour opérer rachat de toutes celles que diverses communautés du Barrois devaient à Verdun. Ce fut un de ses derniers actes : car il périt à Azincourt à la fin de ce même mois.

(3) Nous avons déjà mentionné le traité de 1408 avec Philippe de Norroy, pour vingt hommes d'armes, autrement dits vingt lances estoffées, pendant douze ans, et celui de 1414 avec Philbert de Beauffremont, pour service pendant quatre ans, moyennant cent écus par an. Du 16 octobre 1413, avec Amé de Sarrebrück, pour service, pendant cinq ans, de sa personne, de ses gens et de ses forteresses, dès qu'il en sera requis, moyennant deux cents francs, de douze gros de Metz, pour lui, et solde raisonnable à ses gens. Du 12 décembre 1415, avec Jean, dit Hans de Wincheliu, écuyer, pour service de quatre ans, de sa personne, de ses avis, et de cinq ou six lances : s'engage, en outre, à recevoir et nourrir dans sa forteresse de Marchéville, à leurs frais et dépens, tous les citains et alliés de Verdun, à l'exclusion de leurs ennemis, etc.

terait le jugement à jour et à droit des officiers épiscopaux (1).

Ces années sont pénibles à parcourir dans notre histoire, qui se perd alors dans le chaos des bouleversements de France, et n'a guère autre chose à dire de nos princes, sinon qu'ils se jetaient dans cette anarchie, et y entraînaient le pays avec eux. C'était pour la grande guerre civile française où l'on fit, en 1414, le siége d'Arras, que nos belligérants avaient quitté leurs petites batailles luxembourgeoises. Le duc Edouard et Amé de Sarrebrück marchèrent sous la bannière royale, aux premiers rangs des armagnacs : et on ne revit plus Amé, qui mourut de dyssenterie pendant cette expédition (2). Au camp devant Arras, Edouard étant au grand conseil du roi, obtint pour notre ville une grâce qu'elle demandait, nous ne pouvons dire laquelle, les documents ne l'expliquant pas, mais ce devait être une chose d'assez grande importance ; car on remercia le duc par un cadeau de mille francs, sur lesquels, comme il était toujours dans les dettes de Philippe de Norroy, il assigna

Mort d'Amé de Sarrebrück.

(1) « Nous Jehan de Sarrebruche, évesque et comte de Verdun... Considérant la loyauté, bonne amour et agréables services que Remyon Colin, de Fraisne, notre prévôt d'illec, ses ancestres, et prédécesseurs ont toujours eu à nous et à nos prédécesseurs évesques et éveschié de Verdun... Avons, pour nous et nos successeurs, consenti, et par ces présentes consentons, donnons et octroyons audit Remyon pouvoir de faire construire et édifier on territoire, ville et finaige de notredite ville de Fraisne en Woëvre, sur son héritaige movant de notre franc aluel (aleu), une tour et maison défensable, de entour icelle faire foussés et autres munitions et défenses : laquelle tour ou forte maison, le pourprins et appartenances seront mouvants de nous, de nosdits successeurs et éveschié de Verdun en fieds et hommaige; et en seront ledit Remyon, et sui hoirs qui icelle tenront, hommes à nous et à nosdits successeurs devant (avant) tous autres seigneurs; et sera rendable à nous et à nosdits successeurs à tous besoins...; et ne pourront faire de ladite forteresse guerre, ne souffrir estre faite par aultre, à aucun qui vouroit à jour et à droit venir devant nous, nosdits successeurs, ou nos officiers..., l'an de grâce mil quatre cens et quinze, le v° jour du mois d'aoust.

(2) « De laquelle maladie était jà mort messire Amé de Sallebrusse, damoiseau de Commercy, et autres infinies personnes ». Monstrelet, liv. I. ch. 133, p. 143. — Le corps d'Amé fut rapporté à Commercy, et enseveli dans l'église des chanoines. — Mention de Jacomin de Baleicourt, prévôt d'Amé à Commercy.

sur le champ 400 fr. à ce créancier (1). La mort d'Amé laissa l'évêque Jean sans guide et sans boussole ; et dès lors sa nullité politique parut telle qu'il sembla presque disparaître de l'histoire avec son frère. On trouva de celui-ci une disposition testamentaire déchargeant l'évêché du rachat de Dieulouard (2), non que le testateur entendît mettre libéralement sur sa succession la charge de ce rachat, mais parce que l'évêque avait consenti, par faiblesse, à lui vendre ou à lui inféoder ce domaine, à condition d'en rembourser l'engagière à Edouard : arrangement fraternel qui ne manqua son effet que par l'opposition du Chapitre (3). Amé eut pour successeur à Commercy son fils Robert, qui fut, pendant longues années, l'un des plus grands fléaux du pays.

En France, une paix entre les partis, aussi vaine que les

(1) « Le duc de Bar, marquis du Pont, seigneur de Cassel. Très-chier et bien amé, nous vous escripvons par ces présentes le plus affectueusement que nous pouvons, et prions, sur tous les plaisirs que faire nous désirez, que à notre amé et féal chevalier et chambellain messire Philippe de Noueroi vous bailliez et délivriez sans délai la somme de quatre cents francs, douze gros de Melz pour chacun franc, de et sur les deniers à nous dus à cause des mil francs que donnés nous ont nos chiers et bien amés les habitans et communauté de la cité de Verdun, pour certain plaisir que nous leur feismes darriennement devers monseigneur le roi et son grand conseil, estant lors au siège devant Arras...; et de tout le reste de ladite somme de mille francs, en avons fait quittance totale, laquelle avons baillée et délivrée à notre amé et féal conseiller l'abbé de Saint-Venne, pour penre et recevoir le résidu de ladite somme... Escript à Foug, le IIIᵉ jour de janvier, l'an 1414, (1415, av. P.). A notre très-chier et bien amé Jehan Aincherin, citain et recepveur de la cité de Verdun.

(2) Ce testament, en extrait, dans M. Dumont, Hist. de Commercy, I. 204.

(3) Du 10 janvier 1418, (1419, av. P.), mention d'un débat entre Marie de Chastel-Vilain, veuve d'Amé, et Jean de Pulligny, écuyer, touchant la forteresse de Dieulouard, ladite dame prétendant que son mari l'avait achetée totalement de l'évêque de Verdun son frère, dont elle avait les lettres, et Jean de Pulligny soutenant qu'il devait en avoir la moitié par indivis. Ils convinrent que, si Pulligny prenait la forteresse, il l'aurait tout entière, moyennant huit cents francs qu'il paierait à Marie; mais ils ne purent exécuter ces conventions : car on voit, par un nouvel acte qu'ils firent le 17 juin 1427, que le Chapitre ayant refusé ratification, tant au contrat passé entre ledit feu messire Amé et l'évêque Jean son frère qu'à leur propre arrangement, ils mirent ledit contrat et ledit arrangement en dépôt au trésor de Saint-Gengoult de Toul. Extraits de D. Colloz.

précédentes, ayant été conclue le 4 septembre 1414, les Bourguignons revinrent d'Artois, Jean-Sans-Peur en Bourgogne avec 20 mille chevaux, et son fidèle Waleran dans le comté de Ligny avec 600 hommes d'armes, dont une soixantaine anglais. La cour, qui se défiait d'eux et de leurs escortes, leur fit fermer les portes de Laon, Reims et Châlons : néanmoins Waleran arriva, vers la fin d'octobre, avec sa femme Bonne de Bar, à Ligny sa ville, où vint le visiter son beau-frère le duc Edouard ; et ils passèrent ensemble les fêtes de la Toussaint : puis Waleran, toujours gouverneur du Luxembourg pour le duc Antoine, alla inspecter des places fortes. Il trouva sur nos frontières, à La-Neufville-sur-Meuse, vis-à-vis de Stenay, de l'autre côté de la rivière, une garnison, mise là, à ce qu'il semble, par les armagnacs, pour faire des courses en Luxembourg et Chiny : et ce château de La-Neufville étant fort, et la garnison s'y défendant vaillamment, le gouverneur de Luxembourg fut six semaines au siége : après quoi les assiégés persistant à ne pas se rendre, bien qu'on eût pris le boulevard extérieur placé devant leur porte, on fortifia contre eux l'église du bourg ; mais il fallut encore six semaines aux assiégeants pour les faire capituler. Peu après, Waleran, qui se disait toujours connétable de France, tomba en maladie, et mourut à Ivois, où il fut enterré devant le grand autel de l'église. Sa seconde femme Bonne de Bar, qui n'avait pas d'enfants de lui, envoya, en signe qu'elle renonçait à sa succession, un procureur mettre sa bourse de veuve sur la représentation de son défunt seigneur et mari, et demanda de cette renonciation, sauf son douaire, instrument public, un ou plusieurs, dit Monstrelet, qui nous apprend ces détails, et ceux qui précèdent sur les derniers actes de Waleran (1). Les comtés de Ligny et de Saint-Paul passèrent à ses deux petits-fils, fils d'Antoine et de la première femme de celui-ci, laquelle était la fille que Wale-

Mort de Waleran.

---

(1) Liv. I. ch. 138, p. 351 et ch. 145, p. 361.

Ligny aux fils d'Antoine de Bourgogne.

ran avait eue de Mathilde d'Angleterre : on donna ces deux comtés en apanage au puîné, qui se nommait Philippe[1], Jean, l'aîné, devant hériter du Brabant de son père Antoine ; puis ce Jean étant mort sans postérité, en 1427, Philippe fut à la fois duc de Brabant et comte de Saint-Pol et Ligny, mais peu de temps ; car il mourut, aussi sans postérité, en 1430, et ce fut seulement à cette date que Ligny et Saint-Pol revinrent aux Luxembourg-Ligny, représentés alors par Jean, neveu de Waleran (2); le Brabant retournant d'un autre côté à la maison ducale de Bourgogne, qui le tenait du mariage de son chef Philippe le Hardi avec Marguerite de Flandre ; et on en avait fait l'apanage d'Antoine, frère puîné de Jean-Sans-Peur.

Nous continuons notre récit, fort morcelé comme les événements, qui s'enchevêtrent ici plus que jamais les uns dans les autres. La Ville députa, vers la fin de 1414, au couronnement de l'empereur Sigismond, à Aix-la-Chapelle, le 8 novembre (3) : et, à peu près en ce même temps, on publia la convocation du grand concile de Constance, le plus nombreux de tous ceux qui furent jamais tenus dans l'église, et qui eut l'honneur de terminer enfin le schisme,

---

(1) Jean-Sans-Peur, son oncle, le prit sous sa tutelle après la mort d'Antoine tué à Azincourt, et institua, pour lui, les officiers des comtés de Ligny et de Saint-Paul, au commencement de 1416. Monstrelet, liv. I. ch. 160, p. 384. Philippe, en sa qualité de Bourguignon, refusa, en 1420, au cardinal de Bar et à René d'Anjou, l'hommage qu'il leur devait pour Ligny (v. cette mouvance féodale, ci-dessus, tom. II. p. 399-401); et il résulta de ce refus qu'en cette année, le cardinal de Bar et son neveu René, « qui estoient de la sieute (suite) et parti des daulphinois (armagnacs partisans du dauphin Charles), assiégèrent et prirent Ligny, faute de devoirs féodaux rendus ». George Châtelain, ch. 51.

(2) Auparavant il n'était titré que seigneur de Beau-Revoir, ou Beau-Reward, lieu du Luxembourg, dont parle Berthollet, VI. 44, 45. C'est dans ce château de Beaurevoir qu'il détint la Pucelle, avant de la livrer aux Anglais. — A parler exactement, ce fut Jeanne, sœur de Waleran, qui hérita de lui ; mais elle mourut l'année même de la succession : et ses deux neveux Pierre et Jean eurent, le premier Saint-Pol, le second Ligny ; mais Pierre étant mort sans enfants, les deux comtés revinrent aux héritiers de Jean.

(3) « Y furent…, les ambassadeurs de Tulle (Toul) et de Verdun », dit Monstrelet, liv. I. ch. 135, p. 349. Pas de mention de députation de Metz.

en déposant de droit et de fait les trois prétendants, et en élisant à leur place le pape Martin V. Ce fut l'évêque de Toul Henri de Ville qui, en qualité de doyen des suffragants de la province de Trèves, transmit à Metz et à Verdun la bulle de convocation (1) : et nous le notons parce que c'est ici la première fois que nous trouvons annexé au siége de Toul ce titre honorifique de doyen de la province, qu'Henri n'avait pas personnellement; car il était au contraire le moins ancien des trois évêques (2). Il alla en personne au concile, avec Raoul de Coucy de Metz, lequel ayant, pendant vingt-huit ans, endetté et chargé son évêché d'engagières, le laissa alors, par transaction réglée à Constance même, à son princier Conrad Bayer de Boppard, se faisant lui-même transférer à Noyon. Jean de Sarrebrück, ainsi que le métropolitain de Trèves, se contentèrent d'assister à l'assemblée par procureurs.

En sa seizième session, le 11 juillet 1415, le saint concile vota une bulle de remerciement aux deux ducs de Bar et de Lorraine et aux trois cités de Metz, Toul, Verdun pour le zèle déployé par tous en répression d'un crime de haut brigandage commis contre ses ambassadeurs qui traversaient nos territoires. Les héros de ce honteux exploit

Concile de Constance.

---

(1) Cette pièce est ainsi indiquée dans l'Inventaire de la Ville : « Commission de Jean de Sarrebrück, évêque de Verdun, à Regnauld Pallardelle, abbé de Saint-Vanne, Dominique de Pont, *sacræ paginæ professori et dicti monasterii camerario*, et Regnauld Paixel, official de l'évêché, de faire publier dans toutes les églises la bulle du pape, dont Henri évêque de Toul, doyen des suffragants de la province de Trèves, vient de lui adresser copie authentique, portant injonction à tous prélats, chapitres, *exemptis et non exemptis*, de se trouver, ou se faire représenter à Constance, le premier jour du mois de novembre prochain, (1414), etc.

(2) Leurs dates d'avénement étaient, Raoul de Coucy 1387, Jean de Sarrebrück 1404, Henri de Ville 1409. Avant ce temps, on ne trouve d'autre rang de préséance entre les trois évêques que celui de leur ancienneté. V. ci-dessus, tom. II. p. 23, et le P. Benoit, Hist. de Toul, p. 167-169. — Ce titre de doyen de la province était à peu près de pure décoration, comme celui de comte de la ville. Suivant les auteurs toulois, il en résultait pour l'évêque de Toul droit de sacrer le métropolitain, à son avénement, et les deux autres évêques, à défaut du métropolitain; mais nos histoires ne fournissent aucune preuve que l'on ait reconnu ce droit.

Attentat à Pargny contre les ambassadeurs. étaient Carlot de Deuilly, Winchelin et Henri de Latour, le premier déjà condamné par l'arrêt de 1412 du parlement, comme agent du duc de Lorraine dans ses tyrannies à Neufchâteau : et l'attentat de ces trois bandits consistait en ce que, le 8 juin 1415, aux environs de Pargny-sur-Meuse, qu'on appelle aujourd'hui à la Blanche-Côte (1), ils s'étaient jetés, avec leurs soudards, sur l'ambassade composée des évêques d'Evreux et de Carcassonne, et de plusieurs doctes personnages de l'université de Paris, qui tous, dit la relation, furent pillés et « rués jus ». L'évêque de Carcassonne eut son chapelain tué, et deux écuyers mortellement blessés ; puis les brigands emmenèrent leurs prisonniers dans la forteresse du Saulcy, entre Mars-la-Tour et Metz, où Henri, auquel appartenait cette forteresse, tira des prélats « gros juaulx (joyaux), et merveilleuse finance », écrit Philippe de Vigneulle. Personne ne crut que d'aussi petits seigneurs que Carlot et les Latour se fussent risqués, sans ordre ni incitation de plus haut, à commettre un tel outrage à la majesté du concile, de l'empereur son protecteur, et du roi de France, vers lequel allait l'ambassade : et, à Paris, on tint pour sûr que le coup partait du duc de Bourgogne (2), et qu'il avait voulu effrayer par cette audace les prélats et les universitaires qui lui faisaient, pour ainsi

---

(1) « En passant par les marches de Lorraine, environ Parguei-sur-Muese », dit le document contemporain, dans les Preuves de l'Hist. de Metz, IV. 717. Le P. Benoit, qui paraît n'avoir connu ni ce document, ni le texte de la bulle du concile, dit : « entre les bourgs de Void et de Foug, à la descente du village de Laye, deux lieues environ de Toul ». Hist. de Toul, p. 516. — Le Pargny-sur-Meuse d'aujourd'hui est celui que les anciens appelaient Pargney-lez-Troussey : les deux villages de Pargny sont également sur la Meuse, mais celui de la Blanche-Côte plus au sud, et plus près des marches de Lorraine.

(2) Ainsi l'écrit, sans aucune marque de doute, le religieux de Saint-Denys : *Sed, mox ut ducatum Barrensem attigerunt (legati), à quodam familiari ducis Burgundiæ, Henrico de Turre nuncupato, ex insidiis cum sodalibus erumpente, octavâ die junii, apprehensi sunt, etc.* Doc. inéd. v. 696. Ce chroniqueur attribue tout l'honneur de la répression au duc de Bar, qui agit, dit-il, *in favorem illustris regis Franciæ, consobrini sui dilecti, et in odium ducis Burgundiæ.* Pas un mot sur le duc de Lorraine.

dire, son propre procès à lui-même, à Constance, en poursuivant, bien que sans le nommer, censure de l'apologie qu'il avait jadis fait prononcer par le docteur Jean Petit, devant toute la cour, pour son assassinat du duc d'Orléans. A Metz, où l'on n'aimait pas le duc Charles de Lorraine, l'opinion fut qu'il trempait dans l'attentat, et qu'il avait connivé à l'exécution, en prêtant sa main forte et son territoire à son ami Jean-Sans-Peur, se cachant toutefois lui-même derrière des personnages subalternes : et il est à noter que Deuilly était maréchal de Lorraine (1). Quoi qu'il en soit de ces rumeurs, il est certain que le duc Charles, quand il vit le scandale produit par l'événement, et que le duc de Bar se mettait à la tête de la répression, écrivant même aux cités de se joindre à lui, montra aussi un grand zèle, et fit de son côté pareilles démonstrations (2) : mais, soit sa faute, soit autrement, il arriva que Henri de Latour qui, dit Philippe de Vigneulle, était féable de Lorraine, fut averti assez à temps pour pouvoir transférer, de nuit et précipitamment, ses meilleurs prisonniers du Saulcis dans un château de Removille ou Remenoville, appartenant à Carlot, fort loin en Lorraine, vers Lunéville (3) : mais le duc Charles le poursuivit, lui mit un siége de douze jours

(1) Il est ainsi titré, en cette année 1415, dans les chroniques Huguenin, p. 141, et dans Digot, Hist. de Lorraine, II. 354. Au reste, en ce moment, Lorraine et Bourgogne étaient à peu près la même chose ; car Monstrelet, liv. I. ch. 193, p. 428, mentionne Charlot de Deuilly parmi les capitaines de Bourgogne.

(2) La lettre du duc Edouard à la cité de Metz, en date de Saint-Mihiel, 10 juin 1415, dans les Preuves de l'Hist. de Metz, IV. 718. Il écrivit également à Verdun, « de venir, avec bombardes, faire avec lui le siége du Saulcis, contre Henri de Latour » : nous n'avons pu retrouver cette lettre, que cite Roussel, p. 568. — Le duc de Lorraine écrivit aussi, de Nancy, 10 juin 1415 ; mais les Messins, qui se méfiaient de lui, répondirent poliment qu'ils s'étaient déjà engagés à marcher avec haut, noble et puissant prince monseigneur le duc de Bar, qui très-gracieusement leur en avoit escript. Preuves de l'Hist. de Metz, IV. 719, 721.

(3) Indications tirées de la relation du P. Benoît, Hist. de Toul, p. 516. Il ne dit pas où il a trouvé ces renseignements ; mais ils sont de source lorraine ; et ils complètent, pour Removille, ce que les documents messins nous apprennent du Saulcis.

devant ce Removille, et courut aux environs contre les malfaiteurs, à grande perte d'hommes et de chevaux, assura-t-il : sur quoi Philippe de Vigneulle, continuant ses soupçons, dit que, s'il en fut ainsi, Dieu le sait ; car, quand les malfaiteurs fuyaient d'un côté, les lorrains chassaient de l'autre, pour ne pas les rencontrer : cependant, à la fin, il convint au duc qu'on remît les prisonniers. Pendant ce temps, Edouard attaquait le Saulcis ; et il ne lui fallut pas tant de siége ni de temps pour le prendre : car, dès le 12 juin, quatre jours seulement après l'attentat, il manda aux cités, par seconde lettre, qu'il était maître de la place et n'avait plus besoin de leur aide, dont il les remerciait pour leur bonne volonté (1). Il n'était certainement pas besoin de tant de monde pour prendre le Saulcis ; et l'appel aux cités ne pouvait guère avoir pour but que de provoquer de leur part une manifestation. Malgré le contre-ordre, les Messins ne laissèrent pas d'accourir, « pour parler à monseigneur de Bar, que on feroit dudit Saulcis (place de mauvais voisinage pour eux) ; et fut, par commun accord et ordonnance, ladite forteresse abattue ». On leur en sut fort mauvais gré en Lorraine ; et, pour punition du mauvais conseil qu'ils avaient donné, on fit, au mois d'août suivant, ravager leurs terres, au nom de monseigneur de Bourgogne, par un certain capitaine de Pesmes, dans la bande duquel se mirent Carlot et les Latour (2). Un peu plus tard, on se vengea aussi des Verdunois, non qu'ils fussent allés au Saulcis, ni qu'ils en eussent demandé la destruction, mais sous prétexte d'autres dommages par eux causés à Henri de Latour, qui leur fit tenir, en novembre 1446, une lettre menaçante du duc de Bourgogne, par peur

Prise du Saulcis.

---

(1) Ici les chroniques messines se permettent la vanterie de dire que les assiégés du Saulcis ne voulurent rendre la place que quand ils virent les panons (panonceaux, bannières) et bombardes de Metz venir en aide au duc de Bar. Chron. Huguenin, p. 141. Il est évident, au contraire, par la seconde lettre du duc Edouard, (dans les Preuves de l'Hist. de Metz, IV. 723), que la place était prise avant leur arrivée.

(2) Relation, dans les Preuves de l'Hist. de Metz, IV. 725.

duquel, et après beaucoup de débats, ils furent obligés d'accorder, en 1420, pension à cet Henri, moyennant qu'il aiderait la Ville de service militaire (1). Quant aux auteurs de l'attentat, il ne paraît pas que le ducCharles leur ait tenu longue rigueur : car, en 1418, on trouve « Carlot de Dully et Winchelin de Latour, bailli de Saint-Mihiel », parmi les témoins des stipulations pour le mariage de sa fille Isabelle avec René d'Anjou (2).

La veille de l'Assomption 1415, les Anglais ayant débarqué en Normandie, commencèrent l'expédition qu'ils

(1) Lettre mentionnée dans les notes de Husson sur Wassebourg. Roussel, p. 370, et Husson lui-même ont embrouillé l'affaire de Baleicourt, que nous verrons bientôt, en y mêlant cet accord de 1420.

(2) Dans les Preuves de D. Calmet, III. 185, 1re édit. Voici la bulle du concile : *Ad nostram devenit notitiam quòd nobiles viri Carolus de Dueyl (Deuilly), dominus loci de Removillá, et Henricus de Turre, non insequentes facta nobilium, sed suæ salutis immemores, ac præsentis sacri concilii turbatores, prædonum ac tyrannorum more, venerabiles Carcassonensem et Ebroïcensem episcopos, et magistros Guillelmum de Merld, decanum Silvanectensem, serenissimi ac christianissimi Caroli regis Francorum consiliarios, per ipsum ad præsens concilium destinatos, necnon Benedictum Gentiani et Jacobum Despars, in artibus et medicinâ magistros, per universitatem Parisiensem itidem ad præsens concilium destinatos, et qui per idem concilium, necnon per dominum Sigismundum, Romanorum et Hungariæ regem semper augustum, hujus sacri concilii advocatum et defensorem, ad dictum Francorum regem mittebantur, iisdem cum suâ familiâ de sacro concilio et Romanâ curiâ redeuntibus, eos ignominiosè, tyrannicè, crudeliter et sacrilegè ceperunt, uno ex capellanis perempto, et duobus ex scutiferis episcopi Carcassonensis prædicti lethaliter vulneratis : et prædictos episcopos, et alios ad castrum de Schacii (Saulcis), Metensis diœceseos in ducatu Barrensi, captivos inhumaniter duxerunt, eorum bona inter eos ut prædam dividendo... Et, postmodùm dictus Carolus (de Dueyl) præfatos episcopos et aliquos de notabilioribus captivis, volens ipsos ducere longiùs et transferre, pœnis affligere et tormentis, à dicto castro, reliquis captivis ibi remanentibus, extraxit tempore nocturno, iposque per nemora, stagna, flumina pariter et devia inhumaniter longè perduxit à castro memorato. Quibus ad illustrium principum Barrensis primò, ac deindè Lotharingiæ ducum notitiam deductis, ipsi videlicet Barrensis ac Lotharingiæ duces illos qui in dicto castro captivi remanserant, eodem castro vi armorum capto, episcopos et alios quos secum duxerat Carolus prædictus restituerunt libertati, eis ad id communitatibus Metensis, Tullensis ac Verdunensis civitatum præbentibus auxilium, consilium et favorem : et per suas terras liberè conduci fecerunt, eis equos, munera et victualia gratiosè concedendo. Nos igitur præfatos duces et communitates de tantis per eos gratiis impensis in Domino collaudantes, etc... Datum Constantiæ...* Sans autre date dans von der Hardt, *Concilium Constantiense*, vol. III. p. 460-64, mais lue à la XVIe session du concile, le 11 juillet 1415. La plainte du promoteur, ibid. 456, 59, 60.

Bataille d'Azincourt.

devaient, après deux mois, couronner de leur grande victoire d'Azincourt. Tout d'abord, cette invasion parut formidable, à tel point que le roi, non content d'appeler à lui le ban français, écrivit à tous ses alliés, y compris notre ville, de lui venir en aide contre « l'adversaire d'Angleterre, lequel, disait la lettre royale adressée à Verdun, en date du 19 août 1415, est descendu, à moult grande puissance en notre pays de Normandie ». Un mois plus tard, on apprit que, par suite de la lenteur du ban à se rassembler, l'adversaire d'Angleterre avait pris la ville de Harfleur, alors la clef de ces côtes normandes, à l'endroit où l'eau de Seine se jetait dans la mer. Ces effrayantes nouvelles ayant immédiatement fait diversion à la querelle du Saulcis, le duc Edouard, son frère Jean, et son neveu Robert, et, du côté luxembourgeois, Antoine de Bourgogne, avec son sénéchal Hue d'Autel, se mirent en route pour l'armée française, laquelle en ce moment poursuivait les Anglais dans leur retraite sur leur ville de Calais, où ils voulaient passer l'hiver. Edouard était encore, le 7 octobre, au château de Louppy-en-Barrois, d'où, comme par pressentiment de son sort, il data des dispositions funèbres pour qu'on priât Dieu pour lui dans les églises de Bar, à la cathédrale de Verdun, en l'abbaye Saint-Mihiel, et à Dun, qui était la première seigneurie que son père lui eût donnée (1). De ce qui lui arriva, à lui et à nos autres princes, le funeste jour du 25 octobre, nous savons par Monstrelet qu'un des premiers qui périrent fut Antoine de Bourgogne, à l'avant-garde, pour s'être trop hâté et avoir laissé ses gens derrière lui; qu'au corps de bataille, où se partageaient le commandement les ducs de Bar et d'Alençon, ils succombèrent tous deux, avec les comtes de Nevers (Philippe de Bourgogne), de Vaudémont (Ferry, frère du duc de Lorraine), de Blâmont, de Grand-Pré et autres; enfin qu'à l'arrière-garde fut tué le comte de Marle Robert

---

(1) Ce testament, dans les Preuves de D. Calmet, III. 180, 1re édit.

de Bar, qui avait ce comté d'héritage de sa mère Marie de Coucy. De Jean monsieur (1) et de Hue d'Autel, que Monstrelet appelle Hue des Autels, on ne sait rien, sinon que leurs noms se trouvent sur la funèbre liste, où on rencontre aussi celui de Pierre d'Argiers (2). Ni Jean-Sans-Peur, ni Charles de Lorraine n'allèrent à cette bataille, après laquelle Jean maintint le Luxembourg en obéissance bourguignonne par sa belle-sœur madame de Gorlitz, faible et peu aimée duchesse, qui n'eut d'autre ressource que de se jeter entre ses mains, pour être appuyée par le Brabant, qu'il gouvernait comme tuteur des fils du premier lit de son frère Antoine. Quant au duc Charles, qui ne s'était pas fait tuer pour la France, comme son aïeul Raoul à Crécy, il vit sa Lorraine, demeurée à peu près intacte au milieu

Catastrophe de la maison de Bar

(1) Il paraît qu'il resta quelque incertitude sur le sort de Jean : car, dans le procès qu'Iolande d'Aragon fit au cardinal, en 1417-19, pour l'obliger à rendre compte de la succession des princes défunts, il répondit, quant à Jean, que sa mort n'étant pas constante, on devait le considérer comme encore en saisine : *sed quoad portionem dicti Joannis, de cujus morte vera notitia non habetur, ipse Joannes eam adhuc tenebat*. A quoi Iolande répondit *notorium esse quòd dictus Joannes de Barro ab hâc luce migraverat*. Dans Du Chesne, Maison de Bar, Preuves, p. 64.

(2) V. cette liste dans Monstrelet, liv. i. ch. 155, p. 377. On y trouve, sans autre indication, un seigneur de Sainte-Ménehould, sur lequel Buirette, dans son Hist. de cette ville, ne donne aucun renseignement. « Finalement, dit Monstrelet, furent morts, en ladite journée, dix mille hommes, et au-dessus, desquels on comptoit y avoir environ seize cents valets, et tout le surplus gentilshommes ». Chez nous, la rumeur exagéra tellement que le doyen de Saint-Thiébauld mit dans sa chronique plus de soixante mille morts. — Pendant que le duc Edouard périssait ainsi sous les coups des archers anglais, il avait de ces archers à son service en Barrois. « Pour les frais et despens de Edouard l'englois et de quatre archiers d'Engleterre, qui furent, à dix personnes, au lieu d'Estain, par mandement de mondit seigneur, pour la garde et défense de son pays : auquel lieu ils demorèrent jusques au dimanche 17 de novembre 1415, cinq francs, un gros, dix deniers, ou cent un sous ». Compte du prévôt d'Etain Richard Jonville, dans les notes de M. Servais. Nous avons vu que Waleran-Saint-Pol, quand il alla, en 1414, à Ligny sa ville, avait avec lui six cents hommes, dont soixante anglais. Toutes les chroniques parlent des écossais qui servaient dans l'armée du dauphin (Charles VII), en vengeance de leur roi Jacques I*er*, retenu prisonnier par les Anglais, après un naufrage qu'il avait fait sur leurs côtes. Dans la suite, Louis XI étant dauphin, épousa Marguerite, fille de ce roi Jacques, et continua à prendre des écossais à son service : nous verrons qu'il en mit une garnison au château de Bar.

556 PÉRIODE DE LA GUERRE DE CENT ANS.

de ces ruines, devenir la puissance prépondérante en notre pays; et il eut chance, à laquelle probablement il songea dès lors, de s'agrandir du patrimoine de ses anciens voisins et rivaux les ducs de Bar.

Réunion du Barrois à la Lorraine.

Cette réunion, dont nous allons parler, du Barrois à la Lorraine fut un événement très-considérable, qui influa sur notre situation politique pendant plus de trois siècles, jusqu'aux temps modernes où la Lorraine elle-même fut conquise par la France. Le nouveau duché qui se forma au XVe siècle, sous le nom de Lorraine et Bar, rétablit à peu près ce qu'on avait défait au XIe, quand le Barrois fut séparé de la Haute-Lorraine (1); et cette seconde Haute-Lorraine restaurée se crut bientôt assez forte pour reprendre les traditions d'indépendance des vieilles Lorraines carlovingiennes. Les chroniqueurs des temps où nous sommes, ne s'occupant guère d'autre chose que des Anglais, des Armagnacs et des Bourguignons, nous ont mal renseignés sur les ressorts que le duc Charles et la maison d'Anjou firent jouer pour pousser, assez malgré lui, le cardinal de Bar à se dépouiller de son vivant. Personne ne pouvait lui contester qu'il ne fût, après la mort de ses frères et de son neveu, le seul prince héritier en droite hoirie, comme on disait, de son père Robert; et il prit, sans opposition formelle de personne en France, pas même des Anjou, qui n'entamèrent leur procès qu'en 1417, le titre de duc de Bar; mais il dut y avoir dès lors quelque réserve de pétitoire sous-entendue : car, au procès, il ne fut qualifié, en style de parlement, que de « notre cher et amé cousin le cardinal, se disant duc de Bar » (2) : ce qui prouve qu'il n'avait pas été reçu à faire foi et hommage, et que le roi ne lui avait pas donné l'investiture ducale, afin, sans aucun

---

(1) Ci-dessus, tom. II. p. 58.
(2) *Contrà carissimum consanguineum nostrum Ludovicum, cardinalem de Barro vulgariter nuncupatum, ducem de Barro se dicentem... Carissimus consanguineus et amicus noster Ludovicus cardinalis barrensis, et ducem Barrensem se dicens.* Pièces du procès, dans Du Chesne, Maison de Bar, Preuves, p. 62.

doute, de réserver tous les droits, et par le motif, ou sous prétexte que les dispositions jadis faites par le duc Robert pour sa succession étaient devenues, les unes caduques, les autres à interpréter. Ceci n'empêchait pas qu'à la cour et au conseil, il ne tint son très-haut rang de prince du sang : et on le voit désigné comme tel, avec le roi de Sicile, Louis d'Anjou et le duc de Berry, pour faire à l'empereur Sigismond la reconduite d'honneur, quand cette majesté impériale vint à Paris, au carême de 1416 (1). Peu après, au mois de mai, le cardinal, à l'aller ou au retour d'un voyage en Barrois, vint à Verdun où, sans opposition ni réclamation quelconques, ni aucune marque de doute qu'il ne fût vrai duc de Bar, on refit avec lui le traité ordinaire de garde et alliance, expiré par la mort de son prédécesseur Edouard : assistaient à la cérémonie, et jurèrent avec le prince, quatre de ses chevaliers, savoir : Philbert de Beauffremont, Regnauld du Chastelet, Robert de Watronville, et Oulry de Landres; puis il alla au Chapitre jurer, toujours comme duc incontesté, l'accompagnement du ban de Pareid (2). Ces choses ainsi faites, et tout semblant parfaitement en règle du côté de la garde barroise, on se remit à suivre la lutte des Armagnacs et des Bourguignons, où il y avait en ce moment changement de scène et revirement favorable à Jean-Sans-Peur. A partir de 1417, il reprit peu à peu le pouvoir dont il était déchu depuis 1413; beaucoup de bonnes villes de France, entre autres Reims et Châlons, se déclarèrent en sa faveur (3) : le duc Charles de

Le cardinal de Bar reconnu à Verdun.

Revirement bourguignon en France.

---

(1) Monstrelet, liv. I. ch. 161, p. 385.
(2) Ces deux actes sont datés de Verdun, 21 mai 1416. « Nous Loys, par la grâce de Dieu cardinal duc de Bar, marquis du Pont, seigneur de Cassel, et nous les citains et habitans de la cité de Verdun... (Suit la reproduction du traité de 1411, avec le duc Edouard, sans oublier la réserve de la garde de Luxembourg, ni la clause pour la neutralité de la ville, en cas de guerre entre ce duché et le Barrois).
(3) Religieux de Saint-Denis, liv. 38, ch. 5, tom. VI. p. 78. Châlons se donna aux Bourguignons le 7 août 1417; et, au mois d'octobre suivant, Jean-Sans-Peur y établit un conseil par lequel nous verrons que l'évêque Jean de Sarrebrück fut assez mal reçu, quand il fut transféré à l'évêché de cette ville.

Lorraine contribua à ses succès en marchant tout d'abord avec lui sur Paris, peu après la bataille d'Azincourt (1), puis en lui envoyant des Lorrains, qui prirent aux Armagnacs la très-forte place de Provins, dans la Brie champenoise (2); et, par ces services et autres, Charles se mit en si haut rang dans le parti de Bourgogne qu'on l'y nomma connétable de France, et qu'il escorta en cette qualité la reine Isabelle de Bavière, à sa rentrée dans Paris, en 1418 (3).

Prétendants contre le cardinal

Au milieu de ces révolutions, le duché de Bar ne restait pas en possession paisible au cardinal; et le sursis où la cour laissait le titre de cette principauté encourageant les prétendants, il en surgit, vers le milieu de 1417, deux à la fois, qui furent, en France, la puissante maison d'Anjou, et du côté de l'Empire, Adolfe, duc de Berg. Nous verrons tout à l'heure ce qui concerne les Anjou, et comment leur revendication aboutit, en 1419, à l'arrangement qui fit René d'Anjou duc de Bar, et héritier présomptif de Lorraine: quant au duc de Berg, beau-frère du cardinal, comme mari de sa sœur Iolande la jeune, qu'il avait épousée vers la fin de 1400, au château de Dun, ce ne fut qu'un opposant malheureux, qui ne réussit qu'à troubler momentanément le cours des choses. Il fut cependant formellement reconnu par l'empereur; et il en eut, pour le marquisat du

---

(1) « Si étoit en la compagnie dudit duc de Bourgogne le duc de Lorraine et dix mille chevaucheurs ». Monstrelet, liv. I. ch. 158. p. 381. Nous avons vu, ci-dessus, p. 520, que déjà Charles était allé à Paris avec Jean-Sans-Peur, après l'assassinat du duc d'Orléans.

(2) Religieux de Saint-Denys, à l'an 1417, ibid. ch. 18, p. 132. Il dit, d'après les nouvelles qui vinrent de Provins au gouvernement armagnac de Paris : *Lotharingos quos dux Burgundiæ præceperat ejus sequi vestigia Pruvini castrum occupasse fortissimum, et hucusque ferè inexpugnabile..., defensoribus animosis non satis munitum..., priùs pacto juramento quòd vitæ et mobilibus eorum parceretur : quod tamen posteà violavit naturalis et inexplebilis eorum rapacitas.*

(3) Digot, Hist. de Lorraine, II. 328, 29. — « Charles, duc de Lorraine, fut nommé connétable de France par la reine Isabelle de Bavière, après la mort du comte d'Armagnac (massacré dans les prisons de Paris, le 12 juin 1418); mais il ne jouit pas longtemps de cette dignité, pour n'avoir pas été légitimement institué ». P. Anselme, tom. VI. p. 224.

Pont, une investiture notifiée à la cité de Verdun, et probablement aux autres, par lettre impériale, datée de Constance, 12 juillet 1417, avec ordre de prendre son parti, et de l'assister de tous moyens de se mettre en possession (1). Cet ordre dut mettre notre ville en grand embarras, elle qui, l'année précédente, avait refait avec le cardinal le traité ordinaire qu'on renouvelait à l'avénement de chaque duc, avec clause qu'aucune des deux parties ne donnerait aux ennemis de l'autre ni aide, ni renfort, ni munitions, ni vivres, ni recept quelconque. On voyait clairement, aux termes de la lettre de l'empereur, que, bien qu'il n'eût rien à dire au sujet du Barrois, pays qui relevait de France, cependant le titre ducal qu'il y reconnaissait était, non pas celui du cardinal, mais bien celui de sa sœur la duchesse de Berg, qu'il qualifiait incidemment duchesse de Bar; et les partisans barrois d'Adolfe prétendirent, à grand bruit, qu'il en devait être ainsi, attendu que le duché ne pouvait échoir à un homme d'église (2). Quoi qu'il en soit

Investiture du Pont au duc de Berg.

(1) *Honorabilibus magistro civium, consulibus et juratis, ac toti communitati civitatis Virdunensis, nostris et imperii sacri fidelibus dilectis, Sigismundus Dei gratiâ Romanorum rex augustus, ac Hungariæ, etc... Quia insignis marchionatus Pontemons, et alia quæ illustres duces Barrenses à nobis et imperio sacro tenuerunt hactenùs in feudum, ad nos, velut regem Romanorum, legitimè sint devoluta, idcircò consideratis studiosis et fidelibus obsequiis quibus illustris Adolfus dux Montium, princeps et consanguineus noster fidelis dilectus, placuit et quotidiè placet...; attento etiàm quòd eidem Adolfo illustris filia ac ducissa de Barro matrimonio juncta est, quæ ei masculum genuit et, annuente Domino, plures generare poterit in futurum, sibi et hæredibus suis masculis præfatum marchionatum, cum universis et singulis suis dignitatibus, honoribus, juribus et pertinentiis, ac omnia et singula quæ supradicti duces Barrenses à nobis et imperio tenuerunt in feudum, tanquàm ad nos et imperium legitimè devoluta, auctoritate Romanâ regiâ, non per errorem, sed sano principum, comitum, procerum nostrorum et imperii sacri accedente consilio, et de certâ scientiâ, contulimus gratiosè. Quapropter vestras fidelitates seriosè requirimus et hortamur quatenùs præfato Adolfo, ac omnibus fautoribus, adhærentibus et servitoribus suis quos secum ad civitatem Virdunensem, ejusque districtus et loca ducere decreverit, liberum et securum introitum et exitum, totiens quotiens voluerit, et per eum, vel suo nomine, desuper requisiti fueritis, concedere velitis, sicut nobis et imperio volueritis singulariter complacere. Datum Constantiæ, duodecimo die julii, regnorum nostrorum anno Hungariæ XXXI, Romanorum verò VII.* (1417, Sigismond ayant été élu en 1410, couronné en 1414).

(2) « Et faisoient aucuns des chevaliers et escuyers grand faveur audit duc

de cette raison, trouvée peut-être pour les besoins de la cause, le duc de Berg, ou, comme on l'appelait en notre français, le duc de Mont, méritait peu l'honneur que lui faisait l'empereur : car c'était un homme diffamé pour avoir emprisonné son père, qui vivait et régnait trop longtemps, à son gré (1) : de sorte que la Ville, peu sympathique à un tel prétendant, et accoutumée d'ailleurs aux princes de la vieille maison de Bar, éluda sa demande par la réponse suivante, courtoise comme il le fallait en pareilles circonstances :

La Ville s'excuse de l'aider.

A très-excellent et puissant prince et seigneur monsieur le duc des Monts. Très-excellent, etc., nous nous recommandons à vous très-humblement. Vueillez vous plaire à savoir que nous avons reçeu vos lettres, contenantes que, pour votre argent, vous et vos gens puissiez avoir, en notre citei, vins et vivres, etc. Très-excellent, etc., en toute humilité vous rescrivons que nous nous sommes mins de piéçà en la garde de très-révérend père en Dieu et seigneur le cardinal duc de Bar, votre frère, par la teneur de laquelle garde, laquelle nous avons accordée et seellée, ne vous pouvons ne devons soignier en aucuns vivres en faisant guerre contre lui : car, en faisant aultrement, nous feriens contre notre seellei (lettres seellées de nous), nos promesses, et aussi contre droit et raison. Si vous supplions très-humblement, et tant comme nous pouvons, que sur ce vous plaise, de votre bénignitei et grâce, nous vueilliez tenir pour excuseis. Escript à Verdun, le devant darrien jour d'aoust, l'an mil quatre cens et dix-sept. Les Jureis de la citei de Verdun, tout à votre commandement.

Ce refus incommodant Berg et sa troupe, ils trompèrent la Ville au moyen de quatre chevaliers barisiens qui, tenant pour conclue une paix que l'on négociait en ce moment, allèrent dire à Verdun, dans les premiers jours de septembre, qu'il n'y avait plus à tenir rigueur aux assaillants,

de Mont; et ne prisoient que bien peu ledit cardinal, lor seignor, et l'appelliont prebstre ». Doyen de St-Thiébauld. — Maillet semble exagérer, en disant, p. 86, qu'il y eut un soulèvement général contre le cardinal; car nous allons voir que, dès le mois de septembre suivant, Adolfe fut obligé de se retirer. Il est vrai qu'il revint en 1421 ; mais il ne réussit pas mieux.

(1) Art de vérifier les dates, tom. III. p. 176.

et qu'on ferait même plaisir au cardinal en n'affamant pas les hommes de son beau-frère. Ceux qui donnèrent cet avis étaient le comte de Linange, avec Ferry de Chambley, Jean de Fléville et Robert des Armoises, en compagnie de conseillers du duché de Bar : de sorte qu'il n'est pas probable que la nouvelle fût entièrement fausse : seulement elle était prématurée; et le cardinal lui-même, tout en faisant des reproches de ce qu'on avait fourni des vivres, parle, dans sa lettre, « de l'accord que faisons avec notredit frère »; mais, ajoute-t-il, cet accord n'est pas « du tout » (entièrement) convenu ; et vous ne devrez y croire que quand vous en recevrez avis de nous (1). Cette lettre est datée de Saint-

(1) Voici ces différentes lettres et réponses : « De par le cardinal duc de Bar, marquis du Pont, seigneur de Cassel. A nos chiers et bien ameis les Jureis de la citei de Verdun. Chiers et bien ameis, nous avons sçeu que, depuis notre partement de Verdun, vous avez délivrei et faites délivrer chacun jour vivres à nos ennemis, qui sont logiés près de votre citei : dont nous sommes bien merveilleux (surpris, émerveillé), mesmement que nous ne vous avons fait sçavoir ne escript que avec eulx eussions aucun appointement. Et, pour ce, vous prions bien, et néanmoins requiérons que, d'huy en avant, ne délivriez, ne souffriez estre délivrei à nosdits ennemis en votre dite citei, ne par les habitans d'icelle, aucuns vivres, quels que ils soient, jusques à ce que par nos lettres soyiez acertenés que nous ayons accord et traitement avec eulx : lesquels, s'aucun est, à vous signifierons sans délai ; car, pour le présent, encore n'en y avons point. Chiers et bien ameis, etc. (Sans date). *Réponse* : « A très-révérend pére en Dieu et seigneur monsieur le cardinal duc de Bar, marquis du Pont, seigneur de Cassel. Très-révérend père en Dieu, très-excellent prince, et redoubté seigneur, humble recommandation devant mise, vueilliez vous plaire à sçavoir que vos lettres, du présent mois de septembre, avons receues, contenant vous avoir sçeu que, depuis que nous avez priés et requis que ne vendissions aucuns vivres à votre frère le duc des Monts, ne à ceulx de sa route, nous leur en avions délivrei. Sur quoi, très-excellent prince, vous escripvons humblement que ce que en avons fait ce a esté par l'ordonnance et conseil du comte de Linange, et messires Ferri de Chamblei, Jehan de Fléville et Robert des Ermoises, et de plusieurs aultres de votre conseil estant au lieu de Verdun, lesquels de ce faire nous priérent de par vous, en disant et afférmant que entre vous et votredit frère bonne paix et accord estoient. Et mais, d'ores en avant, au plaisir de Notre-Seigneur, en ferons à la manière qu'escript nous avez, nonostant que, encore aujourd'hui, nous ait esté dit que entre vous et votredit frère paix et accord sont faits : et vous supplions que, en ladite paix, soyons espécialement compris. Escript à Verdun, le neuviesme jour de septembre. Vos humbles et obéissans, les Jureis de la citei de Verdun. *Réponse du cardinal*. De par le cardinal duc, etc. Chiers et bien ameis, nous avons veu ce que escript nous avez par le pourteur de ces lettres. Et,

Retraite du duc de Berg.

Mihiel, 10 septembre; et il paraît que l'accord traîna en longueur, et que la guerre continua, assez courte néanmoins : car le cardinal put retourner à Paris vers la fin de février 1418 (1). On ne sait comment il s'arrangea avec Adolfe : l'apparence est qu'il lui donna quelque bon espoir de succession; mais il ne put lui tenir parole, ayant été obligé de se dévêtir lui-même, intégralement et de son vivant, en 1419 et 1420 : ce qui explique la seconde invasion du duc de Berg, en 1421, quand il se vit frustré. Des pièces relatives à la première nous citerons encore la suivante, qui donne quelques détails, et où on voit que les Verdunois se mirent du côté de leur duc gardien, sur la promesse qu'il leur fit de ne traiter avec son adversaire d'aucune paix où ils ne fussent compris :

Loys, par la grâce de Dieu cardinal duc de Bar, marquis du Pont, seigneur de Cassel. Comme notre frère le duc des Monts, meu (mû) de sa volonté, prétende, si comme on dit, avoir en notre marquisat du Pont aucune action, en cause et soubs ombre de quoi, par voie de fait et de guerre, soit venu efforciement en notre seigneurie et puissance, et par manière d'hostilité, lui, ou ceulx de qui il est accompaigné, ou de sa route, se soit ou soient boutés impétueusement en notredit pays, endommaigeant les subjets d'icelui et ceulx de nos gardes très-griefvement, tout brisant, églises, villes et maisonnemens, prenant et rançonnant corps d'hommes et villaiges, sans quant au premier point, nous avons esté très-malcontent de ceulx qui vous ont fait bailler vivres à notre frère le duc des Monts, jusques à ce que nous fussions du tout à bon accord : et, quand au second, que soyiez compris en la paix et accord que nous faisons avec notredit frère, vueillez sçavoir que vous, et tous aultres qui sont en nos gardes y sont espécialement compris. Et encore, se nous parlons à notredit frère, si comme nous créons, (croyons) lui ferons sur ce espéciale mention de vous; et vous aurons, à toujours mais, pour plus espécialement recommandeis, pour le bon amour et affection que nous avez monstrei à ceste fois. Chiers et bien ameis, etc. Escript à Saint-Mihiel, le dixiesme jour de septembre ».

(1) « De par le cardinal duc, etc. Chier et bien amé, nous avons veu ce que escript nous avez touchant le descord d'entre vous et doien et Chapitre de Verdun... Sur quoi vous rescripvons, chier et bien amé, que, pour ce que présentement nous convient partir de notre pays pour aller en France devers monss^r le roi, ne pouvons bonnement entendre, ne connoistre de la chose... Escript à Bar, le xxive jour de febvrier, l'an mil iiii^c et dix-sept (1418 av. P.) ».

nous avoir deument sommé et requis, et sans ce que de voie de justice et de raison lui ayens défailli, mais icelles voies lui ayens offert et fait offrir convenablement, et comme appartient. Et, pour ce, voulant de notre pouvoir, à l'aide de Dieu et de nos bons amis, résister et obvier à son propos, ayens prié et requis plusieurs de nos amis, princes, barons, chevaliers, escuyers, bonnes villes, et mesmement nos chers et bien amés les citains et habitans de Verdun pour résister à l'intention dudit duc, et défendre notre pays : lesquels de Verdun très-amiablement, et pour ce que ils ont sceu et entendu notre cause estre juste, et pour l'amour et affection que ils ont à nous, à notre pays et aux subjets d'icelui, bénignement et pleinement avec nous se soient mis en ladite guerre, pour nous aider et conforter. Sçavoir faisons que, la bonne volonté et affection desdits de Verdun diligemment veue, avons accordé et promis, accordons et promettons par ces présentes lettres, en parole de prélat et prince, et soubs l'obligation de tous nos biens, que jamais de la guerre que nous fait et a commencié de faire le duc dessusdit ne ferons, passerons et accorderons paix que lesdits citains de Verdun, et chacun d'eux, et la citci, n'y soient pleinement et entièrement compris, tout aussi avant comme nous-même, nos hommes et subjeis; et sommes tenu de estre garant, à nos frais et despens, envers tous et contre tous ceulx qui pour ceste cause leur voudroient, en temps advenir, aucune chose demander, comment que ce fust : encore leur avons-nous promis et promettons de rendre, restituer et restablir toute perte qui en notre service leur pourroit advenir, que Dieu ne vueille! En tesmoing de ce, avons fait mettre notre séel en ces présentes, données en notre ville de Saint-Mihiel, l'an de grâce mil quatre cens et dix-sept, le treiziesme jour de septembre.

Le duc de Berg ainsi repoussé, ou plutôt ajourné, le cardinal se retrouva aux prises avec les Anjou, très-puissante branche de la maison royale, et issue, comme celle des ducs de Bourgogne, d'un fils du roi Jean. Leur chef de race était Louis Ier, apanagé d'Anjou et de Maine par le roi son père, puis adopté, en 1380, par la reine Jeanne de Naples, de laquelle il reçut, outre le titre de roi de Sicile, qui ne lui servit guère qu'à se ruiner lui et ses descendants, les comtés de Provence et de Forcalquier, appartenant à cette reine Jeanne comme héritière du frère de saint Louis,

Prétentions des Anjou.

Charles, qui avait épousé l'héritière de Provence, et possédé aussi le royaume de Naples. Jusqu'à Louis II d'Anjou, fils de ce premier Louis, cette famille est étrangère à notre histoire; mais Louis II épousa Iolande d'Arragon, fille d'Iolande de Bar, aînée fille elle-même du duc Robert : et, pour ne pas nous perdre au milieu des Iolande que nous allons rencontrer, nous dirons tout d'abord qu'on en comptait jusqu'à trois dans la descendance de Robert, en l'honneur sans doute de sa mère, la vieille Iolande de Flandre, qui n'avait pas voulu que son nom se perdît dans la famille. C'étaient d'abord deux sœurs du cardinal, dites, la première, madame aînée, qui épousa, en 1380, Jean, héritier présomptif d'Arragon, et régna avec lui en ce pays, de 1387 à 1395; la seconde, madame la jeune, fut femme d'Adolfe de Berg, et lui transmit le droit qu'il prétendit faire valoir dans les tentatives dont nous venons de parler; enfin la troisième, madame d'Arragon, était fille de madame aînée et de Jean d'Arragon : par conséquent, petite-fille seulement du duc Robert; et ses fils Louis III d'Anjou et René, pour lesquels elle réclamait la succession, n'étaient qu'arrière petit-fils : de sorte que, si l'on s'en fût tenu à la jurisprudence de l'arrêt de 1409 contre la représentation d'aîné prétendue par le jeune Robert, il eût fallu dire que, le cardinal mis de côté, l'héritage ducal revenait, comme à la descendante la plus rapprochée, à sa sœur Iolande la jeune, duchesse de Berg, et qu'en prononçant pour elle, quant au marquisat du Pont, l'empereur Sigismond avait bien jugé. On voit que l'affaire était compliquée, autant qu'on pouvait le souhaiter pour un grand procès en parlement : et les troubles du temps achevèrent de tout embrouiller. L'assignation à plaider fut donnée le 9 août 1417 (1) : mais il fallut remettre la cause, le cardinal ayant

Commencement du procès.

(1) *Carolus, Dei gratiâ Francorum rex. Super petitionibus in nostrâ parlamenti curiâ, die datæ præsentium, per carissimam consanguineam nostram Yolendim, reginam Arragonum, actricem et conquerentem contrà carissimum consanguineum nostrum Ludovicum cardinalem de Barro, ducem de Barro se dicentem, defensorem et opponentem, videlicet ratione et occasione successionis*

été obligé de s'absenter, le reste de cette année, pour ses combats avec le duc de Berg : puis, quand il revint, en mars 1418, il trouva la politique en pleine réaction bourguignonne; et, bien qu'il se fût rapproché de ce parti en votant au conseil du roi pour la paix offerte par Jean-Sans-Peur, il lui arriva, sa conversion étant encore trop récente pour être bien connue, d'être emprisonné, avec d'autres armagnacs, quand les Bourguignons rentrèrent à Paris, dans la nuit du 29 mai, par la conjuration de Périnet Leclerc (1); mais il eut le bonheur d'être délivré, sur les réclamations de l'évêque de Paris, avant le massacre du 12 juin, où la populace parisienne égorgea les prisonniers sans épargner les prélats : car on trouve sur la liste des victimes, d'abord le comte d'Armagnac, chef du parti vaincu, et, entre les autres, le comte Ferry de Grand-Pré, puis les évêques de Coutances, de Bayeux et d'Evreux. Cette abominable tragédie passée, on put enfin s'occuper du procès : alors le parlement trouva qu'il y avait beaucoup à vérifier et à enquérir; et, par arrêt du 30 septembre 1418, où il mit, en préambule, un sommaire des allégations produites de part et d'autre, il condamna le cardinal à payer à sa partie adverse, pendant toute la durée du procès, deux pensions de quinze cents livres chacune, l'une pour provision, l'autre pour récréance (2).

et hæreditatis defunctorum quondam consanguineorum nostrorum Eduardi, ultimi ducis Barrensis, et Joannis de Barro fratrum; et, in casu petitorio, respectu successionis defunctorum quondam avunculi et amitæ nostrorum Roberti ducis Barrensis et Mariæ de Franciâ, ejus conjugis : idem cardinalis diem habet consilii et garandorum, ad dies bailliviæ Ambianensis nostri futuri proximò parlamenti. Datum Parisiis, in parlamento nostro, nond die augusti, anno Domini MCCCCXVII. Dans Du Chesne, Maison de Bar, Preuves, p. 62.

(1) « Pareillement furent pris les cardinaux de Bar et de Saint-Marc (Fillastre), l'archevêque de Reims; mais, par la prière de l'évêque de Paris, et pour ce qu'ils avoient conseillé la paix, ils furent mis au délivre ». Monstrelet, liv. 1. ch. 196, p. 433. Les Bourguignons établirent alors prévôt de Paris un certain Le Veau de Bar, qualifié bailli d'Auxois, par conséquent de Bar-sur-Seine.

(2) *Dictum fuit quòd non poterant, neque possunt partes memoratæ, absque factorum suorum veritatis inquisitione expediri : et dicta curia nostra provisio-*

Le duc de Lorraine en intelligence avec les Anjou.

Alors parut sur cette scène le duc Charles de Lorraine, qui probablement y était acteur dès le commencement du débat, mais ne s'était pas encore montré. On vit qu'il s'entendait avec Iolande en telle manière que, si elle pouvait forcer le cardinal à se dépouiller en faveur de René d'Anjou, sous prétexte que cet enfant était son petit-neveu, celui-ci, devenu duc de Bar, épouserait Isabelle, seul enfant légitime du duc. C'était là une combinaison de haute politique, par laquelle on faisait d'abord de la Lorraine un duché de premier ordre, en lui donnant le Barrois ; puis on la mettait elle-même, ainsi renforcée, sous la main de la maison angevine, comme auxiliaire à ses grands pays d'Anjou, Maine, Touraine, Provence (sans parler de Sicile, ni de Jérusalem) qui, sauf leur éparpillement, lui formaient une puissance presque aussi grande que celle de la maison royale de Valois. Dans la suite, René eut tout ce vaste héritage, après la mort de son aîné Louis III d'Anjou, en 1434 ; mais son génie politique ne fut jamais à la hauteur de sa fortune, à laquelle s'ajouta, en 1416, le brillant mariage de sa sœur Marie avec Charles de France, depuis roi Charles VII : alliance qui est à noter, comme explication du refroidissement, assez subit, de zèle bourguignon qui survint au duc Charles après le mariage de sa fille et de René. En présence de tels compétiteurs, il ne restait guère au cardinal qu'à se retirer : et il ne combattit plus que pour retenir, au moins viagèrement, son titre ducal, avec tout ce qu'il pourrait du patrimoine de son antique famille

nem de mille et quingentis, et recredentiam de aliis mille et quingentis libris turonensibus singulis annis capiendis, pendente hujusmodi processu, memoratæ reginæ Yolendi fecit et adjudicavit, facit et adjudicat ; et ad ipsas provisionem et recredentiam annuatim, ut præfertur, solvendas dictum cardinalem condemnavit et condemnat. Pronuntiatum ultima die septembris 1418. Dans Du Chesne, Maison de Bar, Preuves, p. 62-64, et texte p. 58. — Cet arrêt mentionne Grand-Pré parmi les acquêts et conquêts de Robert et Marie de France pendant leur mariage : v. ci-dessus, p. 436, 37. Nous remarquons encore qu'Iolande dit, dans ses allégations, que la maison de Bar possède Saint-Mihiel en franc-aleu : affirmation que nous avons déjà notée ci-dessus, p. 54, dans une pièce du milieu de ce siècle.

PÉRIODE DE LA GUERRE DE CENT ANS. 567

de Bar, qu'il voyait tristement sur le point de s'éteindre en lui. On lui fit d'abord, au moins en apparence, et pour mieux l'attirer, cette concession viagère : car, dans les articles convenus entre lui et le duc de Lorraine à Foug près Toul, le 20 mars 1418 (1419 av. P.), il est dit et répété que « dès que monseigneur de Guise, c'est-à-dire René, alors titré seulement comte de Guise (1), sera venu ès parties de par deçà, mondit seigneur le cardinal l'enhéritera de toute sa duchié de Bar et marquisié du Pont, pour en jouir après son trépas; et feront serment les nobles, féaux, etc., du duché de tenir et obéir audit René, comme à leur seigneur droiturier (direct), après ledit trépas ». Il n'y avait pas plus à incidenter ni à douter sur cette clause que sur la réciproque, mise du côté de Lorraine, que les nobles, féaux, etc., de ce duché jureront aussi de tenir et obéir, après le trépas du duc Charles, « à madite damoiselle Isabelle, sa fille, et à son mari René, à cause d'elle » : et cette même réserve au cardinal, entièrement, sa vie durant, du nom et titre dudit duchié, usufruit et viager d'icelui, en toutes noblesses, honneurs et prérogatives », est encore plus formelle dans des lettres du 24 juin de cette année 1419, que donna Iolande, en qualité de tutrice de

Arrangement de Foug. 1419.

(1) Ce comté de Guise en Thiérache (petit pays de Picardie) était l'une des douze pairies de Flandre. Après l'extinction de sa première maison, il passa, par mariages successifs, aux d'Avesnes, puis aux Châtillon-St-Pol, dont Guy de Luxembourg-Ligny, père de Waleran, épousa l'héritière Mathilde ; mais les Luxembourg n'eurent pas Guise, parce que les Châtillon en avaient fait un apanage de puîné, qui entra dans la maison d'Anjou par mariage du duc Louis 1er, et fut donné, au moment où nous sommes, et encore en apanage de puîné, à René, avant qu'il fût duc de Bar. Il n'en eut guère que le titre, parce que Jean de Luxembourg s'empara du pays, en 1424, sous prétexte de sa descendance de Mathilde de Châtillon, et, le 4 juin 1422, Charles VI, alors au pouvoir des Anglais, reconnut son droit. Ensuite Jean étant mort en état de félonie, en 1440, Charles VII confisqua sa succession, et, malgré des contestations de la part des Luxembourg, en laissa revenir Guise à Charles comte du Maine, troisième fils de Louis II d'Anjou, lequel mourut sans enfants. Alors sa sœur porta ce comté dans la maison d'Armagnac-Nemours d'où il passa dans celle de Rohan ; enfin, après un grand procès que fit aux Rohan le duc de Lorraine René II, Guise rentra dans la maison de Lorraine, qui en fit l'apanage des fameux Guise du XVIe siècle.

son fils (1). Cependant la bienséance ne permettant pas, en l'état des choses, que le futur héritier présomptif arrivât sans cadeau de bienvenue de son grand-oncle, à transmettre à son beau-père de Lorraine, le cardinal promit que, dès que René serait venu, vers la Pentecôte, croyait-on, 4 juin 1419, il se dessaisirait pour lui, soit de Saint-Mihiel, soit de Pont-à-Mousson, en outre de Briey et Longwy, de la mi-partie de Marville, encore de Sancy, Stenay, Longuyon, Foug (pour le douaire d'Isabelle), de Pierrefort, Condé-sur-Moselle, et de l'Avant-Garde; puis son neveu ainsi doté serait conduit par lui à Nancy, pour être, le jour même, faites ses fiançailles, et, le lendemain, ses épousailles avec mademoiselle de Lorraine; enfin, ce riche fiancé n'ayant encore que dix ans, il devait rester jusqu'à sa majorité, lui et ses places, en tutelle et gouvernement lorrains. Le mariage ne s'accomplit que le 14 octobre 1420; et bien des révolutions, dont on profita pour obtenir des conditions encore meilleures, survinrent dans l'intervalle : mais l'avancement d'hoirie fait par l'acte précédent comprenait le Barrois non-mouvant à peu près entier, sauf les fiefs relevant de l'évêché de Verdun; et il semble qu'on aurait pu s'en contenter.

En cet état des arrangements, on convoqua à Saint-Mihiel, pour le 13 août de cette même année 1419, les trois états du Barrois, où assistèrent l'évêque de Verdun Jean de Sarrebrück, son neveu Robert seigneur de Commercy, l'abbé de Saint-Vanne, celui de La-Chalade, et

(1) Ces lettres, ainsi que les articles convenus à Foug avec le duc Charles, le 20 mars précédent, dans les Preuves de D. Calmet, III. 182-85, 1ʳᵉ édit. Parmi les articles, il s'en trouve plusieurs de prévision, pour des cas qui n'arrivèrent pas, mais dont la survenance aurait rompu l'union du Barrois à la Lorraine : de sorte qu'il n'est pas exact de dire que cette union fut faite à titre irrévocable. Ainsi, René mourant sans enfants d'Isabelle, il est dit que monseigneur de Lorraine devra tout rendre, soit au cardinal, si celui-ci existe encore, soit, s'il est mort, aux héritiers de René, c'est-à-dire aux Anjou, sauf Foug, qui restera en douaire à madame Isabelle. En fait, il arriva que celle-ci étant morte en 1453, René, qui lui survécut jusqu'en 1480, fut, pendant tout ce temps, duc de Bar, la Lorraine de nouveau séparée du Barrois, et ayant pour ducs Jean et Nicolas d'Anjou, issus de lui et d'Isabelle.

d'autres notables personnages des pays limitrophes et alliés. Le cardinal exposa d'abord à l'assemblée comment, par la mort de ses frères, « en la piteuse journée d'entre les François et les Anglois », le duché de Bar lui étant advenu, sans que lui-même pût avoir lignée, il était de son devoir, comme dernier prince de sa maison, de pourvoir, « autant que bonnement il pourroit, à ce que les grandes, longues et glorieuses mémoires des nobles noms et armes de Bar ne s'abolissent pas avec lui », comme il pourrait arriver par la division de son état entre ses sœurs, neveux et nièces, à la dissension des co-partageants, et à la ruine du pays. Ayant donc eu sur ce point mûre délibération, et tenu consultations de parents, amis, hommes de noblesse, et clercs de diverses facultés et études, il avait résolu, à l'exemple de son très-cher seigneur et père monseigneur Robert, que Dieu absolve! de régler, de son vivant, sa succession ducale, sans partage entre plusieurs, et ainsi que le voulaient les lois et coutumes du pays, confirmées par arrêt de la cour de parlement, lors de la transmission du duché à son prédécesseur Édouard. Pour ces causes, et différentes raisons de parenté et de politique, qu'il indiqua, sans s'y appesantir, ses procès et tribulations ne pouvant avec bienséance figurer dans son exposé de motifs, il avait choisi pour héritier son très-cher neveu messire René comte de Guise, fils de feu son très-cher cousin le roi de Sicile (Louis II d'Anjou) et de sa très-chère nièce Iolande d'Arragon : en conséquence, et devant la présente assemblée, il déclara donner et transporter à icelui son neveu, la propriété dudit duché de Bar, appartenances et dépendances, excepté les châteaux, châtellenies et prévôtés de Stenay, Clermont, Varenne et Vienne, que, pour certaines causes, qu'il ne dit pas, il croit devoir momentanément retenir : donne également au même messire René, présent et acceptant, la propriété du nom et du titre de marquis du Pont, en tous droits, prééminences, honneurs et prérogatives ; et du tout l'enhérite dès maintenant : enfin, s'il arri-

Assemblée de Saint-Mihiel.

vait que ledit héritier allât de vie à trépas sans hoirs de son corps, toutes les choses dessusdites iraient à messire Charles, troisième fils d'Anjou ». Il paraît que les retenues ne furent pas du goût des Lorrains, ou des autres ayant intérêt : car on fit faire, ce même jour du 13 août, un acte supplémentaire portant aussi donation à René de Clermont, Stenay et Varenne, réservé l'usufruit; mais Vienne resta au donateur, du droit que lui avait reconnu sur cette châtellenie le partage de 1409 (1).

Assassinat de Jean-Sans-Peur

En ce moment survint l'assassinat de Jean-Sans-Peur par Tanneguy du Châtel, aux pieds du dauphin Charles, sur le pont de Montereau, le 10 septembre 1419. Toute la France fut en combustion. Paris, à grande clameur publique, se prononça pour Philippe, nouveau duc de Bourgogne, fils de Jean : la reine Isabelle et sa fille Catherine, qui épousa ensuite le roi d'Angleterre Henri V, lui écrivirent; et il répondit, de Flandre, qu'il allait venir en hâte, lui et ses amis, pour venger, à l'aide de Dieu, la mort de son père; mais, malheureusement pour la France, les vengeurs invoquèrent, outre l'aide de Dieu, celle des Anglais, auxquels cette alliance valut le fameux traité de Troyes, du 21 mai 1420, qui fut comme le couronnement de leur bril-

(1) Cet enhéritement de René dans l'assemblée de Saint-Mihiel, et mention de l'acte supplémentaire pour les trois châtellenies, dans Du Chesne, Maison de Bar, Preuves, p. 64, 65. — Il y a, du 13 août, sans millésime d'année, et datée du Pont, la lettre suivante du cardinal à la Ville : « De par le cardinal de Bar (il ne met plus duc), seigneur de Cassel. Chers et bien amés, pour ce que à présent sommes occupé d'aucunes grosses besoignes qui se traitent entre notre cousin de Lorraine et nous, et qui grandement nous touchent, pour lesquelles ne pouvons nullement partir d'ici, vous prions très-affectueusement que vueilliez venir jusques en ceste ville : et envoierons de nos gens devers vous qui seront si puissants que ils vous ameneront tout seurement devers nous; et si vous ferons ainsi reconduire. Si n'en vueillez faillir aucunement, sur tout le plaisir que nous désirez faire. Notre Seigneur soit garde de vous. Escript au Pont, le XIIIe jour d'aoust. A nos chers et bien amés les gens de la cité de Verdun, ordonnés à venir présentement devers nous ». *Sigillum cardinalis Barrensis*, en placard de cire vermeille. — Cette lettre est peut-être du 13 août 1420, quand les Lorrains, arrachant enfin au cardinal Bar et le Barrois mouvant, qu'il avait voulu conserver en 1419, il y eut à s'arranger avec les Verdunois au sujet de leur garde.

lante victoire d'Azincourt. On fit, en cet acte, signer à Charles VI que « son fils Henri V, roi d'Angleterre, époux de sa fille Catherine, auroit, tantost (aussitôt) notre trespas, la couronne et royaume de France : et seront et demeureront perpétuellement ladite couronne et ledit royaume, à notredit fils Henri, et à ses hoirs...; et considéré les énormes crimes perpétrés audit royaume de France par Charles, se disant dauphin de Viennois, est accordé que nous, notredit fils le roi d'Angleterre, et aussi notre trèscher fils Philippe duc de Bourgogne (qui avait également épousé une fille du roi), ne traiterons aucunement de paix avec ledit Charles, sinon du conseil de nous tous, et de chacun de nous trois, et des trois états des deux royaumes ». Le crime de Tanneguy retombait ainsi sur le dauphin, dont la complicité, presque évidente, semblait sans autre excuse que son très-jeune âge de seize ans, dont on avait pu abuser pour lui cacher les derniers préparatifs. Les Bourguignons demeurèrent dans l'alliance anglaise jusqu'au traité d'Arras, de 1435 ; Tanneguy du Châtel enleva le dauphin ; et les armagnacs changèrent alors leur nom odieux en celui de dauphinois.

Le contre-coup de cette grande révolution se fit sentir sur le champ chez nous par l'affermissement de la Lorraine en son acquisition du Barrois, et la dépossession complète du cardinal de Bar : mais le duc Charles eut à opérer un assez brusque revirement politique. Jusque alors il avait été fidèle bourguignon : et ses alliés de ce côté, se croyant encore à temps d'empêcher le mariage de sa fille avec René d'Anjou, le roi d'Angleterre la lui fit demander pour son propre frère, Jean Plantagenet, duc de Bedford, qui fut ensuite régent de France pour les Anglais. On envoya faire cette demande par deux délégués porteurs de pleins pouvoirs royaux, datés de Westminster 18 mars 1419 (1420 av. P.) (1);

Effet de cet l'événement dans les arrangements barrois.

(1) *Rex omnibus, etc. Desiderantes parentalem quæ antiquis temporibus viguit inter inclytos progenitores nostros et progenitores illustris ac magnifici principis ducis Lotoringiæ, consanguinei nostri, per sanguinis approximationem renovare,*

puis, peu après, Charles reçut notification du traité de Troyes, avec invitation de venir à la cour, où, sans aucun doute, on devait lui reparler de ce mariage. Il fit, à l'une et à l'autre lettre, des réponses évasives : et les Bourguignons durent dès lors le soupçonner de préférer à tout ce qu'ils pourraient lui offrir, ou promettre, la conquête pacifique et sans péril du Barrois, qu'il faisait par le moyen des Anjou : ce qui entraînait pour lui la nécessité de ne pas se joindre aux ennemis du dauphin, entré par mariage dans cette famille. Quant au cardinal, qui, depuis la révolution anglo-bourguignonne, n'était et ne pouvait plus rien, on profita de sa mauvaise position pour lui faire consommer son sacrifice, le 14 octobre 1420, jour du mariage de René, au châtel de Nancy-le-Duc, comme parle Monstrelet : alors il offrit, en cadeau de noces, Bar, château et ville de ses ancêtres, et, avec ce chef-lieu, tout le pays de mouvance française, soit Barrois, soit Bassigny, que, dans le nouvel ordre de choses, il ne pouvait guère se flatter de retenir mieux que le territoire de la non-mouvance, déjà offert en cadeau de fiançailles (1). Pour unique condition, il fit promettre au duc de Lorraine, que le tout serait fidèlement remis à René, quand il aurait l'âge de quinze ans, ou, au cas de sa mort, sans enfants, rendu soit à lui-même cardinal, soit aux héritiers qu'il aurait institués, c'est-à-dire sans doute à Charles d'Anjou, désigné en second lieu dans l'assemblée de Saint-Mihiel, de l'année précédente; et vingt chevaliers lorrains, dont les noms sont en l'acte, se rendirent cautions de la parole de leur

etc., etc. Datum in palatio regis Westmonasterii, 18 *martii* 1419. Dans Rymer, tom. IV. part. III, p. 100. A défaut de la fille unique du duc de Lorraine, les mêmes envoyés Jean Colville et Richard Leyot ont pouvoirs, par d'autres actes de la même date, de demander soit la fille unique de Frédéric, burgrave de Nuremberg, soit une parente de l'empereur Sigismond.—La réponse évasive du duc Charles, dans les Preuves de D. Calmet, III. 634, 1re édit.

(1) Ce second acte de cession, ou du moins la reconnaissance qu'en donne le duc de Lorraine, sous la caution de vingt et un chevaliers, le 23 octobre 1420, dans les Preuves de D. Calmet, III. 635, 1re édit. Comparer avec le premier, du 20 mars 1419, à Foug, dans les mêmes Preuves, ibid. p. 182.

duc. Alors Louis cardinal de Bar, dernier prince de sa maison, n'eut plus que la légitime que son père Robert lui avait assignée, en 1409 ; plus, ses terres non barroises, mentionnées en son testament de 1430 : mais, en manière de compensation, on fit l'appoint de ces arrangements aux dépens de Jean de Sarrebrück, qui eut à céder son évêché de Verdun contre celui de Châlons, dont était titulaire, depuis 1413, et par translation de Langres, l'éminence ducale déchue : troc qui put ne plaire que médiocrement à Sarrebrück, dont le nouvel évêché ne valait pas l'ancien ; et qui, armagnac notoire qu'il était réputé, ne pouvait s'attendre à un excellent accueil des Châlonnais, tout bourguignons en ce moment : mais il y avait longtemps qu'on était accoutumé à ne pas compter pour beaucoup la volonté de cet inoffensif évêque. Sa permutation, pour faire place au cardinal à Verdun, devait être décidée lors du mariage de René : car les vingt chevaliers lorrains qui se firent cautions pour le duc s'obligèrent, si celui-ci manquait à sa promesse, de se constituer, dès la première réquisition, prisonniers dans la cité de Verdun, ou à Hatton-Châtel, ou en d'autres lieux soit de la mouvance, soit à proximité de l'évêché (1). Parmi ces lieux, nous remarquons Etain, qui ne fut compris dans aucune des deux cessions du Barrois, le cardinal ayant sans doute demandé qu'on lui laissât, sa vie durant, ce domaine, pour arrondir, de ce côté, l'évêché où il allait se transférer : et comme, quelque temps après, de nouvelles tracasseries l'obligèrent à quitter momentanément Verdun et à se réfugier à Poitiers, il ne lui resta, durant cette migration, assez courte, il est vrai, d'autre titre en notre pays que celui de seigneur

L'évêché de Verdun au cardinal.

(1) « Et nous, ondit cas (de deffault en notredit seigneur le duc de Lorraine, ou ses héritiers et ayant cause), iriens seriens tenus d'aller, incontinent et sans délai, tenir ostage on chastel de Clermont en Argonne, ou ès autres lieux ci-après desclarés...; c'est à savoir la cité de Verdun, le chastel de Trognon (Heudicourt), Hatton-Chastel, la ville d'Estain, le chastel et ville fermée de Varenne, ou chastel de Braine-le-Chastel, ou Louppy le Chastel (appartenant au cardinal).

d'Etain (1). Pour dernier incident de ce grand remaniement de nos principautés, il arriva que le duc de Berg, fâché de voir les Lorrains emporter la part de succession qu'il espérait, recommença son invasion en 1421 ; alors, et à l'aide des Luxembourgeois, il s'empara de Pierrepont, vers Longuyon, puis de Briey, et encore de Sancy et d'Etain ; mais là se terminèrent ses exploits, qui finirent par une ridicule et honteuse mésaventure de galanterie, où les Lorrains de Longwy le prirent et l'emmenèrent à Nancy, d'où le duc Charles ne le relâcha qu'après qu'il eût signé, le 3 août 1422, renonciation formelle à toutes ses prétentions (2). Telle est l'histoire de la réunion du Barrois à la Lorraine, autant, du moins, qu'on peut saisir la marche des choses dans les pièces officielles ; car il n'existe pas de chronique expliquant les incidents divers qui survinrent. René fut certainement reconnu duc de Bar par la France ; mais il ne paraît pas que celle-ci ait entendu inféoder le Barrois mouvant à la couronne ducale de Lorraine ; car, ce prince mort en 1480, et les ducs issus de lui éteints, Louis XI réclama ce Barrois ; et il est bien probable qu'il l'eût repris en effet, s'il ne fût mort lui-même en 1483.

Nous revenons en arrière pour conduire les autres évé-

Nouvelle invasion du duc de Berg.

---

(1) « Lettres de Louis cardinal de Bar et seigneur d'Etain, par lesquelles il déclare qu'il veut que l'accompagnement fait, au mois d'avril 1315, par ses prédécesseurs ducs de Bar avec le Chapitre subsiste en sa forme et teneur : et n'a entendu y porter aucun préjudice en levant un certain subside sur tous ses hommes et sujets, pour le profit et bien public, où il a taxé les habitans de la ville et ban de Pareid à sept-vingt écus. Du 20 août 1422 ». — Extrait de D. Colloz.

(2) V. le Doyen de St-Thiébauld, à l'an 1421, et l'histoire des ducs de Berg, dans l'Art de vérifier les dates, III. 178. « Advint que le duc de Mont, lequel se tenoit à Pierrepont, retournoit de voir sa mie à Soleuvre, laquelle étoit religieuse de l'abbaye de Tifferdange (diocèse de Trèves) ; et fut prins, et dit : Messieurs, je suis un pauvre gentilhomme qui vient de voir sa mie : de par qui me faites-vous prisonnier ? — De par monsieur notre maistre le duc Charles. — Je crois que, quand serai vers lui, il me fera la bonne chière. Lesdits l'emmenèrent à Nancy ; et le duc Charles le fit emprisonner ; et n'en partit jusqu'à ce qu'il quitta son droit, qu'il disoit avoir au duché de Bar, et eût bon appointement audit duc Charles ». Chronique lorraine, écrite du temps de René II, dans les Preuves de D. Calmet, III. 10.

nements à la date où nous laissons ceux que nous venons de raconter. Hue d'Autel ayant été tué à Azincourt, avec son seigneur Antoine de Bourgogne, son fils Jean, sire d'Apremont, prétendit, en vertu des lettres de Wenceslas de 1388 (1), succéder à son père dans la garde luxembourgeoise de Verdun; mais la Ville s'y opposa, cette survivance étant contraire aux traités, qui ne reconnaissaient pas de garde héréditaire, même pour les princes hauts gardiens; car on la leur renouvelait à chaque avénement; et leurs lieutenants sous-gardiens n'étaient légalement qu'annuels, tellement qu'à la rigueur, ils eussent dû prendre chaque année nouvelle institution, à agréer par la Commune (2). Jean d'Autel, voyant celle-ci contester, fit lui-même des tracasseries au sujet des anciens péages dont Wenceslas avait, en 1387, déchu les héritiers de Pierre de Bar; et, dissimulant à l'empereur Sigismond cette sentence de 1387, il obtint subrepticement de lui, en 1416, autorisation de les rétablir à son profit (3). Alors la Commune, très-vexée de voir renaître un tel impôt, fort gênant aux abords de la ville, députa, pour plaider sa cause en justice de cour impériale, Gilles Paixel et Jean Wautrec, neveu de l'ancien doyen; mais ils furent enlevés par Jean sur le grand chemin; et il les emprisonna dans sa forteresse d'Apremont. Ceci était attentat de lèse-majesté contre la justice souveraine de l'empereur, qu'on avait assez récemment établie, pour recevoir les plaintes des princes, des

Démêlé
de la Ville avec
Jean d'Autel.

---

(1) Ci-dessus, p. 428. Le premier Hue d'Autel n'eut jamais titre de sire d'Apremont, cette baronnie n'étant entrée dans sa famille que par le mariage de son fils Jean avec Jeanne, fille de Gobert l'Infortuné.

(2) Ci-dessus, p. 506.

(3) Faits connus par la mention, aux Inventaires, de l'accord du 9 mars 1421 (1422 av. P.) entre Jean d'Autel et les Verdunois. « Cession, renonciation et transport faits par Jehan d'Aulteir, seigneur d'Apremont, du péage, avec les profits tels qu'on avoit les tirés auparavant, lequel lui avoit été donné, l'an 1416, par Sigismond roi des Romains, en don pour lui et ses hoirs : lequel pourtant il s'est trouvé avoir été adnullé, par lettres en latin données l'an 1387, par Wenceslas, roi des Romains, et à lui montrées par lesdits de Verdun ». Ce sont les lettres que nous avons fait connaître ci-dessus, p. 428, 29.

Premières mentions de la Chambre impériale.

seigneurs et des cités les uns contre les autres, et mettre, s'il était possible, un terme à l'anarchie de leurs guerres; et, comme Sigismond tenait à faire respecter son tribunal impérial suprême (1), le comte haut-justicier, condamna, peu après Pâque 1418, Jean d'Autel à une amende de 2,000 marcs d'or, à prendre sur son domaine d'Apremont: puis, sur sa rébellion contre l'exécution de la sentence, il fut mis, le 20 septembre, au ban de l'Empire (2). On fit de cette affaire grand fracas en écritures; mais, de fait, le coupable en fut quitte pour reconnaître, le 9 mars 1421 (22 av. P.), que le droit de péage prétendu par lui, « s'étoit trouvé avoir été adnullé par lettres antérieures de l'empereur Wenceslas, que lesdits de Verdun lui avoient montrés (3). »

Le brigandage, qui ne cessait guère aux frontières du Luxembourg, y reprit plus que jamais sous le gouvernement de la duchesse veuve Elisabeth de Gorlitz et de son second mari Jean de Bavière, qu'elle épousa en 1418, et qui la négligea, elle et le duché, pour aller conquérir la Hollande, à titre, bon ou mauvais, de succession par mort d'un frère; mais il fut empoisonné, au commencement de 1425, et Elisabeth resta, pour la seconde fois, veuve sans

---

(1) Ce tribunal, qui devint la Chambre impériale constituée définitivement à la fin de ce siècle, est déjà appelé Kammergericht dans des lettres de 1407, où l'empereur Robert de Bavière notifia aux Messins (qui l'avaient reconnu contre Wenceslas) son projet d'établir une chambre de justice pour tout l'Empire. Ces lettres, dans les Preuves de l'Hist. de Metz, IV. 605-607. En 1415, il y avait un justicier général de l'empereur, ou du roi des Romains, résidant continuellement en la cour d'icelui, et devant lequel fut appelée la cité de Metz par une autre cité impériale. Mêmes Preuves, ibid. p. 729. Ce fut probablement devant ce justicier que les Verdunois assignèrent Jean d'Autel.

(2) Ainsi rapporté dans D. Colloz. Extraits relatifs à ces mêmes arrangements de 1421.

(3) Sa condamnation à deux mille marcs, datée du lendemain du dimanche « qu'on chante *Misericordia Domini* », deuxième après Pâque 1418. Sa mise au ban de l'Empire, la veille de la saint Mathieu, même année. — L'inventaire de la Ville, assez souvent inexact, met ici Hue pour Jean : mais le premier Hue avait été tué à Azincourt, en 1415; et le second, qui fut fils de Jean d'Autel et de Jeanne d'Apremont, n'était qu'un enfant en 1418.

enfants. Les gardiens de Verdun, sous elle et ce duc, furent, non pas Jean d'Autel, que sa brouille avec la Ville rendait inacceptable, mais successivement Gilles de Rodemach et Evrard de Gimenich, celui-ci gouverneur de Damvillers (1). Le Chapitre prit aussi, le 1er juin 1419, une sauvegarde de Jean de Bavière, sans autre résultat, à ce qu'il paraît, que d'en payer les frais; et, comme, d'un autre côté, la garde de France était nulle de fait, au milieu de la guerre civile, il se trouva, en 1422, sans autre ressource que de tâcher d'effrayer, par des menaces d'excommunication, Gilquin de Rodemach, et autres dévastateurs (2), qui pillaient ses terres et emmenaient ses hommes, cruellement, dit l'acte, pour les rançonner dans la forteresse de Montmédy. Le cardinal de Bar eut aussi, pendant sa courte administration ducale, à se défendre contre cette effrénée féodalité de la frontière luxembourgeoise, qui s'était mise au service du duc de Berg : pour exploit de représailles, il fit prisonnière, puis détint au château-fort de Souilly, du 5 avril 1419 au 24 juin suivant, la demoiselle de Rodemach; mais, ce jour, le prévôt lui envoya dire à Bar, « que ladite prisonnière s'estoit eschappée ». On trouve, dans les

Nouveaux brigandages.

(1) Du 14 janvier 1419, (20 av. P.), quittance de Gilles de Rodemach, seigneur de Richiefmont, (Richemont, à quatre lieues de Metz) des deniers qu'il a reçus de Jehan Aincherin, changeur et receveur de la cité de Verdun « pour le temps que je estois gardien, de par ma très-redoubtée dame et mon très-redoubté seigneur Jehan duc de Bavière, son mari ». — « Le duc Jehan de Bavière, fils de Haynaut, Hollande, Zellande, etc. Très chiers et bien amés, vous prions très-adcertes que à notre amé et féal messire de Gimenich, vueilliez payer et délivrer les cinq cents florins que, à cause de la garde de Verdun, nous doient eschoir à ceste saint Remei prochaine, etc.. Escript à La-Haie en Hollande, le XXIIIe jour de juin IIIIc XXIV. A nos chiers et bien amés les jurés de la cité de Verdun ».

(2) Cette pièce nomme, outre Gilquin de Rodemach, Georges de Brück, Richard de Hespange, Thiébauld Gelin, Willaume bâtard de Spontin, Villeneuve de Thonne-le-Thil, Thomas de Virton, Colard de Gesne, Jean de Lions, Jacob de Wirbingen, Stevenin d'Allbach, Jean de Milly, Thiébauld d'Uckange, Gérard de Chaumont, Gérard de Beaumont, Jean de Blincourt. Acte fait par le Chapitre, le 24 janvier 1421 (22 av. P.), à requête et prière des habitants de ses villes de Maserey, Sivry-sur-Meuse et Soutreville, Dombras, Herméville, et en vertu des pouvoirs qu'il tient d'une bulle du pape Nicolas IV, insérée en texte.

mêmes documents, que, le 16 février 1419 (20 av. P.), le cardinal passa à Souilly, « à route de 300 chevaux »; et que, par ses ordres, Winchelin de la Tour, bailli de Saint-Mihiel, alla faire le siége de Cornay en Ardenne, le 17 mai 1419 (1). Le territoire de Metz fut également infesté par ces Rodemach, dont les Messins prirent le château, en 1418; puis, les hostilités continuant par Ferry de Chambley, qui n'avait, dit Philippe de Vigneulle, « nulle puissance, fors ce que le duc de Lorraine lui en bailloit », il fallut payer à ce duc 16 mille florins, en rachat d'une pension dont on avait précédemment traité, plus ou moins volontairement, avec lui : alors, voyant cette pension éteinte, il s'en créa une autre, en 1421, aux dépens des Toulois, qu'il tint assiégés pendant trois semaines, leur tirant des bombardes d'une sorte de bastille qu'il avait établie sur une montagne, près de leur ville (2). Ainsi régnait le droit du plus fort; et on pouvait, presque chaque jour, répéter ce que dit une charte de ce temps, que, « en nos terres et pays, sont moult de malfaiteurs, pilleurs et robeurs qui, par œuvre de fait, prennent, pillent et robent; et sont rebelles et désobéissants de faire rendue ou récréance, et de venir à jour et à droit; et casssent et enfreindent les bonnes coutumes et anciens usaiges de nosdits pays ».

Affaire de Baleicourt.

L'an 1420, la Ville fit la conquête du château et du domaine de Baleicourt, à main armée et par voie de fait, contre Philippe de Norroy, engagiste du lieu, et à titre légal, l'année suivante, par contrat d'acquisition, sur Jacomin et Othenin, les derniers seigneurs propriétaires. Cette terre, ainsi entrée dans le patrimoine municipal, y resta jusqu'en 1790; et, comme elle est fort voisine de Verdun, nous entrerons à son sujet dans quelques détails de chro-

(1) Comptes du prévôt de Souilly Jean Lenormand, dans les notes de M. Servais. — Sur Châtel-lez-Cornay, ci-dessus, tom. I. p. 341.
(2) Ces différents faits, dans la Chronique rimée, à l'an 1418, et dans les chroniques Huguenin, p. 143, 144, ainsi que dans le doyen de Saint-Thiébauld, aux années 1420, 21.

nique. Il est parlé de Baleicourt, sous le nom de *Belleicurtis*, dans des chartes latines du XIe siècle (1), où l'on voit que les dames de l'abbaye Saint-Maur y avaient une seigneurie qui, plus tard, dans un acte de 1282, se trouve spécifiée comme mi-partie et indivise entre elles et deux co-partageants, Richard Galigat et Gillet Werrion, enfants La-Porte, citains de Verdun (2). Vers le même temps, les dames donnèrent l'usufruit de leur part à Thomas de Blâmont, princier, ensuite évêque, à charge d'entretien et d'améliorations, pour récompense desquelles il lui fut promis qu'il aurait, à perpétuité, son service anniversaire en l'église Saint-Maur (3). Il n'y avait alors dans le domaine qu'un château sans importance; mais, vers 1340, Jean l'Aveugle, roi de Bohême, comte de Luxembourg, étant en lutte avec Henri IV de Bar, au sujet de la garde verdunoise, acquit les droits seigneuriaux soit de l'abbaye, soit des copartageants, et érigea une bonne forteresse, qu'il inféoda à un chevalier Rogier, avec stipulation de vassalité luxembourgeoise, et d'ouverture du fief au comte de Luxembourg, à tous besoins (4). Au mépris de cette obligation de féodalité, il arriva, vers 1395, lors de la guerre du Pariage, que Jacomin de Baleicourt, étant gouverneur de Damvillers, livra cette place aux Français (5), puis se jeta du côté des Armagnacs; et, pour prix de sa trahison, Amé de Sarrebrück, qui fit défection peu après lui, le nomma son prévôt de Commercy (6); mais les Luxembourgeois, pendant leurs incursions que nous venons de raconter,

Etat ancien du lieu.

Construction de la forteresse.

---

(1) Ce sont les bulles de Jean XIX, en 1029, et de Léon IX, en 1049, pour Saint-Maur. Vers la fin du Xe siècle, vente à Ermenric, abbé de Saint-Vanne, de bois à Baleicourt, par Milon, fils de Raimbert, voué de l'église de Verdun.

(2) Cet acte de 1282 est une sentence arbitrale. — Autre sentence, de 1297, constatant l'existence d'un village et d'une église Saint-Pierre de Baleicourt, ci-dessus, tom. I. p. 531.

(3) Ci-dessus, p. 69.

(4) Ci-dessus, p. 187.

(5) Ci-dessus, p. 182.

(6) M. Dumont, Hist. de Commercy, I. 204.

Engagière à Philippe de Norroy.

passèrent à Baleicourt et, y ayant fait, en punition de la félonie du seigneur, le plus de ravages qu'ils purent, s'en allèrent en y mettant le feu. Alors Jacomin et son frère Othenin, n'ayant, pour le moment, moyen de restaurer leur château, l'engagèrent, à charge de réparation, à Philippe de Norroy, dont les Verdunois avaient, environ dix ans auparavant, ruiné la maison forte de Somme-Dieue : d esorte que nos citains virent Philippe se rebâtir ainsi de nouvelles fortifications, encore plus près d'eux que celles qu'il lui avaient déjà renversées. Pour leur ôter, à eux et aux autres intéressés, tout soupçon et inquiétude, les parties contractantes de l'engagière ayant d'abord exposé, dans leur acte du 15 janvier 1415 (1416 av. P.), comment « ladite Baleicourt avoit esté, sans cause et sans raison, prinse et arse par ceux de la duchié de Luxembourg », déclarèrent que Jacomin et Othenin, « n'ayant pour le présent aisance, l'ont mise et la mettent, avec tout son circuit de murs, fossés et autres choses, en gagière entre les mains de messire Philippe de Norroi, pour icelle réparer et oster de la ruine où elle estoit »; mais avec clause formelle que « ledit messire, ni ses hoirs et successeurs, ne pourront, ne debvront, par ladite forteresse, faire guerre, ne aubergier aucuns faisant guerre contre le roi de France, nosseigneurs de Bar, monss' l'évesque de Verdun, ni la citei de Verdun : en outre, Jacomin et Othenin auront, en la forteresse, chambre pour eux, et mareschaussie (écurie) jusqu'à six chevaux, toutes fois qu'il leur plaira; et Philippe les aidera et confortera, espécialement contre ceux dudit pays et duchié de Luxembourg, qui ladite forteresse ont arse et prinse » (1). Ce dernier article mettait Philippe en compli-

---

(1) Acte fait « en la citei de Verdun, en l'hostel que tient messire Philippe, de costé (près) l'Ospitaul de Rue (aumônerie St-Jacques), présents religiouse, honorable et discréte personne seignor Regnauld Pallardel, abbé de Saint-Venne, Henri de Champignei, moine dudit monastère, Gérard, chastelain de Mandre, Jehan de Lucembourg, clerc serviteur dudit messire Philippe, Jehan de Buenvilliers, scriteur dudit seigneur Regnauld, l'an 1415, le quinziéme jour du mois de janvier » (1416 av. P.). Il est encore dit en

cité de félonie avec les Baleicourt contre les Luxembourgeois; et il devait depuis longtemps leur être suspect, s'étant mis, avec Amé de Sarrebrück, du côté de Bar, dans les circonstances que nous avons rapportées (1). Telles étaient les choses, au moment où il se brouilla avec les Verdunois, à propos, prétendit-il, d'une insulte que lui avait faite, en ville, le gardien luxembourgeois, et dont la justice de la cité n'avait voulu ni lui accorder réparation, ni souffrir qu'il se la fît à lui-même par ses propres gens. De ces choses, nous ne savons que ce qu'il en écrivit en ces termes, dans sa plainte à la Ville :

Sa plainte à la Ville.

« A mes chiers seigneurs et grants amis le maistre du Nombre et les jureis de la citei de Verdun. Chiers seigneurs et grants amis, je me recommande à vous. Vous savez assez le grant desplaisir et vilonie qui m'ait dernièrement esté fait en votre citei, lequel seroit long à escrire; mais toutefois, pour vous aviser, vous fais ci-après un peu de desclaration. C'est à savoir que, sus certaine parole et escripture touchant honnour entre nous, le comte (gardien) de Luxembourg, mi et plusieurs aultres, nous nous fussions d'un côté et d'aultre poindrés (piqués) et portés plaigneux partout où que il est accoustumei de faire, et que bon nous semble : et est chose vraie que les gens dudit comte ont premier encommencié à l'encontre de mi, nonostant que je avois cause d'encommencier le premier contre eux ; et ce premier encommencement que ils ont fait ait esté fait en

cette pièce que la forteresse de Baleicourt est du propre héritaige de nobles hommes Jacomin et Othenin de Baleicourt, frères, écuyers; que, par accord entre eux, elle appartient à Jacomin par aisnage (droit d'ainesse), bien qu'il soit le moindre d'âge; mais Othenin met aussi dans l'engagière « tous et singuliers héritaiges quelconques qu'il ait et doit avoir mouvant de ladite forteresse de Baleicourt, tant en bois, terres arables et prés, rentes, profits, émoluments, sans aucune chose retenir, pour et parmi la somme de cent escus d'or, en comptant quatorze gros deniers pour chacun escu ». Quant à Jacomin, il fait son engagière de la forteresse pour et parmi la somme de seize cents francs, en prenant et comptant douze gros de Metz de bon argent pour chacun franc. Le rachat ne peut se faire qu'après six ans, du jour de ce présent contrat, dedans la citei de Verdun, en mettant lesdites sommes au Chainge : laquelle somme ainsi mise et consignée, toute ladite forteresse, avec lesdits prés, revanront et retourneront auxdits Jacomin et Othenin ».

(1) Ci-dessus, p. 484. — Son service sous le duc Edouard contre le duc de Lorraine, ci-dessus, 539, note.

votre citei; et bien doucement l'avez souffri, sans vous en aucune manière mouvoir, ne vous en faschier; et ne le souffreriez à faire d'eux (contre eux). Et il me sembloit que vous debviez estre plus tenus à mi qu'à culx, pour l'honneur et amour de mon très-redoubté seigneur monss^r le duc de Bar, et pour ce aussi que oncques à ma vie, à mon povoir, je ne fis chose contre votre citei, et que je ne duisse avoir aussi bien aisance de poindrer et plaignier dudit comte en votre citei, comme avez souffri ses gens de mi poindrer et plaignier. Or, est chose notoire que, nonostant amour que avez, ou debvez avoir à mondit seigneur de Bar et à mi aussi, vous ne avez mie souffri que je feisse ou feisse faire audit comte pareillement que ses gens avient fait de mi : ainssoit (au contraire) avez destournei à faire, et par deux fois, et par votre maisnie avez rué jus et arresté mes gens armés, et adventuré les faire tuer et meurdrir. Comme ce semble à mi et à aultres moult estrainge chose, veu et entendu que la vilonie et déplaisir nul ne pourroit apprécier ou prisier qu'elle peut valoir, ne aussi on ne pourroit prisier la vilonie que m'avez fait de warder l'honneur du comte et de fouller la mienne, et pour ce que je n'ai mie conseil de me en desporter, j'en escrips à vous, vous priant et requiérant, le plus amiablement que je puis, que de ces choses vueilliez en faire tant que je n'aie cause à moi plaindre de vous; car, sans faulte, se ne fust la prière d'aulcuns vos bons amis et des miens, je ne me eusse plaint pas tant de vous; mais je ne l'ai mie voulu faire, par bonne prière, tant que je n'aie escript à vous, comme voyez, pour avoir votre advis, lequel soit tel que, par la grâce Notre-Seigneur, je puisse toujours demorer votre bon ami. Escript à Saint-Mihiel, le xxive jour de novembre (sans date d'année) (1), et séellei du séel de l'un mes compaignons, en deffault du mien, c'est à savoir de Berthemin de Bettange. En tout vostre, Phle de Nouroy.

Cette lettre n'ayant pas reçu de réponse satisfaisante, Philippe de Norroy mit en courses de ravages, aux abords de la ville, ses hommes de Baleicourt; et ceux-ci, en vrais

(1) C'est probablement 24 novembre 1419. Cette pièce est la première dans l'ordre chronologique, puisque Philippe y dit qu'avant d'en venir aux hostilités, il écrit, à l'instance d'amis communs, pour avoir arrangement amiable. — La date de 1469, donnée par Husson, dans son Simple Crayon, à la prise de Baleicourt est évidemment une faute typographique, pour 1419 (20 av. P.).

pillards, n'épargnèrent personne, ni belligérants, ni autres : de sorte que le Chapitre se trouva encore dévalisé, à propos d'une querelle où il n'était absolument pour rien. Il s'en plaignit au cardinal de Bar, qui avait encore alors son titre de duc (1), en vertu duquel il était gardien de l'église : et l'éminence ducale, prenant cette affaire à cœur, parce qu'on négociait en ce moment sa translation à l'évêché de Verdun, écrivit à Philippe qu'il eût à faire satisfaction, sauf à lui, s'il avait des griefs, à venir les exposer à jour et à droit, en l'hôtel des causes du duché : autrement, ajoute la lettre, d'un ton assez menaçant, « il nous en déplaira, et nous y conviendra pourvoir » (2); mais la Ville termina ce débat sommairement et sans formes. Trouvant l'occasion bonne de se débarrasser, une fois pour toutes, de ce mauvais voisinage d'une forteresse à Baleicourt, et, voyant avec grand déplaisir Philippe réparer là les ruines qu'avaient faites les Luxembourgeois, elle envoya sa milice, qui prit le fort d'assaut, le 22 février 1419 (1420 av. P.), puis le rasa de fond en comble. De cet exploit nous n'a-

Prise de la forteresse.

(1) Sa lettre, du 22 décembre, que nous allons citer, doit être par conséquent de l'année 1419; car, au même mois de l'année suivante, il avait abdiqué en faveur de René d'Anjou.

(2) « Le cardinal duc de Bar, marquis du Pont, seigneur de Cassel. Treschier et bien amé, il est venu à notre cognoissance que, puis peu de temps piéçà, vos gens estant à Balleicourt ont prins et prennent chacun jour trésgrant quantité de bleifs, avoine, et autres vivres appartenant à nos amés doyen et Chapitre de Verdun, lesquels biens leurs bonnes gens leur admeinent pour leur vivre et la sustentation de leur église; et avez recepté en icelui votre chastel de Balleicourt un appelé Jehan d'Ivois qui, sans cause raisonnable, tient en doubte lesdits de Chapitre, et de fait les a défiés, et prend le leur, sans aucune cause. Et, pour ce que icelle église est en nos gardes anciennes, et aussi que nous sommes bénéficié en icelle, et encor pour plusieurs aultres raisons sommes tenu iceulx warder et défendre, etc... Et, s'aucunes choses vous, ou ledit Jehan d'Ivois voulez demander ou requiérir auxdits de Chapitre, ils sont prests d'en venir en notre Hostel, et en icelui prenre et faire droit, comme il appartiendra par raison : et pareillement vous et ledit Jehan le vueillez faire; et que lesdits de Chapitre n'aient plus cause d'en tourner plaintif par devers nous : dont il nous desplairoit, et nous y conviendroit pourvoir. Et nous respondez par cest porteur ce que faire en volrez. Chier et bien amé, Notre Seigneur vous ait en sa sainte garde. Escript en notre ville de Bar, le xxiie jour de décembre. A notre amé et féal chevalier et conseiller messire Philippe de Noueroi ».

vons d'autre relation que celle de Philippe lui-même, déclarant, dans sa plainte aux juges de la sentence arbitrale de 1427, « que lesdits de Verdun, sans cause et sans raison, estoient allés, à puissance d'armes, d'artillerie et de traits devant ladite forteresse, qui appartenoit à lui; et la prinrent à force, et l'ont desmolie et abattue du tout, et emmené, butiné et appliqué à leur profit tous les biens qui estoient en la maison ». Un autre document dit que l'attaque et combat de Baleicourt dura six heures, sous la conduite des trois maîtres de la guerre de la cité, et que plusieurs bourgeois y furent tués. Tel fut le fait d'armes; et la Ville entendait bien garder sa conquête; mais, comme il était à craindre que Philippe ne portât sa cause devant quelque puissance supérieure, aux yeux de laquelle l'événement pourrait passer pour justice sommaire, que nos citains s'étaient rendue à eux-mêmes, ils crurent prudent de traiter avec les seigneurs propriétaires, Jacomin et Othenin, pour obtenir directement d'eux cession légale de leurs droits, sans s'arrêter à l'engagiste intermédiaire Philippe, que l'on prétendit déchu, pour avoir violé la clause du contrat qui lui défendait de jamais faire servir le château à des hostilités contre la Ville :

Acquisition.

Jacomin et Othenin de Baleicourt, escuyers, frères, pour eux, leurs hoirs, successeurs et ayans cause, quittent de bonne quittance loyale, pour toujoursmais, la cité de Verdun, ses aidans, servans, confortans, hoirs, successeurs et ayans cause, pour la ruine et démolition de la forteresse de Baleicourt, et la ruine des estangs dudit lieu, lorsque messire Philippe de Norroi, qui tenoit et possédoit en gagière ladite forteresse avec lesdits estangs, de sa volonté, sans cause et sans raison, s'étoit fait et constitué leur ennemi, et leur faisoit guerre par ladite forteresse. Par ceste présente paix et accord, ledit Jacomin, auquel appartenoit l'aisnage (droit d'aînesse) de ladite forteresse, a cédé, quitté et transporté pour toujoursmais auxdits citains et communaultei de Verdun tout le droit, raison et action qu'il avoit, devoit et pouvoit avoir au siège où estoit située ladite forteresse, et en la closure des fossés d'icelle, tant à cause du rachat qui se pouvoit faire de ladite gagière, comme autrement : réservés tels héritaiges qu'il a et peut avoir hors des fosseis de ladite Baleicourt. Priant, suppliant et requiérant icelui Jacomin à tous seigneurs et dames à qui appartient, ou pourroit appartenir le fief de ladite Baleicourt que les cession, quittance et transport dessusdits leur plaisent et agréent..... ces présentes lettres qui furent faites l'an Notre Seigneur mil quatre cens et vint, le xve jour de février (15 février 1421), en la chapelle du couvent des frères Augustins de Verdun. Gilles Paixel, chevalier, doien séculier de la cité, et sire Jehan Sainctignon le jeune, eschevin du Palais, pour et au nom des citains et communaultei dudit Verdun, Rogier de Ville escuyer, Guillaume Anchelin, dit le mareschal, escuyer, Guillaume Lenglois (1).

Il paraît qu'on laissa provisoirement sur le papier, puis qu'on oublia ensuite, bien que ce fût une chose essentielle, la prière et requête à faire aux seigneurs dominants pour qu'ils ratifiassent l'acte : et le motif de cette négligence fut sans doute qu'on ne pouvait guère espérer d'approbation à Luxembourg, où les Baleicourt, non moins que Philippe de Norroy, étaient notés comme félons ; et Jacomin aggravait sa félonie en consentant à la destruction d'un château de la mouvance féodale du duché. Il n'y eut cependant réclamation ni d'Elisabeth de Gorlitz, ni de son mari Jean de Bavière, qui semblent, au milieu de l'anarchie du temps et de leurs propres et grandes préoccupations personnelles, avoir, ou ignoré, ou négligé l'incident : et il s'écoula quatre-vingts ans avant que le conseil luxembourgeois revint sur cette affaire, la Ville ayant, pendant cet intervalle, possédé Baleicourt comme en franc-aleu, et tâché de le prescrire en cette manière. Quant à Philippe qui, comme on le pense bien, n'acquiesça pas à la dé-

---

(1) Il paraît, par l'Inventaire de la Ville, qu'en 1431, après l'accommodement définitif avec Philippe de Norroy, on fit ratifier de nouveau et amplifier cette vente par Jacomin, avec spécification que la mairie de Baleicourt y était comprise. « Vidimus sur parchemin, avec les sceaux, d'un vendage fait par Jacquemin de Baleicourt, de ce qu'il avoit au ban et forteresse de Baleicourt, mesme de la mairie dudit Baleicourt, qui s'étend en (vers) la cité jusqu'au mont Saint-Venne. De l'an 1431. » C'était, comme on le voit, une mairie importante.

chéance où on prétendait le mettre de son engagière, il entama, tout en continuant lui-même les hostilités, des procédures en dommages intérêts, sous le nom de divers plaignants. Son serviteur Jean de Luxembourg vint d'abord réclamer des meubles et harnois, à lui brisés, prétendit-il, dans le saccagement : la Ville le fit débouter, par sentence arbitrale, que nous plaçons en note, comme échantillon des jugements de ce temps (1) ; puis parut un

(1) « L'an 1420, le 10e jour du mois de febvrier, en l'église cathédrale de Verdun, en la chapelle que maistre Regnauld Paixel chanoine et messire Gilles Paixel chevalier, frères, ont fait édifier et construire, et en la présence des notaires publics..., présentes les parties, c'est à savoir Jehan de Lucembourg, jadis serviteur de messire Philippe de Norroi chevalier, d'une part, et Pierre de Loyson citain de Verdun, négociateur et procureur des citains, habitans et communauté d'icelle cité, d'autre part, Jehan Sainctignon le jeune, eschevin du Palais, et Colin Lespicier, jadis maistre eschevin, arbitres arbitratours et amiables apaisantours, dirent et rapportèrent leur rapport, en une cédule de papier qu'ils baillèrent en la main de moi Oulri Geffroi de Romaingnes, l'un des notaires ; laquelle cédule, à leur requeste, je leus et publiai, à haute voix et intelligible, comme s'ensuit, de mot à mot : Comme, sur la porsuite et demande, etc... Disant et proposant icelui Jehan que lesdits de Verdun estoient tenus lui rendre et restituer, entendu que avant que la guerre fut encommencée par ledit messire Philippe, icelui Jehan estoit venu au lieu de Verdun, par devers seigneur Gilles Paixel, doien séculier et l'un des maistres de la guerre, lui disant qu'il ne vouloit point servir ledit messire Philippe contre la cité ; et, parmi ce, ledit messire Gilles lui avoit donné asseurement de emmener ses biens toutes fois que il lui plairoit, sans destourbe ne empeschement de la cité. Lesdits de Verdun respondant que ledit asseurement ne se entendoit, ne se pouvoit entendre en tant qu'il laissoit ses biens en ladite forteresse, veu qu'il savoit bien que par icelle seroit faite guerre à la cité ; et ce estoit donner aide et confort aux ennemis. Nous arbitres, etc., eu sur ce le conseil et délibération de plusieurs saiges juristes, chevaliers, escuyers et coutumiers en plusieurs cités, Veu et considéré que, pour le jour que ledit Jehan se volut mettre fuers la guerre, et qu'il entra en desdit avec la cité, ne fit aucune mention que il eust aucuns biens en la forteresse de Baleicourt, par laquelle il savoit bien, et ne pouvoit ignorer que guerre seroit faite à la cité, mesme disoit que il avoit sur lui les lettres de deffiance (défi) dudit messire Philippe ; et que, en temps qu'il savoit bien la guerre, avoit laissié ses biens en ladite forteresse, ce estoit aide et confort des ennemis de la cité. Disons, par droit, ledit Jehan de Lucembourg non avoir juste cause, etc. Et ledit rapport et sentence arbitrale lesdites parties acceptèrent, et tinrent pour agréables. Estoient présents nobles, honorables et discrètes personnes Guillaume de Dampierre, escuyer, maistre Gérard Toignel, chancelier de Bar, maistre Jehan Toignel son fils, licenciés és loix, Colin Raulmelle, prévost de Clermont, Jehan dit Lecoustre, prévost de Charnei, Ferri de Lacloche, escuyer, et Guillaume Lenglois demorans à Verdun ».

homme considérable, Gérard d'Apremont, qui écrivit, le 8 décembre 1422, aux maitre échevin et jurés de la cité, sommation de restituer « les gros dommaiges que par eux, leurs concitains et complices lui avoient esté faits, lorsqu'ils gaignèrent ladite forteresse et maison de Baleicourt; emprises et pertes de chevaulx, de harnois d'armes, et autres biens qu'il avoit en icelle, de la valeur de 500 escus d'or : et, s'ils refusent, que ils en veuillent venir à droit en l'hostel du duc de Lorraine, ou en celui du duc de Bar, au Pont à Mousson, par l'un desquels il consent la chose estre réglée » (1). Il n'y avait pas à choisir entre les deux ducs, celui de Lorraine étant en fait celui de Bar, pendant la minorité de René d'Anjou : et nous remarquons qu'après cette demande, Gérard d'Apremont ne reparut plus au procès; de sorte que son intervention semblerait presque n'avoir été qu'une manœuvre pour faire aller l'affaire au duc Charles, qui la prit en effet, et que la Ville n'osa récuser. Ce haut juge, pour première et excellente mesure, envoya, « dès son appointié », c'est-à-dire dès qu'il eût retenu la cause, ordre aux belligérants de mettre jus (bas) « toute guerre et œuvres de fait » : de sorte qu'il y eut trève, puis première prorogation de trève, en dates des 15 juillet et 24 août 1423 : puis les parties furent assignées, « au lieu de Nancy, à huitiesme jour d'octobre prochain

Intervention du duc de Lorraine.

(1) On n'a pas le texte de cette sommation. Un autre extrait d'Inventaire ajoute ces mots : « et restablir la maison de Baleicourt par eux sur lui gaignée, qu'ils ont desmolie, lui n'ayant en rien affaire à eux; lesquelles prises il estime à 500 escus d'or, etc. » — Husson et Roussel, qui semblent n'avoir pas connu les pièces de cette affaire, mentionnent, au lieu de Gérard d'Apremont, Henri de La Tour (le personnage qui avait couru sus aux députés du concile de Constance); et ils supposent que Philippe de Norroy ayant mis son engagière de Baleicourt en accompagnement avec cet Henri, celui-ci aurait été l'instigateur des courses contre les Verdunois. De ces détails, nous ne trouvons absolument rien dans les documents : et nos auteurs, d'après les autres circonstances qu'ils ajoutent, semblent avoir confondu l'affaire de Baleicourt, soit avec celle du Saulcis, où les Verdunois furent impliqués, comme nous l'avons vu ci-dessus, p. 555; soit avec celle de Somme-Dieue, après laquelle Philippe entra au service et au conseil de la Ville, en 1408, et non en 1420, date dont nous avons signalé l'erreur ci-dessus, p. 523-24.

venant, pour accorder amiablement, se faire se peut, ou par droit, se l'amiableté ne pouvoit advenir ». La Ville demanda délai, pour faire ses vendanges; le duc accorda remise, puis une autre, et plusieurs qu'on ne lui demandait pas, tellement que le procès entra et traîna dans des longueurs, où nous allons le laisser, pour le moment, après avoir rapporté quelques lettres, soit du prince, soit de la Ville :

A très-excellent prince, très-redoubté seigneur, monseigneur le duc de Lorraine et marchis. Très-hault, etc., vous rescripvons humblement, et vous plaise savoir que, jà soit que à messire Philippe ne tenons aucunement avoir affaire (comme, au plaisir de Dieu, avons intention vous faire apparoir deument) (1), néanmoins pour honneur et contemplation de vous, et pour ce que, de votre grâce, vous ait pleu entremettre, de quoi humblement vous regracions (2), il nous plaist bien que une journée amiable soit tenue devant vous et votre conseil, pour assentir se par voie amiable pourrons estre accordés; et, se il est ainsi que l'amiabletei ne se puisse advenir, pour tant que nous fassions deleis vous et votre noble cour, rapporter bon droit et bonne justice; et nous plaist bien sur ce sortir par droit en votre hostel : et, par ce, entendons pleinement que ledit messire Philippe, ses aidants, suivants et complices, comme nous et les nostres, soient d'ores en avant en bonne seuretei les uns envers les autres. Et, quant à l'assignation de la journée à huitiesme d'octembre prochien venant, plaise vous savoir que, pour les occupations des vendanges qui approchent, et aucunes autres affaires, nous seroit trop grosse charge estre à ladite journée, pour la briévetei du

(1) La Ville n'avait traité qu'avec Jacomin et Othenin, les seigneurs propriétaires de Baleicourt, et prétendait ne connaitre qu'eux, sans avoir à entrer dans la question de l'engagière qu'ils avaient faite à Philippe de Norroy, lequel, du reste, était considéré de part et d'autre comme déchu, pour violation des clauses de cette engagière.

(2) Ces formules, de haute et grande courtoisie pour le duc Charles, auquel on se soumettait « par honneur et contemplation de lui, et avec remerciement de sa grâce », disaient implicitement qu'il n'était juge qu'à titre d'arbitre accepté par les parties. Comme c'était la première affaire verdunoise qui allait au duc de Lorraine, on crut sans doute à propos de rappeler ainsi, le plus poliment possible, la clause, qu'on n'avait jamais omise dans les traités avec les ducs de Bar, que la garde n'était pas attributive de juridiction.

temps. Pour lesquelles choses, très-excellent prince, très-redoubté seigneur, vous supplions très-humblement que ladite journeie vous plaise continuer et mettre en avant de quinze jours, ou trois semaines, selon votre bon plaisir, et de ladite continuation nous renvoyer vos lettres par le porteur de ces présentes; vous suppliant très-humblement que de ladite continuation ne vous plaise nous esconduire, ne vous tenir de nous mal content : car, pour certain, ne la demandons point pour dissimulation, ains pour cause de notre essoine évident. Très-excellent prince, très-redoubté seigneur, le benoist fils de Dieu vous ait en sa sainte garde, qui vous doint honneur et bonne vie et longue. Escript à Verdun, le xxe jour de septembre, l'an mil cccc xxiii. Vos très-humbles et très-petits serviteurs, les Jurés et conseil de la cité de Verdun.

Réponse. Le duc de Lorraine, mainbour (1) et marchis. Mes bien amés, vueillez savoir que, pour ce que à présent n'avons pas avec nous les gens de notre conseil, lesquels, pour plusieurs grosses affaires qui survenues nous sont, avons envoyés en plusieurs lieux, à plusieurs grosses journées que avons à tenir, et sans lesquels ne pourrions bonnement entendre au fait d'entre vous et messire Philippe de Norroi, pour lequel fait vous avez journée accordée par devant nous, à Nancei, à cestui venredi prochain, nous icelle journée vous contremandons, et continuons en tel estat jusques à la quinzaine après jour de feste saint Martin venant, en quel jour aurons lors les gens de notre conseil; et vous eussions plus tost fait savoir ledit contremand, se ne fussent aucunes grosses affaires dont avons esté occupé. Notre Seigneur soit garde de vous. Escript à Nancei, le xxe jour d'octobre m. cccc et xxiii. A nos chers et bien amés les jurés de la cité de Verdun, ou à leurs commis et députés, venus de par eux à une certaine journée à eux bonnement donnée.

Le duc de Lorraine et marchis. Chiers et bien amés, nous avons aujourd'hui, à notre retour, seu (sú) que la journée qui piéçà fut accordée tenir par devant nous entre vous et messire Philippe de Norroi vous a esté continuée, pour cause de notre absence, jusques à lundi prochain venant. Et, pour ce que nous avons plus grosses affaires, èsquelles sommes occupé et lesquelles délaissier ne pouvons nullement, vous contremandons, et continuons icelle journée en tel estat jusques au lendemain du jour de l'an, second jour de janvier

---

(1) C'est-à-dire tuteur de René d'Anjou. Par conséquent, c'était à titre de duc de Bar, que Charles faisait l'arbitrage.

prochiennement venant; et aussi l'escripvons audit messire Philippe : et veuillez ladite continuation tenir. Notre Seigneur soit garde de vous. Escript à Luneville, le venredi trois jour de décembre. A nos chers et bien amés les jurés de la citei de Verdun.

Ceci n'était point une pure défaite, car le duc de Lorraine eut en ce moment d'importantes affaires. De trève en trève, et de délai en délai, les choses restèrent ainsi jusqu'au milieu de 1426; mais alors le débat reprit à grand feu, et se termina de la manière que nous raconterons, après avoir parcouru les années qui s'écoulèrent dans l'intervalle.

<small>Permutation d'évêchés entre J. de Sarrebrück et le cardinal de Bar.</small>

Le premier événement qui y survint, fut que Jean de Sarrebrück, qui n'avait guère brillé chez nous que le jour de son entrée, céda, en 1420, son évêché au cardinal de Bar, lequel lui donna en échange celui de Châlons, qu'il avait lui-même, depuis 1413, par permutation de son premier évêché de Langres. Ces translations et permutations du cardinal étaient, pour lui, affaire de politique, dans son intérêt plutôt que dans celui des diocèses : néanmoins on doit dire, à sa décharge, que jamais il ne retint plusieurs évêchés à la fois, comme firent dans la suite, sans scrupule et assez scandaleusement, les cardinaux de Lorraine. Il n'eut Châlons, puis Verdun, qu'à titre d'administrateur perpétuel (1), son épiscopat titulaire étant alors celui de Porto-Romano, près de Rome : prélature sans revenus, et ville ruinée, mais siége donnant rang de cardinal-évêque et de sous-doyen du sacré collége. Quant à Jean de Sarrebrück, au sujet duquel il n'y a guère à noter que des dates chronologiques, sa dernière charte verdunoise est du 16 février 1419 (20 av. P.) (2); puis, le 28 mars suivant, on le voit demander, assez humblement, aux Châlonnais, permission d'entrer en leur ville : ce qui ne lui fut accordé qu'à condition qu'il renverrait un de ses officiers, nommé

---

(1) Qui équivalait, soit en spirituel, soit en temporel, à l'épiscopat lui-même. V. ci-dessus, p. 406.

(2) « Permuta (le cardinal) avec l'évesque Jehan de Sarrebruche, l'an

Gillet de Rocourt (1). Ceci ne ressemblait guère à sa pompeuse cérémonie de 1404 à Verdun : mais on se défiait de lui, parce qu'il passait pour Armagnac. C'était bien le plus inoffensif des Armagnacs; mais il arrivait au plus fort de l'émotion produite par l'assassinat de Jean-Sans-Peur; et, à Châlons, il suffisait alors, pour être emprisonné, de simples propos, ou, comme disent les Registres, de « mauvaises paroles contre messire le duc » (Philippe de Bourgogne). Sarrebrück dut être assez mal jusqu'à l'arrivée du roi avec la Pucelle, en 1429; néanmoins, grâce à son pacifique caractère, on le laissa toujours paisible : et il fut bien aimé de son peuple, ainsi que l'atteste, à son éloge, son épitaphe, qu'on voit au chœur de la cathédrale de Châlons : « Ci-dessoubs gist noble seigneur et révérend père en Dieu monseigneur Jehan de Sarrebruch, en son vivant seigneur de Parigny, Aulnay-le-Chastel, du Parc, de Sachy et d'Estrelles, lequel fust évesque et comte de Chaalons, pair de France, paisiblement de son peuple bien aimé, par l'espace de XVII ans, ou environ, et par devant fust évesque de Verdun, l'espace de XVI, ou environ : qui trespassa audit Chaalons, le dernier jour de novembre M. CCCC. XXXVIII ».

De Jean de Sarrebrück, il nous reste, pour souvenir historique, le catalogue épiscopal, brièvement annoté, que nous avons souvent cité sous son nom, et qu'il rédigea et fit transcrire en tête de son beau livre pontifical, comme une sorte de table de ses prédécesseurs, sous ce titre : *Excerptum domini Johannis de Saraponte de episcopis Vir-*

1419; et, en l'an suivant, furent faites, au consistoire de Rome, les publications desdits deux évêschés, à savoir ledit Loys, cardinal de Bar, prononcé administrateur de Verdun, et Sarrebruch évesque de Chaalons, en présence de pape Martin V ». Wassebourg, p. 467.

(1) V. Barthélemy, Hist. de Châlons, p. 176-182. Sur l'état de la ville en ce moment, on a des lettres du roi Charles VI, du 23 juillet 1421, « à ses bons, vrais et loyaux de Chaalons qui, bien que leur ville soit entourée par les troupes du soi-disant dauphin, lesquelles, en contempt et despit de ce que lesdits loyaux nous obéissent, tuent, pillent et rançonnent autour de leur cité, tellement qu'elle est devenue en grande partie vague et inhabitée, etc. »

Son Pontifical et son *Excerptum*.

dunensibus, ab anno centeno minùs tribus, c'est-à-dire Mémorial des évêques de Verdun, depuis l'an 97 : date qu'il donne à saint Saintin, duquel il dit qu'il fut élu premier évêque par les premiers fidèles (1). Il ne mentionne pas les huit Inconnus, et passe, sans intervalle, de saint Arateur à saint Pulchrone, en notant seulement de celui-ci, qu'il fut le 5ᵉ évêque. Il y a apparence que ce fut Wassebourg qui tira le premier ces Inconnus des légendes de Saint-Vanne, pour combler, à leur moyen, le vide chronologique que faisait, au catalogue, la transposition de saint Saintin au premier siècle (2). Ce beau livre pontifical, que Sarrebrück s'était sans doute fait faire au temps heureux de son avénement, pour les brillantes cérémonies qu'il préparait, fut emporté par lui à Châlons; mais, à sa mort, il le légua à son ancienne église de Verdun, qui dut toutefois le racheter, car il se trouvait alors en gage aux Lombards de Metz; et le Chapitre eut à payer 25 florins pour en obtenir remise à sa bibliothèque ou, comme on disait alors, à sa librairie (3). Wassebourg l'y vit, et s'en servit pour ses histoires; mais les détresses de 1636 ayant obligé les chanoines à vendre leur bibliothèque, le Pontifical disparut, avec quantité d'autres manuscrits bien plus anciens, sans même que les négligents

---

(1) *Ab ipsis christianis quos converterat eligitur episcopus, anno Domini 97.*

(2) Ci-dessus, tom. I. p. 64.

(3) Ces détails, dans le Registre du Chapitre, 18 février 1439 (1440 av. P.). Le legs de Sarrebrück consistait en un missel, à deux volumes, un bréviaire, aussi à deux volumes, et « un pontificaul, lesquels messire Pierre Bevart retient, sous prétexte d'une certaine grosse somme pour laquelle ils avoient esté obligiés et engagiés à Metz par ledit feu de bonne mémoire révérend père en Dieu et seigneur messire Jehan de Sarrebruche, jadis évesque de céans ». Sur quoi, sentence arbitrale des archidiacres : « attendu que ledit messire Bevart est ancien chanoine de l'église, il baillera et délivrera, dedans huit jours, lesdits bréviaire et missel à messʳˢ de Chapitre, pour leur église, purement et franchement (non pas en vertu du testament, le Chapitre prétendant hériter de plein droit des bréviaires et missels des chanoines décédés); et, quant au pontificaul, il demorra audit messire Pierre jusques à ce que messʳˢ de Chapitre lui paieront 25 florins, qui pourront estre rabattus de ce que il doit à la cellercrie, pour le trescent d'Ars-sur-Moselle ». Les trescents étaient des maisons et terres de campagne données en administration à des chanoines.

vendeurs prissent soin d'en faire transcrire l'*Excerptum,* dont il ne resta d'autre copie que celle que fit, le 28 novembre 1636, un moine de Saint-Vanne, envoyé exprès par le prieur, au moment de la vente (1).

(1) *Præfata narratio et descriptio episcoporum desumpta est, de verbo ad verbum, ex antiquo libro pergameneo manuscripto benedictionum episcopalium cathedralis ecclesiæ Virdunensis, per me ecclesiæ abbatialis Sancti-Vitoni humillimum religiosum professum, jussu reverendi domini mei prioris, die 28 novembris, anno 1636. Frater Sebastianus Gobin.* — Ce frère Gobin transcrivit aussi les vers suivants, par lesquels on voit que l'intention de Sarrebrück avait toujours été de laisser son pontifical à sa première église de Verdun :

> *Edocet iste liber præsulis officia,*
> *Quem de Sarapoute contulit ecclesiæ,*
> *Ad proprios usus complendos, et reliquorum*
> *Quos fortuna dabit Virduni post cathedrari.*

CHAPITRE V

PREMIÈRES ANNÉES DE CHARLES VII,
JUSQU'A LA PUCELLE, ET AU COMMENCEMENT DE LA CHUTE DES ANGLAIS. —
MINORITÉ ET RÈGNE BARROIS DE RENÉ D'ANJOU,
JUSQU'A SON AVÉNEMENT EN LORRAINE. — EPISCOPAT DU CARDINAL
DE BAR A VERDUN.

De 1420 à 1430, environ.

Ces années, où la fortune allait enfin revenir à la France, s'ouvrirent dans les humiliations et les déchirements qui suivirent la mort du malheureux Charles VI, le 20 octobre 1422. Jusqu'alors, il avait été le seul roi reconnu, nominalement du moins, par tous les partis; mais, après lui, se présenta le cas d'exécution du traité de Troyes, de 1420, en vertu duquel sa couronne devait passer, non à son fils Charles, que ce traité qualifiait de soi-disant dauphin, mais à son petit-fils Henri, fils de sa fille Catherine et du vainqueur d'Azincourt, Henri V d'Angleterre. Le soi-disant dauphin était déchu de tout droit de succession, en punition de l'assassinat de Jean-Sans-Peur, commis, disait-on, par ses ordres, ou du moins à sa complicité : et les princes, les seigneurs et les villes, soit de France, soit des pays alliés et gardés, eurent à se prononcer entre les deux prétendants. Henri V était mort quelques mois avant son royal beau-père; et le nouveau roi Henri VI, titré d'Angleterre et de France, n'était qu'un enfant de moins d'un an, au nom duquel gouvernait, comme régent, son oncle Jean, duc de Bedford, avec la puissante alliance de Philippe, duc de Bourgogne, qui s'était joint aux Anglais pour venger son père. Telle fut la situation de la France, pendant les années que nous allons parcourir dans ce chapitre.

La Ville reconnaît Charles VII.

Notre pays, de simple garde française, qui n'avait pas, comme Paris, subi la tyrannie des odieux Armagnacs, et où, en vertu des arrangements du duc de Lorraine avec le cardinal de Bar, les deux duchés devaient prochainement échoir à René d'Anjou, beau-frère de Charles VII, pencha tout d'abord du côté de ce roi Charles. On était loin de s'attendre à ce qui arriva quelques années plus tard, quand on vit René lui-même envoyer, par l'intermédiaire du cardinal, son hommage au duc de Bedford. L'histoire de la Pucelle prouve que le sentiment populaire n'était pas chez nous pour les Anglais : et, dans nos documents, on entend encore quelque écho des voix qui inspirèrent l'héroïne : ainsi, à Metz, la chronique blâme Philippe de Bourgogne d'avoir été « aidant aux Anglois contre la gentille fleur de lys » (1); et, à Verdun, dès juillet 1420, six semaines seulement après le traité de Troyes, la Ville protesta, autant qu'elle le put, contre l'exhérédation de Charles, en prenant le service, à 200 lances, de Jean Raoulet, « escuyer d'escuirie de monseigneur le dauphin, régent du royaume de France », porte cet acte (2), qui est une véritable alliance avec les dauphinois contre les Anglo-Bourguignons, dont nous étions environnés en Champagne et en Luxembourg.

(1) Doyen de St-Thiébauld, à l'an 1407, par anticipation, à propos de l'assassinat du duc d'Orléans. On voit par ce que raconte Monstrelet, liv. I. ch. 264, p. 515, du siége de Meaux, de l'an 1421, que beaucoup de seigneurs, même bourguignons, ne voulurent point y suivre le duc Philippe, parce qu'ils craignaient qu'on ne leur fît prêter serment au roi d'Angleterre, conformément au traité de Troyes.

(2) Ce traité conclu, au nom de la Ville, le 10 juillet 1420, par Gilles Paixel, chevalier, Colin Aincherin, jadis maistre eschevin, et Duesson de Loyson, tous trois citains et gouverneurs des guerres de la cité de Verdun. Raoulet s'engage à servir à 200 lances, ou moins, au gré de la cité, chaque lance « à trois chevaux, dès et si longtemps qu'il en sera requis par lesdits gouverneurs des guerres, moyennant, par mois, 50 francs à lui pour son estandard, et un demi-franc pour chacune de ses lances, en comptant 24 gros de France pour le franc ». On voit que le franc de France, évalué alors 24 gros (d'argent), était, nominalement du moins, double du franc barrois, pour lequel on ne comptait que 12 gros. — Il est parlé de ce Jean Raoulet dans Monstrelet, liv. II. ch. 17, p. 555, à l'an 1424 : « En cet an s'assemblèrent sur les marches de Champagne La-Hire, Jean Raoulet, et aucuns autres capitaines, tenant le parti du roi Charles, avec grand nombre d'autres gens, lesquels ils menèrent et conduisirent sur les marches d'Ardenne et de Rethelois, etc. »

Dans une pièce, que nous citerons ailleurs, de l'an 1445, nous verrons Charles VII lui-même, tout hostile qu'il nous fût alors, pendant son invasion des Trois-Evêchés, reconnaître « qu'après le décès et trespas de son feu seigneur et père, et dans l'an d'icelui trespas », était venue à lui, à Bourges, une députation des gouverneurs, conseil, citains, université et communauté de Verdun, lui demandant, à son avénement royal, renouvellement de la garde rétablie par son père, en 1396 : ce qui était formellement le reconnaître lui-même pour vrai successeur à la couronne; et les lettres qu'il donna de cette rénovation de garde existent encore, datées de Bourges, 10 janvier 1422 (1423 av. P.), trois mois seulement après la mort de Charles VI (1). Ces lettres, comme les précédentes, chargeaient le bailli de Vitry de la protection de notre ville; mais, en fait, elle

(1) Pour l'acceptation officielle de ces lettres, on tint une assemblée générale de Commune, ainsi qu'il avait été fait pour l'acceptation de celles de Charles VI. « Les jurés, justice, citains, bourgeois, habitans, université et communauté de la cité de Verdun. Comme naguierres ayens envoyé par devers très-hault et très-excellent prince le roi de France, notre sire certains nos procureurs et messaiges, pour lui prier, supplier et requérir humblement que, comme ayens esté d'ancienneté en la protection et saulvegarde d'aucuns et plusieurs ses prédécesseurs rois de France, et, par espécial, de feu du digne mémoire le roi Charles, son père et son darrien prédécesseur, cui Dieu absolve! il lui pleust, de sa grâce et bénignité, nous et notre cité, les bourgs, ban, banlieue et tous nos biens prenre et recevoir en son espéciale protection et saulvegarde : et il soit ainsi que ledit seigneur, inclinant libéralement sur ce, nous ait ottroyé ses lettres patentes, dont la teneur s'ensuit de mot à mot, et est telle : Charles, par la grâce de Dieu roi de France (suit la reproduction des lettres de 1396). Par le roi en son grant conseil, auquel estoient l'archevesque de Sens, les évesques de Valence, de Laon, de Maillezais, de Séez, le grant maistre d'hostel, maistre Juhan de Vailly, premier président du Parlement, etc. Donné en notre cité de Bourges, le x° jour de janvier, l'an de grâce 1422 (23 av. P.). — Savoir faisons que nous, pour cette cause principalement et espécialement convoqués, appelés et assemblés au Palais de notredite cité par la manière accoustumée, de bon advis et par meûre délibération, advouons, consentons, avons pour agréable tout ce entièrement que par nosdits procureurs et messaiges, a esté fait et besoigné, etc. ; et avons fait mettre le grant séel de notredite cité en ces présentes lettres faites et données le 1er jour du mois de mars, l'an de grâce Notre Seigneur 1422 (23 av. P.) — Pour la censive des 500 livres tournois, l'évaluation est, comme dans les lettres de Charles VI : franc d'or pour vingt sous tournois.

avait bien peu à attendre de ce bailli, qu'à Vitry même La-Hire maintenait difficilement contre les Anglais, lesquels finirent par l'expulser, en 1424; et alors ils établirent, à sa place, « pour la bande de Bourgogne contre le roi », disent les chroniques messines, un personnage que nous connaissons déjà, Henri de Latour, qui fut nommé à Vitry par le grand gouverneur anglais de Champagne, Thomas de Montagu, comte de Salisbury.

Au milieu de ces troubles, arriva la majorité d'âge de René, duc de Bar. Il était né au commencement de 1409, et devait, aux termes des derniers arrangements, du 23 octobre 1420, entre le cardinal de Bar et le duc de Lorraine, rester en gouvernement de celui-ci, « jusqu'à ce qu'il fust aagié de 15 ans, ou plus avant, s'il plaist à nous deux », avaient dit les deux contractants; mais il ne paraissait pas que le cardinal, qui trouvait qu'on prenait bien à la rigueur son acte d'abdication, fût disposé à accorder cette prolongation de tutelle lorraine. Alors le duc Charles, entrant en méfiance, soupçonna notre prélat de vouloir tirer à lui René, quand il serait majeur, pour régner, sous son nom, et de s'être fait transférer, dans ce but, à l'évêché de Verdun, afin de s'entendre de là avec les Barisiens, fidèles à lui cardinal, dernier descendant de leurs anciens princes. Pour obvier à ces éventualités, Charles, quand il vit son pupille accomplir sa 14ᵉ année, après laquelle il devait être légalement duc de Bar, entreprit d'annuler le cardinal à Verdun, en se faisant donner à lui-même, par la Ville, le 20 août 1423, acte qu'elle se mettait en garde lorraine spéciale de lui duc Charles, pour tout le temps de sa vie, non pas seulement pour le temps qui restait à courir de son administration barroise, comme tuteur de René : et nos citains qui, en ces temps d'anarchie, ne savaient à quel protecteur recourir firent volontiers cet arrangement, duquel il résulta que, jusqu'à l'avénement de René en Lorraine, il y eut à Verdun, un gardien lorrain, distinct de

Majorité et avénement de René en Barrois.

l'ancien gardien barrois (1) : de sorte que, l'an suivant, quand on renouvela le traité ordinaire avec René prenant possession officielle de son duché de Bar, la Ville eut à ajouter aux deux réserves qu'elle faisait habituellement de la garde « des très-redoutés seigneurs le roi de France et le duc de Luxembourg », une troisième exception en faveur de très-noble et puissant prince monseigneur Charles, duc de Lorraine, en garde desquels nous sommes, dit l'acte daté du 16 septembre 1424, et lesquelles gardes voulons demorer en leur force ».

<small>Le cardinal transféré à Poitiers.</small>

Il se passa alors des incidents dont nous ne pouvons expliquer les causes, faute de connaître les mobiles des personnages, mais qui furent tels que le cardinal quitta momentanément l'évêché de Verdun, où peut-être ses relations avec les Lorrains devenaient mauvaises; et, ayant pris la sûreté d'y mettre une sorte de confidentiaire, chargé de le lui remettre en temps opportun, il se fit donner la mense de Poitiers, pour s'en défrayer dans l'intervalle. Ces sortes d'arrangements, bien que non inspirés par l'esprit des saints canons, n'étaient cependant pas impraticables à un prince aussi haut placé que lui : et l'usage qui, à vrai dire, tournait de plus en plus à l'abus, devenait qu'au sujet des bénéfices, il y avait de grands priviléges de faveur pour les cardinaux, vu la splendeur nécessaire à

---

(1) Ce gardien lorrain fut Errard du Châtelet. D. Calmet, Généal. du Châtelet, p. 41. — « Lettres de Charles duc de Lorraine, par lesquelles il prend la ville de Verdun en sa garde et protection, pour sa vie en qualité de duc de Lorraine, et, en qualité de mainbour et gouverneur de son fils le duc de Bar, marquis du Pont, comte de Guise pour le temps seulement qu'il exercera cette charge de mainbournie; envers et contre tous, à l'exception du pape, de l'empereur, du roi de France, des personnes de son lignage, et de celles avec lesquelles il avoit alliance avant la date de ces présentes, savoir son frère le cardinal de Bar, son cousin le duc de Luxembourg, sa cousine la comtesse (douairière) de Ligny et St-Pol (Bonne de Bar), et les cités de Metz et de Toul; et s'engage à députer un sous-gardien résidant à Verdun; le tout moyennant 500 florins d'or pour lui, et 80 pour ledit sous-gardien, le florin évalué 10 gros, monnoie coursable à Verdun. Du 20 août 1423. Notification ducale aux officiers du duché, même date ». Extraits de D. Colloz.

leurs éminences, et les services qu'ils étaient censés rendre à l'église universelle. Poitiers fut cédé à Louis de Bar par un de ses anciens du sacré collége, Simon de Cramaud, prélat jadis notable en haute diplomatie ecclésiastique, mais devenant vieux et songeant à son estament. On ne sait ce que notre cardinal fit en cet évêché, ni même s'il y alla jamais, tant sa place est difficile à y apercevoir sur la liste chronologique des évêques (1). Pour le confidentiaire bon à occuper Verdun en son absence, il le trouva, de concert probablement avec les Anjou, en un certain

(1) Roussel, p. 370, reproduisant une erreur de l'ancien *Gallia christiana* des Sainte-Marthe, dit que Louis de Bar fut évêque de Poitiers en 1391, par conséquent avant son épiscopat à Langres; mais, observent les Bénédictins du nouveau *Gallia*, t. II, p. 1196, *errant Sammarthani quantum ad tempus: anno enim* 1391, *Ludovicus d'Orléans* (l'erreur des Sainte-Marthe vient de ce qu'ils ont confondu ce Louis d'Orléans avec Louis de Bar) *episcopus erat Pictaviensis; nec videtur ab hac sede migrasse ante annum* 1394, *quo electus est episcopus Belvacensis*. Cependant, tout en constatant cette erreur de date, ils laissent (tant sont confuses les chronologies épiscopales en ces temps de translations, permutations, administrations dites perpétuelles) le nom de Louis de Bar en cet endroit du catalogue de Poitiers; mais on voit qu'ils ne savent comment intercaler cet épiscopat entre ceux de Louis d'Orléans et d'Ythier de Mareuil, et ils ne trouvent absolument rien à en dire. Plus loin, à l'article de Simon de Cramaud, ils croient (*putamus*) qu'il garda l'administration de Poitiers jusqu'en 1424, où il eut pour successeur Hugues de Combarel, transféré de Béziers, par bulles de Martin V, du 16 des calendes de mars 1424. L'éclaircissement de ces obscurités se trouve à l'article des évêques de Béziers, dans ce même *Gallia christiana*, tom. VI, p. 357, où il est dit de Guillaume de Montjoie : *Guillelmus, filius Ludovici de Montjoie, qui anno* 1389 *erat prorex, seu magnus justitiarius in regno Neapolitano pro rege Ludovico, à Virdunensi ad Biterrensem ecclesiam transfertur à Martino V, bullâ datâ* XVI *kalendas martii, pontificatûs anno* VII (1424). Il résulte de cette bulle que Guillaume de Montjoie fut transféré de Verdun à Béziers en 1424 : par conséquent, on eut à Verdun, en 1423, un autre titulaire légal que le cardinal de Bar; et cette date, fournie par la bulle, coïncidant avec celle de la conclusion capitulaire rapportée par Wassebourg, au sujet du vacant, on ne peut placer en 1391 l'épiscopat de Louis de Bar, à Poitiers : d'ailleurs, en cette année 1391, il n'était encore qu'un enfant. — Les Bénédictins, finissant par se perdre eux-mêmes dans ces complications, disent, à l'article des évêques de Verdun, *Gall. christ.* XIII, p. 1231, que, vers 1422, le cardinal de Bar dut être promu « à quelque autre évêché », *ad alium quemdam episcopatum*, et que le Chapitre élut alors Guillaume de Montjoie : ce qui, ajoutent-ils, brouilla gravement les chanoines avec le cardinal. Mais cette brouille ne fut pas grave; et, loin d'avoir pour cause l'élection de Montjoie, elle vint au contraire du refus du Chapitre de le reconnaître

Guillaume de Montjoie, dont le père avait été vice-roi, ou grand justicier du royaume de Naples, sous Louis II d'Anjou; et on donna, à Rome, à ce Montjoie pareilles bulles d'administration, censée perpétuelle, de Verdun qu'avait eues le cardinal : mais il s'éleva une grande contradiction de la part du Chapitre qui, depuis qu'il était aux droits de l'ancienne princerie, voulait s'attribuer tous les fruits des vacants. Comme on ne lui notifia pas très-officiellement les arrangements, assez peu avouables, dont nous venons de parler, il prit, ou feignit de prendre au sérieux la translation du cardinal à Poitiers : et, dès le premier bruit qui s'en répandit, il s'empara de la mense, sans vouloir connaître ni Montjoie, ni ses bulles, sans en faire jamais la moindre mention, absolument comme si ce survenant n'eût pas existé :

A tous ceux, etc. Nous Chapitre, etc., faisons savoir que toutes et quantes fois que l'éveschié de Verdun est vacant, le gouvernement dudit éveschié, tant en spirituel que en temporel, nous compète et appartient de droit. Et, comme il soit ainsi que, de présent, icelui éveschié soit vacant, pour cause de la nouvelle (c'est-à-dire récente) promotion de très-révérend père en Dieu et très-redoubté seigneur monseigneur le cardinal de Bar à l'éveschié de Poictiers, savoir est que nous ordonnons, etc... Datées de l'an 1423 (1).

L'évêché se trouvant ainsi saisi, Montjoie fut au dépourvu; et il ne vint pas, ou, s'il vint, il ne put rien faire : de sorte qu'il n'existe trace de son administration que dans les bulles qui la lui conférèrent. Le cardinal dut trouver fort mauvaise cette conduite du Chapitre, qui troublait ainsi ses arrangements; et il se réserva sans doute de demander compte de ce vacant, de la manière plus ou moins

(1) Sans indication de mois, dans Wassebourg, p. 471, verso. Il dit, un peu plus loin, pour substance de cette affaire, « que d'ancienneté et temps immémorial, les fruits de *sede vacante* appartenoient au princier d'icelle église, et, partant, devoient appartenir audit Chapitre, à raison de ladite union : de quoi le cardinal forma querelle, en répétant lesdits fruits, et disant qu'ils se devoient réserver à lui, et en demandoit compte et restitution ».

légale dont on l'avait fait intervenir, et de la recette dont la mense épiscopale se trouvait frustrée : mais le moment de la majorité de René approchant, il crut devoir, avant tout, venir en personne mettre un terme à un si étrange provisoire ecclésiastique. Par nouvelles transactions en cour de Rome, Poitiers fut laissé à Hugues de Combarel, évêque de Béziers, lequel, en échange, laissa Béziers à Guillaume de Montjoie; et Verdun se retrouvant ainsi vacant, le cardinal le reprit, après néanmoins avoir usé de ses prérogatives cardinalices en retenant une pension de mille livres, soit sur Poitiers, soit sur Béziers, à son choix (1). Il arriva à Hatton-Châtel dans les premiers jours de mai 1424; et, pour en finir sur le champ avec le vacant du Chapitre, il envoya les abbés de Saint-Vanne Etienne Bourgeois, et de Saint-Paul Habrand de Mambres, prendre possession en son nom : ce qui fut fait, dit l'acte, le 31 mai 1424, avec grande courtoisie et soumission des capitulants; et on voit, en cet acte, que l'évêque, à son avénement, instituait, ou réinstituait l'official et les notaires registrateurs de la cour de Verdun (2). A la Ville, le 18 de ce même mois

Son retour à Verdun.

(1) Il la mit sur Poitiers, et fit signifier son option au nouvel évêque Hugues de Combarel, le 18 avril 1424. Le *Gallia christiana*, qui nous apprend ce fait, s'en sert pour fixer la date de cet évêque Hugues, à Poitiers.

(2)... *Dicti autem domini Capitulum, præfatis litteris apostolicis sic auditis, habitâ priùs inter ipsos maturâ deliberatione, per vivæ vocis oraculum venerabilis Nicolai Turpin, in absentiâ decani præsidentis, prædictum reverendissimum dominum Ludovicum, miseratione divinâ episcopum Portuensem, S. R. E. cardinalem Barrensem, benignè et gratanter in patrem et ecclesiæ ac episcopatûs Virdunensis perpetuum administratorem receperunt et admiserunt, per traditionem unius bireti, ac in sedili in et juxtà chorum, per dictum dominum Nicolaum Turpin, installari mandârunt et fecerunt. Præfati domini procuratores abbates, in dictum sacrarium reversi, de observandis juribus, statutis et ordinationibus dictæ ecclesiæ ac episcopatûs et Capituli, in animam ejusdem domini cardinalis juramentum solemne, ad sancta Dei evangelia, per tactum sacrarum relliquiarum ibidem existentium, secundùm dicti juramenti formam et tenorem in quodam notabili evangeliorum libro inscriptam, et per ipsorum utrumque prolatam præstiterunt; protestatique nihilominùs fuerunt dicti domini capitulantes quòd, cùm posteà reverendissimus dominus cardinalis veniet in propriâ personâ, in ipsâ ecclesiâ faciet et præstabit, prout sui prædecessores, solitum juramentum. Quibus sic peractis, prædicti domini canonici capitulantes, cum præfatis dominis procuratoribus, magistro Nicolao Trousson, etiam cùm prædictis abbatibus*

de mai, il institua le Nombre de justice, et fit mettre la Charte de Paix en son nom (1). Toutes ces choses s'étant passées en fort bon accord, il céda et transigea, soit sur l'affaire du vacant, soit avec la Ville, pour de vieilles dettes et obligations qu'elle avait envers l'évêché : et son épiscopat continua ainsi, « par voies amiables, dit Wassebourg, et toujours en bonne paix et douceur » : de sorte que le cardinal n'eut jamais de querelle avec les Verdunois ; et ils le suivirent, lui et son neveu René, dans toute la politique que ces deux princes jugèrent à propos d'adopter (2).

procuratori, domûs episcopalis, per ejusdem realem ingressum, per traditionem clavium primi ostii, possessionem actualem et realem tradiderunt, cum totali domo et bonis ejusdem episcopo et episcopatui pertinentibus. Et ibidem dicti domini abbates, procuratorio quo suprà nomine, venerabilem et circumspectum virum magistrum Johannem Tinctoris, in artibus magistrum et in utroque jure baccalaureum, præsentem et acceptantem, in officialem Virdunensem constituerunt. Post hæc, domini canonici Nicolaus Turpini, Petrus Gerardi et Joannes Arnulfi, ipseque officialis Virdunensis proficiscentes ad domum Henrici de Vicinis burgensis Virdunensis, extrà Castrum, ad ostium ipsius domûs, sigilla curiæ Virdunensis prædictis dominis procuratoribus tradiderunt, quæ custodienda commisit prædicto Henrico præfatus magister Nicolaus Trousson. Postremò, dicti domini procuratores, discretos viros magistrum Gerardum de Virduno, Duessonum Petrum et Bertrandum de Barro, itidem præsentes, et Joannem Petri absentem, curiæ Virdunensis notarios registratores, sive promotores curiæ Virdunensis, et eorum quemlibet, receptis juramentis præsentium, constituerunt et ordinârunt, usque ad ejusdem reverendissimi in Christo patris beneplacitum. De quibus omnibus indè petierunt in Registro huic fieri publica instrumenta, etc. — L'acte est daté du dernier jour de mai 1424, *in sacrario ecclesiæ Virdunensis*; mais la procuration du cardinal, *per patentes litteras, sigillo impendente et cerâ rubrâ sigillatas, signo manuali Matthæi de Tribolid signatas* était datée d'Hatton-Châtel 10 mai; et la requête en Chapitre fut faite *per magistrum Gerardum Huguet, ejusdem domini cardinalis cancellarium*.

(1) « Connue chose soit que, comme nous universitei des citains de Verdun eussiens rendu à notre seigneur Loys, par la grâce de Dieu cardinal de Bar, administrateur perpétuel de l'éveschié de Verdun, toute la justice et la seignorie temporelle de la citei (Suit la teneur de la Charte de Paix) ..; et li wardours de la paix se peuvent, se doient entremettre de warder et défendre monsseigu' l'administrateur dessusdit, ainsi comme les lettres le dient... faites et seelleies dou séel monseigh' Loys, par la grâce de Dieu administrateur de l'éveschié de Verdun, et dou séel de la citei de Verdun, l'an mil cccc vingt-quatre, le xviii° jour dou mois de mai ». Il existe une autre expédition de la Charte de Paix, au nom du cardinal de Bar, datée du 20 mai 1426.

(2) Avec la Ville, sa transaction (dont on n'a pas le texte) se fit moyennant une redevance annuelle de 130 francs, ou, comme on disait alors, de

On était, en ce moment, au plus périlleux de la guerre de cent ans, les Anglo-Bourguignons achevant la conquête de la Champagne; et le duc Charles, ainsi que René, étant tellement effrayés d'eux qu'ils n'osèrent aller en Picardie contre Jean de Luxembourg, qui prit alors à René son comté de Guise, sans la moindre opposition ni de lui, ni de son beau-père, « pour doubte, dit Monstrelet, d'attirer en leur pays la guerre du jeune roi d'Angleterre et du duc de Bourgogne » (1). En Champagne, dès 1417, Châlons et Reims s'étaient donnés à Jean-Sans-Peur : en 1423, les Anglais, arrivant à nos frontières, tombèrent sur Sainte-Ménehould si brusquement, le jour même de la fête patronale, qu'ils trouvèrent, dans les maisons, le banquet tout préparé, et comme servi pour eux (2); enfin, au mois de septembre 1424, La-Hire fut obligé de leur rendre Vitry, avec les autres places qu'il tenait aux environs. Charles VII s'était enfui au midi de la Loire; on ne voyait plus, au nord, pour sa fleur de lys, que des capitaines isolés et pourchassés par les Anglais, qui se proposaient, après avoir détruit ces bandes, d'aller prendre Orléans et son beau pont, d'où ils iraient, au-delà du fleuve, à leur aise, expulser le roi de Bourges de ses dernières provinces. Ainsi étaient les choses, quand René, âgé de quinze ans, prit possession personnelle de son duché de Bar, le 4 août 1424 : et peut-être eût-il bien fait de rester encore, comme le permettaient les articles de 1420, sous la tutelle du duc Charles, et d'a-

Les Anglais sur nos frontières.

Le cardinal et René leur font hommage.

six-vingt dix francs, en gros de Metz ou de Verdun, payables par le receveur de la cité, le lendemain de Noël. Le receveur Christophe Watron, en 1498, évalue chacun de ces francs à 14 gros : ce qui faisait sept-vingt-onze (151) francs 8 gros en monnaie coursable de son temps, ou, ajoute-t-il, 227 livres 10 sous verdunois. On voit que la livre de compte verdunoise était faible. Un siècle environ plus tard, lorsqu'on ne comptait plus que par francs barrois de 12 gros (de cuivre), la redevance est évaluée neuf-vingt-dix, ou 190 francs. Registre de la Ville, 2 et 3 novembre 1578.

(1) Monstrelet, liv. II, ch. 17. Les assiégés de Guise se rendirent vers la mi-septembre 1424, ayant plusieurs fois, et inutilement, notifié leur péril à Regnier, duc de Bar, leur comte, et au duc de Lorraine, son beau-père.

(2) Buirette, Hist. de Ste-Ménehould, p. 168.

journer ainsi la question délicate de son hommage à la couronne de France, dans l'an de son avénement; mais, cet avénement fait, il ne lui fut plus possible, à cause du Barrois mouvant, de biaiser entre son beau-frère le roi de Bourges, et le roi anglais de Paris Henri VI, celui-ci le plus fort, pour le moment. Il se tourna, bien qu'à regret sans doute, du côté de ce plus fort; et tel dut être aussi l'avis du duc Charles : car, à toutes les grandes craintes que lui inspiraient alors les Anglo-Bourguignons, s'ajoutait celle-ci, fort grave également, qu'Antoine de Vaudémont, son neveu, et prétendant masculin à sa succession, avait pris leur parti, dès 1422, dans le but, facile à pénétrer, et qu'il faillit atteindre après la mort de Charles, de ruiner, à l'aide de leur puissance, toute l'œuvre de la succession Lorraine et Bar, par Isabelle et son mari René. Ces considérations semblant prépondérantes, et la décision ayant été prise en conséquence, on trouva cependant dur d'envoyer en personne le jeune beau-frère de Charles VII faire serment de foi et hommage à Henri VI d'Angleterre; et le cardinal, qui avait lui-même à rendre hommage des seigneuries françaises de sa légitime, fut chargé, pour son neveu, de cette pénible commission, dont il rapporta l'acte suivant, qui s'est retrouvé, non, comme on le pense bien, dans les archives lorraines, mais dans celles de France, du temps de la domination anglaise :

Henri, par la grâce de Dieu roi d'Angleterre et de France... savoir faisons que, par considération de ce que notre chier et très-amé le cardinal de Bar, tant pour lui et pour ses terres et seigneuries qu'il tient de notre royaume de France, comme pour et au nom de notre chier cousin et amé le duc de Bar, son neveu, et des terres et seigneuries qu'il tient de nous audit duché de Bar, par vertu du pouvoir donné en ceste partie par lettres d'icelui notre cousin le duc de Bar, nous a cejourd'hui, ès mains de notre très-chier et amé oncle Jehan régent notre royaume de France, duc de Betford, fait la foi et hommage que iceulx nos cousins estoient tenus nous faire, comme leurs prédécesseurs ont accoustumé de faire, ès temps passés, à nos prédécesseurs rois de France... Accordons et promettons par ces présentes bonnes amitiés, union, voisinage, concorde et communication estre et demorer d'ores en avant entre nos subjets au royaume de France et iceulx desdits pays de Barrois, non compris en ce les consentans et coulpables de la mort de feu notre cousin le duc de Bourgogne, dernièrement trespassé (Jean-sans-Peur)... 5 mai 1425. (1).

René, dans la rétractation qu'il fit de cet hommage, le 3 août 1429 (2), avoua qu'il avait, par ses propres lettres patentes sur ce envoyées au duc de Bedford, approuvé, confirmé et ratifié cet acte, et reconnu ce qu'avait fait son oncle en son nom ; mais on voit par cette date même d'août 1429, qu'il attendit, pour changer d'avis, que le roi eût été sacré à Reims, après les exploits de la Pucelle, à laquelle d'ailleurs ni lui, ni le cardinal, ni le duc de Lorraine n'aidèrent en rien, bien que, suivant les auteurs lorrains, elle fût née leur sujette. Ils n'en furent, du reste, guère mieux en paix ; car, malgré les bonnes amitiés, union et concorde anglaises à eux accordées en récompense de leur hommage, ils ne cessèrent d'être aux prises avec leurs anciens ennemis Jean de Luxembourg et Antoine de Vaudémont, et, en outre, avec les capitaines français qui tenaient pour Charles VII. Dans ces hostilités ils entraînèrent malheureusement notre ville, qui fut, pendant quatre ans, anglo-bourguignonne à leur suite, de fait du moins, et parce qu'elle les avait pris pour gardiens, savoir le duc de Lorraine, en 1423, comme nous l'avons vu, et René, par la rénovation

---

(1) Cette pièce, tirée du Trésor des chartes, Archives du royaume, tom. VIII, n° 27, est dans l'Hist. de René d'Anjou par Villeneuve-Bargemont, tom. I, p. 398. La date est bien 5 mai 1425, non 10 juillet 1429, comme le dit D. Calmet; et cette date de 1425 est en bon rapport avec les circonstances : car l'avènement de René étant d'août 1424, c'était dans le cours de l'année qu'il devait hommage. Il n'est guère probable que, l'ayant différé pendant le temps de la plus grande puissance des Anglais, il se soit décidé à le rendre le 10 mai 1429, lorsque la Pucelle avait déjà fait lever le siège d'Orléans : au reste il est possible que le duc de Bedford ait alors demandé de nouvelles assurances de fidélité.

(2) Cette rétraction, dans Villeneuve, ibid. p. 401. Nous la rapporterons ci-dessous.

ordinaire du traité barrois, à son avénement, en 1424 (1).

La Ville entraînée dans le parti anglo-bourguignon.

La confusion fut grande en ces années de défection; et il est difficile de s'y intéresser beaucoup à nos personnages. René, au mois d'août 1425, quelques semaines seulement après son hommage anglais, écrivit de Stenay à la Ville qu'il était en route « pour grever et dommaigier La Ferté; en aide de quoi il priait les Verdunois, sur tous les plaisirs et services qu'ils désiraient lui faire, de lui amener, le plus tôt possible, leur grosse bombarde, et tout le trait (artillerie et engins) gros et menu de leur cité » (2); et cette expédition coïncida avec une autre du duc Charles, qui prit en ce temps même une forteresse nommée Riaulcourt (3). A ces

(1) Cette rénovation, en date du 16 septembre 1424, un mois environ après l'avénement de René, et pour tout le temps qu'il sera duc de Bar. Il s'y qualifie : « René fils de roi de Jhérusalem et de Sicile, duc de Bar, marquis du Pont, comte de Guise ». Présents, monseigneur le comte de Salm, Joffroy d'Aspremont, Jehan de Wautronville (Watronville), Robert de Harouel, Franque de Housse. Les 500 florins de la censive, évalués 10 gros pièce, monnoie coursable en Verdun. Il nomma sous-gardien Arnould de Sampigny; le gardien lorrain du duc Charles étant, comme nous l'avons dit, Erard du Châtelet. Ces gardiens s'acquittaient par lieutenants de leur devoir de résidence, comme on le voit par une lettre du 31 décembre 1427 de cet Arnould de Sampigny « à honorables seigneurs et soiges les jurés de la cité de Verdun, mes très-chiers et espéciauls amis », portant prière de payer les 80 florins à lui échus, à Noël précédent, « à mon bon ami Simonin Lambert, jadis maistre eschevin, votre concitain, mon lieutenant de gardien. »

(2) « De par le duc de Bar, marquis du Pont, comte de Guise. Très-chiers et bien amés, nous sommes venu naguières ès marches de par deçà; et, pour ce que notre intention est de nous traire devant La-Ferté pour la grever et dommaigier, comme ja escript vous avons, vous prions et requérons que nous vueilliez envoyer tout ce de gens d'armes et de trait que avoir et faire pourrez, et nous amener votre trait gros et menu, votre grosse bombarde : et ce vueillez faire le plus tost que vous pourrez, et que tout soit prest tout fourni, comme il appartient, aux jour et lieu que vous diront nos féaulx conseillers Robert de Harouel, Jehan de Saint-Loup, et maistre Jehan de Bouillon, lesquels avons de ce enchargiés, et aultres choses vous dire de par nous, lesquelles bonnement escrire ne povons; et ne nous en faillez sur les services et plaisirs que faire nous désirez. Notre-Seigneur soit garde de vous. Escript à Sathenai, le xve jour d'aoust mil IIII^c vingt-cinq. A nos très-chiers et bien amés les jurés, justice, conseil de la cité de de Verdun, et chacun d'eux. »

(3) « En celle année 1425, Charles duc de Lorraine, et René duc de Bar son gendre prinrent le chastel de Rinaulcourt, et l'abattirent; et encore,

faits d'armes semble se rapporter une lettre postérieure de René, dans laquelle il remercie Georges de Nettancourt, jadis bailli de Bar, de ce que maintes fois il a prêté sa maison forte de Vaubecourt aux garnisons qui, dit le duc, défendaient là notre pays contre Eustache de Vernancourt, lors notre ennemi à Passavant » (1). Rinaulcourt doit être par conséquent le lieu de Riaulcourt, où il y avait une forteresse près Vaubecourt; quant à Eustache de Vernancourt, que nous retrouverons plus loin, c'était le prévôt de Charles VII à Passavant, près Sainte-Ménehould : et à ce prévôt appartenait, en propriété particulière, une seigneurie à La-Ferté-sur-Chiers, vers Ivois. Comme les Français, ayant perdu Sainte-Ménehould, se maintenaient à Passavant, « moult belle forteresse », dit le doyen de St-Thiébauld, en racontant sa destruction en 1433, il est probable que le prévôt Vernancourt fit de là des courses en Barrois, pour punir René de sa défection : et les deux ducs lui résistèrent, celui de Lorraine en se postant vers Vaubecourt, et René en allant lui détruire sa seigneurie de La-Ferté; mais nos princes ne s'avancèrent ni l'un ni l'autre jusqu'à attaquer directement Passavant; ce qui eût été guerre déclarée à Charles VII ; et ils prirent le biais de considérer purement et simplement son prévôt Vernancourt comme un de ces bandits qu'on appelait alors Sacquemains, qui, dit Monstrelet, se mettaient tantôt d'un parti, tantôt de l'autre, pour piller sur tout le monde sans distinction. Malheureusement, presque tous les capitaines de ce temps étaient des Sacquemains, les uns plus, les autres moins.

L'affaire de Baleicourt revint en ce moment faire diversion aux autres troubles, Philippe de Norroy perdant patience au milieu des atermoiements du duc Charles, et trouvant d'ailleurs bonne occasion, dans le chaos où l'on

Reprise de l'affaire de Baleicourt.

---

ladite année, le duc René de Bar print La-Ferté, et destruit les murs d'icelle. » Doyen de St-Thiéb.

(1) Cette lettre, du 3 novembre 1428, dans l'Hist. de René d'Anjou par M. de Villeneuve, tom. I, p. 64, note.

était, d'ameuter contre la Ville tous les ennemis qu'elle avait, ou qu'on pouvait lui susciter. La dernière prolongation de trève était du 23 mars 1425 (26 av. P.) : et il y avait eu, avant l'expiration fixée au 22 mai suivant, une journée amiable en l'hôtel ducal à Nancy ; mais cette journée, de même que les précédentes, n'aboutit à rien ; et le duc n'ayant pu mettre l'accord de bonne grâce, déclara qu'il ne restait plus qu'à en venir à plaid et à droit, toujours en son hôtel. Philippe refusa d'abord, puis consentit ; et les Verdunois, allant toujours au rebours de lui, consentirent, puis refusèrent : sur quoi il leur envoya ses nouvelles lettres de défi, qui furent bientôt suivies de celles de tous ses alliés. La cité pria alors le duc de défendre aux chevaliers de sa mouvance de se mêler de cette attaque ; mais Charles répondit, le 18 mai 1426, qu'il n'était tenu à rien envers la partie refusant son jugement à droit (1). Voici les lettres de défi, par lesquelles on verra comment se faisait alors une déclaration de guerre :

(1) Sa lettre ne s'est conservée que fort endommagée ; et le commencement en est illisible. « Le duc de Lorraine et marchis. Chiers et grands amis, nous avons reçeu les lettres que... avez données en date le vii mai, contenantes plusieurs points touchant le débat estant entre vous et messire Philippe de Noueroi... ; et priez et requiérez, par la fin de vosdites lettres, que, par vertu de la (saulvegarde) que avons promise, plaise à nous faire mettre jus la guerre de nos hommes et subjets qui pour ledit messr Philippe vous ont deffiei... Or est ainsi que ja pieçà, pour ce que ledit messr Philippe fuit refusant de venir à jour et à droit en nostre hosteil, à l'encontre de vous, feismes faire commandement à tous nos hommes et subjets de non aidier ledit messr Philippe, et mettre jus l'œuvre de fait ; mais depuis, ledit messr Philippe a offert dont avez esté refusans ; et meismement, à la journée amiauble qui darriennement a esté tenue, au lieu de notre ville de Nancei, ont esté refusans et n'y ont voulu condescendre les gens qui de par vous sont esté à ladite journée. Et pour ce, chiers et grands amis, entendu les offres et présentations dudit messr Philippe, ne seroit mie chose à nous bienséant de faire défense à nos hommes et subjets de mettre jus ladite guerre ; et toutes fois, se encore voulez venir à jour et à droit en notre hosteil, pareillement que ledit messr Philippe s'y offre, nous ordonnerons à nos hommes et subjets de mettre jus l'œuvre de fait à l'encontre de vous ; et, en cas que alnsi faire ne le volrez, pourrez rescrire ainsi comme bon vous semblera à nos hommes et subjets, pour savoir leur volunté. Nofre Seigneur soit garde de vous. Escript à Nancei, le dix-octiesme jour du mois de mai mil iiiie vingt-seix. A nos chiers et grands amis les jureis de la citei de Verdun.

PÉRIODE DE LA GUERRE DE CENT ANS.

« Lettre de Philippe de Noueroi, chevalier, au maistre eschevin, justice et toute la communauté de la cité de Verdun. Attendu qu'ils ne se soucient de lui faire justice, etc. ; et lui ont escript plusieurs vilaines et injurieuses paroles touchant son honneur, et le menacent tout ouvertement, il leur envoie des lettres de défi, nonobstant lesquelles il leur offre d'en tenir en l'hostel de l'empereur, leur seigneur, ou du duc de Lorraine, pour faire connoistre son bon droit. Donné sous son séel, le vendredi 5 juillet (1).

« A vous le maistre du Nombre (maître échevin), justice et communaultei de la citei de Verdun, Je Simon des Hermoises, seigneur de Fléville, vous laisse savoir que mon très-chier et amé cousin messire Philippe de Noueroi, chevalier, est venu devers moi, et m'ait prié et requis, à cause de linaige (parenté), que je le vueille suivre à la guerre que vous lui faites. De laquelle chose je m'eusse trop volontiers excusei, pour l'honneur et amour de vous ; mais bonnement ne l'ai pu, ne le puis. Pour ce, vous laisse à savoir, par ces présentes, que je suivrai et recepterai mondit cousin à l'encontre de vous et de tous vos suivans et aidans, toute la guerre durant que avez l'un contre l'autre présentement. Et, pour m'en acquitter et warder mon honnour envers vous, vous envoie ceste présente séellée de mon séel, le deuxiesme de septembre, l'an iiii^c et xxvi.

Défis des alliés de Philippe de Norroy.

« A vous le maistre du Nombre, justice et communaultei de la citei de Verdun, Je Collart des Hermoises vous laisse savoir que je suis tant tenu à mon très-chier et amé cousin messire Philippe de Noueroi, chevalier, que je le suivrai à l'encontre de vous et de tous vos aidans en ceste présente guerre que vous faites en l'encontre de lui ; et, pour warder mon honneur, vous envoie ceste présente deffiance séellée de mon séel, faite et donnée le mercredi devant la Notre-Dame en septembre, l'an iiii^c et xxvi.

« A vous le maistre du Nombre, etc., Je Jehan de Serocourt et Pierre Larchiet (d'Argiers?), et Henri de Condé, et Bueflot le bastard de Buxei, et Jean de Saint-Mihiel, vous laissons à savoir que sommes tant tenus à notre très-chier seigneur et maistre mess^r Philippe de Noueroi, chevalier, etc. (comme dans la précédente) ces présentes lettres de deffiance séellées du séel de moi Jehan de Sercourt dessusdit, 2 septembre 1426.

(1) Le 5 juillet fut un vendredi aussi bien en 1420 (lettres dominicales G F) qu'en 1426 (lettre dominicale E). Si on rapporte cette lettre à 1420, ce sera le défi de Philippe après la ruine de Baleicourt, le 22 février précédent.

« A vous le maistre du Nombre, etc., Je Morice de Smazanne (Somme-Azanne)... que je suis tant tenu à mon très-chier seigneur et maistre Philippe de Nouroi, chevalier, que je le suivrai, etc.; et, pour warder mon honneur, etc... ces présentes lettres de deffiance séellées de mon séel, le mercredi avant la Notre-Dame de septembre.

« A vous, etc. Je Perncit de la Fertci-Milon vous laisse à savoir que le desdit que je avois à vous, je le mets jus par ces présentes; et vous laisse savoir que, mon desdit fuers, je suivrai mon très-chier seigneur et maistre messire Philippe, etc... ces présentes lettres de deffiance séellées du séel de Morice de Smazanne, en deffault du mien, mercredi avant la Notre-Dame en septembre.

« A vous, etc., Nous Jacquemin de Corne? et Jehan de Haulte-ville, vous laissons savoir, etc... du séel de Morice de Smazanne, en deffault du mien. Même date. »

Le gouverneur de Damvillers aide la Ville.

De la mêlée de guerre qui suivit il n'existe pas de relation, tant c'était chose ordinaire en ce temps que ces batailles, qui étaient partout. La Ville n'eut aide ni de René, ni du duc Charles, mécontents l'un et l'autre de son refus d'aller à droit en l'hôtel ducal de Nancy; mais ils n'aidèrent pas non plus Philippe; et ils laissèrent les combattants à eux-mêmes, jusqu'à ce qu'il leur plût de mettre un terme à leurs exploits. Comme Philippe passait en Luxembourg pour un félon, la Ville le voyant attrouper les féodaux contre elle, s'allia avec le gouverneur de Damvillers, dont on trouve, de ce moment, la lettre suivante, constatant la bonne alliance des Verdunois avec lui, et nous apprenant quelques autres particularités sur l'état de la frontière :

Très-chiers et grants amis, je moi recommande à vous. Plaise vous savoir que aulcuns mes bons amis moi ont fait dire secretement que, sans faulte, ceux de Grant-Pré venront courre atour Damvillers juedi, venredi, ou samedi; mais ne savoit quel jour. Et, pour ce, vous prie chièrement que vous vueilliez travailler de venir, à xx ou xxx armes, ou tant que bonnement pourrez, et estre à Krippion (Crépion) du costé de Damvillers, venredi, deux heures avant le jour : là aurez nouvelles de mi, pour cerchier (chercher) si pourrons ensemble avoir aucune adventure sur nos ennemis. Vostre response, par le pourteur d'iceste. Dieu soit garde de vous. Escript le mercredi après la saint Remei, iiii° xxvi. Erard de Gimenitch, sieur de Belrepart, gouverneur de Damvillers. A mes très-chiers et grants amis Jacomin de Loyson, Jehan Griot, et Didier dou Four, gouverneurs de la guerre de la citei de Verdun.

Il résulte de cette lettre que la Ville n'était pas tellement embarrassée de ses ennemis qu'elle n'eût encore du renfort à envoyer à Gimenich contre les siens; et nous remarquons ce comte de Grand-Pré qui courait contre les luxembourgeois autour de Damvillers. C'était Edouard, l'un des bons princes, dit Wassebourg, qui suivirent toujours le dauphin; de sorte qu'en s'engageant contre lui avec Gimenich, nos citains s'engageaient contre un capitaine de Charles VII : et ils devaient s'attendre que leur alliance les mènerait là; car le Luxembourg était très-anglo-bourguignon, et ne regardait pas à faire guerre ouverte au soi-disant dauphin. Sur cet Edouard de Grand-Pré, il est encore à dire qu'il était fort mécontent du cardinal de Bar, lequel, en 1417, lorsqu'il cherchait des amis pour se maintenir dans sa principauté ducale, lui avait promis de le tenir quitte de toutes les sujétions jadis mises, à bon ou mauvais droit, sur Grand-Pré par le duc Robert : promesse qui ne fut pas tenue, René et le duc de Lorraine s'étant refusés à son accomplissement. De la guerre de Philippe de Norroy nous ne trouvons plus rien à dire, sinon que le seigneur de Billy se mit aussi contre la Ville, qui lui prit un de ses hommes; pour lequel il écrivit, assez humblement, le 9 octobre 1426 (1) : enfin, au mois de mars 1427, René, crai-

(1) Chier ami, je me recommande, etc.. Comme ainsi soit que Jehan Oulrion soit suivant de messire Philippe, et aidant de la guerre en l'encontre de vous messires de Verdun, lequel Jehan Oulrion, pour plusieurs services qu'il m'ait faits, soit mon intention de le retraire, et, à mon povoir, en faire bon ami de la cité, vous prie tant et si bien que je peux qu'il vous plaise parler à messieurs de la guerre de votre cité, pour trouver moyen que ledit Jehan pust avoir seur estat à vos aultres mess™ et à votre cité, par ainsi, si le plaisir de la cité si est, qu'il ne vos puisse meffaire, à vos, à la cité, subjets, manans, habitans et suivans, sans ce que deument le vous fasse savoir demi an d'avant, sans malengien : laquelle chose vous promets, pour et au

Accommodement. Baleicourt reste à la Ville.

gnant peut-être que les Verdunois ne se détournassent tout à fait vers Luxembourg, envoya deux de ses conseillers, Robert de Harouel et « maistre Loys de Haraulcourt » (le futur évêque, successeur du cardinal de Bar) qui, avec Gilles Paixel et Colard Malaisié, délégués par la Ville, traitèrent, rapportèrent et sentencièrent, dit le prononcé, du 11 mars 1426 (27 av. P.), que bonne paix était désormais et à toujours faite, dommages quittés et compensés de part et d'autre; mais 500 florins alloués à Philippe, en dédommagement de son engagière, payée aux frères Baleicourt. Il dut, en conséquence, renoncer à son opposition comme engagiste; et la Ville, ayant déjà acquis sur Jacomin et Othenin, la propriété foncière, demeura en possession du tout, sans contradiction pour le moment, et sauf à voir plus tard comment on obtiendrait ratification du seigneur dominant, duc de Luxembourg. Au paiement, Philippe envoya, de Port-sur-Seille, sa seigneurie non loin de Metz, un chevaucheur prendre ses 500 florins; et il pria la Ville de donner à ce chevaucheur, au retour, escorte d'un autre, avec soldoyeurs de la cité: « et vous plaise, dit-il, les faire partir secreitement, et fuers (hors) d'heure : et vous referai le cas pareil une aultre fois, se besoin vous est ». Ceci, sans qu'il soit besoin d'explication, nous apprend quelles sortes de rencontres on faisait alors sur les routes, quand on portait de l'argent ; et la lettre, d'ailleurs fort courtoise, du seigneur de Port-sur-Seille se terminait par des protestations de son grand désir d'avoir bonne fin de ces poursuites : « et si, ajoute-t-il, je r'avois votre amour et accointance, quelle deffultei (difficulté) vous y mettiez, je tiens qu'il ne vous seroit mie maul, et pourrois assez bien vous servir et complaire, comme beaucoup d'aultres (1). »

nom dudit Jehan lui faire accomplir, sans venir en l'encontre, en couvert ne en apert... Escript à Conflans, le ixe jour du mois d'octobre mil iiii^c xxvi. Raulx de Latour, seigneur de Billei, tout en votre commandement.

(1) « Escript à Port-sur-Seille, la vigile de la Chandeleur iiii^c xxvii (1428 av. P.). Le tout vostre, Philippe de Norroi. A mes chiers seigneurs et grants

PÉRIODE DE LA GUERRE DE CENT ANS. 615

Dans le grand conseil des Anglais, on délibéra, aux premiers mois de 1428, qu'ils commenceraient cette campagne par réduire « aucunes méchantes places » qui tenaient encore pour Charles VII au nord de la Loire; puis, qu'on irait en finir avec ce roi de Bourges, en prenant Orléans et son pont, pour passer et repasser le fleuve à l'aise (1). Parmi les « aucunes méchantes places » qu'il fallait, suivant ce plan, conquérir en premier lieu, se trouvaient, dans nos environs, Beaumont-en-Argonne, Mouson, et La-Neufville-sur-Meuse, forteresses dont le commandant, pour le roi Charles, était Guillaume de Flavy, avec aide du comte Edouard de Grand-Pré, d'Eustache de Vernancourt, et très-probablement aussi d'Erard de La-Marck (2); et, contre eux, fut fait lieutenant du roi Henri, en ses marches (frontières) de Champagne, Jean de Luxembourg, l'un des meilleurs capitaines anglo-bourguignons (3). C'était l'ennemi de René, auquel, comme nous

Suite de la guerre anglo-bourguignonne.

amis le maistre dou Nombre et les jurcis de la citei de Verdun.—Sur les 500 florins, il prie qu'on remette 200 francs à maistre Loys de Haraulcourt, 60 à l'abbé de Saint-Nicolas, autant à un appelé Jehan de Metz, et qu'on lui envoye le reste par le chevaucheur escorté. — On trouve encore de Philippe de Norroy qu'en 1431, il s'entremit pour des débiteurs barrois poursuivis par des créanciers messins (Preuves de l'Hist. de Metz, v. 216), et qu'en 1446, il eut un démêlé avec les Messins, pour des sujets qu'il avait mis en commun avec eux, par engagière, pendant une foire de Metz (Ibid. v. 484). Par la longue réponse des magistrats messins, on voit qu'ils l'accusaient de récépter leurs ennemis en son château de Port-sur-Seille, comme peut-être il avait récepté les ennemis des Verdunois à Somme-Dieue et à Baleicourt.

(1) Monstrelet, liv. II, ch. 49, p. 592.

(2) La coopération d'Edouard de Grand-Pré avec les Français de Beaumont en Argonne, est prouvée par la plainte que le cardinal fit contre lui, en 1429, au duc de Bedford, en le représentant, bien entendu, comme un brigand : cette plainte, dans Wassebourg, p. 472, verso. Pour Erard de La Marck qui, en 1424, acquit définitivement la seigneurie de Sedan, par arrangement avec son beau-frère Louis de Braquemont, ses bonnes et anciennes relations avec Charles VII sont connues par toute la suite de son histoire.

(3) Sur cette lieutenance anglaise de Jean de Luxembourg, en 1428, aux marches de Champagne, V. la pièce citée dans Digot, Hist. de Lorraine, II. 542, note. La trêve de mai 1428, entre lui et le cardinal, mentionnée dans cette même pièce.

l'avons dit en 1426, il avait enlevé le comté de Guise, sans que ni notre duc de Bar, ni son beau-père de Lorraine osassent, pour ainsi dire, s'y opposer, tant ils craignaient alors Angleterre et Bourgogne. En 1428, cette crainte leur restant, plus forte encore, et, en outre, le cardinal et René étant liés par leur hommage anglais, force leur fut de reconnaître Jean de Luxembourg, et de se mettre en règle à sa suite. Le cardinal obtint de lui trève pour l'évêché de Verdun, en mai 1428; puis entra, comme la Ville, dans l'alliance luxembourgeoise, par l'intermédiaire du gouverneur Gimenich de Damvillers : ce qui lui attira les hostilités des Français, qui, avec Guillaume de Flavy, dévastèrent jusqu'à Champ et Neuville, près Verdun (1) : course qu'ils firent probablement pendant la retraite de Flavy, après la capitulation de Beaumont, « environ l'issue de mai 1428 », dit Monstrelet, qui raconte, en ce chapitre, comment Jean de Luxembourg, avec plusieurs nobles hommes de Picardie, prit cette place de Beaumont-en-Argonne, malgré la belle défense des assiégés, « auxquels fut accordé de s'en aller sauvement avec leurs biens : et, entretemps, ajoute le chroniqueur, le duc de Bar (René) fit démolir et abattre une forteresse nommée Neuville-sur-Meuse, laquelle tenoient les gens dudit Flavy; et lui gardoient là sa chevance de retraite » (2). Il résulte de ce récit que René marcha avec Jean de Luxembourg contre les derniers capitaines de Charles VII; et le doyen de St-Thié-

---

(1) « A Jehan de Haldenge, lieutenant à Damvillers pour messire Evrard de Guiminich, 25 livres, pour cause d'un cheval que le Roufoux prit sur lui, le jour que Guillaume de Flavy gaigna Neufville, près Verdun ». Compte d'Etienne de Saint-Hillier, secrétaire et receveur général du cardinal. Ceci prouve l'alliance de celui-ci avec les Luxembourgeois de Damvillers, puisque leur lieutenant perdit un cheval en défendant contre Guillaume de Flavy ce village de Neuville, terre de l'évêché.

(2) Monstrelet, liv. II. ch. 47, p. 591. Cette La-Neufville est celle qui est en face de Stenay, à une demi-lieue, de l'autre côté de la Meuse, sur la rive du côté de France. Le doyen de St-Thiébault dit : « Item. en ladite année 1428, René duc de Bar, et ceux de Verdun prinrent un chastel appelé Neufville, que un capitaine de France appelé Guillaume de Flavy avoit fortunément gaigné ».

bauld, complétant ces renseignements, nous apprend que les Verdunois furent, avec le duc de Bar, à la prise de La-Neuville : de sorte qu'ils concoururent pour leur part aux exploits des ennemis du roi français. On termina ces faits d'armes de mai et juin 1428 par donner à la garnison et aux bourgeois de Mouson, trêve jusqu'à la saint Remy (1er octobre), « dans lequel jour ils devoient aller devers leur roi Charles, savoir si de lui auroient aide, ou s'ils se rendroient audit messire Jehan de Luxembourg »; puis, en septembre (1), René, se ressouvenant de son vieil ennemi le prévôt de Passavant, Eustache de Vernancourt, auquel déjà, en 1425, il avait ruiné sa seigneurie particulière de La-Ferté-sur-Chiers, alla, à force anglo-bourguignonne, le chasser de Passavant même, sans doute au nom du roi Henri; car c'était une forteresse royale, qu'il garda sans la détruire, espérant peut-être alors qu'en récompense de ses bons services, ses amis les Anglais la lui laisseraient, à joindre à ses domaines du Clermontois. Pendant ces victoires, le cardinal, servant les Anglais à sa manière,

---

(1) Date donnée par les comptes du prévôt d'Etain, André Braville, qui alla, « avec sa compaignie, au siège que monss^r tint et fit tenir devant Passavant, au mois de septembre 1428 ». — « Item, en cet an 1428, dit encore le doyen de St-Thiébauld, fut prins le chastel de Passavant, par le duc René de Bar, des mains d'un tyran appelé Eustache de Warnancourt ». En conséquence, Villeneuve doit avoir mal lu la lettre du cardinal de Bar, qu'il mentionne tom. 1, p. 64 de son Hist. de René d'Anjou, et qui, suivant lui, donne pour date à la prise de Passavant le 25 octobre 1425. Il a sans doute fait confusion, à cause du titre de prévôt de Passavant, qu'avait Vernancourt dès 1425, quand René lui prit La-Ferté. Il y a encore d'autres choses à rectifier dans le récit de Villeneuve. Jean de Luxembourg n'était pas alors comte de Ligny : il ne le devint qu'en 1430; et on ne rasa pas les murs de Passavant; car Monstrelet dit positivement que la place fut conservée, et qu'on y mit garnison. La destruction n'en fut opérée qu'en 1433. — Il est assez probable que c'est à ces guerres qu'il faut rapporter ce qu'on lit à la date (probablement erronée) de 1401 dans D. Baillet, que deux capitaines de routiers nommés Eustache de Warnencourt et Jean Rollet escaladèrent Beaulieu, le pillèrent, et y mirent le feu, tellement que les moines furent plus de dix ans avant de pouvoir se rétablir. Ils ne revinrent probablement qu'après 1436 ou 37, quand le connétable de France, Artus de Richemont dispersa, près de Vaubecourt, 3000 routiers qui s'étaient rassemblés sur cette frontière. (V. Buirette, Hist. de Ste-Ménehould, p. 170.)

alla faire à Reims les fonctions épiscopales, en l'absence de l'archevêque Regnauld de Chartres, qui était du parti et du conseil de Charles VII (1); et l'opinion commença à être que la cause de ce roi était à peu près perdue.

La Pucelle.

Ainsi agissaient René et son oncle, quand, au carême de l'an 1429, partit de leur territoire même, et du nombre de leurs sujets, savoir, suivant les auteurs lorrains, d'une dépendance de leur châtellenie de Gondrecourt, en Bassigny mouvant (2), la fameuse héroïne Jeanne d'Arc, à laquelle, dans les relations où ils étaient, ils se gardèrent, comme on pense bien, de donner le moindre appui. Aussi s'adressa-t-elle, non à leur prévôt de Gondrecourt, mais au capitaine français de Vaucouleurs, Robert de Baudricourt, de la famille des anciens gardiens de Verdun, dont nous avons déjà parlé (3). Il arriva, pendant que Baudricourt

(1) Marlot, tom. II, liv. IV. ch. 52. *Sub idem tempus (anno 1427), titulo vicarii generalis archiepiscopatûs fulgebat cardinalis barrensis, forsàn præpositus ab Anglis, quòd Reginaldus Caroli VII partes faveret.*

(2) Ceci contesté par les auteurs français. V. Wallon, Jeanne d'Arc, tom. I, note 3 de l'appendice, p. 233; et, pour l'opinion lorraine, les dissertations de M. Lepage, imprimées en 1852 et 1853. Il s'agit, ce qui ne semble pas fort important, de savoir si la Pucelle naquit du côté barrois ou du côté français du ruisseau qui coule à Dom-Remy. — Le Bassigny était arrière-fief de Champagne; mais il s'y trouvait des sous-inféodations, lors de la réunion du grand comté champenois à la couronne. Ainsi, en 1272, Henri III, le dernier comte de Champagne, avait inféodé Gondrecourt à Thibauld II de Bar (V. Calmet, Notice, art. Gondrecourt: l'acte se trouve aux Preuves des exemplaires non cartonnés de l'Hist. de Lorraine): mais, lors de la rébellion du comte Henri, fils de Thibauld, pour l'affaire de Beaulieu, Philippe le Bel confisqua ce fief; puis, en 1307, à la prière du roi Édouard III d'Angleterre, qui était à la fois son gendre et l'oncle du jeune comte de Bar Édouard Ier, il le rendit à celui-ci, par l'acte que nous avons indiqué ci-dessus, p. 55. et qui est ainsi conçu : *Philippus Dei gratiâ Francorum rex... Interventu carissimi filii nostri* (gendre) *Eduardi, regis Angliæ illustris ac ducis Aquitaniæ, et ad preces ejusdem, dilecto nostro Eduardo comiti Barrensi, nepoti suo* (neveu), *damus et concedimus castrum nostrum de Gondrecuriâ, cum dominio, districtu et pertinentiis, etc,.. Datum Parisiis, mense aprilis 1307.*

(3) Ci-dessus, p. 306, note. Ce Robert de Baudricourt, qui était prévôt du roi à Vaucouleurs, reprit le service de René, quand celui-ci redevint bon Français; et il assista, en 1436, à l'hommage du duc à l'évêque Louis d'Haraucourt, pour les fiefs barrois de l'évêché. — En 1490, mention de monseigneur de Baudricourt, grand gouverneur de Champagne, et l'un des seigneurs de parlement de Paris, qui vint, pour le roi, en ambassade à Metz.

attendait la réponse du roi, que le duc de Lorraine, alors vieux, infirme et pénitent, voulut voir Jeanne qui, à ce qu'il semblerait d'après cette anecdote, passait déjà pour personnage surnaturel; car le duc espérait qu'elle lui rendrait la santé. Elle répondit qu'elle n'avait pas mission de guérir les malades; mais que, de bien bon cœur, elle prierait Dieu pour le prince, surtout s'il voulait la faire conduire en France par son fils (René) et ses gens. Ceci étant tout à fait inadmissible en politique anglo-bourguignonne, Charles se contenta de lui donner un cheval noir et quatre francs. Il trouvait sans doute, lui et René, leur milice mieux employée, en ce moment, à faire aux Messins une guerre absurde, à propos de pommes qu'on avait emmenées du ban lorrain de Saint-Martin-lez-Metz, sans vouloir payer de droits de sortie (1); et ils s'occupaient fort de ces hostilités, quand, à leur grande surprise probablement, arriva, quelques mois après, la nouvelle que la Pucelle était en effet parvenue à faire lever le siège d'Orléans; ensuite qu'elle était en route pour conduire le roi à Reims; enfin que Charles VII y avait été effectivement sacré, le 17 juillet 1429, par l'archevêque Regnauld de Chartres. A cette cérémonie fut, comme suffragant de Reims par son évêché de Châlons, notre ancien évêque Jean de Sarrebrück, qui profita de la circonstance pour faire armer chevalier, dans la cathédrale même, par le roi, au sacre, son neveu Robert de Sarrebrück, damoiseau de Commercy, lequel, dans la suite, ne fit pas honneur à cette chevalerie

Chron. Huguenin, p. 507. Dans les Preuves de l'Hist. de Metz, VI. 223, Lenoncourt, bailli de Vitry, parle de sa belle-fille Jacquette de Bauldricourt, femme de feu mon fils Henri de Lenoncourt. Les Baudricourt finirent dans les Lenoncourt. V. Wassebourg, p. 625, qui donne divers détails.

(1) Cette guerre de la hottée de pommes, racontée fort au long dans le doyen de Saint-Thiébauld, et dans Philippe de Vigneulle. « Charles, qui estoit duc de Lorraine, A molester Metz prit grant peine, Aussi fit la cité grant sommes, Le tout pour un panier de pommes... Et, quant il eut tout dégasté, Il n'en eut rien que le péché, Leva son siége et s'en alla, etc. » Chron. rimée.

René rétracte son hommage anglais.

royale, et fut loin d'être un chevalier sans reproche (1). Alors René trouva que, pour sa propre conduite, il était temps de changer de bannière : et, le 20 juillet, quittant la route (bande) qui ravageait le pays messin, il annonça, pour motif de départ, qu'il allait au sacre de son beau-frère; « mais n'y fut mie, dit la chronique; car c'estoit jà fait » (2) : puis, comme il ne pouvait rentrer en grâce à la cour de France sans avoir désavoué son hommage anglais, il envoya au duc de Bedford la pièce suivante, datée du 3 août :

« Hault et puissant prince duc de Bedford, je René fils de roi de Jérusalem et de Sicile, duc de Bar, marquis du Pont, comte de Guise, vous fais à savoir que, comme très-révérend père en Dieu, mon très-cher et très-amé oncle le cardinal de Bar se soit, puis peu de temps en çà, soi en sa personne transporté par devers vous, et ait pour moi et en mon nom, et par vertu de certaines mes lettres de procuration par moi à lui données, fait en vos mains, comme vous disant régent le royaume de France, foi et hommage des terres et seigneuries que je tiens en fiefs de la couronne de France, et de ce vous ait promis obéissance, comme mes prédécesseurs ont accoustumé faire, au temps passé, aux rois de France : et, depuis ces choses faites, aie tout ce que en ceste partie a esté fait par mondit oncle confirmé, ratifié et approuvé par mes lettres patentes à vous sur ce envoyées, Je, pour certaines causes qui à ce m'ont esmeu et esmeuvent, ai, dès maintenant et pour lors, renoncié et renonce, par ces présentes, pleinement et absolument, à tous les fiefs, terres et seigneuries dont mondit oncle a et pourroit avoir reprins de vous, comme régent, et à tous hommage, foi, serment et promesses quelconques qu'il pourroit avoir faits pour moi et en mon nom, et contenus en mesdites lettres patentes à vous envoyées... Et ces choses

---

(1) « Et fit le roi, le jour de son sacre, à Reims, trois chevaliers dedans l'église, desquels le damoiseau de Commercy en fut l'un ». Monstrelet, liv. II, ch. 64, p. 608. — En 1423, 24 septembre, trève conclue, à Verdun, entre le cardinal de Bar et Robert de Sarrebrück. En 1427, nouvelle paix entre eux, à Hatton-Châtel, le 16 novembre. Dans ce temps, Robert était bourguignon, et mettait dans ses traités qu'il ne servirait pas contre Bourgogne. V. l'Hist. de Commercy, par M. Dumont, I. 213, 215.

(2) Doyen de St-Thiéb. et Philippe de Vigneulle.

vous signifie et vous escrips par ces présentes séellées de mon séel, pour y saulver et garder mon honneur. Données le tiers jour d'aoust, l'an M. IIII^c XXIX.

Il ne paraît pas que le cardinal, alors vieillissant et tombé au rang de personnage secondaire, ait fait pareille rétractation que René : au contraire, on pourrait induire des comptes de son dernier secrétaire-receveur Etienne de Saint-Hillier, qu'il demeura en relation avec les Anglais jusqu'à sa mort, laquelle, du reste, arriva peu après, vers le milieu de 1430 : car ce compte porte un article de 12 livres « à Richemond, héraut du roi d'Angleterre, qui apporta certaines lettres à mondit seigneur le cardinal, à Clermont ». Malgré les exploits de la Pucelle, les Anglais et leurs amis étaient loin de croire leurs affaires désespérées : et peut-être fut-il trouvé bon, dans la politique à double face qui commençait à s'introduire, et qui, à la fin du siècle, produisit la diplomatie de Louis XI, de laisser le vieux cardinal en gage aux Anglo-Bourguignons, pour René qui les quittait. Quoi qu'il en soit, celui-ci marcha désormais de grand cœur avec l'armée française, où on lui donna, pour précepteur militaire, le prudent et vaillant chevalier seigneur de Barbasan, avec lequel il travailla à reconquérir la Champagne à Charles VII (1), et dont il eut bien fait, à Bulgnéville, en 1431, de continuer à suivre les avis. Pour la politique, il fut convenu, ainsi l'exigeant la grandeur de la puissante maison d'Anjou, qu'on réputerait le passé pour non avenu, et comme erreur de jeunesse de René ; mais tout le monde n'obtint pas pareille indulgence ; et nous verrons, dans le prochain chapitre, comment, environ douze ans après, quand le roi vint dans les Evêchés, il malmena fort les Verdunois, sans que ceux-ci osassent re-

(1) « Le seigneur de Barbasan, qui le plus de temps se tenoit avec le duc de Bar ès marches de Champagne, mit le siége devant le chastel d'Anglure, que tenoient les gens du duc de Bourgogne, etc. » Monstrelet, liv. II. ch. 104, p. 643. — Un peu plus haut, ch. 85, p. 624 : Comment René, duc de Bar, mit le siége devant Chappes emprès Troyes..., avec lequel se mit ce prudent et vaillant chevalier le seigneur de Barbasan.

montrer, pour leur excuse, qu'ils n'avaient fait que suivre ce même René, qu'en ce moment ils voyaient assis et victorieux près de son royal frère.

Le Luxembourg passe à la Bourgogne.

Des autres événements de ces années, nous noterons, comme chose importante, l'établissement définitif de la domination de Bourgogne en Luxembourg. Cela arriva quand Elisabeth de Gorlitz, se voyant, pour la seconde fois, veuve sans enfants (1), et ayant perdu tout espoir qu'il sortirait

(1) V. ci-dessus, p. 576. — De ce gouvernement de Philippe-le-Bon au nom d'Elisabeth de Gorlitz, nous citerons la charte suivante relative à Marville : « Philippe, par la grâce de Dieu, duc de Bourgogne, de Lothier, de Brabant et de Limbourg, comte d'Artois, de Bourgogne (Franche-Comté de Bourgogne), palatin de Haynault, de Hollande, de Zellande et de Namur, marchis du Saint-Empire, seigneur de Frise, de Salins et de Malines, mainbour et gouverneur des pays de Luxembourg et comté de Chiny pour notre très-chière et très-amée tante la duchesse en Bavière (Elisabeth de Gorlitz, veuve, en secondes noces, de Jean de Bavière) et de Luxembourg, comtesse de Chiny. Savoir faisons, etc., que, comme à la très-instante prière et requeste de notredite tante, nous ayons accepté ses mainburnie et gouvernement desdits duché de Luxembourg et comté de Chiny : et il soit ainsi que nos très-chiers et bien amés les bourgeois, manans et habitans de la ville de Marville soient présentement venus devers nous, comme leur mainbour et souverain gouverneur, en suppliant très-humblement que leurs franchises, libertés, coutumes, chartes, privilèges et bons usaiges qu'ils ont eus et dont ils ont joï et usé du temps des prédécesseurs ducs de Luxembourg et comtes de Chiny jusques au jour d'huy, nous pleust, de notre grâce, ratifier, approuver, etc. Suit la ratification... pourveu toutefois que les officiers dudit lieu de Marville, soit prévôt, maire, eschevins, sergents, ou aultres quelconques n'aient, au temps passé, abusé ou usé, abusivement ou usoient au contraire de leurs bonnes coutumes, franchises et libertés anciennes. Voulons et ordonnons que, par le conseil et advis de ceulx qui desdits faits auroient et pourroient avoir cognoissance, soit par nos commis à ce remédié, en la manière qu'il appartiendra, et tellement que jamais telles abusions et coutumes ne soient mises sus ou eslevées contre ni au préjudice de notredite tante, ni de sesdits subjets. Oultre, leur avons promis et promettons de oyer et entendre les plaintes, clameurs et deffeultés d'un chacun desdits subjets, manans et habitans des ville et appartenances de Marville dessusdits, et sur icelles faire faire droit, raison justice et bon adressement..... saulfs, en aultres choses, notre droit et l'aultrui, en tout. Donné audit Marville, le XVIIe jour du mois de septembre, l'an de grâce mil quatre cens quarante-trois. — A propos de Marville, nous mentionnerons encore ici une charte du duc Robert, du 2 mai 1362, dans laquelle, « pour les bons et agréables services que les bonnes gens nos chiers et bien amés bourgeois de Marville nous ont faits et font, leur rendons, par ces présentes, leur loi, franchise et liberté, comme au temps nos ancesseurs, en ostant, avec ce, la gabelle mise en ladite ville par notre très-chier cousin le duc de Lucembourg et de Brabant (le duc Wenceslas), et nous ».

jamais d'elle une nouvelle branche ducale de Luxembourg, prit pour héritier le duc de Bourgogne, Philippe-le-Bon, qui était son neveu, à cause de son premier mari Antoine, frère de Jean-Sans-Peur. La branche impériale de la maison luxembourgeoise s'éteignait aussi, l'empereur Sigismond, son dernier représentant, n'ayant qu'une fille. Quand Elisabeth eut ainsi choisi Philippe de Bourgogne, elle le commit à la défense de l'héritage auquel elle l'avait appelé, et se retira elle-même à Dijon, d'où elle revint, en 1431 : alors il y eut en son nom, un gouvernement luxembourgeois, qui fut en réalité celui des Bourguignons : et les choses restèrent ainsi jusqu'en 1438, où nous verrons ce qui arriva, quand l'empereur Sigismond étant mort, sa petite-fille Anne, poussée par Guillaume de Saxe, son mari, annonça le projet de faire le retrait féodal du Luxembourg sur l'engagiste Gorlitz : ce que ne souffrirent pas les Bourguignons, auxquels un tel arrangement eût enlevé une des bonnes provinces de leur vaste empire.

Il se fit alors chez nous, dans et malgré ce pêle-mêle de guerres et d'anarchie, quelques bonnes actions, qu'il faut noter ici, à l'éloge des bienfaiteurs, et comme preuve que, même en ces tristes temps, la charité ne s'éteignit pas dans toutes les âmes. Ces œuvres furent la fondation de l'hôpital du Saint-Esprit à Marville, et celle du collége La-Marche-Woinville, à Paris, pour des étudiants de notre province : deux établissements dont nous allons donner l'histoire sommaire, en regrettant de ne savoir sur leurs auteurs que le petit nombre de détails qu'on trouve, fort succinctement, dans les chartes. L'hôpital de Marville eut pour fondateur, en 1443, Waultrin ou Waulthier Bertrand d'Arrancy, qualifié dans les actes de prêtre recteur, ou curé, dans le diocèse de Trèves, qui était celui à la circonscription duquel appartenait alors Marville (1) ; et ce fondateur donna,

Fondation de l'hôpital du Saint-Esprit à Marville.

(1) Il fut ensuite curé de Saint-Sauveur de Verdun, comme le prouve un acte du 5 juillet 1427, portant accord, au sujet de la marlerie (marguillerie) de Marville, entre messire Jacques d'Alligny, docteur ès lois et décrets,

par acte du 4 septembre 1419, son hospice aux frères du Saint-Esprit de Toul, à entretenir et desservir comme succursale dépendante de leur maison. Il y avait, en France, beaucoup de ces hôpitaux du Saint-Esprit, dans lesquels faisait service l'Ordre hospitalier de ce nom, institué à Montpellier par Guy, fils d'un comte de cette ville, vers la fin du XIIe siècle : dès 1238, le maître échevin de Toul, Nemeric Barat avait établi ces frères dans l'hôpital de sa cité; et Waultrin Bertrand crut sans doute affermir sa fondation de Marville en l'appuyant sur cette maison touloise, déjà ancienne, et de bon renom; mais elle déclina, cessa, vers le milieu du XVIe siècle, d'envoyer des religieux dans sa succursale (1); enfin tomba elle-même en telle décadence, qu'en 1637, on organisa à Toul un autre hôpital, en affectant ce qui restait de l'ancien à la création d'un séminaire, qui fut donné aux prêtres de la Mission de M. Vincent, comme on appelait alors saint Vincent de Paul. Ces nouveau-venus furent longtemps sans savoir que leurs prédécesseurs du Saint-Esprit avaient eu l'hôpital de Marville, et qu'ils pouvaient eux-mêmes le revendiquer, en vertu de la charte de 1419 du fondateur Waultrin Bertrand (2) : de sorte que la municipalité marvilloise, voyant son hospice rester comme à l'abandon, depuis que

---

official de la cour de Metz, curé de l'église parochiale St-Nicolas de Marville, d'une part, et les maire et échevins, quarante, d'autre part, qui conviennent que ladite marlerie sera alternativement à la collation du curé et à celle des quarante. Est mentionné, parmi les témoins, « messire Vautrin Bertrand d'Arrancey, curé de Saint-Salveur de Verdun ». L'un des deux notaires de l'acte est André Bertrand de Marville, clerc notaire public.

(1) Il y avait encore, en 1505, Robert Renauld, prieur et hospitalier du St-Esprit de Marville, ayant, pour les baux, procuration des vénérables du St-Esprit de Toul; mais, en 1572, les baux sont passés directement par ceux-ci, un sieur Thièbauld étant de présent, disent les actes, maître dudit hôpital de Marville. Cette qualification de sieur indique un administrateur séculier.

(2) Cela résulte de ce que, dans leur procés avec les chevaliers du Mont-Carmel, ils furent obligés de donner acte qu'ils n'avaient aucun titre antérieur à 1672 constatant, pour le séminaire de Toul, possession de l'ancienne maison hospitalière et régulière du St-Esprit de Marville.

les frères de Toul avaient cessé de le desservir, en confondit les biens avec ceux de son ancienne maladrerie, et les fit administrer par un de ses notables, qu'on appelait les hommes de quarante (1), lequel lui rendait compte annuel (2) : mais elle fut troublée dans cette jouissance, déjà longue, par la fantaisie qui prit à Louis XIV et à Louvois de faire revivre, en nouvelle chevalerie militaire, le vieil Ordre de Notre-Dame du mont Carmel et de saint Lazare de Jérusalem, qu'ils dotèrent, pour sa résurrection, en 1672, des biens des maladreries, du temps des lépreux; puis, en 1673, de ceux des maisons du Saint-Esprit où l'hospitalité n'était plus exercée. Dans cette catégorie, les chevaliers mirent, entre autres hôpitaux, au plus grand nombre qu'ils purent, celui de Marville, de l'état duquel ils firent dresser procès-verbal, le 5 septembre 1674 (3); puis, trouvant cette maison digne de devenir une commanderie de leur Ordre, ils la firent ériger à ce titre, par lettres patentes de 1686; mais, en 1693, le roi abandonnant son projet de les restaurer, ils rentrèrent eux-mêmes dans le néant; et il y eut ordre de tout remettre dans l'état légal ancien. Alors surgirent des procès. Les hospitaliers du Saint-Esprit, ne pouvant rentrer à Marville qu'en se faisant

---

(1) Mention de ces quarante dès 1327, dans une charte de Jean l'Aveugle et d'Edouard de Bar, accordant à Marville un sceau de communauté, pour sceller les contrats passés devant ladite justice et qu'elle met en son arche (coffre).

(2) « Compte-rendu par Jean Colgnassel l'aîné, homme de quarante de la ville de Marville, aux maire et justice quarante députés à la direction des affaires et police dudit lieu, des rentes et revenus appartenant aux pauvres de l'hôpital dudit Marville, pendant l'année de son administration et gouvernement desdits biens, commencée au jour de saint Jean-Bapt. 1667, et fini à pareil jour 1668. »

(3) « En l'hôpital dudit Marville; et s'est trouvé en icelui un homme et une femme pour tenir les portes ouvertes à tous les pauvres passants, qui y peuvent séjourner 24 heures, sans qu'on leur donne autre chose que le couvert seulement : lequel hôpital possède quelques biens et rentes qui sont administrés par ledit défendeur (Jean Colgnassel) : et s'est trouvé dans ledit hôpital six lits, assez mal en ordre, sans aucun pauvre. Ledit procès-verbal, en présence de Pierre Gérard et de Nicolas Guillaume, régents dudit Marville. »

d'abord réintégrer dans la maison principale de Toul, plaidèrent, au conseil d'état, contre le séminaire, possesseur de celle-ci, et perdirent leur cause, le 20 mai 1710. Puis, la municipalité marvilloise, prétendant que l'état ancien à rétablir était celui d'avant l'invasion de la chevalerie du Carmel, c'est-à-dire celui d'avant 1672, quand elle jouissait et faisait administrer par un de ses hommes de quarante, plaida contre ce même séminaire de Toul (1), qui contredisait, en soutenant que le véritable état légal ancien était l'ordre de choses établi par le fondateur Waultrin Bertrand, et sa charte de 1419, en vertu de laquelle le Saint-Esprit de Marville était dépendance de celui de Toul : ce système prévalut, par arrêt du Conseil du 28 février 1720 ; mais à charge par le séminaire, et conformément à l'offre qu'il en avait faite lui-même (2), de maintenir l'hospitalité. Cet arrêt de 1720, ayant tranché négativement la question de savoir si l'établissement en litige était de propriété ou d'administration municipale, il en résulta, fort peu de temps après, une nouvelle vicissitude, alors imprévue de tous : ce fut qu'après la déclaration royale du 18 juillet 1724, portant création de renfermeries des pauvres (dépôts de mendicité), le Saint-Esprit de Marville se trouva dans le cas des annexions décrétées au profit des

(1) Ce procès s'éleva sur l'opposition des administrateurs de l'Hôtel-Dieu de Marville, et des officiers et habitants, le 12 mars 1715, à la mise en possession par le prévôt royal d'un sieur Wahaul, nommé par la Mission de Toul.

(2) « Qu'ils n'entendent pas s'approprier les biens et revenus de la maison régulière et hospitalière du St-Esprit de Marville (qu'ils qualifient de chapelle), mais prétendent, au contraire, que la fondation faite au profit des pauvres de ladite ville soit exécutée selon sa forme et teneur. » 4 décembre 1719. — Le procureur général du St-Esprit intervint, le 17 août 1716, demandant que l'Ordre fût réintégré en ladite commanderie hospitalière, pour y rétablir la régularité et observer l'hospitalité par un religieux dudit Ordre, qui y sera incessamment envoyé.....; et défenses soient faites auxdits prêtres de la Mission, ainsi qu'aux prétendus directeurs et administrateurs séculiers, d'y troubler à l'avenir ledit Ordre. » Par transaction du 1er mars 1718, avec les administrateurs municipaux, l'Ordre consentit qu'ils restassent jusqu'à ce que lui-même pût envoyer des religieux; mais il fut débouté, tout comme les municipaux, par l'arrêt de 1720.

grands hôpitaux, pour les mettre en état de subvenir aux frais de ce nouveau système ; de sorte qu'il fut uni à Sainte-Catherine de Verdun, par arrêt du Conseil du 19 mai 1725, aussi bien que toutes les aumônes fondées dans la circonscription du bureau verdunois, et des prévôtés de Montmédy, Chauvency, Marville et Damvillers, « pour aider, porte cet arrêt, à la renfermerie des pauvres, ordonnée audit hôpital Sainte-Catherine ». Ainsi finit, par cette absorption, la fondation hospitalière de Waultrin Bertrand : mais, à Marville, on avait, et même depuis longtemps, comme en prévision de ce qui arriva, travaillé à constituer un hôpital appartenant en propre à la Ville : on en trouva le fonds dans l'ancienne maladrerie qui, comme celles de Verdun, était de patrimoine municipal (1) ; on accrut ce fonds, un peu peut-être aux dépens du Saint-Esprit, pendant la longue confusion qui régna lors de la décadence de la maison de Toul ; enfin on érigea un Hôtel-Dieu indépendant, dont le principal bienfaiteur fut, vers 1700, M. de Merville, conseiller maître d'hôtel du roi, et contrôleur ordinaire des maisons de mesdames la dauphine et duchesse de Bourgogne. Cet Hôtel-Dieu obtint reconnaissance légale, par homologation en parlement de Metz, le 26 juillet 1705, de son règlement dressé en 1701 (2) ; et il

---

(1) Dans les pièces d'un procès de 1778, il est dit : « L'Hôtel-Dieu de Marville a, sur le finage, un corps de ferme appelé la Maladrerie, qui forme la plus grande partie de son revenu. Il y a une salle remplie de lits pour les malades, une pharmacie pour les pauvres, trois sœurs de St-Charles, dont une enseigne la jeunesse. »

(2) « Règles de l'Hôtel-Dieu de Marville, statuées ce 20 décembre 1701, par messieurs de ville, assistés des révérends curés du lieu, de messire François Huchon, supérieur de la Mission, curé de Sedan, et de présent de Versailles, approuvées le 30 octobre 1702, par le seigneur évêque d'Arbes, suffragant de Trèves, augmentées par sentence du 7 août 1704, et confirmées par arrêt de nosseigneurs de parlement de Metz, du 26 juin 1705. Art. 1. Cet hôpital sera uniquement employé à recevoir des malades de maladie passagère, et non de maladie habituelle et incurable....., auxquels cependant, si on en a le moyen, on pourra donner quelque soulagement dans leurs maisons. Art. 2. Suivant l'intention du sieur de Merville, conseiller maître d'hôtel du roi, et contrôleur ordinaire des maisons de mesdames la dauphine et duchesse de Bourgogne, notre principal bienfaiteur, le sieur

est l'origine de l'hôpital qui existe aujourd'hui dans cette ancienne localité de Marville.

Collége La-Marche-Winville.

L'autre établissement dont l'origine remonte à ce temps de notre histoire est le collége de La-Marche-Winville, à Paris, où des boursiers, les uns de La-Marche, en Bassigny barrois, les autres de Winville, Saint-Mihiel, et autres endroits de notre diocèse, recevaient, à Paris même, les leçons de l'Université. A l'époque, déjà avancée où nous sommes du moyen âge, étaient tout à fait en décadence les vieilles écoles carlovingiennes des cathédrales et des abbayes, l'enseignement parisien ayant depuis longtemps éclipsé tous les autres, tellement que, dans le cours du XIIIe siècle, on l'avait constitué en Université des études, partagées en quatre Facultés, dont chacune conférait à ses disciples des grades, avec honneurs, droits et priviléges légaux. Les écolâtres de l'ancien système, hors d'état de rivaliser avec un pareil établissement, s'étaient peu à peu réduits à l'enseignement élémentaire, dont ils finirent même par se dégoûter et se décharger sur de pauvres maîtres à gages : et tous les jeunes gens de quelque mérite, ou de quelque fortune, étudiaient et prenaient leurs grades à l'Université. Cette vogue des études parisiennes se voit chez nous, dès le commencement du XVe siècle, à la fréquence de plus en plus grande des titres de bachelier et de licencié ès-arts, ès-lois ou ès-décrets que prennent, en qualification dans nos actes, des gens de justice ou d'église. Sans parler de personnages restés obscurs, nous avons vu que Jean de Sarrebrück était suppôt de la Faculté des Décrets (droit canon), quand il fut élu évêque, en 1404 (1) : Guillaume

---

chapelain de notre Hôtel-Dieu aura séance et voix active dans les redditions des comptes, et dans toutes les délibérations qui se feront au sujet des pauvres et de leurs biens..., etc. — Ce règlement fut abrogé, par délibération des administrateurs, du 12 juillet 1767, sur la volonté expresse du roi, qu'on suivit celui qui était contenu en la déclaration royale du 12 décembre 1698.

(1) Ci-dessus, p. 497. Dans l'usage, on donnait aux gradués le titre de maître : *Magister Stephanus Perrin de Sancto-Lupo, alter curatus Sancti-Salvatoris Virdunensis, licentiatus in decretis*, 1420, etc., etc. A Saint-Vanne, il y

d'Haraucourt étudiait également à Paris, lors de son élection, vers le milieu de ce siècle; et les registres capitulaires mentionnent beaucoup de jeunes prébendés faisant supplique à l'effet d'être réputés présents, pendant le temps de leurs études : ce que le Chapitre leur accordait d'ordinaire, à charge par eux de produire, pour recevoir leur prébende, bonnes attestations des maîtres, tant pour la scolarité que pour la conduite. Cependant les anciens regrettaient de l'ordre de choses suranné des écolâtres locaux cet avantage, qu'il avait du moins, de ne pas entasser dans une grande ville des foules de jeunes gens, dont les désordres et l'indiscipline faisaient souvent scandale, et le font encore aujourd'hui dans l'histoire. On atténua ce mal, autant que possible, en fondant les colléges, qui n'étaient, à l'origine, que de petites communautés, où vivaient, sous l'œil de proviseurs ou principaux, des étudiants fréquentant les cours publics des Facultés : et il y eut beaucoup de ces colléges au quartier latin de Paris, les uns établis par les Ordres religieux pour leurs novices de choix (1), les autres, en plus grand nombre, par des bienfaiteurs particuliers, à des intentions diverses, le plus souvent pour de pauvres jeunes gens des villes ou des provinces favorisées des libéralités de ces fondateurs (2). A cette caté-

---

avait encore, en 1414, un *sacræ paginæ professor*, c'est-à-dire sans doute un professeur en théologie (ci-dessus, p. 549, note); et on entretint toujours, dans les abbayes notables, un certain enseignement de noviciat, de même qu'au Chapitre restait, pour les jeunes clercs qui n'allaient pas à Paris, l'écolâtre, ou son maître d'école.

(1) Exemples, les colléges de Cluny, de Prémontré, des Bernardins, etc.

(2) Ces colléges portaient d'ordinaire le nom de la ville pour laquelle ils avaient été fondés : ex Clermont (devenu Louis-le-Grand), Harcourt (St-Louis), Dormans-Beauvais, Lisieux, etc. D'autres se dénommaient de leurs fondateurs : ex. cardinal Lemoine, Montagu, les Cholets, les Grassins, etc. La Faculté de théologie avait pour colléges la Sorbonne et Navarre, la première établie par Robert de Sorbon, la seconde par Jeanne de Navarre, femme de Philippe le Bel. Le roi était premier boursier de Navarre; et il laissait sa bourse à l'Université, afin, disait-on, qu'elle en achetât des verges pour les correcteurs de tous les colléges de Paris.

gorie appartenait, en la Faculté des Arts (1), notre collége La-Marche-Winville, qui commença, dans la seconde moitié du xiv⁰ siècle, par les six bourses de La-Marche, fut doublé, en 1423, par les six autres que fonda Beuve de Winville, pour son pays du voisinage de Saint-Mihiel : puis, d'autres bienfaiteurs ayant accru cette première dotation (2), l'établissement reçut, pendant près de quatre siècles, et jusqu'à la fin de l'ancienne Université, de nombreuses générations scolaires de nos jeunes compatriotes. Une de ses illustrations, dont nous ne pouvons omettre ici mention très-honorable, fut Wassebourg, qui vécut en cette maison trente ans de sa jeunesse, d'abord simple boursier, puis procureur, puis régent, enfin principal : en reconnaissance de quoi, dit-il, moi qui écris ces choses suis tenu à jamais de prier Dieu pour les bons fondateurs ;

(1) La Faculté des Arts, la quatrième, mais la plus nombreuse de l'Université (les trois premières étant la théologie, le droit et la médecine), avait pour privilége, à cause du grand nombre de ses écoliers, qui étaient répartis en quatre nations, que ses maîtres seuls étaient éligibles à la suprême dignité de recteur triennal. Elle tirait son nom des sept arts libéraux, qui étaient le *trivium* et le *quadrivium* des anciennes écoles, et comprenaient tout ce que nous appelons aujourd'hui humanités et philosophie ; mais, sous ce nom de philosophie, on comprenait alors le peu que l'on savait de sciences physiques et naturelles : de sorte que, ces sciences ayant pris d'immenses accroissements, les Arts ont été scindés, dans l'Université moderne, en Sciences et en Lettres. L'ancienne Faculté, dont le doctorat s'appelait maîtrise ès Arts, donnait ses leçons publiques aux écoles des Quatre-Nations ; et il était primitivement défendu à tous maîtres, sauf à ceux de grammaire, d'enseigner dans des locaux particuliers. Par mitigation, on permit, dans le xv⁰ siècle, l'exercice restreint, puis plénier en divers colléges, à charge par les régents de supplique et examen préalables *pro regentiâ et scholis* devant la Faculté : enfin on accorda l'exercice hors Paris aux colléges affiliés que fondèrent, dans le cours du xvi⁰ siècle, la plupart des bonnes villes.

(2) Les bourses primitives étaient les six de La-Marche (vers Neufchâteau) et Rosières aux Salines, en Lorraine. Puis les six de Winville (le *Windonis villa* du testament de Wulfoade, en 709), pour ce village et ceux de Buxières et Buxerulles, avec extension à Saint-Mihiel, à défaut de candidats de ces petites localités. Ensuite, deux pour les Paroches, commune alors formée de trois villages, dont celui de Refroicourt, où était la mère église, n'existe plus. Deux pour Dombasle, près Nancy. Une pour Nixéville, près Verdun. Trois pour Briey. Enfin une pour une localité du Limousin dont notre document ne dit pas le nom.

et il a en effet consacré à leur éloge dans son livre un assez long passage, où il raconte toutes les particularités de la fondation (1), entr'autres comment, advenant la vacation d'une bourse, les curés des lieux désignés dans le testament de Beuve (2) devaient en faire publication, par trois dimanches consécutifs, afin d'avertir les candidats; puis élire et prendre au concours les plus capables, préférence donnée aux parents du fondateur; enfin certifier, par lettres authentiques, la régularité de leur choix et l'accomplissement des conditions. Il paraît, à des documents postérieurs, que le collège ne se fiait pas absolument à cet examen, tout sérieux qu'il pût être, de nos curés de campagne : car il n'admettait leurs élus qu'après avoir fait subir à ceux-ci un mois d'épreuves, au bout duquel son bureau les présentait à M. l'archevêque de Paris qui, en qualité de proviseur né de la maison, délivrait les lettres sur lesquelles on les mettait en jouissance de leurs bourses, qu'ils gardaient jusqu'à la fin de leurs études. La modestie de Wassebourg l'ayant empêché de parler de sa bonne administration de principal de La-Marche, nous suppléerons à son silence en disant qu'on dut être fort satisfait de lui : car, en son honneur, et non sans son influence peut-être, cette principalité passa successivement à deux de ses neveux. Au XVIIIe siècle, la maison se trouvant riche de

(1) Wassebourg, p. 470 verso, et, pour ce qui arriva de son temps, p. 642 verso. Nous avons mentionné, ci-dessus, tom. I, p. 13, ses deux neveux, qui lui succédèrent dans la principalité. V. encore Crévier, Hist. de l'Université de Paris, tom. II, p. 416. Il dit, tom. IV, p. 316, qu'en 1466 la nation de France nomma un principal de La-Marche : ce qui prouve, ajoute-t-il, qu'alors ce collège était de la nation de France, bien que maintenant (1760), il soit réputé de celle d'Allemagne.

(2) Ce testament porte : *Pro sex pauperibus scholaribus qui sint de Winvillâ : voloque dictos scholares et capellanum per me fundatos esse de parentelâ meâ, quandò reperientur habiles et idonei, undecumque traxerint originem. Et, si non reperirentur de parentelâ meâ, volo quòd assumantur de Winvillâ, aut de locis proximioribus, velluti de Buxeriis aut de Buxeriolis, quem habiliorem et utiliorem repererint.* — Ce que Wassebourg ajoute, que ces six boursiers devaient être du pays sujet au duc de Lorraine et Bar, semble être une interprétation postérieure.

plus de 25 mille livres de rente, vit sa prospérité un peu troublée par les malversations d'un administrateur infidèle (1), dont cependant la mauvaise gestion n'empêcha pas qu'elle ne restât au nombre des bons colléges de Paris, et l'un des dix où fleurit le plein exercice, dit, en 1760, Crévier, l'historien de l'Université. Après la Révolution, La-Marche ne fut pas rétabli; et, en 1810, ses bâtiments, ainsi que tout ce qui restait de ses anciens biens, se trouvant au domaine public, deux parents des fondateurs (2) présentèrent, tant en leurs noms qu'en ceux des communes intéressées, requête au conseil d'Etat, à ce que les bâtiments de ce ci-devant collége, sis à Paris, rue de la Montagne-Sainte-Geneviève, fussent restitués, pour être vendus, et, à ce moyen, les bourses recréées, et l'établissement transféré à Nancy, sans charge d'exercice public, qu'il n'était plus possible de lui imposer, vu la perte de la plus grande partie des biens, mais pour servir d'école-pensionnat préparatoire au séminaire diocésain, qui était alors commun aux anciens évêchés réunis à la circonscription ecclésiastique nancéienne par le concordat de 1801. Le conseil d'Etat rejeta la demande; et le projet d'école-pensionnat-séminaire demeura sur le papier: mais les documents qu'il renferme sont instructifs sur cet établis-

(1) Sur ces malversations, v. les Additions et corrections en tête du tome v de l'Hist. de Lorraine de D. Calmet, p. cxxxviii-cxl, 2ᵉ édit.

(2) MM. de Rouyn, (de Buxières), de la famille de Beuve, et Holandre, dernier prévôt de l'évêché à Fresnes, parent du fondateur de la bourse de Nixéville. Leur mémoire fut imprimé à Metz, en 1810, sous ce titre : Projet de rétablissement du collége de La-Marche-Winville, avec différents précis, suppléments, recherches, plan de rétablissement, etc. Vu au conseil municipal de Winville, le 1ᵉʳ mai 1809; à celui des Paroches, le 15; à celui de Briey, le 2 août; à celui de Nixéville, le 8 septembre; à celui de Dombasle (près Nancy), le 24 septembre; à celui de Rosières-aux-Salines, le 22 octobre; à celui de La-Marche, le 31 janvier 1810. Lettre d'envoi à S. M. l'empereur, signée : Les parents des fondateurs, de Rouyn, Holandre. Les maires et membres des conseils municipaux des sept communes, au profit desquelles les anciennes bourses étaient fondées. — En 1763, chaque bourse était de 450 livres par an. Le local de la Montagne-Ste-Geneviève, jadis hôtel de Joinville, avait été acquis par Beuve, en 1429; et le collége y fut transféré après sa mort, en 1432.

sement de La-Marche-Winville, que nous ne pouvions laisser entièrement ignorer à nos lecteurs.

Nous reprenons la suite de l'histoire aux dernières années du cardinal de Bar, qui alors n'était plus le grand personnage que nous avons vu jusqu'ici sur la scène politique : la révolution anglo-bourguignonne de 1420 l'avait renversé; et il s'était vu, dans les contrecoups de sa chute, forcé d'abdiquer son duché, d'abord à moitié, puis entièrement. Comme toute sa prépondérance lui venait de ce duché, maintenant perdu pour lui, et de sa famille éteinte par la catastrophe d'Azincourt, il se trouva, dès qu'il fut réduit à lui-même, hors du courant des choses, et n'eut plus d'autre avenir que de terminer obscurément ses jours dans l'évêché qu'on lui avait laissé à Verdun : et, là même, l'embarrassaient grandement ses anciennes dettes de prince, et sa maladive santé, empirant à mesure qu'il vieillissait (1). En cette impuissance, il laissa dans l'évêché tout aller au duc Charles de Lorraine, bien que ce joug dût lui peser, et qu'il déplorât, sans pouvoir les empêcher autrement que par de vaines offres de médiation, les interminables querelles de ce prince avec les Mes-

Derniers temps du cardinal de Bar.

(1) Pour ses dettes, il lui fallut plus d'une fois mettre ses bijoux en gage, ainsi que, du reste, furent souvent réduits à faire divers grands seigneurs de ce temps et d'autres. (V. ci-dessus, p. 311-312.) « A Edouard Langlois, qui avoit en gaige deux imaiges d'argent du cardinal, 120 livres, en 1420. Même année, une courroie d'or en gage, à la dame de Landre, 80 livres. — A Roulet, pour avoir rapporté à Clermont, sur son cheval, plusieurs joyaux qui étoient en gage à Bar, 30 sous. — Aux Lombards de Metz, 12 francs et demi, pour 10 fr., monnoie de Metz, que monss{r} leur devoit de montes (intérêts) sur une aiguière qu'ils ont de lui. — 4 fr. pour parachever 84 fr. par monss{r} envoyés à Metz, pour racheter les florons de sa coronne. (Cette dette doit être de René d'Anjou). — Rachapt du drageoir d'argent de mgr., qui estoit demoré en gaige à Metz, pour le reste dû des autres gaiges sur lesquels mgr. avoit fait emprunter 700 fr., monnoie de Metz. — 80 livres à Perrin Gauïchi de St-Mihiel, en décompte de neuf-vingt trois francs 4 gros qui lui sont dus; pour quoi il a en gaige la grande imaige Notre-Dame de mgr., etc., etc. Extraits de comptes, dans les notes de M. Servais. — Dans ces mêmes comptes, mentions assez fréquentes de médecins et d'apothicaires. Ceux-ci étaient assez mal pourvus : du moins il est dit que, dans la dernière maladie du cardinal, on chercha vainement pour lui, à Bar et à St-Mihiel, « des pommes d'orange ou de grenéde. »

sins (1); mais le duc avait tellement pris la haute main à Verdun qu'on n'osait empêcher ses lorrains de poursuivre jusque dans nos murs les soldoyeurs de Metz : et peu s'en fallut que les deux cités ne se brouillassent à ce sujet (2). Nous ne savons de l'histoire de ce moment que ce trait, avec quelques autres faits détachés : et nous remplirons cette lacune en plaçant ici un résumé, que nous n'avons encore pu faire, de la carrière ecclésiastique de notre cardinal Louis de Bar. Il débuta, ainsi que nous l'avons vu, par l'évêché de Langres, où il se montra excellent administrateur, et fit des statuts cités avec éloge par les historiens de l'église gallicane (3); puis, sa haute naissance l'appelant aux honneurs, il fut, dès 1397, créé cardinal diacre par le pape d'Avignon Benoît XIII, ensuite cardinal prêtre, en 1409, au concile de Pise, d'où il revint avec le brillant titre de légat en France du pape Alexandre V; enfin, en 1413, Jean XXIII le nomma cardinal évêque, au titre de Porto-Romano (4). En ce temps, il permuta son évêché de Langres contre celui de Châlons, où on put trouver que les affaires de son parti politique l'absorbaient beaucoup : et il est possible qu'on

Sa carrière ecclésiastique.

---

(1) « Pour ce que le débat et descord entre notre frère de Lorraine et ceulx de la cité de Metz nous est très-desplaisant; et voudriens à l'apaisement entendre, travailler, et de bon cœur nous employer de tout notre pouvoir, etc. Lettre datée d'Hatton-Châtel, 4 juin 1429, dans les Preuves de l'Hist. de Metz, V. 89-90.

(2) « Pour ce que nous de Metz disiens et mainteniens que, pour lors que nous étiens de guerre à feu de bonne mémoire monseigneur le duc Charles de Lorraine, cui Dieu pardonne, plusieurs nos soldoiers, à l'environ ladite cité de Verdun, fuirent rencontreis par aulcuns lors nos ennemis, qui les mirent à chasse; et entreirent en ladite cité de Verdun, comme à refuge et lieu de franchise et seureté, et nosdits ennemis avec; et, eux y venus, lesdits de Verdun arrestèrent et minrent en prison fermée, etc..... Et nous de Verdun disiens et mainteniens, au contraire, que lesdits estoient entrés en notre cité par force d'armes et violences, sans asseurement et sans licence, lesquels leur aviens refusés, pour certaines causes à ce nous mouvant, etc. Paix du 7 mars 1432 (33 av. P.), dans les Preuves de l'Hist. de Metz, V. 258.

(3) Père Berthier, Hist. de l'église gallic., à l'an 1404, liv. XLIII.

(4) V. ci-dessus, p. 526 et 590.

ait fait la même plainte à Verdun quand, par nouvelle permutation, il y eût succédé à Jean de Sarrebrück, en 1420. A vrai dire, ce n'étaient pas circonstances favorables pour qu'il s'occupât soigneusement de notre diocèse que sa migration, bien que courte, à Poitiers, puis sa déviation anglaise, par suite de laquelle il lui fallut se charger de Reims, pendant la fuite de l'archevêque Regnauld de Chartres : mais, quoiqu'on n'ait pas chez nous, comme à Langres, recueilli ses statuts, nous savons, par mentions éparses, qu'il en fit, à diverses reprises, entre autres, pendant une visite à Saint-Vanne, pour défendre, de peur des cabales, l'admission en un même monastère de parents de degré trop rapproché (1). On cite encore de lui une ordonnance contre les gens qui, soit crasse négligence, soit mépris des bonnes coutumes, mouraient intestats (2) : chose qui passait alors pour frustration de l'église et des pauvres, auxquels tout bon fidèle devait, suivant ses moyens, reconnaissance testamentaire. Au Chapitre il accorda, sans rancune de l'affaire du vacant, règlement convenable au sujet d'Herméville et d'Hardancourt, deux villages contigus, à propos desquels naissaient et renaissaient sans fin des querelles entre les chanoines seigneurs d'Herméville, et les officiers de la prévôté d'Etain, qui avaient juridiction sur Hardancourt. Cet endroit n'existe plus : et l'altercation a pour tout intérêt aujourd'hui de nous apprendre qu'il exista jadis, et qu'il faut ajouter son

Herméville et Hardancourt.

(1) *Dominus Ludovicus, cardinalis de Barro, episcopus Portuensis, dux Barrensis, marchio de Ponte, dominus de Cassello, administrator ecclesiæ Virdunensis ordinarius, et superior hujus monasterii S. Vitoni, in quâdam visitatione ordinavit et statuit ne de cœtero, futuris et perpetuis temporibus, duo fratres, aut plures, seu nepotes in religiosos hujus monasterii reciperentur, propter consequentias quæ indè sequi solent.* Nécrologe de St-Vanne.

(2) *Ludovicus bonæ memoriæ cardinalis de Barro statuit ut, si qui forte reperirentur ex quâdam negligentiâ vel contemptu omissæ testamenti ordinationem, tales privandos sepulturâ ecclesiasticâ, donec plenius ipse, aut ejus officialis, de vitâ et moribus defuncti fuisset informatus. Cujus vestigiis inhærentes, etc..., solum autem contemptum et crassam negligentiam punienda duximus.* Statuts synodaux de Wary de Dammartin.

nom à la liste des villages détruits chez nous par les guerres : quant au cardinal, comme il s'était réservé la seigneurie d'Etain en viager, et sans la comprendre dans son abdication du Barrois, le Chapitre crut le moment bon pour faire terminer, s'il était possible, par lui cette contestation assez épineuse : et cette cause fut plaidée pour les capitulants par leur archidiacre de la Rivière, Guillaume Huyn d'Etain, qui devint, dans la suite, le cardinal Huyn : c'est ici la première mention que nous rencontrons de ce personnage (1). Pour autre trait de l'histoire ecclésiastique du cardinal de Bar, nous avons à dire qu'il fut l'un des assistants de l'empereur Sigismond, à la séance du concile de Constance où l'on condamna solennellement les doctrines et la mémoire de Wicleff (2) : enfin, en appréciant sommairement notre prélat comme homme d'église, on doit lui rendre cette justice que, bien que les circonstances et son rang l'aient beaucoup jeté dans les affaires du temps, cependant il demeura bon et digne évêque, sans tache en sa conduite privée, et sans blâme dans aucun document contemporain.

La numismatique reparait ici dans notre chronique, à

---

(1) Sur cette affaire d'Hardancourt, v. Wassebourg, p. 472. — « Du 4 décembre 1426, lettres de Louis, cardinal de Bar, par lesquelles il reconnaît, en vertu d'une enquête, que la ville d'Herméville appartient au Chapitre, en toute seigneurie et justice...; et ne peut, à cause de sa prévôté d'Etain, y instituer aucuns maieur ni officiers, mais doit faire justicier ses sujets par son prévôt d'Etain, ou son maïeur d'Hardancourt, hors de ladite Herméville. Ne peuvent les sergents d'Etain faire aucun exploit à Herméville, sans permission de la justice du lieu : semblablement les officiers de Chapitre aucun exploit à Hardancourt, sans permission du maieur et justice d'Hardancourt, etc. » Extraits de D. Colloz. — « Item, disent les officiers d'Etain, dans une pièce sans date, mais du milieu de ce siècle, est vrai que ladite Herméville et le finage d'icelle sont spacieux et de grande étendue; car en icelui finage et territoire est compris et assis un ban nommé le ban de Hardancourt, appartenant seul et pour le tout audit ss^r roi (René d'Anjou, titré roi de Sicile, après la mort de son aîné Louis, en 1434). En 1513, dans l'Inventaire de Lorraine, mention d'une liasse, sous ce titre : « Chapitre de Verdun, pour Hardancourt ; pièces relatives à des difficultés entre le Chapitre et la prévôté d'Etain, au sujet de ce ban. »

(2) Religieux de St-Denys, tom. v, p. 650, édit. des Docum. inédits.

propos des monnaies de ce cardinal, qui en fit frapper beaucoup, soit barroises, quand il était duc de Bar, soit verdunoises, quand il eut l'évêché de Verdun. Cette reprise de notre monnayage, interrompu depuis assez longtemps, et que l'évêché avait même projeté d'engager à la Ville (1), n'indique pas que les temps fussent devenus meilleurs, ni les finances plus prospères; mais il ne seyait pas qu'un prince tel que Louis de Bar ne frappât pas monnaie; et il en fit, en effet, de blanches et de noires, et de plusieurs sortes, tant à Verdun qu'à Saint-Mihiel et à Varennes (2); mais son aloi d'argent, ainsi du reste que celui de toutes les espèces lorraines de ce temps, était loin d'être au premier titre : aussi ne prenait-on ces pièces, dans les pays voisins, que moyennant supplément de compensation pour leur faiblage (3). — Au Chapitre, pour les terres de l'église, on établit, dès la fin du xiv° siècle, une monnaie de compte, à laquelle on rapportait les diverses espèces en circulation; mais on ne trouve pas d'explications sur cette monnaie, dont il est cependant fait d'assez fréquentes mentions dans les Registres capitulaires (4).

Monnaie de ce temps.

(1) Ci-dessus, p. 529.
(2) Leur description numismatique, dans un mémoire, au tom. iv, p. 270, de la Société philomatique, et dans Saulcy, Monnaies des comtes et ducs de Bar, p. 42.
(3) « Très-chiers et grants amis. . Plaise vous à savoir que Arnold, mon clerc et servant a Damvillers, m'ait rapporté 80 francs en monnaie de Lorraine, à xxiiii demi gros de Lorraine pour chacun franc...; mais vous savez bien qu'à moi debviez 80 florins de Rhin, ou xxvi gros de Luxembourg pour chacun florin; et le xv gros de Lorraine, tel que vous le moi avez envoyé, ne valent pas xv gros : pour ce, je vous prie par ceste présente que vous moi vueillez paier lou sorplus; ou aultrement ne m'en tenrois point pour bien content. Et vous prie que vueillez payer et délivrer les cinquante florins de Rhin que vous moi debvez à cest Noël, pour cause de ma retenue de estre de votre conseil... Escript la vigile de Noël, l'an mil iiii° et vingt-huit. Erard de Gimenich, sire de Delrepart, et gouverneur de Damvillers. A mes très-chiers et grants amis, les jurés de la cité de Verdun. — « Item, 5 francs 2 gros pour le forçage et amendement de 62 francs, monnoie de Lorraine, envoyés à Metz. — 12 francs et demi de Lorraine, pour 10 francs, monnoie de Metz. » Comptes divers de ce temps.
(4) V. Mémoires de la Société philomatique, ibid., tom. iv, p. 267. Diverses condamnations à des amendes, en monnaie de Chapitre, Registres, aux

Testament et mort du cardinal de Bar.

Il ne nous reste plus à raconter du cardinal de Bar que sa mort, à Varennes, le 23 juin 1430, et son testament, qu'il data du 20 précédent, mais dont les dispositions devaient être arrêtées longtemps d'avance. C'est une pièce historique et politique à ne pas négliger comme renseignement, bien que le soin qu'on avait pris de décharger, pendant sa vie, le testateur de son duché et de son marquisat ait dû lui fort simplifier son acte de dernière volonté. Il était cependant demeuré fort riche : car, sans parler de son évêché, dont il n'avait pas à tester, il lui restait toute son ancienne légitime, accrue de partie au moins de celle de son frère Jean ; et, en outre, il avait les grands domaines flamands de Cassel et du Bois de Nieppe, qui venaient de la vieille Iolande, et que le duc Robert avait mis, en 1409, dans la part d'aîné d'Edouard : ensuite le cardinal ayant, après Azincourt, pris cette place et part d'aîné, s'en investit ; et, comme à son abdication, on ne parla pas formellement des possessions non barroises, il crut qu'on lui laissait celles de Flandre autrement qu'en viager : mais c'était, de sa part, un malentendu, que le duc Charles et René se chargèrent bientôt d'éclaircir, au préjudice de son testament. René toutefois ne profita guère de cette dépouille flamande ; car il lui fallut, en 1436, l'abandonner pour partie de sa rançon, au duc Philippe de Bourgogne (1). D'après l'intention du cardinal, ces territoires auraient dû aller à sa petite-nièce Jeanne, enfant unique de son neveu le jeune Robert, tué à Azincourt : c'était la dernière personne qui pût porter le nom de Bar : et, pour que ce legs important passât sans trop de contestation de la part de René et de son beau-père de Lorraine, le testament fit donation à René de la saline de Château-Salins, puis exigea, comme clause essentielle, que Jeanne, par le fait même de son accep-

---

6 mars 1459, 21 avril 1460, 10 mai 1462, etc. Il n'existe aucun indice que le Chapitre ait jamais frappé, ni même prétendu avoir droit de frapper monnaie réelle.

(1) Doyen de St-Thiébauld, à l'an 1436. Déjà cité, ci-dessus, p. 476, note.

tation, serait censée renoncer pour elle-même, et par conséquent pour tout futur mari, à toute prétention quelconque au duché de Bar, comme unique survivante de l'ancienne maison, et descendante en ligne directe, du prince Henri, qui avait été l'aîné de la famille (1). Quant à ses autres parents, le cardinal ne légua rien (on sait assez pourquoi) à Adolfe de Berg, son beau-frère : il reconnut par un legs, aussi à charge de renoncer à toute autre prétention, son neveu, fils de sa sœur Jeanne, qui avait épousé, en 1394, Théodore Paléologue, marquis de Montferrat : puis il désigna pour exécutrice testamentaire, en premier lieu, sa sœur Bonne, veuve de Waleran-Ligny-Saint-Pol, à laquelle il donna, avec diverses seigneuries, plusieurs précieux joyaux de famille, comme les Heures grandes et petites de leur mère commune Marie de France, avec son gobelet d'or orné de saphirs, et émaillé des armes de France au fond; en outre les reliques qu'on mettait devant lui cardinal, quand il entendait ou disait la messe. Il élut sa sépulture en son église cathédrale de Verdun, en la chapelle fondée par ses ancêtres, à l'autel de Saint-Martin : défendit qu'on mît sur sa tombe ni mausolée, ni effigie, ni absolument autre chose que la simple inscription de son nom et de la date de sa mort; interdit également, dans la cérémonie des obsèques, toute somptuosité de luminaire et toute magnificence de draps d'or ou de soie sur son cercueil, qui ne devra être couvert que de gros bureau noir, avec croix rouge : on distribuera, ce jour-là, aux pauvres 50 livres tournois; et tout prêtre qui viendra dire la messe aura deux gros. A cette même église cathédrale, pour fondation d'un anniversaire, cent livres tournois, dont on achètera un fonds de revenu perpétuel : item, deux ornements pontificaux, blanc et bleu, avec parements d'autel correspondants,

(1) *In recompensationem juris, et pro jure quod forsitàn habere potuisset, post decessum nostrum, in ducatu Barrensi.* — Clause analogue dans le legs à Jean-Jacques de Montferrat : *in recompensationem juris, et pro jure ac portione quæ sibi competeret ex successione nostrâ.*

une chappe de blanc drap d'or, et un tapis à figures représentant l'histoire de Jacob et d'Esaü (1). Legs à diverses églises, entre autres, à la paroissiale de Bar, 30 livres de rente, pour fondation d'une chapelle de saint Christophe (2). On fera, pour le défunt, un pèlerinage au mont Saint-Michel (sur les côtes de Normandie) ; et on entretiendra à Notre-Dame de Boulogne-sur-Mer, jour et nuit, pendant un an, un cierge allumé. Enfin, quant aux charges de la succession, le testament distingue celles qui concernent l'évêché de Verdun, lesquelles seront acquittées par les exécuteurs, vérification faite en Chapitre des titres des créanciers : pour les autres, elles incomberont à René, héritier du duché de Bar ; et, s'il n'y a pas assez, en valeurs mobilières, pour payer ces dettes, on vendra l'immeuble de Longecourt-en-Bourgogne, avec une rente de 60 muids de vin, que nous avons, dit le testateur, sur le cellier de Pommart de notre amé seigneur et cousin le duc Philippe : et, au cas où il ne serait pas nécessaire de faire cette vente, ces biens seront à notre sœur Bonne, ainsi que tout ce qui restera de notre succession, charges acquittées. Fait en notre ville de Varennes, le mercredi 20 juin 1430 (3). Trois jours après mourut le cardinal, âgé d'un peu plus de de 50 ans (4) ; et on porta son corps à Verdun pour l'inhu-

(1) Wassebourg, au temps duquel ces ornements existaient encore, dit, p. 473 verso, qu'ils étaient « en damas blanc et damas pers, enrichis des armes du cardinal en brodure d'or, avec paremens d'autel de couleurs semblables ; et une riche pièce de tapisserie contenante le crucifiement de Jésus-Christ, pour exorner et décorer la circumférence du maistre autel, les jours solennels.

(2) Pas de legs aux Frères-Mineurs de Varennes, dont il avait, de son vivant, fait rebâtir le couvent, comme nous l'apprend Wassebourg, ibid. Calmet dit que le cardinal de Bar donna, en 1417, aux Cordeliers, l'hospice St-Jean-Bapt. de Varennes, où il les transféra de celui de St-Gengoult, situé proche le même bourg, après qu'ils eurent embrassé la réforme. » Notice, art. Varennes.

(3) L'acte tout entier, dans les Preuves de D. Calmet, III, 638, 1re édit.

(4) L'épitaphe ne dit pas son âge ; et on ignore la date de sa naissance. Son aîné Edouard étant de 1377, il dut être lui-même des environs de 1380. V. M. Servais, II, p. 179.

mer à la cathédrale, ainsi qu'il l'avait ordonné : puis le Chapitre, voyant qu'il avait défendu de mettre sur sa tombe autre inscription que celle de son nom et de son titre, pensa que, du moins, on pouvait écrire ces choses en blason : ce qui donnait un magnifique écu, des plus nobles qu'il se pût voir, France et Bar écartelés, sous un chapeau de cardinal; et, comme une telle armoirie ne pouvait aller sans quelques vers, on écrivit, en bordure, les suivants :

> *Hic situs est fulgens Ludovicus laude perenni*
> *Quem Barri genuit stirps generosa ducum.*
> *Filia regis erat genitrix, de culmine summo*
> *Francorum, et cunctæ nobilitatis apex.*
> *Hunc decus et mores quondam celebrare solebant,*
> *Dum Portuensi cardine dignus erat,*
> *Egregius pariter præsentis pastor ovilis,*
> *Ac Virdunensis pontificatûs honos.....*
> *Mille quater centum ter denos junxerat annos*
> *Delius, et junii tempora mensis erant, etc.* (1)

Ces vers, faits malgré l'intention du testateur, doivent être pardonnés au poëte, à cause de son bon vouloir; et il y eut d'ailleurs au testament bien d'autres contraventions sur lesquelles on fut obligé de passer. Un mois environ après la mort du cardinal, vint un procureur de sa sœur Bonne, première exécutrice testamentaire, signifier en Chapitre, à la surprise et au mécontentement de plusieurs probablement, renonciation pure et simple de la princesse « au faix et à la charge d'exécution des dernières volontés de feu révérend père en Dieu monss^r le cardinal de Bar, son frère (2) »; et pareille notification fut faite par le même

---

(1) Sur cette tombe, et sa place à la cathédrale, ci-dessus, tom. II, p. 582.

(2) « L'an 1430, le xxvIII^e jour du mois de juillet, vénérable et discrète personne Collet de Villers, secrétaire de haulte et puissante princesse et dame madame Bonne de Bar, comtesse (douairière) de Liney et de St-Pol, dame de Dun, et son procureur, comme apparoit par procuration séellée du grand séel d'icelle dame, en rouge cire pendant en un lacs de parchemin, et signée du signe manuel de discrète personne Robert Vincent, aussi son secrétaire, renonça purement, pleinement, simplement et libéralement au faix et à la charge d'exécution du testament, ordonnance et dernière volonté de feu très-révérend père en Dieu monss^r le cardinal de Bar, son frère. Et aussi ledit Collet, en nom que dessus, publia ladite renonciation à vénéra-

mandataire, et de la part de la même exécutrice, à Jean Claudy (1) et Nicolas Trousson, deux autres exécuteurs à elle adjoints, pour l'aider et la conseiller. Bonne, ainsi que nous l'avons vu, avait déjà, à la mort de son mari Waleran-Ligny-St-Pol, renoncé à sa succession, et fait mettre, aussi par procureur, sa boursette de veuve sur l'effigie de ce défunt seigneur et époux (2); mais, cette fois, sa renonciation n'étant pas à la succession, mais seulement à la charge d'exécutrice, elle ne fit pas recommencer pareille cérémonie. Wassebourg suppose qu'elle eut alors « grands empeschements et affaires »; et il dut y avoir en effet quelque chose de tel : autrement la comtesse, ayant, en bonne sœur, soigné son frère dans sa dernière maladie, et reçu de lui en présent ses joyaux de famille, n'aurait pas refusé la charge qu'il lui avait commise, et que le testament rémunérait d'ailleurs en toute convenance. Nous remarquerons à ce sujet que René, pour sa part, non-seulement n'exécuta pas non plus, mais viola d'une manière formelle les dispositions de son oncle, en retenant Cassel et le Bois de Nieppe, au préjudice de Jeanne de Bar : et il n'est guère probable qu'un tel manquement ait été de son

---

bles personnes messire Jehan Claudi et maistre Nicole Trousson, aussi nommés exécuteurs... Ces choses furent faites on sacraire de l'église de Verdun, présents doyen et Chapitre, François de (illisible), Jehan de Loyson, citains et habitants de Verdun, et Jennin Herbert, jadis secrétaire dudit mouss' le cardinal. »

(1) Jehan Claudy, ensuite archidiacre de Woëvre, et prévôt de la Madelaine. Il était chapelain et confesseur du cardinal, qui lui légua ses livres latins : *Johanni Claudy, capellano et confessori nostro, centum francos, cum omnibus et singulis libris nostris, verbis latinis compositis.* Claudy ensuite légua lui-même au Chapitre, *ad ponendum in librariâ, Moralia sancti Gregorii, Expositum de Bruno super quinque libros Mosis, Psalterium glossatum, necnon et quasdam magnas Decretales, Sextum et Clementinas quondam domini cardinalis Barrensis Item*, ajoute son article, au Nécrologe, 7 des ides d'août, *octo tasseas et duas aquarias, ponderis XIV marcarum, ad opus feretri.* Vers ce même temps, Oulry de Romagne, secrétaire de la Ville, donna aussi *sex tasseas argenteas ponderis sex marcarum, ad opus feretri* : ce qui indique qu'alors on faisait l'ancienne fierte, ou chàsse, dont nous avons parlé ci-dessus, tom. II, p. 586.

(2) Ci-dessus, p. 547.

pur et simple fait, sans aveu et conseil de son beau-père Charles duc de Lorraine, qui survécut environ six mois au cardinal (1). L'apparence semble être qu'on chicana sur les legs territoriaux importants, en prétendant sans doute que le défunt ne tenait beaucoup de ses domaines qu'en viager, et qu'après lui, ils devaient revenir à la nouvelle couronne ducale Lorraine et Bar; et ces chicanes purent entraîner l'ajournement indéfini du tout. La conscience de René s'en trouvait encore chargée, en 1474 : car, dans son propre testament, daté du 22 juillet de cette année, on trouve cet article : « Item, veut et ordonne ledit seigneur que les testaments et darriennes volontés de feu très-révérend père en Dieu monseigneur le cardinal de Bar, et de Marguerite de Bavière, en son vivant duchesse de Lorraine, soient accomplis, c'est à savoir dudit cardinal sur les biens du duché de Bar, et de ladite duchesse sur les biens du duché de Lorraine » : et nous savons, par nos actes capitulaires, que les cent livres léguées par le cardinal pour la fondation de son anniversaire ne purent être employées qu'en 1466, à l'acquisition d'un gagnage à Moirey : mais, en 1471, René augmenta ce legs, et remit les droits d'amortissement : de sorte qu'on lui fit honneur de la fondation de cet anniversaire.

Avec le cardinal de Bar disparait de notre histoire son antique famille, que nous avons vue en si haut rang depuis le Xe siècle. La maison de Luxembourg finissait également, éteinte, dès 1384, en sa branche ducale, et près de s'éteindre, avec l'empereur Sigismond, en sa lignée impériale. De nos autres vieilles races féodales celles des comtes de Chiny n'existait plus, depuis un siècle déjà; les Grand-Pré allaient aussi entrer dans le passé; et les Apremont ruinés vivaient obscurément loin de leurs anciens domaines. L'as-

(1) Roussel, p. 375, dit au contraire que le cardinal survécut au duc; mais il n'a pas fait attention que le 25 janvier 1430, date de la mort de Charles II de Lorraine, est le 25 janvier 1431 du calendrier actuel; et il lui est arrivé plus d'une fois de commettre pareille erreur.

pect des choses historiques change pour nous, à la disparition de tant de vieux noms : le moyen âge tire à sa fin ; et nous le verrons, dans le volume suivant, se perdre peu à peu dans la Renaissance, de laquelle sortira la période moderne.

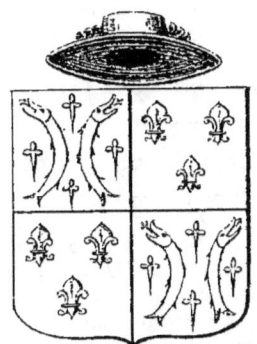

Pierre tombale du Cardinal de Bar.

Signature du Cardinal de Bar.

ADDITIONS ET CORRECTIONS

Le papier ayant manqué, ainsi que beaucoup d'autres choses, dans les détresses de ce mémorable automne 1870, nous ne pouvons terminer ce volume, comme les précédents, par un chapitre relatif aux institutions. Ce que nous avions intention de placer ici était l'histoire de l'affranchissement des campagnes. En attendant qu'on puisse en parler ailleurs, nous donnons, pour compléter les documents du xive siècle, le texte de quelques chartes qui nous ont servi pour notre récit, sans que nous ayons pu, à cause de leur longueur, en extraire tous les détails instructifs pour l'histoire de ce temps.

DÉMÊLÉS DE HENRI D'APREMONT
AVEC LA COMMUNE.

In nomine Domini, etc. Per hoc præsens publicum instrumentum, etc., anno 1314, indictione XII, die 29 mensis junii, horâ circà tertiam, in monasterio Sancti-Pauli Virdunensis, camerâ quæ dicitur Alta Aula, in præsentiâ mei notarii et testium infrà scriptorum, constituti discreti viri dominus Jacobus dictus Roucels miles, Aubrion dictus Li Cos, Raimbaldus Mercerius, etc. (suivent sept autres noms), *cives Virdunenses, procuratores, ut dicebant, totius communitatis civitatis Virdunensis, ad quosdam articulos contrà ipsos et dictam civitatem, ex parte reverendi in Christo patris ac domini domini Henrici, Dei gratiâ episcopi Virdunensis, propositos : quorum articulorum tenor sequitur, in hæc verba :*

« Li citeins de Verdun vendent (mettent en adjudication), de lor propre volentei, les portaiges (droits au passage des portes) de notre citei de Verdun, sans nous requérir et sans notre commandement, et les lèvent et les font lever continuellement (non à occasions transitoires, comme le stipulait l'accord de 1246), ne les convertissent mie de notre consentement, comme ils devroient, à refaire les ponts et chaussies de notre citei de Verdun, ne n'en comptent mie par devant nous, ainsi comme ils doient, par les lettres baillées au temps de nos devantiers.

« Item, vendent les mesures, et ce que ils appellent les droitures dou sel, dou charbon, dou chavant, et dou barisel de la waide (1) ; et font lor volontei de ce que ils en prennent, sans notre autoritei et sans

---

(1) Explication de ces termes, ci-dessus, p. 385.

notre consentement; ce que ne doient ne puevent faire par raison.

« Item, font de lor propre volontei despartours des héritaiges : ce que ne partient mie à eulx, ains à nous et à notre Nombre.

« Item, ont mins maistre et cellerier en la maison de la Maladerie de Verdun, sans notre autoritei et sans notre justice.

« Item, cils qui s'appellent maistres des mestiers ont fait dous (deux) eschevins de la vicomtei : laqueille chose partient à nous, et non à aultre.

« Item, font semonces sur poinne (convocations, à peine d'amende) pour assembler gens de paraige et de commun, pour traitier, conseiller et gouverner aux besoignes et en l'estat de la citei, de lor volontei, sans notre consentement et notre ottroi espéciaul, et sans le congié de notre Nombre et justice de Verdun : ce que ne puevent faire par raison, et espécialement selon la lettre de la Paix, laqueille ils enfreindent en cestui cas.

« Item, les devantdits citains et les frairies de notre citei font maistres que on appelle doubleis, de telles gens et par telle manière que ne puevent faire par raison; et les ont encore faits ainssoit que lesdites confrairies fuissent confermées de notre autoritei : ce qu'est en préjudice de notre seignorie, et encor contre la lettre que nous lor avons puis peu ottroieie de lors confrairies.

Suo, et dictæ communitatis Virdunensis nomine, et pro ipsis responderunt, in hæc verba :

« A l'article des portaiges respond le conseuls (le conseil) de Verdun, que en la manière que il doit aller, se va.

« Item, à l'article de la mesure dou sel, respondent que il touche l'abbé de Saint-Vanne, et que toutes fois que il en voura parler, on l'en respondra souffisamment (1).

« Item, à la corbeille dou charbon et dou chavant dou fruit, respondent que de tous jours le Nombre l'a vendue, sans rendre compte à seignor ne à la ville; mais, puis six ans en çà, ils l'ont vendue à la vie d'un homme. Si lor plaist que monss^r ait la moitié doudit vendaige : et li prient que il li plaise que ledit vendaige tienne; et, quand il revenra en la main de la justice, si y ait monss^r et la ville teil droit comme avoir y doient.

« Item, dou barisel respondent que en la manière ancienne, ains i comme on a usei, que on en use, se il plaist à monseigneur; mais ont fait, puis trois ans, pour le profit commun, une mesure commune, qui va par la main d'un homme; si le prient que, se il est vrai que soit le profit commun, que il demore ainsi : et bien lor plaist que il ait sa part.

(1) Sur ce droit de Saint-Vanne, ci-dessus, p. 383, note 5.

« Item, aux despartours des héritaiges, respondent que de tous jours, quand on doit faire les despartours, li Nombre fait semonce des bonnes gens de la ville; et, la semonce faite, li prod'hommes eslisent les despartours; et l'emporte li plus grande partie; et en ceste manière a-t-il esté fait.

« Item, à cellerier de la grant Maladerie de Verdun, respondent que ils ont gouvernei ladite maison de si long temps que il n'est mémoire dou contraire; et en ceste saisine en sont; et maintiennent encore que li évesque Olry (de Sarnay) lor y demanda une provende; et si ne li volurent point donner, de ci à tant que ils eurent lettres que il ne tourneroit à nul préjudice.

« Item, des dous (deux) eschevins que monss^r disoit que li maistres des mestiers avoient faits, respondent que il n'en fuit oncques rien.

« Item, de ce que monss^r disoit que li maistres des mestiers faisoient assemblées des gens de linaiges et de commun, sor poine, pour conseiller et gouverner les besoignes de la ville, à ce respondent que, salve la grâce lor signor, oncques semonce sor poine ne firent, ne faire ne peuvent, ne doient; et, se fait l'avoient, si recognoissent-ils que faire ne l'ont pu en seignoriant (par autorité de seigneur).

« Item, à ce dont monss^r se deult (se plaint) des frairies que il disoit faire douhleis et maistres des mestiers, ainsoit qu'elles fuissent confermées par lui, respondent que y a plusors gens à Verdun qui des confrairies ne sont mie, et que ce ne touche mie toute la ville; mais bien lor plaist que, ainsi comme on en a usei anciennement, que on en use encor : et, se y en avoit aucuns que alliés se fuissent, si ne voiroient-ils mie que ce fuist au préjudice des autres; et vuellent encor que cils qui useront des frairies anciennes aultrement que ils ne debvront, que ils en soient punis.

Quibus responsionibus sic factis, nobilis vir dominus Gobertus, dominus de Asperomonte miles, procurator dicti reverendi patris, nomine ipsius et pro ipso respondit :

« De la mesure du sel, y a plusieurs prises qui ne touchent mie l'abbé de Saint-Vanne, mais touchent l'évesque, c'est à savoir au pont Sainte-Croix et à Saint-Pierre-le-Chevrier. De la corbeille dou charbon et dou fruit doit estre tout li profit l'évesque : car les mesures sont toutes dressiées par son vicomte; item dou barisel de la waide; et marquées par son vicomte. Des despartours des héritaiges, que ils doient estre faits par son Nombre tant seulement. Des dous eschevins de la vicomtei, est monss^r informei que ils furent faits; et ont noms Pérignon Jaleie, et li aultre est lor semoncier Simonin. Des maistres des mestiers est monss^r informei que ils firent semonce, sur cent livres (d'amende), le venredi devant mei-caresme; et fuit ladite semonce criée par les carrefours. Des doubleis, est monss^r informei, que ils ne doient faire assemblée fors que le dimanche, à la Madeleine, pour parler de lors mestiers : et dit monss^r de Verdun que nulle frairie ne peut estre dedans Verdun, sans le consentement de lui, et sans sa lettre.

Quibus replicationibus sic factis, prædicti procuratores dictæ communitatis Virdunensis responderunt in hæc verba :

« A ce que monss^r dit de la mesure dou sel, que y a plusors prises qui ne touchent mie l'abbé de Saint-Venne, mais touchent à monseigneur, espécialement au pont Sainte-Croix et au pont Saint-Pierre, respond li conseuls (conseils) de Verdun que, en quelque lieu que li marchands estrainges vendent sel à Verdun, que tout est mesurei à la mesure de l'abbé de Saint-Venne, et doit estre ; et mesmement, si borgeois de Verdun veut estre marchand de sel pour vendre à destail, si le doit vendre on ban de Saint-Venne ; et en ont chacune année, et doient avoir un franchard de sel ; et, quand il affiert (le cas se présente) ajuster la mesure dou sel, li vicomte l'ajuste et doit ajuster pour l'office de la vicomtei, et en prend son droit tel comme il a usei anciennement : et, parmi ce, n'avons de rien à respondre à monseigneur, fors que à l'abbé de Saint-Venne, cui li profit en revient tout, au ban de Saint-Venne.

« De la corbeille dou charbon, dou chavant dou fruit, dont monss^r dit que tuit li profits doient estre siens, car les mesures sont toutes siennes, et dressiées par son vicomte, à ce respondent, salve la grâce de monseigneur, que li vicomte dresse toute mesure et tous poids, pour la raison de l'office de la vicomtei, et en prend, pour l'ajuster, son droit, tel comme avoir le doit : pour ce ne s'ensuit-il mie que li mesures ne li poids soient ne doient estre siennes : ainsoit est le grand poids de la Ville, le li profit aux hoirs Simonin Pomoise..... li mesure de la Grainge en Masel est (à) plusors borgeois de Verdun, fors que ils accompaignent anciennement li évesque en la moitiei dou profit qui en isseroit, pour tant qu'il y feist ses hommes vendre ; li mesure dou bleif dou Champ li moitiei est monsignor li évesque, et li aultre aux bourgeois ; et, pour ce dient lidits conseuls que li Nombre a toujours eu, sans faire compte ne à signor ne à la Ville, les profits dou charbon et dou chavant.

« Item, et en semblant manière, respondent dou barisel ; et, se il ne plaist à monseigneur, soit ainsi comme anciennement a estei.

« Item, aux despartours des héritaiges, respondent ainsi comme aultre fois ont respondu ; et s'offrent à faire foi à monseigneur de ceste chose.

« Item, des dous (deux) eschevins à la vicomtei dont monss^r est informei, respondent que li maistres des mestiers n'en ont nuls fait ;

et cil Simonin dont on parle est eschevin passé sept ans; et cils qui vous ont donné à entendre vous out faux donné à entendre.

« Item, des portaiges respondent qu'ils veulent la lettre faite doudit portaige (sans doute celle de 1246); mais quièrent respit jusques à tant que li citains de Verdun aient paiei monseigneur de Verdun et monseigneur d'Aspremont ce que ils lor doient par la paix faite entre eulx : et, fait ledit paiement, il lor plaist que li portaiges soient ordennés, wardeis et levés selon la tenour desdites lettres.

« Item, des maistres des mestiers, est monss^r informei que ils firent semonce sur cent livres, le venredi devant mei-caresme, et fuit li semonce criée par les carrefours. A ce respondent que cil cri ne fuit oncques fait par les maistres des mestiers, ains fuit fait par le Nombre qui son devoir vouloit faire en long de la ville, et pour grosses besoignes, et de par le commun, et on temps que on ne pouvoit avoir la présence monseigneur l'évesque ; et oncques de sommes de deniers n'y fust parlé, ne sommes n'en fuirent levées.

« Item, des doubleis est monss^r informei que il ne doient tenir semonce, fors que le dimanche, à la Madeleine. A ce respondent que, de toujours, le dimanche seulent-ils (ont coutume, *solent*) estre à la Madeleine, et autres fois, pour le profit commun, pour monstrer aulcuns deffaults au seigneur et à la justice. Et, à ce que monss^r dit des frairies, qui ne peuvent estre sans son consentement, veulent-ils que ainsi comme anciennement ont estei on temps des devanciers, soient; et aient telles lettres comme autrefois ont eues cils qui prises les ont; et li aultres qui nulles n'en ont dou temps dont il ne souvient (immémorial), ne n'est mémoire dou contraire, demorent en lor estat. »

Quibus sic factis, supradicti procuratores communitatis civitatis Virdunensis dicto domino Goberto dixerunt verba quæ sequuntur :

« Sire, il est vrai, comme vous avons ci-dessus dit; et, se vous pouvez trouver que il soit aultrement, sommes prests, et nous obligeons d'en faire tenir. »

Actum et datum anno, indictione, mense, die, horâ et loco supradictis, præsentibus discretis viris domino Albrico de Foucheriis, milite, magistro Willelmo de Bellomonte et Johanne de Rupperis, Metensis et Virdunensis civitatum advocatis, et testibus ad hoc vocatis specialiter et rogatis.

Et ego Hugo Paneti (Perneti) de Angereyo, clericus Tullensis diœcesis, auctoritate apostolicâ notarius, prædictis omnibus et singulis, dùm sic haberentur, præsens interfui, unà cum prænominatis testibus; hocque præsens publicum instrumentum in..... scripsi et publicavi, meoque signo solito signavi rogatus. De Angereyo.

Hommage du roi de Bohême, comte de Luxembourg, Jean l'Aveugle, à l'Évêché de Verdun, pour Virton. (Ci-dessus, p. 230).

« Nous Jehan, par la grâce de Dieu, roi de Bohesme et cuens de Lucembourg, faisons savoir et cognissant à tous que avons reprins de notre chier et bien amé cousin Henri (d'Apremont), par la grâce de Dieu évesque de Verdun, pour lui et pour ses successeurs, le chastel de Verton et toutes ses dépendances, ainsi comme elles estoient au jour de ceste présente reprinse, et si comme nous l'avons acquestei de noble homme notre bien amé cousin le seigneur de Heinsberch, cuens de Chini; et aussi avons reprins en fieds doudit révérend père tout ce entièrement que nous avons acquestei de Jehan de..... en la ville de Lucei devant Damvillers, en ban, finaige et appartenances de celui lieu, lequeil muet (meut) doudit révérend père, tout selon ce que fieds appartient, si comme dit est. Si avons promins et premettons, pour nous et nos successeurs, que nous contre cette reprinse et les choses devant dites ne venrons ne ferons venir par nous ne par aultre, en temps advenir, par ainsi que ledit révérend père, des deux fieds devantdits de grâce nous a fait un seul fieds, ne ne nous en peut tenir que de un seul. En tesmoignaige de véritei, avons fait mettre notre grant séel en ces présentes lettres, qui furent faites et données à Verdun, le vingt-huitiesme jour du mois de novembre, l'an de grâce mil trois cens et quarante. »

Article du traité de 1358, relatif aux citoyens fugitifs ou bannis, pour avoir pris contre la ville le parti des confédérés, (Ci-dessus, p. 279).

« ... Et avons encor accordei que, se il plaist auxdits fuers issus à revenir en la ville, revenir y pourront, et r'aller en lors héritaiges et biens extants (existants) que ils trouveront, et qui pourroient estre estans (existans) au jour de ceste présente paix, sans empeschement de nous; et eulx revenus en la ville, ils seront consorts et parsonniers des biens et des maulx de la ville; ne de là en avant, puis que (depuis que) en la ville seront rentrés, les devantdits seigneurs et dame (1) ne se pourront, ne devront plus avant mesler de eulx, ne iceulx soustenir ou aidier, par quelle manière que ce soit, contre nous, ou les aulcuns de nous. Et, pour ce que, entre iceulx fuers issus en y a vingt, c'est à savoir Thomas Guiot, Jacquemin li Bi-

(1) Les deux ducs confédérés et la comtesse Iolande.

guins, Henri Babel, Jacquemin Haion, Jehan de Laumosne, Jacquemin Regnars, Jacquemin Trousson, Jehan Melines, Robines Foissette, li petit Heis, Herbin li parcheminier, Colin Coques, Husson li Wagereil, Guillars li vignerons, Colin Chairtis, Renault Molars, Hans li charreton, Pangon fils Petit le passour, Baudesson de Marchié (de la place du Marché), et Petit Aymes, massecrier (massacrier, c. a d. boucher), lesquels nous disons avoir esté cause des descords advenus en la ville, iceulx vingt ne auront induce (*induciæ*, trève) de revenir en la ville fors tant seulement de huit jours, lesquels huit jours commenceront du jour de la Chandeleur prochain venant jusques lesdits huit jours soient accomplis; et, on temps d'iceulx huit jours, ils pourront revenir en ladite ville, et non plus tost, ne de depuis; et, se ils s'en vouloient efforcier, nous ne les y souffreriens à rentrer ne à revenir, se il ne nous plaisoit, ne aussi lesdits seigneurs et dame ne s'en pourroient ne s'en debvroient plus avant mesler, ne par quelle manière soustenir encontre nous ne notre cité. Et, se il estoit ainsi que lesdits vingt dessus nommés, ou aulcuns d'iceulx, ne voulsissent rentrer ne venir en notre ville, en temps advenir, ou aulcuns des aultres, outre les vingt, et que ainsi fust par eux dit et certifié suffisamment à notre bon ami messire Colart de Saulx, seigneur de Cernon, chevalier, bailli de Vitry, conseiller de nosdits seigneurs et dame, nous les citoiens seriens tenus à iceulx qui revenir ne voulroient, maintenant ne aultre fois, rendre la valeur de leurs biens et héritaiges estant en la ville, au regard dudit messire Colart de Saulx : et, pour clairement entendre cest article, et que aucuns n'y soient deçus nous desclairons que, au cas où aulcuns desdits fuers issus de Verdun, soit du nombre des vingt ou des autres, seroient rentrés en la ville, et ils s'en repartiroient en délaissant leur domicile, en icelui cas nous ne seriens point tenus de eulx restituer leurs héritaiges, ne biens estans (existants); ne lesdits seigneurs et dame ne les pourroient ne devroient soutenir encontre nous, ne notre cité.

AUTRES ADDITIONS ET RECTIFICATIONS

Tom. I. p. 102. La gravure du *Thesaurus sepulchralis Virdunensis* se trouve, non dans l'*Alsatia illustrata* de Schœpflin, mais dans le *Museum Schœpflini*, p. 142 et suiv. et Tabula XVI.

Tom. II. p. 442. Charte du second engagement de la vicomté. Les mots que nous avons suppléés (en note) dans cette charte, d'après l'Inventaire de l'évêché, sont ainsi dans le texte, dont nous avons retrouvé une copie entière : « Ils la puevent rachepter après douze ans; et, devant, ne la puevent rachepter; et jusques à tant, etc. Suite, comme dans notre imprimé.

Tom. III. p, 136. Son frère l'archevêque Baudoin de Trèves. *Lisez* son oncle. Cette rectification est suffisamment indiquée au lecteur par ce que nous avons dit, p. 79, que Baudoin était frère de l'empereur Henri VII.

Ibid. p. 153, 154. Il résulte d'une charte de 1520, que nous avons retrouvée, que le titre de Postal est plus ancien que la Commune de 1331. Cette charte est une demande de la Commune à Henri d'Apremont pour être autorisée à établir un impôt : « Sachent, etc., que l'an 1519, le xxviii° jour de janvier (1320 av. P.), à Verdun, en l'hostel l'évesque; en la présence de révérend père en Dieu Henri, par la grâce de Dieu évesque de Verdun....., venant li Postoul, li Nombre, li maistres des mestiers, et li conseuls (conseils) de la citei de Verdun, envoyés et commis pour ce de par toute la communitei de la citei, que, comme ils fuissent tenus et obligiés envers plusiours créditours, etc. Suit la même teneur que celle que nous donnons page 578, note 2; mais de celle-ci a disparu le Postal.

Ibid. p. 198. On voit par les pièces citées dans l'arrêt de la Chambre royale de Metz, du 15 avril 1680, que le comte Jean de Sarrebrück ne céda pas sans difficulté à la prétention du roi de mettre la main sur Commercy. Cet arrêt mentionne une lettre missive du 14 mai (sans date d'année) dans laquelle ce comte Jean représente à l'évêque de Metz qu'il tient de lui le château et la ville de Commercy, et aussi ce que tient sa sœur la comtesse de Sarrebrück; lesquelles choses néanmoins les gens du roi veulent mettre en leurs fiefs; dont il lui a écrit plusieurs fois qu'il fasse rechercher dans ses chartes, et lui envoie copie comme quoi lui comte Jean, ainsi que ses prédécesseurs, ont repris dudit évêché; d'autant que, le même jour 14 mai, un sergent de Vitry étoit venu, à la porte de Commercy, l'ajourner au 25 dudit mois de mai, par devant les commissaires envoyés de la part du roi; prie ledit seigneur évêque qu'il y mette ordre : aultrement lui comte obéira à ces gens du roi; et il seroit nécessaire que l'évêque envoyât, le jour de l'Ascension, leur dire qu'ils n'entrent pas, et que ladite ville de Commercy est des fiefs dudit évêché, et de son obéissance. »

FIN DU TROISIÈME VOLUME.

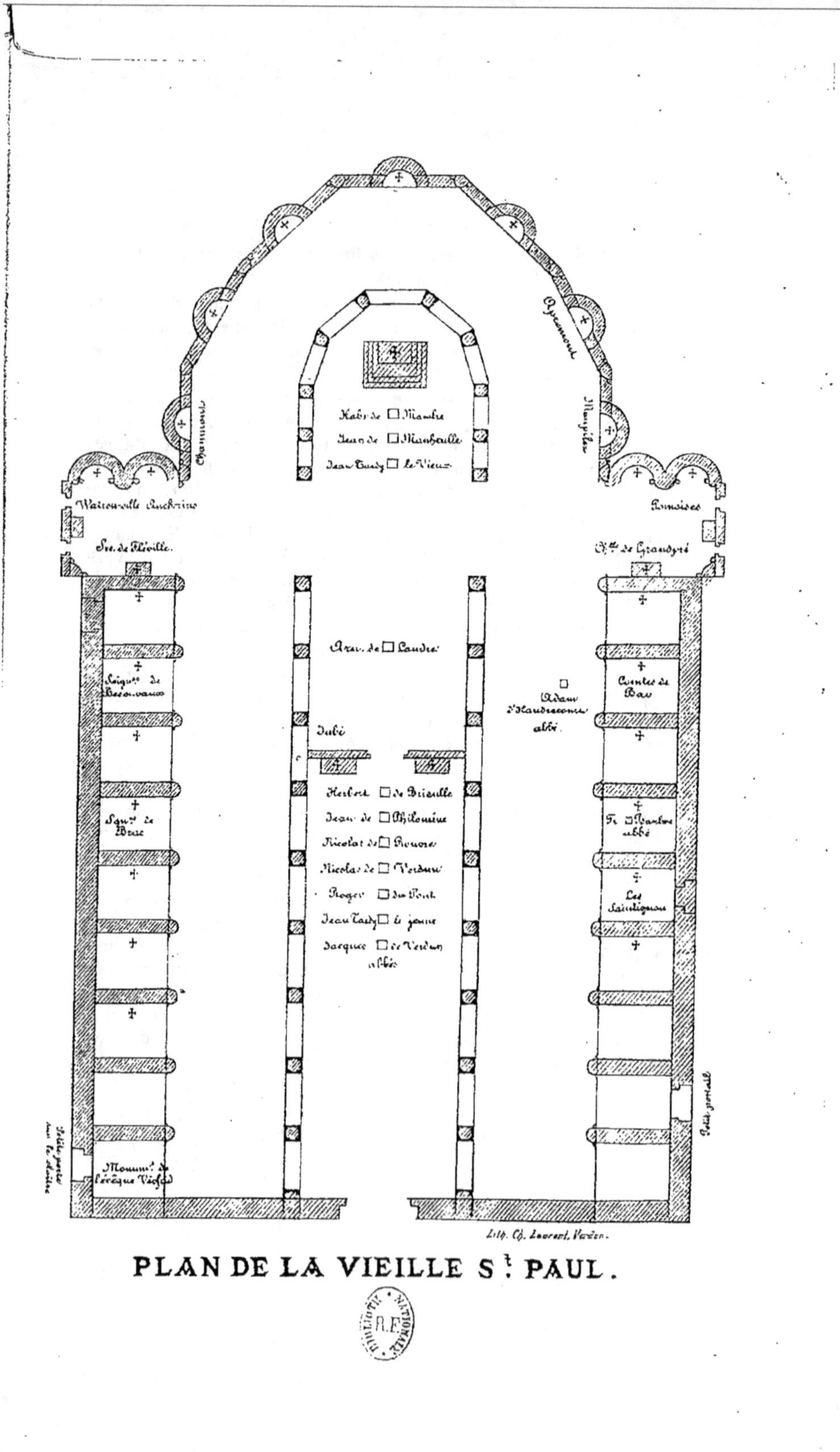

PLAN DE LA VIEILLE S.T PAUL.

TABLE DES MATIÈRES

PÉRIODE DE LA PREMIÈRE GARDE DE FRANCE
De 1285 à 1350 environ.

pages

Chapitre Ier.— Affaire de Beaulieu. — Les bornes de Vaucouleurs, et le Barrois mouvant.—Suppression du Temple.—Histoire civile et épiscopale jusqu'au premier traité de garde de France en 1315.   3

Beaulieu en la garde du roi, 4.— Opposition et ravages du comte Thibauld, 5.— Il recourt à l'empereur, 8.— Envoi de commissaires impériaux, 10.—La Biesme, limite verdunoise de l'Empire, 10.—Thibauld soulève la question du Barrois mouvant, 12.—Arrêt de 1290 contre Thibauld, 15.—L'arrêt est suspendu, 16.— Episcopat de Jacques de Revigny, 17.—Revigny jurisconsulte, 18.— Décime gallicane, 20.—Situation communale, 21.— Mort du comte Thibauld II, 22.— Mariage anglais du comte Henri III, 23.—Sédition contre l'évêque Revigny, 24.—L'empereur déclare la guerre, 26.—Mort de l'évêque Revigny, 27.— Nouvelle dévastation de Beaulieu. 29.— Lettre du roi d'Angleterre, 29.—Défaite du comte Henri, 30.—Jean d'Apremont II, 32.— Juridiction archidiaconale, 33.—Sainte-Claire, 35.—Mort de Jean d'Apremont II, 38.— Décadence des élections capitulaires, 39.—Fin de l'affaire du Barrois mouvant, 40.—Albert et Philippe le Bel à Vaucouleurs, 42.—Plantation des bornes, 43.— La Meuse, limite du Barrois mouvant, 44.—Enquête de 1390, 45.—Traité du Barrois mouvant, 50.—Etat féodal du Barrois, 52.— Mort du comte Henri III, 55.— Régence, 55.— L'évêque Thomas de Blâmont, 57.—Son traité avec Philippe le Bel, 57.— Changement de la monnaie, 58.—Ancien système monétaire, 61.—Monnaies contrefaites, 62.—Beaulieu donné aux Clunistes, 65.—Arrangement pour les réparations et la garde, 67.— Mort de Thomas de Blâmont, 69.—L'évêque Nicole de Neuville, 70.— Le comte Edouard prisonnier des Lorrains, 72.— Ligues opposées de la ville et de l'évêché, 73.—Intédation de Mussey, 73.—Emeute. Lettre au connétable, 74.—Grande confusion, 75.— Les Florenge, ennemis de la cité, 75.— L'évêque Neuville résigne à Henri d'Apremont, 76.— De l'évêque Nicole de la Charte de Paix, 77.— Henri IV de Luxembourg, empereur Henri VII, 79.—Jean l'Aveugle cte de Luxemb., roi de Bohême, 79.— Suppression des Templiers, 80.— Interrogatoire de deux templiers, 81.—Derniers vestiges du Temple, 86.— Les Augustins de Verdun, 87.— Achèvement de la Vieille-St-Paul, 89.—

CHAPITRE II.— Garde de France.— Complications avec celles de Bar et de Luxembourg.— Commune des métiers.— Chaos politique. Troubles communaux.— Long épiscopat de Henri d'Apremont. De 1315 à 1350 environ. 92

Les métiers, 92.— Les grandes puissances, 94.— Les Apremont, 94. — Avénement de H. d'Apremont.— Les bannis, 97.— Troisième engagement de la vicomté, 98.— Assemblée de 1314, 99.— Politique des Apremont, 102. — Renouvellement de la garde de Bar, 104.— Première garde de France 1315, 105.— Nature des gardes, 107.— Mécontentement et guerre du comte Edouard, 108. — Partis et discordes en ville, 109.— Arrangements insidieux, 111.— Nouveau revirement, 113.— Bannissement des Asenne, 114. — Guerre, 115 — Famine, 115.— Commissaires envoyés par le roi, 117.— Rétablissement de la garde de France, 119.— Acte que Verdun est du royaume, 120.— Nouvelles menées, 121.— Arrestation du gardien français, 122.— H. d'Apremont s'excuse à Paris, 123.— Retour de Jean de Luxembourg, 123.— Il acquiert Damvillers, 125.— Traité fait par les partisans d'Edouard, 126. — Opposition à ce traité, 128.— Pacification par le mariage du roi, 130.— Compromis et sentence de Mante, 132.— *Statu quo* de quatre ans, 133.— Hostilités de Gobert d'Apremont, 134.— Les quatre Confédérés contre Metz, 136.— Première mention de la poudre à canon, 140.— Jugement sur la garde de Verdun, 143. — Troisième garde de France, 146.— Etat des choses à l'avénement des Valois, 147.— Mesures financières de 1329, 148. —La Commune impopulaire, 149.— Soulèvement des métiers, 151.— La Commune du Postal, 153.— Negociations de Paris, 154. —Lettres de garde de l'évêché, 155.—Edouard les fait révoquer, 157. — Procédures, 159.— Commission royale de 1332, 160.— Procédure et jugement, 161.— Nouvelle querelle, 165.— Le for ecclésiastique, 165.— Pierre de Cugnières envoyé à Verdun, 167. — Le temporel de l'évêché saisi, 168.— Réconciliations et accords, 169.— Affaire du Pont de Warcq, 172.— Sentence provisionnelle sur cette affaire, 174.— Déclin de l'influence française, 177.— Revirement luxembourgeois, 178.— Lettres royaux contre la garde de Luxembourg, 179.— Le roi rétablit sa garde de l'évêché, 180.— La Commune prend la garde de Luxembourg, 181.— Le roi abandonne la garde de Verdun à Luxembourg et à Bar, 184.— Acte d'Essey-en-Woëvre, 184. — Etat des choses après cet acte, 186.— Forteresse à Baleicourt, 187.— Sentence définitive entre les deux comtes gardiens, 188. — Article sur l'affaire de Warcq, 188.— Leur traité avec la Commune, 189.— Tabellionage de la garde commune, 191.— Traité de la monnaie commune, 192.— Démêlé de la Commune et du Chapitre, 193.— Commune des Facteurs, 196.— Mort du comte Henri IV de Bar, 197.— Charte royale pour le Barrois mouvant, 197.— Accroissements français à Vaucouleurs, Commercy et Toul, 198.— Jean de Luxembourg tué à Crécy, 199.— La garde luxembourgeoise impériale, 200.— Accord de 1346 entre l'évêché et la Commune, 202.— Accord de 1348 entre la Commune et le Chapitre, 203.— Tabellionage du Chapitre, 204. — Précautions pour maintenir la main-morte capitulaire, 205.— Règlement sur les immunités du Chapitre, 205.— Peste de 1348, 208.— Flagellants, 209.— Mort

TABLE DES MATIÈRES. 653

de Henri d'Apremont, 210.—Victimes de la peste noire, 212.—
La Ville renonce à la garde de France, 213.

CHAPITRE III.— Divers faits se rapportant à la période précédente. 217

Traité du ban de Pareid, en 1315, 217.—Rénovation du Pariage de Montfaucon, en 1319, 221.—Justice criminelle en cette prévôté, 222.—Nouvelles sortes de fondations : Saint-Pierre de Bar, 224.— Collégiales d'Apremont et d'Hatton-Châtel, 225. — Le cardinal Talleyrand, princier, 228.— Hommage pour Virton, 230 et 649.— Suite de l'histoire de St-Vanne, 232.— Suite de l'histoire de St-Paul, 233.

PÉRIODE DE LA GUERRE DE CENT ANS.

PREMIÈRE SOUS-PÉRIODE.

Entre la cessation de la garde de France, en 1350, et son rétablissement, en 1396. . . , ... 237

CHAPITRE Ier.— Evénements du temps de l'évêque Hugues de Bar.—
De 1350 à 1361 240

Othon de Poitiers, 241.— Hugues de Bar, 242.— Mort du jeune Edouard, 243.— Régence de la comtesse de Garenne, 244.— L'évêque Hugues autorise une Commune populaire, 247.—Paix avec Philippe de Florenge, 251.—Objet des diètes de Metz, 252. —Première diète, 253.—Erection de Luxembourg en duché, 253. —Le marquisat du Pont, 253.—Duché de Bar, 254.—Seconde diète de Metz, 256.— Cassation des gardes, 258.— La ville reconnue impériale immédiate, 259. — Cassation de la commune populaire, 260.—Principauté subreptice d'Apremont, 261.—L'archevêque de Trèves demande des Juifs, 264.—Etat politique après la bataille de Poitiers, 265.—Arrangements pour la rénovation des gardes de Luxembourg et de Bar, 267.—Refus de la ville de se soumettre, 268.—Coalition de Luxembourg et Bar, 268.— Etat des belligérants, 270.—Lettres de défi, 271.—La fosse aux chanoines, 272.—Siége de 1358, 273.—Alliés de part et d'autre, 274.—Levée du siége, 275.—Attaques de Mangienne et de Sampigny, 276. — Diversion. Révolte de Pont-à-Mousson, 277.— Traité, 279. — Rachat d'Hatton-Châtel et Sampigny, 281.— Arrangements de la Ville, 283.—Mauvaise situation financière générale, 284.—Monnaies d'or, 285.—Florins, 285.—Moutons et francs, 286.—Monnaie tournois, 289.—Francs d'argent, 291.— Franc barrois, 291. — Arrangement communal de Hugues de Bar, 293.—Ses derniers actes, 295.—Commencement des Grandes Compagnies, 296.—Tremblement de terre de 1356, 298.—Pèlerinage et mort de Hugues de Bar, 298.

CHAPITRE II.—Temps du roi Charles V et de l'empereur Charles IV. — Les ducs Wenceslas de Luxembourg et Robert de Bar.— Les évêques Jean de Bourbon, Jean de Saint-Dizier, Guy de Roye.—Affermissement de la commune lignagère; sceaux d'or de 1374 et 1378.—De 1360 à 1380 302

TABLE DES MATIÈRES.

L'évêque Jean de Bourbon, 303.— Rétablissement des gardes de Luxembourg et de Bar, 304— Principales dispositions du nouveau traité, 305.—Extension des gardes aux campagnes, 308.— A Saint-Vanne, 309.—Au ban de Pareid, 309.—Paix définitive avec Iolande, 310.—Elle se défie de Robert, 311.—Ses joyaux, 311.—Administration de Jean de Bourbon, 313.— Invasion des Grandes Compagnies, 315.—L'archiprêtre, 316.—Pierre de Bar, 318.— Amoisonnement de l'évêché, 322.— Le duc Robert pris par les Messins, 323.—Sa délivrance et sa rançon, 325.—Condition relative aux gardes, 326.—Pierre de Bar à Hatton-Châtel, 327.— Arrestation des demoiselles d'Apremont, 328.— Projet d'engager la Monnaie à la Ville, 329.—Guerre avec Simon de Bassompierre, 330.—Renouvellement de la querelle des archidiaconats, 332.—Administration et mort de Jean de Bourbon, 334.—Nouvelles violences d'Iolande, 336.—Son emprisonnement à la tour du Temple, 337.—Saisie royale du Clermontois, 338.— Forteresse de Cumnières, 339.—Jean de Saint-Dizier évêque, 342.—Règlement des dettes de l'évêché, 344.—Résultats de ce traité, 349.—Nouvelle venue des Routiers, 350.—Campagnards forfuyants, 351.— La Commune en débat avec Jean de Saint-Dizier, 352.— Création du Nombre de 1374, 355.—Procès-verbal des communaux, 355.—Suite du débat, 357.—Nouveau procès-verbal, 358.— Echec de l'évêché, 360.— Diplôme communal de 1374, 360.—La vicomté irrévocable à la commune, 361.—Mort de Jean de Saint-Dizier, 363.—Tentative d'élection, 364.— Guy de Roye, évêque, 365.— Ses arrangements au sujet de Charny, 366.—Commencement du grand schisme, 367.—Pierre de Bar à Charny, 369.—Coalition contre lui, 370.— Ravages de Pierre et de ses ennemis, 371.—La Ville s'allie avec Robert, 372.—Lettre du Chapitre à Clément VII, 373.— Ruine de Charny, 375.— Lettre du Chapitre à Guy de Roye, 375.—Fin de Pierre de Bar, 376.—Diplôme communal de 1378, 377.—Nouvelle enceinte de la ville, 381.— Achèvement de la cathédrale, 382.—Acquisition de l'hôtel de Montaubain, 382.—Le Grand Vendage, 383.—Sceau à la double aigle, 387.—Ruine des Apremont, 388.—La France acquiert Mouson et Beaumont, 393.

CHAPITRE III.—Première moitié du règne de Charles VI.—Affaire du pariage de l'évêché.—Rétablissement de la garde de France,— Episcopat de Liébauld de Cusance.— De 1380 à 1404. . . . 395

Le schisme dans les Trois-Evêchés, 396.—Rollin de Rodemach, prétendant à l'évêché de Verdun, 397.—L'évêque Liébauld de Cusance, 398.— Mort du duc Wenceslas, 401.— L'empereur Wenceslas duc de Luxembourg, 402.—Hue d'Autel gardien, 403. — Suite du schisme, 404.— Arrangement sur Sampigny, 407.— Affaire Pariset, 409.—Juridiction du Chapitre sur ses membres, 413.—Son privilège d'immédiateté, 414.— La princerie unie au Chapitre, 416 — Waleran et Pierre de Luxembourg, 419.— Pierre de Luxembourg évêque de Metz, 420.— Josse engagiste du Luxembourg, 426.—Hue d'Autel lieutenant, 427.—Apremont d'Autel, 427.—Dernières dispositions de Wenceslas en Luxembourg, 429.—Expédition de Charles VI en 1388, 431.—L'armée française menace Verdun, 432.— Plaintes contre Béatrice de Bourbon, 434.—Grand-Pré à la fin du XIV° siècle, 436.—Premières mentions de Sedan, 437.—Affaire du Pariage, 438.—Mise en possession du roi, 445.—Opposition de la Commune, 446.— Lettres de l'empereur Wenceslas, 448.—Proclamation impériale contre Liébauld, 450.—Mesures prises par les Français, 452.— Nouvelle discussion, 453.— Réponse de la Commune, 454.— Système historique des Français, 457.— Commission et instructions au bailli de Vitry, 459.—Il demande une assemblée générale, 462.—Refus de tenir cette assemblée, 464.—Paroles du bailli aux pauvres gens, 465.—Démence du roi, 466.—L'affaire de Verdun interrompue, 466.— Embarras à la mort du doyen Wautrec, 467.—Liébauld abandonne le Pariage, 468.—Proposition de changer le Pariage en garde, 469.— Rétablissement de la garde de France, 470.— Grande assemblée pour l'acceptation du traité, 473.—Gardes de l'évêché et du Chapitre, 474. — Mort d'Iolande et des deux aînés de Bar, 475.—Saint-Anne de Clermont, 476.— Hostilités luxembourgeoises, 480.— Erard de La-Marck, 483.—Le duc d'Orléans, gouverneur du Luxembourg, 485.— Son engagière de Montmédy, Damvillers, etc., 486.— Ses alliés, 487.— Opposition et dissensions à Metz, 488. — Synode de 1401, 489.— Reprise de la querelle des archidiacres, 491.— Mort de la duchesse Marie de France, 492.— Mort de Liébauld de Cusance, 493.

CHAPITRE IV.— Dernière moitié du règne de Charles VI.— Fin du duc d'Orléans; Antoine de Bourgogne en Luxembourg. — Extinction de la maison de Bar.—René d'Anjou, duc de Bar et héritier de Lorraine.— Épiscopat de Jean de Sarrebrück. — De 1404 à 1422 494

Election de Jean de Sarrebrück, 495.— Lettres du roi et de la Faculté de Droit, 496.—Sarrebrück, comte palatin, 498.—Les deux textes du cérémonial d'entrée des évèques, 500.—Titre de comte de Verdun pris par l'évêque, 508.—Les drapiers de Verdun, 510.—Tentatives du duc d'Orléans contre Metz et la Lorraine, 510.— Son alliance avec le Barrois, 511.— Troubles de 1405, à Metz, 512.— Projet de mettre Metz en Pariage, 514.— Défaite des Luxembourgeois à Champigneulle, 515. — Les Paixel, leur chapelle, 518. — Révolution à l'assassinat du duc d'Orléans, 519.— La maison de Bar réputée Armagnac, 522.— Amé de Sarrebrück, aussi armagnac, 523.— Paix de la Ville avec Philippe de Norroy, 523.—Beauffremont, 524.—Assassinat de Guy de Roye, 525.— Le Luxembourg passe à Antoine de Bourgogne, 527.—Guerre civile en France, 530.—Les Bourguignons reprennent Montmédy, Damvillers, etc., 531.— Mort du duc Robert, 532.—Ses dispositions pour sa succession, 532.— Edouard duc de Bar, 534.—Rôles de nos princes dans la guerre civile, 536.— Edouard se brouille avec Jean-Sans-Peur et le duc de Lorraine, 538.— Il est emprisonné à Paris, 539.— Les Armagnacs reprennent le pouvoir, 541.— Guerre entre les duchés de Luxembourg et de Bar, 542.— Détresse, au commencement du XVe siècle, 544.—Mort d'Amé de Sarrebrück, 545.— Mort de Waleran, 547.— Ligny aux fils d'Antoine de Bourgogne, 548.—Concile de Constance, 549.—Attentat à Pargny contre les ambassadeurs, 550.— Prise du Saulcis, 552.— Bataille d'Azincourt, 554.— Catastrophe de la maison de Bar, 555.—Réunion

TABLE DES MATIÈRES.

du Barrois à la Lorraine, 556.—Le cardinal duc de Bar reconnu à Verd n, 557.—Revirement Bourguignon en France, 557.—Prétendants contre le cardinal, 558.— Investiture du Pont au duc de Berg, 559.—La Ville s'excuse de l'aider, 560.—Retraite du duc de Berg, 562.— Prétentions des Anjou, 563.— Commencement du procès, 564.—Le duc de Lorraine en intelligence avec les Anjou, 566.—Arrangement de Foug, 1419, 567.—Assemblée de Saint-Mihiel, 569.—Assassinat de Jean-Sans-Peur, 570.— Effet de cet l'événement dans les arrangements barrois, 571.— L'évêché de Verdun au cardinal, 573.— Nouvelle invasion du duc de Berg, 574.—Démêlé de la Ville avec J. d'Autel, 575. — Premières mentions de la Chambre impériale, 576.— Nouveaux brigandages, 577.—Affaire de Baleicourt, 578.—Etat ancien du lieu, 579.— Construction de la forteresse, 579.— Engagière à Philippe de Norroy, 580.— Sa plainte à la Ville, 581.—Prise de la forteresse, 583.— Acquisition, 584.— Procès, 586.— Intervention du duc de Lorraine, 5 7.—Permutation d'évêchés entre J. de Sarrebrück et le cardinal de Bar, 590.—J. de Sarrebrück à Chalons, 591.—Son Pontifical et son *Excerptum*, 592.

CHAPITRE V.—Premières années de Charles VII, jusqu'à la Pucelle, et au commencement de la chute des Anglais. — Minorité et règne barrois de René d'Anjou, jusqu'à son avénement en Lorraine.— Episcopat du cardinal de Bar à Verdun.—De 1420 à 1430, environ 594

La Ville reconnaît Charles VII, 594.—Majorité et avénement de René en Barrois, 597.—Le cardinal transféré à Poitiers, 598. — Son retour à Verdun, 601.—Les Anglais sur nos frontières, 603.—Le cardinal et René leur font hommage, 603.—La Ville entraînée dans le parti anglo-bourguignon, 606.— Reprise de l'affaire de Baleicourt, 607.— Défis des alliés de Philippe de Norroy, 609.—Le gouverneur de Damvillers aide la Ville, 610.— Accommodement. Baleicourt reste à la Ville, 612.—Suite de la guerre anglo-bourguignonne, 613.— La Pucelle, 616 — René rétracte son hommage anglais, 618.—Le Luxembourg passe à la Bourgogne, 620.— Fondation de l'hôpital du Saint-Esprit à Marville, 621.— College-la-Marche-Winville, 626.— Derniers temps du cardinal de Bar, 631.— Sa carrière ecclésiastique, 632.—Herméville et Hardancourt, 633.—Monnaie de ce temps, 635.— Testament et mort du cardinal de Bar, 636.

VERDUN. — IMPRIMERIE DE CH. LAURENT, RUE DES GROS-DEGRÉS, 1.

www.ingramcontent.com/pod-product-compliance
Lightning Source LLC
Chambersburg PA
CBHW050324240426
43673CB00042B/1520